DIREITO ECONÔMICO APLICADO

ESTUDOS E PARECERES

CONTRACORRENTE

GILBERTO BERCOVICI

DIREITO ECONÔMICO APLICADO

ESTUDOS E PARECERES

São Paulo

2016

CONTRACORRENTE

Copyright © EDITORA CONTRACORRENTE

Rua Dr. Cândido Espinheira, 560 | 3º andar
São Paulo – SP – Brasil | CEP 05004 000
www.editoracontracorrente.com.br
contato@editoracontracorrente.com.br

Editores

Camila Almeida Janela Valim
Gustavo Marinho de Carvalho
Rafael Valim

Conselho Editorial

Augusto Neves Dal Pozzo
(Pontifícia Universidade Católica de São Paulo – PUC/SP)

Daniel Wunder Hachem
(Universidade Federal do Paraná - UFPR)

Emerson Gabardo
(Universidade Federal do Paraná - UFPR)

Gilberto Bercovici
(Universidade de São Paulo - USP)

Heleno Taveira Torres
(Universidade de São Paulo - USP)

Jaime Rodríguez-Arana Muñoz
(Universidade de La Coruña – Espanha)

Pablo Ángel Gutiérrez Colantuono
(Universidade Nacional de Comahue – Argentina)

Pedro Serrano
(Pontifícia Universidade Católica de São Paulo – PUC/SP)

Silvio Luís Ferreira da Rocha
(Pontifícia Universidade Católica de São Paulo – PUC/SP)

Equipe editorial

Carolina Ressurreição (revisão)
Denise Dearo (design gráfico)
Mariela Santos Valim (capa)

Dados Internacionais de Catalogação na Publicação (CIP)
(Câmara Brasileira do Livro, SP, Brasil)

B486   BERCOVICI, Gilberto.
       Direito Econômico Aplicado: Estudos e Pareceres | Gilberto Bercovici – São Paulo:
Editora Contracorrente, 2016.

       ISBN: 978-85-69220-06-0

       1. Direito. 2. Direito Econômico. 3. Direito Administrativo. 4. Direito Público.
5. Direito Financeiro. 6. Direito Constitucional. 7. Economia. I. Título.

CDU - 346.1

Impresso no Brasil
Printed in Brazil

SUMÁRIO

NOTA INTRODUTÓRIA 9

EMPRESAS ESTATAIS

ATUAÇÃO DO ESTADO NO DOMÍNIO ECONÔMICO E SISTEMA FINANCEIRO NACIONAL. INEXIGIBILIDADE DE LICITAÇÃO EM INCORPORAÇÃO OU EM ALIENAÇÃO DO CONTROLE DE UMA SOCIEDADE DE ECONOMIA MISTA POR OUTRA SOCIEDADE DE ECONOMIA MISTA 13

NATUREZA JURÍDICA DE SOCIEDADE ANÔNIMA PRIVADA COM PARTICIPAÇÃO ACIONÁRIA ESTATAL 71

DIREITO ECONÔMICO DA INFRAESTRUTURA

FINANCIAMENTO DE INFRAESTRUTURA, COMPLEXIDADE NEGOCIAL, CONTRATOS COLIGADOS E *PROJECT FINANCE* . 109

A EXPLORAÇÃO DOS POTENCIAIS DE ENERGIA HIDRÁULICA E O SEU "APROVEITAMENTO ÓTIMO" 129

A NATUREZA JURÍDICA DA CONCESSÃO DE LAVRA MINERÁRIA E A INAPLICABILIDADE DO CONCEITO DE ESTABELECIMENTO COMERCIAL 155

PETROBRAS: MONOPÓLIO ESTATAL E POLÍTICA CONCORRENCIAL 195

GILBERTO BERCOVICI

O SETOR PORTUÁRIO, A NOVA LEI DOS PORTOS E A CONSAGRAÇÃO DO "ESTADO GARANTIDOR" NO BRASIL 215

INCONSTITUCIONALIDADE DA RESTRIÇÃO À PARTICIPAÇÃO DE CONCESSIONÁRIOS DE SERVIÇOS DE INFRAESTRUTURA AEROPORTUÁRIA EM NOVAS CONCESSÕES DE AEROPORTOS 231

SERVIÇO PÚBLICO DE RADIODIFUSÃO E CONTRATO DE ELABORAÇÃO E VEICULAÇÃO DE PROGRAMAÇÃO 263

CAPACIDADE NORMATIVA DE CONJUNTURA

OS LIMITES AO PODER NORMATIVO DO CONSELHO NACIONAL DE SEGUROS PRIVADOS (CNSP): A INCONSTITUCIONALIDADE DA RESOLUÇÃO CNSP N. 224/2010, DA RESOLUÇÃO CNSP N. 225/2010 E DA RESOLUÇÃO CNSP N. 232/2011 291

DIREITO CONCORRENCIAL

DEFESA DA CONCORRÊNCIA E PROTEÇÃO À PROPRIEDADE INTELECTUAL: COMPATIBILIZAÇÃO ENTRE A POLÍTICA CONCORRENCIAL E AS DEMAIS POLÍTICAS PÚBLICAS 353

DEFINIÇÃO DE MERCADO RELEVANTE NO SETOR DE MÚSICA GRAVADA E A IMPOSSIBILIDADE DE SEGMENTAÇÃO POR GÊNEROS MUSICAIS 419

DO IMPEDIMENTO DE MANDATO CRUZADO DE MEMBRO DE CONSELHO DE ADMINISTRAÇÃO DE SOCIEDADE ANÔNIMA: O CONFLITO DE INTERESSES ENTRE AGENTES ECONÔMICOS EM INTEGRAÇÃO VERTICAL NO MERCADO 449

ESTRUTURAÇÃO DA CADEIA PRODUTIVA DA CARNE BOVINA NO BRASIL, DESENVOLVIMENTO E PROTEÇÃO AO MERCADO INTERNO 493

ABUSO DAS RELAÇÕES CONTRATUAIS DE LONGO PRAZO E SEUS EFEITOS ANTICONCORRENCIAIS: CONDUTA EXCLUSIONÁRIA AO ACESSO DE *ESSENTIAL FACILITY* (CONCESSÃO DE MALHA FERROVIÁRIA) 535

DIREITO ECONÔMICO APLICADO: ESTUDOS E PARECERES

POLÍTICA INDUSTRIAL

A "QUESTÃO SIDERÚRGICA" E O PAPEL DO ESTADO NA INDUSTRIALIZAÇÃO BRASILEIRA 571

COMPLEXO INDUSTRIAL DA SAÚDE, DESENVOLVIMENTO E PROTEÇÃO CONSTITUCIONAL AO MERCADO INTERNO 617

DEMOCRATIZAÇÃO DA ADMINISTRAÇÃO PÚBLICA

PLEBISCITO E REFERENDO SOBRE MATÉRIA ADMINIS-TRATIVA 657

NOTA INTRODUTÓRIA

O Direito é uma Ciência Social Aplicada. Para além das classificações dos órgãos de fomento à pesquisa, isto significa aquilo que qualquer um que lide com textos jurídicos sabe: o Direito serve, entre outras funções, para solucionar determinados problemas concretos. O objetivo deste livro, ao reunir uma seleção de pareceres escritos nos últimos anos, bem como alguns ensaios, é justamente o de chamar a atenção para determinados temas de crucial importância para a organização jurídica do processo econômico no país.

O título do livro, *Direito Econômico Aplicado*, não é acidental, mas enuncia a metodologia empregada na elaboração de todos os textos aqui reunidos. Não se buscou ressuscitar métodos hermenêuticos tradicionais, como a subsunção. Na realidade, o que se pretendeu foi tratar de problemas concretos sob a perspectiva do Direito Econômico, com a qual procurei dar uma solução jurídica adequada aos casos em análise.

Os textos foram mantidos, na medida do possível, em sua integralidade. Houve casos em que parte da argumentação teve que ser refundida, seja para evitar a identificação dos consulentes, seja para tentar reduzir ao máximo a repetição de conceitos e argumentos, justificada por não se tratar de textos elaborados sistematicamente, mas sim isoladamente, com um propósito específico de encontrar uma solução possível para um problema concreto.

Acredito que os temas controvertidos trazidos à luz nesta publicação poderão contribuir para ampliar e aprofundar o debate sobre o Direito Econômico entre nós.

EMPRESAS ESTATAIS

ATUAÇÃO DO ESTADO NO DOMÍNIO ECONÔMICO E SISTEMA FINANCEIRO NACIONAL. INEXIGIBILIDADE DE LICITAÇÃO EM INCORPORAÇÃO OU EM ALIENAÇÃO DO CONTROLE DE UMA SOCIEDADE DE ECONOMIA MISTA POR OUTRA SOCIEDADE DE ECONOMIA MISTA*

CONSULTA

O Banco do Brasil S.A., por intermédio de seu Diretor Jurídico, Dr. Joaquim Portes de Cerqueira César, honra-me com a formulação da seguinte consulta, cujos termos transcrevo abaixo, para análise e produção de parecer:

Na data de 21 de Maio de 2008, o Banco do Brasil S.A. e a Nossa Caixa S.A. publicaram fato relevante ao mercado, em conformidade com o § 4º do artigo 157 da Lei n. 6.404, de 15 de dezembro

---

* Este texto foi publicado na *Revista de Direito Mercantil* n. 148, 2007, pp. 233-270.

GILBERTO BERCOVICI

de 1976, e a Instrução CVM n. 358, de 3 de janeiro de 2002, nos seguintes termos:

1. O Banco do Brasil S.A. propôs, e o Governo do Estado de São Paulo aceitou, iniciar tratativas sem nenhum efeito vinculante, visando à incorporação do Banco Nossa Caixa S.A. pelo primeiro, observadas a regulamentação vigente e as condições inerentes às operações dessa natureza, notadamente a obtenção de prévia autorização legislativa no âmbito estadual.

2. É consenso ainda que a operação deverá preservar adequadamente os interesses do público relacionado das companhias envolvidas, incluindo empregados, correntistas, acionistas e outros parceiros.

3. Fatos adicionais, julgados relevantes, serão divulgados ao mercado de acordo com a evolução das tratativas.

A propósito do assunto, o Banco do Brasil S.A. solicita manifestação prévia de Vossa Senhoria quanto ao interesse na elaboração de parecer jurídico com o objetivo de responder aos quesitos ao final enumerados, com relação à inaplicabilidade da Lei de Licitações à mencionada incorporação:

1) Vez que na incorporação societária *não ocorre a alienação (ou seja, a venda de ações com recebimento em dinheiro)*, mas sim a substituição das ações dos acionistas da sociedade incorporada por ações da sociedade incorporadora, é correto afirmar que, nessa hipótese, não se aplica a Lei de Licitações, por não se enquadrar nas hipóteses do *caput* do artigo 2º da predita lei?

2) Ainda que negativa a hipótese do quesito anterior, é possível afirmar que o acionista controlador de instituição financeira de economia mista estadual, distrital ou federal possui liberdade de escolha acerca de eventual reorganização societária dessa instituição financeira? Ou seja, pode escolher, dentre outras, a incorporação societária, a incorporação de ações, a alienação de controle acionário, bastando apenas, neste caso, justificar o interesse público? Ou obrigatoriamente o acionista controlador teria que levar a venda das ações a leilão, para assegurar o recebimento do melhor preço/proposta?

ATUAÇÃO DO ESTADO NO DOMÍNIO ECONÔMICO E SISTEMA...

3) Considerando que o acionista controlador de uma sociedade de economia mista é livre para escolher a modalidade de reorganização societária, caso a escolha recaia na incorporação societária ou incorporação de ações, pode-se afirmar que nessas hipóteses restaria caracterizada a inexigibilidade de licitação pela inviabilidade de competição (art. 25, LLic), uma vez que não há como estabelecer os termos e condições do certame licitatório para a escolha da empresa incorporadora?

4) Quando se afirma que o Estado poderá intervir na atividade econômica, deve-se compreender que essa intervenção pode ser efetivada tanto pela União quanto pelos Estados-membros e Municípios? Essa intervenção na atividade econômica pode ocorrer por intermédio de sociedades de economia mista? É correto afirmar que as sociedades de economia mista (tanto da União, quanto dos demais Estados-membros) representam, dessa forma, verdadeiro instrumento da ação governamental dos respectivos entes federados? Com base na resposta a essas questões, gentileza responder os seguintes subquesitos:

a) É correto afirmar que entes de esfera diversa da Federação, por intermédio de suas sociedades de economia mista, podem conjugar esforços para melhor exercer suas respectivas ações governamentais?

b) Essa ação governamental pode ser exercida pela incorporação de uma sociedade de economia mista estadual (Nossa Caixa) por uma outra sociedade de economia mista federal (Banco do Brasil), com vistas a manter o atendimento do interesse público?

c) Considerando que essa ação governamental representa exercício da atividade econômica, é correto afirmar que tal ingerência do Estado na economia não está subordinada aos ditames da Lei n. 8.666/93 ou, ao menos, na hipótese mencionada, seria inexigível eventual licitação por inviabilidade de competição?

5) Ainda que não se admitisse a inexigibilidade ou a não aplicação da lei de licitação, é possível afirmar que a incorporação da Nossa Caixa pelo Banco do Brasil estaria configurada na hipótese de dispensa de licitação pelo artigo 17, inciso II, alínea 'b', da Lei de Licitações, por não haver pagamento em dinheiro, mas sim substituição/troca de ações

dos acionistas da sociedade incorporada por ações da sociedade incorporadora, tratando-se, dessa forma, de uma permuta e assim permitindo o estabelecimento de negócio direto entre as partes (Nossa Caixa e Banco do Brasil), sem a necessidade de procedimento licitatório?

6) Tanto na hipótese de inaplicabilidade da Lei de Licitações, quanto nas de sua inexigibilidade ou dispensa, apresentadas nos quesitos anteriores, é possível afirmar que a incorporação da Nossa Caixa pelo Banco do Brasil atende ao interesse público? A afirmativa é reforçada pelo fato de as sociedades de economia mista, desde o seu nascedouro, já terem sua formação dirigida para o interesse público?

PARECER

1.1 NATUREZA E REGIME JURÍDICO DO BANCO DO BRASIL S.A. E DA NOSSA CAIXA S.A.

A criação do Banco do Brasil se deu por meio do Alvará de 12 de outubro de 1808, do Príncipe Regente D. João, que instituiu um banco público, sob o formato de sociedade por ações. Suas funções eram amplas, mas exerceu essencialmente as funções de poder emissor e de caixa do Tesouro. O prazo de duração previsto do Banco do Brasil era de 20 anos, sendo sua extinção determinada, pela Lei de 23 de setembro de 1829, para o dia 11 de outubro de 1829 (embora tenha se concretizado apenas em 11 de abril de 1835). Houve uma segunda tentativa de criação de um banco público no Brasil, por meio da Lei n. 59, de 8 de outubro de 1833, que previa a instituição de um banco de circulação e depósito pelo prazo de 20 anos, mas este banco não chegou a ser fundado.

Em 1851, Mauá criou o segundo Banco do Brasil, autorizado pelo Decreto n. 801, de 2 de julho de 1851. Este banco foi incorporado, juntamente com outros, pelo governo, por meio da Lei n. 683, de 5 de julho de 1853, que autorizou a criação de um banco de depósitos, desconto e emissão, com duração de 30 anos, posteriormente estendida até

ATUAÇÃO DO ESTADO NO DOMÍNIO ECONÔMICO E SISTEMA...

o ano de 1910 (Lei n. 1.349, de 12 de setembro de 1866). Após a Proclamação da República, o Banco do Brasil fundiu-se com o Banco da República dos Estados Unidos do Brasil (cuja criação fora autorizada pelo Decreto n. 190, de 29 de janeiro de 1890), adotando o nome de Banco da República do Brasil (Decreto n. 1.167, de 17 de dezembro de 1892, que autorizou a fusão *ad referendum* do Congresso Nacional, que a aprovou por meio da Lei n. 183-C, de 23 de setembro de 1893), sendo reestruturado mais uma vez, e novamente sob a denominação de Banco do Brasil, por meio da Lei n. 1.455, de 30 de dezembro de 1905.[1]

O Banco do Brasil é uma sociedade de economia mista, controlada pela União, vinculada ao Ministério da Fazenda e integrante do Sistema Financeiro Nacional (artigos 1º, III, 19 e 62 da Lei n. 4.595, de 31 de dezembro de 1964, e artigo 189 do Decreto-Lei n. 200, de 25 de fevereiro de 1967). A Nossa Caixa é, por sua vez, uma sociedade de economia mista estadual, que, embora vinculada à Secretaria da Fazenda do Estado de São Paulo (artigo 4º do Decreto-Lei Complementar n. 7, de 6 de novembro de 1969), também integra o Sistema Financeiro Nacional (artigos 1º, V, 22 e 24 da Lei n. 4.595/1964). Sua criação, autorizada pela Lei Estadual n. 1.164, de 7 de agosto de 1951, deu-se com o nome de Caixa Econômica do Estado de São Paulo (CEESP) sob a forma de autarquia, tendo sido transformada em empresa pública por intermédio da Lei Estadual n. 10.430, de 16 de dezembro de 1971, e, finalmente, em sociedade de economia mista por meio da Lei Estadual n. 10.853, de 16 de julho de 2001. A natureza jurídica de sociedade de economia mista de ambas instituições financeiras gera uma série de implicações jurídicas e parâmetros para sua atuação.

---

[1] Sobre a história do Banco do Brasil, *Vide* MENDONÇA, José Xavier Carvalho de. *Tratado de Direito Comercial Brasileiro*. 5ª ed. Rio de Janeiro: Freitas Bastos, 1956.Vol.VI, pp. 116-138; CALÓGERAS, João Pandiá. *A Política Monetária do Brasil*. São Paulo: Companhia Editora Nacional, 1960. pp. 29-37, 45-48, 72-73, 96-102, 199-266, 340-350 e 384-408; FERREIRA, Waldemar Martins. *A Sociedade de Economia Mista em seu Aspecto Contemporâneo*. São Paulo: Max Limonad, 1956. pp. 89-93 e FRANCO, Afonso Arinos de Melo. *História do Banco do Brasil (Primeira Fase – 1808-1835)*. Brasília: Banco do Brasil, 1979. pp. 11-28 e 167-235.

GILBERTO BERCOVICI

A sociedade de economia mista é, em sua estruturação atual, um fenômeno do final do século XIX e início do século XX, que se intensificou, especialmente na Alemanha, durante a Primeira Guerra Mundial (1914-1918).[2] A Constituição alemã de 1919, a Constituição de Weimar, por sua vez, previu expressamente, em seu artigo 156, a possibilidade de socialização, nacionalização ou participação estatal no setor empresarial.[3]

A visão tradicional, inspirada nos escritos do industrial alemão Walter Rathenau, entendia a sociedade de economia mista (*"gemischtwirtschaftliche Unternehmung"*) como uma associação livre de capitais privados e fundos públicos para a exploração de uma atividade econômica, um fenômeno "econômico", que não pertenceria às instituições administrativas.[4] Esta concepção equivocada levou a uma série de debates, como o protagonizado entre nós por Bilac Pinto, sobre a impossibilidade

---

[2] JELLINEK, Walter. *Verwaltungsrecht.* 3ª ed. Berlin:Verlag von Julius Springer, 1931. pp. 526-528. Sobre as "sociedades de guerra" (*"Kriegsgesellschaften"*), criadas na Alemanha entre 1914 e 1918; *Vide* ROTH, Regina. *Staat und Wirtschaft im Ersten Weltkrieg:* Kriegsgesellschaften als kriegswirtschaftliche Steuerungsinstrumente. Berlin: Duncker & Humblot, 1997. pp. 103-156.

[3] *Vide* BRUNET, René. *La Constitution Allemande du 11 Août 1919.* Paris: Payot, 1921. pp. 298-318; ANSCHÜTZ, Gerhard. *Die Verfassung des Deutschen Reichs vom 11. August 1919.* Reimpr., 14ª ed. Aalen: Scientia Verlag, 1987. pp. 725-729; FRIEDLAENDER, Heinrich. "Artikel 156. Sozialisierung" *In:* NIPPERDEY, Hans Carl (org.). *Die Grundrechte und Grundpflichten der Reichsverfassung:* Kommentar zum zweiten Teil der Reichsverfassung. Reimpr. Frankfurt am Main: Verlag Ferdinand Keip, 1975. Vol. 3, pp. 322-348 e AMBROSIUS, Gerold. *Der Staat als Unternehmer:* Öffentliche Wirtschaft und Kapitalismus seit dem 19. Jahrhundert. Göttingen: Vandenhoeck & Ruprecht, 1984. pp. 64-102. Para o debate em torno da constituição econômica durante o período da República de Weimar (1918-1933), *Vide* BERCOVICI, Gilberto. *Constituição e Estado de Exceção Permanente:* Atualidade de Weimar. Rio de Janeiro: Azougue Efitorial, 2004. pp. 39-50.

[4] FLEINER, Fritz. *Les Principes Généraux du Droit Administratif Allemand.* Paris: Librairie Delagrave, 1933. pp. 82-84; HUBER, Ernst Rudolf. *Wirtschaftsverwaltungsrecht.* 2ª ed. Tübingen: J. C. B. Mohr (Paul Siebeck), 1953. Vol. 1, pp. 529-530; FORSTHOFF, Ernst. *Lehrbuch des Verwaltungsrechts.* 9ª ed. München: Verlag C. H. Beck, 1966 Vol. 1. p. 485 e CHÉROT, Jean-Yves. *Droit Public Économique,* 2ª ed. Paris: Economica, 2007, pp. 471-472. Para as dificuldades encontradas pela doutrina publicista brasileira com o conceito de empresa estatal, *Vide* VENÂNCIO Filho, Alberto. *A Intervenção do Estado no Domínio Econômico:* O Direito Público Econômico no Brasil. Rio de Janeiro: Ed. FGV, 1968. pp. 385-406.

ATUAÇÃO DO ESTADO NO DOMÍNIO ECONÔMICO E SISTEMA...

de conciliação dos interesses público (do Estado) e privados (dos demais acionistas privados, que almejam o lucro), que levaria à substituição do modelo de sociedade de economia mista pelo de empresa pública, cujo capital é exclusivamente estatal.[5]

Neste debate em torno das sociedades de economia mista, vários autores, como Hedemann, um dos fundadores do direito econômico, entenderam a sociedade de economia mista com uma perspectiva predominantemente privatista, denominando-a de "atividade comercial pública" (*"öffentliche Hand"*). Outros, como Forsthoff, embora ainda mantivessem ressalvas às sociedades de economia mista como entes administrativos, já as compreenderam a partir da influência que o Estado poderia exercer na condução da empresa em virtude de sua posição acionária, vendo nesta participação societária um elemento constitutivo da sociedade de economia mista.[6]

A doutrina publicista brasileira contemporânea, com base no artigo 5º, III do Decreto-Lei n. 200/1967 (com a redação alterada pelo Decreto-Lei n. 900, de 29 de setembro de 1969), define a sociedade de economia mista como uma entidade integrante da Administração Pública Indireta, dotada de personalidade jurídica de direito privado, cuja criação é autorizada por lei, como um instrumento de ação do Estado. Apesar de sua personalidade de direito privado, a sociedade de economia mista, como qualquer empresa estatal, está submetida a regras especiais decorrentes de sua natureza de integrante da Administração Pública. Estas regras especiais decorrem de sua criação autorizada por lei, cujo

---

[5] *Vide* o clássico artigo de PINTO, Bilac. "O Declínio das Sociedades de Economia Mista e o Advento das Modernas Empresas Públicas" *In:* INSTITUTO DE DIREITO PÚBLICO E CIÊNCIA POLÍTICA. *Estudos sôbre a Constituição Brasileira.* Rio de Janeiro: Fundação Getúlio Vargas, 1954. pp. 43-57. *Vide*, ainda, FERREIRA, Waldemar Martins. *A Sociedade de Economia Mista em seu Aspecto Contemporâneo.* São Paulo: Max Limonad, 1956. pp. 151-153.

[6] HEDEMANN, Justus Wilhelm. *Deutsches Wirtschaftsrecht:* Ein Grundriss. Berlin: Junker und Dünnhaupt Verlag, 1939. pp. 146-157 e FORSTHOFF, Ernst. *Lehrbuch des Verwaltungsrechts.* 9ª ed. München: Verlag C. H. Beck, 1966 Vol. 1, pp. 485-486. *Vide*, ainda, HUBER, Ernst Rudolf. *Wirtschaftsverwaltungsrecht.* 2ª ed. Tübingen: J. C. B. Mohr (Paul Siebeck), 1953. Vol. 1, pp. 519-526.

GILBERTO BERCOVICI

texto excepciona a legislação societária, comercial e civil aplicável às empresas privadas. Na criação da sociedade de economia mista, autorizada pela via legislativa, o Estado age como Poder Público, não como acionista. A sua constituição só pode se dar sob a forma de sociedade anônima, devendo o controle acionário majoritário pertencer ao Estado, em qualquer de suas esferas governamentais, pois ela foi criada deliberadamente como um instrumento da ação estatal.[7]

Toda sociedade de economia mista está submetida às regras gerais da Administração Pública (artigo 37 da Constituição), ao controle do Congresso Nacional (artigo 49, X, no caso das sociedades de economia mista pertencentes à União), do Tribunal de Contas da União (artigo 71, II, III e IV da Constituição, também no caso das sociedades de economia mista da esfera federal)[8] e, no caso das sociedades de economia mista federais, da Controladoria-Geral da União (artigos 17 a 20 da Lei n. 10.683, de 28 de maio de 2003). Além disto, o orçamento de investimentos das sociedades de economia mista federais deve estar previsto no orçamento-geral da União (artigo 165, § 5º da Constituição de 1988), assim como, no caso do Estado de São Paulo, o orçamento de investimentos das empresas estatais estaduais deve estar compreendido na lei orçamentária anual (artigo 174, § 4º, 2 da Constituição Estadual).

Estes dispositivos constitucionais são formas distintas de vinculação e conformação jurídica, constitucionalmente definidas, que vão além do

---

[7] *Vide*, por todos, FERREIRA, Waldemar Martins. *A Sociedade de Economia Mista em seu Aspecto Contemporâneo*. São Paulo: Max Limonad, 1956. pp. 131-151; VENÂNCIO Filho, Alberto. *A Intervenção do Estado no Domínio Econômico*: O Direito Público Econômico no Brasil. Rio de Janeiro: Ed. FGV, 1968,pp. 415-437; FRANCO Sobrinho, Manuel de Oliveira. *Comentários à Reforma Administrativa Federal*. 2ª ed. São Paulo: Saraiva, 1983. pp. 68-74; SOUZA, Washington Peluso Albino de. *Primeiras Linhas de Direito Econômico*. 3ª ed, São Paulo: LTr, 1994. pp. 273-276; BANDEIRA DE MELLO, Celso Antônio. *Curso de Direito Administrativo*. 20ª ed. São Paulo: Malheiros, 2006. pp. 175-178; GRAU, Eros Roberto. *A Ordem Econômica na Constituição de 1988:* Interpretação e Crítica. 12ª ed. São Paulo: Malheiros, 2007. pp. 111-119 e DI PIETRO, Maria Sylvia Zanella. *Direito Administrativo*. 20ª ed. São Paulo: Atlas, 2007. pp. 420-421.

[8] No caso do Estado de São Paulo: as sociedades de economia mista estadual, como a Nossa Caixa, estão submetidas ao controle da Assembleia Legislativa e do Tribunal de Contas do Estado (artigos 32 e 33 da Constituição do Estado de São Paulo de 1989).

ATUAÇÃO DO ESTADO NO DOMÍNIO ECONÔMICO E SISTEMA...

disposto no artigo 173, § 1º, II, que iguala o regime jurídico das empresas estatais prestadoras de atividade econômica em sentido estrito ao mesmo das empresas privadas em seus aspectos civil, comercial, trabalhista e tributário.[9] A natureza jurídica de direito privado é um expediente técnico que não derroga o direito administrativo, sob pena de inviabilizar a sociedade de economia mista como instrumento de atuação do Estado.[10] Neste sentido, esclarece Celso Antônio Bandeira de Mello:

---

[9] Sobre a influência da atividade prestada (serviço público ou atividade econômica em sentido estrito) no regime jurídico das empresas estatais (empresas públicas e sociedades de economia mista), *Vide* BANDEIRA DE MELLO, Celso Antônio. *Curso de Direito Administrativo*. 20ª ed. São Paulo: Malheiros, 2006. pp. 183-184; GRAU, Eros Roberto. *A Ordem Econômica na Constituição de 1988:* Interpretação e Crítica. 12ª ed. São Paulo: Malheiros, 2007. pp. 140-146 e DI PIETRO, Maria Sylvia Zanella. *Direito Administrativo.* 20ª ed. São Paulo: Atlas, 2007. pp. 412-414. Na doutrina estrangeira, *Vide*, por exemplo, FLEINER, Fritz. *Les Principes Généraux du Droit Administratif Allemand.* Paris: Librairie Delagrave, 1933. pp. 198-209 e COLSON, Jean-Philippe. *Droit Public Économique.* 3ª ed. Paris: L.G.D.J., 2001. pp. 330-332.

[10] TÁCITO, Caio. "Direito Administrativo e Direito Privado nas Empresas Estatais" *In:* TÁCITO, Caio. *Temas de Direito Público:* Estudos e Pareceres. Rio de Janeiro: Renovar, 1997. Vol. 1. pp. 691-698; GRAU, Eros Roberto. *Elementos de Direito Econômico.* São Paulo: RT, 1981. pp. 101-111; BANDEIRA DE MELLO, Celso Antônio. *Curso de Direito Administrativo.* 20ª ed. São Paulo: Malheiros, 2006. pp. 178-183 e 185-188; GRAU, Eros Roberto. *A Ordem Econômica na Constituição de 1988:* Interpretação e Crítica. 12ª ed. São Paulo: Malheiros, 2007. pp. 111-123 e 278-281 e DI PIETRO, Maria Sylvia Zanella. *Direito Administrativo.* 20ª ed. São Paulo: Atlas, 2007. pp. 416-418 e 421-428. Na doutrina estrangeira, sobre os regimes jurídicos das empresas estatais, em geral, e das sociedades de economia mista, em particular, *Vide* HUBER, Ernst Rudolf. *Wirtschaftsverwaltungsrecht.* 2ª ed. Tübingen: J. C. B. Mohr (Paul Siebeck), 1953. Vol. 1, pp. 530-532; CHENOT, Bernard. *Organisation Économique de l'État.* 2ª ed. Paris; Dalloz, 1965. pp. 312-313; FORSTHOFF, Ernst. *Lehrbuch des Verwaltungsrechts.* 9ª ed. München: Verlag C. H. Beck, 1966 Vol. 1, pp. 478-483; PÜTTNER, Günter. *Die öffentlichen Unternehmen:* Verfassungsfragen zur wirtschaftlichen Betätigung der öffentlichen Hand. Bad Homburg/Berlin/Zürich: Verlag Gehlen, 1969. pp. 125-140 e 368-380; FARJAT, Gérard. *Droit Économique.* Paris: PUF, 1971. pp. 189-198, especialmente pp. 195-198; GIANNINI, Massimo Severo. *Diritto Pubblico dell'Economia.* Reimpr. da 3ª ed. Bologna: Il Mulino, 1999. pp. 163-166; COLSON, Jean-Philippe. *Droit Public Économique.* 3ª ed. Paris: L.G.D.J., 2001. pp. 297-301 e 328-330; DELVOLVÉ, Pierre. *Droit Public de l'Économie.* Paris: Dalloz, 1998. pp. 672-675 e 706-731 e BADURA, Peter. *Wirtschaftsverfassung und Wirtschaftsverwaltung:* Ein exemplarischer Leitfaden. 2ª ed. Tübingen: J.C.B. Mohr (Paul Siebeck), 2005. pp. 145-164, especialmente pp. 146-147.

GILBERTO BERCOVICI

"O traço nuclear das empresas estatais, isto é, das empresas públicas e sociedades de economia mista, reside no fato de serem coadjuvantes de misteres estatais. Nada pode dissolver este signo insculpido em suas naturezas. Dita realidade jurídica representa o mais certeiro norte para a intelecção destas pessoas. Conseqüentemente, aí está o critério retor para interpretação dos princípios jurídicos que lhes são obrigatoriamente aplicáveis, pena de converter-se o *acidental* – suas personalidades de direito privado – em *essencial*, e o essencial – seu caráter de sujeitos auxiliares do Estado – em acidental".[11]

A prevalência do direito público não significa, no entanto, que a sociedade de economia mista perca a natureza de sociedade anônima.[12] A Lei das Sociedades Anônimas (Lei n. 6.404, de 15 de dezembro de 1976), se aplica às sociedades de economia mista, desde que seja preservado o interesse público que justifica sua criação e atuação (artigo 235). Deste modo, sua liberdade de reestruturação organizacional é plena, dentro de todas as formas possíveis previstas pela legislação societária brasileira, como a incorporação, fusão ou cisão (artigo 223).

1.2 A ATUAÇÃO DO ESTADO NO DOMÍNIO ECONÔMICO

A atuação do Estado no domínio econômico está prevista expressamente nos artigos 173, *caput*[13] e 175, *caput*[14] da Constituição de 1988.

---

[11] BANDEIRA DE MELLO, Celso Antônio. *Curso de Direito Administrativo*. 20ª ed. São Paulo: Malheiros, 2006. p. 179, grifos do autor.

[12] FERREIRA, Waldemar Martins. *A Sociedade de Economia Mista em seu Aspecto Contemporâneo*. São Paulo: Max Limonad, 1956. pp. 131-133 e 138-145 e CARVALHOSA, Modesto. *Comentários à Lei de Sociedades Anônimas*. 2ª ed. São Paulo: Saraiva, 1999. Vol. 4, tomo I. pp. 351-353, 367-368, 374 e 376-378.

[13] Art. 173. *Caput*: "Ressalvados os casos previstos nesta Constituição, a exploração direta de atividade econômica pelo Estado só será permitida quando necessária aos imperativos da segurança nacional ou a relevante interesse coletivo, conforme definidos em lei".

[14] Art. 175. *Caput*: "Incumbe ao poder público, na forma da lei, diretamente ou sob regime de concessão ou permissão, sempre através de licitação, a prestação de serviços públicos".

ATUAÇÃO DO ESTADO NO DOMÍNIO ECONÔMICO E SISTEMA...

Em ambos os dispositivos, trata-se da prestação de atividade econômica em sentido amplo pelo Estado, subdividida em duas modalidades: a prestação de atividade econômica em sentido estrito (artigo 173) e a prestação de serviço público (artigo 175).[15] É, portanto, essencial compreender os pressupostos teóricos que se encontram por trás das várias concepções de serviço público da doutrina brasileira, cuja grande influência, assim como nos debates italiano, espanhol ou português, é de matriz francesa.[16]

Nesta análise, pela sua importância teórica, destacam-se os franceses Léon Duguit e Maurice Hauriou, cujas teorias são, sem sombra de dúvida, as mais presentes na nossa doutrina. Estes autores, no entanto, não só necessitam ser entendidos no contexto histórico em que desenvolveram sua obra, mas também é necessário que se problematize, tendo em vista o atual debate sobre os serviços públicos, a adequação destas teorias à nossa realidade, levando em conta a especificidade da formação histórico-social do Estado brasileiro. Duguit e Hauriou representam alternativas ao pensamento liberal dominante nos meios publicistas franceses e contrapõem-se à incorporação dos conceitos alemães (como o de Estado de Direito – *Rechtsstaat*, em choque com o *État*

---

[15] Sobre a clássica distinção da atividade econômica em sentido amplo em atividade econômica em sentido estrito e serviço público, *Vide* GRAU, Eros Roberto. *A Ordem Econômica na Constituição de 1988:* Interpretação e Crítica. 12ª ed. São Paulo: Malheiros, 2007. pp. 101-111.

[16] O debate alemão sobre serviço público gira em torno da concepção de *Daseinsvorsorge*, desenvolvida originariamente por Ernst Forsthoff durante o nazismo e, posteriormente, adaptada à democracia da Lei Fundamental. *Vide* FORSTHOFF, Ernst. *Die Verwaltung als Leistungsträger*. Stuttgart/Berlin: W. Kohlhammer Verlag, 1938. pp. 1-15 (capítulo 1, cujo título, emblemático, afirma ser a prestação de *Daseinsvorsorge* a tarefa da Administração Pública moderna – *"Die Daseinsvorsorge als Aufgabe der modernen Verwaltung"*); FORSTHOFF, Ernst. *Lehrbuch des Verwaltungsrechts.* 9ª ed. München: Verlag C. H. Beck, 1966 Vol. 1, pp. 340-345; SORDI, Bernardo. *Tra Weimar e Vienna:* Amministrazione Pubblica e Teoria Giuridica nel Primo Dopoguerra. Milano: Giuffrè, 1987. pp. 274-309. Para o debate atual na Alemanha, *Vide* SCHMIDT, Reiner. "Der Liberalisierung der Daseinsvorsorge". *Der Staat*. Berlin: Duncker & Humblot, 2003. Vol. 42. pp. 225-247 e RONELLENFITSCH, Michael. "Daseinsvorsorge als Rechtsbegriff: Aktuelle Entwicklungen im nationalen und europäischen Recht" *In*: BLÜMEL, Willi. (org.), *Ernst Forsthoff*: Kolloquium aus Anlass des 100: Geburstags von Prof. Dr. Dr. h. c. Ernst Forsthoff. Berlin: Duncker & Humblot, 2003. pp. 67-114.

GILBERTO BERCOVICI

Légal francês) à Teoria do Estado francesa, tarefa então realizada especialmente por Carré de Malberg.[17]

Léon Duguit combate, em suas obras, a visão tradicional do Estado soberano, criticando a concepção do Poder Público como uma vontade subjetiva dos governantes sobre os governados. Para Duguit, o Estado não é um soberano que comanda, mas uma força capaz de criar e gerar serviços públicos, formando um sistema realista com base na solidariedade social, objetivamente imposto a todos os cidadãos. O ponto central é a sua defesa do fim da ideia de dominação (*Herrschaft, puissance publique*) na Teoria do Estado, substituindo a soberania pelo serviço público como noção fundamental do direito público. A doutrina de Duguit é teleológica, o Estado se legitima por seus fins. Para Duguit, os governantes monopolizam a força para organizar e controlar o funcionamento dos serviços públicos. Serviço público

> "(...) c'est tout activité dont l'accomplissement doit être assuré, reglé et contrôlé par les gouvernants, parce que l'accomplissement de cette activité est indispensable à la realisation et au développement de l'interdépendance sociale, et qu'elle est de telle nature qu'elle ne peut être réalisée complètement que par l'intervention de la force gouvernante".[18]

O Estado, para Duguit, não é o soberano, mas o garantidor da interdependência e solidariedade sociais. Os serviços públicos não podem ser interrompidos, sua continuidade é essencial e é uma obrigação imposta aos governantes pelo fato de serem governantes, constituindo o

---

[17] CARRÉ DE MALBERG, Raymond. *Contribution à la Théorie Générale de l'État.* Reimpr., Paris: Centre National de la Recherche Scientifique, 1962. Vol. 1, pp. 231-243, 255-256 e, especialmente, 488-494. Sobre o debate publicista francês do final do século XIX e início do século XX, travado entre os adeptos das concepções de *État Légal* e de *État de Droit*, *Vide* REDOR, Marie-Joëlle. *De l'État Legal a l'État de Droit:* L'Evolution des Conceptions de la Doctrine Publiciste Française, 1879-1914. Paris: Economica/Presses Universitaires d'Aix-Marseille, 1992 e BERCOVICI, Gilberto. *Soberania e Constituição:* Para uma Crítica do Constitucionalismo. São Paulo: Quartier Latin, 2008. pp. 259-272.

[18] DUGUIT, Léon. *Traité de Droit Constitutionnel.* 3ª ed. Paris: E. de Boccard, 1928. Vol. 2, p. 61.

ATUAÇÃO DO ESTADO NO DOMÍNIO ECONÔMICO E SISTEMA...

fundamento e o limite de seu poder. Segundo Duguit, o poder público é um dever, uma função, não um direito dos governantes. Duguit propõe, assim, um regime político fundado na solidariedade social, em que os governantes têm deveres e obrigações de agir, o que implica na intervenção estatal nos domínios econômico e social. A solidariedade social, concretizada por meio dos serviços públicos, é, na sua visão, a forma mais adequada de legitimidade do Estado.[19]

Embora também critique a visão subjetiva preponderante da dominação estatal, ao entender o Estado como uma instituição objetiva, Maurice Hauriou vai se diferenciar das concepções de Duguit tanto quanto da doutrina tradicional. Hauriou entende o Estado como uma instituição que repousa sobre equilíbrios móveis na sociedade, uma unidade na pluralidade, descrevendo o poder como o resultado da correlação de forças dentro do processo social.[20] A articulação entre o poder público e o serviço público dá-se pelo fato de todo serviço público pressupor a utilização dos procedimentos do poder público. Utilização esta, no entanto, limitada pela referência ao próprio serviço público, ou seja, à sua missão social. Esta ligação que Hauriou desenvolve entre poder público e serviço público o distingue de Duguit: o poder do Estado detém sua legitimidade na medida em que está a serviço do interesse social, mas o Estado só pode estar a serviço do interesse social porque é dotado de poder.[21]

---

[19] DUGUIT, Léon. *Les Transformations du Droit Public*. Paris: Éditions La Mémoire du Droit, 1999. pp. 33-72; DUGUIT, Léon. *Manuel de Droit Constitutionnel*. 3ª ed. Paris: Ancienne Librairie Fontemoing & Cie Éditeurs, 1918. pp. 29-30, 67-68 e 71-84; DUGUIT, Léon. *Leçons de Droit Public Général*. Paris: Éditions La Mémoire du Droit, 2000. pp. 124-152; DUGUIT, Léon. *Traité de Droit Constitutionnel*. 3ª ed. Paris: E. de Boccard, 1927. Vol. 1 pp. 541-551, 603-631, 649-654 e 670-680 e Vol. 2 (1928), pp. 59-107 e 118-142. Para a importância da noção de serviço público na Teoria do Estado de Duguit, *Vide* o indispensável estudo de PISIER-KOUCHNER, Evelyne. *Le Service Public dans la Théorie de l'État de Léon Duguit*. Paris: L.G.D.J, 1972.

[20] O estudo clássico do institucionalismo de Hauriou é HAURIOU, Maurice. "La Théorie de l'Institution et de la Fondation (Essai de Vitalisme Social)" *In: Aux Sources du Droit:* Le Pouvoir, l'Ordre et la Liberté. Edição fac-similar. Caen: Centre de Philosophie Politique et Juridique/Université de Caen, 1990. pp. 89-128.

[21] HAURIOU, Maurice. *Précis de Droit Administratif et de Droit Public*. 10ª ed. Paris: Sirey, 1921. pp. 21-33.

GILBERTO BERCOVICI

Para o estudo do debate clássico francês em torno da concepção de serviço público resta, ainda, mencionar o discípulo de Duguit, Gaston Jèze. Jèze entende o serviço público como elemento fundamental e definidor do direito administrativo, cujo objeto seria formular as regras para o bom funcionamento dos serviços públicos.[22] No entanto, Jèze diverge do sociologismo de Duguit, preferindo adotar a metodologia essencialmente jurídica. Para ele, serviço público está necessariamente ligado a um regime jurídico especial, cuja base é a supremacia do interesse geral (público) sobre o interesse particular (privado). Ao buscar a instrumentalização do exercício do serviço público pelo direito público administrativo, Jèze acaba abandonando o sentido material de serviço público de Duguit, limitando-se a uma concepção jurídico-formal. Nesta perspectiva, Gaston Jèze define serviço público como um procedimento técnico que se traduz em um regime jurídico peculiar.[23]

A concepção de serviço público dominante na maior parte da doutrina brasileira é a concepção formal, inspirada em Jèze. Celso Antônio Bandeira de Mello, por exemplo, entende a concepção material de serviço público como "extrajurídica". Para ele, é impossível uma definição não formal de serviço público:

> "Serviço público é toda atividade de oferecimento de utilidade ou comodidade material destinada à satisfação da coletividade em geral, mas fruível singularmente pelos administrados, que o Estado assume como pertinente a seus deveres e presta por si mesmo ou por quem lhe faça as vezes, sob um regime de Direito Público − portanto, consagrador de prerrogativas de supremacia e de restrições especiais−, instituído em favor dos interesses definidos como públicos no sistema normativo".[24]

---

[22] JÈZE, Gaston. *Les Principes Généraux du Droit Administratif.* 3ª ed. Paris: Marcel Giard Libraire-Éditeur, 1925. Vol. 1, pp. 1-2.

[23] JÈZE, Gaston. *Les Principes Généraux du Droit Administratif.* Paris: Marcel Giard Libraire-Éditeur, 3ª ed. 1930. Vol. 2, pp. 1-23.

[24] BANDEIRA DE MELLO, Celso Antônio. *Curso de Direito Administrativo.* 20ª ed. São Paulo: Malheiros, 2006. p. 634.

ATUAÇÃO DO ESTADO NO DOMÍNIO ECONÔMICO E SISTEMA...

Há dois elementos essenciais em sua concepção de serviço público: o substrato material, a prestação de "utilidade ou comodidade material fruível diretamente pelos administrados", e o elemento formal, que, para Celso Antônio Bandeira de Mello, é o que caracteriza efetivamente o serviço público. Só é serviço público a prestação submetida ao regime de direito público, isto é, ao regime administrativo.[25]

A concepção formal de serviço público também é a adotada por Maria Sylvia Zanella Di Pietro. Na sua definição, serviço público é entendido

> "(...) como toda atividade material que a lei atribui ao Estado para que a exerça diretamente ou por meio de seus delegados, com o objetivo de satisfazer concretamente às necessidades coletivas, sob regime jurídico total ou parcialmente público".[26]

O elemento material ("satisfazer concretamente às necessidades coletivas") é, novamente, colocado em segundo plano diante do elemento formal, o regime jurídico e a atribuição do serviço ao Estado por lei, que, para Di Pietro, caracterizam efetivamente o serviço público.[27]

A concepção material de serviço público, na atualidade, é defendida, entre outros, por Eros Roberto Grau. Partindo da sua classificação do serviço público como espécie da atividade econômica em sentido amplo, que compete preferencialmente ao setor público, este autor defende a noção de serviço público como atividade indispensável à consecução da coesão e interdependência sociais. Ao prestar serviço público, o Estado, ou quem atue em seu nome, está acatando ao interesse

---

[25] BANDEIRA DE MELLO, Celso Antônio. *Curso de Direito Administrativo*. 20ª ed. São Paulo: Malheiros, 2006.pp. 633-639. *Vide* também BANDEIRA DE MELLO, Celso Antônio. *Natureza e Regime Jurídico das Autarquias*. São Paulo: RT, 1968. pp. 167-171 e BANDEIRA DE MELLO, Celso Antônio. *Prestação de Serviços Públicos e Administração Indireta*. 2ª ed. São Paulo: RT, 1987. pp. 18-27.

[26] DI PIETRO, Maria Sylvia Zanella. *Direito Administrativo*. 20ª ed. São Paulo: Atlas, 2007. p. 90.

[27] DI PIETRO, Maria Sylvia Zanella. *Direito Administrativo*. 20ª ed. São Paulo: Atlas, 2007. pp. 86-92.

social. A inspiração da concepção material de serviço público de Eros Grau é proveniente, além de Duguit, da conceituação do administrativista gaúcho Ruy Cirne Lima.[28] Também fundado em Duguit, Cirne Lima entende o serviço público como *"todo o serviço existencial, relativamente à sociedade ou, pelo menos, assim havido num momento dado, que, por isso mesmo, tem de ser prestado aos componentes daquela, direta ou indiretamente, pelo Estado ou outra pessoa administrativa".*[29]

A concepção material de serviço público, assim, é construída sobre as ideias de coesão e interdependência sociais, justificando a necessidade da prestação estatal, direta ou indireta, do serviço público. Para os adeptos da concepção material, os serviços públicos podem estar previstos explícita ou implicitamente no texto constitucional, destacando como elemento fundamental para a caracterização de um serviço público a importância daquela atividade econômica, em dado momento histórico, para a coesão e interdependência sociais.[30]

Já a atividade econômica em sentido estrito (artigo 173, *caput* da Constituição) só pode ser prestada diretamente pelo Estado em casos de imperativos de segurança nacional ou relevante interesse coletivo. A atividade econômica em sentido estrito é prestada, preferencialmente, pelos agentes econômicos privados, em regime de mercado. O Estado pode prestar atividade econômica em sentido estrito apenas nas hipóteses elencadas no *caput* do artigo 173, concorrendo com os demais agentes econômicos privados ou monopolizando a atividade. Este artigo define as bases constitucionais para a atuação *stricto sensu* do Estado no domínio econômico, exigindo que esta se dê pela via da legalidade e

---

[28] LIMA, Ruy Cirne. *Princípios de Direito Administrativo*. 5ª ed. São Paulo: RT, 1982. pp. 81-85.

[29] LIMA, Ruy Cirne. *Princípios de Direito Administrativo*. 5ª ed. São Paulo: RT, 1982. p. 82.

[30] GRAU, Eros Roberto. *A Ordem Econômica na Constituição de 1988*: Interpretação e Crítica. 12ª ed. São Paulo: Malheiros, 2007. pp. 123-140 e GRAU, Eros Roberto. "Constituição e Serviço Público" *In:* GRAU, Eros Roberto; GUERRA Filho, Willis Santiago (orgs.). *Direito Constitucional*: Estudos em Homenagem a Paulo Bonavides. São Paulo: Malheiros, 2001. pp. 249-267.

ATUAÇÃO DO ESTADO NO DOMÍNIO ECONÔMICO E SISTEMA...

quando necessária aos imperativos da segurança nacional e relevante interesse coletivo. O artigo 173 da Constituição segue a tradição brasileira inaugurada em 1934[31], e mantida em 1946[32], possibilitando de forma expressa a atuação do Estado no domínio econômico, inclusive com a hipótese de instituição do monopólio estatal sobre determinados setores ou atividades.

Eros Grau destaca que, nos casos de imperativos de segurança nacional, apenas a União poderá prestar a atividade econômica em sentido estrito e sob o regime de monopólio (conforme os artigos 21, III, 22, XXVIII e 91 da Constituição, que definem a segurança nacional como competência exclusiva da União). Já nos casos de relevante interesse coletivo, como o direito econômico é matéria de competência concorrente entre a União e os demais entes da Federação (artigo 24, I da Constituição), qualquer esfera de governo poderá atuar, desde que autorizada por lei, nos termos do artigo 173 da Constituição[33], como detalharei adiante.

As atividades prestadas pelo Banco do Brasil e pela Nossa Caixa são atividades econômicas em sentido estrito, não serviços públicos, justificadas com base no artigo 173 da Constituição, em relevante interesse coletivo. Ao contrário da definição material de serviço público, as atividades bancárias, com a óbvia exceção da emissão de moeda[34], não

---

[31] Artigo 116 da Constituição de 1934: "Por motivo de interesse público e autorizada em lei especial, a União poderá monopolizar determinada indústria ou atividade econômica, asseguradas as indenizações devidas, conforme o art. 113, n. 17, e ressalvados os serviços municipalizados ou de competência dos poderes locais".

[32] Artigo 146 da Constituição de 1946: "A União poderá, mediante lei especial, intervir no domínio econômico e monopolizar determinada indústria ou atividade. A intervenção terá por base o interesse público e por limite os direitos fundamentais assegurados nesta Constituição".

[33] GRAU, Eros Roberto. *A Ordem Econômica na Constituição de 1988*: Interpretação e Crítica. 12ª ed. São Paulo: Malheiros, 2007. pp. 128-129, 277-278 e 281-285. *Vide*, ainda, BANDEIRA DE MELLO, Celso Antônio. *Curso de Direito Administrativo*. 20ª ed. São Paulo: Malheiros, 2006. p. 189.

[34] *Vide* os artigos 21, VII; 22, VI e 164, *caput* da Constituição de 1988. Sobre a emissão monetária como tarefa estatal, *Vide* NUSSBAUM, Arthur. *Teoría Jurídica del Dinero:* El

GILBERTO BERCOVICI

são propriamente atividades indispensáveis à consecução da "coesão e interdependência sociais" (muito embora sejam essenciais para o desenvolvimento econômico), justificando a necessidade da prestação estatal direta ou indireta. As atividades bancárias não seriam também serviços públicos para os que adotam a concepção formal de serviço público, inspirada em Gaston Jèze (só é serviço público a prestação submetida ao regime de direito público, ao regime administrativo). A Constituição não define estas atividades como serviço público, embora sejam de fundamental importância para o processo econômico, isto é, trata-se de atividades econômicas de relevante interesse coletivo.

As atividades desenvolvidas pelos bancos públicos são atividades econômicas em sentido estrito, visando a consecução de objetivos de política econômica do Estado brasileiro, além da preservação do mercado e das relações econômicas no Brasil. O Estado brasileiro atua no setor bancário com base na preservação de relevante interesse coletivo (artigo 173, *caput* da Constituição)[35], sendo tal caracterização repleta de efeitos para a questão analisada, pois o relevante interesse coletivo deve ser perseguido e protegido pelos dirigentes das sociedades de economia mista constituídas para tal fim.

Esta atuação estatal no setor bancário não fere, de maneira alguma, o princípio constitucional da livre iniciativa (artigos 1º, IV e 170, *caput*

Dinero en la Teoría y en la Práctica del Derecho Alemán y Extranjero. Madrid: Librería General de Victoriano Suárez, 1929. pp. 48-50; DE CHIARA, José Tadeu. *Moeda e Ordem Jurídica*. São Paulo: Tese de Doutoramento (Faculdade de Direito da USP), 1986, pp. 32-41. *Mimeo.* e DI PLINIO, Giampiero. *Diritto Pubblico dell'Economia*. Milano: Giuffrè, 1998. pp. 371-387. *Vide*, ainda, embora sob perspectivas distintas, KNAPP, Georg Friedrich. *Staatliche Theorie des Geldes*. 4ª ed. München/Leipzig: Duncker & Humblot, 1923. pp. 20-36 e GUDIN, Eugênio. *Princípios de Economia Monetária*. 9ª ed. Rio de Janeiro: Agir, 1976 Vol. I, pp. 25-26 e 215-221.

[35] Sobre a importância fundamental dos bancos públicos no sistema financeiro brasileiro, com papel central no financiamento do investimento e do crescimento da economia, *Vide* STALLINGS, Barbara; STUDART, Rogerio. *Finance for Development*: Latin America in Comparative Perspective, Washington/Santiago: Brookings Institution Press/United Nations – Economic Commission for Latin America and the Caribbean, 2006. pp. 230-234. Para o papel do Estado na política de crédito, *Vide*, ainda, FARJAT, Gérard. *Droit Économique*. Paris: PUF, 1971. pp. 215-221.

ATUAÇÃO DO ESTADO NO DOMÍNIO ECONÔMICO E SISTEMA...

da Constituição de 1988). A livre iniciativa, no texto constitucional de 1988, não representa o triunfo do individualismo econômico, mas é protegida em conjunto com a valorização do trabalho humano, em uma ordem econômica com o objetivo de garantir a todos uma vida digna[36], com base na justiça social. Isto significa que a livre iniciativa é fundamento da ordem econômica constitucional no que expressa de socialmente valioso.[37]

A livre iniciativa não pode ser reduzida, sob pena de uma interpretação parcial e equivocada do texto constitucional, à liberdade econômica plena ou à liberdade de empresa, pois abrange todas as formas de produção, individuais ou coletivas, como a iniciativa econômica individual, a iniciativa econômica cooperativa (artigos 5º, XVIII e 174, § 3º e § 4º da Constituição) e a própria iniciativa econômica pública (artigos 173 e 177 da Constituição, entre outros). A Constituição brasileira, assim como várias outras constituições contemporâneas, não exclui nenhuma forma de intervenção estatal, nem veda ao Estado atuar

---

[36] Sobre as relações entre ordem econômica constitucional e dignidade da pessoa humana, *Vide* BERCOVICI, Gilberto. "Dignidade da Pessoa Humana e a Constituição Econômica de 1988" *In:* VIEIRA, José Ribas (org.). *Vinte Anos da Constituição Cidadã de 1988:* Efetivação ou Impasse Institucional?. Rio de Janeiro: Forense, 2008. pp. 319-325.

[37] Cf. GRAU, Eros Roberto. *A Ordem Econômica na Constituição de 1988*: Interpretação e Crítica. 12ª ed. São Paulo: Malheiros, 2007. pp. 200-208; COMPARATO, Fábio Konder. "Regime Constitucional do Controle de Preços no Mercado". *Revista de Direito Público,* São Paulo, n. 97, pp. 18-23, janeiro/março de 1991, RT; e SOUZA Neto, Cláudio Pereira de; MENDONÇA, José Vicente Santos de. "Fundamentalização e Fundamentalismo na Interpretação do Princípio Constitucional da Livre Iniciativa" *In:* SOUZA Neto, Cláudio Pereira de; SARMENTO, Daniel (coords.). *A Constitucionalização do Direito:* Fundamentos Teóricos e Aplicações Específicas. Rio de Janeiro: Lumen Juris, 2007. pp. 709-741. *Vide,* ainda, no direito europeu, MANITAKIS, Antonis. *La Liberté du Commerce et de l'Industrie en Droit Belge et en Droit Français.* Bruxelles: Bruylant, 1979. pp. 31-37 e 265-277; ASENJO, Oscar de Juan. *La Constitución Económica Española:* Iniciativa Económica Pública "versus" Iniciativa Económica Privada en la Constitución Española de 1978. Madrid: Centro de Estudios Constitucionales, 1984. pp. 148-169; MONCADA, Luís S. Cabral de. *Direito Econômico.* 2ª ed. Coimbra: Coimbra Ed., 1988. pp. 140-145; IRTI, Natalino. *L'Ordine Giuridico del Mercato.* 4ª ed. Roma/Bari: Laterza, 2001. pp. 18-20, 68-69, 85-88 e 93-96 e CANOTILHO José Joaquim Gomes; MOREIRA, Vital. *Constituição da República Portuguesa Anotada.* 4ª ed. Coimbra: Coimbra Ed., 2007. Vol. I, pp. 791-792.

GILBERTO BERCOVICI

em nenhum domínio da atividade econômica. A amplitude maior ou menor desta atuação econômica do Estado é consequência das decisões políticas democraticamente legitimadas, não de alguma determinação constitucional expressa. Mas o Estado deve ter sua iniciativa econômica pública protegida de forma semelhante às das iniciativas privada e cooperativa. A iniciativa econômica pública, obviamente, tem suas especificidades, pois é determinada positivamente pela Constituição ou pela lei (assim como a liberdade de iniciativa privada também é limitada pela lei) e deve se dar de acordo com o interesse público, ou, mais especificamente, com os imperativos da segurança nacional ou relevante interesse coletivo (artigo 173 da Constituição).[38]

O fato de o direito econômico encontrar-se entre as matérias elencadas como de competência concorrente (artigo 24, I), é reforçado pela circunstância de que as finalidades e objetivos da União, Estados, Distrito Federal e Municípios são os mesmos, determinados pela Constituição de 1988, devendo utilizar de forma coordenada os instrumentos de que dispõem, na sua esfera de competências, para atuarem na esfera econômica.[39] No caso da política financeira e creditícia, a atuação

---

[38] Sobre a iniciativa econômica pública, *Vide*, ainda, ASENJO, Oscar de Juan. *La Constitución Económica Española:* Iniciativa Económica Pública "versus" Iniciativa Económica Privada en la Constitución Española de 1978. Madrid: Centro de Estudios Constitucionales, 1984. pp. 90-99; MONCADA, Luís S. Cabral de. *Direito Econômico.* 2ª ed. Coimbra: Coimbra Ed., 1988. pp. 117-121; IRTI, Natalino. *L'Ordine Giuridico del Mercato.* 4ª ed. Roma/Bari: Laterza, 2001.pp. 19-20; DE CARLI, Paolo. *Lezioni ed Argomenti di Diritto Pubblico dell'Economia.* Padova: CEDAM, 1995. pp. 36-38 e 40-41 e CANOTILHO, José Joaquim Gomes; MOREIRA, Vital. *Constituição da República Portuguesa Anotada.* 4ª ed. Coimbra: Coimbra Ed., 2007. Vol. I, pp. 958-959 e 982-986. Para uma análise da compatibilidade e das mudanças na visão da iniciativa econômica pública a partir do processo de integração econômica europeia, *Vide* DI PLINIO, Giampiero, *Diritto Pubblico dell'Economia.* Milano: Giuffrè, 1998. pp. 173-178 e 531-538.

[39] Para um exemplo de um Estado que não é propriamente federativo, mas que reparte competências de atuação na esfera econômica com entes subnacionais, *Vide* ASSENJO, Oscar de Juan, *La Constitución Económica Española:* Iniciativa Econômica Pública "versus" Iniciativa Económica Privada en la Constitución Española de 1978. Madrid: Centro de Estudios Constitucionales, 1984. pp. 249-311 e ECHAVARRÍA, Juan José Solozábal. "El Estado Social como Estado Autonómico", *Teoría y Realidad Constitucional,* Madrid, n. 3, pp. 61-78, janeiro/junho de 1999: Universidad Nacional de Educación a Distancia/ Editorial Centro de Estudio Ramón Areces.

ATUAÇÃO DO ESTADO NO DOMÍNIO ECONÔMICO E SISTEMA...

conjunta é, inclusive, determinada pela própria estruturação do Sistema Financeiro Nacional (Lei n. 4.595/1964), não obstante o fato de ser a política de crédito de competência exclusiva da União (artigos 21, VIII e 22, VII da Constituição).[40] No Brasil, historicamente o papel do setor bancário público na política creditícia e financeira é preponderante[41], o que torna toda e qualquer atuação conjunta entre instituições financeiras públicas federais e estaduais absolutamente positiva para o desenvolvimento nacional. A incorporação de uma sociedade de economia mista estadual por uma sociedade de economia mista federal, com a unificação das políticas creditícias das instituições financeiras públicas por meio da incorporação da Nossa Caixa ao Banco do Brasil, não afeta a realização das políticas governamentais de crédito e fomento. Pelo contrário, pode, inclusive, ser um fator de melhor coordenação e maior eficiência na obtenção do interesse público.

1.3 A SOCIEDADE DE ECONOMIA MISTA COMO INSTRUMENTO DE ATUAÇÃO ESTATAL

É incorreto aceitar acriticamente conceitos e princípios pré-constitucionais só por estarem consolidados na doutrina administrativista. A Constituição obriga a reformulação, mesmo que parcial, de todas as categorias do direito administrativo. A realização dos programas constitucionais não depende dos operadores jurídicos, mas de inúmeros outros fatores, como a Administração Pública, para ser concretizada.

---

[40] VIDIGAL, Geraldo de Camargo. *Fundamentos do Direito Financeiro*. São Paulo: RT, 1973. pp. 276-277. Sobre a necessidade de atuação conjunta da União e dos entes federados na política financeira e creditícia, *Vide* RIBEIRO, C. J. de Assis. *Análise Jurídica do Crédito Público*. Rio de Janeiro: Edições Financeiras, 1954. pp. 175-189.

[41] Sobre o predomínio do setor bancário público (especialmente o BNDES, o Banco do Brasil e a Caixa Econômica Federal) na oferta de crédito para o setor privado (especialmente pequenas e médias empresas) e no financiamento de longo prazo no Brasil, *Vide* STALLINGS, Barbara; STUDART, Rogerio. *Finance for Development:* Latin America in Comparative Perspective, Washington/Santiago: Brookings Institution Press/United Nations – Economic Commission for Latin America and the Caribbean, 2006.pp. 241-247 e 252-255.

GILBERTO BERCOVICI

Este "protagonismo político" da Administração, como ressalta Paulo Otero, está bem longe da tradição administrativista liberal. Fica patente, portanto, a necessidade de construção de um direito administrativo dinâmico, a serviço da concretização dos direitos fundamentais e da Constituição.[42]

Sob a Constituição de 1988, as empresas estatais estão subordinadas às finalidades do Estado, como o desenvolvimento (artigo 3º, II da Constituição). Neste sentido, é correta a afirmação de Paulo Otero, para quem o interesse público é o fundamento, o limite e o critério da iniciativa econômica pública.[43] A legitimação constitucional, no caso brasileiro, desta iniciativa econômica pública, da qual as sociedades de economia mista Banco do Brasil e Nossa Caixa constituem exemplos, se dá pelo cumprimento dos requisitos constitucionais e legais fixados para a sua atuação.

Como ressalta Washington Peluso Albino de Souza, a criação de uma empresa estatal, como uma sociedade de economia mista, já é um ato de política econômica.[44] Os objetivos do Banco do Brasil e da Nossa

---

[42] BADURA, Peter. *Verwaltungsrecht im liberal und im sozialen Rechtsstaat.* Tübingen: J.C.B. Mohr (Paul Siebeck), 1966. pp. 12-27; REIGADA, Antonio Troncoso. "Dogmática Administrativa y Derecho Constitucional: El Caso del Servicio Público". *Revista Española de Derecho Constitucional,* Madrid, n. 57, pp. 87-98, setembro/dezembro de 1999: Centro de Estudios Políticos e Constitucionales e OTERO, Paulo. "Constituição e Legalidade Administrativa: A Revolução Dogmática do Direito Administrativo" *In:* TAVARES, André Ramos; FERREIRA, Olavo A. V. Alves; LENZA, Pedro. (coords.). *Constituição Federal, 15 Anos:* Mutação e Evolução – Comentários e Perspectivas. São Paulo: Método, 2003. pp. 147-151. *Vide* também HESSE, Konrad. *Grundzüge des Verfassungsrechts der Bundesrepublik Deutschland.* 20ª ed. Heidelberg: C.F. Müller Verlag, 1999. pp. 93-94 e GRIMM, Dieter."Die Zukunft der Verfassung" *In: Die Zukunft der Verfassung.* 2ª ed. Frankfurt am Main: Suhrkamp, 1994. pp. 434-437.

[43] OTERO, Paulo. *Vinculação e Liberdade de Conformação Jurídica do Sector Empresarial do Estado.* Coimbra: Coimbra Ed. 1998. pp. 122-131 e 199-217. *Vide* também PÜTTNER, Günter. *Die öffentlichen Unternehmen:* Verfassungsfragen zur wirtschaftlichen Betätigung der öffentlichen Hand. Bad Homburg/Berlin/Zürich: Verlag Gehlen, 1969.pp. 87-98; COLSON, Jean-Philippe. *Droit Public Économique.* 3ª ed. Paris: L.G.D.J., 2001. pp. 99-111 e BANDEIRA DE MELLO, Celso Antônio. *Curso de Direito Administrativo.* 20ª ed. São Paulo: Malheiros, 2006. pp. 178-183.

[44] SOUZA, Washington Peluso Albino de. *Primeiras Linhas de Direito Econômico.* 3ª ed. São Paulo: LTr, 1994. p. 278.

ATUAÇÃO DO ESTADO NO DOMÍNIO ECONÔMICO E SISTEMA...

Caixa estão fixados por lei, não podendo furtar-se a estes objetivos. Devem cumpri-los, sob pena de desvio de finalidade. Para isto foram criados e são mantidos pelo Poder Público (federal ou estadual), integrando o Sistema Financeiro Nacional.

A sociedade de economia mista, como o Banco do Brasil ou a Nossa Caixa, é um instrumento de atuação do Estado, devendo estar acima, portanto, dos interesses privados. Embora se apliquem às sociedades de economia mista as disposições da Lei das S.A., esta também prescreve no seu artigo 238 que a finalidade da sociedade de economia mista é atender ao interesse público, que motivou sua criação. A sociedade de economia mista está vinculada aos fins da lei que autoriza a sua instituição, que determina o seu objeto social e destina uma parcela do patrimônio público para aquele fim. Não pode, portanto, a sociedade de economia mista, por sua própria vontade, utilizar o patrimônio público para atender finalidade diversa da prevista em lei[45], conforme expressa o artigo 237 da Lei das S.A.

O objetivo essencial das sociedades de economia mista não é a obtenção de lucro, mas a implementação de políticas públicas. Segundo Fábio Konder Comparato, a legitimidade da ação do Estado como empresário (a iniciativa econômica pública) é a produção de bens e serviços que não podem ser obtidos de forma eficiente e justa no regime da exploração econômica privada. Não há nenhum sentido em o Estado procurar receitas por meio da exploração direta da atividade econômica.[46] A esfera de atuação das sociedades de economia mista é a dos objetivos

---

[45] DI PIETRO, Maria Sylvia Zanella. *Direito Administrativo*. 20ª ed. São Paulo: Atlas, 2007. pp. 417-418.

[46] Cf. COMPARATO, Fábio Konder. *O Poder de Controle na Sociedade Anônima*. 2ª ed. São Paulo: RT, 1977. pp. 289 e 390-391 e GRAU, Eros Roberto. "Sociedades de Economia Mista, Empresas Públicas, Fundações e Autarquias Prestadoras de Serviço Público: O Tema do Lucro". *Revista Trimestral de Direito Público* n. 6. São Paulo. pp. 273-276, 1994: Malheiros. *Vide*, ainda, CARVALHOSA, Modesto. *Comentários à Lei de Sociedades Anônimas*. 2ª ed. São Paulo: Saraiva, 1999. Vol. 4, tomo I. pp. 376-378 e 412-418 e PÜTTNER, Günter. *Die öffentlichen Unternehmen:* Verfassungsfragen zur wirtschaftlichen Betätigung der öffentlichen Hand. Bad Homburg/Berlin/Zürich: Verlag Gehlen, 1969. pp. 86-87.

GILBERTO BERCOVICI

da política econômica, de estruturação de finalidades maiores, cuja instituição e funcionamento ultrapassam a racionalidade de um único ator individual (como a própria sociedade ou seus acionistas). Nas palavras de Eros Roberto Grau:

> "O Estado moderno é o Estado das políticas públicas. Ao desenvolvê-las, por certo não há de visar, o Estado, a produção de lucro, mas a realização justamente daquela linha de maior vantagem de que fala Washington Peluso Albino de Souza, o que supõe máxima eficácia social ponderada desde os valores ideológicos consagrados no plano constitucional. Daí porque sustento que o princípio da economicidade impõe à Administração a busca da máxima eficácia social na implementação das políticas públicas a seu cargo e não a geração de lucro".[47]

A finalidade de qualquer ente da Administração é obter um resultado de interesse público, decorrente explícita ou implicitamente da lei. Isto quer dizer que a finalidade é condição obrigatória de legalidade de qualquer atuação administrativa, marcada, segundo Celso Antônio Bandeira de Mello, pela ideia de função. Quem define a finalidade da atuação dos órgãos da Administração Pública é o legislador, não as autoridades administrativas.[48]

Aqui, portanto, trata-se, da clássica contraposição entre o interesse público e os interesses privados. Preservar e agir de acordo com o interesse público[49] é o dever fundamental da Administração Pública, da

---

[47] GRAU, Eros Roberto. "Sociedades de Economia Mista, Empresas Públicas, Fundações e Autarquias Prestadoras de Serviço Público: O Tema do Lucro". *Revista Trimestral de Direito Público*, São Paulo, n. 6, pp. 273-276, 1994: Malheiros. *Vide*, ainda, PÜTTNER, Günter. *Die öffentlichen Unternehmen*: Verfassungsfragen zur wirtschaftlichen Betätigung der öffentlichen Hand. Bad Homburg/Berlin/Zürich: Verlag Gehlen, 1969. pp. 106-110.

[48] BANDEIRA DE MELLO, Celso Antônio. *Curso de Direito Administrativo*. 20ª ed. São Paulo: Malheiros, 2006. pp. 377-380 e 923-926.

[49] Sobre a supremacia do interesse público, *Vide* BANDEIRA DE MELLO, Celso Antônio. *Curso de Direito Administrativo*. 20ª ed. São Paulo: Malheiros, 2006. pp. 58-75 e 85-88 e DI PIETRO, Maria Sylvia Zanella. *Direito Administrativo*. 20ª ed, São Paulo: Atlas, 2007. pp. 59-62.

ATUAÇÃO DO ESTADO NO DOMÍNIO ECONÔMICO E SISTEMA...

qual fazem parte a sociedade de economia mista Banco do Brasil (esfera federal) e a sociedade de economia mista Nossa Caixa (esfera estadual). O interesse público é indisponível por parte da Administração Pública, fundamentando o que Rogério Ehrhardt Soares denomina de *"dever da boa administração"*: o administrador público deve atuar e esta atuação deve ocorrer em uma determinada direção, expressa nas diretrizes e princípios constitucionais.[50] Ainda nas palavras de Celso Antônio Bandeira de Mello:

> "Quem exerce 'função administrativa' está adscrito a satisfazer interesses públicos, ou seja, interesses de outrem: a coletividade. Por isso, o uso das prerrogativas da Administração é legítimo se, quando e na medida indispensável ao atendimento dos interesses públicos: vale dizer, do povo, porquanto nos Estados Democráticos o poder emana do povo e em seu proveito terá de ser exercido".[51]

Mesmo os autores que recentemente vêm defendendo a "relativização", ou mesmo o fim, da supremacia do interesse público sobre os interesses privados[52], concordam que é dever do Estado e da Administração Pública a proteção aos direitos fundamentais e o respeito à Constituição.[53] No Estado Democrático de Direito, como o instituído pela

---

[50] SOARES, Rogério Guilherme Ehrhardt. *Interesse Público, Legalidade e Mérito*. Coimbra: Faculdade de Direito da Universidade de Coimbra, 1955. pp. 179-205 e BANDEIRA DE MELLO, Celso Antônio. *Curso de Direito Administrativo*. 20ª ed. São Paulo: Malheiros, 2006. pp. 62-63.

[51] BANDEIRA DE MELLO, Celso Antônio. *Curso de Direito Administrativo*. 20ª ed. São Paulo: Malheiros, 2006. p. 60.

[52] *Vide*, por todos, HÄBERLE, Peter. *Öffentliches Interesse als juristisches Problem*: Eine Analyse von Gesetzgebung und Rechtsprechung. 2ª ed. Berlin: Berliner Wissenschafts Verlag, 2006. especialmente pp. 52-53, 60-70 e 525-552. No Brasil, *Vide* a obra coletiva SARMENTO, Daniel (org.). *Interesses Públicos versus Interesses Privados*: Desconstruindo o Princípio de Supremacia do Interesse Público. Rio de Janeiro: Lumen Juris, 2005.

[53] HÄBERLE, Peter. *Öffentliches Interesse als juristisches Problem*: Eine Analyse von Gesetzgebung und Rechtsprechung. 2ª ed. Berlin: Berliner Wissenschafts Verlag, 2006. pp. 351-359; SARMENTO, Daniel. "Interesses Públicos vs. Interesses Privados na

GILBERTO BERCOVICI

Constituição de 1988, a base do direito administrativo só pode ser o direito constitucional, que estabelece os seus parâmetros: o direito administrativo é o "direito constitucional concretizado".[54]

As finalidades do Banco do Brasil e da Nossa Caixa estão definidas na legislação. Ambos são instrumentos da política nacional de crédito, como determina o artigo 22, *caput* da Lei n. 4.595/1964:

"Artigo 22. As instituições financeiras públicas são órgãos auxiliares da execução da política de crédito do Governo Federal".

O Banco do Brasil caracteriza-se por ser o principal instrumento das políticas de crédito nacionais[55], com destaque ao crédito rural, ao financiamento do comércio exterior e à preocupação com as necessidades creditícias distintas das várias regiões do país, além de atuar de forma suplementar à rede bancária privada.[56] Suas funções estão previstas expressamente no artigo 19 da mesma Lei n. 4.595/1964:

Perspectiva da Teoria e da Filosofia Constitucional". pp. 79-109 e SCHIER, Paulo Ricardo. "Ensaio sobre a Supremacia do Interesse Público sobre o Privado e o Regime Jurídico dos Direitos Fundamentais", pp. 217-242, ambos os ensaios publicados na já referida obra coletiva SARMENTO, Daniel. (org.). *Interesses Públicos versus Interesses Privados:* Desconstruindo o Princípio de Supremacia do Interesse Público. Rio de Janeiro: Lumen Juris, 2005.

[54] Para esta concepção, *Vide* WERNER, Fritz. "Verwaltungsrecht als konkretisiertes Verfassungsrecht" *In: Recht und Gericht in unserer Zeit:* Reden, Vorträge, Aufsätze 1948-1969. Köln: Carl Heymans Verlag, 1971. pp. 212-226.

[55] *Vide* a menção expressa nos objetivos da Reforma Bancária de 1964 *In:* MINISTÉRIO DO PLANEJAMENTO E COORDENAÇÃO ECONÔMICA. *Programa de Ação Econômica do Govêrno, 1964-1966 (Síntese).* 2ª ed. Brasília: Escritório de Pesquisa Econômica Aplicada, 1965. p. 74.

[56] Sobre as funções do Banco do Brasil, *Vide* MENDONÇA, José Xavier Carvalho de. *Tratado de Direito Comercial Brasileiro.* 5ª ed. Rio de Janeiro: Freitas Bastos, 1956. Vol. VI, pp. 128-140; FERREIRA, Waldemar Martins. *A Sociedade de Economia Mista em seu Aspecto Contemporâneo.* São Paulo: Max Limonad, 1956. pp.93-95; VENÂNCIO Filho, Alberto. *A Intervenção do Estado no Domínio Econômico*: O Direito Público Econômico no Brasil., Rio de Janeiro: Ed. FGV, 1968. pp. 256-257; FRANCO Sobrinho, Manuel de Oliveira. *Comentários à Reforma Administrativa Federal.* 2ª ed. São Paulo: Saraiva, 1983, pp. 344-346 e TREBAT, Thomas J. *Brazil's State-Owned Enterprises:* A Case Study of the State as Entrepreneur. Reimpr., Cambridge/New

ATUAÇÃO DO ESTADO NO DOMÍNIO ECONÔMICO E SISTEMA...

"Artigo 19. Ao Banco do Brasil S.A. competirá precipuamente, sob a supervisão do Conselho Monetário Nacional e como instrumento de execução da política creditícia e financeira do Governo Federal: I – na qualidade de Agente, Financeiro do Tesouro Nacional, sem prejuízo de outras funções que lhe venham a ser atribuídas e ressalvado o disposto no art. 8º, da Lei n 1.628, de 20 de junho de 1952: *a*) receber, a crédito do Tesouro Nacional, as importâncias provenientes da arrecadação de tributos ou rendas federais e ainda o produto das operações de que trata o art. 49, desta lei; *b*) realizar os pagamentos e suprimentos necessários à execução do Orçamento Geral da União e leis complementares, de acordo com as autorizações que lhe forem transmitidas pelo Ministério da Fazenda, as quais não poderão exceder o montante global dos recursos a que se refere a letra anterior, vedada a concessão, pelo Banco, de créditos de qualquer natureza ao Tesouro Nacional; *c*) conceder aval, fiança e outras garantias, consoante expressa autorização legal; *d*) adquirir e financiar estoques de produção exportável; *e*) executar a política de preços mínimos dos produtos agropastoris; *f*) ser agente pagador e recebedor fora do País; *g*) executar o serviço da dívida pública consolidada; II – como principal executor dos serviços bancários de interesse do Governo Federal, inclusive suas autarquias, receber em depósito, com exclusividade, as disponibilidades de quaisquer entidades federais, compreendendo as repartições de todos os ministérios civis e militares, instituições de previdência e outras autarquias, comissões, departamentos, entidades em regime especial de administração e quaisquer pessoas físicas ou jurídicas responsáveis por adiantamentos, ressalvados o disposto no § 5º deste artigo, as exceções previstas em lei ou casos especiais, expressamente autorizados pelo Conselho Monetário Nacional, por proposta do Banco Central da República do Brasil[57]; III –

York: Cambridge University Press, 2006. pp. 23-24. Sobre o processo de centralização da autoridade monetária no Banco Central, em detrimento do Banco do Brasil, que só foi finalizado com a Constituição de 1988, *Vide* BERCOVICI, Gilberto; MASSONETTO, Luís Fernando. "A Constituição Dirigente Invertida: A Blindagem da Constituição Financeira e a Agonia da Constituição Econômica". *Boletim de Ciências Económicas*. Vol. XLIX. Coimbra: Universidade de Coimbra, 2006. pp. 60-66.

[57] Esta competência hoje, pelo artigo 164, § 3º da Constituição, é do Banco Central.

arrecadar os depósitos voluntários, à vista, das instituições de que trata o inciso III, do art. 10, desta lei, escriturando as respectivas contas; IV – executar os serviços de compensação de cheques e outros papéis; V – receber, com exclusividade, os depósitos de que tratam os artigos 38, item 3º, do Decreto-lei n 2.627, de 26 de setembro de 1940, e 1º do Decreto-lei n 5.956, de 01/11/43, ressalvado o disposto no art. 27, desta lei; VI – realizar, por conta própria, operações de compra e venda de moeda estrangeira e, por conta do Banco Central da República do Brasil, nas condições estabelecidas pelo Conselho Monetário Nacional; VII – realizar recebimentos ou pagamentos e outros serviços de interesse do Banco Central da República do Brasil, mediante contratação na forma do art. 13, desta lei; VIII – dar execução à política de comércio exterior; IX – financiar a aquisição e instalação da pequena e média propriedade rural, nos termos da legislação que regular a matéria; X – financiar as atividades industriais e rurais, estas com o favorecimento referido no art. 4º, inciso IX, e art. 53, desta lei; XI – difundir e orientar o crédito, inclusive às atividades comerciais suplementando a ação da rede bancária; a) no financiamento das atividades econômicas, atendendo às necessidades creditícias das diferentes regiões do País; b) no financiamento das exportações e importações.[58]

§ 1º O Conselho Monetário Nacional assegurará recursos específicos que possibilitem ao Banco do Brasil S.A., sob adequada remuneração, o atendimento dos encargos previstos nesta lei.

§ 2º Do montante global dos depósitos arrecadados, na forma do inciso III deste artigo o Banco do Brasil S.A. colocará à disposição do Banco Central da República do Brasil, observadas as normas que forem estabelecidas pelo Conselho Monetário Nacional, a parcela que exceder as necessidades normais de movimentação das contas respectivas, em função dos serviços aludidos no inciso IV deste artigo.

§ 3º Os encargos referidos no inciso I, deste artigo, serão objeto de contratação entre o Banco do Brasil S.A. e a União Federal, esta representada pelo Ministro da Fazenda.

---

[58] A Lei n 8.490, de 19 de novembro de 1992, transferiu as atribuições de executar a política de comércio exterior do Ministério da Fazenda para o Ministério da Indústria e Comércio.

ATUAÇÃO DO ESTADO NO DOMÍNIO ECONÔMICO E SISTEMA...

§ 4º O Banco do Brasil S. A. prestará ao Banco Central da República do Brasil todas as informações por este julgadas necessárias para a exata execução desta lei.

§ 5º Os depósitos de que trata o inciso II deste artigo, também poderão ser feitos nas Caixas econômicas Federais, nos limites e condições fixadas pelo Conselho Monetário Nacional".

Em relação à Nossa Caixa, suas funções estavam previstas no artigo 2º da Lei Estadual n. 10.430/1971[59], revogado expressamente pelo artigo 12 da Lei Estadual n. 10.853/2001, que redefiniu o objeto social da Nossa Caixa em seu artigo 1º.[60]

A legislação pertinente demonstra a proximidade e a sinergia existente entre as funções das duas sociedades de economia mista. Mesmo sob uma definição mais restrita de suas funções, a Nossa Caixa atuava no âmbito estadual paralelamente à atuação do Banco do Brasil em todo o país. A ampliação de seu objeto social, em 2001, para as atividades bancárias de um banco múltiplo apenas reforçou esta similaridade e proximidade na atuação de ambos os bancos, instrumentos

---

[59] Artigo 2º da Lei Estadual n. 10.430/1971: "A CEESP terá por finalidade estimular a poupança popular, aplicando seus depósitos em operações de crédito relacionadas com a promoção social e o bem estar da comunidade, cabendo-lhe especificamente: I – captar poupanças populares; II – conceder empréstimos destinados a atender a empreendimentos educacionais, habitacionais, de saúde e saneamento, bem assim a programas de promoção cultural; III – conceder crédito pessoal; IV – conceder a Municípios, empréstimos para execução de serviços e obras e para o financiamento de operações de crédito por antecipação de receita. Parágrafo único – As operações que, pela sua natureza, se incluam entre as habitualmente exercidas por outras instituições privadas, serão realizadas mediante refinanciamento".

[60] Artigo 1º da Lei Estadual n. 10.853/2001: "O Banco Nossa Caixa S.A., criado sob a denominação de CEESP – Caixa Econômica do Estado de São Paulo S.A. pela Lei estadual n. 10.430, de 16 de dezembro de 1971, passa a constituir-se em sociedade de economia mista, sob a forma de sociedade por ações, com sede, foro e administração na cidade de São Paulo: tendo por objeto social a atividade bancária, realizada por meio de operações ativas, passivas e acessórias inerentes às respectivas carteiras autorizadas, como banco múltiplo com carteira comercial, de crédito imobiliário e de câmbio, bem como a emissão e administração de cartões de crédito, nos termos das normas regulamentares pertinentes, podendo participar ainda de outras sociedades, nos termos desta lei e das demais disposições legais aplicáveis".

da política econômica de seus respectivos titulares, a União e o Estado de São Paulo.

Nunca é demais tornar a ressaltar como os bancos públicos são essenciais para a política monetária, creditícia e fiscal do Estado brasileiro.[61] O Estado contemporâneo não pode se limitar à uma atuação mínima, mas deve dimensionar seus recursos de maneira a satisfazer o mais amplamente possível as necessidades sociais. Neste contexto, o funcionamento do crédito, que estende o campo das trocas do presente e dos bens disponíveis para o futuro e aos bens a produzir, é essencial como instrumento de direção da política econômica tendo em vista a manutenção da atividade econômica, o crescimento e a ampliação das oportunidades de emprego.[62] E, no Brasil, historicamente, o crédito é instrumentalizado, em sua maior parte, por intermédio dos bancos públicos, como o Banco do Brasil e a Nossa Caixa.

1.4 A INCORPORAÇÃO DE UMA SOCIEDADE DE ECONOMIA MISTA POR OUTRA SOCIEDADE DE ECONOMIA MISTA E A INEXIGIBILIDADE DE LICITAÇÃO

A incorporação é a operação pela qual uma sociedade é absorvida por outra, que a sucede em direitos e obrigações (artigo 227 da Lei n. 6.404/1976). A doutrina brasileira praticamente não diverge no que diz respeito à natureza da operação de incorporação. Não se trata de uma compra e venda de controle acionário, mas da absorção de uma companhia, que deixa de existir, por outra, que aumenta seu capital e assume todos os

---

[61] Sobre o papel essencial que os bancos emissores possuem na política econômica, *Vide* PFLEIDERER, Otto. "Die Notenbank im System der wirtschaftspolitischen Steuerung" *In:* KAISER, Joseph H. (org.). *Planung III:* Mittel und Methoden planender Verwaltung. Baden-Baden: Nomos Verlagsgesellschaft, 1968. pp. 409-427.

[62] VIDIGAL, Geraldo de Camargo. *Fundamentos do Direito Financeiro*. São Paulo: RT, 1973. pp. 38-39, 42-43, 51 e 199-203.

ATUAÇÃO DO ESTADO NO DOMÍNIO ECONÔMICO E SISTEMA...

seus direitos e obrigações (sucessão universal)[63], recebendo os acionistas que possuíam ações da companhia incorporada o valor correspondente em ações da companhia incorporadora. Trata-se, na expressão precisa de Modesto Carvalhosa, *"de oferta e troca de posições acionárias"*. Com a incorporação, a companhia incorporada se extingue[64], sem passar pelo processo de dissolução ou liquidação, pois integra-se totalmente na companhia incorporadora.[65] Sobre a incorporação, afirmou José Xavier Carvalho de Mendonça: "Esta, porém, não deixa de ser o que realmente é: a transferência do patrimônio de uma para outra sociedade, mediante equivalente".[66]

Sendo o Banco do Brasil e a Nossa Caixa sociedades de economia mista, portanto, constituídas sob a forma de sociedade anônima, não haveria, em princípio, qualquer obstáculo à realização da operação de

---

[63] Sobre a sucessão universal no processo de incorporação, *Vide* MENDONÇA, José Xavier Carvalho de. *Tratado de Direito Comercial Brasileiro.* 5ª ed. Rio de Janeiro: Freitas Bastos, 1956. Vol.IV, p. 199; BULGARELLI, Waldirio. *Fusões, Incorporações e Cisões de Sociedades.* 3ª ed. São Paulo: Atlas, 1998. pp. 107-113; CARVALHOSA, Modesto. *Comentários à Lei de Sociedades Anônimas.* 2ª ed. São Paulo: Saraiva, 1999. Vol. 4, tomo I. pp. 279 e 282 e BORBA, José Edwaldo Tavares. *Direito Societário.* 10ª ed. Rio de Janeiro: Renovar, 2007. p. 494.

[64] A fusão cria uma nova sociedade, extinguindo as sociedades originárias, já a incorporação extingue a sociedade incorporada, mas mantém a sociedade incorporadora. Cf. MENDONÇA, José Xavier Carvalho de. *Tratado de Direito Comercial Brasileiro.* 5ª ed. Rio de Janeiro: Freitas Bastos, 1956. Vol.IV, pp. 196-198; BULGARELLI, Waldirio. *Fusões, Incorporações e Cisões de Sociedades.* 3ª ed. São Paulo: Atlas, 1998. pp. 48-78; CARVALHOSA, Modesto. *Comentários à Lei de Sociedades Anônimas.* 2ª ed. São Paulo: Saraiva, 1999. Vol. 4, tomo I. pp. 296-297 e BORBA, José Edwaldo Tavares. *Direito Societário.* 10ª ed. Rio de Janeiro: Renovar, 2007. p. 489.

[65] MENDONÇA, José Xavier Carvalho De. *Tratado de Direito Comercial Brasileiro.* 5ª ed. Rio de Janeiro: Freitas Bastos, 1956. Vol. IV, pp. 196-201; BULGARELLI, Waldirio. *Fusões, Incorporações e Cisões de Sociedades.* 3ª ed. São Paulo: Atlas, 1998. pp. 79-113 e 216-225; CARVALHOSA, Modesto. *Comentários à Lei de Sociedades Anônimas.* 2ª ed. São Paulo: Saraiva, 1999. Vol. 4, tomo I. pp. 273-291; CARVALHOSA, Modesto; EIZIRIK, Nelson. *A Nova Lei das S/A.* São Paulo: Saraiva, 2002. pp. 372-383 e BORBA, José Edwaldo Tavares. *Direito Societário.* 10ª ed. Rio de Janeiro: Renovar, 2007. pp. 488-495 e 498-499.

[66] MENDONÇA, José Xavier Carvalho de. *Tratado de Direito Comercial Brasileiro.* 5ª ed. Rio de Janeiro: Freitas Bastos, 1956. Vol. IV, p. 198.

incorporação, pois a Lei n. 6.404/1976 também se aplica às sociedades de economia mista. No entanto, a sociedade de economia mista também está submetida ao regime de direito público e à legislação que autorizou a sua instituição.

O artigo 37, XX da Constituição de 1988 determina que a criação de subsidiárias das entidades administrativas mencionadas no inciso XIX do mesmo artigo (autarquias, empresas públicas, sociedades de economia mista e fundações), bem como sua participação em empresa privada depende de autorização legislativa. No caso sob exame, o Banco do Brasil, sociedade de economia mista, não necessita desta autorização legislativa, pois não está criando nenhuma subsidiária ou participando de alguma empresa privada. O Banco do Brasil está propondo incorporar ao seu patrimônio uma outra sociedade de economia mista, a Nossa Caixa.

Da mesma forma que a sociedade de economia mista deve ter sua criação autorizada por lei (artigo 37, XIX da Constituição), ela só pode ser extinta por lei ou na forma da lei. Esta necessidade de autorização legislativa para a extinção das empresas estatais em geral (inclusive as sociedades de economia mista) sempre foi defendida pela doutrina administrativista brasileira[67], estando hoje consagrada no artigo 61, § 1º, II, 'e' da Constituição de 1988, com a redação alterada pela Emenda Constitucional n. 32, de 11 de setembro de 2001:

> "Artigo 61.
>
> § 1º, II, 'e': São de iniciativa privativa do Presidente da República as leis que:
>
> II – disponham sobre: e) *criação e extinção* de Ministérios e *órgãos da administração pública*, observado o disposto no art. 84, VI" (grifos meus).

Como a incorporação não acarreta a extinção da sociedade de economia mista Banco do Brasil e também não afeta os seus objetivos

---

[67] Cf. BANDEIRA DE MELLO, Celso Antônio. *Curso de Direito Administrativo*. 20ª ed. São Paulo: Malheiros, 2006. p. 190 e DI PIETRO, Maria Sylvia Zanella. *Direito Administrativo*. 20ª ed. São Paulo: Atlas, 2007. pp. 414-416.

legais, é desnecessária a autorização legislativa prevista nos artigos 37, XIX e 61, § 1º, II, 'e' da Constituição. A operação de incorporação não implica em alienação de qualquer tipo de bem imóvel, não sendo exigível a autorização legislativa prevista na Lei de Licitações (artigo 17, *caput*).

Já no caso da Nossa Caixa, como haverá, resultante do processo de incorporação, sua extinção, se faz necessária a autorização legislativa. A Constituição do Estado de São Paulo de 1989, em seu artigo 115, XXI, exige prévia autorização legislativa para a criação, transformação, fusão, cisão, incorporação, privatização ou extinção das sociedades de economia mista, autarquias, fundações e empresas públicas.

Resta, ainda, uma última consideração a ser feita em relação a um dispositivo da Constituição do Estado de São Paulo, o artigo 173, que declara serem agentes financeiros do Tesouro Estadual o Banco do Estado de São Paulo S.A. e a Caixa Econômica do Estado de São Paulo S.A. (atual Nossa Caixa S.A.). Após uma leitura apressada do texto, este artigo poderia ser utilizado como óbice à incorporação da Nossa Caixa pelo Banco do Brasil. Mas, na realidade, não é o que se depreende em uma análise um pouco mais detida deste dispositivo constitucional estadual.

O fato de o artigo 173 da Constituição Estadual declarar o Banespa e a Nossa Caixa como agentes financeiros do Estado de São Paulo significa que estas instituições financeiras detém esta função enquanto controladas pelo Poder Público estadual, seguindo o disposto no artigo 164, § 3º da Constituição de 1988:

> "Artigo 164. [...]
>
> § 3º As disponibilidades de caixa da União serão depositadas no Banco Central; as dos Estados, do Distrito Federal, dos Municípios e dos órgãos ou entidades do poder público e das empresas por ele controladas, em instituições financeiras oficiais, ressalvados os casos previstos em lei".

A decretação do regime de administração especial temporária (RAET), em 30 de dezembro de 1994[68], a federalização, em 26 dezembro

---

[68] O regime de administração especial temporária do Banespa, com duração inicial

GILBERTO BERCOVICI

de 1997[69], e posterior privatização do Banespa, ocorrida em 20 de novembro de 2000, retirou deste banco a função de agente financeiro do Tesouro Estadual, função esta que passou com exclusividade para a Nossa Caixa, como instituição financeira pública estadual remanescente. Caso ocorra a incorporação da Nossa Caixa ao Banco do Brasil, incorporação esta autorizada pelo artigo 115, XXI da Constituição do Estado de São Paulo, deixará de existir uma instituição financeira pública estadual e o artigo 173 da Constituição Estadual terá que continuar a ser interpretado e aplicado em de acordo com o artigo 164, § 3º, devendo as disponibilidades de caixa do Estado de São Paulo ser depositadas em instituição financeira oficial, como o Banco do Brasil, solução mais provável caso incorpore a Nossa Caixa, ou outro banco controlado pelo Poder Público.

Assim, a incorporação de uma sociedade de economia mista (Nossa Caixa) por outra sociedade de economia mista (Banco do Brasil) necessita de prévia autorização legislativa para a extinção da sociedade incorporada (Nossa Caixa), em virtude dos artigos 37, XIX e 61, § 1º, II, 'e' da Constituição de 1988 e do artigo 115, XXI da Constituição do Estado de São Paulo de 1989. Esta prévia autorização legislativa, obviamente, é do órgão legislativo competente, no caso, a Assembleia Legislativa do Estado de São Paulo, por se tratar da incorporação de uma sociedade de economia mista estadual por uma sociedade de economia mista federal.

Na incorporação, não se deseja simplesmente vender ou unificar patrimônio, mas as partes envolvidas querem atuar conjuntamente na

---

prevista de 12 meses, foi decretado pelo Presidente do Banco Central, com base no Decreto-Lei n. 2.321, de 25 de fevereiro de 1987, por meio do Ato Presidencial n. 165, de 30 de dezembro de 1994. Este regime foi prorrogado pelos Atos Presidenciais n.s 437, de 25 de dezembro de 1995 e 602, de 27 de dezembro de 1996.

[69] Em 27 de novembro de 1996, foi firmado um protocolo entre a União e o Estado de São Paulo objetivando a reestruturação do sistema financeiro estadual, com a transferência de 51% das ações ordinárias do Banespa para a União. Esta transferência foi autorizada pelas Leis Estaduais n. 9.343, de 22 de fevereiro de 1996, e n. 9.466, de 27 de dezembro de 1996, seguindo o disposto no artigo 115, XXI da Constituição do Estado de São Paulo.

ATUAÇÃO DO ESTADO NO DOMÍNIO ECONÔMICO E SISTEMA...

mesma sociedade, ou seja, a sociedade incorporada passa a fazer parte da sociedade incorporadora, inclusive com seus acionistas participando das decisões sociais da incorporadora. A vontade da sociedade a ser incorporada não é alienar ou vender seu patrimônio, mas integrar-se a outra sociedade, subscrevendo o capital daquela com o seu próprio patrimônio.[70] A incorporação não é, portanto, uma alienação de patrimônio, não se configurando como uma mera transferência de domínio de bens a terceiros (seguindo a definição do artigo 6º, IV da Lei de Licitações – Lei n. 8.666, de 21 de junho de 1993). Na incorporação, não há apenas a transferência de bens, mas a subscrição de ações com o patrimônio da sociedade incorporada. Seus acionistas tornam-se acionistas da sociedade incorporadora, não deixam de ser acionistas e de atuarem nas deliberações societárias na proporção da sua titularidade acionária, isto é, passam de acionistas da sociedade incorporada para acionistas da sociedade incorporadora. Deste modo, não está configurada dentre os contratos que exigem licitação por determinação do artigo 37, XXI da Constituição[71] e do artigo 2º, *caput* da Lei n. 8.666/1993.[72]

Caso se tratasse de uma privatização, ou seja, de uma alienação de patrimônio público para o setor privado, a realização de leilão de oferta pública de ações seria obrigatória (artigo 37, XXI da Constituição e artigos 2º, § 4º e 4º, § 3º da Lei n. 9.491, de 9 de setembro de 1997). Mas trata-se da incorporação de uma sociedade de economia mista por outra sociedade de economia mista. O patrimônio da sociedade incorporada continuará a ser patrimônio público, mas de propriedade da sociedade de economia mista incorporadora. Neste caso, a incorporação também não tem como ser enquadrada no artigo 17 da Lei n. 8.666/1993, pois não se trata de alienação de bens públicos, mas de permanência dos

---

[70] BULGARELLI, Waldirio. *Fusões, Incorporações e Cisões de Sociedades*. 3ª ed. São Paulo: Atlas, 1998. p. 114 e CARVALHOSA, Modesto. *Comentários à Lei de Sociedades Anônimas*. 2ª ed. São Paulo: Saraiva, 1999. Vol. 4, tomo I. p. 283.

[71] A Constituição exige licitação para contratos de obras, serviços, compras e alienações.

[72] Art. 2º, *caput*: "As obras, serviços, inclusive de publicidade, compras, alienações, concessões, permissões e locações da Administração Pública, quando contratadas com terceiros, serão necessariamente precedidas de licitação, ressalvadas as hipóteses previstas nesta Lei".

bens e do capital de uma sociedade de economia mista na esfera pública, apenas sob outra titularidade e, no caso, com a passagem destes bens e capital da titularidade formal estadual para a federal, com a contrapartida da participação equivalente dos acionistas (inclusive o Poder Público estadual, acionista controlador da Nossa Caixa) da sociedade incorporada no patrimônio da sociedade incorporadora.

A licitação é possível quando há possibilidade de competição, de pluralidade de concorrentes.[73] No caso da incorporação de uma sociedade de economia mista por outra sociedade de economia mista, esta possibilidade é inexistente, pois não há como escolher, por leilão público, o incorporador. A situação é determinada pela vontade e conveniência política dos acionistas controladores das sociedades de economia mista envolvidas, o Governo Federal (Banco do Brasil) e o Governo do Estado de São Paulo (Nossa Caixa). A conveniência da incorporação deve ser justificada, com base no interesse público e nas finalidades para as quais foram criadas e são mantidas ambas as sociedades de economia mista. O caso da incorporação de uma sociedade de economia mista por outra sociedade de economia mista é um caso de inexigibilidade de licitação (artigo 25 da Lei n. 8.666/1993). Não se trata de uma opção ou possibilidade de não licitar (caso da dispensa de licitação), mas de inviabilidade de competição, de impossibilidade de licitar, portanto, de não incidência do dever de licitar.[74]

A título de especulação, caso a incorporação de sociedade de economia mista por outra sociedade de economia mista não fosse um

---

[73] *Vide*, por todos, BANDEIRA DE MELLO, Celso Antônio. *Curso de Direito Administrativo*. 20ª ed. São Paulo: Malheiros, 2006. pp. 505-506 e DI PIETRO, Maria Sylvia Zanella. *Direito Administrativo*. 20ª ed. São Paulo: Atlas, 2007. p. 340.

[74] Sobre a inexigibilidade de licitação, *Vide* BANDEIRA DE MELLO, Celso Antônio. *Curso de Direito Administrativo*. 20ª ed. São Paulo: Malheiros, 2006. pp. 506-507 e 513-518; DI PIETRO, Maria Sylvia Zanella. *Direito Administrativo*. 20ª ed. São Paulo: Atlas, 2007. pp. 338-340 e 347-349; FIGUEIREDO, Lúcia Valle. *Direitos dos Licitantes*. 4ª ed. São Paulo: Malheiros, 1994. pp. 23-37 e, especialmente, GRAU, Eros Roberto. *Licitação e Contrato Administrativo:* Estudos sobre a Interpretação da Lei. São Paulo: Malheiros, 1995. pp. 64-88. O próprio Supremo Tribunal Federal consagrou esta conceituação de inexigibilidade de licitação, conforme pode-se depreender da AP 348/SC (Relator: Ministro Eros Grau), publicada no D. J. de 03-08-2007.

ATUAÇÃO DO ESTADO NO DOMÍNIO ECONÔMICO E SISTEMA...

caso de inexigibilidade de licitação, esta operação poderia ser enquadrada dentro das hipóteses previstas de dispensa de licitação (artigo 17 da Lei n. 8.666/1993), como a doação, a permuta, a venda de ações e a venda de bens, desde que estas operações ocorram com outro órgão ou entidade da Administração Pública, de qualquer esfera de governo (artigo 17, I, 'b', 'c', 'e', para bens imóveis, e artigo 17, II, 'a', 'b', 'c', 'e', 'f', para bens móveis). Se no caso da alienação de bens públicos para outro órgão ou entidade da Administração Pública é possível a dispensa de licitação, com muito mais razão esta seria dispensável no caso da incorporação de uma sociedade de economia mista por outra sociedade de economia mista, pois não há alienação de bens públicos neste tipo de operação. É justamente por não haver alienação de bens públicos, que a incorporação de uma sociedade de economia mista por outra sociedade de economia mista é um caso de inexigibilidade, não de dispensa, de licitação.

Os motivos de interesse público na incorporação da Nossa Caixa pelo Banco do Brasil são facilmente demonstráveis por alguns dos aspectos envolvidos nesta operação. O primeiro e mais perceptível diz respeito à manutenção e ampliação das políticas financeira, creditícia e de fomento desenvolvidas por ambas instituições financeiras públicas, cuja compatibilização e coordenação são necessárias no modelo federativo cooperativo instaurado pela Constituição de 1988.

Outro motivo de interesse público é a possibilidade de manutenção dos empregados da Nossa Caixa como empregados de outro banco público, o Banco do Brasil, que não costuma promover a demissão imotivada de funcionários, ao contrário do que historicamente ocorreu no Brasil após a compra de bancos públicos pela iniciativa privada. O princípio da busca do pleno emprego (artigo 170, VIII da Constituição) seria melhor atendido deste modo, pois este princípio é também, indiretamente, uma garantia para o trabalhador, na medida em que está coligado ao princípio da valorização do trabalho humano (artigos 1º, IV e 170, *caput* da Constituição) e reflete efeitos em relação ao direito social ao trabalho (artigo 6º da Constituição). O direito ao trabalho consiste em um marco na luta por direitos sociais desde os debates da Revolução de 1848, que terminaram por excluir a previsão do direito ao trabalho

49

do texto constitucional francês[75], mas não do centro da disputa política e jurídica que irá servir de fundamento para o chamado "constitucionalismo social" do século XX. Em virtude da centralidade da questão do trabalho e do direito ao trabalho neste "constitucionalismo social", Antonio Cantaro, inclusive, o denominará de *"costituzioni del lavoro"*, cujo ápice se dará com a Constituição da Itália de 1947 e sua proclamação de que *"a Itália é uma República democrática fundada sobre o trabalho"* (artigo 1º da Constituição Italiana)[76], cujo texto correlato na Constituição de 1988 é a proclamação do valor social do trabalho como fundamento da República e da ordem econômica constitucional.

A preservação do patrimônio público também é um motivo que justifica o interesse público na incorporação da Nossa Caixa pelo Banco do Brasil, especialmente no que diz respeito aos depósitos judiciais e operações privativas de instituições financeiras oficiais, conforme determinam o artigo 164, § 3º da Constituição e o artigo 666, I do Código de Processo Civil (com a redação alterada pela Lei n. 11.382, de 6 de dezembro de 2006):

> "Artigo 666. I – Os bens penhorados serão preferencialmente depositados:
>
> I – no Banco do Brasil, na Caixa Econômica Federal, ou em um banco, de que o Estado-Membro da União possua mais de metade do capital social integralizado; ou, em falta de tais estabelecimentos de crédito, ou agências suas no lugar, em qualquer estabelecimento de crédito, designado pelo juiz, as quantias em dinheiro, as pedras e os metais preciosos, bem como os papéis de crédito".

A expressão "instituições financeiras oficiais" significa instituições financeiras pertencentes ao Estado. Em todo o texto constitucional de

---

[75] Sobre o debate de 1848, *Vide* HERRERA, Carlos Miguel. "Estado, Constitución y Derechos Sociales". *Revista Derecho del Estado*, Bogotá, n. 15, pp. 78-80, 2003 e CANTARO, Antonio. *Il Secolo Lungo:* Lavoro e Diritti Sociali nella Storia Europea. Roma: Ediesse, 2006 pp. 52-54 e 151-152.

[76] CANTARO, Antonio. *Il Secolo Lungo:* Lavoro e Diritti Sociali nella Storia Europea. Roma: Ediesse, 2006 pp. 54-75 e 161-172. *Vide*, por todos, o clássico texto de MORTATI, Costantino. "Il Lavoro nella Costituzione". *Il Diritto del Lavoro*. I, pp. 149-212, 1954.

ATUAÇÃO DO ESTADO NO DOMÍNIO ECONÔMICO E SISTEMA...

1988, a expressão "oficial" tem este sentido de pertencente ou proveniente do Estado, em contraposição ao setor privado.[77] Neste sentido, inclusive, prescrevia o artigo 192, I[78] da Constituição de 1988 (hoje revogado pela Emenda Constitucional n. 40, de 29 de maio de 2003) e a Lei n. 4.595/1964, que, após definir instituição financeira, em seu artigo 17[79], institui, em seu artigo 18, § 1º, a diferenciação entre estabelecimento bancário oficial e estabelecimento bancário privado, deixando claro a reiterada opção do legislador brasileiro (constituinte e ordinário) de equiparar o estabelecimento bancário oficial ao estabelecimento bancário público:

> "Artigo 18.
>
> § 1º Além dos *estabelecimentos bancários oficiais ou privados,* das sociedades de crédito, financiamento e investimentos, das caixas econômicas e das cooperativas de crédito ou a seção de crédito das cooperativas que a tenham, também se subordinam às disposições e disciplina desta lei no que for aplicável, as bolsas de valores, companhias de seguros e de capitalização, as sociedades que efetuam distribuição de prêmios em imóveis, mercadorias ou dinheiro, mediante sorteio de títulos de sua emissão ou por qualquer forma, e as pessoas físicas ou jurídicas que exerçam, por conta própria ou de terceiros, atividade relacionada com a compra e venda de ações e outros quaisquer títulos, realizando nos mercados financeiros e de capitais operações ou serviços de natureza dos executados pelas instituições financeiras." (grifos meus).

---

[77] Cf. COMPARATO, Fábio Konder. "Monopólio Público das Operações de Resseguro" *In: Direito Público:* Estudos e Pareceres. São Paulo: Saraiva, 1996. pp. 157-160.

[78] Artigo 192, I da Constituição de 1988: "I – a autorização para o funcionamento das instituições financeiras, assegurado às *instituições bancárias oficiais e privadas* acesso a todos os instrumentos do mercado financeiro bancário, sendo vedada a essas instituições a participação em atividades não previstas na autorização de que trata este inciso" (grifos meus).

[79] Artigo 17, *caput* da Lei n. 4.595/1964: "Consideram-se instituições financeiras, para os efeitos da legislação em vigor, as pessoas jurídicas públicas ou privadas, que tenham como atividade principal ou acessória a coleta, intermediação ou aplicação de recursos financeiros próprios ou de terceiros, em moeda nacional ou estrangeira, e a custódia de valor de propriedade de terceiros".

GILBERTO BERCOVICI

Caso o Governo do Estado de São Paulo optasse por privatizar a Nossa Caixa, efetuando, neste caso, alienação de patrimônio público para o setor privado, os eventuais compradores ficariam sem os depósitos judiciais e demais operações restritas às instituições financeiras oficiais, que passariam para outro banco oficial, ou seja, público, por imposição legal. Este dado demonstra que o valor dos ativos da Nossa Caixa para o setor financeiro privado é muito menor do que para o setor financeiro público, configurando uma maior vantagem financeira para o Estado de São Paulo a incorporação da Nossa Caixa pelo Banco do Brasil, que, inclusive, conforme disposto no artigo 3º da Lei n. 9.491/1997, está excluído da possibilidade de privatização.[80]

Finalmente, o interesse público está sendo atendido na incorporação da Nossa Caixa ao Banco do Brasil em virtude da necessidade estratégica de preservar o setor público no setor bancário nacional, segmento da economia que nos últimos anos se caracteriza pela desnacionalização e pela concentração econômica em mãos privadas. Ao contrário da concentração de poder econômico privado, cujo abuso deve ser reprimido (artigo 173, § 4º da Constituição), a concentração pode ser benéfica quando se trata de constituir um setor estatal forte, capaz de atuar no sentido dos dispositivos constitucionais. Para repensar as bases e estrutura do Estado brasileiro, não se pode deixar de levar em consideração a questão central da atualidade: a prevalência das instituições democráticas sobre o mercado e a independência política do Estado em relação ao poder econômico privado, ou seja, a necessidade de o Estado ser dotado de uma sólida base de poder econômico próprio.[81] O fundamento desta visão, consubstanciada no texto constitucional

---

[80] Artigo 3º da Lei n. 9.491/1997: "Não se aplicam os dispositivos desta Lei ao Banco do Brasil S.A., à Caixa Econômica Federal, e a empresas públicas ou sociedades de economia mista que exerçam atividades de competência exclusiva da União, de que tratam os *incisos XI e XXIII do art. 21 e a alínea "c" do inciso I do art. 159* e o *art. 177 da Constituição Federal*, não se aplicando a vedação aqui prevista às participações acionárias detidas por essas entidades, desde que não incida restrição legal à alienação das referidas participações".

[81] A literatura nacional é omissa a este respeito. A exceção fica a cargo da tese de BARROS, Alberto Moniz da Rocha. *O Poder Econômico do Estado Contemporâneo e seus Reflexos no Direito*. São Paulo: Faculdade de Direito da Universidade de São Paulo. Na

ATUAÇÃO DO ESTADO NO DOMÍNIO ECONÔMICO E SISTEMA...

vigente, é o de que não pode existir um Estado democrático forte sem que sua força também seja ampliada do ponto de vista econômico, para que ele possa enfrentar os interesses dos detentores do poder econômico privado.

O desafio da reestruturação do Estado no Brasil envolve, assim, uma reflexão sobre os instrumentos jurídicos, fiscais, financeiros e administrativos necessários ou à disposição do Estado para a retomada do projeto nacional de superação do subdesenvolvimento. Ou seja, é uma tarefa preponderantemente do direito econômico, com sua característica, denominada por Norbert Reich, da "dupla instrumentalidade" (*"doppelte Instrumentalität des Wirtschaftsrechts"*)[82]: ao mesmo tempo em que oferece instrumentos para a organização do processo econômico capitalista de mercado, o direito econômico pode ser utilizado pelo Estado como um instrumento de influência, manipulação e transformação da economia, vinculado a objetivos sociais ou coletivos.

RESPOSTA

Diante da argumentação exposta, concluo:

1) Na incorporação de uma sociedade de economia mista por outra sociedade de economia mista, não ocorre alienação, mas substituição das ações dos acionistas da sociedade incorporada por ações da sociedade incorporadora. Esta operação não está prevista nas hipóteses do artigo 2º, *caput* da Lei de Licitações (Lei n. 8.666/1993).

---

literatura estrangeira, *Vide*, por exemplo, ASENJO, Oscar de Juan. *La Constitución Económica Española:* Iniciativa Económica Pública "versus" Iniciativa Económica Privada en la Constitución Española de 1978. Madrid: Centro de Estudios Constitucionales, 1984. pp. 318-323. 1953, *Mimeo.*

[82] REICH, Norbert. *Markt und Recht:* Theorie und Praxis des Wirtschaftsrechts in der Bundesrepublik Deutschland. Neuwied/Darmstadt: Luchterhand, 1977. pp. 64-66. *Vide* também GRAU, Eros Roberto. "O Direito do Modo de Produção Capitalista e a Teoria da Regulação" In: *O Direito Posto e o Direito Pressuposto.* 5ª ed. São Paulo: Malheiros, 2003. pp. 126-127.

GILBERTO BERCOVICI

2) A sociedade de economia mista tem natureza jurídica de sociedade anônima. Desde que seja do interesse público do ente que a instituiu, ela pode promover qualquer tipo de reorganização societária prevista na Lei das S.A. (Lei n. 6.404/1976), como a incorporação societária. A venda das ações em leilão é obrigatória nos casos de privatização (artigo 2º, § 1º, 'a' e artigo 4º, I, II e III da Lei n. 9.491/1997), para assegurar o recebimento do melhor preço/proposta, não nos casos de incorporação de uma sociedade de economia mista por outra sociedade de economia mista.

3) No caso da incorporação de uma sociedade de economia mista por outra sociedade de economia mista está configurada a inexigibilidade de licitação pela inviabilidade de competição (artigo 25 da Lei n. 8.666/1993).

4) A atuação do Estado na esfera econômica pode ser efetuada pela União ou qualquer dos entes da Federação, com base nos artigos 23, 24, 173 e 175 da Constituição de 1988. A atuação do Estado no domínio econômico pode ocorrer por intermédio de sociedades de economia mista, que efetivamente constituem instrumentos de política econômica e de ação governamental dos vários entes federados. De acordo com a estrutura federativa cooperativa prevista no texto constitucional de 1988, os vários entes da Federação não apenas podem, mas devem atuar em conjunto, por intermédio de todos os instrumentos de intervenção de que dispõem, como as sociedades de economia mista, para melhor exercer suas respectivas funções governamentais e atingir os objetivos constitucionais a que estão vinculados. A atuação no setor bancário configura exercício de atividade econômica em sentido estrito e esta atuação governamental conjunta pode ser exercida pela incorporação de uma sociedade de economia mista estadual (Nossa Caixa) por uma outra sociedade de economia mista federal (Banco do Brasil), com vistas a manter o atendimento do interesse público.

5) Ainda que não se admitisse a inexigibilidade de licitação, que não é o caso, poderia ser possível afirmar que a incorporação da Nossa Caixa pelo Banco do Brasil estaria configurada nas hipóteses de dispensa de licitação (artigo 17 da Lei n. 8.666/1993), por se tratar de operação

54

ATUAÇÃO DO ESTADO NO DOMÍNIO ECONÔMICO E SISTEMA...

envolvendo entes da Administração Pública. Mas, como a incorporação de uma sociedade de economia mista por outra sociedade de economia mista não envolve alienação de bens públicos, trata-se de um caso de inexigibilidade, ou seja, de impossibilidade, de não incidência, de licitação.

6) Em qualquer das hipóteses, a incorporação da Nossa Caixa pelo Banco do Brasil atende ao interesse público, tendo em vista que são sociedades de economia mista criadas para a consecução do interesse público, além do fato desta incorporação reforçar o poder econômico público em um setor marcado pela desnacionalização e concentração de poder econômico em mãos privadas, como o setor bancário.

Este é o meu parecer.

São Paulo, 21 de setembro de 2008

CONSULTA COMPLEMENTAR

O Banco do Brasil S.A., por intermédio de seu Diretor Jurídico, Dr. Joaquim Portes de Cerqueira César, honra-me com a formulação da seguinte consulta, cujos termos transcrevo abaixo, para análise e produção de parecer:

O Parecer em epígrafe cuidou da análise do negócio jurídico visualizado pelas partes (incorporação societária do BNC pelo BB), que foi levado ao conhecimento do público e do mercado por intermédio da publicação de fato relevante de 21 de Maio de 2008.

As partes envolvidas na operação decidiram ampliar a análise para abarcar outra hipótese de reorganização societária (alienação de controle acionário). No caso concreto, tal hipótese não exclui e seria precedente à incorporação societária a ser levada a efeito no momento mais oportuno do ponto de vista operacional.

Sob esse novo enfoque, o Banco do Brasil S.A. solicita prévia manifestação de Vossa Senhoria sobre seu interesse de elaborar parecer jurídico complementar para responder os quesitos abaixo, analisando, dentre outros pontos, a inaplicabilidade da Lei de Licitações na hipótese de alienação do controle acionário da Nossa Caixa ao Banco do Brasil.

De outro lado, o complementar pronunciamento requer também a análise quanto à necessidade (ou não) de autorização legislativa para que o Banco do Brasil S.A. possa participar majoritária ou minoritariamente de outra instituição financeira, à luz da novel Medida Provisória n. 443, de 21 de outubro de 2008.

QUESITOS COMPLEMENTARES

1. Na esteira das indagações formuladas na consulta anterior, estaria configurada, também, a hipótese de contratação direta por inexigibilidade ou dispensa de licitação no caso de alienação do controle de uma sociedade de economia mista estadual (Banco Nossa Caixa) a uma sociedade de economia mista federal (Banco do Brasil)?

2. Considerando-se a hipótese anterior, permaneceria presente o interesse público no BNC, notadamente porque este se tornaria, num primeiro momento, sociedade controlada do BB?

3. Qual o alcance da expressão "empresa privada" constante no inciso XX, do art. 37, da Constituição Federal, ou seja, a expressão representaria a empresa que detém capital privado, ainda que em parte, como ocorre nas sociedades de economia mista, ou seria a sociedade eminentemente privada, composta de capital integralmente privado e controlada exclusivamente por entes privados?

4. Considerando que a alienação do controle do BNC ao BB representaria a vontade discricionária do administrador em não o privatizar e que o negócio constituiria fase preliminar de reorganização para a posterior incorporação societária do BNC pelo BB, poder-se-ia afirmar que nesse lapso temporal, ou seja, enquanto o BNC permanecer como controlada do BB, o BNC poderia desempenhar as funções públicas originalmente prestadas por ele, como por exemplo, abrigar a conta única do Tesouro do Estado de São Paulo e administrar os depósitos judiciais de que trata o artigo 666, inciso I, do CPC, etc.?

ATUAÇÃO DO ESTADO NO DOMÍNIO ECONÔMICO E SISTEMA...

5. A edição da Medida Provisória 443, de 21 de outubro de 2008, altera o contido no Parecer anteriormente emitido por Vossa Senhoria ou as conclusões decorrentes da análise dos itens precedentes, quanto à dispensa ou inexigibilidade de licitação?

PARECER COMPLEMENTAR

2.1 A ALIENAÇÃO DO CONTROLE DE UMA SOCIEDADE DE ECONOMIA MISTA POR OUTRA SOCIEDADE DE ECONOMIA MISTA

Toda sociedade de economia mista está submetida às regras gerais da Administração Pública (artigo 37 da Constituição de 1988), possuindo uma forma distinta de vinculação e conformação jurídica, constitucionalmente definida, que vai além do disposto no artigo 173, § 1º, II da Constituição, que iguala o regime jurídico das empresas estatais prestadoras de atividade econômica em sentido estrito ao mesmo das empresas privadas em seus aspectos civil, comercial, trabalhista e tributário. A natureza jurídica de direito privado é um expediente técnico que não derroga o direito administrativo, sob pena de inviabilizar a sociedade de economia mista como instrumento de atuação do Estado.[83]

A prevalência do direito público não significa, no entanto, que a sociedade de economia mista perca a natureza de sociedade anônima.[84]

---

[83] TÁCITO, Caio. "Direito Administrativo e Direito Privado nas Empresas Estatais" *In:* TÁCITO, Caio. *Temas de Direito Público:* Estudos e Pareceres. Rio de Janeiro: Renovar, 1997. Vol. 1. pp. 691-698; GRAU, Eros Roberto. *Elementos de Direito Econômico.* São Paulo: RT, 1981. pp. 101-111; BANDEIRA DE MELLO, Celso Antônio. *Curso de Direito Administrativo.* 20ª ed. São Paulo: Malheiros, 2006.pp. 178-183 e 185-188; GRAU, Eros Roberto. *A Ordem Econômica na Constituição de 1988*: Interpretação e Crítica. 12ª ed. São Paulo: Malheiros, 2007. pp. 111-123 e 278-281 e DI PIETRO, Maria Sylvia Zanella. *Direito Administrativo.* 20ª ed. São Paulo: Atlas, 2007. pp. 416-418 e 421-428.

[84] FERREIRA, Waldemar Martins. *A Sociedade de Economia Mista em seu Aspecto Contemporâneo.* São Paulo: Max Limonad, 1956. pp. 131-133 e 138-145 e CARVALHOSA, Modesto. *Comentários à Lei de Sociedades Anônimas.* 2ª ed. São Paulo: Saraiva, 1999. Vol. 4, tomo I. pp. 351-353, 367-368, 374 e 376-378.

GILBERTO BERCOVICI

A Lei das S.A. (Lei n. 6.404, de 15 de dezembro de 1976) se aplica às sociedades de economia mista, desde que seja preservado o interesse público que justifica sua criação e atuação (artigo 235). Deste modo, sua liberdade de reestruturação organizacional é plena, dentro de todas as formas possíveis previstas pela legislação societária brasileira.

A alienação do controle de uma sociedade de economia mista por outra sociedade de economia mista não envolve alienação de patrimônio público para o setor privado. Não se trata, portanto, de uma privatização, o que exigiria, por força do disposto no artigo 37, XXI da Constituição[85], no artigo 2º, *caput* da Lei n. 8.666, de 21 de junho de 1993[86], e nos artigos 2º, § 4º e 4º, § 3º da Lei n. 9.491, de 9 de setembro de 1997, a realização obrigatória de um leilão de oferta pública de ações.

A característica da alienação do controle acionário é a transferência do bloco de controle, isto é, a quantidade de ações, títulos e direitos que garante o exercício do poder de controle[87], tornando o seu adquirente o novo acionista controlador. Na alienação do controle, há, assim, a transferência direta ou indireta do bloco de controle da companhia, sob a condição, suspensiva ou resolutiva, de que o adquirente faça a oferta pública de aquisição de ações com direito a voto de propriedade dos demais acionistas, devendo partir do preço mínimo de oitenta por cento do que for adotado para as ações do bloco de controle (artigo 254-A da Lei n. 6.404/1976, com as alterações introduzidas pela Lei n. 10.303, de 31 de outubro de 2001)[88]. Como se trata da alienação do

---

[85] A Constituição exige licitação para contratos de obras, serviços, compras e alienações.

[86] Art. 2º, *caput*: *"As obras, serviços, inclusive de publicidade, compras, alienações, concessões, permissões e locações da Administração Pública, quando contratadas com terceiros, serão necessariamente precedidas de licitação, ressalvadas as hipóteses previstas nesta Lei".*

[87] *Vide* a definição clássica de poder de controle em COMPARATO, Fábio Konder. *O Poder de Controle na Sociedade Anônima.* 2ª ed. São Paulo: RT, 1977. pp. 79-100.

[88] CARVALHOSA, Modesto; EIZIRIK, Nelson. *A Nova Lei das S/A.* São Paulo: Saraiva, 2002. pp. 384-410 e BORBA, Edwaldo Tavares José. *Direito Societário.* 10ª ed. Rio de Janeiro: Renovar, 2007. pp. 498-501. *Vide*, ainda, COMPARATO, Fábio Konder. *O Poder de Controle na Sociedade Anônima.* 2ª ed. São Paulo: RT, 1977. pp. 222-241; LAMY Filho Alfredo; PEDREIRA, José Luiz Bulhões. *A Lei das S.A.* 2ª ed. Rio de Janeiro: Renovar, 1996. Vvol. II, pp. 611-631 e SALOMÃO Filho, Calixto. "Alienação de

ATUAÇÃO DO ESTADO NO DOMÍNIO ECONÔMICO E SISTEMA...

controle de uma instituição financeira, há também a necessidade de autorização, além da Comissão de Valores Mobiliários (artigo 254, § 2º da Lei n. 6.404/1976), do órgão público competente (artigo 255 da Lei n. 6.404/1976)[89], ou seja, do Banco Central do Brasil.

A alienação do controle de sociedade de economia mista por outra sociedade de economia mista, como se configura na alienação de bens públicos para outro órgão ou entidade da Administração Pública, pode ser enquadrada dentro das hipóteses previstas de dispensa de licitação (artigo 17 da Lei n. 8.666/1993), como a doação, a permuta, a venda de ações e a venda de bens, desde que estas operações ocorram com outro órgão ou entidade da Administração Pública, de qualquer esfera de governo (artigo 17, I, 'b', 'c', 'e', para bens imóveis, e artigo 17, II, 'a', 'b', 'c', 'e', 'f', para bens móveis). No caso da dispensa de licitação, há uma opção ou possibilidade de não licitar.[90] A situação é determinada pela vontade e conveniência política dos acionistas controladores das sociedades de economia mista envolvidas, o Governo Federal (Banco do Brasil) e o Governo do Estado de São Paulo (Nossa Caixa).

A inexigibilidade de licitação poderia ser justificada, no entanto, em virtude da impossibilidade de concorrência[91], conforme estipula o

---

Controle: O Vaivém da Disciplina e seus Problemas" *In: O Novo Direito Societário*. 3ª ed. São Paulo: Malheiros, 2006, pp. 128-152. Sobre a natureza da cessão de controle acionário, submetida às normas de direito civil, e não de direito comercial, *Vide* COMPARATO, Fábio Konder. "A Cessão de Controle Acionário é Negócio Mercantil?" *In: Novos Ensaios e Pareceres de Direito Empresarial*. Rio de Janeiro: Forense, 1981. pp. 245-260.

[89] *Vide* COMPARATO, Fábio Konder. *O Poder de Controle na Sociedade Anônima*. 2ª ed. São Paulo: RT, 1977. pp. 215-216; LAMY Filho, Alfredo; PEDREIRA, José Luiz Bulhões. *A Lei das S.A.* 2ª ed. Rio de Janeiro: Renovar, 1996. Vol. II, pp. 667-668, 677 e 681-683 e CARVALHOSA, Modesto. *Comentários à Lei de Sociedades Anônimas*. 2ª ed. São Paulo: Saraiva, 1999. Vol. 4, tomo I. pp. 150-154.

[90] Sobre a dispensa de licitação, *Vide* BANDEIRA DE MELLO, Celso Antônio. *Curso de Direito Administrativo*. 20ª ed. São Paulo: Malheiros, 2006. pp. 509-513 e 513-518 e DI PIETRO, Maria Sylvia Zanella. *Direito Administrativo*. 20ª ed. São Paulo: Atlas, 2007. pp. 338-347.

[91] Afinal, a licitação só é possível quando há possibilidade de competição, quando há pluralidade de concorrentes. *Vide*, por todos, BANDEIRA DE MELLO, Celso Antônio. *Curso de Direito Administrativo*. 20ª ed. São Paulo: Malheiros, 2006.pp. 505-506

GILBERTO BERCOVICI

artigo 25 da Lei n. 8.666/1993. Neste caso da alienação do controle de sociedade de economia mista por outra sociedade de economia mista, esta possibilidade seria viável pela inexistência de outros concorrentes. Como a situação é determinada pela vontade e conveniência política dos acionistas controladores das sociedades de economia mista envolvidas, o Governo Federal (Banco do Brasil) e o Governo do Estado de São Paulo (Nossa Caixa), poderia se alegar que não se trata, neste caso, de uma opção ou possibilidade de não licitar (caso da dispensa de licitação), mas de inviabilidade de competição, de impossibilidade de licitar, portanto, de não incidência do dever de licitar.[92]

Alienado o controle da sociedade de economia mista estadual Nossa Caixa para a sociedade de economia mista federal Banco do Brasil, a sociedade cujo controle foi alienado terá o seu capital fechado para cancelamento de registro ou será incorporada como subsidiária integral. Em qualquer das hipóteses, a Nossa Caixa se tornará uma sociedade controlada pelo Banco do Brasil, cuja definição legal é estipulada pela Lei das S.A., em seu artigo 243, § 2º:

> "Artigo 243. [...]
>
> § 2º Considera-se controlada a sociedade na qual a controladora, diretamente ou através de outras controladas, é titular de direitos de sócio que lhe assegurem, de modo permanente, preponderância nas deliberações sociais e o poder de eleger a maioria dos administradores".

A sociedade controlada deve se relacionar com a sua controladora sem favorecimentos recíprocos (artigo 245 da Lei n. 6.404/1976), bem como deve a sociedade controladora ter as mesmas responsabilidades

---

e DI PIETRO, Maria Sylvia Zanella. *Direito Administrativo*. 20ª ed. São Paulo: Atlas, 2007. p. 340.

[92] Sobre a inexigibilidade de licitação, *Vide* BANDEIRA DE MELLO, Celso Antônio. *Curso de Direito Administrativo*. 20ª ed. São Paulo: Malheiros, 2006.pp. 506-507 e 513-518; DI PIETRO, Maria Sylvia Zanella. *Direito Administrativo*. 20ª ed. São Paulo: Atlas, 2007. pp. 338-340 e 347-349; FIGUEIREDO, Lúcia Valle. *Direitos dos Licitantes* Estudos sobre a Interpretação da Lei. São Paulo: Malheiros, 1994, pp. 23-37 e, especialmente, GRAU, Eros Roberto. *Licitação e Contrato Administrativo* Estudos sobre a Interpretação da Lei. São Paulo: Malheiros, 1995, pp. 64-88.

ATUAÇÃO DO ESTADO NO DOMÍNIO ECONÔMICO E SISTEMA...

do acionista controlador (artigos 116 e 117 da Lei n. 6.404/1976).[93] Já no caso específico da subsidiária integral (artigo 252 da Lei n. 6.404/1976), esta não incorpora seu patrimônio à incorporadora, nem se extingue. Embora suas ações sejam incorporadas, ela permanece existindo como pessoa jurídica, com patrimônio e capacidade administrativa. A sua incorporadora obterá um aumento de capital social, integralizado com as ações da subsidiária integral, mas o seu patrimônio não é incorporado ao da incorporadora.[94]

Em relação à subsidiária integral das sociedades de economia mista, há um debate doutrinário entre os que a consideram dotada da mesma natureza jurídica mista e os que a entendem como uma sociedade privada comum, nos termos do artigo 235, § 2º da Lei das S. A.:

"Artigo 235. [...]

§ 2º As companhias de que participarem, majoritária ou minoritariamente, as sociedades de economia mista, estão sujeitas ao disposto nesta Lei, sem as exceções previstas neste Capítulo".

Para vários autores, não seria aplicável o regime de direito público às sociedades que, embora controladas por sociedades de economia mista, não foram criadas como sociedade de economia mista por lei, não podendo, assim, ser classificadas como "sociedades de economia mista de segundo grau". Outro argumento favorável à natureza privada comum vincula-se à necessidade de existência de um conselho de administração nas sociedades de economia mista, o que seria impossível na subsidiária integral, por esta só ter um acionista. A outra objeção diz respeito ao mesmo problema: a característica de sociedade unipessoal da subsidiária integral. Como só há um acionista, não seria possível este acionista ser público e privado ao mesmo tempo, podendo ser totalmente público

---

[93] BORBA, José Edwaldo Tavares. *Direito Societário*. 10ª ed. Rio de Janeiro: Renovar, 2007. pp. 493-496.

[94] CARVALHOSA, Modesto. *Comentários à Lei de Sociedades Anônimas*. 2ª ed. São Paulo: Saraiva, 1999. Vol. 4, tomo II. pp. 115-139; CARVALHOSA, Modesto; EIZIRIK, Nelson. *A Nova Lei das S/A*. São Paulo: Saraiva, 2002. pp. 380-383.

GILBERTO BERCOVICI

(seria, então, uma empresa pública) ou totalmente privado. Neste sentido, os doutrinadores favoráveis a esta interpretação consideram a subsidiária integral como exclusivamente privada por entenderem o patrimônio da sociedade de economia mista como privado.[95]

Estas objeções, no presente caso, podem ser afastadas. Caso a sociedade de economia mista estadual Nossa Caixa se torne subsidiária integral ou controlada da sociedade de economia mista federal Banco do Brasil, sua natureza jurídica continuará a ser de sociedade de economia mista. Em primeiro lugar, a incorporação ou alienação do controle de uma sociedade de economia mista por outra sociedade de economia mista não a retira do setor público, pelo contrário, demonstra a clara e inequívoca vontade do administrador em não privatizar a sociedade de economia mista a ser alienada ou incorporada.

O fato de a subsidiária integral ser uma sociedade unipessoal não retira a sua natureza de sociedade de economia mista. Não há cabimento na afirmação de que este único acionista não poderia ser público e privado ao mesmo tempo. De início, não se pode deixar de lado que, embora ente integrante da Administração Indireta, a sociedade de economia mista prestadora de atividade econômica em sentido estrito é dotada de natureza jurídica de direito privado (artigo 173, § 1º, II da Constituição de 1988 e artigo 5º, III do Decreto-Lei n. 200/1967). Uma sociedade de economia mista não é, neste sentido, "pública e privada ao mesmo tempo". Os acionistas da sociedade de economia mista incorporadora são também acionistas, por seu intermédio, da subsidiária integral, cujo único acionista seria a sociedade de economia mista incorporadora, todas, como prestadoras de atividade econômica em sentido estrito,

---

[95] TÁCITO, Caio. "Alienação do Controle Acionário da Light pela Eletrobrás. Desnecessidade de Prévia Autorização" *In:* TÁCITO, Caio. *Temas de Direito Público: Estudos e Pareceres.* Rio de Janeiro: Renovar, 1997. Vol. 2, pp. 1165-1168 e CARVALHOSA, Modesto. *Comentários à Lei de Sociedades Anônimas.* 2ª ed. São Paulo: Saraiva, 1999. Vol. 4, tomo I. pp. 364-365. *Vide* também PENTEADO, Mauro Rodrigues. "As Sociedades de Economia Mista e as Empresas Estatais perante a Constituição de 1988". *Revista de Informação Legislativa,* Brasília, n. 102, pp. 55-68, abril/ junho de 1989. e BORBA, José Edwaldo Tavares. *Direito Societário.* 10ª ed. Rio de Janeiro: Renovar, 2007. p. 477.

ATUAÇÃO DO ESTADO NO DOMÍNIO ECONÔMICO E SISTEMA...

detentoras de natureza jurídica de direito privado, embora com todas as limitações e especificidades determinadas constitucional e legalmente.

Além disto, caso houvesse a necessidade de que o acionista da subsidiária integral fosse "totalmente" público ou "totalmente" privado, não há nenhum dispositivo constitucional ou legal que fundamente a classificação de uma subsidiária integral de sociedade de economia mista como preferencialmente privada. Ela poderia ser, a juízo do seu único acionista estatal, exclusivamente pública. O que define uma sociedade de economia mista é o interesse público em sua instituição por lei como instrumento de atuação do Estado, não a interpretação sobre a natureza do seu patrimônio. Modesto Carvalhosa, por exemplo, critica esta concepção privatista, afirmando que se está confundindo o meio (patrimônio), com o fim (interesse público), defendendo o entendimento de que a subsidiária integral de uma sociedade de economia mista pode também possuir natureza jurídica de sociedade de economia mista.[96]

Finalmente, no presente caso, sequer a ausência de autorização legal para a criação da controlada ou subsidiária integral poderia ser levantada. Afinal, a Nossa Caixa foi criada por lei como sociedade de economia mista (Lei Estadual n. 10.853, de 16 de julho de 2001), não consistindo em uma "sociedade de economia mista de segundo grau". Não será a incorporação ou alienação do controle para o Banco do Brasil que "transformará" a Nossa Caixa em sociedade de economia mista. Ela já é uma sociedade de economia mista, legalmente constituída, que continuará a fazer parte do setor empresarial público, pois está sendo adquirida por outra sociedade de economia mista. O interesse público continua, assim, a prevalecer na organização e atuação da Nossa Caixa, mesmo como controlada ou subsidiária integral do Banco do Brasil, até sua plena incorporação. Neste espaço de tempo, enquanto a sociedade de economia mista estadual permanecer como controlada ou subsidiária integral da sociedade de economia mista federal, ela continua competente para desempenhar suas funções públicas, como abrigar a conta única

---

[96] CARVALHOSA, Modesto. *Comentários à Lei de Sociedades Anônimas.* 2ª ed. São Paulo: Saraiva, 1999. Vol. 4, tomo II. pp. 121-122.

GILBERTO BERCOVICI

do Tesouro do Estado de São Paulo (artigo 164, § 3º da Constituição de 1988 e artigo 173 da Constituição do Estado de São Paulo) e administrar os depósitos judiciais (artigo 666, I do Código de Processo Civil).

2.2 O ARTIGO 37, XX DA CONSTITUIÇÃO DE 1988 E A NECESSIDADE DE AUTORIZAÇÃO LEGISLATIVA

O artigo 37, XX da Constituição de 1988[97] determina a necessidade de autorização legislativa para a criação de subsidiárias das entidades administrativas mencionadas no inciso XIX do mesmo artigo[98] (autarquias, empresas públicas, sociedades de economia mista e fundações), bem como sua participação em empresa privada.

A dúvida que pode existir diz respeito à expressão "em cada caso" para a autorização legislativa para a criação de subsidiárias ou participação em empresa privada dos entes estatais mencionados no artigo 37, XIX da Constituição. Neste inciso XX do artigo 37, ao contrário do inciso XIX, não há qualquer referência à "lei específica", como no caso da criação de empresas estatais, mas ao caso de cada empresa ou ente público. Não há a necessidade de indicação expressa de qual empresa específica receberá investimento público. A expressão "cada caso" indica a área ou a atividade a ser contemplada. Entendo, assim, que esta expressão "em cada caso" deve ser compreendida como "no caso de cada ente" que se proponha a criar subsidiárias ou a participar de outras sociedades. As empresas estatais que possuírem autorização legislativa, seja pela sua lei de criação ou seja por alguma lei posterior, podem atuar neste sentido. Se este inciso fosse compreendido de outra maneira, a existência de inúmeras entidades estatais que atuam em operações de participação, como o

---

[97] Artigo 37, XX: "depende de autorização legislativa, em cada caso, a criação de subsidiáriasdas entidades mencionadas no inciso anterior, assim como a participação de qualquer delas em empresa privada".

[98] Artigo 37, XIX: "somente por lei específica poderá ser criada autarquia e autorizada a instituição de empresa pública, de sociedade de economia mista e de fundação, cabendo à lei complementar, neste último caso, definir as áreas de sua atuação".

ATUAÇÃO DO ESTADO NO DOMÍNIO ECONÔMICO E SISTEMA...

próprio BNDES (Banco Nacional de Desenvolvimento Econômico e Social) seria inviável.[99]

Este entendimento sobre o disposto no artigo 37, XX da Constituição também foi adotado pelo Congresso Nacional, que aprovou vários diplomas legais concedendo autorizações amplas para a criação de subsidiárias por sociedades de economia mista. Apenas no caso da Petrobras, por exemplo, foram aprovadas a Lei n. 8.395, de 2 de janeiro de 1992, que autoriza a Petrobras Química S.A., Petroquisa, a participar minoritariamente de sociedades de capitais privados no Eixo Químico do Nordeste, formado pelos Estados da Bahia, Sergipe, Alagoas, Pernambuco e Rio Grande do Norte, a Lei n. 8.403, de 8 de janeiro de 1992, que autoriza a Petrobras e a Petrobras Distribuidora S.A. (BR) a participarem do capital de outras sociedades, e o artigo 65 da Lei n. 9.478, de 6 de agosto de 1997, que autoriza a Petrobras a constituir uma subsidiária com atribuições específicas de operar e construir seus dutos, terminais marítimos e embarcações para transporte de petróleo e derivados e gás natural, podendo, ainda, se associar a outras empresas. A nova lei do petróleo, ainda, concedeu em seu artigo 64[100] uma autorização genérica para a constituição de subsidiárias pela Petrobras.

O Supremo Tribunal Federal também adotou esta interpretação sobre o alcance da autorização legislativa prevista no artigo 37, XX da Constituição no julgamento da ADI n. 1649/DF (Relator: Ministro Maurício Corrêa), julgada em 24 de março de 2004:

---

[99] TÁCITO, Caio. "As Empresas Estatais no Direito Brasileiro" In: TÁCITO, Caio. *Temas de Direito Público:* Estudos e Pareceres. Rio de Janeiro: Renovar, 1997. Vol. 1. pp. 683-686; TÁCITO, Caio. "Sociedade de Economia Mista. Incorporação de Outra Empresa" In: TÁCITO, Caio. *Temas de Direito Público:* Estudos e Pareceres. Rio de Janeiro: Renovar, 1997. Vol.2, pp. 1154-1155; CARVALHOSA, Modesto. *Comentários à Lei de Sociedades Anônimas.* 2ª ed. São Paulo: Saraiva, 1999. Vol. 4, tomo I. pp. 387-389 e BORBA, José Edwaldo Tavares. *Direito Societário.* 10ª ed. Rio de Janeiro: Renovar, 2007. pp. 476-477. Em sentido contrário, defendendo a obrigatoriedade de autorização legislativa caso a caso, *Vide* BANDEIRA DE MELLO, Celso Antônio. *Curso de Direito Administrativo.* 20ª ed. São Paulo: Malheiros, 2006. pp. 189-190.

[100] Artigo 64. "Para o estrito cumprimento de atividades de seu objeto social que integrem a indústria do petróleo, fica a Petrobras autorizada a constituir subsidiárias, as quais poderão associar-se, majoritária ou minoritariamente, a outras empresas".

GILBERTO BERCOVICI

"EMENTA: AÇÃO DIRETA DE INCONSTITUCIONALI-
DADE. LEI N. 9478/97. AUTORIZAÇÃO À PETROBRAS
PARA CONSTITUIR SUBSIDIÁRIAS. OFENSA AOS AR-
TIGOS 2º E 37, XIX E XX, DA CONSTITUIÇÃO FEDERAL.
INEXISTÊNCIA. ALEGAÇÃO IMPROCEDENTE. 1. A Lei
n. 9.478/97 não autorizou a instituição de empresa de economia
mista, mas sim a criação de subsidiárias distintas da sociedade-matriz, em consonância com o inciso XX, e não com o XIX do
artigo 37 da Constituição Federal. 2. É dispensável a autorização
legislativa para a criação de empresas subsidiárias, desde que haja
previsão para esse fim na própria lei que instituiu a empresa de
economia mista matriz, tendo em vista que a lei criadora é a
própria medida autorizadora. Ação direta de inconstitucionalidade julgada improcedente".

A expressão "empresa privada", que se refere à participação dos
entes estatais no artigo 37, XX, também não pode ser interpretada de
qualquer modo. A Constituição sempre se refere de forma expressa às
empresas estatais e suas espécies (empresa pública e sociedade de economia mista). Apesar da determinação constitucional de equivalência de
regimes jurídicos entre as empresas estatais (empresas públicas e sociedades de economia mista) que explorem atividade econômica e as empresas privadas (artigo 173, § 1º, II), o texto constitucional sempre
distingue as empresas estatais das empresas privadas propriamente ditas.
Todas as vezes em que há referência à "empresa privada" na Constituição, o texto diz respeito às sociedades privadas propriamente ditas,
compostas por capital integralmente privado, nunca às sociedades de
economia mista, compostas por capital parcialmente privado. O artigo
37, XX menciona a empresa privada neste mesmo sentido.[101]

---

[101] Neste mesmo sentido, o Supremo Tribunal Federal se manifestou no julgamento da
referida ADI n. 1649/DF (Relator: Ministro Maurício Corrêa), em março de 2004.
Sobre a discussão teórica em torno da conceituação de empresa, *Vide* FORGIONI,
Paula A. *O Direito Comercial Brasileiro:* Da Mercancia ao Mercado. São Paulo: 2008.
Tese de Titularidade – Faculdade de Direito da Universidade de São Paulo, pp. 53-102.
Mimeo. Para o debate português sobre o significado de empresa nos distintos dispositivos
constitucionais e diplomas legais, *Vide* ABREU, Jorge Manuel Coutinho de. *Da
Empresarialidade:* As Empresas no Direito. Reimpr. Coimbra: Almedina, 1999.
especialmente pp. 1-24 e 281-308.

ATUAÇÃO DO ESTADO NO DOMÍNIO ECONÔMICO E SISTEMA...

2.3 A CONSTITUCIONALIDADE E O ALCANCE DA MEDIDA PROVISÓRIA N. 443, DE 21 DE OUTUBRO DE 2008

A Medida Provisória n. 443, de 21 de outubro de 2008[102] autoriza o Banco do Brasil e a Caixa Econômica Federal a constituírem subsidiárias integrais ou controladas, bem como a adquirirem participação em instituições financeiras, públicas ou privadas, incluindo empresas de ramos complementares às do setor financeiro (artigos 1º e 2º da Medida Provisória n. 443/2008). A Medida Provisória n. 443/2008 concede, assim, uma autorização ampla para a criação de subsidiárias e participação em outras sociedades por estas duas instituições financeiras públicas federais.

Além desta autorização legal, a Medida Provisória n. 443/2008 expressamente determina a dispensa de licitação no caso de venda de participação acionária em instituições financeiras públicas para o Banco do Brasil e a Caixa Econômica Federal (artigo 5º da Medida Provisória n. 443/2008). O disposto no artigo 17, II, 'c' da Lei n. 8.666/1993 é, assim, excepcionado para o caso destas instituições financeiras públicas federais. A dispensa de licitação deixa de ser mais uma opção do administrador a ser justificada como adequada à situação de venda de participação acionária em instituições financeiras públicas para o Banco do Brasil e a Caixa Econômica Federal, para se tornar uma possibilidade determinada expressamente no texto legal para estes casos.

Os requisitos constitucionais da relevância e urgência (artigo 62, *caput* da Constituição) estão visivelmente atendidos com a edição desta Medida Provisória. A crise financeira internacional, iniciada em setembro de 2008, exige a necessidade de atuação diligente e eficaz do Poder Executivo, especialmente no que diz respeito às medidas de natureza econômica.[103] A preservação e reestruturação do sistema financeiro

---

[102] *OBSERVAÇÃO*: Esta medida provisória foi convertida na Lei n. 11.908, de 3 de março de 2009.

[103] Sobre as situações de emergência econômica, *Vide* BERCOVICI, Gilberto. "O Estado de Exceção Econômico e a Periferia do Capitalismo". *Boletim de Ciências Econômicas*. Vol. XLVIII. Coimbra: Universidade de Coimbra, 2005. pp. 1-11 e BERCOVICI,

GILBERTO BERCOVICI

nacional, visando a ampliação da oferta de crédito e de liquidez, fundamentam a concessão de instrumentos que conferem maior agilidade e eficiência ao setor bancário público.

A Medida Provisória n. 443/2008 consagra instrumentos para que os bancos públicos federais possam atuar em igualdade de condições com os grandes bancos privados. Afinal, a Constituição de 1988 garante da mesma forma a iniciativa econômica individual, a iniciativa econômica cooperativa (artigos 5º, XVIII e 174, § 3º e § 4º da Constituição) e a iniciativa econômica pública (artigos 173 e 177 da Constituição, entre outros). A iniciativa econômica pública tem suas especificidades, pois é determinada positivamente pela Constituição ou pela lei (assim como a liberdade de iniciativa privada também é limitada pela lei) e deve se dar de acordo com o interesse público, ou, mais especificamente, com os imperativos da segurança nacional ou relevante interesse coletivo (artigo 173 da Constituição). Apesar destas especificidades, o Estado deve ter sua iniciativa econômica pública protegida de forma semelhante à proteção das iniciativas privada e cooperativa.[104]

Não se trata aqui, portanto, de nenhuma violação ao princípio constitucional da livre iniciativa (artigos 1º, IV e 170, *caput*), que também deve conformar a iniciativa econômica pública, não apenas a iniciativa econômica privada, como muitos autores, equivocadamente, defendem, sustentando uma posição ideológica que não encontra fundamento no

---

Gilberto. "Die Aktualität von Carl Schmitt an der Peripherie des Kapitalismus: Betrachtungen am Fall Brasilien" *In*: VOIGT, Rüdiger. (org.). *Der Staat des Dezisionismus: Carl Schmitt in der internationalen Debatte*. Baden-Baden: Nomos Verlagsgesellschaft, 2007. pp. 188-198.

[104] Sobre a iniciativa econômica pública, *Vide*, ainda, GALGANO, Francesco. "Pubblico e Privato nella Regolazione dei Rapporti Economici" *In*: GALGANO, Francesco (coord.). *Trattato di Diritto Commerciale e di Diritto Pubblico dell'Economia*. Padova: CEDAM, 1977. Vol. 1, pp. 120-126; ASENJO, Oscar de Juan. *La Constitución Económica Española: Iniciativa Económica Pública "versus" Iniciativa Económica Privada en la Constitución Española de 1978*. Madrid: Centro de Estudios Constitucionales, 1984. pp. 90-99; IRTI, Natalino. *L'Ordine Giuridico del Mercato*. 4ª ed. Roma/Bari: Laterza, 2001. pp. 19-20 e CANOTILHO, José Joaquim Gomes; MOREIRA, Vital. *Constituição da República Portuguesa Anotada*. 4ª ed. Coimbra: Coimbra Ed., 2007. Vol. I, pp. 958-959 e 982-986.

texto constitucional.[105] O Estado brasileiro é regido por uma constituição cujos preceitos reclamam, de uma forma ou de outra, a atuação estatal no domínio econômico. A Constituição de 1988, assim, não exclui nenhuma forma de intervenção estatal, nem veda ao Estado atuar em nenhum domínio da atividade econômica. A Medida Provisória n. 443, de 21 de outubro de 2008, neste sentido, apenas confere ao setor bancário público federal instrumentos mais adequados para sua atuação mais eficaz e para o cumprimento de seus objetivos fixados legal e constitucionalmente.

RESPOSTA AOS QUESITOS COMPLEMENTARES

Diante da argumentação exposta, concluo:

1) A alienação do controle de uma sociedade de economia mista estadual (Nossa Caixa) a uma sociedade de economia mista federal (Banco do Brasil) configura a hipótese de contratação direta por dispensa de licitação. A inexigibilidade de licitação poderia, no entanto, ser alegada em virtude da inexistência de competição possível neste caso (artigo 25 da Lei n. 8.666/1993).

2) O interesse público permanece presente na Nossa Caixa, sociedade de economia mista estadual criada por lei específica, mesmo com a alienação do controle acionário. A Nossa Caixa torna-se sociedade controlada do Banco do Brasil, sociedade de economia mista federal, mas se mantém no setor empresarial público e com sua natureza jurídica de sociedade de economia mista.

3) A referência do artigo 37, XX da Constituição de 1988 à "empresa privada" diz respeito à empresa composta por capital totalmente privado e administrada por particulares.

---

[105] Como exemplo deste tipo de argumentação, *Vide* BONAVIDES, Paulo. "Serviço Postal (Art. 21, X)". *Revista de Direito do Estado*, Rio de Janeiro, n.6, pp. 323-324, abril/junho de 2007. Para a crítica destas concepções que privilegiam a livre iniciativa privada, *Vide* SOUZA Neto, Cláudio Pereira de; MENDONÇA, José Vicente Santos de. "Fundamentalização e Fundamentalismo na Interpretação do Princípio Constitucional da Livre Iniciativa" *In*: SOUZA Neto, Cláudio Pereira de; SARMENTO, Daniel (coords.). *A Constitucionalização do Direito*: Fundamentos Teóricos e Aplicações Específicas. Rio de Janeiro: Lumen Juris, 2007. pp. 709-741.

GILBERTO BERCOVICI

4) A alienação do controle da Nossa Caixa ao Banco do Brasil demonstra inequivocamente a vontade discricionária do administrador em não privatizá-la. O negócio constitui fase preliminar de reorganização para a posterior incorporação societária da Nossa Caixa pelo Banco do Brasil. Neste interregno, a Nossa Caixa seria sociedade controlada do Banco do Brasil, mas manteria sua natureza de sociedade de economia mista, criada por lei, mas controlada por outra sociedade de economia mista, podendo desempenhar normalmente suas funções públicas, como por exemplo, abrigar a conta única do Tesouro do Estado de São Paulo e administrar os depósitos judiciais (artigo 666, I, do Código de Processo Civil).

5) A edição da Medida Provisória n. 443, de 21 de outubro de 2008, determina a dispensa de licitação para a aquisição de instituição financeira pública por parte do Banco do Brasil. A dispensa de licitação deixa, assim, de ser mais uma opção do administrador a ser justificada como adequada à situação de venda de participação acionária em instituições financeiras públicas para o Banco do Brasil e a Caixa Econômica Federal, para se tornar uma possibilidade determinada expressamente no texto legal para estes casos. A Medida Provisória n. 443/2008 autoriza o Banco do Brasil a constituir subsidiárias integrais ou controladas, bem como a participar de outras empresas do sistema financeiro ou que exerçam atividades complementares por parte do Banco do Brasil. Esta Medida Provisória consagra, portanto, instrumentos para que os bancos públicos federais possam atuar em igualdade de condições com os grandes bancos privados, preservando a iniciativa econômica pública, garantida pela Constituição de 1988.

Este é o meu parecer.

São Paulo, 10 de novembro de 2008

NATUREZA JURÍDICA DE SOCIEDADE ANÔNIMA PRIVADA COM PARTICIPAÇÃO ACIONÁRIA ESTATAL[*]

CONSULTA

O Banco X, por intermédio de sua Diretora Jurídica, honra-me com a formulação da seguinte consulta, cujos termos transcrevo abaixo, para análise e produção de parecer sobre a aquisição pelo Banco do Brasil, com fundamento na Medida Provisória n. 443, de 21 de outubro de 2008 (posteriormente convertida na Lei n. 11.908, de 03 de março de 2009), de participação acionária no Banco X, por meio do contrato de compra e venda celebrado em 09 de janeiro de 2009, informando que:

"01. Após o fechamento da operação, a composição acionária do Banco X passará a ser a seguinte: 50% do total de ações ordinárias pertencentes ao acionista X e 50% do total de ações ordinárias pertencentes ao Banco do Brasil.

02. O acionista X possuirá 10 ações ordinárias a mais que o Banco do Brasil e não haverá outros acionistas.

---

[*] Este texto foi publicado na *Revista de Direito Mercantil* n. 153/154, 2010, pp. 297-317.

03. O fechamento da compra e venda depende da aprovação da operação pelo Banco Central do Brasil, que se constitui numa condição suspensiva para o negócio.

04. Dentre os anexos do contrato de compra e venda há um acordo de acionistas, que vigorará a partir da data do fechamento, com prazo de 10 anos, podendo ser renovado.

05. Referido acordo regula o relacionamento entre os dois únicos acionistas, estabelecendo, dentre outros pontos, os seguintes:

i) o Conselho de Administração terá *seis* membros, sendo que *três* serão eleitos dentre os indicados pelo Banco do Brasil e *três*, dentre os indicados pelo acionista X. O Presidente do Conselho de Administração será escolhido de modo alternado, começando por um indicado pelo Banco do Brasil, sendo o próximo pelo acionista X e assim, sucessivamente. Contudo o Presidente do Conselho não tem voto de qualidade.

ii) praticamente todas as matérias relevantes dependem, para sua aprovação, de quórum qualificado, tanto na Assembleia Geral (75% do capital votante) quanto no Conselho de Administração (voto de 4 membros). Desse modo, nenhum dos acionistas tem poder para decidir isoladamente sobre as matérias relevantes.

Nesse contexto, o problema ora colocado consiste em saber se a configuração acionária adotada e a celebração do acordo de acionistas, tal como redigido, induziriam a existência de controle por parte do Banco do Brasil, numa acepção capaz de tornar o Banco X integrante da administração pública indireta, o que, por via de consequência, atrairia a incidência das normas do art. 37 da CF, especialmente no que se refere à exigência de concurso público, observância da Lei n. 8.666/93 nas compras e contratações e sujeição à fiscalização de órgãos de controle da administração pública.

Buscando a elucidação desses pontos, formulam-se os seguintes quesitos:

a. O Banco X, após a celebração do acordo de acionistas, poderia ser classificado como sociedade de economia mista?

NATUREZA JURÍDICA DE SOCIEDADE ANÔNIMA PRIVADA...

b. Quais as diferenças entre *i*) ser controlador, *ii*) integrar bloco de controle e *iii*) integrar grupo de controle? Para efeitos de definição de pertinência à administração pública indireta e atração das regras de direito público, tais categorias se equivalem? No caso concreto do acordo de acionistas do Banco X, em qual dessas categorias se enquadra o Banco do Brasil?

c. Uma vez que o acordo de acionistas tem uma natureza efêmera – possui prazo determinado (no caso, 10 anos), podendo ser desfeito ou alterado por mútuo acordo entre as partes a qualquer tempo – tal situação, potencialmente cambiante, pode servir de parâmetro para definição da pertinência ou não à administração pública?

d. O Decreto n. 6.021/2007, que trata, dentre outros assuntos, da administração das participações societárias da União, define como *empresas estatais federais* "*as empresas públicas, sociedades de economia mista, suas subsidiárias e controladas e demais sociedades em que a União, direta ou indiretamente, detenha a maioria do capital social com direito a voto*" (art. 1º, inciso I) e como *participações* "*os direitos da União decorrentes da propriedade, direta ou indireta, do total ou de parcela do capital de sociedades*". Diante disso, pode-se afirmar que o referencial adotado para definição da pertinência ou não à administração pública seria a composição acionária?

e. A Lei n. 6.223/75, em seu art. 7º, com a redação dada pela Lei 6.525/78, ao tratar da fiscalização financeira e orçamentária da União pelo Congresso Nacional, fornece uma visão acerca do tratamento que o legislador dispensa para os casos nos quais o poder de controle está distribuído de modo paritário entre a sociedade de economia mista e o particular. Com base em tal dispositivo, seria possível afirmar que o Banco X *não* está sujeito ao regime de direito público em geral e à fiscalização do Tribunal de Contas da União em particular?

f. Nada obstante o Banco do Brasil exerça *influência significativa* na administração do Banco X na medida em que, para decisão em matérias relevantes, exige-se *quorum* qualificado, não há preponderância sobre a vontade do acionista privado. Quanto ao acionista privado, em princípio, deve prevalecer a regra de que ele não pode ser obrigado a fazer ou deixar de fazer algo que não decorra da Lei (CF, art. 5º, inc. II), o que significa que não poderia haver limitações não previstas expressamente em lei ou contrato, no exercício do seu direito de propriedade (CF, art. 170, inc. II), no caso, sobre parte do patrimônio do Banco X, representada pelas ações de que é titular. Nesse contexto, a assinatura do acordo de acionistas, tal como redigido, implica, de parte do acionista privado, a sujeição do seu patrimônio ao regime de direito público?

g. Seria correto afirmar que, no caso específico do acordo de acionistas a ser celebrado entre o Banco do Brasil e o acionista X, o que ocorre, a rigor, é que o controle societário exercido pelo acionista X (acionista que detém a maior parte das ações com direito a voto) sofre limitação nas matérias expressamente previstas no acordo, para as quais se exige o *quorum* qualificado, ou, em outras palavras, que o *quorum* qualificado teria a finalidade de proteger o acionista minoritário – Banco do Brasil – nas matérias essenciais? Se positiva a resposta, essa situação implicaria co-responsabilidade do BB na administração do Banco X, quanto a tais matérias? Se positiva também essa resposta, tal co-responsabilidade implicaria sujeição do Banco X às normas da administração pública?

h. Foi apresentado o pedido de autorização ao Banco Central, retratando a operação como aquisição, pelo Banco do Brasil, de participação relevante no X. Argumentou-se que o controlador continuaria sendo o acionista X, mas o Banco do Brasil possuiria influência significativa na administração, em razão da escolha de metade dos membros do Conselho de Administração e em decorrência dos quóruns qualificados. Sustentou-se que tais parâmetros destinar-se-iam a resguardar o investimento realizado pelo sócio minoritário. O Banco Central, no seu escopo próprio de identificação de responsabilidade dos sócios perante o sistema financeiro nacional, considera a situação como sendo a de *controle compartilhado,* dado que nenhum dos acionistas, pode, isoladamente, conduzir os destinos da companhia. Diante disso, indaga-se: *a)* do ponto de vista do direito societário, caracteriza-se o controle compartilhado? *b)* se positiva a resposta, a existência de controle compartilhado nesses moldes tornaria o Banco X integrante da administração pública indireta?

NATUREZA JURÍDICA DE SOCIEDADE ANÔNIMA PRIVADA...

i. A recente alteração da redação do art. 243, § 1º, da Lei n. 6.404/76, promovida pela MP 449 (art. 36), ao empregar a expressão "influência significativa" em lugar de "10% (dez por cento) ou mais, do capital da outra, sem controlá-la", aponta para uma concepção que considera a possibilidade de interferência do acionista minoritário no exercício do poder de controle? Se positiva a resposta, pode o acionista minoritário ter responsabilidades perante o sistema financeiro (pelo fato de tratar-se de um Banco), e também perante os demais acionistas, empregados e a sociedade de um modo geral, sem ser controlador?"

PARECER

1. NATUREZA JURÍDICA DAS SOCIEDADES DE ECONOMIA MISTA

O Banco do Brasil é uma sociedade de economia mista, controlada pela União, vinculada ao Ministério da Fazenda e integrante do Sistema Financeiro Nacional (artigos 1º, III, 19 e 62 da Lei n. 4.595, de 31 de dezembro de 1964, e artigo 189 do Decreto-Lei n. 200, de 25 de fevereiro de 1967). A sociedade de economia mista é, em sua estruturação atual, um fenômeno do final do século XIX e início do século XX, que se intensificou, especialmente na Alemanha, durante a Primeira Guerra Mundial (1914-1918). A Constituição alemã de 1919, a Constituição de Weimar, por sua vez, previu expressamente, em seu artigo 156, a possibilidade de socialização, nacionalização ou participação estatal no setor empresarial.[1]

---

[1] *Vide* JELLINEK, Walter. *Verwaltungsrecht.* 3ª ed. Berlin: Verlag von Julius Springer, 1931. pp. 526-528; BRUNET, René. *La Constitution Allemande du 11 Août 1919.* Paris: Payot, 1921. pp. 298-318; ANSCHÜTZ, Gerhard. *Die Verfassung des Deutschen Reichs vom 11. August 1919.*Reimpr. 14ª ed. Aalen: Scientia Verlag, 1987. pp. 725-729; FRIEDLAENDER, Heinrich "Artikel 156. Sozialisierung" *In:* NIPPERDEY, Hans Carl (org.). *Die Grundrechte und Grundpflichten der Reichsverfassung:* Kommentar zum zweiten Teil der Reichsverfassung. Reimpr. Frankfurt am Main: Verlag Ferdinand Keip, 1975. Vol. 3, pp. 322-348 e AMBROSIUS, Gerold. *Der Staat als Unternehmer:* Öffentliche Wirtschaft und Kapitalismus seit dem 19. Jahrhundert. Göttingen: Vandenhoeck &

GILBERTO BERCOVICI

A visão tradicional, inspirada nos escritos do industrial alemão Walter Rathenau, entendia a sociedade de economia mista (*"gemischtwirtschaftliche Unternehmung"*) como uma associação livre de capitais privados e fundos públicos para a exploração de uma atividade econômica, um fenômeno "econômico", que não pertenceria às instituições administrativas.[2] Esta concepção equivocada levou a uma série de debates, como o protagonizado entre nós por Bilac Pinto, sobre a impossibilidade de conciliação dos interesses público (do Estado) e privados (dos demais acionistas privados, que almejam o lucro), que levaria à substituição do modelo de sociedade de economia mista pelo da empresa pública, cujo capital é exclusivamente estatal.[3]

A atual doutrina publicista brasileira, com base no artigo 5º, III do Decreto-Lei n. 200/1967 (com a redação alterada pelo Decreto-Lei n. 900, de 29 de setembro de 1969), define a sociedade de economia mista como uma entidade integrante da Administração Pública Indireta,

---

Ruprecht, 1984. pp. 64-102. Para o debate em torno da constituição econômica durante o período da República de Weimar (1918-1933), *Vide* BERCOVICI, Gilberto. *Constituição e Estado de Exceção Permanente*: Atualidade de Weimar. Rio de Janeiro: Azougue Editorial, 2004. pp. 39-50.

[2] FLEINER, Fritz. *Les Principes Généraux du Droit Administratif Allemand*. Paris: Librairie Delagrave, 1933. pp. 82-84; HUBER, Ernst Rudolf *Wirtschaftsverwaltungsrecht*. 2ª ed. Tübingen: J. C. B. Mohr (Paul Siebeck), 1953. Vol. 1, pp. 529-530; FORSTHOFF, Ernst. *Lehrbuch des Verwaltungsrechts*. 9ª ed. München: Verlag C. H. Beck, 1966. Vol. 1. p. 485 e CHÉROT, Jean-Yves. *Droit Public Économique*. 2ª ed. Paris: Economica, 2007. pp. 471-472. Para as dificuldades encontradas pela doutrina publicista brasileira com o conceito de empresa estatal, *Vide* VENÂNCIO Filho, Alberto. *A Intervenção do Estado no Domínio Econômico*: O Direito Público Econômico no Brasil. Rio de Janeiro: Ed. FGV, 1968. pp. 385-406.

[3] *Vide* o clássico artigo de PINTO, Bilac. "O Declínio das Sociedades de Economia Mista e o Advento das Modernas Empresas Públicas" *In:* INSTITUTO DE DIREITO PÚBLICO E CIÊNCIA POLÍTICA. *Estudos sôbre a Constituição Brasileira*. Rio de Janeiro: Fundação Getúlio Vargas, 1954. pp. 43-57. *Vide*, ainda, FERREIRA, Waldemar Martins. *A Sociedade de Economia Mista em seu Aspecto Contemporâneo*. São Paulo: Max Limonad, 1956. pp. 151-153. Para uma crítica contemporânea à posição de Bilac Pinto, *Vide* PAIVA, Alfredo de Almeida. "As Sociedades de Economia Mista e as Emprêsas Públicas como Instrumentos Jurídicos a Serviço do Estado". *Revista de Direito Administrativo*: Seleção Histórica. Rio de Janeiro: Fundação Getúlio Vargas/Renovar, pp. 316-317, 1995.

NATUREZA JURÍDICA DE SOCIEDADE ANÔNIMA PRIVADA...

dotada de personalidade jurídica de direito privado, cuja criação é autorizada por lei, como um instrumento de ação do Estado. Apesar de sua personalidade de direito privado, a sociedade de economia mista, como qualquer empresa estatal, está submetida a regras especiais decorrentes de sua natureza de integrante da Administração Pública.

Estas regras especiais decorrem de sua criação autorizada por lei, cujo texto excepciona a legislação societária, comercial e civil aplicável às empresas privadas. Na criação da sociedade de economia mista, autorizada pela via legislativa, o Estado age como Poder Público, não como acionista. A sua constituição só pode se dar sob a forma de sociedade anônima, devendo o controle acionário majoritário pertencer ao Estado, em qualquer de suas esferas governamentais, pois ela foi criada deliberadamente como um instrumento da ação estatal.[4]

A exigência de autorização legislativa, hoje consagrada no artigo 37, XIX da Constituição de 1988[5], foi incorporada ao próprio conceito de sociedade de economia mista. O que caracteriza a sociedade de economia

---

[4] *Vide*, por todos, FERREIRA, Waldemar Martins. *A Sociedade de Economia Mista em seu Aspecto Contemporâneo*. São Paulo: Max Limonad, 1956. pp. 133-136; PAIVA, Alfredo de Almeida. "As Sociedades de Economia Mista e as Emprêsas Públicas como Instrumentos Jurídicos a Serviço do Estado". *Revista de Direito Administrativo: Seleção Histórica*. Rio de Janeiro: Fundação Getúlio Vargas/Renovar, pp. 313-316, 1995; VENÂNCIO Filho, Alberto. *A Intervenção do Estado no Domínio Econômico*: O Direito Público Econômico no Brasil, Rio de Janeiro: Ed. FGV, 1968, pp. 415-437; FRANCO Sobrinho, Manuel de Oliveira. *Comentários à Reforma Administrativa Federal*. 2ª ed. São Paulo: Saraiva, 1983. pp. 68-74; SOUZA, Washington Peluso Albino de. *Primeiras Linhas de Direito Econômico*. 3ª ed. São Paulo: LTr, 1994. pp. 273-276; BANDEIRA DE MELLO, Celso Antônio. *Curso de Direito Administrativo*. 20ª ed. São Paulo: Malheiros, 2006. pp. 175-178 e 189; GRAU, Eros Roberto. *A Ordem Econômica na Constituição de 1988*: Interpretação e Crítica. 12ª ed. São Paulo: Malheiros, 2007. pp. 111-119; DI PIETRO, Maria Sylvia Zanella. *Direito Administrativo*. 20ª ed. São Paulo: Atlas, 2007. pp. 394, 414-415 e 420-421 e CARVALHOSA, Modesto. *Comentários à Lei de Sociedades Anônimas*. 2ª ed. São Paulo: Saraiva, 1999. Vol. 4, tomo I. pp. 357-361 e 375-378. *Vide*, ainda, CIRENEI, Maria Teresa. *Le Imprese Pubbliche*. Milano: Giuffrè, 1983. pp. 516-519.

[5] Artigo 37, XIX da Constituição de 1988: "XIX – somente por lei específica poderá ser criada autarquia e autorizada a instituição de empresa pública, de sociedade de economia mista e de fundação, cabendo à lei complementar, neste último caso, definir as áreas de sua atuação".

GILBERTO BERCOVICI

mista não é apenas a presença majoritária do Estado no seu capital acionário. Uma participação majoritária estatal que fosse transitória ou eventual não modificaria o objeto ou os fins de uma sociedade comum. A sociedade de economia mista é uma estrutura de direito privado (uma sociedade anônima) vinculada de modo permanente a objetivos de interesse público. Por isto a autorização para sua criação deve ser efetuada por lei. Sem a base legal que a cria, a sociedade de economia mista não passaria de uma sociedade anônima comum, com participação acionária estatal.[6]

Toda sociedade de economia mista está submetida às regras gerais da Administração Pública (artigo 37 da Constituição), ao controle do Congresso Nacional (artigo 49, X, no caso das sociedades de economia mista pertencentes à União), do Tribunal de Contas da União (artigo 71, II, III e IV da Constituição, também no caso das sociedades de economia mista da esfera federal) e, no caso das sociedades de economia mista federais, da Controladoria-Geral da União (artigos 17 a 20 da Lei n. 10.683, de 28 de maio de 2003), ponto sobre o qual me deterei com mais detalhes adiante. Além disto, o orçamento de investimentos das sociedades de economia mista federais deve estar previsto no orçamento-geral da União (artigo 165, § 5º da Constituição de 1988).

Estes dispositivos constitucionais são formas distintas de vinculação e conformação jurídica, constitucionalmente definidas, que vão além do disposto no artigo 173, § 1º, II, que iguala o regime jurídico das empresas estatais prestadoras de atividade econômica em sentido estrito ao

---

[6] SARAIVA, Oscar. "Novas Formas da Delegação Administrativa do Estado". *Revista Forense*, Rio de Janeiro, n. 100, p. 234, 1944; PAIVA, Alfredo de Almeida. "As Sociedades de Economia Mista e as Emprêsas Públicas como Instrumentos Jurídicos a Serviço do Estado" *Revista de Direito Administrativo*: Seleção Histórica. Rio de Janeiro: Fundação Getúlio Vargas/Renovar, 1995. pp. 311-313; FERREIRA, Waldemar Martins *A Sociedade de Economia Mista em seu Aspecto Contemporâneo*. São Paulo: Max Limonad, 1956. pp. 57-59; FIGUEIREDO, Lúcia Valle. *Empresas Públicas e Sociedades de Economia Mista*. São Paulo: RT, 1978. pp. 40-45 e 83; DI PIETRO, Maria Sylvia Zanella. *Direito Administrativo*. 20ª ed. São Paulo: Atlas, 2007. pp. 414-415 e BORBA, José Edwaldo Tavares. *Direito Societário*. 10ª ed. Rio de Janeiro: Renovar, 2007. pp. 503-506. *Vide* também CARVALHOSA, Modesto. *Comentários à Lei de Sociedades Anônimas*. 2ª ed. São Paulo: Saraiva, 1999. Vol. 4, tomo I. pp. 384-385 e 391-392.

NATUREZA JURÍDICA DE SOCIEDADE ANÔNIMA PRIVADA...

mesmo das empresas privadas em seus aspectos civil, comercial, trabalhista e tributário.[7] A natureza jurídica de direito privado é um expediente técnico que não derroga o direito administrativo, sob pena de inviabilizar a sociedade de economia mista como instrumento de atuação do Estado. Na realidade, conforme ressalta Maria Sylvia Zanella Di Pietro, quando o Estado cria uma pessoa jurídica de direito privado, esta surge, praticamente, com todas as características de uma pessoa jurídica de direito público, pois é um instrumento de atuação do próprio Estado. O seu regime jurídico, embora preponderantemente de direito privado, é, "híbrido", pois nunca se sujeita inteiramente ao direito privado, que é derrogado parcialmente pelo regime jurídico administrativo.[8]

---

[7] Sobre a influência da atividade prestada (serviço público ou atividade econômica em sentido estrito) no regime jurídico das empresas estatais (empresas públicas e sociedades de economia mista), *Vide* BANDEIRA DE MELLO, Celso Antônio. *Curso de Direito Administrativo*. 20ª ed. São Paulo: Malheiros, 2006. pp. 183-184; GRAU, Eros Roberto. *A Ordem Econômica na Constituição de 1988:* Interpretação e Crítica. 12ª ed. São Paulo: Malheiros, 2007. pp. 140-146 e DI PIETRO, Maria Sylvia Zanella. *Direito Administrativo*. 20ª ed. São Paulo: Atlas, 2007. pp. 412-414. Na doutrina estrangeira, *Vide*, por exemplo, FLEINER, Fritz. *Les Principes Généraux du Droit Administratif Allemand*. Paris: Librairie Delagrave, 1933. pp. 198-209 e COLSON, Jean-Philippe. *Droit Public Économique*. 3ª ed. Paris: L.G.D.J., 2001. pp. 330-332.

[8] FERREIRA, Waldemar Martins. *A Sociedade de Economia Mista em seu Aspecto Contemporâneo*. São Paulo: Max Limonad, 1956. pp. 54-57 e 164-165; TÁCITO, Caio. "Direito Administrativo e Direito Privado nas Empresas Estatais" *In:* TÁCITO, Caio. *Temas de Direito Público:* Estudos e Pareceres. Rio de Janeiro: Renovar, 1997. Vol. 1. pp. 691-698; GRAU, Eros Roberto. *Elementos de Direito Econômico*. São Paulo: RT, 1981. pp. 101-111; BANDEIRA DE MELLO, Celso Antônio. *Curso de Direito Administrativo*. 20ª ed. São Paulo: Malheiros, 2006. pp. 178-183 e 185-188; GRAU, Eros Roberto. *A Ordem Econômica na Constituição de 1988:* Interpretação e Crítica. 12ª ed. São Paulo: Malheiros, 2007.pp. 111-123 e 278-281; DI PIETRO, Maria Sylvia Zanella. *Direito Administrativo*. 20ª ed. São Paulo: Atlas, 2007. pp. 394-396, 416-418 e 421-428 e CARVALHOSA, Modesto. *Comentários à Lei de Sociedades Anônimas*. 2ª ed. São Paulo: Saraiva, 1999. Vol. 4, tomo I. pp. 351-353. Na doutrina estrangeira, sobre os regimes jurídicos das empresas estatais, em geral, e das sociedades de economia mista, em particular, *Vide* HUBER, Ernst Rudolf. *Wirtschaftsverwaltungsrecht*, 2ª ed. Tübingen: J. C. B. Mohr (Paul Siebeck), 1953. Vol. 1, pp. 530-532; CHENOT, Bernard. *Organisation Économique de l'État*. 2ª ed. Paris: Dalloz, 1965. pp. 312-313; FORSTHOFF, Ernst. *Lehrbuch des Verwaltungsrechts*. 9ª ed. München: Verlag C. H. Beck, 1966, Vol. 1, pp. 478-483; PÜTTNER, Günter. *Die öffentlichen Unternehmen:* Verfassungsfragen zur wirtschaftlichen Betätigung der öffentlichen Hand. Bad Homburg/Berlin/Zürich: Verlag Gehlen, 1969.

GILBERTO BERCOVICI

A prevalência do direito público não significa, no entanto, que a sociedade de economia mista perca a natureza de sociedade anônima.[9] A Lei das S.A. (Lei n. 6.404, de 15 de dezembro de 1976), se aplica às sociedades de economia mista, desde que seja preservado o interesse público que justifica sua criação e atuação (artigo 235).

A sociedade de economia mista, criada por lei, não se confunde, portanto, com sociedades com participação acionária do Poder Público, mesmo que sob seu controle acionário. O ingresso do Estado como acionista em uma sociedade originariamente privada não produz nenhuma alteração de natureza jurídica no estatuto da sociedade constituída por agentes econômicos privados com intuito de obtenção de lucro. A simples participação de entes públicos, ou por eles controlados, como acionistas não é suficiente para modificar a estrutura de uma sociedade. O Estado ou ente estatal que se torna sócio de uma pessoa jurídica de direito privado em funcionamento submete-se aos seus estatutos sociais. Nesta hipótese, geralmente de participação minoritária do Estado, o interesse público se realiza pelo próprio fato da participação acionária estatal (pelos mais variados motivos, como ter que financiar empresas ou setores carentes de investimentos, por exemplo), sem que seja necessária qualquer mudança na estrutura societária. A sociedade comum

---

pp. 125-140 e 368-380; EMMERICH, Volker. *Das Wirtschaftsrecht der öffentlichen Unternehmen.* Bad Homburg/Berlin/Zürich: Verlag Gehlen, 1969. pp. 58-62; FARJAT, Gérard. *Droit Économique.* Paris: PUF, 1971. pp. 189-198; GIANNINI, Massimo Severo. *Diritto Pubblico dell'Economia,* Reimpr. da 3ª ed. Bologna: Il Mulino, 1999. pp. 163-166; COLSON, Jean-Philippe. *Droit Public Économique.* 3ª ed. Paris: L.G.D.J., 2001.pp. 297-301 e 328-330; DELVOLVÉ, Pierre. *Droit Public de l'Économie.* Paris: Dalloz, 1998. pp. 672-675 e 706-731 e BADURA, Peter. *Wirtschaftsverfassung und Wirtschaftsverwaltung:* Ein exemplarischer Leitfaden. 2ª ed. Tübingen: J.C.B. Mohr (Paul Siebeck), 2005. pp. 145-164.

[9] FERREIRA, Waldemar Martins. *A Sociedade de Economia Mista em seu Aspecto Contemporâneo.* São Paulo: Max Limonad, 1956. pp. 138-145 e CARVALHOSA, Modesto *Comentários à Lei de Sociedades Anônimas.* 2ª ed. São Paulo: Saraiva, 1999. Vol. 4, tomo I. pp. 367-368, 374 e 376-378. Sobre a influência do direito público na estrutura societária das empresas estatais na Alemanha, *Vide* PÜTTNER, Günter. *Die öffentlichen Unternehmen:* Verfassungsfragen zur wirtschaftlichen Betätigung der öffentlichen Hand. Bad Homburg/ Berlin/Zürich: Verlag Gehlen, 1969.pp. 318-324 e 374-378 e EMMERICH, Volker. *Das Wirtschaftsrecht der öffentlichen Unternehmen.* Bad Homburg/Berlin/Zürich: Verlag Gehlen, 1969. pp. 162-165 e 189-210.

80

NATUREZA JURÍDICA DE SOCIEDADE ANÔNIMA PRIVADA...

não se torna uma sociedade de economia mista pelo surgimento, transitório ou permanente, do Estado, ou ente estatal, como seu acionista. Mesmo se este adquirir a maior parte das suas ações ou o poder de controle, a empresa não é transformada em sociedade de economia mista. Trata-se de simples inversão de capitais públicos em uma empresa privada.[10] A sua natureza jurídica de direito privado permanece a mesma, apesar do acionista estatal, inclusive não sendo vinculada às limitações que os entes da Administração Pública Indireta, mesmo dotados de personalidade jurídica de direito privado (como as sociedades de economia mista e as empresas públicas), estão, como a necessidade de contratação de funcionários por concurso público ou submissão aos procedimentos estipulados na Lei de Licitações (Lei n. 8.666, de 21 de junho de 1993).

Não se aplica o regime jurídico das sociedades de economia mista a todas as sociedades em que o Estado tenha participação acionária. Uma empresa subsidiária constituída mediante a devida autorização legal tem a mesma natureza jurídica do ente estatal que a controla. Já as subsidiárias e empresas criadas por uma sociedade de economia mista ou que possuam participação acionária desta, sem a devida autorização legal não podem ser consideradas como sociedades de economia mista. Não é aplicável o regime de direito administrativo, ainda que parcialmente, às sociedades que, embora controladas por sociedades de economia mista, não foram criadas como sociedade de economia mista por lei, não podendo, assim, ser classificadas

---

[10] FERREIRA, Waldemar Martins. *A Sociedade de Economia Mista em seu Aspecto Contemporâneo*. São Paulo: Max Limonad, 1956. pp. 131-133 e 176-177; CARVALHOSA, Modesto. *Comentários à Lei de Sociedades Anônimas*. 2ª ed. São Paulo: Saraiva, 1999. Vol. 4, tomo I. pp. 354-355; CIRENEI, Maria Teresa. *Le Imprese Pubbliche*. Milano: Giuffrè, 1983.pp. 538-539 e 590-592 e MONCADA, Luis S. Cabral de. *Direito Económico*. 5ª ed. Coimbra: Coimbra Ed., 2007. pp. 397-401. Segundo Roberto Cafferata, a participação igualitária entre capitais públicos e privados ou a participação do capital estatal como minoritário em empresas privadas pode ser um instrumento de política econômica atrativo economica e financeiramente para o setor privado. No entanto, ressalta, quanto mais o setor público estiver voltado para o mercado com critérios de pura economicidade empresarial, e não com preocupações de política macroeconômica, mais equilíbrio haverá na parceria e mais atrativa esta será para o poder privado. Cf. CAFFERATA, Roberto. *La Società per Azioni Pubblica:* Equilibrio Economico e Strategie di Transizione. Milano: FrancoAngeli, 1993. pp. 149-150.

GILBERTO BERCOVICI

como "sociedades de economia mista de segundo grau". Em qualquer destes casos, o que há são sociedades comerciais comuns, sem nenhum vínculo com a Administração Indireta do Estado.

O artigo 235, § 2º da Lei das S.A.[11], inclusive, exclui expressamente da qualificação de sociedade de economia mista as empresas que não foram criadas por lei, embora tenham participação acionária estatal direta ou indireta. Mesmo que controlada pelo Estado ou por um ente estatal, como uma sociedade de economia mista, se não foi criada por lei, a sociedade em questão é regida exclusivamente pelo direito privado, não é um instrumento de atuação do Estado. O fato de ser controlada por um ente estatal não a torna uma sociedade de economia mista.[12]

Com base no artigo 5º, III do Decreto-Lei n. 200/1967 e no artigo 236 da Lei n. 6.404/1976, que exigem a prévia autorização legislativa para a criação das sociedades de economia mista, o Supremo Tribunal Federal, sob o regime constitucional anterior, decidiu reiteradas vezes no mesmo sentido de que a sociedade de economia mista não pode ser confundida com a sociedade com participação acionária estatal, como no julgamento do RE n. 91.035-2/RJ (Relator: Ministro Soares Muñoz), em 26 de junho de 1979:

> "EMENTA: Sociedade de Economia Mista. Com ela não se confunde a sociedade sob o controle acionário do Poder Público. É a situação especial que o Estado se assegura através da lei criadora da pessoa jurídica que a caracteriza como sociedade de economia mista".[13]

---

[11] Artigo 235, § 2º da Lei das S.A.: "§ 2º As companhias de que participarem, majoritária ou minoritariamente, as sociedades de economia mista, estão sujeitas ao disposto nesta Lei, sem as exceções previstas neste Capítulo". O capítulo a que o dispositivo se refere é o capítulo XIX da Lei das S.A., que trata justamente das sociedades de economia mista (artigos 235 a 242, estando os artigos 241 e 242 hoje revogados).

[12] DI PIETRO, Maria Sylvia Zanella. *Direito Administrativo*. 20ª ed. São Paulo: Atlas, 2007. pp. 415-416 e 420; PENTEADO, Mauro Rodrigues. "As Sociedades de Economia Mista e as Empresas Estatais perante a Constituição de 1988". *Revista de Informação Legislativa*, Brasília, n. 102, pp. 55-68, abril/junho de 1989. e CARVALHOSA, Modesto. *Comentários à Lei de Sociedades Anônimas*. 2ª ed. São Paulo: Saraiva, 1999. Vol. 4, tomo I. pp. 364-365.

[13] O mesmo conteúdo da ementa, com modificações mínimas, foi publicado por ocasião

NATUREZA JURÍDICA DE SOCIEDADE ANÔNIMA PRIVADA...

E no julgamento do RE n. 94.777-9/RJ (Relator: Ministro Décio Miranda), em 14 de agosto de 1981:

> "EMENTA: COMERCIAL. Sociedade Anônima. Sociedade de Economia Mista. É sociedade de economia mista aquela criada por lei, não bastando para caracterizá-la como tal a simples presença de capital público (Lei n. 6.404, de 15.12.76, art. 236)".[14]

Estas decisões do Supremo Tribunal Federal foram proferidas com base exclusiva na previsão legal do Decreto-Lei n. 200/1967 e da Lei n. 6.404/1976. No atual regime constitucional, sequer haveria necessidade de se mencionar estes diplomas legislativos, pois a própria Constituição de 1988, em seu artigo 37, XIX prevê expressamente a necessidade de lei específica para autorizar a criação de uma sociedade de economia mista. Se a sociedade anônima, embora tenha participação acionária estatal, não tiver sido instituída por lei, não será uma sociedade de economia mista.

2. A NECESSIDADE DE AUTORIZAÇÃO LEGISLATIVA PARA A PARTICIPAÇÃO ESTATAL EM EMPRESAS PRIVADAS

As empresas estatais, para os formuladores do Decreto-Lei n. 200/1967, deveriam ter condições de funcionamento e de operação

---

do julgamento dos RE n. 92.338-1/RJ (Relator: Ministro Soares Muñoz), em 18 de março de 1980; RE n. 92.340-3/RJ (Relator: Ministro Soares Muñoz), em 25 de março de 1980; RE n. 93.175-9/RJ (Relator: Ministro Soares Muñoz), em 14 de outubro de 1980; RE n. 94.777-9/RJ (Relator: Ministro Soares Muñoz), em 14 de agosto de 1981 e RE n. 95.554-2/RJ (Relator: Ministro Rafael Mayer), em 2 de março de 1982. Em decisão anterior, inclusive, o Supremo Tribunal Federal já havia se manifestado pela necessidade de lei autorizando a criação de sociedade de economia mista, conforme o voto do Ministro Moreira Alves no RE n. 79.840/MG (Relator: Ministro Moreira Alves), julgado em 18 de agosto de 1975.

[14] A mesma ementa foi publicada por ocasião do julgamento do RE n. 96.336-7/RJ (Relator: Ministro Décio Miranda), em 02 de março de 1982.

idênticas às do setor privado. Além disso, sua autonomia deveria ser garantida, pois elas seriam vinculadas, não subordinadas, aos ministérios, que só poderiam efetuar um controle de resultados.[15] Como se explica, então, a expansão das empresas estatais no pós-1964? Apesar do discurso oficial de restrição à atuação estatal na esfera econômica de liberais insuspeitos como Octavio Gouveia de Bulhões, Roberto Campos, Antônio Delfim Netto e Mário Henrique Simonsen, cerca de 60% (sessenta por cento) das empresas estatais do Brasil foram criadas entre 1966 e 1976.[16]

O governo militar brasileiro instalado após 1964 tem uma grande preocupação em conter o déficit público e combater a inflação. Para tanto, vai promover medidas que reformulam a captação de recursos e as transferências intergovernamentais para as empresas estatais, além de exigir uma política "realista" de preços. As reformas realizadas pelo PAEG (Plano de Ação Econômica do Governo), implementado por Octávio Gouveia de Bulhões e Roberto Campos, visavam, fundamentalmente, recuperar a economia de mercado.[17] Um dos objetivos explícitos do Decreto-Lei n. 200/1967 foi, justamente, aumentar a "eficiência" do setor produtivo público por meio da descentralização na execução das atividades governamentais. As empresas estatais tiveram, assim, que adotar padrões de atuação similares aos das empresas privadas, foram obrigadas a ser "eficientes" e a buscar fontes alternativas de financiamento.

Dotadas de maior autonomia, as empresas estatais passaram a ser legalmente entendidas como empresas capitalistas privadas (artigo 27, parágrafo único do Decreto-Lei n. 200/1967[18]). Deste modo, aplicando

---

[15] DIAS, José de Nazaré Teixeira. *A Reforma Administrativa de 1967*. 2ª ed. Rio de Janeiro: Ed. FGV, 1969. pp. 78-80.

[16] Cf. MARTINS, Luciano. *Estado Capitalista e Burocracia no Brasil pós-64*. 2ª ed. Rio de Janeiro: Paz e Terra, 1991. pp. 60-62.

[17] Sobre o PAEG, *Vide* NUNES, António José Avelãs. *Industrialização e Desenvolvimento: A Economia Política do "Modelo Brasileiro de Desenvolvimento"*. São Paulo: Quartier Latin, 2005. pp. 351-413 e IANNI, Octavio. *Estado e Planejamento Econômico no Brasil*. 5ª ed. Rio de Janeiro: Civilização Brasileira, 1991. pp. 229-242 e 261-288.

[18] Artigo 27, parágrafo único do Decreto-Lei n. 200: "Parágrafo Único – Assegurar-se-á às emprêsas públicas e às sociedades de economia mista condições de funcionamento

NATUREZA JURÍDICA DE SOCIEDADE ANÔNIMA PRIVADA...

a "racionalidade empresarial", muitas empresas estatais se expandiram para ramos de atuação diferenciados e de alta rentabilidade, além de também passarem a recorrer ao endividamento externo. O Estado ampliou sua participação no setor de bens e serviços, aumentando a quantidade de empresas estatais nos setores de energia, transportes, comunicações, indústria de transformação (petroquímica, fertilizantes, etc), financeiras e outros serviços (processamento de dados, comércio exterior, equipamentos, etc). A expansão das empresas estatais pode ser explicada também pelo arcabouço jurídico do Decreto-Lei n. 200/1967. A descentralização operacional prevista no Decreto-Lei n. 200/1967 propiciou a oportunidade para a criação de várias subsidiárias das empresas estatais já existentes, formando-se *holdings* setoriais e expandindo-se, assim, a atuação das estatais. O Estado já vinha atuando na maior parte dos setores mencionados, mas expandiu sua atuação para manter a política de crescimento econômico acelerado.

A autonomia das estatais (como bem ressalta Luciano Martins, autonomia em relação ao governo, não em relação ao sistema econômico) é reforçada, assim, com a capacidade de adquirir autofinanciamento e de contrair empréstimos no exterior. Quanto maior for essa capacidade, mais autônoma (em relação ao governo) é a empresa estatal. Segundo Fernando Rezende, foi justamente esta "eficiência" a causa da maior amplitude da intervenção direta do Estado na produção de bens e serviços, contradizendo o discurso governamental oficial de limitação e redução do papel do Estado na economia.[19]

A reação a esta situação herdada do regime militar foi o dispositivo do artigo 37, XX da Constituição de 1988, que tenta recuperar o controle do Poder Legislativo sobre a expansão do setor estatal:

---

idênticas às do setor privado cabendo a essas entidades, sob a supervisão ministerial, ajustar-se ao plano geral do Govêrno".

[19] SUZIGAN, Wilson. "As Empresas do Governo e o Papel do Estado na Economia Brasileira" *In:* REZENDE, Fernando. *Et al. Aspectos da Participação do Governo na Economia.* Rio de Janeiro: IPEA/INPES, 1976. pp. 89-90 e 126; REZENDE, Fernando. "O Crescimento (Descontrolado) da Intervenção Governamental na Economia Brasileira" *In:* LIMA Jr, Olavo Brasil de; ABRANCHES Sérgio Henrique. (coords.). *As Origens da Crise:* Estado Autoritário e Planejamento no Brasil. São Paulo/Rio de Janeiro: Vértice/ IUPERJ, 1987. pp. 216-218 e MARTINS, Luciano. *Estado Capitalista e Burocracia no Brasil pós-64.* 2ª ed. Rio de Janeiro: Paz e Terra, 1991. pp. 70-71 e 75-79.

GILBERTO BERCOVICI

"Artigo 37. [...]

XX – depende de autorização legislativa, em cada caso, a criação de subsidiárias das entidades mencionadas no inciso anterior, assim como a participação de qualquer delas em empresa privada".

O artigo 37, XX da Constituição de 1988, portanto, determina expressamente a necessidade de autorização legislativa para a criação de subsidiárias das entidades administrativas mencionadas no inciso XIX do mesmo artigo (autarquias, empresas públicas, sociedades de economia mista e fundações), bem como sua participação em empresa privada.

A dúvida que pode existir diz respeito à expressão "em cada caso" para a autorização legislativa para a criação de subsidiárias ou participação em empresa privada dos entes estatais mencionados no artigo 37, XIX da Constituição. Neste inciso XX do artigo 37, ao contrário do inciso XIX, não há qualquer referência à "lei específica", como no caso da criação de empresas estatais, mas ao caso de cada empresa ou ente público. Não há a necessidade de indicação expressa de qual empresa específica receberá investimento público. A expressão "cada caso" indica a área ou a atividade a ser contemplada. Entendo, assim, que esta expressão "em cada caso" deve ser compreendida como "no caso de cada ente" que se proponha a criar subsidiárias ou a participar de outras sociedades. As empresas estatais que possuírem autorização legislativa, seja pela sua lei de criação ou seja por alguma lei posterior, podem atuar neste sentido. Se este inciso fosse compreendido de outra maneira, a existência de inúmeras entidades estatais que atuam em operações de participação, como o próprio BNDES (Banco Nacional de Desenvolvimento Econômico e Social) seria inviável.[20]

---

[20] TÁCITO, Caio. "As Empresas Estatais no Direito Brasileiro" *In*: TÁCITO, Caio. *Temas de Direito Público:* Estudos e Pareceres. Rio de Janeiro: Renovar, 1997. Vol. 1. pp. 683-686; TÁCITO, Caio. "Sociedade de Economia Mista. Incorporação de Outra Empresa" *In*: TÁCITO, Caio. *Temas de Direito Público:* Estudos e Pareceres. Rio de Janeiro: Renovar, 1997. Vol. 2. pp. 1154-1155 e CARVALHOSA, Modesto. *Comentários à Lei de Sociedades Anônimas.* 2ª ed. São Paulo: Saraiva, 1999. Vol. 4, tomo I.

NATUREZA JURÍDICA DE SOCIEDADE ANÔNIMA PRIVADA...

Este entendimento sobre o disposto no artigo 37, XX da Constituição também foi adotado pelo Congresso Nacional, que aprovou vários diplomas legais concedendo autorizações amplas para a criação de subsidiárias por sociedades de economia mista. Apenas no caso da Petrobras, por exemplo, foram aprovadas a Lei n. 8.395, de 2 de janeiro de 1992, que autoriza a Petrobras Química S.A., Petroquisa, a participar minoritariamente de sociedades de capitais privados no Eixo Químico do Nordeste, formado pelos Estados da Bahia, Sergipe, Alagoas, Pernambuco e Rio Grande do Norte, a Lei n. 8.403, de 8 de janeiro de 1992, que autoriza a Petrobras e a Petrobras Distribuidora S.A. (BR) a participarem do capital de outras sociedades, e o artigo 65 da Lei n. 9.478, de 6 de agosto de 1997, que autoriza a Petrobras a constituir uma subsidiária com atribuições específicas de operar e construir seus dutos, terminais marítimos e embarcações para transporte de petróleo e derivados e gás natural, podendo, ainda, se associar a outras empresas. A nova lei do petróleo, ainda, concedeu uma autorização genérica para a constituição de subsidiárias pela Petrobras, estipulando em seu artigo 64:

> "Artigo 64. Para o estrito cumprimento de atividades de seu objeto social que integrem a indústria do petróleo, fica a Petrobras autorizada a constituir subsidiárias, as quais poderão associar-se, majoritária ou minoritariamente, a outras empresas".

O Supremo Tribunal Federal também adotou esta interpretação sobre o alcance da autorização legislativa prevista no artigo 37, XX da Constituição no julgamento da ADI n. 1649/DF (Relator: Ministro Maurício Corrêa), em 24 de março de 2004:

> "EMENTA: AÇÃO DIRETA DE INCONSTITUCIONALIDADE. LEI N. 9478/97. AUTORIZAÇÃO À PETROBRAS PARA CONSTITUIR SUBSIDIÁRIAS. OFENSA AOS ARTIGOS 2º E 37, XIX E XX, DA CONSTITUIÇÃO FEDERAL.

---

pp. 381-383, 387-389 e 406-408. Em sentido contrário, defendendo a obrigatoriedade de autorização legislativa caso a caso, *Vide* BANDEIRA DE MELLO, Celso Antônio. *Curso de Direito Administrativo*. 20ª ed. São Paulo: Malheiros, 2006. pp. 189-190.

INEXISTÊNCIA. ALEGAÇÃO IMPROCEDENTE. 1. A Lei N. 9478/97 não autorizou a instituição de empresa de economia mista, mas sim a criação de subsidiárias distintas da sociedade-matriz, em consonância com o inciso XX, e não com o XIX do artigo 37 da Constituição Federal. 2. É dispensável a autorização legislativa para a criação de empresas subsidiárias, desde que haja previsão para esse fim na própria lei que instituiu a empresa de economia mista matriz, tendo em vista que a lei criadora é a própria medida autorizadora. Ação direta de inconstitucionalidade julgada improcedente".

A expressão "empresa privada", que se refere à participação dos entes estatais no artigo 37, XX, também não pode ser interpretada de qualquer modo. A Constituição sempre se refere de forma expressa às empresas estatais e suas espécies (empresa pública e sociedade de economia mista). Apesar da determinação constitucional de equivalência de regimes jurídicos entre as empresas estatais (empresas públicas e sociedades de economia mista) que explorem atividade econômica e as empresas privadas (artigo 173, § 1º, II), o texto constitucional sempre distingue as empresas estatais das empresas privadas propriamente ditas. Todas as vezes em que há referência à "empresa privada" na Constituição, o texto diz respeito às sociedades privadas propriamente ditas, compostas por capital integralmente privado, nunca às sociedades de economia mista, compostas por capital parcialmente privado. O artigo 37, XX, menciona a empresa privada neste mesmo sentido.[21]

A Lei n. 11.908, de 03 de março de 2009 (resultado da aprovação, pelo Congresso Nacional, da Medida Provisória n. 443, de 21 de outubro de 2008), autoriza o Banco do Brasil e a Caixa Econômica Federal a constituírem subsidiárias integrais ou controladas, bem como a adquirirem participação em instituições financeiras, públicas ou privadas,

---

[21] Neste mesmo sentido, o Supremo Tribunal Federal se manifestou no julgamento da referida ADI n. 1649/DF (Relator: Ministro Maurício Corrêa), em março de 2004. Sobre a discussão teórica em torno da conceituação de empresa, *Vide* FORGIONI, Paula A. *O Direito Comercial Brasileiro:* Da Mercancia ao Mercado. São Paulo: 2008 – Tese de Titularidade – Faculdade de Direito da Universidade de São Paulo pp. 53-102. *Mimeo.*

NATUREZA JURÍDICA DE SOCIEDADE ANÔNIMA PRIVADA...

incluindo empresas de ramos complementares às do setor financeiro (artigos 1º e 2º da Lei n. 11.908/2009). A Lei n. 11.908/2009 apenas concede uma autorização ampla para a criação de subsidiárias e participação em outras sociedades por duas instituições financeiras públicas federais[22], o Banco do Brasil e a Caixa Econômica Federal. A eventual participação acionária destas instituições financeiras públicas em outras sociedades não cria uma sociedade de economia mista, nem a Lei n. 11.908/2009 autoriza isto, da mesma forma que a Lei n. 9.478/1997, em seu artigo 64, autoriza a Petrobras a criar subsidiárias distintas da empresa-matriz, não sociedades de economia mista. Este, inclusive, foi o mesmo sentido da interpretação do Supremo Tribunal Federal no julgamento da ADI n. 1649/DF, relatado acima.

A Lei n. 11.908/2009 consagra instrumentos para que os bancos públicos federais possam atuar em igualdade de condições com os grandes bancos privados. Afinal, a Constituição de 1988 garante da mesma forma a iniciativa econômica individual, a iniciativa econômica cooperativa (artigos 5º, XVIII e 174, § 3º e § 4º da Constituição) e a iniciativa econômica pública (artigos 173 e 177 da Constituição, entre outros). Portanto, esta previsão legal não fere, de maneira alguma, o princípio constitucional da livre iniciativa (artigos 1º, IV e 170, *caput* da Constituição de 1988). A livre iniciativa, no texto constitucional de 1988, não representa o triunfo do individualismo econômico, mas é protegida em conjunto com a valorização do trabalho humano, em uma ordem econômica com o objetivo de garantir a todos uma vida digna[23], com base na justiça social. Isto significa que a livre iniciativa é fundamento da ordem econômica constitucional no que expressa de socialmente valioso.[24]

---

[22] O artigo 237, § 2º da Lei das S.A. já determinava que a participação de instituições financeiras de economia mista, como o Banco do Brasil, no capital de outras sociedades necessita de autorização do Banco Central. *Vide* CARVALHOSA, Modesto. *Comentários à Lei de Sociedades Anônimas.* 2ª ed. São Paulo: Saraiva, 1999. Vol. 4, tomo I. pp. 409-410.

[23] Sobre as relações entre ordem econômica constitucional e dignidade da pessoa humana, *Vide* BERCOVICI, Gilberto. "Dignidade da Pessoa Humana e a Constituição Econômica de 1988" *In*: VIEIRA, José Ribas. (org.). *Vinte Anos da Constituição Cidadã de 1988: Efetivação ou Impasse Institucional?* Rio de Janeiro: Forense, 2008. pp. 319-325.

[24] Cf. GRAU, Eros Roberto. *A Ordem Econômica na Constituição de 1988:* Interpretação

GILBERTO BERCOVICI

A livre iniciativa não pode ser reduzida, sob pena de uma interpretação parcial e equivocada do texto constitucional[25], à liberdade econômica plena ou à liberdade de empresa, pois abrange todas as formas de produção, individuais ou coletivas, como a iniciativa econômica individual, a iniciativa econômica cooperativa e a própria iniciativa econômica pública. A Constituição brasileira, assim como várias outras constituições contemporâneas, não exclui nenhuma forma de intervenção estatal, nem veda ao Estado atuar em nenhum domínio da atividade econômica. A amplitude maior ou menor desta atuação econômica do Estado é conseqüência das decisões políticas democraticamente legitimadas, não de alguma determinação constitucional expressa. Mas o Estado deve ter sua iniciativa econômica pública protegida de forma semelhante às das iniciativas privada e cooperativa. A iniciativa econômica pública, obviamente, tem suas especificidades, pois é determinada positivamente pela Constituição ou pela lei (assim como a liberdade de iniciativa privada também é limitada pela lei) e deve se dar de acordo

---

e Crítica. 12ª ed. São Paulo: Malheiros, 2007. pp. 200-208; COMPARATO, Fábio Konder. "Regime Constitucional do Controle de Preços no Mercado". *Revista de Direito Público*, São Paulo, n. 97, RT, pp. 18-23, janeiro/março de 1991. e SOUZA Neto, Cláudio Pereira de; MENDONÇA, José Vicente Santos de "Fundamentalização e Fundamentalismo na Interpretação do Princípio Constitucional da Livre Iniciativa" *In:* SOUZA Neto, Cláudio Pereira de; SARMENTO Daniel (coords.). *A Constitucionalização do Direito:* Fundamentos Teóricos e Aplicações Específicas. Rio de Janeiro: Lumen Juris, 2007. pp. 709-741. *Vide*, ainda, no direito europeu, MANITAKIS, Antonis. *La Liberté du Commerce et de l'Industrie en Droit Belge et en Droit Français*. Bruxelles: Bruylant, 1979. pp. 31-37 e 265-277; ASENJO, Oscar de Juan. *La Constitución Económica Española:* Iniciativa Económica Pública "versus" Iniciativa Económica Privada en la Constitución Española de 1978. Madrid: Centro de Estudios Constitucionales. 1984. pp. 148-169; MONCADA, Luís S. Cabral de. *Direito Económico*. 2ª ed. Coimbra: Coimbra Ed., 1988. pp. 140-151; IRTI, Natalino. *L'Ordine Giuridico del Mercato*. 4ª ed. Roma/Bari: Laterza, 2001. pp. 18-20, 68-69, 85-88 e 93-96 e CANOTILHO, José Joaquim Gomes; MOREIRA, Vital. *Constituição da República Portuguesa Anotada*. 4ª ed. Coimbra: Coimbra Ed., 2007. Vol. I, pp. 791-792.

[25] Como exemplo deste tipo de argumentação sem nenhum fundamento no texto constitucional de 1988, *Vide* BARROSO, Luís Roberto. "Regime Constitucional do Serviço Postal. Legitimidade da Atuação da Iniciativa Privada" *iIn: Temas de Direito Constitucional*. Rio de Janeiro: Renovar, 2003. Tomo II, pp. 145-188 e BONAVIDES, Paulo. "Serviço Postal (Art. 21, X)". *Revista de Direito do Estado*, Rio de Janeiro, n. 6, pp. 323-324, abril/junho de 2007.

NATUREZA JURÍDICA DE SOCIEDADE ANÔNIMA PRIVADA...

com o interesse público, ou, mais especificamente, com os imperativos da segurança nacional ou relevante interesse coletivo (artigo 173 da Constituição).[26]

O Estado brasileiro é regido por uma constituição cujos preceitos reclamam, de uma forma ou de outra, a atuação estatal no domínio econômico. A Constituição de 1988, assim, não exclui nenhuma forma de intervenção estatal, nem veda ao Estado atuar em nenhum domínio da atividade econômica. A Lei n. 11.908/2009, neste sentido, apenas confere ao setor bancário público federal instrumentos mais adequados para sua atuação mais eficaz e para o cumprimento de seus objetivos fixados legal e constitucionalmente.

3. PODER DE CONTROLE E CONTROLE CONJUNTO

Desde a publicação da célebre obra de Fábio Konder Comparato, *O Poder de Controle na Sociedade Anônima*, em 1976, o núcleo das questões societárias está nos debates sobre o poder de controle. A Lei das Sociedades Anônimas introduziu, em seu artigo 116, a necessidade do controlador ser detentor da titularidade dos direitos de sócio. Além disto, o poder de controle necessita ter relativa estabilidade, devendo ser exercido de forma permanente, não episódica ou eventual, por um ou

---

[26] Sobre a iniciativa econômica pública, *Vide*, ainda, CIRENEI, Maria Teresa. *Le Imprese Pubbliche*. Milano: Giuffrè, 1983.pp. 212-220; ASENJO, Oscar de Juan. *La Constitución Económica Española:* Iniciativa Económica Pública "versus" Iniciativa Económica Privada en la Constitución Española de 1978. Madrid: Centro de Estudios Constitucionales, 1984. pp. 90-99; MONCADA, Luís S. Cabral de. *Direito Econômico*. 2ª ed. Coimbra: Coimbra Ed., 1988. pp. 224-230; IRTI, Natalino. *L'Ordine Giuridico del Mercato*. 4ª ed. Roma/Bari: Laterza, 2001.pp. 19-20; DE CARLI, Paolo. *Lezioni ed Argomenti di Diritto Pubblico dell'Economia*. Padova: CEDAM, 1995. pp. 36-38 e 40-41; CANOTILHO, José Joaquim Gomes; MOREIRA, Vital. *Constituição da República Portuguesa Anotada*. 4ª ed. Coimbra: Coimbra Ed., 2007. Vol. I, pp. 958-959 e 982-986 e BERCOVICI, Gilberto. "Os Princípios Estruturantes e o Papel do Estado" *In:* CARDOSO Jr, José Celso. (org.). *A Constituição Brasileira de 1988 Revisitada:* Recuperação Histórica e Desafios Atuais das Políticas Públicas nas Áreas Econômica e Social. Brasília: Instituto de Pesquisa Econômica Aplicada, 2009. Vol. 1, pp. 258-266.

GILBERTO BERCOVICI

um grupo determinado de acionistas.[27] Quando várias pessoas exercem o controle em conjunto, todas são consideradas controladoras, possuindo as mesmas responsabilidades. Este grupo possui o bloco de controle, isto é, a quantidade de ações, títulos e direitos que garante o exercício do poder de controle.

O controle conjunto ou por associação ocorre por meio da organização de um grupo de acionistas, que buscam associar seus interesses convergentes temporária ou permanentemente. Nos casos de controle conjunto, o acionista majoritário, embora detenha a maioria das ações, é obrigado a contar com o apoio de outro acionista para exercer a direção efetiva da sociedade. Nesta situação, vários acionistas atuam, necessariamente, na realização das atividades sociais, configurando-se por meio de definições sobre quóruns qualificados para determinadas decisões societárias e partilha na administração da empresa.[28] O instrumento previsto legalmente para a formalização deste tipo de controle é o acordo de acionistas (artigo 118 da Lei das S.A.).[29] O exercício do poder de

---

[27] COMPARATO, Fábio Konder; SALOMÃO Filho, Calixto. *O Poder de Controle na Sociedade Anônima*. 4ª ed. Rio de Janeiro: Forense, 2005. pp. 51 e ss. *Vide* também CARVALHOSA, Modesto. *Comentários à Lei de Sociedades Anônimas*. 2ª ed. São Paulo: Saraiva, 1999. Vol. 2, pp. 423-432 e 435 e BORBA, José Edwaldo Tavares. *Direito Societário*. 10ª ed. Rio de Janeiro: Renovar, 2007.pp. 356-360.

[28] COMPARATO, Fábio Konder. "Sociedade de Economia Mista Transformada em Sociedade Anônima Ordinária – Inconstitucionalidade". *Direito público*, São Paulo, n. 25, pp. 63-65, 1999: Malheiros.

[29] COMPARATO, Fábio Konder; SALOMÃO Filho, Calixto. *O Poder de Controle na Sociedade Anônima*. 2ª ed. São Paulo: RT, 1977. pp. 63 e 84-86 e BORBA, José Edwaldo Tavares. *Direito Societário*. 10ª ed. Rio de Janeiro: Renovar, 2007.pp. 354-355. Deve ser ressaltado que uma sociedade de economia mista não pode, no entanto, efetuar qualquer acordo de acionistas. A sociedade de economia mista não pode efetuar acordos de acionistas que transfiram o poder de controle estatal para sócios minoritários privados. O Estado deve ser o controlador de direito e de fato, ou seja, não pode compartilhar o poder de controle de sociedade de economia mista. Afinal, o Estado não tem disponibilidade para negociar livremente o interesse público, pois está vinculado à Constituição e à legalidade. Cf. BANDEIRA DE MELLO, Celso Antônio. *Curso de Direito Administrativo*. 20ª ed. São Paulo: Malheiros, 2006. p. 179; COMPARATO, Fábio Konder. "Sociedade de Economia Mista Transformada em Sociedade Anônima Ordinária – Inconstitucionalidade". *Revista Trimestral de Direito público*, São Paulo, n. 25, pp. 65-68, 1999: Malheiros; FIGUEIREDO, Lúcia Valle. "Privatização Parcial da

NATUREZA JURÍDICA DE SOCIEDADE ANÔNIMA PRIVADA...

controle foi introduzido, inclusive, expressamente no *caput* do artigo 118 da Lei das S.A. pela Lei n. 10.303, de 31 de outubro de 2001, como objeto do acordo de acionistas:

> "Artigo 118. *caput*: Os acordos de acionistas, sobre a compra e venda de suas ações, preferência para adquiri-las, exercício do direito a voto, ou do *poder de controle* deverão ser observados pela companhia quando arquivados na sua sede".

Com a previsão legal do exercício comum do poder de controle, a legislação societária brasileira adotou o sistema do "acordo de voto em bloco" (*"pooling agreement"*). Neste sistema, segundo Modesto Carvalhosa e Nelson Eizirik, os acionistas deliberam previamente a direção na qual serão dados os votos pelas ações do bloco de controle. Ou seja, o acordo de voto em bloco manifesta o exercício comum do controle societário ao manifestar a votação unívoca, como um todo, do bloco de controle. Os acionistas integrantes do grupo de controle mantêm todos os seus direitos e prerrogativas com este acordo, exceto o poder de voto, que é utilizado pelo bloco de controle para alcançar os fins comuns almejados, obviamente, dentro dos parâmetros legais e de respeito ao interesse social.[30]

Nas companhias fechadas, nos casos de controle conjunto, há quem afirme que não há, de fato, exercício do poder de controle, pois não há preponderância nas deliberações sociais ou poder de eleger a

---

CEMIG – Acordo de Acionistas – Impossibilidade de o Controle Societário ser Compartilhado entre o Estado de Minas Gerais e o Acionista Estrangeiro Minoritário". *Revista de Direito Mercantil*, São Paulo, n. 118, pp. 227-235, abril/junho de 2000 e GRAU, Eros Roberto. "Sociedade de Economia Mista – Nulidade de Acordo de Acionistas que Importa em Mudança de seu Acionista Controlador". *Revista de Direito Administrativo*, Rio de Janeiro, n. 222, pp. 350-357, outubro/dezembro de 2000: Renovar.

[30] COMPARATO, Fábio Konder; SALOMÃO Filho, Calixto. *O Poder de Controle na Sociedade Anônima*. 2ª ed. São Paulo: RT, 1977. pp. 216-229; CARVALHOSA, Modesto. *Comentários à Lei de Sociedades Anônimas*. 2ª ed. São Paulo: Saraiva, 1999. Vol. 2, pp. 454-484; CARVALHOSA, Modesto; EIZIRIK, Nelson. *A Nova Lei das Sociedades Anônimas*. São Paulo: Saraiva, 2002. pp. 211-223 e BORBA, José Edwaldo Tavares. *Direito Societário*. 10ª ed. Rio de Janeiro: Renovar, 2007. pp. 362-371.

maioria dos administradores.[31] Pelo contrário, o acordo de acionistas estipula as regras necessárias de como dirigir a sociedade em conjunto, fixando os quoruns para deliberação (no caso em análise, de setenta e cinco por cento do capital votante para a Assembleia Geral e, para o Conselho de Administração, de quatro, dos seis, membros) e a divisão das indicações para o Conselho de Administração (no presente caso, em um Conselho composto por seis membros, três são indicados por cada um dos dois sócios e ainda há um presidente sem voto de qualidade, escolhido alternadamente). O poder de controle, ou seja, o poder de eleger a maioria dos administradores e dirigir efetivamente as atividades da empresa (artigo 116 da Lei das S.A.) ou que assegure a preponderância de suas posições nas deliberações sociais (artigo 243, § 2º da Lei das S.A.), não tem como se manifestar na estrutura acordada no presente caso.

Mesmo a ampla e vaga concepção de "influência dominante" é difícil de ser percebida neste caso. Esta noção corresponde, em parte, à própria noção de poder de controle, tanto em seus aspectos internos como externos. Na matriz legislativa alemã (leis de 1937 e de 1965), "influência dominante" significa a ocorrência de controle em vitude de outros fatores que não a posição acionária majoritária, podendo englobar do controle minoritário interno ao controle externo.[32] No entanto, quando o controle é conjunto, a "influência dominante" não é perceptível, pois, no caso, ambos os acionistas devem atuar em conjunto na administração e gestão da sociedade, sem nenhuma preponderância, com praticamente os mesmos direitos, deveres e responsabilidades.

Estes conceitos do direito societário são utilizados no direito público como elementos da caracterização das sociedades de economia mista. Afinal, a Lei das S.A. se aplica às sociedades de economia mista, desde que seja preservado o interesse público que justifica sua criação e

---

[31] *Vide* LAMY Filho, Alfredo; PEDREIRA, José Luiz Bulhões. "O Poder de Controle na 'Joint Venture'" *In: A Lei das S.A.* 2ª ed. Rio de Janeiro: Renovar, 1996. Vol. 2, pp. 188-189.

[32] COMPARATO, Fábio Konder; SALOMÃO Filho, Calixto. *O Poder de Controle na Sociedade Anônima.* 2ª ed. São Paulo: RT, 1977. pp. 81-84 e 533-539.

atuação (artigo 235). No entanto, estes conceitos do direito societário não são *suficientes* para a constituição de uma sociedade de economia mista. O fato de o Estado ser acionista, mesmo que majoritário e exercendo o poder de controle, de uma sociedade privada, não basta para transformá-la em sociedade de economia mista. A sociedade de economia mista precisa ter sua criação autorizada expressamente por lei (artigo 37, XIX da Constituição de 1988).

4. O CONTROLE E A FISCALIZAÇÃO EXTERNA E O CONCEITO DE EMPRESA ESTATAL

Sob a Constituição de 1988, as sociedades de economia mista e as empresas públicas estão subordinadas às finalidades do Estado, como o desenvolvimento (artigo 3º, II da Constituição). Neste sentido, é correta a afirmação de Paulo Otero, para quem o interesse público é o fundamento, o limite e o critério da iniciativa econômica pública.[33] A legitimação constitucional, no caso brasileiro, desta iniciativa econômica pública, da qual a sociedade de economia mista Banco do Brasil constitui um exemplo, se dá pelo cumprimento dos requisitos constitucionais e legais fixados para a sua atuação.

Como ressalta Washington Peluso Albino de Souza, a criação de uma empresa estatal, como uma sociedade de economia mista, já é um ato de política econômica.[34] A sociedade de economia mista, como o Banco do Brasil, é um instrumento de atuação do Estado, devendo estar acima, portanto, dos interesses privados. Embora se apliquem às sociedades de

---

[33] OTERO, Paulo. *Vinculação e Liberdade de Conformação Jurídica do Sector Empresarial do Estado*. Coimbra: Coimbra Ed., 1998. pp. 122-131 e 199-217. *Vide* também PÜTTNER, Günter. *Die öffentlichen Unternehmen:* Verfassungsfragen zur wirtschaftlichen Betätigung der öffentlichen Hand. Bad Homburg/Berlin/Zürich: Verlag Gehlen, 1969.pp. 87-98; EMMERICH, Volker. *Das Wirtschaftsrecht der öffentlichen Unternehmen.* Bad Homburg/ Berlin/Zürich: Verlag Gehlen, 1969. pp. 234-235; COLSON, Jean-Philippe. *Droit Public Économique*. 3ª ed. Paris: L.G.D.J., 2001. pp. 99-111 e BANDEIRA DE MELLO, Celso Antônio. *Curso de Direito Administrativo*. 20ª ed. São Paulo: Malheiros, 2006. pp. 178-183.

[34] SOUZA, Washington Peluso Albino de. *Primeiras Linhas de Direito Econômico*. 3ª ed. São Paulo: LTr, 1994. p. 278.

economia mista as disposições da Lei das S.A., esta também prescreve no seu artigo 238 que a finalidade da sociedade de economia mista é atender ao interesse público, que motivou sua criação. A sociedade de economia mista está vinculada aos fins da lei que autoriza a sua instituição, que determina o seu objeto social e destina uma parcela do patrimônio público para aquele fim. Não pode, portanto, a sociedade de economia mista, por sua própria vontade, utilizar o patrimônio público para atender finalidade diversa da prevista em lei[35], conforme expressa o artigo 237 da Lei das S.A.

O objetivo essencial das sociedades de economia mista não é a obtenção de lucro, mas a implementação de políticas públicas. Segundo Fábio Konder Comparato, a legitimidade da ação do Estado como empresário (a iniciativa econômica pública) é a produção de bens e serviços que não podem ser obtidos de forma eficiente e justa no regime da exploração econômica privada. Não há nenhum sentido em o Estado procurar receitas por meio da exploração direta da atividade econômica.[36] A esfera de atuação das sociedades de economia mista é a dos objetivos da política econômica, de estruturação de finalidades maiores, cuja instituição e funcionamento ultrapassam a racionalidade de um único ator individual (como a própria sociedade ou seus acionistas). A empresa estatal em geral, e a sociedade de economia mista em particular, não tem apenas finalidades microeconômicas, ou seja, estritamente "empresariais", mas tem essencialmente objetivos macroeconômicos a atingir, como instrumento da atuação econômica do Estado.[37]

---

[35] DI PIETRO, Maria Sylvia Zanella. *Direito Administrativo*. 20ª ed. São Paulo: Atlas, 2007. pp. 417-418.

[36] Cf. COMPARATO, Fábio Konder; SALOMÃO Filho, Calixto. *O Poder de Controle na Sociedade Anônima*. 2ª ed. São Paulo: RT, 1977. pp. 371-373 e 560 e GRAU, Eros Roberto. "Sociedades de Economia Mista, Empresas Públicas, Fundações e Autarquias Prestadoras de Serviço Público: O Tema do Lucro". *Revista Trimestral de Direito Público*, São Paulo, n. 6, pp. 273-276, 1994: Malheiros. *Vide*, ainda, CARVALHOSA, Modesto. *Comentários à Lei de Sociedades Anônimas*. 2ª ed. São Paulo: Saraiva, 1999. Vol. 4, tomo I. pp. 376-378 e 412-418 e PÜTTNER, Günter. *Die öffentlichen Unternehmen:* Verfassungsfragen zur wirtschaftlichen Betätigung der öffentlichen Hand. Bad Homburg/Berlin/Zürich: Verlag Gehlen, 1969.pp. 86-87 e 106-110.

[37] CIRENEI, Maria Teresa. *Le Imprese Pubbliche*. Milano: Giuffrè, 1983.pp. 479-480 e 483 e CAFFERATA, Roberto. *La Società per Azioni Pubblica:* Equilibrio Economico

NATUREZA JURÍDICA DE SOCIEDADE ANÔNIMA PRIVADA...

A finalidade de qualquer ente da Administração é obter um resultado de interesse público, decorrente explícita ou implicitamente da lei. O Banco do Brasil é um instrumento da política nacional de crédito, como determina o artigo 22, *caput* da Lei n. 4.595/1964, sendo os seus objetivos fixados também por lei (no caso, no artigo 19 da mesma Lei n. 4.595/1964), não podendo furtar-se a estes objetivos. Deve cumpri-los, sob pena de desvio de finalidade. Isto quer dizer que a finalidade é condição obrigatória de legalidade de qualquer atuação administrativa, marcada, segundo Celso Antônio Bandeira de Mello, pela ideia de função. Quem define a finalidade da atuação dos órgãos da Administração Pública é o legislador, não as autoridades administrativas. Na possibilidade de se ver infringida, direta ou indiretamente, a finalidade legal, como o atendimento de um fim particular em detrimento do interesse público, ou, na feliz expressão de Caio Tácito, *"a aplicação da competência para fim estranho ao estabelecido em lei"*, estará ocorrendo desvio de finalidade ou desvio de poder.[38] Há, no desvio de finalidade, uma incompatibilidade

---

e Strategie di Transizione. Milano: FrancoAngeli, 1993. pp. 31, 42 e 104-105. *Vide* também PAIVA, Alfredo de Almeida. "As Sociedades de Economia Mista e as Emprêsas Públicas como Instrumentos Jurídicos a Serviço do Estado". *Revista de Direito Administrativo*: Seleção Histórica. Rio de Janeiro: Fundação Getúlio Vargas/Renovar, 1995.pp. 319-320; EMMERICH, Volker. *Das Wirtschaftsrecht der öffentlichen Unternehmen.* Bad Homburg/Berlin/Zürich: Verlag Gehlen, 1969. pp. 71-78 e BERCOVICI, Gilberto. "Os Princípios Estruturantes e o Papel do Estado" *In:* CARDOSO Jr, José Celso. (org.). *A Constituição Brasileira de 1988 Revisitada:* Recuperação Histórica e Desafios Atuais das Políticas Públicas nas Áreas Econômica e Social. Brasília: Instituto de Pesquisa Econômica Aplicada, 2009. Vol. 1, pp. 266-269.

[38] O excesso de poder (*"détournement de pouvoir"*) é uma criação jurisprudencial do Conselho de Estado francês no final do século XIX, sendo o desvio de poder (ou desvio de finalidade) uma de suas formas possíveis de manifestação. Hauriou, por exemplo, chega a identificar o desvio de finalidade com a ilegalidade e com a violação da moralidade administrativa. Cf. HAURIOU, Maurice. *Précis de Droit Administratif et de Droit Public.* 10ª ed. Paris: Sirey, 1921. p. 424. *Vide*, ainda, BERTHÉLEMY, Henry. *Droit Administratif.* 9ª ed. Paris: 1920. pp. 1042-1054; JELLINEK, Walter. *Verwaltungsrecht cit.*, pp. 274-277; FLEINER, Fritz. *Les Principes Généraux du Droit Administratif Allemand.* Paris: Librairie Delagrave, 1933. pp. 95-97 e 162-164; FORSTHOFF, Ernst. *Lehrbuch des Verwaltungsrechts.* 9ª ed. München: Verlag C. H. Beck, 1966 Vol. 1, pp. 92-93 e STASSINOPOULOS, Michel. *Traicté des Actes Administratifs.* 2ª ed. Paris: L.G.D.J. 1973. pp. 216-218. No direito público brasileiro, a doutrina do desvio de finalidade foi introduzida a partir das considerações de Miguel Seabra Fagundes, Victor Nunes

GILBERTO BERCOVICI

objetiva, ainda que possa ser disfarçada[39], entre a finalidade legal que deveria ser atendida e a intenção particular de finalidade do ato praticado pela autoridade administrativa.

Esta noção de desvio de poder, proveniente do direito administrativo, foi incorporada também ao direito societário (artigo 154 da Lei das S.A.), correspondendo a uma espécie de fraude à lei praticada pelos administradores da sociedade. Para autores como Fábio Konder Comparato, a utilização da doutrina do desvio de poder para a análise dos atos praticados por dirigentes de sociedades anônimas (como as sociedades de economia mista, por exemplo) é *"uma das grandes conquistas atuais"*. A Lei das S.A., em seu artigo 239, dispõe, ainda, que as sociedades de economia mista terão, obrigatoriamente, um Conselho de Administração, com participação dos acionistas minoritários, ressaltando que os deveres e responsabilidades dos administradores das sociedades

---

Leal (que, embora favorável à tese, buscou, corretamente, restringir a possibilidade de análise judicial sobre o mérito e a discricionariedade dos atos administrativos, tentando evitar, assim, que o legislador fosse substituído pelo juiz) e Caio Tácito. *Vide* FAGUNDES, Miguel Seabra. *O Controle dos Atos Administrativos pelo Poder Judiciário*. 5ª ed. Rio de Janeiro: Forense, 1979. pp. 71-73; LEAL, Victor Nunes. "Poder Discricionário e Ação Arbitrária da Administração" *In: Problemas de Direito Público*, Rio de Janeiro, Forense, 1960, pp. 278-294; TÁCITO, Caio. "O Abuso do Poder Administrativo no Brasil"*In:* TÁCITO, Caio. *Temas de Direito Público:* Estudos e Pareceres. Rio de Janeiro: Renovar, 1997. Vol. 1 pp. 39 e 52-53; TÁCITO, Caio. "O Desvio de Poder em Matéria Administrativa" *In:* TÁCITO, Caio. *Temas de Direito Público:* Estudos e Pareceres. Rio de Janeiro: Renovar, 1997. Vol. 1 pp. 74-75, 89-92, 101-103 e 157-158 e TÁCITO, Caio. "Teoria e Prática do Desvio de Poder *In:* TÁCITO, Caio. *Temas de Direito Público:* Estudos e Pareceres. Rio de Janeiro: Renovar, 1997. Vol. 1pp. 162-168 e 178-180. BANDEIRA DE MELLO, Celso Antônio, *Discricionariedade e Controle Jurisdicional*, 2ª ed. São Paulo: Malheiros, 1996, pp. 53-83; BANDEIRA DE MELLO, Celso Antônio. *Curso de Direito Administrativo*. 20ª ed. São Paulo: Malheiros, 2006. pp. 377-380 e 923-926; DI PIETRO, Maria Sylvia Zanella. *Direito Administrativo*. 20ª ed. São Paulo: Atlas, 2007. pp. 194-195, 203, 222 e 225; OLIVEIRA, Régis Fernandes de. *Ato Administrativo*. 3ª ed. São Paulo: RT, 1992. pp. 93-96 e NOHARA, Irene Patrícia. *Limites à Razoabilidade nos Atos Administrativos*. São Paulo: Atlas, 2006. pp. 173-187. Para o caso das sociedades de economia mista, *Vide*, ainda, CARVALHOSA, Modesto. *Comentários à Lei de Sociedades Anônimas*. 2ª ed. São Paulo: Saraiva, 1999. Vol. 4, tomo I. p. 417.

[39] Miguel Seabra Fagundes fala explicitamente em *"burla da intenção legal"*. Cf. FAGUNDES, Miguel Seabra. *O Controle dos Atos Administrativos pelo Poder Judiciário*. 5ª ed. Rio de Janeiro: Forense, 1979. p. 72.

NATUREZA JURÍDICA DE SOCIEDADE ANÔNIMA PRIVADA...

de economia mista são os mesmos dos administradores das empresas privadas (artigo 239, parágrafo único).

As sociedades de economia mista estão, também, subordinadas ao controle externo do Tribunal de Contas (artigo 71, II, III e IV). O dispositivo constitucional de fiscalização das sociedades de economia mista pelo Tribunal de Contas da União está regulamentado pelo artigo 7º da Lei n. 6.223, de 14 de julho de 1975 (com as alterações introduzidas pela Lei n. 6.525, de 11 de abril de 1978), e pelo artigo 1º, I da Lei n. 8.443, de 16 de julho de 1992 (Lei Orgânica do Tribunal de Contas da União).[40] A referida Lei n. 8.443/1992, inclusive, declara no artigo 4º, IX que sua jurisdição também abrange *"os representantes da União ou do Poder Público na assembleia geral das empresas estatais e sociedades anônimas de cujo capital a União ou o Poder Público participem, solidariamente, com os membros dos conselhos fiscal e de administração, pela prática de atos de gestão ruinosa ou liberalidade à custa das respectivas sociedades"*. No entanto, deve ser feita a ressalva constante do artigo 7º, § 3º da Lei n. 6.223/1975 (com as alterações introduzidas pela Lei n. 6.525/1978):

> "Artigo 7º [...]
>
> § 3º A União, o Estado, o Distrito Federal, o Município ou *entidade da respectiva administração indireta que participe do capital de empresa privada detendo apenas a metade ou a minoria das ações ordinárias* exercerá o *direito de fiscalização assegurado ao acionista minoritário* pela Lei das Sociedades por Ações, não constituindo aquela participação motivo da fiscalização prevista no *caput* deste artigo".

No caso aqui analisado, portanto, a participação da sociedade de economia mista Banco do Brasil no Banco X se enquadra dentro da

---

[40] BANDEIRA DE MELLO, Celso Antônio. *Curso de Direito Administrativo*. 20ª ed. São Paulo: Malheiros, 2006. pp. 187 e 191-192. *Vide* também FIGUEIREDO, Lúcia Valle. *Empresas Públicas e Sociedades de Economia Mista*,São Paulo: RT, 1978. pp. 51-56. A título de comparação, sobre as várias modalidades de controle público das empresas estatais na França, *Vide* COLSON, Jean-Philippe.*Droit Public Économique*. 3ª ed. Paris: L.G.D.J., 2001. pp. 337-350; DELVOLVÉ, Pierre. *Droit Public de l'Économie*. Paris: Dalloz, 1998. pp. 731-746 e CHÉROT, Jean-Yves. *Droit Public Économique*. 2ª ed. Paris: Economica, 2007. pp. 514-532.

GILBERTO BERCOVICI

previsão estipulada pelo artigo 7º, § 3º da Lei n. 6.223/1975, não estando submetida aos mecanismos de fiscalização do Tribunal de Contas, mas aos institutos do direito societário. Além disto, a jurisdição do Tribunal de Contas limita-se a *"julgar as contas dos administradores e demais responsáveis por dinheiros, bens e valores públicos da administração direta e indireta"* (artigo 71, II da Constituição). Portanto, não atinge a atividade empresarial ou comercial propriamente dita das sociedades de economia mista, sob pena de uma interferência indevida e excessiva do Tribunal de Contas na própria atividade econômica das sociedades de economia mista, possibilidade esta, inclusive, já rechaçada pelo Supremo Tribunal Federal no julgamento do Mandado de Segurança n. 23.875-5/DF (Relator para o Acórdão: Ministro Nelson Jobim), em 07 de março de 2003.[41]

O controle centralizado sobre as empresas estatais, apesar de formalmente previsto no Decreto-Lei n. 200/1967, nunca foi realmente implementado. A supervisão ministerial, prevista no artigo 26 do Decreto-Lei n. 200/1967, foi um fracasso, inclusive, devido à maior importância de muitas das empresas estatais em relação aos órgãos encarregados de sua supervisão. Deste modo, o controle interno acabou sendo limitado na esfera puramente burocrática e às questões jurídico-formais.[42] A última tentativa de instituição de um controle interno sobre as empresas estatais deu-se com a criação, por meio do Decreto n. 84.128, de 29 de outubro de 1979, da Secretaria de Controle de Empresas Estatais (SEST), que tentou substituir o modelo de 1967 por um controle centralizado de

---

[41] Além do Tribunal de Contas da União, as sociedades de economia mista federais, como o Banco do Brasil, estão submetidas à fiscalização da Controladoria-Geral da União (artigos 17 a 20 da Lei n. 10.683/2003) e ao Sistema Interno de Controle do Poder Executivo Federal, instituído pelo Decreto n. 3.591, de 6 de setembro de 2000. Este decreto determina que os Conselhos de Administração das entidades da Administração Indireta instituam unidades de auditoria interna a eles vinculados (artigo 15).

[42] REZENDE, Fernando. "O Crescimento (Descontrolado) da Intervenção Governamental na Economia Brasileira" *In:* LIMA Jr, Olavo Brasil de; ABRANCHES Sérgio Henrique. (coords.). *As Origens da Crise:* Estado Autoritário e Planejamento no Brasil. São Paulo/Rio de Janeiro: Vértice/IUPERJ, 1987. pp. 224-226. Sobre a "supervisão ministerial", *Vide* DIAS, José de Nazaré Teixeira. *A Reforma Administrativa de 1967.* 2ª ed. Rio de Janeiro: Ed. FGV, 1969. pp. 89-98 e PENTEADO, Mauro Rodrigues. "As Empresas Estatais e os Sistemas de Supervisão e Controle". *Revista de Direito Mercantil*, São Paulo, n. 45, p. 23, janeiro/março de 1982: RT.

NATUREZA JURÍDICA DE SOCIEDADE ANÔNIMA PRIVADA...

caráter eminentemente orçamentário, o que, para Fernando Rezende, "subverte o princípio da autonomia gerencial". A ênfase de todo e qualquer controle administrativo passou para a responsabilização do gasto público como causa da crise econômica[43].

A criação da SEST, no entanto, trouxe outra questão: a ampliação da concepção de "empresa estatal" para além do que definia o Decreto-Lei n. 200/1967. O Decreto n. 8.129/1979 definiu, em seu artigo 2º, empresa estatal como: *"I – empresas públicas, sociedades de economia mista, suas subsidiárias e todas as empresas controladas, direta ou indiretamente, pela União; II – autarquias e fundações instituídas ou mantidas pelo Poder Público; III – órgãos autônomos da Administração Direta"*. A definição do Decreto n. 8.129/1979 é juridicamente equivocada, pois inclui as autarquias e fundações como espécies de empresas estatais, o que não faz

---

[43] REZENDE, Fernando. "O Crescimento (Descontrolado) da Intervenção Governamental na Economia Brasileira" *In:* LIMA Jr, Olavo Brasil de; ABRANCHES Sérgio Henrique. (coords.). *As Origens da Crise:* Estado Autoritário e Planejamento no Brasil. São Paulo/ Rio de Janeiro: Vértice/IUPERJ, 1987. pp. 228-232. Para a crítica do argumento de que as empresas estatais seriam as principais responsáveis pelo déficit público brasileiro, *Vide* BRAGA, José Carlos de Souza. "Os Orçamentos Estatais e a Política Econômica" *In:* BELLUZZO, Luiz Gonzaga de Mello; COUTINHO, Renata (orgs.). *Desenvolvimento Capitalista no Brasil:* Ensaios sobre a Crise. 3ª ed. São Paulo: Brasiliense, 1984. Vol. 1, pp. 194-206. *Vide* também SAYAD, João. "Aspectos Políticos do Déficit Público" *In:* POMERANZ, Lenina; MIGLIOLI, Jorge; LIMA, Gilberto Tadeu (orgs.). *Dinâmica Econômica do Capitalismo Contemporâneo:* Homenagem a Michal Kalecki. São Paulo: EDUSP, 2001. pp. 248-250. Sobre a criação da SEST no contexto de aumento do controle sobre o orçamento público no Brasil, processo que se encerraria com a Lei de Responsabilidade Fiscal, em 2000, *Vide* BERCOVICI, Gilberto; MASSONETTO, Luís Fernando. "A Constituição Dirigente Invertida: A Blindagem da Constituição Financeira e a Agonia da Constituição Econômica". *Boletim de Ciências Econômicas*, Coimbra: Universidade de Coimbra, 2006. Vol. XLIX pp. 60-64. Apenas a título de registro, a Lei de Responsabilidade Fiscal (Lei Complementar n. 101, de 4 de maio de 2000) não se aplica a qualquer empresa estatal, mas apenas às denominadas "empresas estatais dependentes", ou seja, as empresas controladas pelo Estado que recebem recursos estatais para despesas com pessoal e custeio em geral e as que recebem recursos de despesa de capital, se não forem provenientes do aumento de participação acionária (artigo 2º, III da Lei Complementar n. 101/2000). *Vide* GRAU, Eros Roberto. "A Lei de Responsabilidade Fiscal e as Empresas Estatais". *Revista Trimestral de Direito Público*, São Paulo, n. 30, pp. 17-21, 2000: Malheiros e CARRASQUEIRA, Simone de Almeida. *Investimento das Empresas Estatais e Endividamento Público*. Rio de Janeiro: Lumen Juris, 2006. pp. 26-37.

GILBERTO BERCOVICI

o menor sentido, além de ampliar excessivamente o alcance da categoria "empresa estatal", para além da empresa pública e da sociedade de economia mista, incluindo as suas subsidiárias (independentemente da sua criação ter sido autorizada por lei ou não) e todas as empresas controladas pela União, direta ou indiretamente, que não fazem parte da Administração Indireta.[44]

O equívoco da definição ampliada de "empresa estatal" da SEST foi mantido pela legislação posterior. O Decreto n. 137, de 27 de maio de 1991, instituiu o Programa de Gestão das Empresas Estatais e, em seu artigo 1º, parágrafo único, manteve a definição ampliada de "empresa estatal", considerada como *empresas públicas, sociedades de economia mista, suas subsidiárias e controladas, e demais entidades sob controle direto ou indireto da União".* Por sua vez, este decreto foi revogado pelo Decreto n. 3.735, de 24 de janeiro de 2001, cuja definição de "empresa estatal" (artigo 1º, § 1º) é:*"consideram-se empresas estatais federais as empresas públicas, sociedades de economia mista, suas subsidiárias e controladas e demais empresas em que a União, direta ou indiretamente, detenha a maioria do capital social com direito a voto".* Esta última definição tornou-se predominante em toda a legislação posterior, como na Lei n. 10.180, de 06 de fevereiro de 2001, que organiza e disciplina os sistemas de planejamento e de orçamento federal (artigo 7º, parágrafo único), e no Decreto n. 6.021, de 22 de janeiro de 2007, que cria a Comissão Interministerial de Governança Corporativa e de Administração de Participações Societárias da União (artigo 1º, parágrafo único, I).

Apesar da permanência da concepção ampliada de "empresa estatal" em alguns textos normativos, as sociedades controladas pelo Estado ou as

---

[44] PENTEADO, Mauro Rodrigues. "As Empresas Estatais e os Sistemas de Supervisão e Controle", 1988. *Revista de Direito Mercantil*, São Paulo, n. 45. pp. 21-22 e 25-26; PENTEADO, Mauro Rodrigues, "As Sociedades de Economia Mista e as Empresas Estatais perante a Constituição de 1988". *Revista de Direito Mercantil*, São Paulo, n. 45, pp. 50-51, janeiro/março de 1982: RT; DI PIETRO, Maria Sylvia Zanella. *Direito Administrativo*. 20ª ed. São Paulo: Atlas, 2007. p. 412 e CARVALHOSA, Modesto. *Comentários à Lei de Sociedades Anônimas.* 2ª ed. São Paulo: Saraiva, 1999. Vol. 4, tomo I. pp. 364-365. *Vide* também CARRASQUEIRA, Simone de Almeida. *Investimento das Empresas Estatais e Endividamento Público.* Rio de Janeiro: Lumen Juris, 2006. pp. 94-97.

NATUREZA JURÍDICA DE SOCIEDADE ANÔNIMA PRIVADA...

sociedades nas quais o Estado ou seus entes detenham participação acionária não são sociedades de economia mista, nem pertencem à Administração Pública Indireta, salvo se tiveram sua criação autorizada por lei específica (artigo 37, XIX da Constituição). Seu regime societário é de direito comum, embora, no caso das sociedades em que o Estado detenha, direta ou indiretamente, o controle, possam ser submetidas a normas próprias de gestão e de controle do Poder Executivo que, neste caso, não estará agindo apenas como Poder Público, mas no exercício legítimo do seu poder de controle (artigo 116 da Lei das S.A.).[45] Este, no entanto, não é o caso do Banco X, pois trata-se de uma sociedade em que há o controle conjunto entre o sócio privado e a sociedade de economia mista Banco do Brasil, não havendo fundamento jurídico em uma eventual pretensão de submeter esta sociedade privada específica a normas de gestão e controle próprias do Poder Executivo da União.

RESPOSTA

Diante da argumentação exposta, concluo:

a. O Banco X, após a celebração do acordo de acionistas, não pode ser classificado como sociedade de economia mista. A sociedade de economia mista deve ter sua criação autorizada por lei específica (artigo 37, XIX da Constituição). O Banco X, após a celebração do acordo de acionistas, será uma sociedade anônima comum, com participação acionária de um ente estatal, a sociedade de economia mista Banco do Brasil.

b. O controlador é a pessoa natural ou jurídica, ou grupo de pessoas (grupo de controle), que é titular de direitos de sócio que lhe assegurem, de modo permanente, a maioria dos votos nas deliberações da empresa e a sua preponderância nas decisões sociais (artigos 116 e 243, § 2º da Lei das S.A.). Já o bloco de controle é a quantidade de ações,

---

[45] *Vide*, neste sentido, PENTEADO, Mauro Rodrigues. "As Sociedades de Economia Mista e as Empresas Estatais perante a Constituição de 1988". *Revista de Direito Mercantil*, São Paulo, n. 45, pp. 67-68, janeiro/março de 1982: RT.

títulos e direitos que garante o exercício do poder de controle. A sociedade de economia mista, além da criação por lei, tem por característica essencial o poder de controle estatal, sendo, inclusive, vedado ao Estado estabelecer qualquer acordo de acionistas em que se abra mão deste poder de controle para os sócios minoritários privados. No caso concreto, por se tratar de uma companhia fechada, a estrutura estipulada no acordo de acionistas do Banco X institui um controle conjunto com o Banco do Brasil, não sendo apropriado falar de exercício do poder de controle, pois não há preponderância nas deliberações sociais ou poder de eleger a maioria dos administradores. Estes conceitos do direito societário são utilizados no direito público como elementos da caracterização das sociedades de economia mista. Afinal, a Lei das S.A. se aplica às sociedades de economia mista, desde que seja preservado o interesse público que justifica sua criação e atuação (artigo 235). No entanto, estes conceitos do direito societário não são *suficientes* para a constituição de uma sociedade de economia mista. O fato de o Estado ser acionista, mesmo que majoritário e exercendo o poder de controle, de uma sociedade privada, não basta para transformá-la em sociedade de economia mista. A sociedade de economia mista precisa ter sua criação autorizada expressamente por lei (artigo 37, XIX da Constituição).

c. A sociedade de economia mista só pode ser criada por meio de autorização legal, não pela via do acordo de acionistas. A realização de um acordo de acionistas em uma empresa na qual uma sociedade de economia mista é sócia é regida pelo direito societário, pois a participação acionária estatal não implica em integração à Administração Pública Indireta.

d. A definição de pertinência à Administração Pública ou não é dada pela Constituição, particularmente pelo seu artigo 37. A definição de "empresa estatal" trazida pelo Decreto n. 6.021/2007, entre outros, diz respeito a entes que integram a Administração Pública (empresas públicas e sociedades de economia mista) e entes privados que não integram a estrutura administrativa do Estado, mas que este tem participação societária e, como acionista, pode exercer seus direitos de controlador ou de minoritário.

NATUREZA JURÍDICA DE SOCIEDADE ANÔNIMA PRIVADA...

e. A participação da sociedade de economia mista Banco do Brasil no Banco X se enquadra dentro da previsão estipulada pelo artigo 7º, § 3º da Lei n. 6.223/1975, não estando submetida aos mecanismos de fiscalização do Tribunal de Contas, mas aos institutos do direito societário.

f. Com o acordo de acionistas, há a previsão de um controle conjunto. Desta forma, a "influência dominante" não é perceptível, pois, no caso, ambos os acionistas devem atuar em conjunto na administração e gestão da sociedade, sem nenhuma preponderância, com praticamente os mesmos direitos, deveres e responsabilidades. Como se trata de participação acionária de sociedade de economia mista em sociedade privada comum, não há nenhuma modificação na natureza jurídica da sociedade privada, que continua a ser regida pelas normas de direito privado, sem nenhuma vinculação à Lei de Licitações (Lei n. 8.666/1993) ou obrigação de contratação via concurso público. Em relação ao patrimônio dos acionistas, as normas que regem o patrimônio de ambos são as do direito civil, conforme determina o artigo 173, § 1º, II da Constituição, que iguala o regime jurídico das empresas estatais prestadoras de atividade econômica em sentido estrito ao mesmo das empresas privadas em seus aspectos civil, comercial, trabalhista e tributário.

g. No caso específico do acordo de acionistas a ser celebrado entre o Banco do Brasil e o acionista X, o que ocorre, a rigor, é o controle societário conjunto, sem preponderância de nenhum dos acionistas. O acordo de acionistas estipula as regras necessárias de como dirigir a sociedade em conjunto, fixando os quóruns para deliberação (no caso em análise, de setenta e cinco por cento do capital votante para a Assembleia Geral e, para o Conselho de Administração, de quatro, dos seis, membros) e a divisão das indicações para o Conselho de Administração (no presente caso, em um Conselho composto por seis membros, três são indicados por cada um dos dois sócios e ainda há um presidente sem voto de qualidade, escolhido alternadamente). O poder de controle, ou seja, o poder de eleger a maioria dos administradores e dirigir efetivamente as atividades da empresa (artigo 116 da Lei das S.A.) ou que assegure a preponderância de suas posições nas deliberações sociais (artigo 243, § 2º da Lei das S.A.), não tem como se manifestar na estrutura acordada no presente caso. Deste modo, ressalte-se, não há poder de controle também do acionista público, o que também, por si só, não acarretaria a sujeição do Banco X às normas da Administração Pública.

h. A situação estabelecida pelo acordo de acionistas prevê o controle conjunto do Banco X, sem preponderância de fato de nenhum dos acionistas. Este controle conjunto pode ser equiparado, em termos de direito societário, ao que o Banco Central do Brasil costuma designar de "controle compartilhado", pois ambos os sócios possuem praticamente os mesmos direitos, deveres e responsabilidades. A existência do controle conjunto (ou "controle compartilhado") não torna o Banco X integrante da Administração Pública Indireta. Trata-se, repito, apenas de uma sociedade com participação acionária de uma sociedade de economia mista, o que não é suficiente para transformá-la em uma "sociedade de economia mista de segundo grau" ou algo similar, sem lei específica.

i. Independentemente das alterações da redação do artigo 243 da Lei das S.A. (promovidas pela Lei n. 11.941, de 27 de maio de 2009), o acordo de acionistas institui o controle conjunto do Banco X, com ambos os acionistas sendo detentores praticamente dos mesmos direitos, deveres e responsabilidades, inclusive perante terceiros, a sociedade e o Sistema Financeiro Nacional. Este controle conjunto não torna, obviamente, conforme reiterado inúmeras vezes, o Banco X um ente integrante da Administração Pública Indireta. O Banco X é simplesmente uma sociedade que possui participação acionária de uma sociedade de economia mista, o que não o incorpora à Administração Pública Indireta nem, para o Sistema Financeiro Nacional, nos termos da Lei n. 4.595/1964, o transforma em Instituição Financeira Pública.

Este é o meu parecer.

São Paulo, 05 de julho de 2009

DIREITO ECONÔMICO DA INFRAESTRUTURA

FINANCIAMENTO DE INFRAESTRUTURA, COMPLEXIDADE NEGOCIAL, CONTRATOS COLIGADOS E *PROJECT FINANCE*

Em decorrência da função central que desempenham na sociedade, as ações de infraestrutura apresentam alta complexidade em sua concepção, implantação e operação. Os economistas logo identificaram que os modelos gerais de elaboração de projetos, avaliação de riscos, estimativa de custos, formas de financiamento e formação de preços eram insuficientes para lidar com a complexidade de empreendimentos de infraestrutura.[1] A mesma necessidade de se ajustar o instrumental teórico convencional às exigências diferenciadas dos negócios complexos de infraestrutura verifica-se no campo do direito, tanto para o desenho contratual das operações, quanto para a interpretação dos negócios jurídicos que as viabilizam.

O *project finance* é *"um modelo de engenharia financeira para estruturação de financiamentos de longo prazo com o escopo de viabilização de projetos de grande porte, baseado na recuperação dos valores investidos a partir, exclusivamente,*

---

[1] FREY, René L."Infrastruktur" *In:* ALBERS, Willi; ZOTTMANN, Anton. (orgs.). *Handwörterbuch der Wirtschaftswissenschaft.* Stuttgart/Tübingen/Göttingen: Gustav Fischer/ Mohr Siebeck/Vandenhoeck & Ruprecht, 1978. Vol. 4, pp. 207-211.

GILBERTO BERCOVICI

das receitas geradas pela operação do próprio empreendimento; depende de uma análise detalhada dos riscos de construção, operação e geração de receita e de sua alocação entre empreendedores, investidores e outras partes mediante ajustes contratuais e demais acordos".[2] Trata-se de uma técnica relativamente nova, desenvolvida nos mercados financeiros do eixo anglo-saxão e que se ampliou para mercados de diferentes matrizes jurídicas, a partir da atuação *cross-border* de grandes investidores, como os bancos comerciais multinacionais, os organismos multilaterais de fomento (Banco Mundial e instituições correlatas de crédito à exportação) e os fundos de pensão.[3]

O *"project finance"* não pode ser simplificado à tradução de "financiamento de projetos", pois empreendimentos podem ser financiados de diferentes formas. Em razão de sua origem estrangeira, optamos por manter a terminologia original ao longo do texto, de forma a advertir constantemente para a singularidade da operação. Nos países centrais, observa Edward Yescombe[4], tradicionalmente os projetos públicos de infraestrutura de grande porte eram financiados exclusivamente com recursos do orçamento, enquanto projetos de grande porte do setor privado eram executados por grandes empresas que contraíam financiamentos corporativos. Nos países periféricos, por outro lado, todos os empreendimentos de grande porte eram custeados pelo poder público, que, para tanto, obtinha recursos junto a bancos comerciais estrangeiros ou instituições de fomento internacionais.

---

[2] YESCOMBE, Edward R. *Principles of Project Finance*. Amsterdam: Academic Press, 2002. p. 1: "Project finance is a method of raising long-term debt financing for major projects through "financial engineering," based on lending against the cash flow generated by the project alone; it depends on a detailed evaluation of a project's construction, operating and revenue risks, and their allocation between investors, lenders, and other parties through contractual and other arrangements".

[3] Para uma descrição da implantação de operações de *project finance* em mercados centrais e periféricos, *Vide* DAVIS, Henry A. *Project Finance:* Practical Case Studies. Vol. 1: Power and Water, 2ª ed. London: Euromoney Books, 2003; e, do mesmo autor, *Project Finance:* Practical Case Studies. Vol. 2: Resources and Infrastructure. London: Euromoney Books, 2003.

[4] YESCOMBE, Edward R. *Principles of Project Finance*. Amsterdam: Academic Press, 2002. p. 2.

FINANCIAMENTO DE INFRAESTRUTURA, COMPLEXIDADE...

Com o avanço das privatizações e de estratégias de ação de desregulação, como as parcerias público-privadas (PPPs), grande parte da responsabilidade de levantamento de recursos foi transferida para o setor privado. Neste novo contexto de pulverização de empreendimentos de infraestrutura, e da consequente necessidade de se constituírem novas fontes de financiamento de operações de grande porte, o *project finance* se consolidou como instrumento privilegiado destas iniciativas.

O *project finance* é amplamente adotado internacionalmente como uma técnica de financiamento de empreendimentos para geração de energia. Nos países periféricos, embora não exclusivamente, a infraestrutura energética costumava ser um monopólio público, integrado verticalmente, e que concentrava as atividades de geração, transmissão e distribuição de energia elétrica, financiado pela própria planta ou por empréstimos públicos, e subsidiada pelo governo local ou por vários grupos consumidores, como indústrias e residências. O *project finance* ofereceu as condições para que esta estrutura tradicional de monopólios públicos se deslocasse para a geração de energia por entidades privadas, seja pela privatização dos ativos existentes, pelo estímulo para que entes privados atuem como geradores de energia, pelo posicionamento do governo como comprador da energia, ou por uma combinação destas várias medidas.[5]

O *project finance* é viável quando um comprador estável de energia firma um contrato de longo prazo para adquirir a eletricidade gerada pelo empreendimento. Projetos privados financiados segundo o modelo do *project finance* são desenvolvidos por sociedades de propósito específico (SPE), constituídas com a finalidade exclusiva de, como proprietárias, desenvolverem, implantarem e operarem o empreendimento. Estas SPEs não possuem outros ativos nem operações anteriores.

Em razão da baixa capitalização da SPE, os credores dependem do fluxo de caixa do projeto para a recuperação do investimento, e

---

[5] HOFFMAN, Scott L. *The Law and Business of International Project Finance:* A Resource for Governments, Sponsors, Lenders, Lawyers, and Project Participants. 2ª ed. Ardsley: Transnational Publishers, 2001. § 1.12.

GILBERTO BERCOVICI

instituem como garantia do empréstimo todos os ativos do projeto, que são, nada mais, nada menos, do que os outros contratos conexos que estruturam o empreendimento. Neste sentido, o eixo principal do projeto é o contrato de compra de energia (*"Power Purchase Agreement"* – PPA), que cria uma obrigação de longo prazo para que o adquirente compre da geradora a energia produzida a um determinado preço.

Ao contrário de outros métodos consagrados de financiamento, o *project finance* é uma *"rede tecida sem emendas"* (*"seamless web"*), nos termos de Yescombe, que afeta todos os aspectos do desenvolvimento do projeto e do desenho contratual que o configura, daí não poder o aspecto financeiro da operação ser considerado isoladamente. Se um projeto adota a engenharia do *project finance*, *"não apenas os agentes financeiros e os financiadores, mas todos os envolvidos no projeto (por exemplo os desenvolvedores do projeto, autoridades públicas e governamentais, engenheiros, construtores, fornecedores de equipamentos e combustíveis, compradores e outras partes) devem ter uma compreensão de como uma operação de project finance funciona, e como sua participação no projeto está ligada à estrutura do project finance e como o afeta"*.[6] O aspecto essencial do *project finance* é, portanto, *"a performance do projeto, tanto técnica quanto econômica, pois a estruturação da dívida não está baseada no lastro patrimonial do empreendedor, nem no valor dos ativos físicos do empreendimento"*.[7]

O pré-requisito de uma operação bem sucedida consiste na avaliação rigorosa dos riscos relativos às diferentes fases do projeto (planejamento,

---

[6] YESCOMBE, Edward R. *Principles of Project Finance*. Amsterdam: Academic Press, 2002. p. 2: "Unlike other methods of financing projects, project finance is a seamless web that affects all aspects of a project's development and contractual arrangements, and thus the finance cannot be dealt with in isolation. If a project uses project finance, not only the finance director and the lenders but also all those involved in the project (e.g., project developers, governments and other public authorities, engineers, contractors, equipment suppliers, fuel suppliers, product offtakers, and other parties to Project Contracts) need to have a basic understanding of how project finance works, and how their part of the project is linked to and affected by the project finance structure".

[7] HOFFMAN, Scott L. *The Law and Business of International Project Finance*: A Resource for Governments, Sponsors, Lenders, Lawyers, and Project Participants. 2ª ed. Ardsley: Transnational Publishers, 2001. § 1.01: "In a project financing, therefore, the debt terms are not based on the sponsor's credit support or on the value of the physical assets of the project. Rather, project performance, both technical and economic, is the nucleus of project finance".

FINANCIAMENTO DE INFRAESTRUTURA, COMPLEXIDADE...

construção e operação) e uma eficiente distribuição dos riscos entre as partes envolvidas na sua realização, como o empreendedor, construtores e investidores. Uma compreensão comum dos objetivos e metas pelos participantes do projeto é absolutamente crítica para a negociação bem-sucedida do seu financiamento. Na síntese de Cathy Marsh e Andrew Pendleton, resta com destaque a comunhão de interesses que deve ser compartilhada entre todos os envolvidos:

> "O desafio de estruturar a transação está em conciliar os diferentes objetivos das partes interessadas a fim de assegurar que todos se posicionem em prol do projeto e estejam, portanto, comprometidos com seu sucesso".[8]

A perspectiva negocial dos credores face às operações de *project finance* é diferente daquela adotada em outros tipos de financiamento, como o de um empréstimo corporativo comum, ou de participações em *equity*.[9] No primeiro caso, não há nenhuma vinculação do credor

---

[8] MARSH, Cathy; PENDLETON, Andrew. "Project Participants and Structures" *In:* DEWAR, John (org.). *International Project Finance:* Law and Practice. Oxford/New York: Oxford University Press, 2011. p. 22: "The challenge of structuring a transaction lies in reconciling the different objectives of those interested parties to ensure that each stands to benefit from the project and is therefore committed to its success".

[9] Sobre a diferenciação do *project finance*, escreve Jean-Pierre Mattout: "É sem dúvida um sinal dos tempos, que financiamento de projetos tenha surgido enquanto categoria autônoma de financiamento na prática bancária, no momento em que os economistas começavam a falar do capitalismo sem capital. O sentido mais geral dado a esta expressão é aquele, onde quem empresta intervém, não no quadro de desenvolvimento normal de uma empresa que envolve diferentes projetos os quais ela se encarrega de pôr em prática, mas, no financiamento de uma operação determinada e importante, isolada, tanto no plano jurídico quanto no plano financeiro, do andamento normal dos negócios dos incorporadores, e cujo retorno será realmente assegurado apenas pelos lucros esperados. (...)Deixando de lado a divisão clássica do crédito comprador ou fornecedor, o financiamento de projeto articula-se sobre a empresa que constitui o projeto propriamente dito, sem no entanto tomar, em princípio, a forma de uma participação de associado, em capital, indústria ou natureza. Por sua amplitude, ele distingue-se do financiamento de tal ou qual bem particular, destinado a efetuar a política normal de investimentos de uma empresa" *In:* MATTOUT, Jean-Pierre. "O Financiamento de Projeto ou o Poder do Contrato". *Revista de Direito Bancário e do Mercado de Capitais.*

ao negócio do devedor, pois se trata de uma operação na qual a decisão de emprestar ou não se dá com base apenas na avaliação da capacidade financeira da empresa, expressa em suas demonstrações financeiras, em arcar com os custos futuros da dívida e, no caso de inadimplemento, em suportá-la com seu patrimônio. No segundo caso, os investimentos em *equity* vinculam o investidor ao patrimônio do devedor, o que lhe garante a supervisão – em maior ou menor grau – do negócio e lhe permitem auferir lucros a taxas mais elevadas que as inicialmente previstas, na proporção do sucesso da empresa investida. Por certo, o insucesso da empresa reverte em prejuízo ao investidor, na exata medida de sua participação societária no empreendimento.

O *project finance* difere destes modelos usuais de financiamento, que, ressalte-se, não bastam para oferecer, no mercado, a segurança necessária aos investidores em empreendimentos de larga escala e de retorno a longo prazo, como são os investimentos em infraestrutura. Daí reforçarmos, na linha dos autores citados, o fato de que no *project finance* os participantes voluntariamente aderem a uma estrutura de investimento que não se confunde com os empréstimos simples, nem com as participações em *equity*. Esta diferença não se refere apenas à estrutura da operação em si, constituída de uma rede de contratos coligados que geram efeitos uns sobre os outros, mas principalmente à vinculação do retorno do investimento ao fluxo de caixa gerado na fase de operação do negócio, cuja viabilidade, em última instância, é a motivação primeira do investidor. Como dissemos anteriormente, os valores investidos passam a ser recuperados quando da geração de fluxo de caixa, na fase

---

São Paulo, n. 4, p. 71, janeiro/abril de 1999. No mesmo sentido, afirma Luiz Gastão Paes de Barros Leães: *"Project Finance* ou Financiamento de Projeto é uma operação financeira que se estrutura com base no fluxo de caixa gerado pelo empreendimento financiado. Trata-se, de certa forma, de uma ruptura na abordagem tradicional dos financiamentos, centrada sempre nas empresas que buscam recursos para a implantação ou expansão de negócios. A nova forma de financiamento, ao contrário, se concentra em torno do empreendimento que se projeta instalar ou expandir, assim como na sua capacidade de gerar os recursos necessários à amortização da operação. Em suma, trata-se de financiamento de projeto e não de empresa" LEÃES, Luiz Gastão Paes de Barros. "O Projeto de Financiamento" *In: Pareceres*. São Paulo: Singular, 2004. Vol. II, p. 1443.

114

FINANCIAMENTO DE INFRAESTRUTURA, COMPLEXIDADE...

de operação do empreendimento, conforme cálculo que leva em conta a perspectiva de receitas pela venda da energia gerada, o que confere alto grau de segurança à operação em razão do contrato de compra e venda de energia a termo que garante a demanda constante de geração de energia, e que constitui peça fundamental na rede de contratos coligados da operação, dando segurança aos investidores do retorno do investimento.

Insistimos no fato de que não é razoável supor que, no âmbito do mercado diferenciado em que atuam os potenciais investidores de infraestrutura (grandes bancos comerciais, agências de fomento, fundos de pensão, não só com capacidade de investimento, mas com expertise para avaliação de projetos de grande porte e grande complexidade), o propósito negocial e as peculiaridades estruturais do *project finance* sejam assimilados aos de outras formas de investimento.[10]

Uma empresa empreendedora em um *project finance*, ao contrário de um tomador de empréstimo usual, não tem um histórico contábil que possa subsidiar uma decisão de investimento. Lembremos que se trata de uma sociedade de propósito específico, instituída para a realização do empreendimento, e que tampouco dispõe de patrimônio próprio suficiente para garantir a dívida. Não obstante, adverte Yescombe, os investidores devem atingir um grau de segurança razoável do retorno do investimento, ou seja, *"(a) de que o projeto pode ser completado no prazo e dentro do orçamento, (b) que o projeto é tecnicamente viável, e (c) que o fluxo de caixa na fase operacional será suficiente para recuperação do investimento"*, o que, como dissemos, tem como base fundamental o contrato de compra e venda de energia a termo. Assim, a tomada de decisão do investidor é precedida

---

[10] A especificidade do *project finance* obriga claramente ao investidor um comprometimento comum com a viabilidade do empreendimento a longo prazo: "Why do the lenders participate? In assessing the objectives of lenders, one must bear in mind that debt is priced with a fixed or index-linked rate of return. There is little, if any, 'up side' to debt-holders if the project performs beyond expectations. However, with no recourse other than to the assets of the project, the lenders face the full risk of loss if the project fails (...), if all lenders were motivated by purely mercenary values imposed from a short-term perspective, projects would not be bankable and project finance would, frequently, not be practical". MARSH, Cathy; PENDLETON, Andrew. "Project Participants and Structures" *In:* DEWAR, John (org.). *International Project Finance:* Law and Practice. Oxford/New York: Oxford University Press, 2011.pp. 35-36.

GILBERTO BERCOVICI

"por uma avaliação aprofundada do conjunto contratual da operação, que conferem um suporte para os custos de construção e o fluxo de caixa operacional, bem como pela quantificação dos riscos da operação. O processo de 'due dilligence', que pode ser bastante demorado, inevitavelmente conduz a um envolvimento dos investidores na negociação da rede de contratos do projeto. [...] Ademais, os investidores igualmente continuam a monitorar e controlar as atividades da Empreendedora, para assegurar a conservação da base do negócio".[11]

Em suma, há princípios claros que singularizam as relações econômicas e contratuais que vinculam as diferentes partes atuantes no *project finance*, como o empreendedor, investidores, construtores, peritos, agentes fiduciários, etc. Segundo Renato Seixas, esta complexa rede de contratos eficazes entre si atendem aos seguintes princípios: *"a) princípio da repartição de riscos do projeto; b) princípio da segregação do projeto, isto é, de operacionalização por uma empresa destinada exclusivamente à execução do projeto em todas suas fases; c) princípio da auto-sustentabilidade do projeto, ou seja, a premissa de que os empréstimos serão pagos com os recebíveis que vierem a serem gerados durante a fase operacional do projeto; d) princípio do non recourse project finance, isto é, garantidos pelo projeto em si; e) princípio de segurança administrativa do projeto, ou seja, a afetação patrimonial do projeto exclusivamente para o exercício exclusivo de suas atividades".[12]*

---

[11] YESCOMBE, Edward R. *Principles of Project Finance*. Amsterdam: Academic Press, 2002. pp. 13-14: "This means that they need to have a high degree of confidence that the project (a) can be completed on time and on budget, (b) is technically capable of operating as designed, and (c) that there will be enough net cash flow from the project's operation to cover their debt service adequately. (...) Thus the lenders need to evaluate the terms of the project's contracts insofar as these pro *Vide* a basis for its construction costs and operating cash flow, and quantify the risks inherent in the project with particular care. (...) This process is known as "due diligence." The due diligence process may often cause slow and frustrating progress for a project developer, as lenders inevitably tend to get involved–directly or indirectly–in the negotiation of the Project Contracts, but it is an unavoidable aspect of raising project finance debt. Lenders also need to continue to monitor and control the activities of the Project Company to ensure that the basis on which they assessed these risks is not undermined".

[12] SEIXAS, Renato. "*Project Finance* em Empreendimentos de Pequeno e Médio Porte". *Revista de Direito Bancário e do Mercado de Capitais*, São Paulo, n. 37, pp. 34-44, julho/setembro de 2007.

FINANCIAMENTO DE INFRAESTRUTURA, COMPLEXIDADE...

Estes princípios não apenas dirigem as negociações das partes para a estruturação da operação, mas devem ser adotados para a interpretação conjunta dos instrumentos que a constituem, como no caso dos contratos geralmente presentes em uma operação desta natureza, como contratos de construção (geralmente na modalidade *"turnkey"*), seguros, contratos de natureza fiduciária, avaliação de riscos, etc.

No desenho contratual, a instituição de garantias é um fator importante para uma alocação de riscos eficiente e que contribua para o sucesso do projeto. Em uma operação de *project finance*, dada sua especificidade de propósitos, qual seja, a realização do projeto em si, também a sistemática operacional das garantias deve ser adaptada a esta espécie negocial. Neste sentido, importantíssima a ressalva feita por Eduardo Salomão Neto:

> "Uma importante característica extra-jurídica separa entretanto as garantias tradicionais daquelas outorgadas em operações de project finance, a intenção do credor. Enquanto muito frequentemente a intenção do credor ao obter garantias é poder executá-las para quitação de sua dívida, essa intenção é secundária no project finance. Isso porque tipicamente os ativos da sociedade do projeto valem menos se vendidos separadamente do que a dívida incorrida para adquiri-los. A principal esperança para o credor de pagamento integral do débito reside na continuação do projeto, com geração de recursos. Assim, tipicamente a existência de garantias e a possibilidade de sua excussão servem como elemento de pressão para que os financiadores influenciem a construção e operação do projeto, caso o inadimplemento das obrigações a eles devidas seja iminente ou já tenha ocorrido".[13]

Na estruturação do *project finance*, justamente por não tratar-se de um empréstimo convencional, na lógica do *corporate finance*, em que são decisivas a robustez das demonstrações financeiras e das garantias

---

[13] SALOMÃO Neto, Eduardo. "Financiamento de Projetos com Recursos Internacionais (*Project Finance*)", *Revista de Direito Bancário e do Mercado de Capitais*, São Paulo, n. 23, p. 81, janeiro/março de 2004.

GILBERTO BERCOVICI

oferecidas, o papel menor desempenhado pelas garantias convencionais resulta na distribuição, nos diferentes contratos, de ações mitigadoras de risco, os chamados *"covenants"*. Esta ferramenta contratual típica do direito de matriz anglo-saxã pode ser definida como: *"um compromisso ou promessa em qualquer contrato formal de dívida, reconhecido em lei, protegendo os interesses do credor e estabelecendo que determinados atos não devem ou devem cumprir-se. Podem ser traduzidos como compromissos restritivos (restrictive covenants) ou obrigações de proteção (protective covenants)"*.[14]

Por certo, há de se tomar as devidas precauções ao se seguirem os modelos contratuais internacionais, a fim de se evitarem nulidades no direito brasileiro. A cláusula-padrão nos contratos de *project finance* que confere aos investidores a preferência de receber seus créditos no caso de insolvência da empreendedora, por exemplo, são inadmissíveis em nosso ordenamento por ferirem norma de ordem pública, pois em caso de falência, a ordem de preferência dos créditos é determinada pela lei e não pode ser modificada pela autonomia contratual das partes.

Importa dizer que a preocupação em se distribuir os *"convenants"* na rede contratual é identificada na doutrina como reflexo dos efeitos da lógica particular do *project finance* sobre a disciplina tradicional das garantias. Considerando que a sociedade responsável pelo empreendimento não possui o lastro patrimonial que seria esperado em uma operação de crédito convencional tomada por uma empresa comercial ou industrial previamente constituída, a concepção de "garantia" no *project finance* contempla, ademais das espécies convencionais que puder oferecer, o conjunto creditício da operação em si, em suma, a expectativa de fluxo de caixa suficiente, na fase operacional, para recuperação dos investimentos.

---

[14] BORGES, Luiz Ferreira Xavier. *"Project Finance* e Infra-Estrutura: Descrição e Críticas". *Revista de Direito Bancário e do Mercado Capitais*, São Paulo, n. 6, p. 130, setembro/dezembro de 1999. Este é o caso de ações mitigadoras de risco, como, por exemplo, (a) impor limitações ao grau de endividamento da empresa, (b) manutenção de um capital de giro mínimo, (c) constituição de um agente fiduciário para gerir recebíveis em uma conta corrente (*"collection/escrow account"*). As atribuições deste agente fiduciário (Entidade) são de: "(a) receber os recursos captados através de securitização e os libera de acordo com as regras previstas no documento da oferta (pública ou privada) dos títulos, e (b) receber o fluxo de caixa gerado pelo empreendimento c aplicá-lo de acordo com as instruções previamente recebidas (por exemplo, ordem de preferências dos pagamentos)", *idem*, p. 132.

FINANCIAMENTO DE INFRAESTRUTURA, COMPLEXIDADE...

A forma das operações de *project finance* é determinada pela motivação econômica que as determina, e que congrega interesses diversos mas que devem ser harmonizados em prol do elemento essencial: a realização do projeto. Do mesmo modo que nos impõe a renúncia a concepções tradicionais sobre a estrutura de financiamentos e do comportamento de empreendedores e investidores no mercado, a concepção formal destas operações exige ferramentas diferenciadas para a análise das relações contratuais complexas e multidirecionais em torno das quais são constituídas.

A teoria do contrato não permanece indiferente ao dinamismo das relações sociais e econômicas, que demandam a superação de categorias jurídicas e convicções doutrinárias tradicionais. Assim, por exemplo, desenvolveu-se e consolidou-se a teoria contratual específica às relações de consumo.[15] Impor ao jurista um ferramental teórico imutável é tão mais nocivo e incompatível, quando se trata da interpretação de negócios jurídicos da prática comercial e financeira.

A engenharia financeira do *project finance* pode ser uma técnica recente no mercado, e sua origem estrangeira pode suscitar, com razão, um estranhamento inicial sobre sua conformação jurídica em nosso ordenamento. De fato, sua estrutura pluricontratual exige do intérprete um esforço de análise para evitar uma redução artificial de sua complexidade essencial, conduzindo a uma simplificação dos negócios jurídicos que não se encontra em sua realidade fática, sob pena de desnaturá-los.

Na lição de Enzo Roppo, ao contrato-conceito jurídico, precede o contrato-operação econômica:

> "Contrato é um conceito jurídico: uma construção da ciência jurídica elaborada (além do mais) com o fim de dotar a linguagem jurídica de um termo capaz de resumir, designando-os de forma sintética, uma série de princípios e regras de direito, uma

---

[15] *Vide*, por todos, ATIYAH, P. S. *The Rise and Fall of Freedom of Contract*. Reimpr. Oxford/New York: Oxford University Press, 2003. pp. 681-779 e GRAU, Eros Roberto. "Um Novo Paradigma dos Contratos?". *Revista Trimestral de Direito Civil*, Rio de Janeiro, Vol. 5, pp. 73-82, janeiro/março de 2001.

GILBERTO BERCOVICI

disciplina jurídica complexa. Mas como acontece com todos os conceitos jurídicos, também o conceito de contrato não pode ser entendido a fundo, na sua essência íntima, se nos limitarmos a considerá-lo numa dimensão exclusivamente jurídica – como se tal constituísse uma realidade autónoma, dotada de autónoma existência nos textos legais e nos livros de direito. [...] Daí que, para conhecer verdadeiramente o conceito do qual nos ocupamos, se torne necessário tomar em atenta consideração a realidade económico-social que lhe subjaz e da qual ele representa a tradução científico-jurídica: todas aquelas situações, aquelas relações, aqueles interesses reais que estão em jogo, onde quer que se fale de «contrato». [...] As situações, as relações, os interesses que constituem a substância real de qualquer contrato podem ser resumidos na ideia de operação económica. De facto, falar de contrato significa sempre remeter – explícita ou implicitamente, directa ou mediatamente – para a ideia de operação económica".[16]

Dar a correta interpretação aos contratos que corporificam o *project finance* significa localizar esta interpretação no contexto econômico complexo em que esta operação é constituída. Trata-se da superação da visão tradicional rígida do contrato como uma unidade individual e isoladamente considerada, bastante em si mesma – perspectiva que se consagrou com o Código Civil francês de 1804[17] – por uma problematização da relação entre contratos e dos efeitos resultantes deste contato. Sébastien Pellé fala, neste sentido, do *"mito do contrato isolado"*, construído pela doutrina tradicional para deliberadamente segregar um contrato dos vínculos que naturalmente ele encerra com outros contratos, restringindo os efeitos de uma relação contratual estritamente às partes que a estabeleceram por suas vontades: *"Tem-se, assim, a impressão que o contrato forma um círculo que encerra dentro de si seus autores"*.[18]

---

[16] ROPPO, Enzo. *O Contrato*. Coimbra: Almedina, 2009. pp. 7-8.

[17] VINCELLES, Carole Aubert de. "Linked Contracts under French Law" *In:* CAFAGGI, Fabrizio (org.). *Contractual Networks, Inter-Firm Cooperation and Economic Growth*. Cheltenham/Northampton: Edward Elgar, 2011. p. 163.

[18] PELLÉ, Sébastien. *La Notion d'Interdépendance Contractuelle*: Contribution à l'Étude des Ensembles de Contrats. Paris: Dalloz, 2007. p. 5: "Il est, en effet, permis de se demander

FINANCIAMENTO DE INFRAESTRUTURA, COMPLEXIDADE...

Este desafio não é novo. Já Ludwig Enneccerus reconhecia o interesse, para o direito, de situações em que era inegável reconhecer uma união entre contratos, em que ele classifica segundo três hipóteses:

"1. *La unión meramente externa.* Se trata de varios contratos completos (o sea, se son bilaterales, distintos también en cuanto a la contraprestación) que sólo están unidos externamente en el acto de su conclusión, por ejemplo, por la forma escrita, sin que proceda suponer da dependencia de uno respecto del otro. En este caso, cada uno de los contratos sigue exclusivamente las reglas que le son propias. La unión, meramente externa, carece de toda influencia. 2. *Unión con dependencia bilateral o unilateral.* No es raro que dos contratos completos, unidos exteriormente (véase supra 1) sean queridos sólo como un todo, o sea en recíproca dependencia, o al menos de manera que uno dependa del otro y no éste de aquél. La intención en uno o en otro sentido puede resultar inmediatamente del contrato, por ejemplo, en el primer sentido, cuando se haya convenido que los contratos deban existir y desaparecer el uno con el otro. Pero, aunque falte una determinación expresa, podrá con frecuencia (aunque no siempre) obtenerse una conclusión segura si se para la atención en las relaciones económicas que median entre las prestaciones. Si conforme esto se ha querido una relación de dependencia, no es sólo la validez de un contrato lo que depende de la validez del otro, sino que, según la presumible intención de las partes, la revocación de un contrato implicará también la revocación del otro. Pero en lo demás cada uno de los contratos está sujeto a las reglas valederas para el tipo a que se ajusta. 3. *Unión alternativa.* En este caso los contratos están unidos de tal suerte que, según se cumpla o no una determinada condición, se entenderá concluído uno u otro contrato. Compro un caballo para el caso de que llegue a ser oficial de caballería en el plazo de un mes, y, para

---

si la théorie classique n'a pas conçu le contrat de manière isolée précisément afin de le faire échapper aux multiples liens qu'il entretient naturellement avec d'autres contrats. Le contrat repose sur deux principes majeurs: la force obligatoire et l'effet relatif. « Accord de volontés créateur d'obligations», le contrat est obligatoire pour les parties contractantes mais il n'est obligatoire que pour celles-ci. On a ainsi l'impression que le contrat dessine un cercle qui se referme sur ses auteurs".

GILBERTO BERCOVICI

el caso contrario, lo alquilo por tres meses. Como quiera que. según se desenvuelva la condición, existe solamente un contrato de una u otra especie, decide naturalmente sólo el derecho aplicable al contrato que, después de desenvuelta la condición, haya de considerarse como concluído".[19]

A segunda hipótese de Enneccerus – a da dependência contratual – evoluiu como um tópico autônomo na doutrina contratual moderna, que, em último recurso, nos leva à questão sobre a causa, como se discutirá a seguir. A terminologia para designá-la é bastante variada. Entre nós, falamos de contratos coligados ou conexos, grupos de contratos e redes contratuais. Em francês, à parte da expressão dominante *"groupes de contrats"*, consagrada na obra fundamental de Bernard Teyssie[20], somam-se mais recentemente *"interdépendance contractuelle"* e *"ensembles de contrats"*. Em alemão fala-se em *"verflechtete Vertäge"*, *"Vertragsgruppen"*, *"Vertragsnetz"*. Em italiano, *"collegamento negoziale"*, de onde advém nossa expressão "contratos coligados". Independente da opção terminológica, a preocupação é a mesma: identificar dependências obrigatórias entre os contratos, que geram efeitos entre si, ou dito de outra forma, o problema da eficácia dos contratos para além das partes contratantes.

A doutrina funda a coligação contratual em uma ideia de sistema, ou seja, ocorrerá coligação toda vez em que um dado conjunto de ações econômicas forem dotadas de organicidade. Os diversos contratos podem ser considerados como uma unidade, nesta hipótese, econômica, integrando uma mesma operação econômica unitária. No dizer de Eduardo T. Kataoka:

> "Diversos elementos componentes, que neste caso são os vários contratos, devem, também, ser ordenados. Ou seja, devem poder fundar uma causa supercontratual. Cada contrato desempenha

---

[19] ENNECCERUS, Ludwig; KIPP, Theodor; WOLFF, Martin. *Tratado de Derecho Civil*: Derecho de Obligaciones. Barcelona: Bosch, 1935. Vol. 2, pp. 6-7.

[20] TEYSSIE, Bernard. *Les Groupes de Contrats*. Paris: L.G.D.J., 1975.

FINANCIAMENTO DE INFRAESTRUTURA, COMPLEXIDADE...

uma função integrada, assim como cada engrenagem o faz em uma máquina. O conjunto de contratos não é um acaso, mas sim uma série cuidadosamente arquitetada visando à obtenção de uma finalidade econômica".[21]

É certo que a operação econômica subjacente aos contratos coligados possui grande importância na identificação de uma coligação, enunciado em razão do qual, segundo Crescenzo Marino, *"não é raro justificar a própria ligação dos contratos a partir da unidade da operação econômica (a "unidade do negócio")"*.[22] Aqui voltamos a instrumentalizar o conceito de contrato -operação econômica, conforme já trazido por Roppo. Como admitir a repercussão no campo do direito do substrato econômico da operação? Explica Crescenzo Marino que *"dentre as técnicas e princípios que permitiriam fundar a relevância normativa da operação econômica (atribuindo-lhe função de fonte de regulação contratual independente do conteúdo contratual expresso), [refere-se], notadamente, a causa concreta e a boa-fé. No que toca à primeira, a causa, enquanto função econômico-individual, não é outra coisa senão o espelho da operação econômica, a fórmula jurídica que a designa. A boa-fé, a seu turno, mormente em função integrativa, constituiria o instrumento pelo qual a operação económica seria erigida em fonte de regulação contratual. Isso porque a aplicação do princípio da boa-fé levaria em conta, normalmente, o equilíbrio económico da relação, tal como deduzido da consideração global do concreto arranjo de interesses".*[23]

No plano jurídico, os contratos coligados são aqueles que, por força da lei, ou em razão de disposição contratual (expressa ou implícita), se encontram em dependência unilateral ou recíproca. Desta definição depreendemos uma classificação essencial na teoria da coligação negocial, qual seja, a coligação necessária e voluntária. Da primeira, que não nos interessa diretamente neste parecer, a coligação entre contratos

---

[21] KATAOKA, Eduardo Takemi. *A Coligação Contratual*. Rio de Janeiro: Lumen Juris, 2007. p.64.

[22] MARINO, Francisco Paulo de Crescenzo. *Contratos Coligados no Direito Brasileiro*. São Paulo: Saraiva, 2009. p. 24.

[23] MARINO, Francisco Paulo de Crescenzo. *Contratos Coligados no Direito Brasileiro*. São Paulo: Saraiva, 2009. p. 25.

é dada pela lei, e nela mesma podem estar, ou não, determinados os efeitos desta interdependência cogente. Já no segundo caso, que é o problema central da doutrina, a coligação é resultado da autonomia privada das partes, que podem estabelecê-la expressamente em cláusulas contratuais, referindo-se os instrumentos uns aos outros, ou, a interdependência entre os contratos verifica-se pela confrontação entre os vários contratos, cuja eficácia, estende-se no caso concreto, sobre outros instrumentos emanados do mesmo propósito negocial. Na esteira das críticas às teorias voluntaristas da formação do contrato, como bem observa Konder, "a exigência de uma comprovação da vontade específica de ligar os dois negócios, verdadeira representação psicológica das partes, foi sendo progressivamente mitigada. A concepção do animus de coligação como um elemento autônomo e distinto do nexo objetivo deu lugar a uma concepção unitária dos elementos, na qual o próprio nexo teleológico é interpretado como elemento revelador da intenção das partes em realizar por meio de vários negócios um regulamento de interesses essencialmente unitário". [24]

A identificação da coligação resta clara quando diversos contratos se comunicam para a realização de um fim ulterior único. Nestas hipóteses há um elemento objetivo, qual seja o nexo teleológico entre os negócios, e pode haver um elemento subjetivo, em que a coordenação das partes para alcançar os fins almejados deriva da autonomia privada das partes ao atuarem em participação conjunta.

Todas estas explanações acerca do conceito de coligação contratual atendem a uma racionalidade prática: é no plano da validade, da eficácia e dos contratos que o reconhecimento da coligação contratual produz efeitos relevantes. A possibilidade de repercussão da ineficácia ou de vícios de um contrato sobre outro é o aspecto que dá importância ao problema dos contratos conexos. Novamente, vemos como a figura da coligação abala os pilares da teoria contratual clássica, que atribui valor máximo à conservação do contrato nas bases em que este foi estipulado pelo acordo de vontades das partes contratantes. A sistemática é trazida por Konder:

---

[24] KONDER, Carlos Nelson. *Contratos Conexos:* Grupos de Contratos, Redes Contratuais e Contratos Coligados. Rio de Janeiro: Renovar, 2006. p. 108.

FINANCIAMENTO DE INFRAESTRUTURA, COMPLEXIDADE...

> "Assim como no interior de um negócio a invalidade parcial não prejudica a parte válida, se separável, também entre negócios, mesmo vinculados, a invalidade de um deles não prejudica o outro – se separável. É fundamental, neste ponto, analisar se houve prejuízo da função comum, do regulamento de interesses estabelecido plurinegocialmente, para então avaliar se o outro negócio, aparentemente perfeito, deve prosseguir incólume".[25]

No caso em que a conexão é unilateral, o efeito havido no contrato principal irradia-se para o secundário, nos moldes da máxima de que o acessório segue o principal. A indagação maior surge nos casos em que a coligação não é determinada por uma dependência unilateral. Nestes casos, conforme observa Ana Lopes Frías, "estamos ante una cuestión valorativa, en la que pueden pesar las circunstancias del caso concreto. No obstante lo dicho, una forma de solventar genéricamente el problema puede ser acudir a la teoría de la causa. Y entender que, además de tener cada contrato su causa individual (pues si no, no existirían varios convenios, sino un solo), hay que referir dicho elemento al resultado o finalidad común que persiguen los dos o más contratos celebrados. De manera que se extenderá la ineficacia de un contrato a otro coligado si, tras la desaparición del primero, el segundo pierde su razón de ser y se hace inalcanzable el propósito que vinculaba a ambos convenios".[26]

Desta forma, devemos recorrer a uma categoria de presença antiquíssima no direito, a saber, a causa do negócio jurídico. Sem qualquer pretensão de retraçar sua evolução histórica, no direito civil contemporâneo, o problema da causa é espinhoso. A causa, na lição de Caio Mário da Silva Pereira, constitui a *"razão jurídica"* do fenômeno: "na causa, há, pois, um fim econômico ou social reconhecido e garantido pelo direito. uma finalidade objetiva e determinante do negocio que o agente busca além da realização do ato em si mesmo. Como este fim se vincula ao elemento psíquico motivador da declaração de vontade, pode ser caracterizado, sob

---

[25] KONDER, Carlos Nelson. *Contratos Conexos:* Grupos de Contratos, Redes Contratuais e Contratos Coligados. Rio de Janeiro: Renovar, 2006. pp. 219-220.

[26] FRÍAS, Ana Lopes. *Los Contratos Conexos.* Barcelona: Bosch, 1994. pp. 299-300.

GILBERTO BERCOVICI

outro aspecto, como a intenção dirigida no sentido de realizar a consequência jurídica do negócio".[27] Nosso direito civil não adotou a teoria causalista francesa, para a qual a validade do ato jurídico depende de causa lícita – dentre nós a ausência de causa fundamenta o enriquecimento nos termos dos artigos 884 e 885 do Código Civil – o que não significa que os defeitos em relação à causa não lhe alcancem a eficácia. Pedro Pais de Vasconcelos comenta que:

> "Para o Direito não é normalmente suficiente que alguém esteja obrigado a fazer ou não fazer alguma coisa; é também importante considerar e ter presente qual a raiz dessa obrigação, de onde provém. Este interesse não tem uma importância meramente informativa, mas antes legitimadora [...] A outra parte, a quem se exige o cumprimento, pode defender-se atacando a causa, com a alegação e demonstração de que a obrigação invocada pela outra parte não tem valor, ou porque nunca teve causa, ou porque esta causa cessou, ou porque a sua causa é ilícita, torpe, etc."[28]

A coligação, de caráter voluntário, dos contratos no *project finance* é elemento constitutivo da própria engenharia da operação, materializada pelo feixe de contratos interdependentes que formalizam a "comunidade de interesses" que o originam e o tem como finalidade. A repetição da definição de *project finance* nos permite identificar, em seus elementos essenciais, um caso exemplar de conexão contratual:

> "Os arranjos do project finance envolvem, invariavelmente, fortes relações contratuais entre múltiplas partes. O *project finance* somente funciona para aqueles projetos que possam estabelecer tais relações e mantê-las a custos toleráveis. Para montar um project finance, deve existir uma verdadeira 'comunidade de interesse' entre as partes envolvidas no projeto. O *project finance* somente

---

[27] PEREIRA, Caio Mário da Silva. *Instituições de Direito Civil*. Vol. I: Introdução ao Direito Civil – Teoria Geral do Direito Civil. 25ª ed. Rio de Janeiro: Forense, 2012. pp. 422 e ss.

[28] VASCONCELOS, Pedro Pais de. *Teoria Geral do Direito Civil*. 6ª ed. Coimbra: Almedina, 2010. p. 313.

FINANCIAMENTO DE INFRAESTRUTURA, COMPLEXIDADE...

terá sucesso se for do interesse de todas as partes envolvidas que tal aconteça; somente assim as partes farão tudo que puderem para assegurar tal sucesso. Para praticantes experientes, a prova de fogo da solidez de uma proposta do *project finance* é se todas as partes podem razoavelmente esperar benefícios sob o arranjo de financiamento proposto. Para que alcance um arranjo do *project finance* bem-sucedido, portanto, o engenheiro financeiro deve projetar uma estrutura de financiamento – e embutir aquela estrutura em uma série de contratos – que possibilitará a cada uma das partes realizar um ganho decorrente do arranjo".[29]

A questão fundamental, em suma, é assinalar a relevância em se trazer a problemática dos contratos coligados para a análise das operações de *project finance*, e em que medida esta discussão teórica pode subsidiar a tomada de decisões juridicamente adequadas em casos que se relacionem a este modelo de financiamento.

As operações de *project finance* foram concebidas, de acordo com princípios de engenharia financeira, da forma mais eficiente possível para garantir uma ação comprometida de diferentes agentes econômicos congregados em torno de um objetivo comum: atuar em diferentes funções para a realização de um projeto de infraestrutura, sendo que o retorno financeiro dos investimentos realizados só ocorrerá a partir do fluxo de caixa gerado pelo empreendimento em sua fase operacional. Trata-se de um desenho operacional que, por envolver investimentos de grande vulto, em regra no setor de infraestrutura, prioriza a alocação ideal de riscos entre os contratantes, de forma a atrair os agentes econômicos capazes de desempenhar as funções necessárias para a sua realização. Ao analisarmos os aspectos essenciais do *project finance*, destacamos, em primeiro lugar, a vinculação de todos os participantes a um objetivo comum, qual seja, a realização do projeto. O retorno esperado por cada um dos participantes depende da operação bem sucedida do empreendimento. Esta síntese de esforços, que demanda a participação de múltiplos agentes econômicos em funções distintas, é estruturada por uma

---

[29] FINNERTY, John. *Project Finance:* Engenharia Financeira Baseada em Ativos. Rio de Janeiro: Qualitymark, 1999. p. 16.

rede contratual complexa e interligada, cujo objetivo justamente é o de alocar os riscos da operação da forma mais eficiente possível.

Negócios que envolvem uma união de contratos levantam problemas específicos para a teoria contratual clássica, eficiente em dar soluções para conflitos jurídicos nascidos de controvérsias decorrentes de uma relação contratual individual. A teoria da coligação contratual, por sua vez, discute o enfrentamento de controvérsias geradas no âmbito de redes contratuais interdependentes, tais como a interpretação comum a ser aplicada ao conjunto de contratos, fundamentada no nexo finalístico que os vincula, e a repercussão de efeitos havidos em uma relação contratual específica sobre os demais negócios que compõem o grupo de contratos.

A EXPLORAÇÃO DOS POTENCIAIS DE ENERGIA HIDRÁULICA E O SEU "APROVEITAMENTO ÓTIMO"*

1. A NATUREZA JURÍDICA DOS SERVIÇOS DE ENERGIA ELÉTRICA

Os serviços e instalações de energia elétrica, assim como o aproveitamento energético dos cursos de água, na determinação do artigo 21, XII, 'b' da Constituição de 1988[1] são serviços públicos de competência da União.[2] Nos termos dos artigos 21, XII e 175 da Constituição,

---

* Este texto foi publicado na *Revista de Direito Público da Economia*, n. 35, pp. 31-48, 2011 e no livro GONZÁLEZ, Luiz Manuel Alonso; TÔRRES, Heleno Taveira (orgs.). *Tributos, Aguas e Infraestructuras*. Barcelona: Atelier, 2012. pp. 266-290.

[1] "Artigo 21, XII, 'b' da Constituição de 1988: Art. 21. [...] Compete à União: XII – explorar, diretamente ou mediante autorização, concessão ou permissão: b) os serviços e instalações de energia elétrica e o aproveitamento energético dos cursos de água, em articulação com os Estados onde se situam os potenciais hidroenergéticos".

[2] ÁLVARES, Walter T. *Instituições de Direito da Eletricidade*. Belo Horizonte: Ed. Bernardo Álvares, 1962. pp. 49-50, 129-135 e 279-308; BANDEIRA DE MELLO,Celso Antônio. *Curso de Direito Administrativo*. 20ª ed. São Paulo: Malheiros, 2006. pp. 648-650; DI PIETRO, Maria Sylvia Zanella. *Direito Administrativo*. 20ª ed. São Paulo: Atlas, 2007 p. 100; GRAU, Eros Roberto. *A Ordem Econômica na Constituição de 1988:* Interpretação e Crítica. 12ª ed. São Paulo: Malheiros, 2007. pp. 123-125; BANDEIRA DE MELLO, Celso Antônio. "Serviço Público e sua Feição Constitucional no Brasil" *In: Grandes*

GILBERTO BERCOVICI

a sua prestação pode se dar diretamente pelo Estado ou por meio de concessão, permissão ou autorização. Ainda em relação ao aproveitamento dos potenciais de energia hidráulica, o artigo 176, § 1º da Constituição reforça a determinação de que este só pode ser efetuado mediante autorização ou concessão da União, salvo nos casos de aproveitamento de potencial de energia renovável de capacidade reduzida (artigo 176, § 4º):

> "Artigo 176 da Constituição de 1988: As jazidas, em lavra ou não, e demais recursos minerais e os potenciais de energia hidráulica constituem propriedade distinta da do solo, para efeito de exploração ou aproveitamento, e pertencem à União, garantida ao concessionário a propriedade do produto da lavra.
>
> § 1º A pesquisa e a lavra de recursos minerais e o aproveitamento dos potenciais a que se refere o *caput* deste artigo somente poderão ser efetuados mediante autorização ou concessão da União, no interesse nacional, por brasileiros ou empresa constituída sob as leis brasileiras e que tenha sua sede e administração no país, na forma da lei, que estabelecerá as condições específicas quando essas atividades se desenvolverem em faixa de fronteira ou terras indígenas.
>
> § 2º É assegurada participação ao proprietário do solo nos resultados da lavra, na forma e no valor que dispuser a lei.
>
> § 3º A autorização de pesquisa será sempre por prazo determinado, e as autorizações e concessões previstas neste artigo não poderão ser cedidas ou transferidas, total ou parcialmente, sem prévia anuência do Poder concedente.

Temas de Direito Administrativo. São Paulo: Malheiros, 2009. p. 286; CALDAS, Geraldo Pereira. *Concessões de Serviços Públicos de Energia Elétrica face à Constituição Federal de 1988 e o Interesse Público.* Curitiba: Juruá, 2001. pp. 28-36, 79 e 175-176 e ROLIM, Maria João Pereira. *Direito Econômico da Energia Elétrica.* Rio de Janeiro: Forense, 2002. pp. 155-166. *Vide,* ainda, VALLADÃO, Alfredo. *Regime Jurídico das Águas e da Indústria Hidro-Elétrica.* Reimpr., São Paulo: Prefeitura do Município de São Paulo, 1943. pp. 38-44 e SAUER, Ildo Luís. "Um Novo Modelo para o Setor Elétrico Brasileiro" *In:* SAUER, Ildo Luís et al. *A Reconstrução do Setor Elétrico Brasileiro.* Rio de Janeiro/Campo Grande: Paz e Terra/Ed. UFMS, 2003. pp. 36-50 e, em sentido um pouco distinto, LOUREIRO, Luiz Gustavo Kaercher. *Constituição, Energia e Setor Elétrico.* Porto Alegre: Sergio Antonio Fabris Editor, 2009. pp. 79-89.

A EXPLORAÇÃO DOS POTENCIAIS DE ENERGIA HIDRÁULICA E...

§ 4º Não dependerá de autorização ou concessão o aproveitamento do potencial de energia renovável de capacidade reduzida".

Os serviços públicos de energia elétrica e aproveitamento energético dos cursos de água são, portanto, de competência exclusiva da União e são regulados, em termos gerais, pelo Código de Águas (Decreto n. 24.643, de 10 de julho de 1934)[3], pelo Regulamento dos Serviços de Energia Elétrica (Decreto n. 41.019, de 26 de fevereiro de 1957) e pelas Leis n. 8.987, de 13 de fevereiro de 1995, n. 9.074, de 7 de julho de 1995, n. 9.427, de 26 de dezembro de 1996, e n. 10.848, de 15 de março de 2004.

A concessão para exploração de potenciais de energia hidráulica é uma concessão de uso, não uma concessão de direito real de uso, prevista para o uso do solo e do espaço aéreo sobre a superfície de terrenos públicos ou particulares. A concessão de direito real de uso envolve um direito real resolúvel, depende de autorização legislativa expressa e de concorrência pública e tem por finalidades propiciar meios para a urbanização, industrialização, edificação, cultivo da terra ou outra utilização de interesse social.[4] As concessões para exploração dos potenciais de energia hidráulica, reitera-se, são concessões de uso, ou seja, são atos administrativos constitutivos pelos quais o poder concedente (a União) delega poderes aos concessionários para utilizar ou explorar um bem público.[5]

---

[3] Embora tenha sido promulgado sob o formato de um decreto, o Código de Águas, expedido ao final do Governo Provisório de Getúlio Vargas, é, materialmente, uma lei. Sua constitucionalidade foi contestada pelas empresas concessionárias de energia da época, notadamente a canadense *Light*, mas foi considerado constitucional pelo Supremo Tribunal Federal. A maior parte de seus dispositivos continua em vigor até hoje. Sobre a polêmica jurídica em torno do Código de Águas e do Código de Minas: Decreto n. 24.642, também de 10 de julho de 1934, *Vide* MORATO, Francisco. "A Inconstitucionalidade do Codigo de Aguas". *Revista dos Tribunais*. São Paulo, V. 109, pp. 3-6, setembro de 1937; OLIVEIRA, Fernando A. Albino de. "Concessão dos Serviços Públicos de Energia Elétrica: Sua Evolução no Direito Brasileiro". *Revista de Direito Público*, São Paulo, n. 23, pp. 47-55, janeiro/março de 1973; e BERCOVICI, Gilberto. *Direito Econômico do Petróleo e dos Recursos Minerais*. São Paulo: Quartier Latin, 2011. pp. 92-99.

[4] DI PIETRO, Maria Sylvia Zanella. *Uso Privativo de Bem Público por Particular*. 2ª ed. São Paulo: Atlas, 2010. pp. 189-192; BANDEIRA DE MELLO, Celso Antônio. *Curso de Direito Administrativo*. 20ª ed. São Paulo: Malheiros, 2006. pp. 875-876 e DI PIETRO, Maria Sylvia Zanella. *Direito Administrativo*. 20ª ed. São Paulo: Atlas, 2007. p. 645.

[5] DI PIETRO, Maria Sylvia Zanella. *Uso Privativo de Bem Público por Particular*. 2ª ed. São

GILBERTO BERCOVICI

A outorga da concessão é um ato administrativo unilateral por meio do qual o poder concedente transfere a gestão do serviço público ao concessionário, que adquire também a responsabilidade pela prestação e gestão adequadas do serviço e o dever de agir em nome do poder concedente. Este ato de outorga é um ato constitutivo, pois incorpora direitos ao patrimônio do concessionário, vinculado ao contrato de concessão. O ato de outorga representa o momento inicial das relações jurídico-administrativas entre concessionário, poder concedente e usuários.[6]

2. A NATUREZA JURÍDICA DO POTENCIAL ENERGÉTICO

A propriedade pública (estatal) dos meios de produção inclui os recursos naturais, particularmente os minérios e as fontes de energia, por sua importância para a economia como um todo. Os recursos naturais também são bens de produção, caracterizando-se por parte ou totalidade de seus componentes não ser produzida pelo trabalho. Para garantir o controle público sobre aspectos essenciais da economia, como as fontes de energia, eles são declarados propriedade da coletividade.[7] Neste sentido, o estudo dos bens em direito econômico exige considerações distintas daquelas tratadas pelo direito civil ou pelo direito administrativo, pois não

---

Paulo: Atlas, 2010. pp. 39-41 e 108-109; BANDEIRA DE MELLO, Celso Antônio. *Curso de Direito Administrativo*. 20ª ed. São Paulo: Malheiros, 2006.pp. 671-672; DI PIETRO, Maria Sylvia Zanella. *Direito Administrativo*. 20ª ed. São Paulo: Atlas, 2007. p. 640; JUSTEN Filho, Marçal. *Teoria Geral das Concessões de Serviço Público*. São Paulo: Dialética, 2003. pp. 105-106 e POMPEU, Cid Tomanik. *Direito de Águas no Brasil*. São Paulo: RT, 2006. pp. 116-117.

[6] JUSTEN Filho, Marçal. *Teoria Geral das Concessões de Serviço Público*. São Paulo: Dialética, 2003. pp. 56-57 e MOREIRA, Egon Bockmann. *Direito das Concessões de Serviço Público*: Inteligência da Lei 8.987/1995 (Parte Geral). São Paulo: Malheiros, 2010. pp. 92-93.

[7] SAVATIER, René. "Vers de Nouveaux Aspects de la Conception et de la Classification Juridique des Biens Corporels" In: *Les Métamorphoses Économiques et Sociales du Droit Privé d'Aujourd'hui*. Paris: Dalloz, 1959. Vol. 3, pp. 139-141; SAVATIER, René. "Droit Économique et Enseignement du Droit des Biens". *Il Diritto dell'Economia*. Vol. 13, n. 6. pp. 627, 637-638 e 646. 1967, e SOUZA, Washington Peluso Albino de. *Teoria da Constituição Econômica*. Belo Horizonte: Del Rey, 2002. pp. 353-356.

A EXPLORAÇÃO DOS POTENCIAIS DE ENERGIA HIDRÁULICA E...

pode se limitar a uma análise formal dos aspectos patrimoniais e de circulação, mas necessita de uma perspectiva muito mais abrangente.[8]

Com o Código de Águas de 1934, a União se apropriou do potencial hidráulico, que foi juridicamente separado da água (artigos 29, § 1º e 147[9]). Qualquer que fosse o potencial hidráulico, nas águas públicas ou privadas (hoje inexistentes após a Constituição de 1988), a União seria a esfera competente para outorgar o título habilitador do uso do bem público (artigos 139 e 150).[10] Esta competência federal foi reforçada pelo Decreto n. 41.019/1957, chamado por alguns de "Código de Energia", que determina ser dependente de concessão federal a exploração dos serviços públicos de energia elétrica (artigo 65).[11]

Os potenciais de energia hidráulica são bens da União por determinação dos artigos 20, VIII[12] e 176, *caput* da Constituição de 1988. O debate se dá em torno da sua classificação como bens públicos de uso especial ou bens públicos dominicais. A classificação tradicional dos bens públicos no Brasil os divide em bens de uso comum do povo, bens de

---

[8] Neste sentido, *Vide* SAVATIER, René. "Droit Économique et Enseignement du Droit des Biens"". *Il Diritto dell'Economia*. Vol. 13, n. 6. pp. 626 e 631. 1967; VIDIGAL, Geraldo de Camargo. *Teoria Geral do Direito Econômico*. São Paulo: RT, 1977. pp. 107-108 e SOUZA, Washington Peluso Albino de. *Primeiras Linhas de Direito Econômico*. 3ª ed. São Paulo: LTr, 1994. pp. 125-132.

[9] "Artigo 29, § 1º do Código de Águas: Fica limitado o domínio dos Estados e Municípios sôbre quaisquer correntes, pela servidão que a União se confere, para o aproveitamento industrial das águas e da energia hidráulica, e para a navegação".

"Artigo 147 do Código de Águas: As quedas d'água e outras fontes de energia hidráulica existentes em águas públicas de uso comum ou dominicais são incorporadas ao patrimônio da Nação, como propriedade inalienável e imprescritível".

[10] LOUREIRO, Luiz Gustavo Kaercher. *A Indústria Elétrica e o Código de Águas:* O Regime Jurídico das Empresas de Energia entre a "Concession de Service Public" e a "Regulation of Public Utilities". Porto Alegre: Sergio Antonio Fabris Editor, 2007. pp. 199-200.

[11] LOUREIRO, Luiz Gustavo Kaercher. *A Indústria Elétrica e o Código de Águas:* O Regime Jurídico das Empresas de Energia entre a "Concession de Service Public" e a "Regulation of Public Utilities". Porto Alegre: Sergio Antonio Fabris Editor, 2007. pp. 301-313.

[12] "Artigo 20, VIII da Constituição de 1988: São bens da União: VIII – os potenciais de energia hidráulica".

GILBERTO BERCOVICI

uso especial e bens dominicais, a partir do disposto no artigo 66 do Código Civil de 1916, cuja inalienabilidade era assegurada pelo artigo 67, com exceção das formas e situações previstas expressamente em lei. Esta mesma classificação foi mantida pelo Código Civil de 2002, agora no artigo 99. Os bens públicos são bens afetados. A afetação dos bens significa atribuir ou destinar o bem a uma finalidade pública, integrando-o no domínio público. Já a desafetação é a subtração do bem do domínio público para ser incorporado ao domínio privado do Estado ou do administrado. Os bens públicos não estão necessariamente fora do comércio, mas revestem-se de uma série de normas específicas para que possam produzir receitas, por meio de preços públicos, ou para que possam ser cedidos excepcionalmente para fins privados. Para que possam ser objeto de certos direitos reais e obrigacionais, no entanto, é necessária a previsão legal expressa, além da ressalva da precariedade e da possibilidade de revogação em virtude do interesse público. A inalienabilidade dos bens de uso comum e de uso especial foi assegurada pelo artigo 100, desde que não haja previsão legal distinta, e pelo artigo 101, que determina a possibilidade dos bens dominicais serem alienados, desde que observadas as exigências legais. Além disto, a Constituição de 1988 (artigos 183, § 3º e 191, parágrafo único) e o Código Civil de 2002 (artigo 102) dispõem expressamente que os bens públicos não estão sujeitos a usucapião. Outra característica fundamental é a da submissão de todos os bens públicos à função social da propriedade. A função social é a justificativa e a determinação da própria existência da propriedade pública.[13]

Os bens dominicais (artigo 99, III do Código Civil de 2002) constituem bens privados do Estado, integrantes do denominado

---

[13] Para o regime geral dos bens públicos, *Vide* LIMA, Ruy Cirne. *Princípios de Direito Administrativo*. 5ª ed. São Paulo: RT, 1982. pp. 73-80; CRETELLA Júnior, José. *Tratado do Domínio Público*. Rio de Janeiro: Forense, 1984. pp. 149-166 e 398-427; DI PIETRO, Maria Sylvia Zanella. *Uso Privativo de Bem Público por Particular*. 2ª ed. São Paulo: Atlas, 2010.pp. 1-3 e 8-12; BANDEIRA DE MELLO, Celso Antônio. *Curso de Direito Administrativo*. 20ª ed. São Paulo: Malheiros, 2006. pp. 860-862; DI PIETRO, Maria Sylvia Zanella. *Direito Administrativo*. 20ª ed. São Paulo: Atlas, 2007. pp. 612-614; MARRARA, Thiago. *Bens Públicos, Domínio Urbano, Infra-Estruturas*. Belo Horizonte: Fórum, 2007. pp. 69-76, 104-106, 110-123 e 168-169 e MARQUES Neto, Floriano Peixoto de Azevedo. *Bens Públicos:* Função Social e Exploração Econômica – O Regime Jurídico das Utilidades Públicas.. Belo Horizonte: Fórum, 2009. pp. 94-95 e 121-127.

A EXPLORAÇÃO DOS POTENCIAIS DE ENERGIA HIDRÁULICA E...

patrimônio fiscal, não têm uma única destinação concreta, podendo ser utilizados de forma discricionária e ser alienados a qualquer tempo, nos termos da lei. No entanto, não cabe penhora dos bens públicos dominicais, em virtude do artigo 100 do Código Civil de 2002, bem como há a proibição constitucional expressa de usucapião de imóveis públicos urbanos e rurais (artigos 183, § 3º e 191, parágrafo único). Segundo Floriano de Azevedo Marques Neto, os bens dominicais cumprem, ao menos, uma finalidade patrimonial, a de gerar rendas para a Administração Pública.[14]

Por sua vez, os bens de uso especial (artigo 99, II do Código Civil de 2002) constituem bens públicos cuja utilização não é permitida a todos genericamente (como os bens de uso comum), mas a pessoas determinadas, por meio de permissão ou concessão do Estado, geralmente, mas não exclusivamente, para a prestação de um serviço público. Ao participarem de uma atividade administrativa, segundo Ruy Cirne Lima, estão vinculados a um fim, instituindo uma relação jurídica de administração. Os bens de uso especial são bens inalienáveis, integrando o patrimônio indisponível do Estado, ou patrimônio administrativo, enquanto estiverem afetados, podendo ser desafetados do domínio público. A sua utilização reservada por estas pessoas determinadas legalmente é o que cumpre sua função pública, pois este uso se dá em benefício da coletividade. O principal instrumento utilizado é a concessão de uso, que assegura direitos de utilização privativa de bens públicos, devendo ser estipulada para atender às finalidades essenciais dos bens públicos envolvidos. A concessão de uso pode ser de exploração, como no caso dos potenciais de energia hidráulica, ou de simples uso, segundo Maria Sylvia Zanella Di Pietro, caso o concessionário adquira ou não o poder

---

[14] LIMA, Ruy Cirne. *Princípios de Direito Administrativo*. 5ª ed. São Paulo: RT, 1982. p. 78; CRETELLA Júnior, José. *Tratado do Domínio Público*. Rio de Janeiro: Forense, 1984. pp. 136-144, 336-342 e 411-412; DI PIETRO, Maria Sylvia Zanella. *Direito Administrativo*. 20ª ed. São Paulo: Atlas, 2007. pp. 620-630; MARRARA, Thiago. *Bens Públicos, Domínio Urbano, Infra-Estruturas*. Belo Horizonte: Fórum, 2007.pp. 63-65, 71 e 101-103 e MARQUES Neto, Floriano Peixoto de Azevedo. *Bens Públicos:* Função Social e Exploração Econômica – O Regime Jurídico das Utilidades Públicas. Belo Horizonte: Fórum, 2009. pp. 220-225.

GILBERTO BERCOVICI

de gestão dominial, substituindo-se à Administração Pública concedente. Deste modo, o concessionário faz uso próprio do bem público ou da exploração que este comporte para extrair algum produto em proveito próprio ou para comercialização.[15]

Os potenciais de energia hidráulica são bens públicos de uso especial, bens indisponíveis cuja destinação pública está definida constitucionalmente: a exploração e aproveitamento de seus potenciais, que, por determinação constitucional (artigo 176, § 1º), deve ser feita no interesse nacional.[16] A exploração dos potenciais de energia hidráulica está vinculada aos objetivos fundamentais dos artigos 3º, 170 e 219 da Constituição de 1988, ou seja, o desenvolvimento, a redução das desigualdades e a garantia da soberania econômica nacional. Trata-se de um patrimônio nacional irrenunciável.[17]

---

[15] LIMA, Ruy Cirne. *Princípios de Direito Administrativo*. 5ª ed. São Paulo: RT, 1982.pp. 75-78 e 190; CRETELLA Júnior, José. *Tratado do Domínio Público*. Rio de Janeiro: Forense, 1984.pp. 123-135, 145-148, 329-335 e 410-411; DI PIETRO, Maria Sylvia Zanella. *Uso Privativo de Bem Público por Particular*. 2ª ed. São Paulo: Atlas, 2010. pp. 110-115; BANDEIRA DE MELLO, Celso Antônio. *Curso de Direito Administrativo*. 20ª ed. São Paulo: Malheiros, 2006.pp. 671-672 e 874; DI PIETRO, Maria Sylvia Zanella. *Direito Administrativo*. 20ª ed. São Paulo: Atlas, 2007. pp. 306, 617-620, 626-627 e 639-641; MARRARA, Thiago. *Bens Públicos, Domínio Urbano, Infra-Estruturas*. Belo Horizonte: Fórum, 2007. pp. 61-63, 71 e 96-98 e MARQUES Neto, Floriano Peixoto de Azevedo. *Bens Públicos:* Função Social e Exploração Econômica– O Regime Jurídico das Utilidades Públicas. Belo Horizonte: Fórum, 2009.pp. 214-220.

[16] MARQUES Neto, Floriano Peixoto de Azevedo. "Regime Jurídico dos Bens Públicos Empregados na Geração de Energia". *Revista de Direito Constitucional e IInternacional*, São Paulo, Vol. 50, pp. 76-79, 2005; POMPEU, Cid Tomanik. *Direito de Águas no Brasil*. São Paulo: RT, 2006. p. 243 e LOUREIRO, Luiz Gustavo Kaercher. *Constituição, Energia e Setor Elétrico*. Porto Alegre: Sergio Antonio Fabris Editor, 2009. pp. 40-44 e 157-163. Neste mesmo sentido, Walter T. Álvares, em seu estudo clássico sobre o por ele denominado "Direito da Eletricidade", entende que, sob a perspectiva jurídica, a eletricidade é o conjunto de relações decorrentes do fenômeno físico da eletricidade utilizado com repercussão econômica. Cf. ÁLVARES, Walter T. *Instituições de Direito da Eletricidade Eletricidade*. Belo Horizonte: Ed. Bernardo Álvares, 1962.pp. 88 e 92. Sobre a concepção de Walter T. Álvares, *Vide* LOUREIRO, Luiz Gustavo Kaercher. *A Indústria Elétrica e o Código de Águas:* O Regime Jurídico das Empresas de Energia entre a "Concession de Service Public" e a "Regulation of Public Utilities". Porto Alegre: Sergio Antonio Fabris Editor, 2007. pp. 314-317.

[17] *Vide* BERCOVICI, Gilberto. *Direito Econômico do Petróleo e dos Recursos Minerais*. São Paulo: Quartier Latin, 2011. pp. 208-237 e 285-296. *Vide*, ainda, SAUER, Ildo Luís.

A EXPLORAÇÃO DOS POTENCIAIS DE ENERGIA HIDRÁULICA E...

3. A APROPRIAÇÃO DE POTENCIAL ENERGÉTICO NOVO

Desde o Código de Águas de 1934, a água é considerada patrimônio da Nação, centralizando sua gestão e regulação na esfera da União.[18] A Constituição de 1934, promulgada logo depois, em seus artigos 20, 118 e 119, confirma a política de nacionalização dos recursos naturais brasileiros efetivada, entre outros, pelo Código de Águas:

> "Artigo 20, I da Constituição de 1934: São do dominio da União:
> I – os bens que a esta pertencem, nos termos das leis actualmente em vigor".

> "Artigo 118 da Constituição de 1934: As minas e demais riquezas do sub-sólo, bem como as quedas dagua, constituem propriedade distincta da do sólo para o efeito de exploração ou aproveitamento industrial".

> "Artigo 119 da Constituição de 1934: O aproveitamento industrial das minas e das jazidas mineraes, bem como das aguas e da energia hidraulica, ainda que de propriedade privada, depende de autorização ou concessão federal, na fórma da lei.

> § 1º As autorizações ou concessões serão conferidas exclusivamente a brasileiros ou a empresas organizadas no Brasil, resalvada ao proprietario preferencia na exploração ou coparticipação nos lucros.

> § 2º O aproveitamento de energia hidraulica, de potencia reduzida e para uso exclusivo do proprietario, independe de autorização ou concessão.

> § 3º Satisfeitas as condições estabelecidas em lei, entre as quais a de possuírem os necessarios serviços technicos e administrativos,

---

"Um Novo Modelo para o Setor Elétrico Brasileiro" *In*: SAUER, Ildo Luís *et al*. *A Reconstrução do Setor Elétrico Brasileiro*. Rio de Janeiro/Campo Grande: Paz e Terra/Ed. UFMS, 2003. pp. 61-62.

[18] VALLADÃO, Alfredo. *Regime Jurídico das Águas e da Indústria Hidro-Elétrica*. Reimpr., São Paulo: Prefeitura do Município de São Paulo: 1943. pp. 35-37, 74-80 e 104 e LOUREIRO, Luiz Gustavo Kaercher. *A Indústria Elétrica e o Código de Águas:* O Regime Jurídico das Empresas de Energia entre a "Concession de Service Public" e a "Regulation of Public Utilities". Porto Alegre: Sergio Antonio Fabris Editor, 2007. pp. 183-206.

GILBERTO BERCOVICI

os Estados passarão a exercer, dentro dos respectivos territorios, a attribuição constante deste artigo.

§ 4º A lei regulará a nacionalização progressiva das minas, jazidas minerais e quedas dagua ou outras fontes de energia hydraulica, julgadas basicas ou essenciaes á defesa economica ou militar do paiz.

§ 5º A União, nos casos prescriptos em lei e tendo em vista o interesse da collectividade, auxiliará os Estados no estudo e apparelhamento das estancias minero-medicinaes ou thermo-medicinaes.

§ 6º Não dependem de concessão ou autorização o aproveitamento das quedas dagua já utilizadas industrialmente na data desta Constituição, e, sob esta mesma ressalva, a exploração das minas em lavra, ainda que transitoriamente suspensa".

O mesmo modelo foi mantido nas Constituições subsequentes, as de 1937 (artigos 143 e 144)[19], 1946 (artigos 152 e 153)[20], 1967 (artigo

---

[19] "Artigo 143 da Carta de 1937: As minas e demais riquezas do sub-solo, bem como as quedas dágua constituem propriedade distinta da propriedade do solo para o efeito de exploração ou aproveitamento industrial. O aproveitamento industrial das minas e das jazidas minerais, das águas e da energia hidráulica, ainda que de propriedade privada, depende de autorização federal. § 1º A autorização só poderá ser concedida a brasileiros, ou empresas constituídas por acionistas brasileiros, reservada ao proprietário, preferência na exploração, ou participação nos lucros. § 2º O aproveitamento de energia hidráulica de potência reduzida e para uso exclusivo do proprietário independe de autorização. § 3º Satisfeitas as condições estabelecidas em lei, entre elas a de possuírem os necessários serviços técnicos e administrativos, os Estados passarão a exercer, dentro dos respectivos territórios, a atribuição constante dêste artigo. § 4º Independe de autorização o aproveitamento das quedas dágua já utilizadas industrialmente na data desta Constituição, assim como, nas mesmas condições, a exploração das minas em lavra, ainda que transitoriamente suspensa".
"Artigo 144 da Carta de 1937: A lei regulará a nacionalização progressiva das minas, jazidas minerais e quedas d'água ou outras fontes de energia assim como das indústrias consideradas básicas ou essenciais à defesa econômica ou militar da Nação".
[20] "Artigo 152 da Constituição de 1946: As minas e demais riquezas do subsolo, bem como as quedas d'água, constituem propriedade distinta da do solo para o efeito de exploração ou aproveitamento industrial".
"Artigo 153 da Constituição de 1946: O aproveitamento dos recursos minerais e de energia hidráulica depende de autorização ou concessão federal na forma da lei. § 1º As autorizações ou concessões serão conferidas exclusivamente a brasileiros ou a sociedades organizadas no País, assegurada ao proprietário do solo preferência para a exploração. Os direitos de preferência do proprietário do solo, quanto às minas e jazidas,

A EXPLORAÇÃO DOS POTENCIAIS DE ENERGIA HIDRÁULICA E...

161)[21] e 1969 (artigo 168)[22], até culminar no disposto nos já mencionados artigos 20, VIII e 176 da Constituição de 1988.

Não resta qualquer dúvida que, no Brasil, desde 1934, os potenciais de energia hidráulica são bens públicos da União. Como já afirmei anteriormente, os bens públicos, como os potenciais de energia hidráulica, são afetados sempre a um fim determinado. O interesse geral, segundo Maria Sylvia Zanella Di Pietro, consiste também em extrair o máximo de utilidade possível das coisas públicas, no sentido da preservação do interesse público.[23]

Não existe, em relação aos bens públicos, como os potenciais de energia hidráulica, a possibilidade de se invocar qualquer "direito subjetivo" privado ou mesmo a concepção de "direito adquirido". Os bens públicos de uso especial são inalienáveis (artigo 100 do Código Civil de 2002) e não estão sujeitos a usucapião (artigos 183, § 3º e 191, parágrafo único da Constituição de 1988 e artigo 102 do Código Civil de 2002).

---

serão regulados de acôrdo com a natureza delas. § 2º Não dependerá de autorização ou concessão o aproveitamento de energia hidráulica de potência reduzida. § 3º Satisfeitas as condições exigidas pela lei, entre as quais a de possuírem os necessários serviços técnicos e administrativos, os Estados passarão a exercer nos seus territórios a atribuição constante deste artigo. § 4º A União, nos casos de interêsse geral indicados em lei, auxiliará os Estados nos estudos referentes às águas termominerais de aplicação medicinal e no aparelhamento das estâncias destinadas ao uso delas".

[21] "Artigo 161. As jazidas, minas e demais recursos minerais e os potenciais de energia hidráulica constituem propriedade distinta da do solo para o efeito de exploração ou aproveitamento industrial. § 1º A exploração e o aproveitamento das jazidas, minas e demais recursos minerais e dos potenciais de energia hidráulica dependem de autorização ou concessão federal, na forma da lei, dada exclusivamente a brasileiros ou a sociedades organizadas no País. § 2º É assegurada ao proprietário do solo a participação nos resultados, da lavra; quanto às jazidas e minas cuja exploração constituir monopólio da União, a lei regulará a forma da indenização. § 3º A participação referida no parágrafo anterior será igual ao dízimo do imposto único sobre minerais. § 4º Não dependerá de autorização ou concessão o aproveitamento de energia hidráulica de potência reduzida".

[22] O texto do artigo 168 da Carta de 1969 é idêntico ao do artigo 161 da Carta de 1967, tendo sido apenas renumerado.

[23] DI PIETRO, Maria Sylvia Zanella. *Uso Privativo de Bem Público por Particular*. 2ª ed. São Paulo: Atlas, 2010. pp. 38-39.

GILBERTO BERCOVICI

Nas palavras de Maria Sylvia Zanella Di Pietro:

> "O particular que almeja utilizar-se privativamente de parcela de bem público não dispõe de meios para exigir que a Administração outorgue o seu consentimento, emitindo título jurídico hábil para esse fim, uma vez que se trata de matéria de mérito, que se inscreve na órbita de atuação discricionária do Poder Público. Não pode, pois, ser considerado titular de direito subjetivo. [...] Assim sendo, a discricionariedade da Administração Pública está na possibilidade de opção entre consentir ou não consentir, em avaliar a conveniência e a oportunidade do uso pretendido, para melhor atender ao interesse público. Porém, desde que opte pela outorga do consentimento, o processo de escolha do usuário e a forma do instrumento jurídico deverão observar os requisitos legais, pois se trata de elementos vinculados de todo ato administrativo, do mesmo modo que o são a competência e a finalidade. Desrespeitados esses requisitos, o particular que tiver seu interesse prejudicado pode impugnar, administrativa ou judicialmente, o ato ilegal".[24]

A constatação de um novo potencial de energia hidráulica não outorga nenhum direito ao concessionário que explore aquele determinado trecho de rio. O novo potencial de energia hidráulica é um bem da União, portanto, inalienável e indisponível. A Constituição de 1988 é muito clara, em seus artigos 20, VIII e 176, ao afirmar que os potenciais de energia hidráulica são bens da União, não importando se a sua origem é natural ou gerada por alguma intervenção humana. Neste mesmo sentido, afirma Floriano Peixoto de Azevedo Marques Neto:

> "Se tal potencial existe exclusivamente em função das forças da natureza ou se teve a participação do homem (com recursos públicos, privados, pouco importa), a Constituição não diferencia. Havendo potencial hidroenergético, estaremos diante de um bem da União, segregado dos bens que lhe suportam e passível de ser

---

[24] DI PIETRO, Maria Sylvia Zanella. *Uso Privativo de Bem Público por Particular*. 2ª ed. São Paulo: Atlas, 2010. pp. 41-42, grifos meus.

A EXPLORAÇÃO DOS POTENCIAIS DE ENERGIA HIDRÁULICA E...

só por ela explorado, direta ou indiretamente. Consigne-se que a ação humana apenas irá criar condições para que o potencial hidroenergético seja melhor explorado. Será sempre a natureza quem conferirá a uma dada conformação geográfica a possibilidade (potencial) dela se extrair energia hidráulica. Se se fez uma barragem e esta enseja a possibilidade de geração de energia, é porque naquela localidade havia um potencial (capacidade de geração in fieri) hidroenergético. A construção da barragem não se confundirá com o potencial de produção de energia por processo hidráulico. A obra humana não cria tal potencial. Incrementa-o, potencializa-o, o faz avultar. Mas não o faz surgir do nada. Naquela conformação hidrológica já existia um potencial de geração de energia (por si um bem da União), utilizável de forma autônoma aos bens que lhe viabilizam a exploração".[25]

Os potenciais de energia hidráulica, conforme já reiterado, são bens de uso especial da União (artigo 20, VIII e 176 da Constituição), não importando sua origem. Este aproveitamento só pode ser realizado, por determinação expressa do artigo 176, § 1º da Constituição, por meio de concessão ou autorização, visando o interesse nacional. A constatação da existência de novo potencial energético não confere o direito ao concessionário de explorá-lo, tendo em vista que não faz parte do objeto da concessão e que não é um bem de sua propriedade ou posse, mas um bem público, pertencente à União. A esta é quem cabe decidir sobre, seguindo as determinações legais, a promoção de uma nova licitação para conceder o aproveitamento do potencial energético novo, a sua exploração direta ou a alteração do objeto das concessões existentes. Obviamente, esta decisão da União sobre o aproveitamento do potencial energético novo deve levar em consideração a viabilidade física e econômica e o impacto sócio-ambiental destes empreendimentos.

Quando a Administração outorga uma concessão, cabe ao concessionário realizar os investimentos necessários para o aproveitamento da água e a exploração da indústria da energia elétrica. A propriedade

---

[25] MARQUES Neto, Floriano Peixoto de Azevedo. "Regime Jurídico dos Bens Públicos Empregados na Geração de Energia". *Revista de Direito Constitucional e Internacional*, São Paulo, Vol. 50, p. 79, Janeiro.

GILBERTO BERCOVICI

das instalações, que existe em função da indústria de energia elétrica[26], é sempre do poder concedente. O concessionário é indenizado pelo valor de seus investimentos, mas não tem direito real oponível ao poder concedente por ter construído as instalações. Ele exerce seu direito perante terceiros, como titular de um direito de exclusividade administrativa, porém não em causa própria, mas como uma obrigação proveniente da exploração da concessão. A propriedade destes bens é resolúvel, ao terminar o prazo da concessão, eles revertem para o poder concedente[27], conforme determinam expressamente, inclusive, os artigos 88, 'a' e 89 do Decreto n. 41.019/1957, os artigos 35, § § 1º e 3º e 36 da Lei n. 8.987/1995 e os artigos 14, II e V e 18 da Lei n. 9.427/1996. Se o concessionário não é o proprietário, de direito, dos bens utilizados para a indústria de energia elétrica, que existem em função da exploração do serviço público, com muito mais razão ele não pode alegar qualquer tipo de direito ou de relação de apropriação sobre um bem público federal, como eventuais novos potenciais de energia hidráulica.

---

[26] Esta é, inclusive, a expressão utilizada nos artigos 44, *caput* e 63, *caput* do Regulamento dos Serviços de Energia Elétrica (Decreto n. 41.019/1957):

"Artigo 44, *caput* do Decreto n. 41.019/1957: A propriedade da emprêsa de energia elétrica em função do serviço de eletricidade compreende todos os bens e instalações que, direta ou indiretamente, concorram, exclusiva e permanentemente, para a produção, transformação ou distribuição da energia elétrica".

"Artigo 63, *caput* do Decreto n. 41.019/1957: Os bens e instalações utilizados na produção, transmissão e distribuição de energia elétrica, constantes do inventário referido nos artigos 54 e seguintes, ainda que operados por emprêsas preexistentes ao Código de Águas, são vinculados a êsses serviços, não podendo ser retirados sem prévia e expressa autorização da Fiscalização".

[27] ÁLVARES, Walter T. *Instituições de Direito da Eletricidade*. Belo Horizonte: Ed. Bernardo Álvares, 1962.pp. 97-123; BANDEIRA DE MELLO, Celso Antônio. *Curso de Direito Administrativo*. 20ª ed. São Paulo: Malheiros, 2006. pp. 709-711; DI PIETRO, Maria Sylvia Zanella. *Uso Privativo de Bem Público por Particular*. 2ª ed. São Paulo: Atlas, 2010. pp. 41-52; DI PIETRO, Maria Sylvia Zanella. *Parcerias na Administração Pública: Concessão, Permissão, Franquia, Terceirização, Parceria Público-Privada e Outras Formas*. 5ª ed. São Paulo: Atlas, 2006. pp. 107-109; JUSTEN Filho, Marçal. *Teoria Geral das Concessões de Serviço Público*. São Paulo: Dialética, 2003. pp. 55-56 e 328-331 e MOREIRA, Egon Bockmann. *Direito das Concessões de Serviço Público*: Inteligência da Lei 8.987/1995 (Parte Geral). São Paulo: Malheiros, 2010.pp. 139-149.

A EXPLORAÇÃO DOS POTENCIAIS DE ENERGIA HIDRÁULICA E...

Se a apropriação de um novo potencial energético pudesse ser determinada simplesmente pela alegação de que houve investimento do concessionário, não apenas estaria se deixando de considerar os potenciais de energia hidráulica como bens públicos federais, mas se estaria deturpando completamente o próprio instituto da concessão, que prevê a exploração do bem ou serviço público pelo concessionário por sua própria conta e risco[28]. O artigo 28, *caput* da Lei n. 9.426/1996, inclusive, prescreve que a realização de estudos de viabilidade de aproveitamento de potenciais hidráulicos, embora deva ser informada à ANEEL, não garante o direito de preferência para a obtenção de concessão para serviço público ou uso de bem público. O motivo deste dispositivo é muito simples: não basta a realização de estudos pelo interessado, a decisão do poder concedente tem que ser fundada no atendimento ao interesse público, visando, inclusive, o "aproveitamento ótimo" do potencial hidráulico (artigo 26, V da Lei n. 9.426/1996).[29] A definição de "aproveitamento ótimo", exigência expressa do artigo 5º, § § 2º e 3º da Lei n. 9.074/1995, é, portanto, fundamental para que a União possa, dentro dos parâmetros fixados em lei, estabelecer os critérios de atribuição da exploração do novo potencial de energia hidráulica.

4. O "APROVEITAMENTO ÓTIMO"

A Constituição de 1988 destaca-se por prever em seu texto uma política energética constitucional, articulando fontes e indústrias energéticas para atender a determinados objetivos constitucionalmente fixados. Estes objetivos estão previstos nos artigos 1º e 3º da Constituição, além

---

[28] *Vide*, por todos, PEREZ, Marcos Augusto. *O Risco no Contrato de Concessão de Serviço Público*. Belo Horizonte: Fórum, 2006. pp. 101-133.

[29] "Artigo 26, V da Lei n. 9.426/1996: Cabe ao Poder Concedente, diretamente ou mediante delegação à ANEEL, autorizar: V – os acréscimos de capacidade de geração, objetivando o aproveitamento ótimo do potencial hidráulico" (redação alterada pela Lei n. 10.438/2002).

"Artigo 28, *caput* da Lei n. 9.426/1996: A realização de estudos de viabilidade, anteprojetos ou projetos de aproveitamentos de potenciais hidráulicos deverá ser informada à ANEEL para fins de registro, não gerando direito de preferência para a obtenção de concessão de serviço público ou uso de bem público".

GILBERTO BERCOVICI

do artigo 170, que conforma a ordem econômica constitucional, visando, entre outros, garantir a soberania energética nacional, a redução das desigualdades regionais e sociais, a valorização do trabalho humano e a proteção ao meio ambiente.[30] Parte destes objetivos foi reiterada na legislação infra-constitucional, notadamente no artigo 1º da Lei n. 9.478, de 6 de agosto de 1997:

> "Artigo 1º da Lei n. 9.478/1997: As políticas nacionais para o aproveitamento racional das fontes de energia visarão aos seguintes objetivos:
>
> I – preservar o interesse nacional;
>
> II – promover o desenvolvimento, ampliar o mercado de trabalho e valorizar os recursos energéticos;
>
> III – proteger os interesses do consumidor quanto a preço, qualidade e oferta dos produtos;
>
> IV – proteger o meio ambiente e promover a conservação de energia;
>
> V – garantir o fornecimento de derivados de petróleo em todo o território nacional, nos termos do § 2º do art. 177 da Constituição Federal;
>
> VI – incrementar, em bases econômicas, a utilização do gás natural;
>
> VII – identificar as soluções mais adequadas para o suprimento de energia elétrica nas diversas regiões do País;
>
> VIII – utilizar fontes alternativas de energia, mediante o aproveitamento econômico dos insumos disponíveis e das tecnologias aplicáveis;
>
> IX – promover a livre concorrência;
>
> X – atrair investimentos na produção de energia;
>
> XI – ampliar a competitividade do País no mercado internacional;
>
> XII – incrementar, em bases econômicas, sociais e ambientais, a participação dos biocombustíveis na matriz energética nacional;

---

[30] LOUREIRO, Luiz Gustavo Kaercher. *Constituição, Energia e Setor Elétrico*. Porto Alegre: Sergio Antonio Fabris Editor, 2009. pp. 31-57. *Vide*, ainda, BERCOVICI, Gilberto. *Direito Econômico do Petróleo e dos Recursos Minerais*. São Paulo: Quartier Latin, 2011. pp. 234-237.

A EXPLORAÇÃO DOS POTENCIAIS DE ENERGIA HIDRÁULICA E...

XIII – garantir o fornecimento de biocombustíveis em todo o território nacional".

O aproveitamento racional e adequado da energia hidráulica foi uma das motivações da legislação emitida durante o Governo Provisório de Getúlio Vargas, visando reestruturar completamente o setor de energia e exploração dos recursos hídricos no país. A suspensão de toda e qualquer negociação ou concessão de exploração de energia hidráulica, promovida pelo Decreto n. 20.395, de 15 de setembro de 1931, teve como fundamento a necessidade de elaboração de uma legislação que propiciasse a exploração eficiente dos recursos hídricos do país. Ao promover esta suspensão, a União estava protegendo o interesse nacional nos serviços de energia elétrica.[31] Pode-se perceber esta intenção do preâmbulo do Decreto n. 20.395/1931:

> "Considerando que o problema do aproveitamento e propriedade das quedas dágua esteve sempre, no Brasil, envolvido em dificuldades várias, oriundas principalmente de uma legislação obsoleta e deficiente que, tolhendo a exploração eficiente das nossas fôrças hidráulicas, se opunha ao interêsse da coletividade;".

O preâmbulo do Código de Águas de 1934 já destacava a necessidade do aproveitamento industrial e racional dos recursos hídricos:

> "[...] Considerando que se torna necessário modificar êsse estado de coisas, dotando o país de uma legislação adequada que, de acôrdo com a tendência atual, permita ao poder público controlar e incentivar o aproveitamento industrial das águas;
>
> Considerando que, em particular, a energia hidráulica exige medidas que facilitem e garantam seu aproveitamento racional".

---

[31] ÁLVARES, Walter T. *Instituições de Direito da Eletricidade*. Belo Horizonte: Ed. Bernardo Álvares, 1962. pp. 266-268 e LOUREIRO, Luiz Gustavo Kaercher. *A Indústria Elétrica e o Código de Águas:* O Regime Jurídico das Empresas de Energia entre a "Concession de Service Public" e a "Regulation of Public Utilities". Porto Alegre: Sergio Antonio Fabris Editor, 2007. p. 176.

GILBERTO BERCOVICI

O artigo 143 do Código de Águas determina que o aproveitamento hidráulico não pode ser efetivado sem que sejam tomadas uma série de medidas concomitantemente, visando evitar a utilização da energia hidráulica em detrimento da alimentação e necessidades da população ribeirinha, salubridade pública, navegação, irrigação, proteção contra enchentes, conservação da fauna aquática e o escoamento e rejeição das águas[32]:

> "Artigo 143 do Código de Águas: Em todos os aproveitamentos de energia hidráulica serão satisfeitas exigências acauteladoras dos interêses gerais: a) da alimentação e das necessidades das populações ribeirinhas; b) da salubridade pública; c) da navegação; d) da irrigação; e) da proteção contra as inundações; f) da conservação e livre circulação do peixe; g) do escoamento e rejeição das águas".

Desde sua criação, o Conselho Nacional de Águas e Energia (depois renomeado para Conselho Nacional de Águas e Energia Elétrica pelo Decreto-Lei n. 1.699, de 24 de outubro de 1939) teve a competência de tratar das questões vinculadas ao uso racional da energia hidráulica (artigo 16, I e II do Decreto-Lei n. 1.285, de 18 de maio de 1939). Estas competências foram mantidas e reforçadas pelo artigo 2º, I, 'a' e 'b', II, 'b' e III do Decreto-Lei n. 1.699/1939 e pelo artigo 1º, I do Decreto-Lei n. 4.295, de 13 de maio de 1942.[33]

---

[32] ÁLVARES, Walter T. *Curso de Direito da Energia*. Rio de Janeiro: Forense, 1978. pp. 676-677 e POMPEU, Cid Tomanik. *Direito de Águas no Brasil*. São Paulo: RT, 2006. p. 136. A título de curiosidade, a redação do projeto de Código de Águas, apresentado por Alfredo Valladão, era a seguinte: "Art. 179. O concessionário fica obrigado: [...] 4º) Acautelar, no estabelecimento e na exploração da usina hidro-elétrica, nos têrmos das respectivas concessões, os interêsses gerais: a) da navegação e flutuação; b) do escoamento e rejeição das águas; c) da proteção contra as inundações; d) salubridade pública; e) da alimentação e das necessidades das populações ribeirinhas; f) da irrigação; g) da conservação e livre circulação do peixe: h) da proteção das paisagens; i) do desenvolvimento do turismo". *Vide* VALLADÃO, Alfredo. *Regime Jurídico das Águas e da Indústria Hidro-Elétrica*. Reimpr., São Paulo: Prefeitura do Município de São Paulo: 1943. p. 132.

[33] "Artigo 16, I e II do Decreto-Lei n. 1.285/1939: Compete ao Conselho Nacional de Águas e Energia: I – Examinar as questões relativas à utilização racional de energia hidráulica e dos recursos hidráulicos do país e propor às autoridades competentes as

A EXPLORAÇÃO DOS POTENCIAIS DE ENERGIA HIDRÁULICA E...

O Decreto n. 41.019/1957, por sua vez, manteve a atribuição ao Conselho Nacional de Águas e Energia Elétrica de estudar os recursos hidráulicos do país, visando seu melhor aproveitamento para a produção de energia elétrica (artigo 8º, I, 'a' do Decreto n. 41.019/1957), a coordenação do aproveitamento racional dos recursos hidráulicos (artigo 9º, *caput* do Decreto n. 41.019/1957) e o poder de determinar a utilização mais racional e econômica das instalações, buscando as possibilidades de melhor aproveitamento da energia produzida e a redução do consumo (artigo 10, I do Decreto n. 41.019/1957).[34] O Conselho Nacional de

---

respectivas soluções; II – Examinar as questões pertinentes à exploração e utilização da energia elétrica no país e propor às autoridades competentes as respectivas soluções".

"Artigo 2º, I, 'a' e 'b', II, 'b' e III do Decreto-Lei n. 1.699/1939: Ao Conselho compete: I – Estudar: a) as questões relativas à utilização dos recursos hidráulicos do país, no sentido do seu melhor aproveitamento para produção de energia elétrica; b) os assuntos pertinentes à produção, exploração e utilização da energia elétrica; [...], II – Opinar, por ordem do Presidente da República, sobre: b) qualquer assunto relativo a águas e energia elétrica; [...], III – Propor ao Governo Federal e aos dos Estados providencias para o desenvolvimento da produção e do uso da energia elétrica e para a realização das conclusões a que houver chegado nos seus estudos".

"Artigo 1º, I, do Decreto-Lei n. 4.295/1942: A fim de melhor aproveitar e de aumentar as disponibilidades de energia elétrica no país, caberá ao Conselho Nacional de Águas e Energia Elétrica (C.N.A.E.E.) determinar ou propor medidas pertinentes: I – À utilização mais racional e econômica das correspondentes instaladas, tendo em vista particularmente: a) o melhor aproveitamento da energia produzida, mediante mudanças de horários de consumidores ou por seu agrupamento em condições mais favoráveis, bem como o fornecimento a novos consumidores cujas necessidades sejam complementares das dos existentes, e quaisquer outras providências análogas; b) a redução de consumo seja pela eliminação das utilizações prescindíveis, seja pela adoção de hora especial nas regiões e nas épocas do ano em que se fizer conveniente".

[34] "Artigo 8º, I, 'a' do Decreto n. 41.019/1957: Ao C.N.A.E.E. compete: I – Estudar: a) as questões, relativas à utilização dos recursos hidráulicos do país, no sentido de seu melhor aproveitamento para produção de energia elétrica".

"Artigo 9º, *caput* do Decreto n. 41.019/1957: A coordenação do aproveitamento racional dos recursos hidráulicos incumbe ao C.N.A.E.E., ao qual serão presentes os estudos, projetos e planos referentes a qualquer aproveitamento de tal natureza, suas modificações e ampliações, quer elaboradas por órgãos federais, estaduais ou municipais, quer por particulares; cabendo-lhe outrossim, apreciar todos os processos relativos à produção, exploração e utilização da energia elétrica em tôdas as regiões do país".

"Artigo 10, I, do Decreto n. 41.019/1957: A fim de melhor aproveitar e de aumentar as disponibilidades de energia elétrica no país, caberá ao C.N.A.E.E. determinar ou propor medidas pertinentes: I – À utilização mais racional e econômica das instalações,

GILBERTO BERCOVICI

Águas e Energia Elétrica foi extinto por meio do Decreto-Lei n. 689, de 18 de julho de 1969, tendo todas as suas atribuições definidas na legislação vigente atribuídas ao Departamento Nacional de Águas e Energia Elétrica (artigo 2º do Decreto-Lei n. 689/1969), que, nos dias de hoje, foi sucedido pela ANEEL, de acordo com o artigo 31 da Lei n. 9.427/1996.

Mantendo esta tradição legislativa brasileira, o artigo 5º, § § 2º e 3º da Lei n. 9.074/1995 determina o "aproveitamento ótimo" dos potenciais de energia hidráulica para geração de energia elétrica:

> "Artigo 5º, § § 2º e 3º da Lei n. 9.074/1995:
>
> § 2º Nenhum aproveitamento hidrelétrico poderá ser licitado sem a definição do "aproveitamento ótimo" pelo poder concedente, podendo ser atribuída ao licitante vencedor a responsabilidade pelo desenvolvimento dos projetos básico e executivo.
>
> § 3º Considera-se "aproveitamento ótimo", todo potencial definido em sua concepção global pelo melhor eixo do barramento, arranjo físico geral, níveis d'água operativos, reservatório e potência, integrante da alternativa escolhida para divisão de quedas de uma bacia hidrográfica".

A definição de "aproveitamento ótimo" pode gerar alguns equívocos ou limitações. O percurso histórico da legislação setorial sobre aproveitamento de recursos hídricos para geração de energia elétrica no Brasil consegue, no entanto, dar uma noção mais clara do que significa este "aproveitamento ótimo", que não se reduz exclusivamente às relações de custo/benefício. Afinal, a concessão não está orientada para garantir exclusivamente os lucros do concessionário. A finalidade de uma concessão de exploração de potencial hidráulico para a produção de energia elétrica busca o melhor uso social dos recursos disponíveis, ainda mais porque se trata da exploração de um bem público. A relação custo/

---

tendo em vista particularmente: a) o melhor aproveitamento da energia produzida, mediante mudanças de horários de consumidores, ou por seu agrupamento em condições mais favoráveis, bem como o fornecimento a novos consumidores cujas necessidades sejam complementares das dos existentes, e quaisquer outras providências análogas; b) a redução de consumo seja pela eliminação das utilizações prescindíveis, seja pela adoção de hora especial nas regiões e nas épocas do ano em que se fizer conveniente".

A EXPLORAÇÃO DOS POTENCIAIS DE ENERGIA HIDRÁULICA E...

benefício não é a primordial, pois o essencial é o atendimento ao interesse público, não a rentabilidade do empreendimento.[35]

A determinação do "aproveitamento ótimo" de um empreendimento deve ser precedida pela elaboração de projetos multidisciplinares, que adotem alternativas técnicas de engenharia para a elaboração de estudos cartográficos e topográficos, geológicos e geotécnicos, hidrológicos e de dimensionamento energético, bem como de impacto ambiental. A determinação do índice de "aproveitamento ótimo" do potencial hidrelétrico, geralmente, leva em consideração as condicionantes locacionais (topografia e geologia da área), as condicionantes de mercado (custo de obras civis e equipamentos), as condicionantes ambientais (programas e restrições ambientais), os benefícios energéticos estimados e critérios energético-econômicos, que obedecem ao planejamento setorial.

Pode-se falar, assim, que há "aproveitamento ótimo" quando a divisão de quedas propicia o máximo de energia com o menor custo para a sociedade, observada a sustentabilidade do projeto e o princípio da modicidade tarifária, com o mínimo de impactos sobre o meio ambiente e em conformidade com os cenários de utilização múltipla dos recursos hídricos. O poder concedente, obrigatoriamente, deve definir o "aproveitamento ótimo" por se tratar da exploração de um bem público de propriedade da União (artigo 20, VIII da Constituição). Portanto, o interesse público exige que os recursos hidroenergéticos sejam explorados da melhor forma possível, levando em consideração os seus impactos ambientais.[36]

---

[35] BANDEIRA DE MELLO, Celso Antônio. *Curso de Direito Administrativo*. 20ª ed. São Paulo: Malheiros, 2006. pp. 673-676; DI PIETRO, Maria Sylvia Zanella. *Parcerias na Administração Pública*, Concessão, Permissão, Franquia, Terceirização, Parceria Público-Privada e Outras Formas. 5ª ed. São Paulo: Atlas, 2006.pp. 93-95 e 138-142; JUSTEN Filho, Marçal. *Teoria Geral das Concessões de Serviço Público*. São Paulo: Dialética, 2003. pp. 298-299 e MOREIRA, Egon Bockmann. *Direito das Concessões de Serviço Público*: Inteligência da Lei 8.987/1995 (Parte Geral). São Paulo: Malheiros, 2010.pp. 232-233. Ainda sobre a análise "custo/benefício", *Vide* R. SUNSTEIN, Cass. *The Cost-Benefit State:* The Future of Regulatory Protection. Chicago: American Bar Association Publishing, 2002. pp. 19-29, 55-61 e 137-140.

[36] CALDAS, Geraldo Pereira. *Concessões de Serviços Públicos de Energia Elétrica face à Constituição Federal de 1988 e o Interesse Público*. Curitiba: Juruá, 2001. pp. 150-151 e 180 e POMPEU, Cid Tomanik. *Direito de Águas no Brasil*. São Paulo: RT, 2006. p. 119.

GILBERTO BERCOVICI

O uso racional da energia elétrica é uma estratégia importante para proteger o meio ambiente, conservar os recursos naturais, melhorar a competitividade do setor produtivo e reduzir custos, sem restringir o bem-estar e a atividade produtiva. O conceito chave do uso racional da energia elétrica, segundo Ildo Sauer, é o de "serviço energético". O "serviço energético" é o benefício proporcionado pelo uso da energia em suas diversas formas finais. O uso racional da energia elétrica implica na utilização de tecnologia e processos diversos que permitam a manutenção do mesmo nível de "serviço energético" com diferentes intensidades do uso de energia, reduzindo, assim, o consumo energético sem diminuir a atividade produtiva e o bem-estar da população.[37]

Quem, em nome do poder concedente, definia o "aproveitamento ótimo" era a ANEEL (artigo 3º, III da Lei n. 9.427/1996[38], revogado expressamente pelo artigo 32 da Lei n. 10.848/2004). A partir de 2004, os estudos para a determinação do aproveitamento ótimo dos potenciais hidráulicos e para a obtenção de declaração de disponibilidade hídrica necessária às licitações que envolvem empreendimentos de geração hidrelétrica competem à Empresa de Pesquisa Energética (EPE), conforme estabelece o artigo 4º, V e VI da Lei n. 10.847/2004:

> "Artigo 4º, V e VI da Lei n. 10.847/2004: Compete à EPE:
> V – realizar estudos para a determinação dos aproveitamentos ótimos dos potenciais hidráulicos;

---

[37] SAUER, Ildo Luís. "Energia Elétrica no Brasil Contemporâneo: A Reestruturação do Setor, Questões e Alternativas" *In:* BRANCO, Adriano Murgel (org.). *Política Energética e Crise de Desenvolvimento:* A Antevisão de Catullo Branco. Rio de Janeiro: Paz e Terra, 2002. pp. 215-216 e SAUER, Ildo Luís. "Um Novo Modelo para o Setor Elétrico Brasileiro" *In:* SAUER, Ildo Luís *et al. A Reconstrução do Setor Elétrico Brasileiro.* Rio de Janeiro/Campo Grande: Paz e Terra/Ed. UFMS, 2003. pp. 121-122. A conservação da energia está, também, diretamente vinculada à política de eficiência energética. Sobre este tema, *Vide* LEITE, Antonio Dias. *A Energia do Brasil.* 2ª ed. Rio de Janeiro: Elsevier, 2007. pp. 262-264, 468-470 e 495-499 e ROLIM, Maria João Pereira. *Direito Econômico da Energia Elétrica.* Rio de Janeiro: Forense, 2002. pp. 241-253 e 260-269.

[38] A redação deste dispositivo, hoje revogado, era: "Além das incumbências prescritas nos arts. 29 e 30 da Lei n. 8.987, de 13 de fevereiro de 1995, aplicáveis aos serviços de energia elétrica, compete especialmente à ANEEL: III – definir o aproveitamento ótimo de que tratam os § § 2º e 3º do art. 5º da Lei n. 9.074, de 7 de julho de 1995".

A EXPLORAÇÃO DOS POTENCIAIS DE ENERGIA HIDRÁULICA E...

VI – obter a licença prévia ambiental e a declaração de disponibilidade hídrica necessárias às licitações envolvendo empreendimentos de geração hidrelétrica e de transmissão de energia elétrica, selecionados pela EPE".

A declaração de disponibilidade hídrica deve obedecer ao determinado pelos artigos 1º e 13 da Lei n. 9.433, de 8 de janeiro de 1997, em especial a garantia dos usos múltiplos da água e as prioridades de uso estabelecidas no Plano Nacional de Recursos Hídricos. Durante o período em que o Plano Nacional de Recursos Hídricos ainda não estiver aprovado, a utilização dos potenciais hidráulicos para a geração de energia elétrica fica vinculada apenas à legislação setorial (artigos 12, § 2º e 52 da Lei n. 9.443/1997).[39] Os critérios para a outorga do direito de uso de recursos hídricos foram fixados pela Resolução CNRH n. 16, de 8 de maio de 2001 (artigos 4º, IV, 6º, § 4º, 11, 12 e 13). Além da EPE, a Agência Nacional de Águas – ANA deve

---

[39] "Artigo 1º da Lei n. 9.443/1997: A Política Nacional de Recursos Hídricos baseia-se nos seguintes fundamentos: I – a água é um bem de domínio público; II – a água é um recurso natural limitado, dotado de valor econômico; III – em situações de escassez, o uso prioritário dos recursos hídricos é o consumo humano e a dessedentação de animais; IV – a gestão dos recursos hídricos deve sempre proporcionar o uso múltiplo das águas; V – a bacia hidrográfica é a unidade territorial para implementação da Política Nacional de Recursos Hídricos e atuação do Sistema Nacional de Gerenciamento de Recursos Hídricos; VI – a gestão dos recursos hídricos deve ser descentralizada e contar com a participação do Poder Público, dos usuários e das comunidades".

"Artigo 12, § 2º da Lei n. 9.443/1997: § 2º A outorga e a utilização de recursos hídricos para fins de geração de energia elétrica estará subordinada ao Plano Nacional de Recursos Hídricos, aprovado na forma do disposto no inciso VIII do art. 35 desta Lei, obedecida a disciplina da legislação setorial específica".

"Artigo 13 da Lei n. 9.443/1997: Toda outorga estará condicionada às prioridades de uso estabelecidas nos Planos de Recursos Hídricos e deverá respeitar a classe em que o corpo de água estiver enquadrado e a manutenção de condições adequadas ao transporte aquaviário, quando for o caso. Parágrafo único. A outorga de uso dos recursos hídricos deverá preservar o uso múltiplo destes".

"Artigo 52 da Lei n. 9.443/1997: Enquanto não estiver aprovado e regulamentado o Plano Nacional de Recursos Hídricos, a utilização dos potenciais hidráulicos para fins de geração de energia elétrica continuará subordinada à disciplina da legislação setorial específica".

GILBERTO BERCOVICI

se manifestar sobre a reserva de disponibilidade hídrica (artigo 7º, § 3º da Lei n. 9.984, de 17 de julho de 2000).[40]

A outorga de direito de uso da água (artigo 12, V da Lei n. 9.433/1997) é um ato administrativo de autorização, por meio do qual o poder concedente, detentor do domínio sobre o recurso hídrico, confere ao interessado o direito à utilização privativa do recurso, visando atender ao interesse público. As águas são inalienáveis, por se tratarem de bens públicos. Como o próprio nome do instituto assevera, trata-se de outorga do direito de uso, não implicando nenhum tipo de alienação sobre as águas. No caso específico da outorga de direito de uso de recursos hídricos para fins de aproveitamento de potencial hidráulico e geração de energia elétrica, o prazo da outorga deve ser coincidente com o prazo do contrato de concessão ou ato de autorização (artigo 5º, § 4º da Lei n. 9.984/2000).[41] Isto significa também que qualquer novo potencial de energia hidráulica não está previsto no objeto do contrato de concessão original, pois também não está autorizada a utilização da água por meio da outorga do direito de uso da água emitida especificamente para aquele fim.

A atual legislação sobre recursos hídricos (a Lei n. 9.433/1997), mantém a perspectiva trazida pelo Código de Águas e determina o uso múltiplo da água, ou seja, o aproveitamento integral e a gestão racional dos recursos hídricos, priorizando o abastecimento humano em casos de escassez. Portanto, é imperativo legal a adequada articulação entre os múltiplos usos possíveis da água, de forma racional e visando o melhor atendimento possível ao interesse público, evitando, em especial, que seja prejudicado o abastecimento humano. O setor elétrico, mesmo reformulado nos anos 1990, deve seguir esta determinação. O parque hidrelétrico nacional foi formado como um fator de desenvolvimento

---

[40] POMPEU, Cid Tomanik. *Direito de Águas no Brasil*. São Paulo: RT, 2006. pp. 117-119, 137; 243-245, 251-252, 326-327 e 335-339.

[41] A Resolução CNRH n. 16/2001 também regula este tema, especialmente em seus artigos 1º, 6º, § 4º e 13. *Vide*, ainda, sobre este tema, GRANZIERA, Maria Luiza Machado. "Outorga de Direito de Uso da Água: Aspectos Legais". *Revista de Direito Ambiental*, São Paulo, Vol. 26, pp. 152-161, Abril de 2002.

A EXPLORAÇÃO DOS POTENCIAIS DE ENERGIA HIDRÁULICA E...

regional, seguindo os moldes da experiência norte-americana bem sucedida da *Tennessee Valley Authority* (TVA). Sua função é gerir os recursos hídricos e energéticos associados de forma a contemplar o interesse público, não existindo para garantir simplesmente a apropriação privada da renda hidráulica.[42]

O "aproveitamento ótimo" implica, obviamente, também uma maior geração de energia elétrica com menos custos para a sociedade, observada a sustentabilidade do projeto e o princípio da modicidade tarifária, e menor impacto sócio ambiental. A Administração Pública deve analisar os projetos levando em consideração a contribuição possível ao aumento de oferta e do acesso à energia elétrica. A ampliação do acesso à energia elétrica é essencial para a garantia de uma vida digna e o combate à exclusão. Deste modo, toda política do setor de energia elétrica tem como preocupação a universalização do acesso à energia.[43]

---

[42] SAUER, Ildo Luís. "Energia Elétrica no Brasil Contemporâneo: A Reestruturação do Setor, Questões e Alternativas" *In:* BRANCO, Adriano Murgel (org.). *Política Energética e Crise de Desenvolvimento:* A Antevisão de Catullo Branco. Rio de Janeiro: Paz e Terra, 2002.pp. 150-152; SAUER, Ildo Luís "Um Novo Modelo para o Setor Elétrico Brasileiro" *In:* SAUER, Ildo Luís *et al. A Reconstrução do Setor Elétrico Brasileiro.* Rio de Janeiro/ Campo Grande: Paz e Terra/Ed. UFMS, 2003. pp. 32-33 e CARVALHO, Joaquim Francisco de. "O Setor Elétrico e o Dilema Espaço Público versus Espaço Privado" *In:* SAUER, Ildo Luís. *et al., A Reconstrução do Setor Elétrico Brasileiro.* Rio de Janeiro/Campo Grande: Paz e Terra/Ed. UFMS, 2003. pp. 257-264. *Vide*, ainda, MARQUES Neto, Floriano Peixoto de Azevedo. "Regime Jurídico dos Bens Públicos Empregados na Geração de Energia". *Revista de Direito Constitucional e Internacional*, São Paulo, Vol. 50, p. 84, Janeiro. Sobre a importância da experiência da TVA como órgão de desenvolvimento regional e sua influência nas políticas brasileiras de combate às desigualdades regionais, *Vide* BERCOVICI, Gilberto. *Desigualdades Regionais, Estado e Constituição.* São Paulo: Max Limonad, 2003. pp. 83-86.

[43] SAUER, Ildo Luís. "Energia Elétrica no Brasil Contemporâneo: A Reestruturação do Setor, Questões e Alternativas" *In:* BRANCO, Adriano Murgel (org.). *Política Energética e Crise de Desenvolvimento:* A Antevisão de Catullo Branco. Rio de Janeiro: Paz e Terra, 2002. pp. 157-168 e SAUER, Ildo Luís. "Um Novo Modelo para o Setor Elétrico Brasileiro" *In:* SAUER, Ildo Luís *et al. A Reconstrução do Setor Elétrico Brasileiro.* Rio de Janeiro/Campo Grande: Paz e Terra/Ed. UFMS, 2003. pp. 123-136.

A NATUREZA JURÍDICA DA CONCESSÃO DE LAVRA MINERÁRIA E A INAPLICABILIDADE DO CONCEITO DE ESTABELECIMENTO COMERCIAL

CONSULTA

O escritório A, honra-me com a formulação da seguinte consulta, cujos termos transcrevo abaixo:

1. Nosso escritório representa os interesses da empresa X nos autos de ação falimentar em curso. A cópia dos autos foi inteiramente transmitida a V.Sa., juntamente com a documentação do Departamento Nacional de Produção Mineral (DNPM) e demais informações cabíveis à vossa análise.

2. Após proceder a breve histórico das relações jurídicas atinentes ao título e seus detentores, formulamos esta consulta a V.Sa. acerca das questões jurídicas relacionadas ao título minerário adquirido pela empresa X e atualmente objeto de disputa pelos credores da massa falida.

A. HISTÓRICO DO RELACIONAMENTO DA EMPRESA X COM A ÁREA

3. Em 1971, a Empresa de Mineração Y requereu uma área de 712,58 ha para mineração. Essa área teve o relatório final de pesquisa

aprovado em 1977 e Portaria de Concessão de Lavra publicada em 1978. A Empresa de Mineração Y realizou trabalhos de lavra com objetivo de extração de argila a partir dessa data. As reservas aprovadas no relatório final de pesquisa da Empresa de Mineração Y foram:

Argilas	56.116.000 t
Areias	54.042.000 t
Cascalho	8.414.000 t

4. Em função das grandes dimensões da área autorizada para lavra, a Empresa de Mineração Y resolveu arrendar parcialmente seus direitos minerários para empresas de mineração interessadas em explorar argilas e areias, incrementando assim o ritmo de aproveitamento da jazida. Em 1984, celebrou contratos de arrendamento de uma área de 30 ha com a Mineração W e de uma segunda área, também de 30 ha, com a empresa X.

5. Em 1985, a empresa X arrendou uma área adicional de 51,88 ha, lindeira à primeira, em um segundo contrato de arrendamento com a Empresa de Mineração Y. Os trabalhos de lavra realizados pela empresa X na área podem ser resumidos conforme descrito a seguir.

6. Após arrendar parte da área (30 ha) de direitos de lavra da Empresa de Mineração Y, a empresa X iniciou uma cava extraindo areia e argila até uma profundidade de 20 metros e construiu uma bacia de decantação sobre o terreno. No ano seguinte, 1985, ampliou as bacias de decantação na segunda área arrendada. Posteriormente abriu outra cava e a primeira passou a ser utilizada como bacia de decantação, o que está sendo feito até os dias atuais.

7. Em 2003, a empresa X ampliou o contrato de arrendamento com a Empresa de Mineração Y, passando a arrendar uma área de 30 ha, antes arrendada pela Mineração W e por ela minerada. Assim, a parte arrendada passou de 81,88 ha para 111,88 ha.

A NATUREZA JURÍDICA DA CONCESSÃO DE LAVRA MINERÁRIA E...

B. HISTÓRICO DO PROCESSO DNPM

8. Em 1971, a Empresa Mineração Y, atualmente falida, protocolou perante o Departamento Nacional de Produção Mineral (DNPM) o pedido de Alvará de Pesquisa e posteriormente de Concessão de Lavra de areia, cascalho e argila, o que foi concedido em 1978.

9. Após a imissão na posse da Empresa de Mineração Y, realizada em 1978, a referida empresa permaneceu lavrando os minérios por cerca de 5 (cinco) anos, sendo que não possuía mais interesse na área.

10. Nessa época, a empresa X já possuía nos arredores da área a gestão de alguns processos do DNPM para a extração de minérios, estando todos eles em plena atividade.

11. Por uma questão de otimização das atividades e dos investimentos, a empresa X decidiu realizar arrendamento de parte da área até então de titularidade da Empresa de Mineração Y.

12. A partir da celebração do primeiro instrumento de arrendamento, a empresa X e a Empresa de Mineração Y celebraram outros 5 (cinco) contratos de arrendamento envolvendo direitos minerários, ora acrescentando área a ser lavrada, ora determinando a lavra de argila, pela empresa X, em favor da Empresa de Mineração Y.

13. Todos os contratos de arrendamento tinham por objeto o direito de lavra de argila, areia quartzosa e cascalho até a completa e total exaustão das reservas minerais existentes dentro da área objeto do contrato e todos foram quitados praticamente à vista – no ato da assinatura do instrumento ou em algumas parcelas.

14. Em 2006 foi lavrada a Escritura Pública de Cessão de Direitos Minerários, tendo a empresa X adquirido a área de 712,58 ha. Foi acordado entre as partes que, para a transferência do direito minerário, a empresa X pagaria à Empresa de Mineração Y o valor de R$ 40.000,00 (quarenta mil reais) e que, para exercer o direito decorrente do título, a Cessionária teria de se ajustar com a Superficiária proprietária da área.

15. Em que pese a aquisição de uma poligonal de 712,58 ha, a empresa X ocupa hoje aproximadamente 115 ha, ou seja, pouco mais dos 111,80 ha arrendados por meio dos diversos contratos celebrados com a Empresa de Mineração Y.

16. Em 2008, a empresa X adquiriu a superfície (propriedade) da proprietária da área desde 1918.

17. Todos os bens que se encontram na área de exploração em questão, como máquinas, veículos etc. são de propriedade da empresa X e foram adquiridos diretamente de terceiros.

C. HISTÓRICO DA EMPRESA X

18. A empresa X constituiu-se em 1968, a partir de uma cooperativa de cinco empresas que atuavam na exploração da areia. A nova empresa imprimiu um novo ritmo e novas metodologias para obter uma maior racionalidade no processo de extração de areia e maior competitividade no mercado.

19. Os resultados foram bastante positivos. A mudança contribuiu para aumentar a competitividade da empresa X frente aos seus concorrentes mais diretos que, aos poucos, tiveram suas jazidas exauridas devido a tecnologia inadequada. Ao mesmo tempo, a racionalidade empresarial e técnica no processo de extração impingida pela empresa X permitiu a abertura de novas filiais da empresa em novas jazidas. Simultaneamente, promoveu-se a modernização de equipamentos que contribuíram para racionalizar ainda mais a exploração das novas jazidas.

20. As novas filiais que foram abertas contaram com a participação de ex-funcionários da empresa e com base em recursos próprios.

21. Hoje, a empresa X produz, em média, cerca de 80.000 m³ de areia por mês, o que a transforma em empresa líder na Região Leste do município de São Paulo, que consome cerca de 30% de sua produção. O mesmo ocorre na Região do ABC, que envolve, entre outros, os municípios de Santo André, São Bernardo do Campo, São Caetano,

A NATUREZA JURÍDICA DA CONCESSÃO DE LAVRA MINERÁRIA E...

Diadema, Rio Grande da Serra e Mauá, que consome aproximadamente 60% de sua produção. Finalmente, a Região Metropolitana da Baixada Santista que absorve em torno de 10% de sua produção.

D. HISTÓRICO DA AÇÃO

22. A Empresa de Mineração Y requereu concordata preventiva em 1998, a qual foi deferida, e até o ano da decretação de sua falência havia depositado cerca de R$ 50 mil para pagamento dos credores que possuíam crédito de aproximadamente R$ 2 milhões.

24. Em 2008, foi decretada a falência da Empresa de Mineração Y em virtude do descumprimento do favor legal. A sentença de decretação da falência fixou o termo legal da falência em 15 (quinze) dias a contar da data de distribuição da concordata rescindida.

25. Decretada a falência e fixado o seu termo legal, o Síndico da Massa Falida iniciou o procedimento de inventário dos bens, a fim de formar o ativo da massa para pagamento dos credores.

26. Nesse passo, o Síndico requereu a expedição de ofício ao DNPM para que informasse a respeito dos direitos minerários de propriedade da falida. Em resposta, o DNPM apresentou diversos títulos de propriedade da empresa, no entanto, não informou o título cedido à empresa X, justamente porque já havia sido averbada a sua transferência.

27. Paralelamente, o Síndico localizou o título de direito minerário sub judice, o qual foi cedido à empresa X em 2006. Baseando-se exclusivamente na ocorrência do negócio jurídico dentro do tempo legal da falência (15 dias anteriores ao pedido de concordata, realizado em 1998), o Síndico requereu o reconhecimento da fraude na Cessão.

28. Acolhendo o argumento do Síndico, o Juízo declarou a fraude, contudo, sem indicar sob qual dispositivo legal a ineficácia do ato estaria fundamentada.

29. Em decisão imediatamente posterior e sem que houvesse qualquer provocação do Síndico da Massa Falida, o Juízo determinou a

GILBERTO BERCOVICI

arrecadação dos bens que estivessem na propriedade onde se realizava a exploração mineral do direito em questão e a lacração do imóvel.

30. Assim, em 2012, o Síndico e o Oficial de Justiça compareceram no local onde se realizam as atividades garantidas pelo título cuja Cessão foi declarada ineficaz, lacraram o imóvel e procederam ao "inventário" dos bens que guarneciam o local.

31. Durante o regime de plantão, apresentou-se pedido de suspensão da lacração, fundamentado na proibição de paralisação de lavra pelo art. 87, do Código de Mineração.

32. Assim, em 2012, domingo, foi proferida decisão determinando a "deslacração" do imóvel, sem, no entanto, reformar a decisão no que toca à declaração de ineficácia.

33. Em 2012, foram opostos embargos de declaração pela empresa X, sustentando a nulidade da decisão por falta de fundamentação legal para a declaração de ineficácia. Ainda, requereu-se a reconsideração quanto à determinação de arrecadação dos bens.

34. O Juízo determinou que o DNPM se manifestasse sobre o procedimento de transferência do título de direito minerário e que, após, fosse aberta vistas dos autos ao Síndico e ao Ministério Público, para que então decidisse sobre os embargos de declaração.

35. Após os esclarecimentos do DNPM, que reafirmou a regularidade e aprovação da Cessão, foram apresentados Embargos de Terceiro pela empresa X, sustentando a inaplicabilidade dos arts. 129, VII e 130 da Lei de Falência e Recuperação Judicial.

36. Após, o Síndico e o representante do Ministério Público manifestaram-se reiterando a ineficácia do negócio jurídico, desta vez indicando o dispositivo legal no qual acreditavam que o negócio seria ineficaz e, ato contínuo, este MM. Juízo proferiu nova decisão, anulando a anterior e declarando a ineficácia da cessão do título de direito minerário com base no art. 129, VI da Lei n. 11.101/2005.

37. Cumpre destacar que a declaração de ineficácia não depende de ajuizamento de ação própria e pode até ser declarada de ofício pelo Juízo, com fundamento no art. 129, parágrafo único da Lei n. 11.101/2005.

160

A NATUREZA JURÍDICA DA CONCESSÃO DE LAVRA MINERÁRIA E...

38. Assim, opuseram-se novos embargos de terceiro, de modo preventivo (antes de qualquer constrição) para defender a eficácia da Cessão de Direito Minerário, sustentando-se, em síntese, (*i*) a inexistência de estabelecimento comercial; (*ii*) a inexistência de transferência de estabelecimento comercial; (*iii*) a ausência dos demais requisitos previstos na lei para a declaração de ineficácia, que determina que a transferência deve não ter deixado bens suficientes para solver os passivo dos credores na sua época; (*iv*) a ausência de propriedade dos minérios no subsolo por parte do concessionário e, via de consequência, pelo titular que cedeu seu direito de minerar; (*v*) a ausência de previsão de indenização por paralisação da lavra, caso o minerador não comprove que efetivamente realizava a extração quando fora impedido de lavrar; (*vi*) a ausência de impedimento de lavra, mas sim a transferência do direito de lavra por livre iniciativa; e (*vii*) a ilegalidade da arrecadação de 1/3 do lucro bruto mensal da empresa, por não haver condenação certa e determinada em perdas e danos contra a empresa X.

39. Paralelamente, informou-se nos autos dos primeiros embargos de terceiro que, em razão da anulação da primeira decisão e também em razão da determinação de nova arrecadação aquela ação havia perdido o objeto, motivo pelo qual opuseram-se novos embargos de terceiro.

40. Os segundos embargos de terceiro foram recebidos e, no momento, aguarda-se a apresentação da contestação pelo Síndico para que o Juízo aprecie o pedido liminar, consistente na suspensão da arrecadação até o trânsito em julgado da decisão que declarar a ineficácia da Cessão de Direitos Minerários.

E. QUESITOS

41. Diante dos fatos narrados na demanda e devidamente comprovados por toda a documentação anexada, pergunta-se:

a. Qual a natureza jurídica da concessão de lavra no ordenamento brasileiro?

b. Tendo em vista sua natureza, a concessão de lavra engloba o direito sobre a jazida?

GILBERTO BERCOVICI

c. É possível aplicar o conceito de estabelecimento comercial em relação à concessão de lavra no processo falimentar? Qual tratamento é juridicamente adequado a este título?

d. Qual é o bem jurídico protegido pelo art. 129, VI, da Lei 11.101/2005? A legislação falimentar prevê exceção na aplicação do conceito de estabelecimento comercial?

e. De acordo com a doutrina e a jurisprudência aplicáveis, é indenizável a frustração do direito de lavra? Em quais casos?

PARECER

1. INTRODUÇÃO

No Brasil, desde o Código de Minas de 1934 (Decreto n. 24.642, de 10 de julho de 1934) há a separação da propriedade do solo da propriedade do subsolo (artigo 4º do Código de Minas). O mesmo código passou para o domínio da União todas as riquezas do subsolo que não fossem objeto, ainda, de exploração (artigos 5º, § 1º e § 2º e 11 do Código de Minas).[1] Sua exploração só poderia ser feita, a partir de então, mediante concessão do Governo Federal (artigo 3º do Código de Minas). A propriedade do subsolo foi, deste modo, retirada da esfera privada e nacionalizada.[2]

---

[1] "Artigo 5º do Código de Minas de 1934: As jazidas conhecidas pertencem aos proprietários do sólo onde se encontrem, ou a quem fôr por legítimo título. § 1º *As jazidas desconhecidas, quando descobertas, serão incorporadas ao patrimônio da Nação, como propriedade imprescritível e inalienável.* § 2º Só serão consideradas conhecidas, para os efeitos dêste Código, as jazidas que forem manifestadas ao poder público na fórma e prazo prescrito no art. 10" (grifos meus).
"Art. 11 do Código de Minas de 1934: O proprietário ou interessado que não satisfizer as exigências do art. 10 perderá ipso facto todos os seus direitos sôbre a jazida, que será considerada desconhecida na fórma do § 2º do art. 5º".

[2] PINHEIRO, Alcides. *Direito das Minas:* Comentários à Legislação. Rio de Janeiro: Rodrigues & Cia, 1939. pp. 17-18; VIVACQUA, Attilio. *A Nova Política do Sub-Solo e o Regime Legal das Minas.* Rio de Janeiro: Ed. Panamericana, 1942. pp. 575-581;

Com a nacionalização da propriedade do subsolo pelo Código de Minas, foram criadas as categorias de jazidas e minas manifestadas ou conhecidas e jazidas e minas não manifestadas ou desconhecidas. As primeiras, cumpridas as formalidades de registro e os prazos estipulados no artigo 10 do Código de Minas e, posteriormente, na Lei n. 94, de 10 de setembro de 1935, permaneceram sob domínio privado, as demais passaram para o domínio da União[3]:

A Constituição de 1934, por sua vez, incorporou esta distinção entre a propriedade do solo e a propriedade do subsolo, em seu artigo 118:

> "Artigo 118. As minas e demais riquezas do sub-sólo, bem como as quedas dagua, constituem propriedade distincta da do sólo para o efeito de exploração ou aproveitamento industrial".

A competência para legislar sobre mineração e riquezas do subsolo foi atribuída à União (artigo 5º, XIX, *j*) embora admitindo-se a legislação estadual complementar (artigo 5º, § 3º). No entanto, a exploração das minas e jazidas, ainda que de propriedade privada (ou seja, as que foram devidamente cadastradas nos termos do Código de Minas), por determinação do artigo 119 da Constituição de 1934, passa a depender de autorização ou concessão da União, na forma da lei[4]:

ROCHA, Lauro Lacerda. *Código de Minas:* Das Minas e Jazidas no Direito Brasileiro. 2ª ed. Rio de Janeiro: Freitas Bastos, 1962. pp. 25-27; BEDRAN, Elias. *A Mineração à Luz do Direito Brasileiro:* Comentário, Doutrina e Jurisprudência. Rio de Janeiro: Ed. Alba, 1957. Vol. 1, pp. 40-43; PEREIRA, Osny Duarte. *Ferro e Independência:* Um Desafio à Dignidade Nacional. Rio de Janeiro: Civilização Brasileira, 1967. pp. 43-45; MACHADO, Iran F. *Recursos Minerais:* Política e Sociedade. São Paulo: Ed. Edgard Blücher, 1989, p. 228; COMPANHIA VALE DO RIO DOCE. *A Mineração no Brasil e a Companhia Vale do Rio Doce*. Rio de Janeiro: Companhia Vale do Rio Doce, 1992. pp. 173-176 e SCLIAR, Cláudio. *Geopolítica das Minas do Brasil:* A Importância da Mineração para a Sociedade. Rio de Janeiro: Revan, 1996. pp. 93-94.

[3] PINHEIRO, Alcides. *Direito das Minas:* Comentários à Legislação. Rio de Janeiro: Rodrigues & Cia, 1939. pp. 12-16; BEDRAN, Elias. *A Mineração à Luz do Direito Brasileiro:* Comentário, Doutrina e Jurisprudência. Rio de Janeiro: Ed. Alba, 1957.Vol. 1, pp. 67-75 e COMPANHIA VALE DO RIO DOCE. *A Mineração no Brasil e a Companhia Vale do Rio Doce*. Rio de Janeiro: Companhia Vale do Rio Doce, 1992. pp. 174-175.

[4] A única exceção a esta exigência constitucional estava prevista no próprio artigo 119, § 6º: "§ 6º Não dependem de concessão ou autorização o aproveitamento das quedas

"Artigo 119. O aproveitamento industrial das minas e das jazidas mineraes, bem como das aguas e da energia hydraulica, ainda que de propriedade privada, depende de autorização ou concessão federal, na fórma da lei.

§ 1º As autorizações ou concessões serão conferidas exclusivamente a brasileiros ou a empresas organizadas no Brasil, resalvada ao proprietario preferencia na exploração ou coparticipação nos lucros.

§ 2º O aproveitamento de energia hydraulica, de potencia reduzida e para uso exclusivo do proprietario, independe de autorização ou concessão.

§ 3º Satisfeitas as condições estabelecidas em lei, entre as quais a de possuírem os necessarios serviços technicos e administrativos, os Estados passarão a exercer, dentro dos respectivos territorios, a attribuição constante deste artigo.

§ 4º A lei regulará a nacionalização progressiva das minas, jazidas minerais e quedas dagua ou outras fontes de energia hydraulica, julgadas basicas ou essenciaes á defesa economica ou militar do paiz.

§ 5º A União, nos casos prescriptos em lei e tendo em vista o interesse da collectividade, auxiliará os Estados no estudo e apparelhamento das estancias minero-medicinaes ou thermo-medicinaes".

O mesmo regime jurídico será mantido na Carta de 1937, com a exigência, insculpida no seu artigo 143, § 1º, de que as sociedades de mineração só poderiam ter brasileiros como sócios[5]:

---

d'água já utilizadas industrialmente na data desta Constituição, e, sob esta mesma ressalva, a exploração das minas em lavra, ainda que transitoriamente suspensa". Sobre o regime jurídico das minas e jazidas sob a Constituição de 1934, *Vide*, ainda, CAVALCANTI, Temístocles Brandão. *Instituições de Direito Administrativo Brasileiro*. Rio de Janeiro: Freitas Bastos, 1936. pp. 420-424 e SOUZA, Washington Peluso Albino de. *Teoria da Constituição Econômica*. Belo Horizonte: Del Rey, 2002. p. 88.

[5] ROCHA, Lauro Lacerda. *Código de Minas:* Das Minas e Jazidas no Direito Brasileiro. 2ª ed. Rio de Janeiro: Freitas Bastos, 1962. pp. 29-31. *Vide*, ainda, VENÂNCIO Filho, Alberto. *A Intervenção do Estado no Domínio Econômico:* O Direito Público Econômico no Brasil. Rio de Janeiro: Ed. FGV, 1968. pp. 135-136 e COMPANHIA VALE DO

A NATUREZA JURÍDICA DA CONCESSÃO DE LAVRA MINERÁRIA E...

"Artigo 143 da Carta de 1937: As minas e demais riquezas do sub-solo, bem como as quedas dágua constituem propriedade distinta da propriedade do solo para o efeito de exploração ou aproveitamento industrial. O aproveitamento industrial das minas e das jazidas minerais, das águas e da energia hidráulica, ainda que de propriedade privada, depende de autorização federal.

§ 1º A autorização só poderá ser concedida a brasileiros, ou empresas constituídas por acionistas brasileiros, reservada ao proprietário preferência na exploração, ou participação nos lucros."

Um novo Código de Minas (Decreto-Lei n. 1.985) foi promulgado em 29 de janeiro de 1940, caracterizando-se por seu nacionalismo. Seguindo o disposto no artigo 143, § 1º da Carta de 1937, o artigo 6º do Código de Minas determinava que as sociedades de mineração só poderiam ter brasileiros como sócios.[6] A estrutura do Código de Minas de 1940 é bem similar à do Código de 1934, consistindo, segundo Attilio Vivacqua, em um aperfeiçoamento deste último. A diferença entre mina e jazida foi tornada mais clara, a partir do critério da utilização industrial (artigo 1º, § 1º do Código de Minas de 1940). Mina é a jazida em lavra, ou seja, a jazida que está sendo explorada industrialmente. A regra da exploração mediante concessão foi mantida. A jazida só pode ser explorada mediante concessão, mesmo quando ainda for de propriedade particular. Enquanto não for concedida, a mina não é passível de fruição legítima, nem mesmo pelo proprietário do solo, porque, juridicamente, ela não existe.[7]

RIO DOCE, *A Mineração no Brasil e a Companhia Vale do Rio Doce*. Rio de Janeiro: Companhia Vale do Rio Doce, 1992. pp. 176-177.

[6] Artigo 6º, *caput* do Código de Minas de 1940: "O direito de pesquisar ou lavrar só poderá ser outorgado a brasileiros, pessoas naturais ou jurídicas, constituídas estas de sócios ou acionistas brasileiros".

[7] VIVACQUA, Attilio. *A Nova Política do Sub-Solo e o Regime Legal das Minas*. Rio de Janeiro: Ed. Panamericana, 1942.pp. 551, 558-560, 568-574 e 581-587; ROCHA, Lauro Lacerda. *Código de Minas:* Das Minas e Jazidas no Direito Brasileiro. 2ª ed. Rio de Janeiro: Freitas Bastos, 1962. pp. 20-25; BEDRAN, Elias. *A Mineração à Luz do Direito Brasileiro:* Comentário, Doutrina e Jurisprudência. Rio de Janeiro: Ed. Alba, 1957. Vol. 1, pp. 46-47 e VENÂNCIO Filho, Alberto. *A Intervenção do Estado no Domínio Econômico*: O Direito Público Econômico no Brasil. Rio de Janeiro,: Ed. FGV, 1968.

GILBERTO BERCOVICI

A Constituição de 1946, em relação aos recursos minerais, mantém o sistema introduzido no país a partir de 1934, com a distinção entre a propriedade do solo e a propriedade do subsolo (artigo 152).[8] No entanto, o artigo 153 introduziu uma modificação, ao prever que as autorizações ou concessões seriam conferidas exclusivamente a brasileiros ou a sociedades organizadas no país, assegurado ao proprietário do solo a preferência para a exploração:

"Artigo 152. As minas e demais riquezas do subsolo, bem como as quedas d'água, constituem propriedade distinta da do solo para o efeito de exploração ou aproveitamento industrial".

"Artigo 153. O aproveitamento dos recursos minerais e de energia hidráulica depende de autorização ou concessão federal na forma da lei.

§ 1º As autorizações ou concessões serão conferidas exclusivamente a brasileiros ou a sociedades organizadas no País, assegurada ao proprietário do solo preferência para a exploração. Os direitos de preferência do proprietário do solo, quanto às minas e jazidas, serão regulados de acôrdo com a natureza delas.

§ 2º Não dependerá de autorização ou concessão o aproveitamento de energia hidráulica de potência reduzida.

§ 3º Satisfeitas as condições exigidas pela lei, entre as quais a de possuírem os necessários serviços técnicos e administrativos, os Estados passarão a exercer nos seus territórios a atribuição constante deste artigo.

§ 4º A União, nos casos de interêsse geral indicados em lei, auxiliará os Estados nos estudos referentes às águas termominerais

---

pp. 136-137. *Vide*, ainda, MACHADO, Iran F. *Recursos Minerais:* Política e Sociedade. São Paulo: Ed. Edgard Blücher, 1989, pp. 228-229. A única exceção ao regime das concessões ou autorizações estava prevista expressamente no artigo 143, § 4º da Carta de 1937: "§ 4º Independe de autorização o aproveitamento das quedas d'água já utilizadas industrialmente na data desta Constituição, assim como, nas mesmas condições, a exploração das minas em lavra, ainda que transitoriamente suspensa".

[8] *Vide* CAVALCANTI, Temístocles Brandão. "A Ordem Econômica nas Constituições". *Revista Forense*. Março, vol. 122. pp. 343-344, 1949. e CAMPOS, Francisco. "Minas e Jazidas – Preferência do Proprietário do Solo". *Revista de Direito Administrativo*. Janeiro/março, vol. 19, p. 337, 1950.

A NATUREZA JURÍDICA DA CONCESSÃO DE LAVRA MINERÁRIA E...

de aplicação medicinal e no aparelhamento das estâncias destinadas ao uso delas".

A Carta de 1967, que se caracterizaria por defender a intervenção suplementar do Estado na vida econômica (artigo 163), manteve o regime de propriedade do subsolo instituído em 1934. A Carta eliminou, no entanto, a prioridade da exploração do subsolo pelo proprietário do solo, como previa a Constituição de 1946, e manteve a expressão "sociedades organizadas no país", autorizando a participação de empresas estrangeiras na exploração dos recursos minerais. Como compensação à perda da prioridade, o proprietário do solo passou a ter direito à participação nos resultados da lavra, na proporção de 10% do Imposto Único sobre Minerais, participação esta conhecida como "dízimo".[9] O novo Código de Mineração (Decreto-Lei n. 227, de 28 de fevereiro de 1967) foi elaborado por Mario Thibau, Octávio Gouveia de Bulhões e Roberto Campos, excluindo qualquer restrição à participação de empresas estrangeiras na atividade mineradora.[10]

---

[9] "Artigo 161. As jazidas, minas e demais recursos minerais e os potenciais de energia hidráulica constituem propriedade distinta da do solo para o efeito de exploração ou aproveitamento industrial. § 1º A exploração e o aproveitamento das jazidas, minas e demais recursos minerais e dos potenciais de energia hidráulica dependem de autorização ou concessão federal, na forma da lei, dada exclusivamente a brasileiros ou a sociedades organizadas no País. § 2º É assegurada ao proprietário do solo a participação nos resultados, da lavra; quanto às jazidas e minas cuja exploração constituir monopólio da União, a lei regulará a forma da indenização. § 3º A participação referida no parágrafo anterior será igual ao dízimo do imposto único sobre minerais. § 4º Não dependerá de autorização ou concessão o aproveitamento de energia hidráulica de potência reduzida". Este texto foi reproduzido no artigo 168 da Carta de 1969. *Vide* PEREIRA, Osny Duarte. *Ferro e Independência:* Um Desafio à Dignidade Nacional. Rio de Janeiro: Civilização Brasileira, 1967. pp. 271-278; NODARI, Ariadne da Silva Rocha (coord.). *Debates Parlamentares na Constituição de 1967:* Recursos Minerais, Monopólio Estatal do Petróleo e Minerais Nucleares. Brasília: CNPq, 1987. pp. 17-18 e MACHADO, Iran F. *Recursos Minerais:* Política e Sociedade. São Paulo: Ed. Edgard Blücher, 1989, p. 230.

[10] O texto do artigo 80 do Código de Mineração é explícito neste sentido: "Art. 80: Entende-se por Emprêsa de Mineração, para os efeitos dêste Código, a firma ou sociedade constituída e domiciliada no País, qualquer que seja a sua forma jurídica, e entre cujos objetivos esteja o de realizar aproveitamento de jazidas minerais no território nacional. § 1º Os componentes da firma ou sociedade a que se refere o presente artigo podem

GILBERTO BERCOVICI

A distinção entre jazida e mina, como vimos, é legalmente estabelecida desde o Código de Minas de 1934, sendo aperfeiçoada e mantida no Código de Minas de 1940 e no atual Código de Mineração de 1967 (artigos 4º e 84[11]). Uma jazida consiste na massa de substâncias minerais ou fósseis existentes no subsolo ou no solo que podem ser exploradas e utilizadas industrialmente. A mina é a jazida em lavra, ou seja, em atividade de extração industrial, autorizada ou concedida por ato do Poder Público federal. Portanto, a mina pressupõe a existência da jazida.[12]

2. O REGIME JURÍDICO- CONSTITUCIONAL DOS RECURSOS MINERAIS SOB A CONSTITUIÇÃO DE 1988

Já a Constituição de 1988, ao determinar que a propriedade do subsolo e dos bens minerais é da União (artigos 20, IX e 176, *caput*), consagra o processo de nacionalização do subsolo iniciado em 1934[13]:

---

ser pessoas físicas ou jurídicas, nacionais ou estrangeiras, mas nominalmente representadas no instrumento de constituição da Emprêsa. § 2º A firma individual só poderá ser constituída por brasileiro".

[11] Artigo 4º do Código de Mineração de 1967: "Considera-se jazida toda massa individualizada de substância mineral ou fóssil, aflorando à superfície ou existente no interior da terra, e que tenha valor econômico; e mina, a jazida em lavra, ainda que suspensa".

"Artigo 84 do Código de Mineração de 1967: A jazida é bem imóvel, distinto do solo onde se encontra, não abrangendo a propriedade deste o minério ou a substância mineral útil que a constitui".

[12] PINHEIRO, Alcides. *Direito das Minas:* Comentários à Legislação. Rio de Janeiro: Rodrigues & Cia, 1939. pp. 7-9; ROCHA, Lauro Lacerda. *Código de Minas:* Das Minas e Jazidas no Direito Brasileiro. 2ª ed. Rio de Janeiro: Freitas Bastos, 1962. pp. 20-21; BEDRAN, Elias. *A Mineração à Luz do Direito Brasileiro:* Comentário, Doutrina e Jurisprudência. Rio de Janeiro: Ed. Alba, 1957.Vol. 1, pp. 46-47 e Vol. 2, pp. 423-424 e FREIRE, William. *Código de Mineração Anotado.* 4ª ed. Belo Horizonte: Mandamentos, 2009. pp. 71-76.

[13] MACHADO, Iran F. *Recursos Minerais:* Política e Sociedade. São Paulo: Ed. Edgard Blücher, 1989,p. 322; RIBEIRO, Nelson de F. "As Macroperspectivas do Direito Minerário a partir da Nova Constituição". *Revista de Informação Legislativa.* Abril/junho,

A NATUREZA JURÍDICA DA CONCESSÃO DE LAVRA MINERÁRIA E...

"Artigo 20. IX: São bens da União:

IX – os recursos minerais, inclusive os do subsolo".

"Artigo 176. (redação original) As jazidas, em lavra ou não, e demais recursos minerais e os potenciais de energia hidráulica constituem propriedade distinta da do solo, para efeito de exploração ou aproveitamento, e pertencem à União, garantida ao concessionário a propriedade do produto da lavra.

§ 1º A pesquisa e a lavra de recursos minerais e o aproveitamento dos potenciais a que se refere o *caput* deste artigo somente poderão ser efetuados mediante autorização ou concessão da União, no interesse nacional, por brasileiros ou empresa brasileira de capital nacional, na forma da lei, que estabelecerá as condições específicas quando essas atividades se desenvolverem em faixa de fronteira ou terras indígenas.

§ 2º É assegurada participação ao proprietário do solo nos resultados da lavra, na forma e no valor que dispuser a lei.

§ 3º A autorização de pesquisa será sempre por prazo determinado, e as autorizações e concessões previstas neste artigo não poderão ser cedidas ou transferidas, total ou parcialmente, sem prévia anuência do Poder concedente.

§ 4º Não dependerá de autorização ou concessão o aproveitamento do potencial de energia renovável de capacidade reduzida".

O próprio regime de concessão, determinado constitucionalmente no artigo 176, § 1º, para a exploração dos recursos minerais torna claro que esta atividade é uma atividade de interesse público, cujos atos administrativos são de competência da União. Isto significa que o setor privado também pode atuar nesta atividade econômica, desde que cumpridos os requisitos constitucionais e legais, com o objetivo de atender ao interesse nacional, como prescreve o próprio artigo 176, § 1º da Constituição. Neste sentido, a garantia do produto da lavra ao concessionário

---

n. 102, p. 70. 1989; COMPANHIA VALE DO RIO DOCE, *A Mineração no Brasil e a Companhia Vale do Rio Doce*. Rio de Janeiro: Companhia Vale do Rio Doce, 1992. pp. 468-469 e SOUZA, Washington Peluso Albino de. *Teoria da Constituição Econômica*, Belo Horizonte: Del Rey, 2002. pp. 121-123, 465-466 e 500-501.

visa realçar a vinculação dos bens minerais ao interesse social, pois adquire sua propriedade quem foi devidamente habilitado pela União para tanto, não necessariamente quem descobriu a jazida ou o proprietário do solo.[14]

A redação original do artigo 176, § 1º determinava que a pesquisa e a lavra de recursos minerais só poderiam ser realizadas por empresas brasileiras de capital nacional (artigo 171, II), excluindo-se as empresas de capital estrangeiro, como havia feito a Carta de 1937. Um dos motivos deste dispositivo foi a necessidade de controlar os investimentos estrangeiros, conforme prevê o artigo 172 da Constituição, entendendo-se, em contraposição ao sistema vigente durante a ditadura militar, que o capital estrangeiro não pode ser majoritário na atividade mineradora. A determinação de um prazo de quatro anos para que as empresas mineradoras se adaptassem ao disposto no artigo 176, § 1º, prescrita no *caput* do artigo 44 do Ato das Disposições Constitucionais Transitórias[15], foi excepcionada em seu § 1º para as empresas que industrializassem o seu produto no país. Para Nelson Ribeiro, este dispositivo demonstrava que, segundo a Constituição de 1988, o verdadeiro significado econômico da mineração está na industrialização dos

---

[14] RIBEIRO, Nelson de F. "As Macroperspectivas do Direito Minerário a partir da Nova Constituição". *Revista de Informação Legislativa*. Abril/junho, n. 102, p. 70. 1989 e SOUZA, Marcelo Gomes de. *Direito Minerário e Meio Ambiente*. Belo Horizonte: Del Rey, 1995. pp. 83-87 e 165-166.

[15] "Artigo 44 do Ato das Disposições Constitucionais Transitórias: As atuais empresas brasileiras titulares de autorização de pesquisa, concessão de lavra de recursos minerais e de aproveitamento dos potenciais de energia hidráulica em vigor terão quatro anos, a partir da promulgação da Constituição, para cumprir os requisitos do art. 176, § 1º. § 1º Ressalvadas as disposições de interesse nacional previstas no texto constitucional, as empresas brasileiras ficarão dispensadas do cumprimento do disposto no art. 176, § 1º, desde que, no prazo de até quatro anos da data da promulgação da Constituição, tenham o produto de sua lavra e beneficiamento destinado a industrialização no território nacional, em seus próprios estabelecimentos ou em empresa industrial controladora ou controlada. § 2º Ficarão também dispensadas do cumprimento do disposto no art. 176, § 1º, as empresas brasileiras titulares de concessão de energia hidráulica para uso em seu processo de industrialização. § 3º As empresas brasileiras referidas no § 1º somente poderão ter autorizações de pesquisa e concessões de lavra ou potenciais de energia hidráulica, desde que a energia e o produto da lavra sejam utilizados nos respectivos processos industriais".

A NATUREZA JURÍDICA DA CONCESSÃO DE LAVRA MINERÁRIA E...

recursos minerais, não na sua simples extração, configurando um incentivo à industrialização mineral.[16]

A disposição do artigo 176, § 2º da Constituição, que prevê a participação do proprietário do solo nos resultados da lavra, para Marcelo Gomes de Souza, é um resquício que busca compensar a perda dos direitos do proprietário do solo que a legislação anterior parcialmente assegurava.[17] Ainda em relação às concessões para a exploração dos recursos minerais brasileiros, o artigo 43 do Ato das Disposições Constitucionais Transitórias[18] determinou o prazo de um ano a partir da promulgação da Constituição para que se comprovasse o início ou a manutenção dos trabalhos de pesquisa ou lavra já concedidos, sob pena de tornar sem efeitos todos os direitos vinculados às autorizações ou concessões minerárias. O procedimento de comprovação ou de tornar sem efeito os títulos atributivos de direitos minerários foi regulamentado pela Lei n. 7.886, de 20 de novembro de 1989.[19]

---

[16] MACHADO, Iran F. *Recursos Minerais:* Política e Sociedade. São Paulo: Ed. Edgard Blücher, 1989. pp. 318-321; RIBEIRO, Nelson de F. "As Macroperspectivas do Direito Minerário a partir da Nova Constituição". *Revista de Informação Legislativa.* Abril/junho, n. 102, pp. 71-72; COMPARATO, Fábio Konder. "Ordem Econômica na Constituição Brasileira de 1988". *Revista de Direito Público.* Janeiro/março, n. 93, p. 272. 1990 e SOUZA, Marcelo Gomes de. *Direito Minerário e Meio Ambiente.* Belo Horizonte: Del Rey, 1995. p. 69.

[17] SOUZA, Marcelo Gomes de. *Direito Minerário e Meio Ambiente.* Belo Horizonte: Del Rey, 1995. pp. 68-69.

[18] Artigo 43 do Ato das Disposições Constitucionais Transitórias: "Na data da promulgação da lei que disciplinar a pesquisa e a lavra de recursos e jazidas minerais, ou no prazo de um ano, a contar da promulgação da Constituição, tornar-se-ão sem efeito as autorizações, concessões e demais títulos atributivos de direitos minerários, caso os trabalhos de pesquisa ou de lavra não hajam sido comprovadamente iniciados nos prazos legais ou estejam inativos".

[19] A distinção entre propriedade do solo e do subsolo, ignorada pelo Código Civil de 1916, foi incorporada de maneira dúbia pelo Código Civil de 2002, em seus artigos 1229 e 1230: "Artigo 1229. A propriedade do solo abrange a do espaço aéreo e subsolo correspondentes, em altura e profundidade úteis ao seu exercício, não podendo o proprietário opor-se a atividades que sejam realizadas, por terceiros, a uma altura ou profundidade tais, que não tenha ele interesse legítimo em impedi-las". "Artigo 1230. A propriedade do solo não abrange as jazidas, minas e demais recursos minerais, os potenciais de energia hidráulica, os monumentos arqueológicos e outros bens referidos

GILBERTO BERCOVICI

A queda nos investimentos do setor de mineração foi atribuída rapidamente às cláusulas nacionalistas e restritivas do capital estrangeiro presentes na Constituição de 1988. Na realidade, segundo Cláudio Scliar, o que houve foi uma queda do investimento público, não privado, no setor, como ocorreu no mundo todo entre 1987 e 1992. Mas este argumento facilitou a aprovação da Emenda Constitucional n. 6, de 15 de agosto de 1995.[20]

A Emenda Constitucional n. 6/1995 modificou a orientação nacionalista do texto original da Constituição de 1988, opondo-se, inclusive, à orientação constitucional brasileira firmada desde 1934. O artigo 171, que diferenciava a empresa brasileira da empresa brasileira de capital nacional, foi revogado. A defesa da constituição de um setor empresarial autônomo financeira e tecnologicamente em relação às grandes empresas multinacionais foi retirada do texto constitucional. O artigo 170, IX foi modificado para garantir tratamento diferenciado às empresas brasileiras de pequeno porte constituídas sob as leis brasileiras e com sede e administração no país, não apenas às empresas brasileiras de capital nacional de pequeno porte. Com esta decisão, alterou-se também a redação do artigo 176, § 1º, eliminando-se a restrição da exploração dos recursos minerais brasileiros para as empresas multinacionais, bastando que constituam uma filial sob as leis brasileiras, com sede e administração no país. A Lei n. 9.314, de 17 de janeiro de 1997, regulamenta a participação do capital estrangeiro na mineração, permitida após a Emenda Constitucional n. 6/1995. Como ressalta Washington Peluso Albino de Souza, esta emenda constitucional possibilitou a "inclusão" do capital

---

por leis especiais. Parágrafo único. O proprietário do solo tem o direito de explorar os recursos minerais de emprego imediato na construção civil, desde que não submetidos a transformação industrial, obedecido o disposto em lei especial".

[20] SCLIAR, Cláudio. *Geopolítica das Minas do Brasil:* A Importância da Mineração para a Sociedade. Rio de Janeiro: Revan, 1996. pp. 152-154 e 159-161. Segundo Elizabeth Bastida, desde 1985, cerca de 120 países reformaram sua legislação sobre a exploração de recursos minerais visando a atração de investimentos privados. *Vide* BASTIDA, Elizabeth. "Mineral Law: New Directions?" *In:* BASTIDA, Elizabeth; WÄLDE, Thomas; WARDEN-FERNÁNDEZ, Janeth (orgs.). *International and Comparative Mineral Law and Policy*. The Hague: Kluwer Law International, 2005. pp. 418-419 e 422.

A NATUREZA JURÍDICA DA CONCESSÃO DE LAVRA MINERÁRIA E...

estrangeiro no setor de mineração, ao preço da efetiva "exclusão" do capital nacional.[21]

3. A NATUREZA JURÍDICA DA CONCESSÃO DE LAVRA MINERÁRIA SOB A CONSTITUIÇÃO DE 1988

A propriedade pública (estatal) dos meios de produção inclui os recursos naturais, particularmente os minérios e as fontes de energia, por sua importância para a economia como um todo. Os recursos naturais também são bens de produção, caracterizando-se por parte ou totalidade de seus componentes não ser produzida pelo trabalho. Para garantir o controle público sobre aspectos essenciais da economia, como as fontes de energia, eles são declarados propriedade da coletividade.[22] Neste sentido, o estudo dos bens em direito econômico exige considerações distintas daquelas tratadas pelo direito civil ou pelo direito administrativo, pois não pode se limitar a uma análise formal dos aspectos patrimoniais e de circulação, mas necessita de uma perspectiva muito mais abrangente.[23]

---

[21] GRAU, Eros Roberto. *A Ordem Econômica na Constituição de 1988 :* Interpretação e Crítica. 12ª ed. São Paulo: Malheiros, 2007. pp. 253-254 e 262-264 e SOUZA, Washington Peluso Albino de. *Teoria da Constituição Econômica*. Belo Horizonte: Del Rey, 2002. pp. 522-523 e 542-545.

[22] SAVATIER, René. "Vers de Nouveaux Aspects de la Conception et de la Classification Juridique des Biens Corporels" In: *Les Métamorphoses Économiques et Sociales du Droit Privé d'Aujourd'hui*. Paris: Dalloz, 1959. Vol. 3, pp. 139-141; SAVATIER, René. "Droit Économique et Enseignement du Droit des Biens". *Il Diritto dell'Economia*. Vol. 13, n. 6, 1967, pp. 627, 637-638 e 646; SOUZA, Washington Peluso Albino de. *Teoria da Constituição Econômica*. Belo Horizonte: Del Rey, 2002. pp. 353-356 e CANOTILHO, José Joaquim Gomes; MOREIRA, Vital. *Constituição da República Portuguesa Anotada*. Vol. I. 4ª Ed. Coimbra: Coimbra Ed., 2007. pp. 959-960. *Vide*, ainda, SERRA, Silvia Helena. *Direitos Minerários:* Formação, Condicionamento e Extinção. São Paulo: Signus Ed., 2000. pp. 16-20.

[23] Neste sentido, *Vide* SAVATIER, René. "Droit Économique et Enseignement du Droit des Biens". *Il Diritto dell'Economia*. Vol. 13, n. 6, 1967, pp. 626 e 631; VIDIGAL, Geraldo de Camargo. *Teoria Geral do Direito Econômico*. São Paulo: RT, 1977. pp. 107-108 e SOUZA, Washington Peluso Albino de. *Primeiras Linhas de Direito Econômico*. 3ª ed. São Paulo: LTr, 1994. pp. 125-132.

GILBERTO BERCOVICI

Os recursos minerais são bens da União por determinação dos artigos 20, IX e 176, *caput* da Constituição de 1988. O debate se dá em torno da sua classificação como bens públicos de uso especial ou bens públicos dominicais. A classificação tradicional dos bens públicos no Brasil os di*Vide* em bens de uso comum do povo, bens de uso especial e bens dominicais, a partir do disposto no artigo 66 do Código Civil de 1916, cuja inalienabilidade era assegurada pelo artigo 67, com exceção das formas e situações previstas expressamente em lei. Esta mesma classificação foi mantida pelo Código Civil de 2002, agora no artigo 99.[24]

Os bens de uso especial (artigo 99, II do Código Civil de 2002) constituem bens públicos cuja utilização não é permitida a todos genericamente (como os bens de uso comum), mas a pessoas determinadas, por meio de permissão ou concessão do Estado, geralmente, mas não exclusivamente, para a prestação de um serviço público. São bens inalienáveis, integrando o patrimônio indisponível do Estado, ou patrimônio administrativo, enquanto estiverem afetados, podendo ser desafetados do domínio público. A sua utilização reservada por estas pessoas determinadas legalmente é o que cumpre com sua função pública, pois este uso se dá em benefício da coletividade. O principal instrumento utilizado é a concessão de uso, que assegura direitos de utilização privativa de bens públicos, devendo ser estipulada para atender às finalidades essenciais dos bens públicos envolvidos. A concessão de uso pode ser de exploração, como no caso das minas, ou de simples uso, segundo Maria Sylvia Zanella Di Pietro, caso o concessionário adquira ou não o poder de gestão dominial, substituindo-se à Administração Pública concedente.

---

[24] Para o regime geral dos bens públicos, *Vide* LIMA, Ruy Cirne. *Princípios de Direito Administrativo*. 5ª ed. São Paulo: RT, 1982. pp. 73-80; CRETELLA Júnior, José. *Tratado do Domínio Público*. Rio de Janeiro: Forense, 1984. pp. 149-166 e 398-427; DI PIETRO, Maria Sylvia Zanella. *Uso Privativo de Bem Público por Particular*. 2ª ed. São Paulo: Atlas, 2010. pp. 1-3 e 8-12; BANDEIRA DE MELLO, Celso Antônio. *Curso de Direito Administrativo*. 20ª ed. São Paulo:. Malheiros, 2006. pp. 860-862; DI PIETRO, Maria Sylvia Zanella. *Direito Administrativo*. 20ª ed. São Paulo: Atlas, 2007. pp. 612-614; MARRARA, Thiago. *Bens Públicos, Domínio Urbano, Infra-Estruturas*. Belo Horizonte: Fórum, 2007. pp. 69-76, 104-106, 110-123 e 168-169 e MARQUES Neto, Floriano Peixoto de Azevedo. *Bens Públicos:* Função Social e Exploração Econômica – O Regime Jurídico das Utilidades Públicas. Belo Horizonte: Fórum, 2009. pp. 94-95 e 121-127.

A NATUREZA JURÍDICA DA CONCESSÃO DE LAVRA MINERÁRIA E...

Deste modo, o concessionário faz uso próprio do bem público ou da exploração que este comporte para extrair algum produto em proveito próprio ou para comercialização.[25]

A concessão para exploração de recursos minerais é uma concessão de uso, não uma concessão de direito real de uso, prevista para o uso do solo e do espaço aéreo sobre a superfície de terrenos públicos ou particulares. A concessão de direito real de uso envolve um direito real resolúvel, depende de autorização legislativa expressa e de concorrência pública e tem por finalidades propiciar meios para a urbanização, industrialização, edificação, cultivo da terra ou outra utilização de interesse social.[26]

Os recursos minerais são bens públicos de uso especial, bens indisponíveis cuja destinação pública está definida constitucionalmente: a exploração e aproveitamento de seus potenciais. A exploração dos recursos minerais está vinculada aos objetivos fundamentais dos artigos 3º, 170 e 219 da Constituição de 1988, ou seja, o desenvolvimento, a redução das desigualdades e a garantia da soberania econômica nacional. Trata-se de um patrimônio nacional irrenunciável.[27]

---

[25] LIMA, Ruy Cirne. *Princípios de Direito Administrativo*. 5ª ed. São Paulo: RT, 1982. pp. 75-78 e 190; CRETELLA Júnior, José. *Tratado do Domínio Público*. Rio de Janeiro: Forense, 1984. pp. 123-135, 145-148, 329-335 e 410-411; DI PIETRO, Maria Sylvia Zanella. *Uso Privativo de Bem Público por Particular*. 2ª ed. São Paulo: Atlas, 2010. pp. 110-115; BANDEIRA DE MELLO, Celso Antônio. *Curso de Direito Administrativo*. 20ª ed. São Paulo: Malheiros, 2006. pp. 671-672 e 874; DI PIETRO, Maria Sylvia Zanella. *Direito Administrativo*. 20ª ed. São Paulo: Atlas, 2007. pp. 306, 617-620, 626-627 e 639-641; MARRARA, Thiago. *Bens Públicos, Domínio Urbano, Infra-Estruturas*. Belo Horizonte: Fórum, 2007. pp. 61-63, 71 e 96-98 e MARQUES Neto, Floriano Peixoto de Azevedo. *Bens Públicos*: Função Social e Exploração Econômica – O Regime Jurídico das Utilidades Públicas. Belo Horizonte: Fórum, 2009. pp. 214-220.

[26] DI PIETRO, Maria Sylvia Zanella. *Uso Privativo de Bem Público por Particular*. 2ª ed. São Paulo: Atlas, 2010. pp. 189-192; BANDEIRA DE MELLO, Celso Antônio. *Curso de Direito Administrativo*. 20ª ed. São Paulo: Malheiros, 2006. pp. 875-876 e DI PIETRO, Maria Sylvia Zanella. *Direito Administrativo*. 20ª ed. São Paulo: Atlas, 2007. p. 645.

[27] Para este debate, *Vide* BERCOVICI, Gilberto. *Direito Econômico do Petróleo e dos Recursos Minerais*. São Paulo: Quartier Latin, 2011. pp. 285-296.

GILBERTO BERCOVICI

Os recursos naturais do subsolo são inalienáveis, tanto que só podem ser alienados excepcionalmente, por meio de concessões.[28] As concessões podem ser translativas ou constitutivas.[29] A concessão translativa é aquela na qual a Administração Pública transfere a terceiros poderes, deveres ou direitos que já exercia para que o concessionário os exerça em seu lugar, como a concessão de prestação de serviços públicos. Já a concessão constitutiva é distinta. Nas palavras de Oswaldo Aranha Bandeira de Mello:

> "Corresponde a ato administrativo constitutivo de direito a concessão pela qual o concedente delega ao concessionário poderes para utilizar ou explorar bem público, mas os atribui em qualidade inferior e quantidade menor dos que os têm, relativos, por exemplo, à exploração de jazidas e fontes minerais, à utilização de terrenos nos cemitérios como túmulos de família, à instalação de indústrias de pescas à margem de rios. Esse uso se faz por conta e em nome do concessionário e se sujeita à fiscalização do concedente, porquanto se refere ao gozo de bem público. A concessão de uso se confere por ato unilateral, mas nos termos da lei, e cria a favor do concessionário direito do qual só pode ser despojado em se verificando hipóteses legais e compondo a Administração Pública os prejuízos que decorram da sua extinção".[30]

A concessão para exploração de recursos minerais é uma concessão constitutiva, ou seja, o poder concedente outorga poderes para o

---

[28] *Vide*, por todos, PINHEIRO, Alcides. *Direito das Minas:* Comentários à Legislação. Rio de Janeiro: Rodrigues & Cia, 1939. pp. 11-12; ROCHA, Lauro Lacerda. *Código de Minas:* Das Minas e Jazidas no Direito Brasileiro. 2ª ed. Rio de Janeiro: Freitas Bastos, 1962. pp. 99-103 e SERRA, Silvia Helena. *Direitos Minerários:* Formação, Condicionamento e Extinção. São Paulo: Signus Ed., 2000. pp. 102-103.

[29] *Vide*, sobre a distinção entre concessão constitutiva e concessão translativa, BANDEIRA DE MELLO, Oswaldo Aranha. *Princípios Gerais de Direito Administrativo*. Rio de Janeiro: Forense, 1969. Vol. 1, pp. 488-491; FERNANDES, Raimundo Nonato. "Da Concessão de Uso de Bens Públicos". *Revista de Direito Administrativo*. Outubro/dezembro, n. 118, pp. 5-7. 1974 e DI PIETRO, Maria Sylvia Zanella. *Uso Privativo de Bem Público por Particular*. 2ª ed. São Paulo: Atlas, 2010. pp. 105-110.

[30] BANDEIRA DE MELLO, Oswaldo Aranha. *Princípios Gerais de Direito Administrativo*. Rio de Janeiro: Forense, 1969. Vol. 1, p. 491.

176

A NATUREZA JURÍDICA DA CONCESSÃO DE LAVRA MINERÁRIA E...

concessionário utilizar ou explorar um bem público, embora conserve o seu domínio. A alienabilidade prevista no artigo 176 da Constituição é a exceção, por isso é expressa. A concessão para exploração dos recursos minerais é uma exceção à inalienabilidade dos bens públicos situados no subsolo. A autorização constitucional da apropriação pelo concessionário do produto da lavra diz respeito aos bens móveis extraídos, que não afeta a propriedade da União sobre os bens imóveis não extraídos. Por este motivo, a concessão não é de direito real de uso, porque ela não outorga, além do direito de extrair e de se apropriar do que e quando se extraia, o direito ao concessionário de se apropriar dos minerais no subsolo, antes de serem extraídos. Ela concede um direito de propriedade futura, uma espécie de direito de crédito, sobre um bem móvel quando extraído. A concessão mineral é um ato administrativo mediante o qual a União, sem transmitir o domínio ou um direito real sobre o subsolo, outorga ao titular da concessão o direito de explorar o subsolo, com os direitos conexos necessários para que possa atuar, inclusive com proteção frente a terceiros.

Em decorrência disto, a natureza jurídica do contrato de concessão de lavra mineral é a de um contrato de concessão de uso de exploração de bens públicos indisponíveis, cujo regime jurídico é distinto em virtude da Constituição e da legislação ordinária, portanto, a de um contrato de direito público. Estas concessões são atos administrativos constitutivos pelos quais o poder concedente (a União) delega poderes aos concessionários para utilizar ou explorar um bem público.[31]

4. DO ESTABELECIMENTO E A INEFICÁCIA DOS NEGÓCIOS NO DIREITO FALIMENTAR

O Código Civil definiu pela primeira vez no direito positivo brasileiro o conceito jurídico de estabelecimento no Livro do Direito de Empresa, em seu artigo 1.142:

---

[31] DI PIETRO, Maria Sylvia Zanella. *Uso Privativo de Bem Público por Particular.* 2ª ed. São Paulo: Atlas, 2010. pp. 39-41 e 108-109 e DI PIETRO, Maria Sylvia Zanella. *Direito Administrativo.* 20ª ed. São Paulo: Atlas, 2007.p. 640.

GILBERTO BERCOVICI

"Artigo 1.142 do Código Civil de 2002: Considera-se estabelecimento todo complexo de bens organizado, para exercício da empresa, por empresário, ou por sociedade empresária".

Em que pesem tentativas de localizar as origens desta "bizarra figura jurídica"[32] na figura romana do *negotium*, são as expressões jurisprudenciais e legislativas das sociedades capitalistas modernas que, diante da necessidade de tutelar juridicamente a circulação do arcabouço de bens econômicos organizados pelo comerciante para realização de sua atividade, necessitarão desenvolver a figura do estabelecimento comercial, historicamente afeito à figura das empresas de comércio e serviços diretos à clientela. É nesse pano de fundo histórico que devemos compreender o desenvolvimento da doutrina e da legislação para a conceituação de estabelecimento, sempre vinculada à negociação (cessão, penhor) desta universalidade.

O primeiro movimento importante se dá na jurisprudência francesa do século XIX[33], e na formulação do conceito de *fonds de boutique*, evoluindo posteriormente à figura do *fonds de commerce*[34], com o qual,

---

[32] REQUIÃO, Rubens. *Curso de Direito Comercial.* 22ª ed. São Paulo: Saraiva, 1995. p. 198. O autor assim se refere à dificuldade em definir a natureza jurídica desta formulação conceitual, que "tem desafiado a argúcia dos juristas para enquadrá-la nas tradicionais categorias jurídicas". Isto porque, alude Requião, "esta bizarra figura jurídica é formada de bens que, unidos, dão em seu conjunto nascimento a um novo bem".

[33] Para exposição histórica do conceito na doutrina e jurisprudência francesas *Vide* DENIZOT, Aude. *L'Universalité de Fait.* Paris: LGDJ, 2008.

[34] O artigo L142-2 do Código Comercial francês elenca os elementos que podem ser compreendidos no contrato de penhor do estabelecimento comercial, embora não defina propriamente o *"fonds de commerce"*: a insígnia e o nome comercial, arrendamento, a clientela e o aviamento, o mobiliário comercial, o material ou ferramentas que sirvam à exploração do fundo de comércio, as patentes, licenças, marcas, desenhos e modelos industriais, e de forma geral os direitos de propriedade intelectual que lhe são vinculados. Code de Commerce, article L142-2: "Sont seuls susceptibles d'être compris dans le nantissement soumis aux dispositions du présent chapitre comme faisant partie d'un fonds de commerce : l'enseigne et le nom commercial, le droit au bail, la clientèle et l'achalandage, le mobilier commercial, le matériel ou l'outillage servant à l'exploitation du fonds, les brevets d'invention, les licences, les marques, les dessins et modèles industriels, et généralement les droits de propriété intellectuelle qui y sont attachés".

A NATUREZA JURÍDICA DA CONCESSÃO DE LAVRA MINERÁRIA E...

no entanto, não se confunde. É, no entanto, na Itália, em 1942, com a positivação do conceito de *azienda*[35], que localizamos a influência mais direta na doutrina comercialista brasileira. Marino Luiz Postiglione, ao analisar os aspectos essenciais do estabelecimento comercial, comenta que *"três fatores são necessários ao empresário: capital, trabalho e organização, cujo conjunto serve à prática de sua atividade, a qual consubstancia o estabelecimento. Esses três elementos são envolvidos pelo empresário, que conforma a empresa de acordo com o seu empreendimento"*.[36] Prossegue o autor, afirmando que:

> "O estabelecimento [compõe-se] de elementos corpóreos e incorpóreos unidos pelo empresário para o exercício de sua atividade; os quais, assim conjugados, não perdem sua individualidade, mas passam, todos, a integrar um novo bem. Mantém a categoria jurídica que lhes é própria, porém, unificados pelo empresário em um todo, para o exercício de sua atividade. Os bens, materiais e imateriais, unificam-se pela vontade e necessidade do empresário de atingir os fins visados pela empresa. Não são as coisas singularizadas que contam, mas a unidade formada pelo conjunto e pela potencialidade do conjunto, o que não é a mesma coisa que o valor somado das parcelas componentes".[37]

O doutrinador mais importante da matéria, e ainda indispensável, é Oscar Barreto Filho[38], sobretudo pela qualificação do estabelecimento como universalidade de fato, concepção que prevalece no atual Código Civil brasileiro.[39] Para Barreto Filho, *"a razão que determina a consideração*

---

[35] Código Civil Italiano, artigo 2.555: "L'azienda è il complesso dei beni organizzati dall'imprenditore per l'esercizio dell'impresa".

[36] POSTIGLIONE, Marino Luiz. *Direito Empresarial:* O Estabelecimento e seus Aspectos Contratuais. Barueri: Manole, 2006. p. 5.

[37] Marino Luiz POSTIGLIONE, *Direito Empresarial:* O Estabelecimento e seus Aspectos Contratuais. Barueri: Manole, 2006. p. 6.

[38] BARRETO Filho, Oscar. *Teoria do Estabelecimento Comercial.* 2ª ed. São Paulo: Saraiva, 1988.

[39] SALLES, Marcos Paulo de Almeida. "Estabelecimento, uma Universalidade de Fato ou de Direito?". *Revista do Advogado – AASP.* Agosto, n. 71, p. 79. 2003: "Não é portanto

GILBERTO BERCOVICI

unitária do estabelecimento, nos atos jurídicos que lhe dizem respeito é, sem dúvida, a de assegurar a conservação do aviamento objetivo e, portanto, da clientela".[40] O aviamento é definido pelo mesmo autor como *"um modo característico de ser que se traduz na capacidade de produzir lucros"*.[41] Articulam-se, portanto, (i) a capacidade lucrativa do negócio (aviamento) com (ii) sua organização objetiva (estabelecimento) e (iii) a modalidade negocial típica de circulação mercantil do estabelecimento (trespasse). São conceitos que só fazem sentido se analisados uns em relação aos outros. Como ensina Barreto Filho só cabe

> "[...] falar de trespasse do estabelecimento quando o negócio se refere ao complexo unitário de bens instrumentais que servem à atividade empresarial, necessariamente caracterizado pela existência do aviamento objetivo. O princípio geral que inspira toda a disciplina jurídica do trespasse, como vem expressa nas várias legislações, é sempre o de resguardar a integridade do aviamento, por ocasião da mudança de titularidade da casa comercial. Quando o contrato não se fixa, expressa ou implicitamente, sobre o aviamento, não se trata mais de trespasse do estabelecimento, como tal, mas da simples transmissão de um acervo desconexo de bens; não haverá, como observa Casanova [M. Casanova, *Azienda, Novissimo Digesto Italiano*, II, n. 31], cessão, mas cessação do estabelecimento".[42]

Como dissemos anteriormente, o desenvolvimento do conceito na doutrina se deu em razão da necessidade de tutelar os negócios que tivessem por objeto esta universalidade de bens corpóreos e incorpóreos

---

o fato do estabelecimento haver sido reconhecido pela lei como uma universalidade, que o transforma em uma universalidade de direito. Continua sendo, tal como já concebido na doutrina, uma universalidade de fato".

40 BARRETO Filho, Oscar. *Teoria do Estabelecimento Comercial*. 2ª ed. São Paulo: Saraiva, 1988.

41 BARRETO Filho, Oscar. *Teoria do Estabelecimento Comercial*. 2ª ed. São Paulo: Saraiva, 1988.

42 BARRETO Filho, Oscar. *Teoria do Estabelecimento Comercial*. 2ª ed. São Paulo: Saraiva, 1988.

A NATUREZA JURÍDICA DA CONCESSÃO DE LAVRA MINERÁRIA E...

organizados pelo comerciante para exercício de sua atividade empresarial. A compreensão do conceito de estabelecimento no âmbito de diferentes atividades econômicas para o qual é constituído pela vontade racional do empresário dependerá da adaptação às singularidades de cada atividade.

Parece-nos oportuna trazer a reflexão do direito agrário como uma analogia importante para verificarmos como o estabelecimento assume singularidades importantes a depender da atividade empresarial para a qual se destina. A empresa apresenta-se sob a perspectiva subjetiva e objetiva, sendo que ao elemento objetivo corresponde a noção de estabelecimento. Trata-se, no dizer de De Mattia[43], *"na projeção patrimonial da empresa: ele é o conjunto de bens, o instrumento de exercício da atividade empreendedora. O estabelecimento é um objeto e a empresa é uma atividade. A natureza unitária do estabelecimento, tal como um complexo orgânico de bens, considerado sob o ponto de vista econômico, é pacífica"*. Ainda, segundo o autor, ao examinar o conceito de estabelecimento sob o enfoque jurídico: *"o estabelecimento é disciplinado como objeto de circulação jurídica, como objeto de usufruto, de locação, de tutela contra atos de concorrência desleal. Também são tutelados os direitos de individuação, tais como os sinais distintivos da firma, a insígnia, a marca"*. Temos, portanto, confirmados os elementos essenciais do estabelecimento, quais sejam, a universalidade e a tutela jurídica de negócios específicos havendo por objeto esta universalidade.

Aqui nos parece oportuna a aproximação com o conceito de estabelecimento agrário, minudado por Fábio Maria De Mattia, para quem o estabelecimento agrário é *"uma organização patrimonial, estática e objetiva, instrumentalmente ligada ao exercício da empresa agrária, de uma complexidade técnica e dogmática maior que o simples fundo, ou seja, um meio com o qual a atividade econômica do empresário se leva a cabo"*.[44]

---

[43] DE MATTIA, Fábio Maria. "Empresa Agrária e Estabelecimento Agrário". *Revista da Faculdade de Direito da Universidade de São Paulo*. Vol. 90, 1995. pp. 155-156.

[44] DE MATTIA, Fábio Maria. "Empresa Agrária e Estabelecimento Agrário". *Revista da Faculdade de Direito da Universidade de São Paulo*. Vol. 90, 1995. p. 156.

GILBERTO BERCOVICI

Segundo definição aportada por De Mattia, *"o fundo é um trecho de solo cultivável, destinado à produção agrícola. A terra como fator essencial e característico do processo produtivo agrário recebe a denominação de fundo"*, para adiante esclarecer que *"o fundo equipado não coincide com o estabelecimento".*[45] O estabelecimento agrário consiste na mobilização de capital, na organização da atividade empresarial, com autonomia de gestão, voltada para a realização de lucro, e não na mera disponibilidade da terra, podendo-se inclusive, aventar a hipótese de empreendedor agrário que detenha apenas as pertenças de cultivo (máquinas, animais, ferramentas, sementes) e nenhuma titularidade sobre o fundo.

O paralelo com o direito minerário nos exige afirmar que a concessão de lavra mineral, assim como, obviamente, a jazida, está excluída do estabelecimento comercial organizado pela empresa exploradora. Na hipótese, a concessão de lavra mineral, embora seja um contrato público, não se pode incluir no rol de bens corpóreos e incorpóreos amealhados e organizados pelo empresário para a realização de sua atividade. Especificamente, não pode um bem público, de titularidade da União, como é o caso das jazidas minerais, ser parte da universalidade de fato que constitui o estabelecimento, passível de negócios jurídicos específicos, como o trespasse, previsto no Código Civil, em seus artigos 1.143 e seguintes. O artigo 1.143[46] diz expressamente de negócio "unitário", que "sejam compatíveis com sua natureza". Ora, como se viu anteriormente, em razão da natureza pública do título minerário, todos os negócios que o envolvam, como a cessão, por exemplo, atendem às regras específicas do Código de Mineração e necessitam da prévia anuência do poder concedente (artigo 176, § 3º da Constituição de 1988), pelo relevante interesse público que representam, e não se submetem às regras formais mercantis, como trata de maneira genérica o artigo 1.144 do Código Civil.[47]

---

[45] DE MATTIA, Fábio Maria. "Empresa Agrária e Estabelecimento Agrário". *Revista da Faculdade de Direito da Universidade de São Paulo.* Vol. 90, 1995. p.157.

[46] Artigo 1.143 do Código Civil de 2002: "Pode o estabelecimento ser objeto unitário de direitos e de negócios jurídicos, translativos ou constitutivos, que sejam compatíveis com a sua natureza".

[47] Artigo 1.144 do Código Civil de 2002: "O contrato que tenha por objeto a alienação, o usufruto ou arrendamento do estabelecimento, só produzirá efeitos quanto a terceiros

A NATUREZA JURÍDICA DA CONCESSÃO DE LAVRA MINERÁRIA E...

Vimos acima que a organização de bens corpóreos e incorpóreos para a realização da atividade da empresa é resultado de um ato de vontade do empresário. Ora, não pode a vontade do empresário agregar à universalidade de fato que constitui o estabelecimento, o direito de explorar um bem da União que lhe é concedido pelo Poder Público. Impor o tratamento da concessão de exploração de recursos minerais como um contrato de direito privado, incorporado ao estabelecimento, é desconsiderar a natureza pública dos bens e direitos regidos pelo direito minerário.

Se o direito mercantil comum é incapaz de incorporar o título de natureza minerária à universalidade de fato que constitui o estabelecimento, teria a lei falimentar capacidade para tanto? Referimo-nos particularmente ao artigo 129, VI da Lei n. 11.101, de 09 de fevereiro de 2005:

> "Art. 129. São ineficazes em relação à massa falida, tenha ou não o contratante conhecimento do estado de crise econômico-financeira do devedor, seja ou não intenção deste fraudar credores: [...]
>
> VI – *a venda ou transferência de estabelecimento* feita sem o consentimento expresso ou o pagamento de todos os credores, a esse tempo existentes, não tendo restado ao devedor bens suficientes para solver o seu passivo, salvo se, no prazo de 30 (trinta) dias, não houver oposição dos credores, após serem devidamente notificados, judicialmente ou pelo oficial do registro de títulos e documentos;"

Com base neste inciso pretendeu a MM. Juíza determinar o desfazimento da cessão de título minerário legalmente averbada pela instância administrativa competente, o DNPM, considerando a lavra mineral como um "estabelecimento".

Indaga-se se a lei falimentar poderia trazer conceito mais amplo de "estabelecimento", a ensejar a interpretação da douta magistrada, à revelia da natureza de direito público que caracteriza o título minerário.

---

depois de averbado à margem da inscrição do empresário, ou da sociedade empresária, no Registro Público de Empresas Mercantis, e de publicado na imprensa oficial".

Enfaticamente responde-se que a lei falimentar não inovou no conceito de estabelecimento, que se deve buscar no direito empresarial positivado no artigo 1.142 do Código Civil, qual seja, o da universalidade de fato constituída para a efetivação da atividade empresarial.

Fábio Tokars, inclusive, em estudo sobre a disciplina do estabelecimento comercial, ao analisar a possibilidade de declaração de ineficácia do negócio jurídico que tenha por objeto a alienação de estabelecimento, refere-se especificamente ao contrato de trespasse, que é o negócio jurídico hábil para a circulação econômica do estabelecimento empresarial, nos termos dos artigos 1.143 e seguintes do Código Civil, já vistos.[48]

Em acórdão relatado pela Ministra Nancy Andrighi, o STJ confirmou o entendimento de que a interpretação do conceito de estabelecimento para fins de aplicação da lei falimentar refere-se justamente à universalidade de fato atribuída pela lei e doutrina mercantis à espécie:

> "DIREITO COMERCIAL. FALÊNCIA. AÇÃO REVOCA-
> TÓRIA. VENDA DE MERCADORIA DURANTE O TER-
> MO LEGAL DA QUEBRA. ALIENAÇÃO OU TRANSFE-
> RÊNCIA DE ESTABELECIMENTO. INEXISTÊNCIA.
> FRAUDE. PROVA. NECESSIDADE.
>
> 1. As mercadorias do estoque constituem um dos elementos materiais do estabelecimento empresarial, visto tratar-se de bens corpóreos utilizados na exploração da sua atividade econômica.
>
> 2. A venda regular de mercadoria integrante do estoque não constitui venda ou transferência do estabelecimento empresarial, na acepção do art. 52, VIII, do DL n. 7.661/45 (atual art. 129, VI, da Lei n. 11.101/05). Trata-se, na realidade, de mero desenvolvimento da atividade econômica da empresa, ainda que realizada numa situação pré-falimentar. Esse raciocínio não se aplica às alienações realizadas de má-fé, em que há desvio de

---

[48] TOKARS, Fábio. *Estabelecimento Comercial*. São Paulo: LTr, 2006. pp. 186-193. No mesmo sentido *Vide* TEDESCHI, Sérgio Henrique. *Contrato de Trespasse de Estabelecimento Empresarial e sua Efetividade Social*. Curitiba: Juruá, 2010. pp. 103-107.

A NATUREZA JURÍDICA DA CONCESSÃO DE LAVRA MINERÁRIA E...

numerário e/ou a dilapidação do patrimônio da empresa com o fito de prejudicar credores.

3. A revogação do ato de alienação do bem, realizado no termo legal da falência e antes de decretada a quebra, depende da prova da fraude. Precedentes.

4. Recurso especial provido."

(REsp 1.079.781/RS, Superior Tribunal de Justiça, Terceira Turma, Min. Rel. Nancy Andrighi, J. 14.09.2010)

Em seu voto, a Ministra Relatora adota entendimento exarado por Rubens Requião e confirmado por Fábio Ulhôa Coelho, no sentido de se adotar na aplicação da lei falimentar o conceito de estabelecimento como universalidade de fato, alcançando o artigo 129, VI estritamente o negócio de trespasse[49], afastando a hipótese de "transferência parcial do estabelecimento", terminologia que em nosso entendimento gera uma imprecisão indevida. O estabelecimento é uma universalidade e é nesta qualidade unitária que o direito o define como objeto de negócio jurídico, tanto na lei mercantil comum, quanto na lei falimentar, que adota o conceito técnico dado pela primeira.

Por certo, este raciocínio explana o sentido estrito do artigo 129, VI da Lei Falimentar, o que fazemos com fito *ad argumentandum*, haja vista que o título minerário, pela natureza pública que lhe caracteriza, não pode compor a universalidade de fato que compõe o estabelecimento, o que afasta, de plano, a aplicabilidade da hipótese prevista no artigo 129, VI da Lei n. 11.101/2005.

---

[49] Lê-se no voto da Ministra Andrighi: "Na lição de Rubens Requião, "a simples venda de componentes do estabelecimento, como as mercadorias, as máquinas etc., que não o inutilize como instrumento da atividade do empresário, ou não enfraqueça de tal forma o seu patrimônio que o passivo ultrapasse o ativo, não incide na vedação legal" (Curso de direito falimentar , Vol. I, 17ª ed. São Paulo: Saraiva, 1998, p. 235). Fábio Ulhoa Coelho é mais enfático, afirmando que, na aplicação do art. 52, VIII, do DL 7.661/45, "não têm alguns juízes atentado à diferença crucial entre alienação do estabelecimento e de bens componentes dele". De acordo com o autor, "o que fulmina com ineficácia é o trespasse, um complexo e específico negócio jurídico de transferência da titularidade do estabelecimento (...), e não o apartamento de alguns dos seus bens através da venda em separado" (Curso de direito comercial. Vol. III, 13ª ed. São Paulo: Saraiva, 2009, p. 280-281)."

GILBERTO BERCOVICI

5. A CESSÃO DE TÍTULOS MINERÁRIOS E A CONTINUIDADE DA LAVRA

A Constituição de 1988 estabeleceu de forma expressa que as autorizações ou concessões de exploração de recursos minerais só poderão ser cedidas ou transferidas, total ou parcialmente, com a anuência prévia do poder concedente, ou seja, a União, por intermédio do órgão responsável pela gestão dos recursos minerais, o Departamento Nacional de Produção Mineral (DNPM), criado por meio do Decreto n. 23.979, de 08 de março de 1934, e transformado em autarquia pela Lei n. 8.876, de 02 de maio de 1994:

> "Artigo 176, § 3º da Constituição de 1988:
>
> § 3º A autorização de pesquisa será sempre por prazo determinado, e as autorizações e concessões previstas neste artigo não poderão ser cedidas ou transferidas, total ou parcialmente, sem prévia anuência do Poder concedente".

Cabe, portanto, ao DNPM, autorizar a cessão ou transferência dos títulos minerários. Esta cessão da titularidade pode ser definitiva (total) ou temporária (parcial). Cumpridos os requisitos legais e regulamentares (artigos 22, I e 55, § § 1º e 2º do Código de Mineração de 1967) e obtida a anuência do DNPM, a cessão é válida:[50]

> "Artigo 22, I do Código de Mineração de 1967: A autorização será conferida nas seguintes condições, além das demais constantes deste Código:
>
> I – o título poderá ser objeto de cessão ou transferência, desde que o cessionário satisfaça os requisitos legais exigidos. Os atos de cessão e transferência só terão validade depois de devidamente averbados no DNPM".

---

[50] SERRA, Silvia Helena. *Direitos Minerários:* Formação, Condicionamento e Extinção. São Paulo: Signus Ed., 2000. pp. 59-60 e RIBEIRO, Carlos Luiz. *Direito Minerário Escrito e Aplicado.* Belo Horizonte: Del Rey, 2006. pp. 195-206.

A NATUREZA JURÍDICA DA CONCESSÃO DE LAVRA MINERÁRIA E...

"Artigo 55, § § 1º e 2º do Código de Mineração de 1967: Subsistirá a Concessão, quanto aos direitos, obrigações, limitações e efeitos dela decorrentes, quando o concessionário a alienar ou gravar na forma da lei.

§ 1º Os atos de alienação ou oneração só terão validade depois de averbados no DNPM.

§ 2º A concessão de lavra somente é transmissível a quem for capaz de exercê-la de acordo com as disposições deste Código".

A cessão do título minerário, inclusive, não transfere ao novo concessionário as dívidas e gravames constituídos sobre a concessão pelo antigo concessionário. Cabe aos seus eventuais credores acionarem o antigo concessionário devedor, não o novo titular da concessão de exploração de recursos minerais. Esta proteção ao novo concessionário é expressa no Código de Mineração, em seu artigo 55, § § 3º e 4º:

"Artigo 55, § § 3º e 4º do Código de Mineração de 1967:

§ 3º As dívidas e gravames constituídos sobre a concessão resolvem-se com a extinção desta, ressalvada a ação pessoal contra o devedor.

§ 4º Os credores não têm ação alguma contra o novo titular da concessão extinta, salvo se esta, por qualquer motivo, voltar ao domínio do primitivo concessionário devedor".

A explicação desta proteção especial está na necessidade da continuidade da atividade mineral, o chamado "princípio da continuidade da lavra". A atividade de mineração está protegida, expressamente, pelos artigos 57 e 87 do Código de Mineração de 1967, até de medidas judiciais que visem a interrupção de seus trabalhos:[51]

"Artigo 57 do Código de Mineração de 1967: No curso de qualquer medida judicial não poderá haver embargo ou sequestro que resulte em interrupção dos trabalhos de lavra".

---

[51] BEDRAN, Elias. *A Mineração à Luz do Direito Brasileiro*: Comentário, Doutrina e Jurisprudência. Rio de Janeiro: Ed. Alba, 1957.Vol. 1, pp. 172-175 e Vol. 2, pp. 476-478 e RIBEIRO, Carlos Luiz. *Direito Minerário Escrito e Aplicado*. Belo Horizonte: Del Rey, 2006. pp. 63-64, 80 e 343-347.

GILBERTO BERCOVICI

"Artigo 87 do Código de Mineração de 1967: Não se impedirá por ação judicial de quem quer que seja o prosseguimento da pesquisa ou lavra.

Parágrafo único. Após a decretação do litígio, será procedida a necessária vistoria ad perpetuam rei memoriam a fim de evitar-se solução de continuidade dos trabalhos".

A função principal da atividade minerária é o aproveitamento industrial da jazida. Todas as demais utilidades do solo são secundárias e acessórias em relação a este aproveitamento que, como já afirmado acima, está vinculado aos objetivos fundamentais dos artigos 3º, 170 e 219 da Constituição de 1988, ou seja, o desenvolvimento, a redução das desigualdades e a garantia da soberania econômica nacional. Nas palavras de Alcides Pinheiro:

"Acompanhando a curva ascensional da evolução observada na legislação de outros povos, no que tange ao aproveitamento das riquezas minerais, o Brasil abandonou o supersticioso respeito à propriedade industrial, em face do Estado, fugiu às velhas fórmulas doutrinárias respeitantes a principal e acessório. Assim, de referência às jazidas minerais e quedas dáguas, inverteu os termos da equação, para dar ao aproveitamento destas a função principal, a que se subordinam, como secundárias e acessórias, as demais utilidades do solo. É o moderno conceito de Estado, a modificar a ordem jurídica, traçando-lhe novos rumos, cuja diretriz é a racional nacionalização das riquezas minerais. A jazida mineral passou a ser o principal, de que é acessório o solo sob o qual ela se desenvolve e extende".[52]

A importância da atividade minerária para a cadeia produtiva é imensa. Além disto, os seus elevados investimentos e os riscos assumidos pelas empresas mineradoras não podem ser ampliados por constantes paralisações, sob pena de inviabilização da exploração mineral como um

---

[52] PINHEIRO, Alcides. *Direito das Minas:* Comentários à Legislação. Rio de Janeiro: Rodrigues & Cia, 1939. pp. 17-18.

A NATUREZA JURÍDICA DA CONCESSÃO DE LAVRA MINERÁRIA E...

todo. A eventual interrupção ou perturbação da atividade minerária pode gerar prejuízos gigantescos, cabendo ao concessionário prejudicado buscar a sua justa reparação, inclusive contra o Poder Público. Neste sentido, o Supremo Tribunal Federal tem decisões célebres, como a tomada no Agravo Regimental em Recurso Extraordinário n. 140.254 (SP), cujo relator foi o Ministro Celso de Mello.[53] Deste julgamento, podemos extrair da própria ementa do acórdão as seguintes conclusões:

> "CONCESSÃO DE LAVRA – INDENIZABILIDADE – O sistema minerário vigente no Brasil atribui, à concessão de lavra – que constitui verdadeira res in comercio –, caráter negocial e conteúdo de natureza econômico-financeira. O impedimento causado pelo Poder Público na exploração empresarial das jazidas legitimamente concedidas gera o dever estatal de indenizar o minerador que detém, por efeito de regular delegação presidencial, o direito de industrializar e de aproveitar o produto resultante da extração mineral. Objeto de indenização há de ser o título de concessão de lavra, enquanto bem jurídico suscetível de apreciação econômica, e não a jazida em si mesma considerada, pois esta, enquanto tal, acha-se incorporada ao domínio patrimonial da União Federal. A concessão de lavra, que viabiliza a exploração empresarial das potencialidades das jazidas minerais, investe o concessionário em posição jurídica favorável, eis que, além de conferir-lhe a titularidade de determinadas prerrogativas legais, acha-se essencialmente impregnada, quanto ao título que a legitima, de valor patrimonial e de conteúdo econômico. Essa situação subjetiva de vantagem atribui, ao concessionário da lavra, direito, ação e pretensão à indenização, toda vez que, por ato do Poder Público, vier o particular a ser obstado na legítima fruição de todos os benefícios resultantes do processo de extração mineral".

Portanto, caso o concessionário de exploração de recursos minerais, legitimamente constituído, seja impedido ou tenha sua atividade prejudicada por indevida interferência do Poder Público, inclusive uma

---

[53] RE 140254 AgR/SP (Relator: Ministro Celso de Mello), julgado em 5 de dezembro de 1995 (D. J. 06-06-1997, pp. 24876).

GILBERTO BERCOVICI

atuação judicial, violando o disposto nos artigos 57 e 87 do Código de Mineração, cabe o direito de indenização. A perturbação ou até mesmo a interrupção das atividades minerárias não apenas contrariam a legislação vigente, mas consistem em manifestas violações ao interesse público, que tem na efetiva exploração dos recursos minerais no sentido definido constitucionalmente uma de suas maiores expressões.

RESPOSTA

Diante da argumentação exposta, concluo:

a. Qual a natureza jurídica da concessão de lavra no ordenamento brasileiro?

A concessão de lavra ou concessão para exploração de recursos minerais é uma concessão constitutiva, ou seja, o poder concedente outorga poderes para o concessionário utilizar ou explorar um bem público, embora conserve o seu domínio. A concessão mineral é um ato administrativo mediante o qual a União, sem transmitir o domínio ou um direito real sobre o subsolo, outorga ao titular da concessão o direito de explorar o subsolo, com os direitos conexos necessários para que possa atuar, inclusive com proteção frente a terceiros. Em decorrência disto, a natureza jurídica do contrato de concessão de lavra mineral é a de um contrato de concessão de uso de exploração de bens públicos indisponíveis, cujo regime jurídico é distinto em virtude da Constituição e da legislação ordinária, portanto, a de um contrato de direito público. Estas concessões são atos administrativos constitutivos pelos quais o poder concedente (a União) delega poderes aos concessionários para utilizar ou explorar um bem público.

b. Tendo em vista sua natureza, a concessão de lavra engloba o direito sobre a jazida?

A distinção entre jazida e mina está legalmente estabelecida no atual Código de Mineração de 1967 (artigos 4º e 84). Uma jazida consiste na massa de substâncias minerais ou fósseis existentes no subsolo ou no solo que podem ser exploradas e utilizadas industrialmente. A mina

A NATUREZA JURÍDICA DA CONCESSÃO DE LAVRA MINERÁRIA E...

é a jazida em lavra, ou seja, em atividade de extração industrial, autorizada ou concedida por ato do Poder Público federal. A concessão para exploração dos recursos minerais é uma exceção à inalienabilidade dos bens públicos situados no subsolo. A autorização constitucional (artigo 176 da Constituição de 1988) da apropriação pelo concessionário do produto da lavra diz respeito aos bens móveis extraídos, que não afeta a propriedade da União sobre os bens imóveis não extraídos (ou seja, a jazida). Por este motivo, a concessão não é de direito real de uso, porque ela não outorga, além do direito de extrair e de se apropriar do que e quando se extraia, o direito ao concessionário de se apropriar dos minerais no subsolo, antes de serem extraídos. A concessão não outorga a propriedade sobre a jazida e os bens minerais no subsolo. Estes são bens da União (artigos 20, IX e 176 da Constituição de 1988). Ela concede um direito de propriedade futura, uma espécie de direito de crédito, sobre um bem móvel quando extraído, sobre o produto da lavra, de acordo com o disposto no artigo 176, *caput* da Constituição de 1988.

c. É possível aplicar o conceito de estabelecimento comercial em relação à concessão de lavra no processo falimentar? Qual tratamento é juridicamente adequado a este título?

O conceito de estabelecimento comercial está positivado nos artigos 1.142 e seguintes do Código Civil e apresenta a delimitação conceitual a ser aproveitada pela legislação falimentar. Assim, a resposta sobre a aplicabilidade do dispositivo da Lei de Falências reside na explanação do conceito de estabelecimento dado pela legislação empresarial comum. Trata-se de universalidade de fato, que congrega coletividade de bens corpóreos e incorpóreos organizados pelo empresário para o exercício de sua atividade econômica. À parte da relevância econômica do conceito, sua fundamentação jurídica reside na unificação deste complexo de bens como objeto de um negócio jurídico específico, qual seja, o trespasse, e a respectiva regulação das obrigações dele decorrentes. Conforme explanado, é juridicamente impossível que o título minerário seja incorporado à universalidade de bens organizados pelo empresário para exercício de sua atividade, dada a natureza de direito público da concessão de exploração de lavra, que exige, ademais, procedimento

GILBERTO BERCOVICI

específico para sua circulação, com a anuência prévia do poder concedente, diferente da sistemática aplicável ao trespasse. Neste sentido, o título minerário deve ter o tratamento que lhe impõe a Constituição (artigo 176, § 3º) e a legislação específica. A cessão ou transferência de um título minerário só pode ocorrer após o cumprimento dos requisitos legais e regulamentares (artigos 22, I e 55, § § 1º e 2º do Código de Mineração de 1967), com a obtenção da anuência prévia do DNPM.

d. Qual é o bem jurídico protegido pelo art. 129, VI, da Lei 11.101/2005? A legislação falimentar prevê exceção na aplicação do conceito de estabelecimento comercial?

A Lei Falimentar protege em seu artigo 129, VI a continuidade dos negócios do falido, preservada pela decretação de ineficácia do trespasse perante a massa. Ao adotar conceito técnico-jurídico definido na Lei Civil, revela-se como mais adequada uma interpretação sistemática do referido artigo 129, VI em relação ao direito comercial comum, sob pena de se impor ao empresário injustificada insegurança na formulação de seus negócios. Não há na Lei Falimentar qualquer indicativo de que o legislador tenha excepcionado o conceito legal de estabelecimento comercial. Sendo impeditiva a assimilação do título à universalidade de fato organizada pelo empresário, infere-se a inaplicabilidade do artigo 129, VI ao título minerário em questão.

e. De acordo com a doutrina e a jurisprudência aplicáveis, é indenizável a frustração do direito de lavra? Em quais casos?

A função principal da atividade minerária é o aproveitamento industrial da jazida. Todas as demais utilidades do solo são secundárias e acessórias em relação a este aproveitamento que está vinculado aos objetivos constitucionais. Justamente devido à importância da atividade minerária para a cadeia produtiva, a eventual interrupção ou perturbação da atividade minerária pode gerar prejuízos gigantescos, cabendo ao concessionário prejudicado buscar a sua justa reparação. Caso o concessionário de exploração de recursos minerais, legitimamente constituído, seja impedido ou tenha sua atividade prejudicada por indevida interferência do Poder Público, inclusive uma atuação judicial, violando o

A NATUREZA JURÍDICA DA CONCESSÃO DE LAVRA MINERÁRIA E...

disposto nos artigos 57 e 87 do Código de Mineração, cabe o direito de indenização. A frustração do direito de lavra é indenizável e a responsabilização dos causadores desta frustração é garantida não apenas com base na legislação, como o Código de Mineração, mas também na própria jurisprudência do Supremo Tribunal Federal.

Este é o meu parecer.

São Paulo, 29 de abril de 2013.

PETROBRAS: MONOPÓLIO ESTATAL E POLÍTICA CONCORRENCIAL[*]

1. A FORMAÇÃO DO MERCADO DE COMBUSTÍVEIS NO BRASIL

A atenção para os recursos minerais brasileiros vai ser obtida apenas com a Primeira Guerra Mundial, seja pelos problemas de abastecimento e consequente elevação dos preços, especialmente de carvão, aço e combustíveis, durante o conflito, seja pelo receio de que as riquezas do país pudessem ser alvo da cobiça de nações ou grupos econômicos estrangeiros, muitos dos quais, inclusive, começavam a se instalar no país.

A comercialização dos combustíveis no Brasil, no entanto, era controlada por cinco subsidiárias de grandes companhias estrangeiras (*Standard Oil de New Jersey, Anglo-American* – vinculada à *Royal Dutch Shell, Atlantic Refining Company, Texas Company* e *Caloric Company*).[1] O

---

[*] Este texto foi publicado na *Revista Fórum de Direito Financeiro e Econômico*,Vol. 5, 2014, pp. 135-148 e no livro de DREXL, Josef; BAGNOLI Vicente, (orgs.). *State-Initiated Restraints of Competition*. Cheltenham/Northampton: Edward Elgar, 2015. pp. 40-54.

[1] As famosas "Sete Irmãs" do petróleo são: *Standard Oil of New Jersey* (depois *Exxon*), *Royal Dutch-Shell, Anglo-Iranian Oil Company* (depois *British Petroleum*), *Texaco, Socony-Mobil Oil, Gulf Oil, SOCAL* –*Standard Oil of California*. As empresas *Gulf, SOCAL* e *Texaco* se fundiram para criar a *Chevron*. Às vezes, inclui-se uma oitava irmã: a *Compagnie Française des Pétroles* (CFP). Sobre as origens das "Sete Irmãs", das quais três são oriundas

combustível era importado das refinarias norte-americanas e inglesas, situadas no Golfo do México ou em Aruba, nas Antilhas Holandesas. Os elevados preços e as vantagens tarifárias e cambiais obtidas pelas distribuidoras geraram vários conflitos na década de 1930.[2]

O peso do petróleo e derivados sobre a pauta de importações brasileira, em tempos tumultuados que antecediam a eclosão de mais uma guerra mundial, adquire grande importância. Tratar de petróleo não dizia respeito apenas ao equilíbrio da balança comercial, mas também à dependência nacional em relação ao suprimento de produtos básicos para o processo de industrialização, para o sistema de transportes e comunicações e para a própria defesa do país. É neste contexto que os militares passam, também, a se preocupar com a questão petrolífera, chamando a atenção para a importância estratégica do petróleo e para a vulnerabilidade em que se encontrava o Brasil, totalmente dependente do fornecimento externo de combustíveis.[3]

O Decreto-Lei n. 395, de 29 de abril de 1938, declarou de utilidade pública o abastecimento nacional de petróleo, o que incluía a produção, importação, exportação, o transporte (inclusive a construção de oleodutos), a distribuição e o comércio do petróleo e derivados, bem como a refinação do petróleo, qualquer que fosse a sua procedência (artigo 1º). A União teria a competência exclusiva para atuar neste setor (artigo 2º), cujo órgão responsável pela política petrolífera seria o Conselho Nacional do Petróleo (CNP), vinculado diretamente à Presidência

---

da antiga *Standard Oil*, fundada em 1870 por John D. Rockfeller, *Vide* SAMPSON, Anthony. *The Seven Sisters:* The Great Oil Companies and the World They Shaped. New York: Bantam Books, 1976. pp. 21-69.

[2] WIRTH, John D. *A Política do Desenvolvimento na Era de Vargas*. Rio de Janeiro: Fundação Getúlio Vargas, 1973. pp. 116-118 e MARTINS, Luciano. *Pouvoir et Développement Économique:* Formation et Évolution des Structures Politiques au Brésil. Paris: Éditions Anthropos, 1976. pp. 284-285.

[3] COHN, Gabriel. *Petróleo e Nacionalismo*. São Paulo: Difel, 1968. pp. 41-44 e 46-48; WIRTH, John D. *A Política do Desenvolvimento na Era de Vargas*. Rio de Janeiro: Fundação Getúlio Vargas, 1973. pp. 115-116 e 123-125 e WIRTH, John D. "Setting the Brazilian Agenda, 1936-1953" *In:* WIRTH, John D. (org.). *Latin American Oil Companies and the Politics of Energy*. Lincoln/London: University of Nebraska Press, 1985. pp. 110-113.

da República (artigo 4º). A organização e atribuição de competências do Conselho Nacional do Petróleo foram estabelecidas por meio do Decreto-Lei n. 538, de 7 de julho de 1938.

O Poder Executivo expediu, ainda, o Decreto-Lei n. 3.236, de 7 de maio de 1941, retirando o regime legal das jazidas de petróleo e gás natural (e rochas betuminosas e piro betuminosas) do corpo do Código de Minas. Além de sistematizar melhor a matéria, o Decreto-Lei n. 3.236/1941 determina que as jazidas de petróleo e gás natural existentes em território nacional pertencem, em caráter imprescritível, ao domínio exclusivo da União (artigo 1º, *caput*), reiterando a nulidade de qualquer eventual registro privado (artigo 1º, parágrafo único). A pesquisa e a lavra do petróleo e gases naturais deveriam ser autorizadas e fiscalizadas pelo Conselho Nacional do Petróleo, por sociedades organizadas no país e cujos sócios ou acionistas fossem brasileiros, com participação da União. O artigo 28, *caput* do Decreto-Lei n. 3.236/1941, manteve a autorização para a União, por intermédio do Conselho Nacional do Petróleo, pesquisar e lavrar jazidas de petróleo e industrializar, comercializar e transportar os respectivos produtos. A importância deste Decreto-Lei aumenta pelo fato de ter sido a legislação sobre petróleo que vigorou no Brasil até a instituição formal do monopólio estatal do petróleo e a criação da Petrobras, em 1953, com a aprovação da Lei n. 2.004, promulgada em 3 de outubro daquele ano pelo Presidente Getúlio Vargas.

2. O MONOPÓLIO ESTATAL E A DISTRIBUIÇÃO DE COMBUSTÍVEIS

Após a criação da Petrobras no Segundo Governo Vargas e sua institucionalização durante a Presidência de Juscelino Kubitschek[4], o Presidente João Goulart buscou, ainda, reforçar o monopólio estatal assegurado pela Lei n. 2.004/1953. O Decreto n. 53.337, de 23 de

---

[4] *Vide* BERCOVICI, Gilberto. *Direito Econômico do Petróleo e dos Recursos Minerais*. São Paulo: Quartier Latin, 2011. pp. 163-171.

dezembro de 1963, conferiu à Petrobras o monopólio sobre as importações de petróleo e derivados, buscando um maior equilíbrio na balança de pagamentos. A medida visava permitir uma maior diversificação de fontes de suprimento de combustíveis, além de aumentar o poder de negociação de preços e fretes e de poder ampliar a exportação de produtos brasileiros para os países nos quais o Brasil adquirisse petróleo e derivados.[5]

A distribuição de derivados do petróleo não foi incluída, apesar das tentativas dos nacionalistas, na Lei n. 2.004/1953. No entanto, a partir de 1962, na gestão de Francisco Mangabeira, a Petrobras vai iniciar sua atuação como distribuidora de combustíveis, criando o Escritório de Distribuição de Produtos de Petróleo (EDIPE). O Conselho Nacional do Petróleo aprovou duas resoluções, uma regulamentando o papel da Petrobras como distribuidora de derivados dos órgãos governamentais e empresas estatais; a outra resolução autorizava a Petrobras a atuar como distribuidora de derivados de petróleo em todo o território nacional. A Resolução n. 8 do Conselho Nacional do Petróleo, de dezembro de 1963, previa, ainda, para breve o monopólio integral do setor de distribuição de petróleo e derivados, projeto este abandonado com o golpe militar.[6] No entanto, foi durante o regime militar, quando ocorreu a criação de subsidiárias das várias empresas estatais então existentes que, visando ampliar a atuação da Petrobras no setor de distribuição de combustíveis e derivados do petróleo, instituiu-se a BR-Distribuidora, em janeiro de 1972[7], hoje líder no mercado nacional de distribuição de combustíveis.

---

[5] CARVALHO, Getúlio. *Petrobras:* Do Monopólio aos Contratos de Risco. Rio de Janeiro: Forense Universitária, 1977. pp. 174-175; VIANA, Cibilis da Rocha. *Reformas de Base e a Política Nacionalista de Desenvolvimento:* De Getúlio a Jango. Rio de Janeiro: Civilização Brasileira, 1980. pp. 143-144 e 152-153 e CONTRERAS, Edelmira del Carmen Alveal. *Os Desbravadores:* A Petrobras e a Construção do Brasil Industrial. Rio de Janeiro: Relume-Dumará/ ANPOCS, 1994. p. 88.

[6] MANGABEIRA, Francisco. *Imperialismo, Petróleo, Petrobras.* Rio de Janeiro: Zahar, 1964. pp. 10-11 e 92-117; CARVALHO, Getúlio. *Petrobras:* Do Monopólio aos Contratos de Risco. Rio de Janeiro: Forense Universitária, 1977. pp. 177-178 e DIAS, José Luciano de Mattos; QUAGLINO, Maria Ana. *A Questão do Petróleo no Brasil:* Uma História da Petrobras. Rio de Janeiro: Ed. FGV/Petrobras, 1993. pp. 153-155.

[7] CARVALHO, Getúlio. *Petrobras:* Do Monopólio aos Contratos de Risco. Rio de Janeiro: Forense Universitária, 1977. pp. 178-180; DIAS, José Luciano de Mattos;

PETROBRAS: MONOPÓLIO ESTATAL E POLÍTICA CONCORRENCIAL

Com a Constituição de 1988, a atuação estatal não pode ser considerada mais, segundo Fábio Konder Comparato, uma intervenção, mas o desempenho ordinário de um dever constitucional, explicitado nos princípios e diretrizes do texto da Constituição. O Estado, portanto, está constitucionalmente legitimado a dirigir e a condicionar o processo de reprodução do capital. De acordo com Francesco Galgano, ao intervir sobre o domínio econômico (intervenção por direção ou indução, na classificação de Eros Grau), o Estado decide a quantidade de recursos destinada para a reprodução do capital e a quantidade dirigida a atender os objetivos sociais previstos nas fórmulas emancipatórias da Constituição. O Estado pode, inclusive, retirar uma atividade econômica do mercado se esta atividade significar um obstáculo ou for necessária para a realização dos objetivos constitucionais, por meio do monopólio estatal ou do regime dos serviços públicos.[8]

Em relação à sua origem, o monopólio pode ser de fato ou de direito. Em termos econômicos, os estudos sobre monopólio costumam defini-lo a partir de desvios do modelo neoclássico de concorrência perfeita. No monopólio de fato, ou natural, a concentração econômica se exacerba em detrimento da livre concorrência, e a ordem jurídica atua no sentido de evitar o abuso do poder econômico decorrente desta situação, conforme determina o artigo 173, § 4º da Constituição.[9] O monopólio

---

QUAGLINO, Maria Ana. *A Questão do Petróleo no Brasil:* Uma História da Petrobras. Rio de Janeiro: Ed. FGV/Petrobras, 1993. pp. 155-156 e 179-181 e CONTRERAS, Edelmira del Carmen Alveal. *Os Desbravadores:* A Petrobras e a Construção do Brasil Industrial. Rio de Janeiro: Relume-Dumará/ ANPOCS, 1994. p. 99. Sobre a distribuição de combustíveis no Brasil, *Vide*, ainda, RANDALL, Laura. *The Political Economy of Brazilian Oil*. Westport/London: Praeger, 1993. pp. 157-162.

[8] GALGANO, Francesco. "Pubblico e Privato nella Regolazione dei Rapporti Economici" *In:* GALGANO, Francesco (coord.). *Trattato di Diritto Commerciale e di Diritto Pubblico dell'Economia*. Padova: CEDAM, 1977. Vol. 1, pp. 123-125; GRAU, Eros Roberto. *A Ordem Econômica na Constituição de 1988 :* Interpretação e Crítica, 12ª ed. São Paulo: Malheiros, 2007. pp. 148-151 e COMPARATO, Fábio Konder. "Regime Constitucional do Controle de Preços no Mercado". *Revista de Direito Público*. Janeiro/março, n. 97, São Paulo. p. 18, 1991. Sobre a utilização das expressões "atuação estatal" e "intervenção estatal" e seu significado, *Vide* GRAU, Eros Roberto. *A Ordem Econômica na Constituição de 1988*: Interpretação e Crítica. 12ª ed. São Paulo: Malheiros, 2007. pp. 93-94 e 146-148.

[9] Artigo 173, § 4º da Constituição de 1988: "A lei reprimirá o abuso do poder econômico

de direito é criado para a proteção do interesse público, reservando ao Estado a exclusividade daquela atividade econômica. O conceito constitucional de monopólio é de monopólio estatal, ou público, nunca de monopólio privado. A distinção entre monopólio público e monopólio privado está, inclusive, vinculada aos objetivos econômicos da função de exclusividade, não ao regime jurídico propriamente dito. Não por acaso, o monopólio estatal não está submetido à legislação de defesa da concorrência, ao contrário dos monopólios privados. Além disto, o conceito constitucional de monopólio sempre se refere a um monopólio de direito, não de fato.[10]

O regime de monopólio estatal é, para Eros Grau, uma forma de atuação estatal no domínio econômico por absorção, assumindo o Estado o controle integral dos meios de produção e/ou troca em determinado setor da atividade econômica em sentido estrito.[11] O monopólio estatal é um instrumento da coletividade no moderno Estado intervencionista. Trata-se de uma técnica de atuação estatal, utilizada para realizar determinada tarefa a mando do interesse público. Os alemães costumam denominar o monopólio estatal de "monopólio administrativo" ("*Verwaltungsmonopol*") justamente para enfatizar a vinculação do monopólio à realização de um fim público em favor de um ente titular da Administração Pública, ou particular devidamente autorizado a atuar

---

que vise à dominação dos mercados, à eliminação da concorrência e ao aumento arbitrário dos lucros".

[10] MACHLUP, Fritz. *The Political Economy of Monopoly*: Business, Labor and Government Policies. 4ª ed. Baltimore: The John Hopkins Press, 1967. pp. 37-39 e 48-50; BADURA, Peter. *Das Verwaltungsmonopol*. Berlin: Duncker & Humblot, 1963. pp. 3-5, 7-8, 10-22 e 24-30; MAYER, Heinz. *Staatsmonopole*. Wien/New York: Springer-Verlag, 1976. pp. 2-10 e TÁCITO, Caio. "Ordem Econômica. Concorrência e Monopólio. Gás Natural"*In:* TÁCITO, Caio. *Temas de Direito Público:* Estudos e Pareceres. Rio de Janeiro: Renovar, 1997. Vol. 2, pp. 1136-1137. Isto não significa que não possa ocorrer abuso do poder econômico nos monopólios estatais, o chamado "abuso do monopólio", cujo controle escapa à legislação concorrencial. *Vide* BADURA, Peter. *Das Verwaltungsmonopol*. Berlin: Duncker & Humblot, 1963. pp. 260-280.

[11] GRAU, Eros Roberto. *A Ordem Econômica na Constituição de 1988*: Interpretação e Crítica. 12ª ed. São Paulo: Malheiros, 2007. pp. 127-128 e 148. Ainda sobre a concepção de monopólio estatal, *Vide* MAYER, Heinz. *Staatsmonopole*. Wien/New York: Springer-Verlag, 1976. pp. 1-32.

PETROBRAS: MONOPÓLIO ESTATAL E POLÍTICA CONCORRENCIAL

em seu nome. O monopólio estatal é um instituto jurídico, não de fato, cuja origem é a exteriorização do Poder Público. As normas que o instituem são de direito público, o que não impede que o monopólio seja administrado por uma pessoa jurídica de direito privado. O fundamento do exercício e realização do monopólio é a necessária condução estatal da política econômica. Neste sentido, o monopólio estatal é uma forma especial da economia pública, instituída a partir de considerações de política econômica e de acordo com os dispositivos da constituição econômica e as normas constitucionais instituidoras dos fins do Estado.[12]

O monopólio estatal implica subtrair da esfera da iniciativa privada a legitimação para o exercício de uma determinada atividade em virtude do interesse público. O monopólio está ligado à exclusividade na prestação da atividade econômica ou empresarial, não à propriedade exclusiva dos meios de produção ou à propriedade estatal. A característica essencial do monopólio é a exclusão de outros competidores daquela atividade econômica, denotando um poder amplo de controle sobre a atividade monopolizada. O Estado, inclusive, pode delegar a terceiros o exercício das atividades monopolizadas por ele, desde que devidamente autorizado por lei. Este exercício e realização do monopólio estatal por terceiros geralmente ocorre por meio de uma pessoa jurídica, de direito público ou de direito privado, vinculada à Administração Pública (como uma autarquia ou uma empresa estatal). Este era o caso da redação original do artigo 177, § 1º da Constituição de 1988, que proibia a União de ceder ou conceder qualquer tipo de participação, em espécie ou em valor, na exploração das jazidas de petróleo e gás natural, ressalvada a participação dos Estados e Municípios prevista no artigo 20, § 1º. Pode haver, no entanto, alguns casos de exercício do monopólio estatal com "quebra de reserva" (*"Verwaltungsmonopol mit Durchbrechungsvorbehalt"*), por meio de concessões a particulares.[13]

---

[12] BADURA, Peter. *Das Verwaltungsmonopol*. Berlin: Duncker & Humblot, 1963. pp. 1, 86-95 e 281-282.

[13] BADURA, Peter. *Das Verwaltungsmonopol*. Berlin: Duncker & Humblot, 1963. pp. 1-2, 244-251 e 258-259; COMA, Martin Bassols. *Constitución y Sistema Económico*. 2ª ed. Madrid: Tecnos, 1988. pp. 173-179 e 190-193 e COMPARATO, Fábio Konder.

GILBERTO BERCOVICI

A Emenda Constitucional n. 9, de 9 de novembro de 1995, deu à União a opção de escolher entre a manutenção do sistema de atuação estatal direta ou a adoção de outro sistema, com a possibilidade de contratação de empresas estatais e privadas. A União, portanto, pode atuar diretamente no setor do petróleo, por meio de empresa estatal sob o seu controle acionário (artigo 62 da Lei n. 9.478, de 6 de agosto de 1997, que garante o controle acionário da União sobre a Petrobras). O monopólio estatal no exercício direto das atividades no setor petrolífero foi extinto, mas não o monopólio estatal sobre estas atividades. As atividades do setor petrolífero arroladas no artigo 177 da Constituição de 1988 continuam a ser monopólio estatal. No entanto, até a Emenda n. 9/1995, estas atividades só poderiam ser exercidas diretamente ou por ente vinculado à União (a Petrobras, no caso). A partir do final de 1995, foi aberta a possibilidade de a União explorar aquelas atividades, que continuam monopólio federal por determinação constitucional, diretamente ou mediante a contratação de empresas estatais ou privadas (atual redação do artigo 177, § 1º da Constituição de 1988).

O atual regime jurídico-constitucional do petróleo no Brasil é um caso típico de exercício do monopólio estatal com "quebra de reserva" (*"Verwaltungsmonopol mit Durchbrechungsvorbehalt"*), com a possibilidade de contratação de particulares. A União é quem tem a competência constitucional de decidir quem pode exercer as atividades econômicas no setor de petróleo e gás natural, ou seja, há um "monopólio de escolha do Poder Público".[14] Em suma, a União continua titular do monopólio na

---

"Monopólio Público e Domínio Público: Exploração Indireta da Atividade Monopolista" *In: Direito Público:* Estudos e Pareceres. São Paulo: Saraiva, 1996. pp. 148 e 150-153.

[14] BADURA, Peter. *Das Verwaltungsmonopol.* Berlin: Duncker & Humblot, 1963. pp. 258-259; MORAES, Alexandre de. "Regime Jurídico da Concessão para Exploração de Petróleo e Gás Natural". *Revista de Direito Constitucional e Internacional.* Julho/setembro, n. 36, pp. 163-164 e 166-167. 2001; BORGES, Alexandre Walmott. *A Ordem Econômica e Financeira da Constituição e os Monopólios:* Análise das Alterações com as Reformas de 1995 a 1999. Reimpr. Curitiba: Juruá, 2008. pp. 138-141; BARBOSA, Alfredo Ruy. "A Natureza Jurídica da Concessão para Exploração de Petróleo e Gás Natural" *In:* PIRES, Paulo Valois (org.). *Temas de Direito do Petróleo e do Gás Natural II.* Rio de Janeiro: Lumen Juris, 2005. pp. 22-27 e BUCHEB, José Alberto. *Direito do Petróleo Direito do Petróleo:* A Regulação das Atividades de Exploração

PETROBRAS: MONOPÓLIO ESTATAL E POLÍTICA CONCORRENCIAL

exploração e refino do petróleo, podendo atuar diretamente no setor, atuar mediante empresas estatais ou contratar com a iniciativa privada.

O monopólio da União na exploração e refino do petróleo estende, ainda, seus efeitos aos derivados do petróleo. A autorização, regulação e controle da venda e da distribuição de combustíveis derivados do petróleo, inclusive o gás natural, álcool carburante e combustíveis derivados de matérias-primas renováveis, segundo o artigo 238 da Constituição de 1988, devem ser definidos por lei federal.

3. O ABASTECIMENTO NACIONAL DE COMBUSTÍVEIS COMO SERVIÇO DE UTILIDADE PÚBLICA

Desde o início da elaboração de uma legislação específica sobre petróleo, ainda durante o Estado Novo, por meio do Decreto-Lei n. 395/1938, foi declarado de utilidade pública o abastecimento nacional de petróleo, o que incluía a produção, importação, exportação, o transporte (inclusive a construção de oleodutos), a distribuição e o comércio do petróleo e derivados, bem como a refinação do petróleo, qualquer que fosse a sua procedência (artigo 1º).

Vinculando-se ao debate norte-americano, a noção de serviço de utilidade pública diz respeito a uma atividade privada obtém a atenção especial do Estado, que cria regras para que esta atividade seja empregada em benefício também da coletividade.[15] Este é o sentido do *leading*

---

e Produção de Petróleo e Gás Natural no Brasil. Rio de Janeiro: Lumen Juris, 2007. pp. 123-124.

[15] MELLO, Luiz de Anhaia. *O Problema Económico dos Serviços de Utilidade Pública*. 2ª ed. São Paulo: Prefeitura do Município de São Paulo: 1940. pp. 25-26 e 32-35; PINTO, Francisco Bilac. *Regulamentação Efetiva dos Serviços de Utilidade Pública*. Rio de Janeiro: Forense, 1941. pp. 75-76 e 182-183; BRAGA, Odilon. "Serviços Públicos Concedidos". *Revista de Direito Administrativo*: Seleção Histórica. Rio de Janeiro: Renovar, 1995. pp. 111 e 125 e LOUREIRO, Luiz Gustavo Kaercher. *A Indústria Elétrica e o Código de Águas:* O Regime Jurídico das Empresas de Energia entre a "Concession de Service Public" e a "Regulation of Public Utilities". Porto Alegre: Sergio Antonio Fabris Editor, 2007. pp. 118-124.

GILBERTO BERCOVICI

case da Suprema Corte dos Estados Unidos sobre o tema das *"public utilities"*, o caso *Munn v. Illinois*, de 1876, do qual destaco um trecho do voto vencedor do *Chief Justice* Waite, que, inclusive, foi incorporado à ementa (*syllabus*) da decisão:

> "When, therefore, one devotes his property to a use in which the public has an interest, he, in effect, grants to the public an interest in that use, and must submit to be controlled by the public for the common good, to the extent of the interest he has thus created. He may withdraw his grant by discontinuing the use, but, so long as he maintains the use, he must submit to the control".[16]

As atividades privadas que possuem especial importância e utilidade para a coletividade devem ser regulamentadas pelo Poder Público, mas isto não as torna serviços públicos. São atividades sujeitas à forte ingerência estatal, especialmente regulatória, devendo o Estado, inclusive, provê-las em caso de falta de interesse ou condições de prestação pela iniciativa privada.[17]

O abastecimento nacional de combustíveis continua a ser considerado como um serviço de utilidade pública, como expressamente determina o artigo 1º, § 1º da Lei n. 9.847, de 26 de outubro de 1999. As atividades elencadas pela Lei n. 9.847/1999 como parte do serviço de utilidade pública de abastecimento nacional de combustíveis são todas autorizadas por ato administrativo da ANP, como atividades sujeitas à maior regulação e fiscalização do Estado em virtude de sua importância para a coletividade. O abastecimento nacional de combustíveis abrange as seguintes atividades: produção, importação, exportação, refino, beneficiamento, tratamento, processamento,

---

[16] Munn v. Illinois, 94 U.S. 113, pp. 125-126 (1876).

[17] BANDEIRA DE MELLO, Celso Antônio. "Serviços Públicos e Serviços de Utilidade Pública – Caracterização dos Serviços de Táxi – Ausência de Precariedade na Titulação para prestá-los – Desvio de Poder Legislativo" *In: Pareceres de Direito Administrativo.* São Paulo: Malheiros, 2011. pp. 216-218. *Vide*, ainda, BANDEIRA DE MELLO, Celso Antônio. *Curso de Direito Administrativo.* 28ª ed. São Paulo: Malheiros, 2011. pp. 693-694.

PETROBRAS: MONOPÓLIO ESTATAL E POLÍTICA CONCORRENCIAL

transporte, transferência, armazenagem, estocagem, distribuição, revenda, comercialização, avaliação de conformidade e certificação do petróleo, gás natural e seus derivados.[18]

A ANP define, ainda, com quem o distribuidor de combustíveis poderá comercializar seus produtos e os limites mensais, sempre com a obrigação de informar e a necessidade de aprovação do órgão regulador para boa parte de suas operações (artigo 8º, XV, XVI, XVII e XXI da Lei n. 9.478/1997 e artigos 16, 16-A, 16-B e 20 da Portaria ANP n. 29/1999).[19] Ao distribuidor de combustíveis, inclusive, é vedado expressamente o exercício da atividade de revenda varejista (artigo 12 da Portaria ANP n. 116, de 5 de julho de 2000).

4. O MERCADO DE DISTRIBUIÇÃO E OS PREÇOS ADMINISTRADOS DOS COMBUSTÍVEIS

O abastecimento de combustíveis no Brasil se caracteriza, historicamente, pelo fato de os preços dos vários produtos (gasolina, óleo diesel etc.) serem, em última análise, preços determinados pela Administração Pública, não propriamente pelo mercado. O setor de petróleo e derivados, bem como demais combustíveis, é um exemplo do que se denomina de "preços administrados".[20]

---

[18] BUCHEB, José Alberto. *Direito do Petróleo:* A Regulação das Atividades de Exploração e Produção de Petróleo e Gás Natural no Brasil. Rio de Janeiro: Lumen Juris, 2007. pp. 21-23 e MENEZELLO, Maria D'Assunção Costa. *Comentários à Lei do Petróleo:* Lei Federal n. 9.478, de 6 de agosto de 1997. São Paulo: Atlas, 2000. p. 54.

[19] O petróleo e o gás natural precisam ser destinados preferencialmente ao mercado interno, a partir de parâmetros nacionais, não vinculados à volatilidade das cotações internacionais. O controle da balança de pagamentos e das contas externas do país, inclusive, necessita de um maior controle da exportação e importação de petróleo, gás natural e seus derivados. Esta é, inclusive, a missão do Sistema Nacional de Estoques de Combustíveis, estruturado a partir da Lei n. 8.176, de 8 de fevereiro de 1991.

[20] Cumpre ressaltar que o preço do querosene é definido a partir de vários parâmetros, com influência decisiva dos preços internacionais aplicáveis. Já o preço do álcool combustível (etanol), além dos preços internacionais e outros fatores, também é determinado levando-se em consideração o preço aplicável à gasolina.

A definição clássica do que seria um preço administrado foi dada nos anos 1930 pelo economista Gardiner C. Means, que definiu o preço administrado como um conceito oposto ao do preço formado no mercado:

"By an administrated price I mean one which is set by administrated action and held constant for a period of time".[21]

Desde então, costuma-se contrapor os dois conceitos de preço, o preço administrado e o preço "privado". Os preços "privados" seriam o resultado da livre iniciativa e da ação econômica individual dos agentes que atuam no mercado.[22]

O preço do petróleo e derivados, e combustíveis em geral, foi definido por lei como um preço que deveria ser fixado pelo Estado, a partir de outras considerações que iam além da oscilação normal destes preços no mercado. A competência do antigo Conselho Nacional do Petróleo (CNP) para definir o preço dos combustíveis derivados de petróleo e sua aplicação uniforme a todo o país era definida por lei, conforme estipulava o artigo 10, 'c' do Decreto-Lei n. 538/1938. Por sua vez, a Lei n. 4.452, de 5 de novembro de 1954, atribuía ao CNP a fixação dos preços de venda ao consumidor dos derivados do petróleo, que não precisavam estar sujeitos à homologação de qualquer outro órgão controlador de abastecimento e preços (artigos 13 a 15). Esta mesma atribuição foi assegurada pelo artigo 2º do Decreto-Lei n. 61, de 21 de novembro de 1966, e pelo Decreto-Lei n. 1.599, de 30 de dezembro de 1977. Os custos da equalização dos preços dos derivados do petróleo em todo o país foram cobertos pelo Estado, que ressarcia as distribuidoras pelo custo do transporte e subsidiava o álcool combustível. Como forma de obter recursos para tanto, desde 1984, por meio da Resolução CNP n. 16, de 27 de novembro de 1984, foi instituído o

---

[21] MEANS, Gardiner C. "Price Inflexibility and the Requirements of a Stabilizing Monetary Policy". *Journal of the American Statistical Association*, Vol. 30, p. 401, 1935.

[22] HAUPTKORN, Berndt. *Preisrecht:* Ökonomische Rationalität und praktische Vernunft des allgemeinen und besonderen Rechts der Bildung und Verlautbarung von Preisen. Berlin: Duncker & Humblot, 2000. pp. 32-33.

PETROBRAS: MONOPÓLIO ESTATAL E POLÍTICA CONCORRENCIAL

Frete de Uniformização de Preços (FUP). Além disto, havia uma série de subsídios cruzados que envolviam o consumo de gasolina, diesel, álcool combustível, gás liquefeito de petróleo (GLP) e nafta. A Petrobras, por sua vez, apresentava mensalmente ao CNP um relatório das diferenças de custos e despesas ressarcíveis, como diferenças cambiais e de preço entre o petróleo importado e o preço estabelecido oficialmente, formando as chamadas Conta Petróleo, Conta Derivados e Conta Álcool.[23]

A partir da década de 1990, a política nacional de abastecimento de combustíveis, antes prevista pelo Decreto n. 4.071, de 12 de maio de 1939, foi modificada no sentido de liberalizar os preços dos combustíveis. Com a Lei n. 9.478/1997, a importação de derivados do petróleo foi liberada (artigo 60), assim como foi garantido o livre acesso a oleodutos, tanques e terminais (artigo 58), além de ter sido extinto o mecanismo de equalização dos preços ao consumidor em todo o país.

O primeiro resultado da política liberalizante foi a entrada de uma multiplicidade de novas distribuidoras no mercado, com a disseminação das práticas de adulteração de combustível e de evasão fiscal, delitos para os quais a precária estrutura de fiscalização da ANP nos Estados não estava preparada, o que, inclusive, tornou o ambiente para grandes distribuidoras não integradas bastante inóspito. Não por outro motivo, as grandes distribuidoras internacionais gradualmente deixaram o país por força do domínio de mercado do fornecedor monopolista, de um lado, e pela competição predatória exercida por uma massa de distribuidoras regionais. Com o desenvolvimento da ANP e o amadurecimento do mercado espera-se uma crescente regularização das distribuidoras regionais e sua consolidação.

Os preços do petróleo e derivados continuam sendo considerados preços administrados pelo Banco Central do Brasil, compondo a tabela

---

[23] Para uma análise da política de preços administrados de combustíveis no Brasil, *Vide*, entre outros, RANDALL, Laura. *The Political Economy of Brazilian Oil*. Westport/London: Praeger, 1993. pp. 165-184 e SATHLER, Márcio Werner Lima; TOLMASQUIM, Maurício Tiomno. "A Formação de Preços Derivados de Petróleo no Brasil". *Revista Brasileira de Energia*. Vol. 8, n. 1, pp. 1-5.

GILBERTO BERCOVICI

de preços administrados que influenciam no Índice Nacional de Preços ao Consumidor Amplo (IPCA). Apesar da retórica da liberalização de preços, o Estado continua sendo dotado de instrumentos para o controle do setor de petróleo, como a Resolução ANP n. 4, de 6 de agosto de 2002, que, em seu artigo 1º, § 1º dispõe que a ANP, caso sejam comprovadas práticas abusivas ou ocorram circunstâncias que afetem a adequada formação de preços, poderá tomar as medidas necessárias para o retorno à normalidade, inclusive, em caráter temporário, fixar preços máximos.

O Estado brasileiro continua utilizando um controle de preços estabelecido por meio da atuação de suas empresas estatais. No setor de petróleo e derivados e combustíveis, a empresa responsável por este tipo de controle administrativo indireto de preços é a Petrobras, cuja tarefa é facilitada pelo fato de ser monopolista legal na maior parte das atividades da indústria petrolífera (artigo 177 da Constituição de 1988) e, consequentemente, ser detentora de boa parte do mercado nacional de combustíveis. Apenas como exemplo desta situação, em 2010, segundo dados oficiais da ANP, a Petrobras sozinha foi responsável por 98,1% da capacidade total do refino de petróleo no Brasil.[24] A Petrobras, em virtude de sua posição institucional e econômica, consegue, assim, estabelecer níveis de preços que pressionam e limitam os preços praticados por seus concorrentes no setor de distribuição de combustíveis.

Os preços administrados são o campo de exceção da formação dos preços concorrenciais. No caso extremo de formação integral do preço pelo Estado, os preços não são mais o resultado da escassez econômica ou de escolhas privadas, mas exclusivamente de decisões políticas, que devem estar fundadas no ordenamento jurídico e tendo por finalidade a preservação do interesse público, a fim de que guardem sua racionalidade prática. A existência dos preços administrados demonstra, assim, o fato de que existem setores na economia que tendem a ser não competitivos, exigindo, portanto, mecanismos de regulação mais intensa definidos pelo Estado em complementação ou até mesmo no lugar da concorrência.[25]

---

[24] *Anuário Estatístico Brasileiro do Petróleo, Gás Natural e Biocombustíveis – 2011*, p. 97, disponível em http://www.anp.gov.br

[25] HAUPTKORN, Berndt. *Preisrecht*: Ökonomische Rationalität und praktische Vernunft des allgemeinen und besonderen Rechts der Bildung und Verlautbarung von

5. O PODER DE COMPRA DA PETROBRAS, A POLÍTICA INDUSTRIAL E A POLÍTICA CONCORRENCIAL

A Constituição de 1988 prevê expressamente a livre concorrência como um princípio da ordem econômica constitucional (artigo 170, IV). Ao incorporar a concorrência livre como um princípio, o texto constitucional explicitou a compreensão de que a concorrência é um meio, um instrumento de política econômica, não um objetivo da ordem econômica constitucional.[26]

Massimo Motta elenca uma série de objetivos de política pública concorrencial: bem-estar econômico geral (o objetivo mais importante, em sua opinião), bem-estar do consumidor, proteção às pequenas empresas, promoção da integração econômica (como no caso europeu), garantir a liberdade econômica, estabilidade macroeconômica (combate à inflação, por exemplo) e justiça e equidade no tratamento dos consumidores e rivais. Além disto, Motta afirma que pode haver outros fatores vinculados às políticas públicas afetando a concorrência, como buscar reduzir o desemprego e a recessão (razões sociais), a quebra do poder econômico de determinados agentes e grupos (razões políticas),

---

Preisen. Berlin: Duncker & Humblot, 2000. pp. 41-42, 172-173 e 189-190. *Vide*, ainda, a apreciação crítica de GALBRAITH, John Kenneth. *A Theory of Price Control:* The Classic Account 3ª ed. Cambridge (Ma.)/London: Harvard University Press, 1980. pp. 70-75.

[26] GUERREIRO, José Alexandre Tavares. "Formas de Abuso de Poder Econômico". *Revista de Direito Mercantil.* Abril/junho, n. 66, p. 49, 1987; GRAU, Eros Roberto. *A Ordem Econômica na Constituição de 1988*: Interpretação e Crítica. 12ª ed. São Paulo: Malheiros, 2007. pp. 208-214 e FORGIONI, Paula A. *Os Fundamentos do Antitruste.* 2ª ed. São Paulo: RT, 2005. pp. 24-26, 87-93 e 190-199. *Vide*, ainda, REICH, Norbert. *Markt und Recht:* Theorie und Praxis des Wirtschaftsrechts in der Bundesrepublik Deutschland. Neuwied/Darmstadt: Luchterhand, 1977. pp. 243-245. Em um sentido distinto, entendendo a concorrência não apenas como um meio ou como um meio entre outros, mas como meio e como objetivo, *Vide* FIKENTSCHER, Wolfgang. *Wirtschaftsrecht.* München: C. H. Beck'sche Verlagsbuchhandlung, 1983. Vol. 2, pp.143-151. Já para uma visão totalmente contrária, entendendo a livre concorrência como um fim, um objetivo, não como um meio ou instrumento, *Vide* HOPPMANN, Erich. *Wirtschaftsordnung und Wettbewerb.* Baden-Baden: Nomos Verlagsgesellschaft, 1988. pp. 185-188, 238-253 e 276-295.

razões ambientais ou medidas de política industrial e de política de comércio exterior (razões estratégicas).[27] Após esta exaustiva análise, Massimo Motta chega a uma definição de política concorrencial:

> "To define competition policy (or anti-trust policy as it is more often called in the US) is not an easy task. A possible definition might be as follows: 'the set of policies and laws, which ensure that competition in the marketplace is not restricted in a way that is detrimental to society. [...] In Section 1.3 I have argued that economic welfare is the objective competition authorities and courts should pursue. That brings me to define competition as 'the set of policies and laws which ensure that competition in the marketplace is not restricted in a way as to reduce economic welfare'".[28]

O importante neste debate sobre a defesa da concorrência como política pública é perceber, como faz Norbert Reich, que o problema da política concorrencial acaba se reduzindo a um conflito de objetivos entre funções político-sociais e funções estritamente econômicas. Ao incluir a livre concorrência como um princípio da ordem econômica constitucional, o legislador constituinte instrumentalizou a concorrência, de modo a vincular o direito concorrencial a alcançar determinados objetivos da política econômica geral.[29]

O agente essencial do processo de inovação é a empresa, geralmente a de grande porte, pois é necessária uma alocação intensiva de recursos financeiros, técnicos e humanos. Ao introduzir inovações, a

---

[27] MOTTA, Massimo. *Competition Policy:* Theory and Practice. 12ª ed. Cambridge/New York: Cambridge University Press, 2009. pp. 17-30.

[28] MOTTA, Massimo. *Competition Policy:* Theory and Practice. 12ª ed. Cambridge/New York: Cambridge University Press, 2009. p. 30.

[29] Sobre este tema, *Vide* REICH, Norbert. *Markt und Recht:* Theorie und Praxis des Wirtschaftsrechts in der Bundesrepublik Deutschland. Neuwied/Darmstadt: Luchterhand, 1977. pp. 245-246. Para a crítica do que Hoppmann denominou de *"instrumentalização da política concorrencial"* (*"Instrumentalisierung der Wettbewerbspolitik"*), *Vide* HOPPMANN, Erich. *Wirtschaftsordnung und Wettbewerb*. Baden-Baden: Nomos Verlagsgesellschaft, 1988. pp. 48-54.

PETROBRAS: MONOPÓLIO ESTATAL E POLÍTICA CONCORRENCIAL

empresa modifica também o poder relativo dos vários agentes econômicos no mercado, alterando suas próprias condições de competir.[30] Para Schumpeter, o principal impulsionador do desenvolvimento econômico capitalista é justamente a inovação. Ao constituírem formas de concorrência que não se manifestam pela dimensão preço, as inovações assumem-se como *"nonprice competition"*; além de, simultaneamente, serem meios de diferenciação de produtos que tendem a gerar algum grau de poder de mercado potencial. Este poder de mercado, obviamente, só pode ser aferido *ex post*, caso o esforço de inovação seja bem sucedido. A característica essencial de qualquer inovação é a incerteza *ex ante* da rentabilidade dos investimentos necessários. Schumpeter descarta os métodos de análise "estática" da concorrência, centrada na dimensão do preço, por considerá-los insuficientes para perceber a importância das inovações na dinâmica e transformação do sistema econômico.[31] Schumpeter entende que o poder monopolista encoraja os esforços de pesquisa e desenvolvimento.[32]

Neste sentido, talvez seja útil adotar a distinção, proposta por Hovenkamp, entre a inovação resultante de colaboração e a inovação exclusivamente interna à empresa. Quando uma empresa inova exclusivamente por si própria, sem acordos com outras empresas, raramente esta inovação irá violar a legislação concorrencial. Vários economistas destacam a importância da estratégia da diferenciação de produtos para

---

[30] POSSAS, Silvia. "Concorrência e Inovação" *In:* PELAEZ, Victor; SZMRECSÁNYI, Tamás (orgs.). *Economia da Inovação Tecnológica*. São Paulo: Hucitec, 2006. p. 32 e ARBIX, Glauco. *Inovar ou Inovar:* A Indústria Brasileira entre o Passado e o Futuro. São Paulo: Ed. Papagaio, 2007. pp. 38-39 e 49.

[31] SCHUMPETER, Joseph Alois. *Business Cycles:* A Theoretical, Historical, and Statistical Analysis of the Capitalist Process. Reimpr. da 1ª ed. Chevy Chase/Mansfield Centre: Bartleby's Books/Martino Publishing, 2005. Vol. I, pp. 91-92 e SILVA, Miguel Moura e. *Inovação, Transferência de Tecnologia e Concorrência:* Estudo Comparado do Direito da Concorrência dos Estados Unidos e da União Europeia. Coimbra: Almedina, 2003. pp.27-29 e 32-34.

[32] SCHUMPETER, Joseph Alois. *Business Cycles:* A Theoretical, Historical, and Statistical Analysis of the Capitalist Process. Reimpr. da 1ª ed. Chevy Chase/Mansfield Centre: Bartleby's Books/Martino Publishing, 2005. Vol. I, pp. 96-97 e 108-109 e SCHUMPETER, Joseph Alois. *Capitalism, Socialism and Democracy.* Reimpr. New York: Harper Perennial, 2001. pp. 87-106.

GILBERTO BERCOVICI

a lucratividade das empresas, tática esta empregada intensamente nos países mais desenvolvidos. A concorrência, portanto, não pode ser analisada exclusivamente de um ponto de vista estático, pois os agentes econômicos podem criar, eliminar, aumentar ou diminuir suas diferenças, modificando as características dos seus produtos.[33]

A política de inovação é parte essencial de toda e qualquer política industrial contemporânea, sendo perfeitamente compatível com a defesa da concorrência.[34] A recente aprovação da "Lei do Poder de Compra Nacional" (Lei n. 12.349, de 15 de dezembro de 2010), ao alterar dispositivos da Lei n. 8.666, de 21 de junho de 1993, que dispõe a respeito das normas gerais sobre licitações e contratos da Administração Pública, reforça a política industrial, consolida a proteção à empresa nacional e amplia os incentivos à inovação por parte do setor privado. O Poder Público pode, em determinadas condições, dar preferência à aquisição de bens ou serviços de empresas brasileiras que desenvolvem tecnologia, contribuindo, assim, com o processo de inovação da economia nacional. O objetivo desta legislação é justamente mobilizar o poder de compra governamental para a aquisição de produtos e serviços nacionais, instituindo margem de preferência de até 25% nos processos de licitação e focando em setores como saúde, defesa, têxtil e confecções, calçados, entre outros. O Estado brasileiro, com a nova legislação, assumiu o papel de motor da inovação no país, utilizando a política de compras públicas como um fator determinante

---

[33] SCHUMPETER, Joseph Alois. *Capitalism, Socialism and Democracy*. Reimpr. New York: Harper Perennial, 2001. pp. 81-82, 84-86 e 100-106; ARBIX, Glauco. *Inovar ou Inovar:* A Indústria Brasileira entre o Passado e o Futuro. São Paulo: Ed. Papagaio, 2007. pp. 115-116 e POSSAS, Silvia, "Concorrência e Inovação". *In:* PELAEZ, Victor; SZMRECSÁNYI, Tamás (orgs.). *Economia da Inovação Tecnológica*. São Paulo: Hucitec, 2006. p. 15.

[34] SALOMÃO Filho, Calixto. *Direito Concorrencial:* As Estruturas. São Paulo: Malheiros, 1998. pp. 176-199 e 220-222; HOVENKAMP, Herbert. *The Antitrust Enterprise:* Principle and Execution Reimpr. Cambridge (Ms.)/London: Harvard University Press, 2008. p. 15 e ARBIX, Glauco. *Inovar ou Inovar:* A Indústria Brasileira entre o Passado e o Futuro. São Paulo: Ed. Papagaio, 2007. pp. 28-33. *Vide*, ainda, EIFERT, Martin. "Innovationsfördernde Regulierung" *In:* EIFERT, Martin; HOFFMANN-RIEM, Wolfgang (orgs.). *Innovationsfördernde Regulierung:* Innovation und Recht II. Berlin: Duncker & Humblot, 2009. p. 17.

PETROBRAS: MONOPÓLIO ESTATAL E POLÍTICA CONCORRENCIAL

no incentivo à inovação e ao mercado interno como centro dinâmico do processo de desenvolvimento.[35]

No setor do petróleo, a Petrobras desempenha um papel fundamental para a realização das políticas industrial e de inovação estabelecidas pelo governo federal.[36] As afirmações comuns do debate do direito concorrencial não podem ser aplicadas com sucesso para a análise das singularidades de uma empresa de proporções gigantescas, favorecida pelo monopólio legal do petróleo, e, ao mesmo tempo, destinatária e realizadora dos grandes empreendimentos no campo da inovação da história recente do Brasil.

---

[35] Neste mesmo sentido, *Vide* BARBOSA, Denis Borges. (org.), *Direito da Inovação:* Comentários à Lei Federal de Inovação, Incentivos Fiscais à Inovação, Legislação Estadual e Local, Poder de Compra do Estado (Modificações à Lei de Licitações). 2ª ed. Rio de Janeiro: Lumen Juris, 2011. pp. 197-236 e 250-267.

[36] PHILIP, George. *Oil and Politics in Latin America:* Nationalist Movements and State Companies. Reimpr., Cambridge/New York: Cambridge University Press, 2006. pp. 390-392; DIAS, José Luciano de Mattos; QUAGLINO, Maria Ana. *A Questão do Petróleo no Brasil:* Uma História da Petrobras. Rio de Janeiro: Ed. FGV/Petrobras, 1993. pp. 128-131 e ORTIZ Neto, José Benedito; DALLA COSTA, Armando João. "A Petrobras e a Exploração de Petróleo Offshore no Brasil: Um Approach Evolucionário". *Revista Brasileira de Economia.* Vol. 61, n. 1, pp. 100-102. Foi criado um programa de desenvolvimento de tecnologia própria para exploração de petróleo em águas profundas, o PROCAP (Programa de Capacitação Tecnológica em Águas Profundas), que, em determinados anos, chegou a receber até 1% do faturamento da Petrobras, algo inédito na história do desenvolvimento tecnológico brasileiro. Sobre os projetos financiados pelo PROCAP, as inovações tecnológicas obtidas e os rumos dos investimentos em pesquisa e desenvolvimento realizados pela Petrobras, *Vide* ORTIZ Neto, José Benedito; DALLA COSTA, Armando João. "A Petrobras e a Exploração de Petróleo Offshore no Brasil: Um Approach Evolucionário". *Revista Brasileira de Economia.* Vol. 61, n. 1, pp. 102-106. Sobre o investimento em pesquisa e tecnologia, *Vide*, ainda, RANDALL, Laura. *The Political Economy of Brazilian Oil.* Westport/London: Praeger, 1993. pp. 241-251. Além do PROCAP, há, ainda, o CTPETRO, fundo setorial de financiamento do desenvolvimento científico e tecnológico criado em 1998, cujos recursos são provenientes dos *royalties* do petróleo, e é administrado em conjunto pelo Ministério da Ciência e Tecnologia e pela Agência Nacional do Petróleo.

O SETOR PORTUÁRIO, A NOVA LEI DOS PORTOS E A CONSAGRAÇÃO DO "ESTADO GARANTIDOR" NO BRASIL[*]

A regulação do setor portuário só pode ser feita no bojo de um modelo de regulação do setor de transportes em sua integralidade, pois os diferentes modais que o integram (rodoviário, ferroviário, aquaviário) convergem para uma mesma funcionalidade e oferecem o mesmo bem (a circulação de pessoas e mercadorias), razão pela qual há quem defenda um modelo de regulação global e unitária para o setor de transportes. Todavia, há fatores que determinam o tratamento diferenciado dos diversos modais: há especificidades de ordem física (a base viária utilizada pelos veículos transportadores), geográfica (a abrangência do atendimento e a localização das vias) e econômica (os custos específicos envolvidos em cada modal) que implicam (mas não determinam de forma absoluta) peculiaridades jurídicas. Apenas para ilustrar a interdependência analítica e pragmática desses fatores mencionados, basta que mencionemos com um simples exemplo das escolhas envolvidas na formulação de uma política pública de transportes. No caso mesmo do setor portuário, é

---

[*] Este texto foi publicado no livro Nelson Cavalcante e Silva Filho; WARDE Jr, Walfrido Jorge e BAYEUX Neto, José Luiz (orgs.). *Direito Marítimo e Portuário:* Novas Questões. São Paulo: Quartier Latin, 2013, pp. 421-432.

GILBERTO BERCOVICI

óbvio que a ligação entre dois entrepostos comerciais separados pelo mar pode acabar por determinar a utilização do modal da navegação marítima; contudo, dependendo-se das distâncias e trajetos de transportes considerados, os custos do transporte podem induzir à construção de vias rodoviárias ou ferroviárias, por terra ou por pontes. Ademais, a extensão dessa malha viária, bem como seu trajeto, determinam, em princípio, qual esfera da Federação seria a responsável pela formulação da política pública.

A Constituição de 1988 conferiu a competência sobre a prestação dos serviços portuários e sua regulação à União (artigos 21, XII, 'f' e 22, X).[1] Não é difícil perceber em tal atribuição de competência certa visão de que a administração dos portos estaria atrelada à tutela de interesses que extrapolariam aqueles que seriam pertinentes aos demais entes federativos, principalmente por conta da abrangência territorial envolvida na atividade. Segundo tal concepção, a coordenação da atividade em um setor que constitui uma etapa essencial da cadeia logística e da infraestrutura do país deveria ficar a cargo da União, o ente federativo responsável por zelar pelo interesse nacional.

A visão sistêmica e integradora do setor de transportes é determinada, assim pelo próprio texto constitucional, quando este determina ser competência da União o estabelecimento dos princípios e diretrizes do Sistema Nacional de Viação (artigo 21, XXI da Constituição de 1988 e Lei n. 12.379, de 06 de janeiro de 2011[2]), bem como legislar sobre

---

[1] "Artigo 21, XII, 'f' da Constituição de 1988: Compete à União: XII – explorar, diretamente ou mediante autorização, concessão ou permissão: f) os portos marítimos, fluviais e lacustres".

"Artigo 22, X da Constituição de 1988: Compete privativamente à União legislar sobre: X – regime dos portos, navegação lacustre, fluvial, marítima, aérea e aeroespacial".

[2] "Artigo 2º da Lei n. 12.379/2011: O Sistema Nacional de Viação é constituído pela infraestrutura física e operacional dos vários modos de transporte de pessoas e bens, sob jurisdição dos diferentes entes da Federação. § 1º Quanto à jurisdição, o Sistema Nacional de Viação é composto pelo Sistema Federal de Viação e pelos sistemas de viação dos Estados, do Distrito Federal e dos Municípios. § 2º Quanto aos modos de transporte, o Sistema Nacional de Viação compreende os subsistemas rodoviário, ferroviário, aquaviário e aeroviário".

O SETOR PORTUÁRIO, A NOVA LEI DOS PORTOS E A CONSAGRAÇÃO...

as diretrizes da política nacional de transportes e sobre trânsito e transporte (artigo 22, IX e XI da Constituição de 1988). O artigo 178 da Constituição também reforça a competência federal:

> "A lei disporá sobre a ordenação dos transportes aéreo, aquático e terrestre, devendo, quanto à ordenação do transporte internacional, observar os acordos firmados pela União, atendido o princípio da reciprocidade".

O Sistema Nacional de Viação depende grandemente dessas vias de acesso ao exterior que são os portos, e é razoável que, por conta da abrangência dos interesses envolvidos, a gestão dos portos fique com a União, conforme explicitam, além da Constituição, os artigos 25 a 33 da Lei n. 12.379/2011. Afinal, o setor portuário está fortemente vinculado à política econômica nacional, especialmente à política de comércio exterior, à política nacional de transportes e à segurança nacional, dada a localização estratégica de vários portos.[3] Para termos uma ideia da dimensão do setor portuário na economia brasileira, devemos ressaltar que, em 2007, os portos foram responsáveis por 76,7% do comércio internacional brasileiro, o que equivale aproximadamente a US$ 188 bilhões em mercadorias.[4]

A legislação portuária ganha relevo e importância no Brasil a partir da Revolução de 1930. O Governo Provisório de Getúlio Vargas inaugurou a sistematização legislativa do setor portuário, por meio do Decreto n. 24.447, de 22 de junho de 1934, do Decreto n. 24.508, de 29 de junho de 1934, do Decreto n. 24.511, de 29 de junho de 1934 e do Decreto n. 24.599, de 03 de julho de 1934. Nestes decretos introduziu-se,

---

[3] Neste mesmo sentido, *Vide* MENDONÇA, Fernando. *Direito dos Transportes.* 2ª ed. São Paulo: Saraiva, 1990. pp. 11-14 e LIMA, Cristiana Maria Melhado Araújo. *Regime Jurídico dos Portos Marítimos.* São Paulo: Verbatim, 2011. pp. 41-42.

[4] Cf. CAMPOS Neto, Carlos Alvares da Silva. FERREIRA, Iansã Melo, ROMMINGER, Alfredo Eric, PÊGO, Bolívar; VASCONCELOS, Leonardo Fernandes. "Portos Brasileiros: Diagnóstico, Políticas e Perspectivas" *In:* PÊGO, Bolívar; CAMPOS Neto, Carlos Alvares da Silva (orgs.). *Infraestrutura Econômica no Brasil:* Diagnósticos e Perspectivas para 2025. Brasília: IPEA, 2010. Vol. 1, pp. 462 e 490-491.

GILBERTO BERCOVICI

pela primeira vez no Brasil, a concepção de porto organizado e de serviços portuários, regulamentando de forma sistematizada e coerente a utilização das instalações portuárias.[5] De acordo com os decretos de 1934, que vigoraram até a década de 1990, porto organizado é o porto que tenha sido melhorado, ou aparelhado, atendendo-se às necessidades da navegação e da movimentação e guarda de mercadorias e cujo tráfego se realize sob a direção de uma Administração do Porto[6] (artigo 2º do Decreto n. 24.447/1934), a quem cabia a execução dos serviços portuários e a conservação das instalações portuárias.[7] O Decreto n. 24.447/1934 definiu também a repartição das competências ministeriais sobre as várias atividades desenvolvidas nos portos. Por sua vez, o Decreto n. 24.508/1934 definiu os serviços prestados pela Administração do Porto (artigo 5º) e as tarifas portuárias (artigos 22 e 23). A utilização das instalações portuárias foi

---

[5] ALMEIDA, José Américo de. *O Ciclo Revolucionário do Ministério da Viação.* 2ª ed. João Pessoa/Natal: Fundação Casa de José Américo/Fundação Guimarães Duque, 1982. pp. 21-23 e 111-115; CAVALCANTI, Themístocles Brandão. *Instituições de Direito Administrativo Brasileiro.* Rio de Janeiro: Freitas Bastos, 1936. pp. 340-344; COLLYER, Wesley O. *Lei dos Portos:* O Conselho de Autoridade Portuária e a Busca da Eficiência. São Paulo: Lex Editora, 2008. pp. 28-29; COLLYER, Wesley O. "A Autoridade Portuária Brasileira" *In:* CASTRO Jr, Osvaldo Agripino de; PASOLD, Cesar Luiz. (coords.). *Direito Portuário, Regulação e Desenvolvimento.* 2ª ed. Belo Horizonte: Fórum, 2011. p. 99 e LIMA, Cristiana Maria Melhado Araújo. *Regime Jurídico dos Portos Marítimos.* São Paulo: Verbatim, 2011. pp. 17-20.

[6] Segundo o parágrafo único do artigo 2º do Decreto n. 24.447/1934, a administração do porto pode ser uma dependência direta do Governo Federal, ou de concessionário, ou arrendatário, a quem, por contrato, tenha sido delegada a execução dos serviços portuários.

[7] Artigo 3º do Decreto n. 24.447/1934: "Sob a denominação de "instalações portuárias", compreende-se, nos portos organizados: a) os ancoradouros, as docas, ou os trechos de rios, em que as embarcações sejam autorizadas a fundear, ou a efetuar operações de carregamento ou descarga; b) as vias de acesso aos ancoradouros, às docas, aos cáis, ou às pontes de acostagem, desde que tenham sido construídos ou melhorados, ou que devam ser mantidos pelas administrações dos portos; c) os cáis, pontes de acostagem, guia-correntes, ou quebra-mares, construídos para a atracação de embarcações ou para a tranquilidade e profundidade das águas, nos portos, ou nas respectivas vias de acesso; d) as áreas de terreno, os armazéns e outros edifícios, as vias férreas e as ruas, bem como todo o aparelhamento de que os portos disponham, para atender às necessidades do respectivo tráfego e à reparação e conservação das próprias instalações portuárias, que tenham sido adquiridos, criados, construídos, ou estabelecidos, com autorização do Govêrno Federal. Parágrafo único. As "instalações portuárias" podem ser contínuas ou localizadas em pontos diferentes do mesmo pôrto, mas devem estar sempre sujeitas à mesma administração do porto".

O SETOR PORTUÁRIO, A NOVA LEI DOS PORTOS E A CONSAGRAÇÃO...

regulada pelo Decreto n. 24.511/1934, inclusive com a previsão expressa da observância da igualdade de tratamento nas relações entre a Administração do Porto e os usuários.[8] As regras das concessões para exploração e ampliação dos serviços portuários foram definidas pelo Decreto n. 24.599/1934, que revogou, inclusive, a antiga legislação imperial que ainda se encontrava em vigor (Lei n. 1.746, de 13 de outubro de 1869).

O órgão responsável pela administração e exploração dos portos no Brasil era o Departamento Nacional de Portos e Navegação (DNPN), vinculado ao Ministério da Viação e Obras Públicas, criado por meio do Decreto n. 23.067, de 11 de agosto de 1933.[9] O Decreto-Lei n. 6.166, de 31 de dezembro de 1943, alterou o nome do DNPN para Departamento Nacional de Portos, Rios e Canais (DNPRC), sendo suas competências modificadas pelo Decreto-Lei n. 8.904, de 24 de janeiro de 1946. Finalmente, a Lei n. 4.213, de 14 de fevereiro de 1963, além de alterar o nome do DNPRC para Departamento Nacional de Portos e Vias Navegáveis (DNPVN), atribuiu a natureza jurídica de autarquia ao órgão e delimitou de forma mais abrangente as suas competências, como responsável pela política de portos e vias navegáveis da União.

A legislação implementada desde 1934 tinha como fundamento a administração estatal dos portos. No entanto, no início da ditadura militar, por meio dos artigos 26, 27 e 28 do Decreto-Lei n. 05, de 4 de abril de 1966[10], foram criados os terminais portuários de uso privativo.

---

[8] Artigo 1º, § 1º do Decreto n. 24.511/1934: "§ 1º. Todos os que se utilizarem das instalações portuarias receberão das administrações dos portos tratamento sem preferência, orientado pelo objectivo de conseguir das referidas instalações a maxima efficiencia".

[9] Para a justificativa do então Ministro da Viação do Governo Provisório, José América de Almeida, da criação de um órgão proveniente da fusão das antigas Inspetoria Federal de Portos, Rios e Canais e Inspetoria Federal de Navegação, *Vide* ALMEIDA, José Américo de. *O Ciclo Revolucionário do Ministério da Viação*. 2ª ed. João Pessoa/Natal: Fundação Casa de José Américo/Fundação Guimarães Duque, 1982. pp. 397-405.

[10] Artigo 26 do Decreto-Lei n. 05/1966: "É permitido a embarcadores ou a terceiros, satisfeitas as exigências da legislação em vigor, construir ou explorar instalações portuárias, a que se refere o Decreto-lei número 6.460, de 2 de maio de 1944, independentemente da movimentação anual de mercadorias, desde que a construção seja realizada sem ônus para o Poder Público ou prejuízo para a segurança nacional, a exploração se faça para uso próprio. § 1º Em qualquer caso, fica assegurada à administração do pôrto a cujo

GILBERTO BERCOVICI

Esta política portuária complementava as medidas tomadas pelo Marechal Castello Branco, que instituiu, por meio do Decreto n. 55.282, de 22 de dezembro de 1964, uma política de exportação de recursos minerais que atendia aos interesses de empresas multinacionais, como a *Hanna Mining* (cujos interesses eram defendidos, entre outros, pelo então Ministro do Planejamento Roberto Campos), com a facilitação da criação de enclaves de exportação do minério de ferro do vale do rio Paraopeba, a concessão da utilização da Rede Ferroviária Federal e a ampliação da rede portuária, inclusive com a possibilidade de construção de portos privados na baía de Sepetiba (RJ).[11]

---

hinterland (Decreto n. 24.511, de 29 de junho de 1934, art. 2º Parágrafo único) se destinarem ou do qual provierem as mercadorias movimentadas nas instalações, a que se refere êste artigo, a percepção das taxas previstas na tabela N da tarifa do pôrto, as quais serão fixadas atendidas as condições de economicidade do empreendimento. § 2º Além da percepção das taxas previstas no parágrafo anterior, fica, ainda, assegurada à administração do pôrto a percepção das taxas previstas na tabela A da tarifa do pôrto sôbre as mercadorias movimentadas nas instalações a que se refere êste artigo, quando estas se situarem na área sujeita à administração do pôrto e delimitada pelo Ministério da Viação e Obras Públicas. § 3º O disposto nos parágrafos anteriores se aplica às instalações já existentes. § 4º É revogado o art. 1º do Decreto-lei 6.460, de 2 de maio de 1944, no que se refere ao limite do valor das instalações".
"Artigo 27 do Decreto-Lei n. 05/1966: Poderão ser locados ou arrendados a seus usuários ou a outrem os terrenos, armazéns e outras instalações portuárias, tendo preferência na locação ou arrendamento a longo prazo, os que se dispuserem a investir para completar, expandir ou aparelhar as instalações, ressalvados os interêsses da segurança nacional".
"Artigo 28 do Decreto-Lei n. 05/1966: Nos portos organizados, poderão ser executados por entidades estivadoras ou por terceiros, nas condições estabelecidas em regulamento, os serviços de movimentação de mercadorias e de armazenagem interna, o seu transporte de um para outro ponto das instalações, inclusive pelas vias férreas do pôrto, bem como todos os demais serviços portuários incumbidos às administrações de portos. Parágrafo único. A regulamentação a que se refere êste artigo obedecerá, entre outros, aos seguintes princípios: a) a movimentação de mercadorias será realizada por entidades estivadoras com a utilização, quando fôr o caso, do pessoal e do aparelhamento das administrações dos portos; b) a utilização, total ou parcial, das instalações portuárias dependerá de contrato, que poderá ser a prazo ou para operação de carga ou descarga de navio; c) a arrecadação e o contrôle da Taxa de Melhoramento dos Portos continuarão, respectivamente, a cargo das administrações dos portos e do Departamento Nacional de Portos e Vias Navegáveis; e d) as entidades estivadoras ou terceiros, quando arrendatários ou locatários de instalações portuárias, ficam sujeitos, no que couber, aos preceitos legais que disciplinam as administrações dos portos".
[11] PEREIRA, Osny Duarte. *Ferro e Independência:* Um Desafio à Dignidade Nacional. Rio de Janeiro: Civilização Brasileira, 1967. pp. 227-271; VENÂNCIO Filho, Alberto.

O SETOR PORTUÁRIO, A NOVA LEI DOS PORTOS E A CONSAGRAÇÃO...

A Lei n. 6.222, de 10 de julho de 1975, extinguiu a autarquia DNPVN e criou a foi criada a Empresa de Portos do Brasil S.A. – POR-TOBRÁS, empresa pública federal, vinculada ao Ministério dos Transportes, que, até sua extinção em 1990, foi responsável pela Política Portuária Nacional e pela gestão dos portos públicos brasileiros, seja atuando diretamente, seja mediante a constituição de subsidiárias integrais (que poderiam ter, segundo o artigo 5º da Lei n. 6.222/1975, natureza jurídica de sociedade de economia mista ou de empresa pública).[12] Essas subsidiárias da PORTOBRÁS, empresas estatais de âmbito regional, detinham o monopólio das atividades portuárias, de modo que a iniciativa privada era minimamente atuante no setor, restringindo-se a investir no uso de terminais destinados a movimentar exclusivamente cargas das empresas proprietárias de pequenas instalações.

Em 1990, a PORTOBRÁS foi extinta[13], tendo sido sucedida pela União, que, mediante a atuação tímida dos Ministérios ligados à área[14],

---

A Intervenção do Estado no Domínio Econômico: O Direito Público Econômico no Brasil. Rio de Janeiro:Ed. FGV, 1968. pp. 142-144; COMPANHIA VALE DO RIO DOCE. *A Mineração no Brasil e a Companhia Vale do Rio Doce*. Rio de Janeiro: Companhia Vale do Rio Doce, 1992. pp. 273-275 e VILLAS-BÔAS, Ana Lucia. *Mineração e Desenvolvimento Econômico:* A Questão Nacional nas Estratégias de Desenvolvimento do Setor Mineral (1930-1964). Rio de Janeiro: CNPq/CETEM, 1995. Vol. 2, pp. 14-16.

[12] Algumas das companhias subsidiárias da PORTOBRÁS eram a Companhia Docas do Espírito Santo S.A – CODESA, a Companhia Docas do Rio de Janeiro – CDRJ; a Companhia Docas do Estado de São Paulo – CODESP, e tanta outras mais, muitas atuantes até hoje. *Vide* MENDONÇA, Fernando. *Direito dos Transportes*. 2ª ed. São Paulo: Saraiva, 1990. pp. 24-26. Para a defesa da criação destas empresas estatais de âmbito regional no setor portuário, *Vide* BOGHOSSIAN, Zaven. "O Problema Portuário Nacional" *In:* FLORES, Mario César. (coord.). *Panorama do Poder Marítimo Brasileiro*. Rio de Janeiro: Biblioteca do Exército/Serviço de Documentação Geral da Marinha, 1972. pp. 281-283. Sobre os motivos da criação de subsidiárias das empresas estatais durante o regime militar, *Vide* BERCOVICI, Gilberto. "A Atuação do Estado Brasileiro no Domínio Econômico" *In:* PINTO, Eduardo Costa; CARDOSO Jr, José Celso; LINHARES, Paulo de Tarso. (orgs.). *Estado, Instituições e Democracia:* Desenvolvimento. Brasília: IPEA, 2010. Vol 3, pp. 477-481.

[13] Artigo 4º, I da Lei n. 8.029, de 12 de abril de 1990.

[14] A falta de definição de políticas públicas para o setor é refletida pela inconstância verificada na estrutura burocrática a elas afeta. De 1990 a 1992, os portos estiveram sob a alçada do Ministério da Infra-Estrutura, entidade esta que viria a se transformar no

passou a tentar coordenar as várias estatais exploradoras dos portos. A essa época, configurava-se um panorama de descentralização (com cada empresa funcionando conforme seus próprios critérios de gestão, muitas vezes de acordo com influências políticas estaduais ou regionais), participação diminuta de particulares na atividade portuária e um contexto normativo absolutamente caótico, vez que diversas leis e regulamentos tratavam do setor portuário de modo pouco concertado.

Neste início dos anos 1990, era difícil apontar o que se apresentava como causa e o que seria consequência da obsolescência instaurada. Todavia, é certo que o descaso administrativo, bem como a falta de uma legislação apropriada, eram sintomas e *Vide*ntes do esgotamento do modelo então em vigor. Face à completa estagnação do setor, e no bojo de um movimento que clamava por mudanças e "modernização", foi editada a Lei n. 8.630, de 25 de fevereiro de 1993, denominada então de Lei dos Portos, ou Lei da Modernização dos Portos, que dispôs sobre o regime jurídico do setor portuário. Pretendeu-se, com esta lei, liberalizar mercados, oferecendo mais oportunidades de acesso da iniciativa privada à exploração da infraestrutura. No entanto, isso ocorreu sem que se tivesse uma política pública bem definida para o setor.

A criação da Agência Nacional de Transporte Aquaviário – ANTAQ se deu por meio da edição da Lei n. 10.233, de 05 de junho de 2001 (artigos 1º, IV e 21). Medidas mais recentes como a criação da Secretaria Especial dos Portos (artigos 1º, XI e 24-A da Lei n. 10.683, de 28 de maio de 2003, modificações introduzidas inicialmente por intermédio da Lei n. 11.518, de 05 de setembro de 2007), indicaram uma suposta pretensão de instaurar um maior controle estatal sobre a atividade portuária. De fato, a construção do novo arcabouço institucional foi feita em camadas sucessivas. Isso provocou um problema de compatibilização de disposições normativas que ainda acarreta várias dificuldades para a formulação de políticas públicas que visem a aumentar a capacidade de operação dos portos brasileiros. Este processo culminou, de forma atabalhoada, na Medida Provisória n. 595, de 6 de

---

Ministério dos Transportes e das Comunicações e, apenas no fim de 1992, desmembrada para que se constituísse o atual Ministério dos Transportes.

O SETOR PORTUÁRIO, A NOVA LEI DOS PORTOS E A CONSAGRAÇÃO...

dezembro de 2012, que, após tumultuados debates, foi convertida na atual Lei dos Portos (Lei n. 12.815, de 05 de junho de 2013).

Quando foi promulgada a Lei n. 8.630/1993, a intenção declarada era buscar uma maior atuação da iniciativa privada no setor portuário, abandonando-se o monopólio estatal. Para tanto, definiu-se na legislação a concessão de bens e serviços públicos portuários, o arrendamento dos terminais nos portos públicos, e as condições de liberalização da atuação dos agentes privados nas instalações de uso privativo.

A concessão portuária a empresas privadas praticamente não foi intentada com base na Lei n. 8.630/1993. Os assim chamados "portos organizados", os portos públicos (artigo 1º, § 1º, I da Lei n. 8.630/1993 e artigo 2º, I da Lei n. 12.815/2013), foram mantidos sob o controle de entidades públicas (como é o caso dos portos estadualizados com fundamento na Lei n. 9.277, de 10 de maio de 1996). Apesar de as Companhias Docas federais atuarem como delegatárias, a relação jurídica que se estabeleceu entre essas empresas e a União assemelha-se, na realidade, a uma descentralização administrativa.

No entanto, embora tenha preservado a titularidade pública do serviço portuário, a Lei n. 8.630/1993 instituiu um sistema de gestão e administração portuárias em que os setores privados interessados detinham grande parcela de influência. Deste modo, o Estado, mesmo que por meio das Companhias Docas remanescentes, não é o único gestor das atividades portuárias, devendo reparti-las com o setor privado e seus interesses econômicos.

Além da lógica da concessão do serviço público portuário para que, muitas vezes, fosse prestado pelo setor privado, nos termos do artigo 175 da Constituição de 1988, a Lei n. 8.630/1993 criou a figura da Autoridade Portuária, dotada de grau razoável de autonomia na gestão e administração dos portos, e da qual fazem parte e influenciam os vários representantes da iniciativa privada. A Autoridade Portuária era o ente público (a União ou seus entes integrantes da Administração Indireta, como as empresas estatais) responsável pela administração e exploração do porto, em atuação conjunta com o Conselho da Autoridade Portuária (CAP).

GILBERTO BERCOVICI

Na sistemática da Lei n. 8.630/1993, o Conselho da Autoridade Portuária tinha grande importância, com atribuições de verdadeiro órgão regulador local[15], tendo sido inspirado, segundo Wesley Collyer, nos antigos Conselhos de Usuários ou Conselhos Especiais de Usuários, órgãos colegiados sem poderes deliberativos que existiam em vários portos brasileiros.[16] A Lei n. 12.815/2013 manteve as atribuições do órgão administrativo, a Autoridade Portuária (artigos 17, 18 e 19 da nova Lei dos Portos, que reproduzem praticamente o texto do antigo artigo 33 da Lei n. 8.630/1993). No entanto, os poderes dos Conselhos da Autoridade Portuária foram completamente esvaziados, sendo estes órgãos reduzidos expressamente a meros órgãos consultivos da administração portuária, sem toda aquela gama de funções que lhes era atribuída diretamente pela legislação anterior (artigo 20 da Lei n. 12.815/2013).

---

[15] As competências do Conselho de Autoridade Portuária estavam definidas no artigo 30 da Lei n. 8.630/1993: "Art. 30. Será instituído, em cada porto organizado ou no âmbito de cada concessão, um Conselho de Autoridade Portuária. § 1º Compete ao Conselho de Autoridade Portuária: I – baixar o regulamento de exploração; II – homologar o horário de funcionamento do porto; III – opinar sobre a proposta de orçamento do porto; IV – promover a racionalização e a otimização do uso das instalações portuárias; V – fomentar a ação industrial e comercial do porto; VI – zelar pelo cumprimento das normas de defesa da concorrência; VII – desenvolver mecanismos para atração de cargas; VIII – homologar os valores das tarifas portuárias; IX – manifestar-se sobre os programas de obras, aquisições e melhoramentos da infra-estrutura portuária; X – aprovar o plano de desenvolvimento e zoneamento do porto; XI – promover estudos objetivando compatibilizar o plano de desenvolvimento do porto com os programas federais, estaduais e municipais de transporte em suas diversas modalidades; XII – assegurar o cumprimento das normas de proteção ao meio ambiente; XIII – estimular a competitividade; XIV – indicar um membro da classe empresarial e outro da classe trabalhadora para compor o conselho de administração ou órgão equivalente da concessionária do porto, se entidade sob controle estatal; XV – baixar seu regimento interno; XVI – pronunciar-se sobre outros assuntos de interesse do porto. § 2º Compete, ainda, ao Conselho de Autoridade Portuária estabelecer normas visando o aumento da produtividade e a redução dos custos das operações portuárias, especialmente as de contêineres e do sistema *roll-on-roll-off*".

[16] COLLYER, Wesley O. *Lei dos Portos:* O Conselho de Autoridade Portuária e a Busca da Eficiência. São Paulo: Lex Editora, 2008. pp. 77-91; COLLYER, Wesley O. "A Autoridade Portuária Brasileira" *In:* CASTRO Jr, Osvaldo Agripino de; PASOLD, Cesar Luiz (coords.). *Direito Portuário, Regulação e Desenvolvimento.* 2ª ed. Belo Horizonte: Fórum, 2011. pp. 100-114 e LIMA, Cristiana Maria Melhado Araújo. *Regime Jurídico dos Portos Marítimos.* São Paulo: Verbatim, 2011. pp. 119-122 e 147-148.

O SETOR PORTUÁRIO, A NOVA LEI DOS PORTOS E A CONSAGRAÇÃO...

A Lei n. 8.630/1993 diferenciou, em seu artigo 4º, § 2º, os terminais portuários de uso público e os terminais portuários de uso privativo. Os terminais de uso público destinam-se à prestação dos serviços portuários, destinando-se aos usuários em geral e devendo transportar toda e qualquer carga, a qualquer momento. Sua gestão se dá diretamente pela União ou por meio de concessão. Afinal, a exploração dos serviços portuários é, conforme expressamente determina o artigo 21, XII, 'f' da Constituição de 1988, um serviço público, que não se restringe apenas ao porto, como universalidade de bens e serviços. Todos os que atuem em um porto organizado, de um modo ou outro, desempenhando funções vinculadas ao serviço público portuário, mesmo se arrendatários. A União tem o poder-dever de explorar os portos, diretamente, ou mediante autorização, concessão ou permissão, portanto, todos os que participarem da exploração do terminal portuário de uso público estarão executando também uma parcela do serviço público atribuído constitucionalmente à União.[17]

Já os terminais portuários de uso privativo serviam para atender as necessidades de grandes empresas que movimentavam volumes expressivos de carga por meio de transporte aquaviário. A legislação previa quatro modalidades distintas de terminais portuários de uso privativo: os de turismo, os de uso exclusivo, os mistos e as estações de transbordo de cargas. Os terminais portuários de uso privativo para turismo destinavam-se exclusivamente para movimentação de passageiros e bagagens. As estações de transbordo de cargas estavam situadas fora da área do porto e eram utilizadas, exclusivamente, para operação de transbordo de cargas, destinadas ou provenientes da navegação interior. Os terminais privativos de uso exclusivo eram os destinados às grandes empresas com carga própria, como a Petrobras ou a Companhia Vale do Rio Doce.

---

[17] TÁCITO, Caio. "Regime de Portos. Terminal Privativo. Permissão" *In:* TÁCITO, Caio. *Temas de Direito Público:* Estudos e Pareceres. Rio de Janeiro: Renovar, 1997. Vol. 2. pp. 1246-1247; TÁCITO, Caio. "Concessão de Serviço de Porto" *In:* TÁCITO, Caio. *Temas de Direito Público:* Estudos e Pareceres. Rio de Janeiro: Renovar, 1997. Vol. 2. pp. 1253-1260 e BANDEIRA DE MELLO, Celso Antônio. "Concessão de Serviço Público e Autorização ante o Artigo 175 da CF – Porto Organizado e Portos Privativos" *In: Pareceres de Direito Administrativo*. São Paulo: Malheiros, 2011. pp. 361-366.

GILBERTO BERCOVICI

Finalmente, os terminais portuários de uso privativo misto eram os que movimentam e armazenam, além de carga própria, carga de terceiros (artigo 4º, § 2º, II da Lei n. 8.630/1993).[18]

A nova Lei dos Portos (Lei n. 12.815/2013), dentre outras modificações, vem justamente eliminar a distinção entre terminais portuários de uso exclusivo e terminais portuários de uso privativo misto (denominados apenas de "terminal de uso privado", de acordo com o seu artigo 2º, IV), possibilitando, assim, que empresas privadas explorem o serviço público portuário sem licitação[19], em concorrência direta com os portos públicos, e sem nenhuma das garantias e exigências do regime de serviço público (continuidade da prestação, modicidade tarifária, previsão de reversão dos bens ao poder concedente, etc.). Este dispositivo, inclusive, é de duvidosa constitucionalidade, haja vista a exigência do texto constitucional de 1988 em relação ao dever de licitar[20] imposto ao Estado na prestação de serviços públicos (artigo 175, *caput* da Constituição[21]), como os serviços portuários, serviços públicos por determinação constitucional (artigo 21, XII, 'f' da Constituição).

---

[18] CAMPOS Neto, Carlos Alvares da Silva; FERREIRA, Iansã Melo. ROMMINGER; Alfredo Eric. PÊGO, Bolívar; VASCONCELOS, Leonardo Fernandes. "Portos Brasileiros: Diagnóstico, Políticas e Perspectivas" PÊGO, Bolívar; CAMPOS Neto, Carlos Alvares da Silva (orgs.). *Infraestrutura Econômica no Brasil:* Diagnósticos e Perspectivas para 2025. Brasília: IPEA, 2010. Vol. 1,pp. 460-462; BANDEIRA DE MELLO, Celso Antônio. "Concessão de Serviço Público e Autorização ante o Artigo 175 da CF – Porto Organizado e Portos Privativos" *In: Pareceres de Direito Administrativo.* São Paulo: Malheiros, 2011. pp. 365-367 e HECKLER, Gabriela. "Terminais Portuários de Uso Privativo Misto e Aplicação do Decreto n. 6.620/08" *In:* CASTRO Jr, Osvaldo Agripino de; PASOLD, Cesar Luiz. (coords.). *Direito Portuário, Regulação e Desenvolvimento.* 2ª ed. Belo Horizonte: Fórum, 2011. pp. 161-163.

[19] Segundo o artigo 8º, I da Lei n. 12.815/2013, os terminais de uso privado serão explorados mediante autorização, precedida de chamada ou anúncio públicos, e, quando for o caso, processo seletivo público.

[20] Sobre o dever constitucional de licitar, *Vide*, por todos, BANDEIRA DE MELLO, Celso Antônio. *Curso de Direito Administrativo.* 28ª ed. São Paulo: Malheiros, 2011. pp. 528-531.

[21] "Artigo 175, *caput:* Incumbe ao Poder Público, na forma da lei, diretamente ou sob regime de concessão ou permissão, *sempre através de licitação*, a prestação de serviços públicos" (grifos meus)

O SETOR PORTUÁRIO, A NOVA LEI DOS PORTOS E A CONSAGRAÇÃO...

A prova, inclusive, de que a nova legislação foi elaborada para beneficiar a criação de terminais de uso privado para movimentação de cargas de terceiros está na própria redação do artigo 8º da Lei n. 12.815/2003:

> "Artigo 8º Serão exploradas mediante autorização, precedida de chamada ou anúncio públicos e, quando for o caso, processo seletivo público, as instalações portuárias localizadas fora da área do porto organizado, compreendendo as seguintes modalidades:
>
> I – terminal de uso privado;
>
> II – estação de transbordo de carga;
>
> III – instalação portuária pública de pequeno porte;
>
> IV – instalação portuária de turismo.
>
> § 1º A autorização será formalizada por meio de contrato de adesão, que conterá as cláusulas essenciais previstas no *caput* do art. 5º, com exceção daquelas previstas em seus incisos IV e VIII.
>
> § 2º A autorização de instalação portuária terá prazo de até 25 (vinte e cinco) anos, prorrogável por períodos sucessivos, desde que:
>
> I – a atividade portuária seja mantida; e
>
> II – o autorizatário promova os investimentos necessários para a expansão e modernização das instalações portuárias, na forma do regulamento.
>
> § 3º A Antaq adotará as medidas para assegurar o cumprimento dos cronogramas de investimento previstos nas autorizações e poderá exigir garantias ou aplicar sanções, inclusive a cassação da autorização".

Todos estes procedimentos de seleção previstos nos parágrafos do artigo 8º da Lei n. 12.815/2013 só fazem sentido para terminais que movimentem cargas de terceiros. No caso de terminais de uso privativo que movimentem carga própria são um total disparate, podendo até consistir em obstáculos ao exercício da atividade econômica. Afinal, para os agentes econômicos interessados exclusivamente em movimentar carga própria, qual é o sentido de submeter a sua necessidade de transporte a um procedimento em que terceiros possam interferir, obstaculizar ou até mesmo impedir sua atuação? Percebe-se, então, o direcionamento da nova legislação no sentido de favorecer a instalação de terminais de uso privativo para movimentação de cargas de terceiros, contribuindo, assim, não para fortalecer a infraestrutura portuária brasileira, mas para garantir a prevalência do interesse privado de poucos agentes econômicos em detrimento do sucateamento dos portos públicos brasileiros.

A nova Lei dos Portos (Lei n. 12.815/2013) consolida no Brasil um modelo de atuação do Estado bem distinto do previsto na Constituição de 1988. Trata-se de um Estado que não garante a prestação dos serviços públicos ou das políticas públicas, sequer da implantação ou recomposição da infraestrutura do país, pelo contrário. Consagra-se um Estado que busca garantir, especialmente por mecanismos financeiros ou fiscais, como as isenções ou as parcerias público-privadas, a remuneração e a lucratividade do investimento privado, mesmo que em detrimento da adequada prestação do serviço público ou da realização da obra pública.

Esta forma de atuação do Estado é assim defendida por Canotilho:

> "Não há pacto de estabilidade e crescimento que escape à lógica da captação de investimentos directos, nacionais e estrangeiros. Mas o Estado que os atrai tem ele próprio de ser um Estado garantidor da concorrência. As empresas privadas adoptam estratégias de deslocalização, de política de investimento e de mão de obra tendentes a redução dos custos de exercício e maximização de lucros. O Estado, por sua vez, assume cumplicidade com estas estratégias com a criação de infraestruturas, benefícios fiscais, legislação laboral. As políticas públicas optam por encaminhar os dinheiros públicos para grandes investimentos infraestruturantes (aeroportos, vias férreas, autoestradas) em vez de os desonerar para os serviços garantidores da efectivação de direitos sociais. Em quase todos os países se assiste à substituição de serviços públicos por empresas de interesse econômico geral, muitas delas privatizadas".[22]

---

[22] CANOTILHO, José Joaquim Gomes. "A Governance do Terceiro Capitalismo e a Constituição Social (Considerações Preambulares)" *In:* CANOTILHO, José Joaquim

O SETOR PORTUÁRIO, A NOVA LEI DOS PORTOS E A CONSAGRAÇÃO...

Este modelo de Estado que atua apenas no sentido de garantir a concorrência e o livre jogo das forças de mercado, abstendo-se da maior parte das políticas públicas de natureza econômica e social, ficou conhecido no debate europeu como "Estado garantidor" (*"Gewährleistungsstaat"*).[23] Afinal, a garantia da remuneração do capital é assegurada pelo Estado de qualquer maneira, mesmo em detrimento dos direitos dos seus cidadãos.

O problema é que o "Estado garantidor" pode ser satisfatório para alguns agentes econômicos privilegiados e parcela do sistema político que busca servir aos seus interesses, mas não resolve, nem a curto, nem a médio, nem a longo prazos os graves problemas de infraestrutura do país. Apenas com a retomada do planejamento das políticas públicas de transporte será possível estruturar o Sistema Nacional de Viação visando promover o desenvolvimento e a integração nacional. O aumento da participação do transporte aquaviário na configuração da matriz de transportes de carga brasileira é, portanto, essencial neste processo de recuperação e de transformação da nossa infraestrutura viária.[24] Os paliativos impostos pela nova Lei dos Portos apenas servem para favorecer determinados interesses privados em detrimento do interesse público sem efetivamente apresentar uma política de desenvolvimento para os portos brasileiros. O planejamento estratégico, bem como a atuação direta e decisiva do Estado brasileiro, são fundamentais para que o setor portuário possa se tornar mais adequado e eficiente, visando a sua interligação com os sistemas rodoviário e ferroviário e a melhoria da nossa rede de transportes e do escoamento da produção nacional.

Gomes; STRECK, Lenio Luiz. (coords.). *Entre Discursos e Culturas Jurídicas.* Coimbra: Coimbra Ed., 2006. pp. 149-150.

[23] Sobre o conceito e características do "Estado garantidor" (*"Gewährleitungsstaat"*), *Vide* KNAUFF, Mathias. *Der Gewährleistungsstaat: Reform der Daseinsvorsorge* – Eine rechtswissenschaftliche Untersuchung unter besonderer Berücksichtigung des ÖPNV. Berlin: Duncker & Humblot, 2004. pp. 60-91, 235-249 e 263-292 e SCHUPPERT, Gunnar Folke. "Der Gewährleistungsstaat – modische Label oder Leitbild sich wandelnder Staatlichkeit?" *In:* SCHUPPERT, Gunnar Folke. (org.). *Der Gewährleitungsstaat: Ein Leitbild auf dem Prüfstand.* Baden-Baden: Nomos Verlagsgesellschaft, 2005. pp. 11-52.

[24] LESSA, Carlos. "Infraestrutura e Logística no Brasil" *In:* CARDOSO Jr. José Celso. (org.). *Desafios ao Desenvolvimento Brasileiro:* Contribuições do Conselho de Orientação do IPEA. Brasília: IPEA, 2009. Vol. 1, pp. 78-83.

INCONSTITUCIONALIDADE DA RESTRIÇÃO À PARTICIPAÇÃO DE CONCESSIONÁRIOS DE SERVIÇOS DE INFRAESTRUTURA AEROPORTUÁRIA EM NOVAS CONCESSÕES DE AEROPORTOS[*]

CONSULTA

O Sindicato dos Trabalhadores nas Empresas de Transporte Aéreo do Município do Rio de Janeiro e o Sindicato dos Aeroviários de Minas Gerais honram-me com a formulação da seguinte consulta, cujos termos transcrevo abaixo:

Recentemente a Agência Nacional de Aviação Civil (ANAC) publicou minuta de edital para a concessão dos aeroportos de Confins e Galeão em razão do disposto no art. 27 da Lei n. 11.182/2005. O edital veicula a seguinte restrição:

> "3.15. Não poderão participar deste Leilão pessoas jurídicas, isoladamente ou em Consórcio, que: [...] 3.15.5. Sejam acionistas das concessionárias de serviço público de infraestrutura aeroportuária de aeroportos brasileiros, suas controladoras, controladas e coligadas".

---

[*] Este texto foi publicado na *Revista Brasileira de Infraestrutura*, vol. 6, 2014, pp. 205-228.

GILBERTO BERCOVICI

Como se percebe, de acordo com a minuta de edital, as atuais concessionárias de aeroportos e seus acionistas estarão impedidas de participar do futuro certame. Uma das justificativas apresentadas pelo governo federal foi a preservação da concorrência entre os aeroportos conforme os estudos econômicos que embasaram a minuta do edital e ali não se tem demonstração alguma de que haveria dano ao ambiente concorrencial no mercado de provimento de serviços aeroportuários caso os atuais concessionários de aeroportos (ou seus acionistas) compusessem grupos que viessem a assumir os aeroportos de Confins ou Galeão. Vale ressaltar que um dos efeitos da restrição à participação aqui exposta é desfavorecer empresas brasileiras investidoras em infraestrutura que pretendem se capacitar como operadores aeroportuários nacionais.[1] Diante disso, pergunta-se:

(i) A preocupação com participação cruzada nas concessionárias dos aeroportos justifica a restrição ao edital, tendo em vista que os dados econômicos presentes nos estudos não apontam concorrência entre os aeroportos envolvidos[2]?

(ii) A restrição à participação das atuais concessionárias (e seus acionistas) significa infringência ao art. 219 da Constituição Federal?

PARECER

1. O DEVER CONSTITUCIONAL DE LICITAR E DE TRATAR OS CONCORRENTES COM ISONOMIA

Tornou-se corrente afirmar que com o Estado intervencionista contemporâneo, governar passou a não ser mais a gerência de fatos

---

[1] Não só os grupos vencedores das concessões de Brasília (que é o mesmo que opera o aeroporto de São Gonçalo do Amarante, em Natal), Guarulhos e Viracopos. Há uma série de aeroportos menores que também são administrados por empresas investidores em infraestrutura aeroportuária. Por exemplo, os aeroportos de Cabo Frio e Angra dos Reis (controle do grupo Libra).

[2] Os estudos estão disponíveis no link: http://www2.anac.gov.br/transparencia/audienciasPublicasEmAndamento.asp

INCONSTITUCIONALIDADE DA RESTRIÇÃO À PARTICIPAÇÃO...

conjunturais, mas também, e, sobretudo, o planejamento do futuro, com o estabelecimento de políticas a médio e longo prazo. A execução de políticas públicas, tarefa primordial do Estado, com a consequente exigência de racionalização técnica para a consecução dessas mesmas políticas, acaba por se revelar muitas vezes incompatível com as instituições clássicas do Estado liberal.[3]

Em relação especificamente ao direito administrativo, no Estado Democrático de Direito, a base do direito administrativo só pode ser a Constituição. Afinal, de acordo com a célebre expressão de Fritz Werner, o direito administrativo é o *"direito constitucional concretizado"*.[4] É incorreto aceitar acriticamente conceitos e princípios pré-constitucionais só por estarem consolidados na doutrina administrativista, como salienta Antonio Reigada. A Constituição obriga a reformulação, mesmo que parcial, de todas as categorias do direito administrativo.[5] Ao mesmo tempo em que as Constituições do século XX incorporaram os conflitos sociais e econômicos e buscaram se remodelar conjuntamente com as mudanças estruturais sofridas pelo Estado, o direito administrativo continuou, em muitos conceitos e definições, preso aos mesmos moldes liberais do século XIX, entendendo o Estado como um inimigo. Nestes

---

[3] Cf. MANNHEIM, Karl. *Liberdade, Poder e Planificação Democrática*. São Paulo: Mestre Jou, 1972. pp. 152-153; COMPARATO, Fábio Konder. "Um Quadro Institucional para o Desenvolvimento Democrático" *In:* JAGUARIBE, Hélio *et al. Brasil, Sociedade Democrática*, 2ª ed. Rio de Janeiro: José Olympio, 1986, pp. 397-399 e 407-408; COMPARATO, Fábio Konder, "Planejar o Desenvolvimento: a Perspectiva Institucional" *In: Para Viver a Democracia*. São Paulo: Brasiliense, 1989. pp. 96-100 e GRIMM, Dieter. "Die Zukunft der Verfassung" *In: Die Zukunft der Verfassung*. 2ª ed. Frankfurt am Main: Suhrkamp, 1994, pp. 413-420.

[4] WERNER, Fritz. "Verwaltungsrecht als konkretisiertes Verfassungsrecht" *In: Recht und Gericht in unserer Zeit:* Reden, Vorträge, Aufsätze 1948-1969. Köln: Carl Heymans Verlag, 1971. pp. 212-226.

[5] REIGADA, Antonio Troncoso. "Dogmática Administrativa y Derecho Constitucional: El Caso del Servicio Público". *Revista Española de Derecho Constitucional* Setembro/ dezembro, n. 57. Madrid: Centro de Estudios Políticos y Constitucionales, pp. 87-98. 1999. e OTERO, Paulo. "Constituição e Legalidade Administrativa: A Revolução Dogmática do Direito Administrativo" *In:* TAVARES, André Ramos; FERREIRA, Olavo A. V. Alves; LENZA, Pedro. (coords.). *Constituição Federal, 15 Anos:* Mutação e Evolução – Comentários e Perspectivas. São Paulo: Método, 2003. pp. 147-148.

GILBERTO BERCOVICI

termos, fundada na cisão entre Estado e sociedade (=mercado), a única tarefa do direito administrativo seria a defesa do indivíduo contra o Estado[6], o que tornaria as formas clássicas do direito administrativo insuficientes para as necessidades prestacionistas de um Estado intervencionista atuante.[7] Este descompasso demonstra a necessidade de construção de um direito administrativo dinâmico, que esteja a serviço da concretização dos direitos fundamentais e da Constituição.[8]

A Constituição de 1988 conferiu a competência sobre a prestação dos serviços de navegação aérea e infraestrutura aeroportuária e sua regulação à União (artigos 21, XII, 'c' e 22, X).[9] Não é difícil perceber em tal atribuição de competência certa visão de que a administração dos aeroportos estaria atrelada à tutela de interesses que extrapolariam aqueles que seriam pertinentes aos demais entes federativos, principalmente por conta da abrangência territorial envolvida na atividade. Segundo tal concepção, a coordenação da atividade em um setor que constitui uma etapa essencial da cadeia logística e da infraestrutura do país deveria ficar a cargo da União, o ente federativo responsável por zelar pelo interesse nacional.

A visão sistêmica e integradora do setor de transportes é determinada, assim pelo próprio texto constitucional, quando este determina

---

[6] GRAU, Eros Roberto. "O Estado, a Liberdade e o Direito Administrativo" *In: O Direito Posto e o Direito Pressuposto*. 5ª ed. São Paulo: Malheiros, 2003. pp. 257-264.

[7] BADURA, Peter. *Verwaltungsrecht im liberal und im sozialen Rechtsstaat*. Tübingen: J.C.B. Mohr (Paul Siebeck), 1966. pp. 12-27 e HESSE, Konrad. *Grundzüge des Verfassungsrechts der Bundesrepublik Deutschland*. 20ª ed. Heidelberg: C.F. Müller Verlag, 1999, pp. 93-94.

8 Dieter GRIMM, "Die Zukunft der Verfassung" *In: Die Zukunft der Verfassung*. 2ª ed. Frankfurt am Main: Suhrkamp, 1994, pp. 434-437 e OTERO, Paulo. "Constituição e Legalidade Administrativa: A Revolução Dogmática do Direito Administrativo" *In:* TAVARES, André Ramos; FERREIRA, Olavo A. V. Alves; LENZA, Pedro. (coords.). *Constituição Federal, 15 Anos:* Mutação e Evolução – Comentários e Perspectivas. São Paulo: Método, 2003. pp. 148-151.

[9] "Artigo 21, XII, 'f' da Constituição de 1988: Compete à União: XII – explorar, diretamente ou mediante autorização, concessão ou permissão: c) a navegação aérea, aeroespacial e a infraestrutura aeroportuária".

"Artigo 22, X da Constituição de 1988: Compete privativamente à União legislar sobre: X – regime dos portos, navegação lacustre, fluvial, marítima, aérea e aeroespacial".

INCONSTITUCIONALIDADE DA RESTRIÇÃO À PARTICIPAÇÃO...

ser competência da União o estabelecimento dos princípios e diretrizes do Sistema Nacional de Viação (artigo 21, XXI da Constituição de 1988 e Lei n. 12.379, de 06 de janeiro de 2011[10]), bem como legislar sobre as diretrizes da política nacional de transportes e sobre trânsito e transporte (artigo 22, IX e XI da Constituição de 1988) e pelo artigo 178 da Constituição.[11]

A exploração dos serviços de infraestrutura aeroportuária, deste modo, acarreta uma série de consequências jurídicas advindas do próprio texto constitucional de 1988. A primeira delas é a exigência de licitação. A licitação é uma imposição constitucional expressa[12], conforma determinam os artigos 37, XXI e 175, *caput* da Constituição de 1988:

> "Artigo 37, XXI ressalvados os casos especificados na legislação, as obras, serviços, compras e alienações serão contratados mediante processo de licitação pública que assegure igualdade de condições a todos os concorrentes, com cláusulas que estabeleçam obrigações de pagamento, mantidas as condições efetivas da proposta, nos termos da lei, o qual somente permitirá as exigências de qualificação técnica e econômica indispensáveis à garantia do cumprimento das obrigações".

> "Artigo 175, caput Incumbe ao Poder Público, na forma da lei, diretamente ou sob regime de concessão ou permissão, sempre através de licitação, a prestação de serviços públicos".

---

[10] "Artigo 2º da Lei n. 12.379/2011: O Sistema Nacional de Viação é constituído pela infraestrutura física e operacional dos vários modos de transporte de pessoas e bens, sob jurisdição dos diferentes entes da Federação. § 1º – Quanto à jurisdição, o Sistema Nacional de Viação é composto pelo Sistema Federal de Viação e pelos sistemas de viação dos Estados, do Distrito Federal e dos Municípios. § 2º – Quanto aos modos de transporte, o Sistema Nacional de Viação compreende os subsistemas rodoviário, ferroviário, aquaviário e aeroviário".

[11] "Artigo 178. A lei disporá sobre a ordenação dos transportes aéreo, aquático e terrestre, devendo, quanto à ordenação do transporte internacional, observar os acordos firmados pela União, atendido o princípio da reciprocidade".

[12] BANDEIRA DE MELLO, Celso Antônio. *Curso de Direito Administrativo*. 28ª ed. São Paulo: Malheiros, 2011. pp. 528-531.

GILBERTO BERCOVICI

A legalidade, a isonomia e a impessoalidade são os princípios estruturantes de qualquer licitação pública. Não apenas a Constituição, mas a legislação específica reitera estes princípios, como a Lei n. 8.666, de 21 de junho de 1993; a Lei n. 8.987, de 13 de fevereiro de 1995, dentre outras. A impessoalidade determina, entre outros deveres, o de que a Administração Pública esteja proibida expressamente de discriminar quem quer que seja sem fundamento legal, ou seja, todos devem ser tratados igualmente perante a Administração.[13] Do mesmo modo, a legislação é explícita ao vedar qualquer tipo de preferência ou distinção sem fundamento no ordenamento jurídico, visando frustar justamente o caráter competitivo do procedimento licitatório[14], como se pode depreender do artigo 3º, § 1º, I da Lei n. 8.666/1993:

> "Artigo 3º, § 1º, I da Lei n. 8.666/1993: A licitação destina-se a garantir a observância do princípio constitucional da isonomia, a seleção da proposta mais vantajosa para a administração e a promoção do desenvolvimento nacional sustentável e será processada e julgada em estrita conformidade com os princípios básicos da legalidade, da impessoalidade, da moralidade, da igualdade, da publicidade, da probidade administrativa, da vinculação ao instrumento convocatório, do julgamento objetivo e dos que lhes são correlatos".
>
> "§ 1º É vedado aos agentes públicos:
>
> I – admitir, prever, incluir ou tolerar, nos atos de convocação, cláusulas ou condições que comprometam, restrinjam ou frustrem o seu caráter competitivo, inclusive nos casos de sociedades cooperativas, e estabeleçam preferências ou distinções em razão da naturalidade, da sede ou domicílio dos licitantes ou de qualquer

---

[13] MOREIRA, Egon Bockmann; GUIMARÃES, Fernando Vernalha. *Licitação Pública: A Lei Geral de Licitação – LGL e o Regime Diferenciado de Contratação – RDC*. São Paulo: Malheiros, 2012. pp. 73-74 e ÁVILA, Ana Paula Oliveira. *O Princípio da Impessoalidade da Administração Pública: Para uma Administração Imparcial*. Rio de Janeiro: Renovar, 2004. pp. 45-80 e 110-150.

[14] *Vide*, por todos, BANDEIRA DE MELLO, Celso Antônio, *Curso de Direito Administrativo*. 28ª ed. São Paulo: Malheiros, 2011, pp. 536-543 e 723-729.

INCONSTITUCIONALIDADE DA RESTRIÇÃO À PARTICIPAÇÃO...

outra circunstância impertinente ou irrelevante para o específico objeto do contrato, ressalvado o disposto nos § § 5º a 12 deste artigo e no art. 3º da Lei n. 8.248, de 23 de outubro de 1991".[15]

A competência legal da ANAC (Agência Nacional de Aviação Civil, instituída pela Lei n. 11.182, de 27 de setembro de 2005) de conceder ou autorizar, no todo ou em parte, a exploração da infraestrutura aeroportuária (artigo 8º, XXIV da Lei n. 11.182/2005) não pode, portanto, ignorar o texto completo do dispositivo normativo[16], muito menos a Constituição da República. O fato de a ANAC ser uma agência "autônoma" ou "independente" (artigo 4º da Lei n. 11.182/2005), sem entrarmos no mérito do significado destes termos[17], não a torna independente ou autônoma em relação à lei ou à Constituição.

Afinal, o Estado, de acordo com Eduardo García de Enterría e Tomás-Ramón Fernández, é uma pessoa jurídica única que realiza múltiplas funções.[18] A Administração Pública, consequentemente, deve

---

[15] Estes parágrafos da Lei n. 8.666/1993 referem-se a medidas de proteção à indústria nacional, no contexto de uma política industrial e de uma política governamental de compras de produtos nacionais, medidas reguladas especialmente pela Lei n. 12.349, de 15 de dezembro de 2010.

[16] Afinal, determina o *caput* do mesmo artigo 8º da Lei n. 11.182/2005: "Cabe à ANAC adotar as medidas necessárias para o *atendimento do interesse público* e para o desenvolvimento e fomento da aviação civil, da infra-estrutura aeronáutica e aeroportuária do País, atuando com independência, *legalidade, impessoalidade e publicidade*, competindo-lhe: (...)". Grifos meus.

[17] Sobre o paradoxo *"independent agencies are not independent"*, *Vide* SUNSTEIN, Cass R. "Paradoxes of the Regulatory State" *In: Free Markets and Social Justice*. Reimpr. Oxford/ New York: Oxford University Press, 1999. pp. 285-286 e 293-294. *Vide*, também, minhas considerações críticas em BERCOVICI, Gilberto. "A Atuação do Estado Brasileiro no Domínio Econômico" *In*: PINTO, Eduardo Costa; CARDOSO Jr, José Celso; LINHARES, Paulo de Tarso (orgs.). *Estado, Instituições e Democracia*. Brasília: IPEA, 2010. Vol. 3, pp. 473-503.

[18] GARCÍA DE ENTERRÍA, Eduardo; FERNÁNDEZ, Tomás-Ramón. *Curso de Derecho Administrativo*. 15ª ed. Madrid: Civitas, 2011. Vol. 1, pp. 389-391. Sobre o debate em torno da concepção de personalidade jurídica do Estado, *Vide*, por todos, BERCOVICI, Gilberto. *Soberania e Constituição:* Para uma Crítica do Constitucionalismo, São Paulo: Quartier Latin, 2008. pp. 242-282. Outros autores, como Paulo Otero, destacam a chamada "administração policêntrica". *Vide* OTERO, Paulo. *Legalidade e*

atuar de modo harmônico, a partir da definição de competências no texto constitucional e na legislação ordinária. Deste modo, são atribuídas aos vários órgãos administrativos competências específicas, tanto aos integrantes da Administração Direta quanto aos da Administração Indireta. A alegada "independência" ou ausência de subordinação hierárquica dos entes da Administração Indireta não os deixa à margem do aparato estatal e da incidência do ordenamento jurídico nacional.[19]

Como ente da Administração Pública, integrante da Administração Indireta da União, a ANAC exerce função administrativa, ou seja, o seu poder não é exercido por interesse próprio ou exclusivamente próprio, mas por interesse público. A autarquia tem por finalidade o exercício de uma função pública, ou seja, tem o dever de realizar o interesse público, não o seu. Deste modo, uma autarquia não pode atuar de acordo com a autonomia da vontade, buscando atingir interesses e objetivos em proveito próprio. Não há autonomia da vontade para entes que exercem função pública, pois estão submetidos aos objetivos determinados previamente na Constituição e nas leis, possuindo o dever de preservar o interesse público, não o interesse exclusivo da entidade estatal ou os interesses privados de seus dirigentes. Por este motivo, são criados, mantidos e obtêm poderes e recursos por meio do ordenamento jurídico. O seu poder é atribuído, por lei, para a realização dos seus deveres, de suas finalidades, também legalmente fixados. Na concepção que é utilizada pela melhor doutrina publicista brasileira, o ente público é dotado de *"dever-poder"*, pois é um instrumento que deve cumprir a finalidade para a qual foi instituído.[20]

Administração Pública: O Sentido da Vinculação Administrativa à Juridicidade. Coimbra. Almedina, 2003. pp. 148-150 e 315-317. Massimo Severo Giannini vai além e descreveu a "desagregação da Administração Pública", entendendo o Estado como um ente administrativo complexo sem centro. Cf. GIANNINI, Massimo Severo. *Il Pubblico Potere:* Stati e Amministrazioni Pubbliche. Reimpr. Bologna: Il Mulino, 2001. pp. 78-87.

[19] GRAU, Eros Roberto; FORGIONI, Paula A. "CADE vs. BACEN. Conflitos de Competência entre Autarquias e a Função da Advocacia-Geral da União". *Revista de Direito Mercantil.* Julho/setembro, n. 135, São Paulo: pp. 18-19. 2004. No mesmo sentido, *Vide* GARCÍA DE ENTERRÍA, Eduardo; FERNÁNDEZ, Tomás-Ramón. *Curso de Derecho Administrativo*, 15ª ed. Madrid: Civitas, 2011. Vol. 1, pp. 451-452.

[20] LIMA, Ruy Cirne. *Princípios de Direito Administrativo.* 5ª ed. São Paulo: RT, 1982. pp. 20-22 e 51-60 e BANDEIRA DE MELLO, Celso Antônio. *Curso de Direito*

INCONSTITUCIONALIDADE DA RESTRIÇÃO À PARTICIPAÇÃO...

A finalidade de qualquer ente da Administração Pública, assim, é obter um resultado de interesse público, decorrente explícita ou implicitamente da lei. Isto quer dizer que a finalidade é condição obrigatória de legalidade de qualquer atuação administrativa, marcada, segundo Celso Antônio Bandeira de Mello, pela ideia de função. Quem define a finalidade da atuação dos órgãos da Administração Pública é o legislador, não as próprias autoridades administrativas. Na possibilidade de se ver infringida, direta ou indiretamente, a finalidade legal, como o atendimento de um fim particular em detrimento do interesse público, ou, na feliz expressão de Caio Tácito, *"a aplicação da competência para fim estranho ao estabelecido em lei"*, estará ocorrendo desvio de finalidade ou desvio de poder.[21]

Há, no desvio de finalidade, uma incompatibilidade objetiva, ainda que possa ser disfarçada, entre a finalidade legal que deveria ser atendida e a intenção particular de finalidade do ato praticado pela autoridade administrativa. No caso de desvio de finalidade, não haveria sequer a possibilidade, caso se tratasse de ato administrativo, de convalidação, pois o ato seria nulo.[22]

A ilegalidade cometida pela ANAC, o desvio de finalidade perpetrado pela ANAC está patente no disposto no item 3.15.5 do Edital de concessão dos Aeroportos do Galeão e de Confins, pois o Edital cria

---

Administrativo. 28ª ed. São Paulo: Malheiros, 2011, pp. 71-72 e 97-99. *Vide*, ainda, GARCÍA DE ENTERRÍA, Eduardo; FERNÁNDEZ, Tomás-Ramón *Curso de Derecho Administrativo*. 15ª ed. Madrid: Civitas, 2011. Vol. 1, pp. 465-471. Sobre as relações jurídicas administrativas, *Vide*, por todos, ACHTERBERG, Norbert. *Allgemeines Verwaltungsrecht: Ein Lehrbuch*. 2ª ed. Heidelberg: C. F. Müller Juristischer Verlag, 1986. pp. 367-397, especialmente pp. 381-387 e 391-394 e GARCÍA DE ENTERRÍA, Eduardo; FERNÁNDEZ, Tomás-Ramón. *Curso de Derecho Administrativo*. 15ª ed. Madrid: Civitas, 2011. Vol. 1, pp. 50-55.

[21] BANDEIRA DE MELLO, Celso Antônio. *Curso de Direito Administrativo*. 28ª ed. São Paulo: Malheiros, 2011, pp. 106-108, 405-408 e 987-991.

[22] BANDEIRA DE MELLO, Oswaldo Aranha. *Princípios Gerais de Direito Administrativo*. Rio de Janeiro: Forense, 1969. Vol. 1, pp. 576-586; BANDEIRA DE MELLO, Celso Antônio. *Curso de Direito Administrativo*. 28ª ed. São Paulo: Malheiros, 2011, p. 482; DI PIETRO, Maria Sylvia Zanella. *Direito Administrativo*. 20ª ed. São Paulo: Atlas, 2007, pp. 226-227 e 230 e ZANCANER, Weida. *Da Convalidação e da Invalidação dos Atos Administrativos*. 2ª ed. São Paulo: Malheiros, 1993. p. 76.

GILBERTO BERCOVICI

restrições à participação de empresas no novo leilão de concessão de aeroportos, a saber:

> "3.15. Não poderão participar deste Leilão pessoas jurídicas. Isoladamente ou em Consórcio, que: [...] 3.15.5. Sejam acionistas das concessionárias de serviço público de infraestrutura aeroportuárias de aeroportos brasileiros, suas controladoras, controladas e coligadas".

Esta adoção da restrição da participação de empresas já concessionárias de serviços de infraestrutura aeroportuária é absolutamente ilegal. Como já exposto, não há qualquer fundamento constitucional ou legal para a instituição deste tipo de restrição à participação na concorrência pública. Não existe nenhum dispositivo constitucional que impeça uma empresa que já detenha uma concessão de bem, obra ou serviço público de participar de uma nova licitação. Ao contrário, pois a própria Lei de Licitações prevê a necessidade de se exigir experiência prévia de empresas que queiram prestar serviço público (artigos 27, II e 30 da Lei n. 8.666/1993). A Lei de Licitações impõe ao Poder Público o dever de selecionar licitantes que demonstrem cumprir os requisitos de qualificação suficientes para executar o futuro contrato de concessão de acordo com o que for mais adequado para o interesse público, o que engloba a comprovação de experiência relacionada à atividade. Deste modo, o fato de um concorrente já possuir uma concessão não deveria ser um impeditivo, até porque certamente se exigirá dos candidatos a demonstração de experiência prévia de movimentação mínima de passageiros.

O fundamento da ideia de licitação é o da competição, sem privilégios entre os concorrentes. Afinal, segundo Celso Antônio Bandeira de Mello, licitação *"estriba-se na ideia de competição, a ser travada isonomicamente entre os que preencham os atributos e aptidões necessários ao bom cumprimento das obrigações que se propõem assumir"*.[23] Neste mesmo sentido, Eros Roberto Grau enfatiza que o pressuposto da licitação é a competição,

---

[23] BANDEIRA DE MELLO, Celso Antônio. *Curso de Direito Administrativo*. 28ª ed. São Paulo: Malheiros, 2011, p. 528.

INCONSTITUCIONALIDADE DA RESTRIÇÃO À PARTICIPAÇÃO...

como possibilidade de acesso de todos e quaisquer agentes econômicos capacitados à licitação:

> "Há competição, pressuposto da licitação, quando o universo dos possíveis licitantes não estiver previamente circunscrito, de sorte que dele não se exclua algum ou alguns licitantes potenciais. Por isso, impõe-se que a competição, de que ora se trata, pressuposto da licitação, seja desenrolada de modo que reste assegurada a igualdade (isonomia) de todos quantos pretendam acesso às contratações da Administração".[24]

Em estudo desenvolvido na CEPAL (*Comisión Económica para América Latina*) sobre boas práticas na contratação pública, Isabel Correa identifica como princípio regente das licitações, entre outros, a ausência de barreiras à entrada dos participantes.[25] Em seu comentário:

> "Ello significa que, en virtud de la competencia, no se debe limitar la posibilidad de incorporar licitantes estableciendo condiciones o requisitos que les impidan presentar sus ofertas. (...) No obstante el principio implica que se debe diseñar la licitación de manera que puedan participar en ella el máximo número posible de competidores y que no deben establecerse restricciones que podrían llevar a exclusiones y corrupción en la adjudicación".[26]

---

[24] GRAU, Eros Roberto. *Licitação e Contrato Administrativo*:Estudos sobre a Interpretação da Lei. São Paulo: Malheiros, 1995. pp. 14-15. Mais adiante, Eros Grau acrescenta ainda outro significado à competição nas licitações, além do tratado aqui, o da disputa entre os licitantes em torno da oportunidade de contratarem com a Administração.

[25] CORREA, Isabel. *Manual de Licitaciones Públicas*. n. 21, CEPAL, Serie Manuales. Santiago de Chile: Publicación de las Naciones Unidas, 2002. p.15. Da norma geral de que os contratos com o Poder Público devem ser estabelecidos em procedimento licitatório, decorrem os seguintes princípios secundários: "a) las licitaciones públicas no deben establecer barreras a la entrada. b) La licitación debe apuntar al máximo de eficiencia económica. c) Todas las informaciones, cualquiera que sea su naturaleza, han de ser accesibles a todos los participantes. d) Todas las informaciones, cualquiera que sea su naturaleza, han de ser accesibles al público en general. e) Las reglas para las licitaciones deben dejar el menor margen posible para el ejercicio de discrecionalidad por parte del administrador público".

[26] CORREA, Isabel. *Manual de Licitaciones Públicas*. n. 21, CEPAL, Serie Manuales. Santiago de Chile: Publicación de las Naciones Unidas, 2002. p. 16.

GILBERTO BERCOVICI

De fato, alude Isabel Correa à frente, a concorrência é um objetivo da própria licitação. Para a autora, esta exigência decorre da necessidade de se garantir a competitividade ideal no processo, de maneira a admitir o maior número possível de candidatos no certame. Em breves palavras, *"la competencia se favorece cuando no se restringe la participación en las licitaciones".*[27]

Ainda em uma análise comparada, o direito alemão é outro caso exemplar da prevalência da defesa da concorrência e da não-discriminação no regime dos contratos públicos[28], como parte relevante da política econômica. O quadro normativo que rege a contratação pública[29] está positivado na quarta parte da Lei de Defesa da Concorrência (GWB – *Gesetz gegen Wettbewerbsbeschränkungen*)[30], nos artigos 97 a 129, incluídos na reforma de 1º de janeiro de 1999. A GWB é o fundamento legal da ordem concorrencial e trata, em seus artigos precedentes, do combate aos carteis, do abuso de posição dominante e do controle dos atos de concentração econômica. É importante frisar, portanto, que o direito dos contratos públicos (*Vergaberecht*) – e das licitações especificamente, por tratar-se do procedimento de contratação ao qual se submetem os entes públicos – faz parte, como direito especial, do conjunto sistemático da ordem jurídica concorrencial.

O § 97 da GWB elenca os fundamentos materiais do regime da contratação pública, dentre os quais, o primado da concorrência. Como

---

[27] CORREA, Isabel. *Manual de Licitaciones Públicas.* n. 21, CEPAL,Serie Manuales. Santiago de Chile: Publicación de las Naciones Unidas, 2002. pp.17 e 20. Consistem em objetivos das licitações públicas: "a) Competencia. b) Igualdad en el tratamiento de los licitantes. c) Transparencia en la adjudicación. d) Responsabilidad administrativa. e) Debido proceso. f) Publicidad. g) Obtención del mejor precio para el Estado".

[28] Jan Ziekov observa que as concessões de obras públicas (*Baukonzessionen*) submetem-se ao regime jurídico da contratação pública (*Vergaberecht*). *Vide* ZIEKOV, Jan. *Öffentliches Wirtschaftsrecht.* München: C. H. Beck, 2007. p. 143.

[29] Este regime geral é aplicável aos contratos que excedam os valores designados em regulamentação própria, estabelecida para o mercado comum europeu. Em valores atualizados, os contratos de obras públicas superiores a 5.000.000 EUR submetem-se ao regime de licitação pública.

[30] Texto consolidado disponível em http://www.gesetze-im-internet.de/gwb/index. html>. Acesso em 25/06/2013.

INCONSTITUCIONALIDADE DA RESTRIÇÃO À PARTICIPAÇÃO...

se lê no § 97 (1)[31]: "*os entes públicos deverão contratar bens, obras e serviços de acordo com os dispositivos seguintes, em condições competitivas e por meio de procedimento transparente*". O mesmo artigo apresenta, nos demais parágrafos, os outros princípios fundamentais do direito de contratação pública, além da garantia da concorrência, quais sejam, transparência, não-discriminação, isonomia no tratamento dos candidatos, preferência às empresas de médio e pequeno porte, e a eficiência econômica para escolha da melhor oferta.

Em comentário à GWB, Fritz Rittner e Meinrad Dreher entendem que os princípios fundamentais positivados no § 97 (1) da GWB exercem um "*papel destacado na interpretação no direito da outorga dos contratos públicos*". Prosseguem, ao comentarem sobre os efeitos da sistemática ampla da lei de defesa da concorrência (GWB), "*que o legislador enfatizou sobremaneira, no § 97 (1), o conceito de proteção à concorrência*".[32] É portanto, eixo condutor da interpretação e aplicação do direito dos contratos públicos a garantia da competitividade no processo licitatório. Esta fundamentação é reafirmada em sede regulamentar. O Regulamento para Outorga e Contratação de Obras (VOB/A: *Vergabe- und Vertragsordnung für Bauleistungen – Teil A*)[33], replica, nos § 2 (1) 2. e § 2 (2), o primado da concorrência e da não discriminação. Expressamente: "*a concorrência deve ser a regra*" ("*Der Wettbewerb soll die Regel sein*").[34]

---

[31] § 97 (1): "Öffentliche Auftraggeber beschaffen Waren, Bau- und Dienstleistungen nach Maßgabe der folgenden Vorschriften im Wettbewerb und im Wege transparenter Vergabeverfahren".

[32] RITTNER, Fritz; DREHER, Meinrad. *Europäisches und deutsches Wirtschaftsrecht: eine systematische Darstellung.* 3ª ed. Heidelberg: C.F. Müller, 2008. p. 803: "Eine überragende Funktion haben die Vergaberechtsgrundsätze ferner bei der *Auslegung des Vergaberechts.* (...) Dies folgt schon daraus, dass der Gesetzgeber in § 97 Abs. 1 GWB den Wettbewerbsgedanken besonders betont hat" (grifo do autor).

[33] Versão vigente disponível em <http://dejure.org/gesetze/VOB-A/2.html>, acesso em 25/06/2013. Segundo o § 22 (2), este regulamento aplica-se igualmente às concessões de obras públicas: "Für die Vergabe von Baukonzessionen sind die § § 1 bis 21 sinngemäß anzuwenden".

[34] VOB-A, § 2 (1) 2: "Der Wettbewerb soll die Regel sein. Wettbewerbsbeschränkende und unlautere Verhaltensweisen sind zu bekämpfen". ("A concorrência deve ser a regra. Condutas que limitem a concorrência ou sejam desleais devem ser repelidas").

GILBERTO BERCOVICI

Josef Ruthig e Stefan Storr relacionam o princípio da concorrência nas licitações à participação do maior número possível de agentes econômicos:

> "A concorrência é oportuna para o contratante, pois a variedade de propostas e a possibilidade de comparação entre elas é pré-requisito para a outorga mais vantajosa sob o aspecto econômico. Ademais, a competição permite uma ampla participação da economia na manutenção e suprimento de instituições e empresas públicas. Para os contratados, a concorrência é igualmente positiva, pois todos os participantes têm oportunidade de obter um contrato. Por esta razão o procedimento de outorga é fundamentalmente aberto e não deve ser previamente limitado a determinados concorrentes, de forma que seja apresentado o maior número possível de propostas".[35]

Como bem aponta Christoph Riese, *"a conformação do procedimento de outorga dos contratos públicos ao princípio da concorrência tem como componente essencial o acesso livre ao mercado [da atividade contemplada no contrato] para todos os potenciais participantes"*.[36] Esta racionalidade não justifica, portanto, que os procedimentos licitatórios (*öffentliche Ausschreibungen*) tenham seu acesso restringido a um número reduzido de agentes econômicos.

VOB-A, § 2 (2): "Bei der Vergabe von Bauleistungen darf kein Unternehmen diskriminiert werden". ("No processo de outorga de contratos de execução de obras nenhuma empresa pode ser discriminada")

[35] RUTHIG, Josef; STORR, Stefan. *Öffentliches Wirtschaftsrecht.* 2ª ed. Heidelberg: C. F. Müller, 2008. p. 450: "Wettbewerb ist für Auftraggeber vorteilhaft, weil eine Vielzahl von Angeboten und ihre gegenseitige Vergleichbarkeit Voraussetzung für eine möglichst wirtschaftliche Zuschlagserteilung ist. Außerdem lässt größtmöglicher Wettbewerb eine breite Beteiligung der Wirtschaft an der Versorgung der öffentlichen Institutionen und Unternehmen zu. Für die Auftragnehmer ist Wettbewerb von Vorteil, weil jeder Bieter die Chance auf einen Auftrag erhält. Daher ist das Vergabeverfahren grundsätzlich offen und nicht von vornherein auf einzelne Bieter beschränkt durchzuführen, um Angebote von einer möglichst Zahl an Bieter erhalten zu können".

[36] RIESE, Christoph. *Vergaberecht:* Grundlagen – Verfahren – Rechtsschutz. Berlin: Springer, 1998. p. 43: "Im Wege der Ausrichtung des Vergabeverfahrens am Wettbewerb, dessen essentieller Bestandteil der freie Marktzugang für alle potentiellen Bewerber ist (...)".

INCONSTITUCIONALIDADE DA RESTRIÇÃO À PARTICIPAÇÃO...

A competição, assim, é pressuposto da licitação não apenas no Brasil, mas também no exterior. Proibir que empresas concessionárias de serviços de infraestrutura aeroportuária participem do leilão de concessão viola frontalmente a Constituição e a legislação brasileira, pois se está deixando de lado a isonomia, a impessoalidade e a isenção da Administração Pública, impedindo o acesso e a igualdade de oportunidades de participação do leilão a todos os eventuais interessados. O risco, portanto, caso permaneça esta cláusula, é o de nulidade de todo o procedimento licitatório.

2. A PROTEÇÃO DA CONFIANÇA NAS RELAÇÕES ENTRE PARTICULARES E ADMINISTRAÇÃO PÚBLICA

Não bastasse a inconstitucionalidade expressa em impedir que os atuais concessionários de serviços de infraestrutura aeroportuária participem de novas concessões, a presente proibição foi inserida de forma inédita no Edital, em seu item 3.15.5, para a concessão dos aeroportos do Galeão e de Confins. Em nenhum dos procedimentos de concorrência realizados anteriormente no setor aeroportuário brasileiro houve esta exigência, tanto é assim que os acionistas da concessionária do aeroporto de Brasília são os mesmos dos acionistas do aeroporto de São Gonçalo do Amarante. Os aeroportos de Angra dos Reis e Cabo Frio são operados pelo mesmo grupo, que obteve concessões distintas em momentos distintos. Nenhuma empresa concessionária de serviços de infraestrutura aeroportuária foi proibida de participar, até hoje, de qualquer dos leilões dos aeroportos. Inclusive, à época do segundo leilão de concessão de serviços de infraestrutura aeroportuária (Guarulhos-Viracopos – Brasília), a ANAC rechaçou expressamente qualquer tipo de sugestão neste sentido, por não entender existir qualquer problema concorrencial que pudesse justificar este tipo de proibição. Trata-se, portanto, de flagrante atuação da Administração Pública (no caso, da ANAC) em contradição com os princípios da boa fé e da confiança legítima.

As relações entre as pessoas pressupõem um mínimo de confiança (de confiança na outra parte e confiança nas circunstâncias do negócio e nas aparências) sem a qual não seriam possíveis. A tutela da confiança tem dois componentes inseparáveis: um componente ético-jurídico e outro de segurança no seu exercício. Como afirma Pedro Pais de Vasconcelos:

> "quando uma pessoa actua ou celebra certo acto, negócio ou contrato, tendo confiado na atitude, na sinceridade ou nas promessas de outrem, ou confiando na existência de estabilidade de certas qualidades das pessoas ou das coisas, ou das circunstâncias envolventes, o direito não pode ficar absolutamente indiferente à eventual frustração dessa confiança".[37]

A segurança necessária ao normal desenvolvimento do exercício jurídico exige que as aparências fundadas sejam respeitadas. Também a confiança na estabilidade de certas circunstâncias que tenham fundado uma atuação jurídica é digna de proteção jurídica. Nesta perspectiva, é uma razão pragmática, de utilidade prática e de funcionalidade do sistema que o exige, como novamente observa Pedro Pais de Vasconcelos. Para o renomado civilista, *"o direito não tolera que alguém construa expectativas e venha depois a atuar em sentido contrário e se beneficiar dessa atuação contraditória"*.[38]

Isto pressupõe que tenha ocorrido uma situação de confiança, que essa confiança seja justificada, que tenha efetivamente existido um investimento nessa circunstância de confiança e que ela seja imputável a quem vier a ser atingido ou prejudicado concretamente em consequência da tutela da confiança. O reconhecimento da confiança, como valor jurídico, é fruto de longa construção histórica. É certo que esta afirmação histórica apoia-se, sobretudo, na evolução da dogmática e doutrina do direito contratual, embora a ele não se restrinja.[39]

---

[37] VASCONCELOS, Pedro Pais de. *Teoria Geral do Direito Civil.* 4ª ed. Coimbra: Almedina, 2007. p. 19.

[38] VASCONCELOS, Pedro Pais de. *Teoria Geral do Direito Civil.* 4ª ed. Coimbra: Almedina, 2007. p. 21.

[39] Para uma análise comparativa da jurisdicização da tutela da confiança, *Vide* ZIMMERMANN, Reinhard. *Good Faith in European Contract Law,* Cambridge/New York: Cambridge University Press, 2000.

INCONSTITUCIONALIDADE DA RESTRIÇÃO À PARTICIPAÇÃO...

Arnoldo Wald, em síntese sobre o tema[40], afirma que o respeito à confiança passou a ser considerado apenas recentemente como um princípio jurídico, incidente tanto nas relações privadas como na seara pública. Dito de forma simples, o assim chamado princípio da confiança demanda previsibilidade da conduta de todos os integrantes do convívio social, inclusive do Estado, das empresas e das pessoas em suas relações com as demais. É um princípio incidente sobre as mais diversas relações estabelecidas entre os atores sociais. É com base na confiança depositada em outrem que, em certos casos, se justifica a irretratabilidade das decisões administrativas.

Tutela da confiança, boa fé objetiva, e a proibição de comportamento contraditório participam, portanto, de um mesmo campo semântico. Ao dever de atuar com boa-fé corresponde o direito de outrem de ver realizada sua expectativa legítima. No campo das relações privadas[41], no qual a reflexão sobre a confiança se desenvolveu e se consolidou, observa Arnoldo Wald que

> "a confiança legítima é considerada criadora de um direito subjetivo, fazendo prevalecer a vontade declarada sobre a vontade real. [...] Na realidade, desloca-se, com essa nova fonte das obrigações, o foco que o direito tinha em relação à responsabilidade, vinculando-a tradicionalmente ao comportamento do responsável, ou seja, do devedor. No caso da aplicação do princípio da confiança, enfatiza-se o direito do credor à segurança, ou seja, ao cumprimento das promessas por ele deduzidas do comportamento alheio em virtude da relação de confiança".[42]

---

[40] WALD, Arnoldo. "Princípio da Confiança" *In:* TORRES. Ricardo Lobo; KATAOKA, Eduardo Takemi; GALDINO, Flávio. *Dicionário de Princípios Jurídicos.* Rio de Janeiro: Elsevier, 2011. pp. 173-187.

[41] *Vide* igualmente: SCALESE, Giancarlo. *Diritto dei Trattati e Dovere di Coerenza nella Condotta:* Nemo Potest Venire Contra Factum Proprium. Napoli: Edizione Scientifica, 2000; ASTONE, Francesco. *Venire Contra Factum Proprium:* Divieto di Contraddizione e Dovere di Coerenza nei Rapporti tra Privati, Napoli, Jovene. 2006 e MESA, Marcelo J. López; VIDE, Carlos Rogel. *La Doctrina de los Actos Propios:* Doctrina y Jurisprudencia. Madrid: Reus, 2005.

[42] WALD, Arnoldo. "Princípio da Confiança" *In:* TORRES, Ricardo Lobo; KATAOKA,

GILBERTO BERCOVICI

A proibição do comportamento contraditório, ou teoria dos atos próprios, comumente expressa pelo brocardo latino *nemo potest venire contra factum proprium*[43], ou simplesmente *"venire"* é a resposta direta à tutela da boa-fé objetiva. É importante ressaltar que, ao contrário do que afirmam alguns autores, a proibição do comportamento contraditório não é princípio geral do direito, já que são numerosas as hipóteses em que nosso ordenamento tolera a contradição. O princípio do *nemo potest venire contra factum proprium*, deve ser compreendido como uma expressão concretizante da cláusula geral da boa fé objetiva e da tutela da confiança, atendidos certos requisitos. Consiste, assim, em um princípio que proíbe comportamentos contraditórios, apenas na medida em que tais comportamentos possam romper a legítima confiança depositada por terceiros na conservação de um comportamento inicial. Anderson Schreiber[44] compulsa os elementos essenciais à aplicação do princípio *nemo potest venire contra factum proprium*:

> "1) O *factum proprium*, isto é, uma conduta inicial; 2) a legítima confiança de outrem na conservação do sentido objetivo desta conduta; 3) um comportamento contraditório com este sentido objetivo e, por isto mesmo, violador da legítima confiança; 4) um dano, ou no mínimo, um potencial de dano a partir da contradição."

O primeiro destes elementos, o *factum proprium*, isto é, o comportamento inicial, é, a princípio, não vinculante. Caso o comportamento contraditório viole uma conduta vinculada, há uma sanção previamente estabelecida no ordenamento jurídico. No caso das relações privadas,

---

Eduardo Takemi; GALDINO, Flávio. *Dicionário de Princípios Jurídicos*. Rio de Janeiro: Elsevier, 2011. p. 175.

[43] A consolidação do brocardo na terminologia contemporânea resulta da obra do civilista alemão Erwin Riezler. O jurista, em obra dedicada à interpretação do artigo 242 do BGB (Código Civil alemão), resgata a antiga expressão dos glosadores medievais para conceituar a teoria dos atos próprios desenvolvida pela jurisprudência alemã da época. RIEZLER, Erwin. *Venire contra factum proprium*: Studien im römischen, englischen und deutschen Civilrecht. Leipzig: Duncker & Humblot, 1912

[44] SCHREIBER, Anderson. *A Proibição de Comportamento Contraditório*: Tutela da Confiança e Venire Contra Factum Proprium. Rio de Janeiro: Renovar, 2005. p. 271.

INCONSTITUCIONALIDADE DA RESTRIÇÃO À PARTICIPAÇÃO...

é o caso de responsabilidade obrigacional, e no direito público, de um ato puramente ilegal. Invocar o princípio do *venire* é justamente tutelar hipóteses auto-vinculadas e não aquelas cuja vinculação se dá por imposição de lei. Para estas últimas, a sanção decorre especificamente do desatendimento ao princípio da legalidade. A tutela da confiança em comportamentos não vinculados contribui para a segurança do sistema jurídico.[45]

Em segundo lugar, atribui-se legitimidade à confiança em sentido objetivo, isto é, como mera adesão à expressão exterior do *factum proprium*, servindo como indícios, entre outros, a celebração de negócios jurídicos motivados pelo *factum proprium*, ou sua abstenção, com base na expectativa depositada a partir do comportamento inicial exteriorizado.

Quanto ao terceiro requisito, qual seja, a contradição do *factum proprium*, é irrelevante a intencionalidade ou culpa do agente. O *nemo potest venire contra factum proprium* é estritamente objetivo, fundado na proteção do destinatário do comportamento inicial. Neste ponto, observa Schreiber que

> "o comportamento contraditório configura sempre um comportamento aparentemente lícito, que somente vem a ser tido como inadmissível face à presença dos demais pressupostos de incidência do *venire*. Vale dizer: se a conduta incoerente for, por si só, ilícita, porque contrária à lei ou a um ato vinculante, a invocação da tutela da confiança se mostra desnecessária e até inadequada".[46]

Em relação ao quarto requisito, basta a potencialidade de surgimento de dano, de ordem material ou moral, para que a parte que tenha suas expectativas legítimas frustradas possa se valer do princípio do *venire*. Sob

---

[45] É, portanto, incorreto o afastamento da tutela da confiança entre particulares e a Administração Pública com base na Súmula 473 do Supremo Tribunal Federal, que se aplica estritamente aos atos ilegais: Súmula 473 – "A administração pode anular seus próprios atos, quando eivados de vícios que os tornam ilegais, porque deles não se originam direitos ou revogá-los, por motivo de conveniência ou oportunidade, respeitados os direitos adquiridos, e ressalvada, em todos os casos, a apreciação judicial". Data de Aprovação: Sessão Plenária de 03/12/1969.

[46] SCHREIBER, Anderson. *A Proibição de Comportamento Contraditório*: Tutela da Confiança e Venire Contra Factum Proprium. Rio de Janeiro: Renovar, 2005. p. 273.

GILBERTO BERCOVICI

a argumentação da proibição de comportamento contraditório, pode-se pleitear a reparação do dano ou, ainda, o desfazimento ou impedimento de atos lesivos.

Em suma, nas palavras de Menezes Cordeiro[47]:

> "a confiança exprime a situação em que uma pessoa adere, em termos, de atividade ou de crença, a certas representações passadas, presentes ou futuras, que tenha por efetiva e é protegida quando, da sua preterição, resulte atentado ao dever de atuar de boa fé ou se concretize um abuso de direito".

É pacífico na doutrina e na jurisprudência que a teoria dos atos próprios também se aplica às relações entre os particulares e a Administração.[48] Judith Martins-Costa afirma que, na esfera do direito público:

> "o Direito Administrativo e o Direito Tributário constituem férteis campos de aplicação do *venire* contra *factum proprium*, uma vez que a Administração, valendo-se (por vezes de forma inadmissível) de sua posição de superioridade e da presunção de legalidade dos atos administrativos, fere direitos subjetivos dos particulares ou atropela as legítimas expectativas dos particulares que confiaram, justamente, naquela presunção de legalidade, daí a necessidade, também nessa seara, da proteção à boa-fé".[49]

Devo ressaltar, também, a necessidade de observância do princípio da boa-fé da Administração Pública. O princípio da boa-fé, em seu

---

[47] MENEZES CORDEIRO, António Manuel da Rocha e. *Da Boa Fé no Direito Civil*. Coimbra: Almedina, 2001. pp. 1234 e ss.

[48] *Vide*, por todos, AZEVEDO, Antonio Junqueira de. "Nulidade Parcial de Ato Normativo: Certeza e Segurança Jurídica diante de Alteração de Jurisprudência Consolidada. Aplicação da Boa-Fé Objetiva ao Poder Público" *In:* CARVALHO, Paulo de Barros *et al. Crédito-Prêmio de IPI:* Estudos e Pareceres III. Barueri: Manole, 2005. pp. 64-68.

[49] MARTINS-COSTA, Judith H. "A Ilicitude Derivada do Exercício Contraditório de um Direito: O Renascer do Venire Contra Factum Proprium" *In:* REALE Júnior, Miguel; FERRARI, Eduardo Reale (coords.). *Experiências do Direito*. Campinas: Millenium, 2004. p. 40.

INCONSTITUCIONALIDADE DA RESTRIÇÃO À PARTICIPAÇÃO...

conteúdo essencial, é decorrência do princípio da moralidade e do regime republicano, pois versa sobre a confiança do cidadão no Estado Democrático de Direito, em qualquer de suas manifestações, seja no administrador, seja no legislador ou no julgador. A Administração Pública tem o dever de lealdade e respeito aos atos administrativos anteriores, visando a proteção da confiança legítima dos administrados na própria Administração.[50]

Aldemiro Rezende Dantas Júnior[51] ressalta que a observância da boa-fé pela Administração – e os princípios dela decorrentes – é um comando que se encontra positivado em nosso ordenamento, particularmente nos dispositivos da Lei n. 9.784, de 20 de abril de 1999, que, em seu artigo 2º, parágrafo único, determina que nos processos administrativos devem ser observados, entre outros parâmetros, os padrões éticos de probidade, decoro e boa-fé. Egon Bockmann Moreira expressamente

---

[50] Sobre o princípio da boa-fé como confiança do cidadão no Estado, *Vide* FLEINER, Fritz. *Les Principes Généraux du Droit Administratif Allemand*. Paris: Librairie Delagrave, 1933. pp. 126-132; BANDEIRA DE MELLO, Celso Antônio. *Curso de Direito Administrativo*. 28ª ed. São Paulo: Malheiros, 2011, pp. 107-108; MANGANARO, Francesco. *Principio di Buona Fede e Attività delle Amministrazioni Pubbliche*. Napoli: Edizioni Scientifiche Italiane, 1995. pp. 51-72 e 113-174; FREITAS, Juarez. "Repensando a Natureza da Relação Jurídico-Administrativa e os Limites Principiológicos à Anulação dos Atos Administrativos" *In: Estudos de Direito Administrativo*. São Paulo: Malheiros, 1995. pp. 9-30; FREITAS, Juarez. *O Controle dos Atos Administrativos e os Princípios Fundamentais*. São Paulo:Malheiros, 1997. pp. 72-75; BLANCO, Federico A. Castillo. *La Protección de Confianza em el Derecho Administrativo*. Madrid: Marcial Pons, 1998. pp. 271-276; FIGUEIREDO, Marcelo. *O Controle da Moralidade na Constituição*. São Paulo: Malheiros, 1999. pp. 104-107; LUENGO, Javier García. *El Principio de Protección de la Confianza em el Derecho Administrativo*. Madrid: Civitas, 2002. pp. 121-128; GIACOMOZZI, José Guilherme. *A Moralidade Administrativa e a Boa-Fé da Administração Pública: O Conteúdo Dogmático da Moralidade Administrativa*. São Paulo: Malheiros, 2002. pp. 227-242 e 255-272; WOLFF, Hans J.; BACHOF, Otto; STOBER, Rolf. *Direito Administrativo*. Coimbra: Fundação Calouste Gulbenkian, 2006. Vol. 1, pp. 199-200, 343 e 619. *Vide*, ainda, a posição crítica de FORSTHOFF, Ernst. *Lehrbuch des Verwaltungsrechts*. 9ª ed. München: Verlag C. H. Beck, 1966. Vol. 1. pp. 252-255.

[51] DANTAS Júnior, Aldemiro Rezende. *Teoria dos Atos Próprios no Princípio da Boa Fé*. Curitiba: Juruá, 2007. p. 149. *Vide*, ainda, LUENGO, Javier García. *El Principio de Protección de la Confianza em el Derecho Administrativo*. Madrid: Civitas, 2002. pp. 128-137 e COVIELLO, Pedro José Jorge. *La Protección de la Confianza del Administrado: Derecho Argentino y Derecho Comparado*. Buenos Aires: Abeledo-Perrot, 2004. pp. 409-417.

251

GILBERTO BERCOVICI

menciona o princípio do *nemo potest venire contra factum proprium* como aplicável à Administração em decorrência do princípio da moralidade e da boa-fé objetiva, no que o secundam Odete Medauar, Sérgio Ferraz e Adilson de Abreu Dallari.[52]

A jurisprudência dos tribunais superiores entende que não se pode autorizar à Administração Pública que adote conduta contraditória depois de criar justas expectativas nos administrados, mediante a auto-vinculação a compromisso público, frustrando estas expectativas legítimas. Neste sentido, decidiu o Superior Tribunal de Justiça:

> "Memorando de entendimento. Boa-fé. Suspensão do processo. O compromisso público assumido pelo Ministro da Fazenda, através de 'memorando de entendimento', para suspensão da execução judicial de dívida bancária de devedor que se apresentasse para acerto de contas, gera no mutuário a justa expectativa de que essa suspensão ocorrera, preenchida a condição. Direito de obter a suspensão fundado no principio da boa-fé objetiva, que privilegia o respeito a lealdade. Deferimento da liminar que garantiu a suspensão pleiteada. Recurso improvido. STJ – 4" Turma – RMS 6.183/MG – Rel. Min. Ruy Rosado de Aguiar – Ac. unânime – j. em 14.11.1995-DJ 18.12.1995-p. 44573".[53]

---

[52] MOREIRA, Egon Bockmann. *Processo Administrativo:* Princípios Constitucionais e a Lei 9.784/99. São Paulo: Malheiros, 2000. p. 90: "O princípio da boa-fé objetiva deriva, quando menos, o seguinte: (...); b) proibição do *venire* contra *factum proprium* (conduta contraditória, dissonante do anteriormente assumido, ao qual se havia adaptado a outra parte e que tinha gerado legitimas expectativas)". *Vide* também FERRAZ, Sérgio; DALLARI, Adilson Abreu. *Processo Administrativo*. São Paulo: Malheiros, 2001. p. 66 e MEDAUAR, Odete. *A Processualidade no Direito Administrativo*. 2ª ed. São Paulo: RT, 2008. p. 94. *Vide*, ainda, GIACOMOZZI, José Guilherme. *A Moralidade Administrativa e a Boa-Fé da Administração Pública:* O Conteúdo Dogmático da Moralidade Administrativa. São Paulo: Malheiros, 2002. pp. 242-246 e 250-254.

[53] No voto do Ministro Ruy Rosado de Aguiar, relator, lê-se que: "o compromisso público assumido pelo Governo, através do seu Ministro da Fazenda, o condutor da política financeira do país, e com a assistência dos estabelecimentos de crédito diretamente envolvidos, presume-se execuções de créditos do Banco do Brasil seriam suspensas por noventa dias, desde que o devedor se dispusesse a um acerto de contas, é razoável pensar que esse seria o comportamento futuro do credor, pelo simples respeito à palavra empenhada em documento público, levado ao conhecimento da Nação. No direito

INCONSTITUCIONALIDADE DA RESTRIÇÃO À PARTICIPAÇÃO...

A concepção da boa-fé da Administração Pública está também estreitamente vinculada à segurança jurídica em matéria econômica, fundada no princípio da confiança legítima (*"Vertrauensschutz"*). Afinal, o direito é um elemento constitutivo do modo de produção capitalista. O direito do modo de produção capitalista é racional e formal, caracterizando-se pela universalidade abstrata das formas jurídicas e pela igualdade formal perante a lei, refletindo a universalidade da troca mercantil e buscando garantir a previsão e a calculabilidade de comportamentos. O direito é também uma condição de possibilidade do sistema capitalista, não é um elemento externo. O mercado não é uma "ordem espontânea", natural, embora o discurso liberal sustente essa visão, mas é uma estrutura social, fruto da história e de decisões políticas e jurídicas que servem a determinados interesses, em detrimento de outros.[54]

---

civil, desde os estudos de Jhering, admite-se que do comportamento adotado pela parte, antes de celebrado o contrato, pode decorrer efeito obrigacional, gerando a responsabilidade pré-contratual. O princípio geral da boa-fé veio realçar e deu suporte jurídico a esse entendimento, pois as relações humanas devem pautar-se pelo respeito à lealdade. *O que vale para a autonomia privada vale ainda mais para a administração pública e para a direção das empresas cujo capital é predominante público, nas suas relações com os cidadãos. É inconcebível que um Estado democrático, que aspire a realizar a justiça, esteja fundado no princípio de que o compromisso público assumido pelos seus governantes não tem valor, não tem significado, não tem eficácia. Especialmente quando a Constituição da República consagra o princípio da moralidade administrativa.* Tenho que o 'Memorando de Entendimento', embora não seja uma lei, nem mesmo possa ser definido como contrato celebrado diretamente entre as partes interessadas, criou no devedor a justa expectativa de que, comparecendo ao estabelecimento oficial de crédito a fim de fazer o acerto de contas, teria o prazo de suspensão de 90 dias, para o encontro de uma solução extrajudicial. Havia, portanto, o direito do executado de obter a suspensão do processo de execução, demonstrando ter se apresentado para o acerto de contas. *Não se trata de hipótese legal de suspensão, mas de obrigação publicamente assumida pela parte de que teria aquela conduta, cumprindo ao juiz lhe dar eficácia".*

[54] NUNES, António José Avelãs. *Noção e Objecto da Economia Política.* Coimbra: Livraria Almedina, 1996. pp. 68-70 e FARJAT, Gérard. "Observations sur la Sécurité Juridique, le Lien Social et le Droit Économique" *In:* BOY, Laurence; RACINE, Jean-Baptiste; SIIRIAINEN, Fabrice (coords.). *Sécurité Juridique et Droit Économique.* Bruxelles: Éditions Larcier, 2008. pp. 43-72. Sobre a ordem jurídica do capitalismo, *Vide*, especialmente, MOREIRA, Vital. *A Ordem Jurídica do Capitalismo.* 3ª ed. Coimbra: Centelha, 1978, pp. 67-131. Sobre o debate em torno da natureza jurídica do mercado, *Vide* IRTI, Natalino. *L'Ordine Giuridico del Mercato.* 4ª ed. Roma/Bari: Laterza, 2001 e TORRE-SCHAUB, Marthe. *Essai sur la Construction Juridique de la Catégorie de Marché.* Paris: L.G.D.J., 2002.

GILBERTO BERCOVICI

A partir do pressuposto de que se pode e se deve confiar no Estado (boa-fé da Administração Pública), os particulares se organizam e investem a partir de determinadas regras estabelecidas, confiando na estabilidade daquelas regras por um determinado período de tempo, ou seja, buscam a garantia da continuidade do sistema constitucional econômico. A modificação repentina destas regras abala a confiança dos particulares na Administração Pública. Obviamente, não se questiona o direito e o dever da Administração Pública alterar as regras quando for necessário para a preservação do interesse público (artigo 2º, parágrafo único, XIII da Lei n. 9.784/1999[55]), mas a forma abrupta como isto foi realizado e a falta absoluta de qualquer justificativa razoável em que se demonstrasse a preservação do interesse público como objetivo ou motivação.[56]

A mera preocupação com a concorrência, sem estudos sólidos, preparados especificamente para o mercado brasileiro, como a alegada existência de uma suposta "nota técnica", não justifica a exclusão dos concessionários de serviços de infraestrutura aeroportuária do direito de participarem das concorrências públicas de novas concessões. Esta proibição de

---

[55] Artigo 2º, parágrafo único, XIII da Lei n. 9.784/1999: "Parágrafo único – Nos processos administrativos serão observados, entre outros, os critérios de: XIII – interpretação da norma administrativa da forma que melhor garanta o atendimento do interesse público a que se dirige, *vedada a aplicação retroativa da nova interpretação*".

[56] *Vide* DELVOLVÉ, Pierre. *Droit Public de l'Économie*. Paris: Dalloz, 1998. pp. 201-211; MAURER, Hartmut. *Allgemeines Verwaltungsrecht*. 16ª ed. München: Verlag C. H. Beck, 2006. pp. 247-266; ACHTERBERG, Norbert. *Allgemeines Verwaltungsrecht*. 16ª ed. München: Verlag C. H. Beck, 2006. p. 600; BLANCO, Federico A. Castillo. *La Protección de Confianza em el Derecho Administrativo*. Madrid: Marcial Pons, 1998. pp. 97-100 e 115-117; LUENGO, Javier García. *El Principio de Protección de la Confianza em el Derecho Administrativo*. Madrid: Civitas, 2002. pp. 183-202; CHÉROT, Jean-Yves. *Droit Public Économique*. 2ª ed. Paris; Economica, 2007. pp. 86-90; COVIELLO, Pedro José Jorge. *La Protección de la Confianza del Administrado*: Derecho Argentino y Derecho Comparado. Buenos Aires: Abeledo-Perrot, 2004. pp. 390-397 e 407-409; MEYER, Holger Martin. *Vorrang der privaten Wirtschafts- und Sozialgestaltung Rechtsprinzip*: Eine Systematisch-axiologische Analyse der Wirtschaftsverfassung des Grundgesetzes. Berlin: Duncker & Humblot, 2006. pp. 315-322; SUEUR, Jean-Jacques. "La Sécurité Juridique em Droit Publique Économique" *In*: BOY, Laurence; RACINE, Jean-Baptiste; SIIRIAINEN, Fabrice (coords.). *Sécurité Juridique et Droit Économique*. Bruxelles: Éditions Larcier, 2008. pp. 456-459 e VALIM, Rafael. *O Princípio da Segurança Jurídica no Direito Administrativo Brasileiro*. São Paulo: Malheiros, 2010. pp. 111-131.

concessionários de serviços de infraestrutura aeroportuária seria justificável apenas se efetivamente os aeroportos que estão sendo concedidos fossem concorrentes diretos. No entanto, os dados econômicos não demostram essa relação de concorrência indiscriminada dos aeroportos de Confins e do Galeão com os demais aeroportos concedidos no país.

3. A DIRETRIZ CONSTITUCIONAL DE INCENTIVO AO MERCADO INTERNO

Finalmente, um ponto importante ainda que deve ser destacado é o da necessidade de se promover o dinamismo e a proteção do mercado interno nacional. A soberania econômica nacional, prevista formalmente no artigo 170, I da Constituição de 1988, visa viabilizar a participação da sociedade brasileira, em condições de igualdade, no mercado internacional, como parte do objetivo maior de garantir o desenvolvimento nacional (artigo 3º, II), buscando a superação do subdesenvolvimento.[57] No entanto, a concepção de soberania econômica não se limita ao dispositivo do artigo 170, I do texto constitucional. Pelo contrário, ela está presente em vários outros dispositivos constitucionais, inclusive em outros capítulos que não o da ordem econômica, possibilitando uma análise sistemática do tema. Também é como expressão da soberania econômica nacional e da pretensão de autonomia tecnológica, traduzindo em termos jurídicos a política de internalização dos centros de decisão econômica do país, que deve ser compreendido o artigo 219 da Constituição de 1988:

---

[57] BERCOVICI, Gilberto. "Os Princípios Estruturantes e o Papel do Estado" *In:* CARDOSO Jr, José Celso (org.). *A Constituição Brasileira de 1988 Revisitada*: Recuperação Histórica e Desafios Atuais das Políticas Públicas nas Áreas Econômica e Social. Brasília: IPEA, 2009. Vol. 1, pp. 272-279 e BERCOVICI, Gilberto. *Direito Econômico do Petróleo e dos Recursos Minerais*. São Paulo: Quartier Latin, 2011. pp. 208-237. Para Detlev Dicke, a soberania econômica também tem suas fontes nos documentos do direito internacional público, como o artigo 2º da Carta da ONU, a Resolução sobre a Soberania Permanente dos Estados sobre os Recursos Naturais e a Carta dos Direitos e Deveres Econômicos dos Estados. *Vide* DICKE, Detlev Christian. *Die Intervention mit wirtschaftlichen Mitteln im Völkerrecht:* Zugleich ein Beitrag zu den Fragen der wirtschaftlichen Souveränität. Baden-Baden: Nomos Verlagsgesellschaft, 1978. pp. 111-115.

"Artigo 219. O mercado interno integra o patrimônio nacional e será incentivado de modo a viabilizar o desenvolvimento cultural e sócio-econômico, o bem-estar da população e a autonomia tecnológica do País, nos termos de lei federal".

O artigo 219 fundamenta, segundo Eros Grau, a intervenção estatal no domínio econômico. O mercado interno não é sinônimo de economia de mercado, como pretendem alguns. A sua inclusão no texto constitucional, como parte integrante do patrimônio nacional, significa a valorização do mercado interno como centro dinâmico do desenvolvimento brasileiro, inclusive no sentido de garantir melhores condições sociais de vida para a população e a autonomia tecnológica do país. Este artigo reforça a necessidade de autonomia dos centros decisórios sobre a política econômica nacional, complementando os artigos 3º, II e 170, I da Constituição.[58]

A internalização dos centros de decisão econômica, política prevista em vários dispositivos do texto constitucional de 1988, como o artigo 219, tem por objetivo, entre outros, reduzir a vulnerabilidade externa do país, visando assegurar uma política nacional de desenvolvimento. A vulnerabilidade externa, segundo Reinaldo Gonçalves, pode ser traduzida na baixa capacidade do país resistir à influência de fatores desestabilizadores ou choques externos. É um conceito complementar ao de soberania econômica nacional, pois diz respeito diretamente à capacidade de decisão de política econômica de forma autônoma. A expansão do mercado interno é entendida pela Constituição, particularmente pela leitura conjunta dos seus artigos 3º, II, 170, I e 219, como a principal estratégia de dinamismo econômico. O processo de desenvolvimento econômico deve ser liderado, assim, pela demanda interna do país, não apenas pelas exportações, ampliando as relações comerciais e objetivando a instituição de uma sociedade de consumo de massas.[59]

---

[58] GRAU, Eros Roberto. *A Ordem Econômica na Constituição de 1988*: Interpretação e Crítica. 12ª ed. São Paulo: Malheiros, 2007. pp. 254-255 e 273.

[59] Autores como Reinaldo Gonçalves denominam estas políticas de "inserção soberana". *Vide* GONÇALVES, Reinaldo. *Ó Abre-Alas*: A Nova Inserção do Brasil na Economia

INCONSTITUCIONALIDADE DA RESTRIÇÃO À PARTICIPAÇÃO...

O incentivo ao mercado interno está diretamente ligado à capacidade da infraestrutura existente no país estar adequada ao processo de desenvolvimento, inclusive no setor de transportes, como é o caso do setor aeroportuário.

No campo do direito, observa Hünnekens[60], não há um conceito estritamente jurídico para definir "infraestrutura". De fato, identifica-se um processo de apropriação do debate econômico pela ciência jurídica, o que torna premente localizar um ponto de partida da discussão no campo da economia para sua compreensão. De qualquer forma, são poucos os autores que propõem uma definição, e a lei tampouco a oferece. Para Rolf Stober, o setor de infraestrutura contempla:

> "todas as medidas empreendidas pelo poder público ou por ele influenciadas, para a instauração, manutenção ou desenvolvimento de instalações, que atendam às exigências técnicas e de demanda, a fim de garantir condições presentes e futuras para o exercício ideal e competitivo da atividade econômica".[61]

Klaus Stern, por sua vez, amplia a definição de Stober, utilizada pela maior parte dos administrativistas[62], compreendendo a infraestrutura como

---

Mundial. 2ª ed. Rio de Janeiro: Relume-Dumará, 1999. pp. 180-184 e 187-197. *Vide*, ainda, GONÇALVES, Reinaldo. *Globalização e Desnacionalização*. São Paulo: Paz e Terra, 1999. pp. 35-40 e 181-185 e GUIMARÃES, Samuel Pinheiro. "Capital Nacional e Capital Estrangeiro". *Estudos Avançados* n. 39, São Paulo, 2000, pp. 155-159.

[60] HÜNNEKENS, Georg. *Rechtsfragen der wirtschaftlichen Infrastruktur*. Köln/Berlin/Bonn/München: Carl Heymanns Verlag, 1995. pp. 11 e ss.

[61] STOBER, Rolf. *Handbuch des Wirtschaftsverwaltungs und Umweltrechts*. Stuttgart: Kohlhammer, 1989. § 47 I: "alle von der öffentlichen Hand getragenen oder beeinflußten Maßnahmen zur Schaffung, Unterhaltung sowie zur bedarfsgerechten, dem technischen Fortschritt entsprechenden Weiterentwicklung von Einrichtungen, die geeignet sind, gegenwärtig und künftig eine leistungs- und wettbewerbsfähige Wirtschaftätigkeit zu gewährleisten".

[62] *Vide* também BATTIS, Ulrich."Wirtschaftliche Infrastruktur" *In:* BUNTE, Hermann-Josef; STOBER, Rolf (orgs.). *Lexikon des Rechts der Wirtschaft*. Neuwied: Luchterhand, 1991. Vol. I, p. 120; BULL, Hans-Peter. *Die Staatsaufgaben nach dem Grundgesetz*. Frankfurt am Main: Athenäum Verlag, 1973. p. 268 e FRANK, Götz. *Lokaler Infrastrukturmangel und kommunale Finanzausstattung*. Baden-Baden: Nomos Verlagsgesellschaft, 1982. p. 49.

GILBERTO BERCOVICI

"a categoria que se refere às instalações e medidas de ordem material, pessoal e institucional, que são necessárias como suporte básico para um determinado estágio de desenvolvimento avançado da sociedade, de forma a garantir aos indivíduos condições econômicas e pessoais apropriadas para o seu crescimento".[63]

Estes autores nos permitem identificar as características comuns que devem ser levadas em conta quando da análise jurídica de questões relacionadas à infraestrutura, como a levantada pelo artigo 219 da Constituição de 1988. Primeiramente, os investimentos em infraestrutura são voltados à garantia dos elementos essenciais – de ordem material ou institucional – para o exercício regular das atividades econômicas fundamentais da sociedade em geral, sem os quais seu desenvolvimento não é possível. Assim, qualquer ação no campo da infraestrutura, seja realizada diretamente pelo Estado ou por ele autorizada, tem como objetivo o atendimento de necessidades determinantes à realização das atividades econômicas essenciais ao conjunto da sociedade.

Na síntese de Hünnekens:

"as ações no campo da infraestrutura não representam a sedimentação de um status quo, mas sim a propiciação do desenvolvimento presente e futuro da coletividade, [...] a infraestrutura é uma categoria vinculada ao desenvolvimento, incluindo todas as instalações e demais ações, que constituem o fundamento material e institucional – necessário e tecnicamente apropriado – para o desenvolvimento econômico de cada indivíduo e disponibilizados, em razão do interesse público que atendem, para toda a coletividade".[64]

---

[63] STERN, Klaus. *Das Staatsrecht der Bundesrepublik Deutschland.* 2ª ed., München: Verlag C. H. Beck, 1984. Vol. I, § 21-II-2: "Infrastruktur ist der Inbegriff materieller, personeller und institutioneller Einrichtungen und Vorkehrungen, die zu einem bestimmten, fortgeschrittenen Entwicklungsstadium der Gesellschaft als Grundausstattung notwendig sind, um eine angemessene wirtschaftliche und personale Entfaltungsmöglichkeit des Individuums zu gewährleisten".

[64] HÜNNECKENS, Georg. *Rechtsfragen der wirtschaftlichen Infrastruktur.* Köln/Berlin/Bonn/München: Carl Heymanns Verlag, 1995. pp. 15-16: "Infrastruktur bedeutet nicht die Zementierung eines status quo, sondern die Ermöglichung einer Ent- und

INCONSTITUCIONALIDADE DA RESTRIÇÃO À PARTICIPAÇÃO...

As concessões públicas, especialmente no campo da infraestrutura, são, na atualidade, um dos principais incentivadores do desenvolvimento do mercado interno, com forte atração de investimentos nacionais e estrangeiros.[65] Ora, na medida em que o Edital de concessão dos Aeroportos do Galeão e de Confins proíbe a participação de acionistas de atuais concessionárias de aeroportos no país opera-se um verdadeiro desincentivo ao mercado interno. O que a política adotada no Edital está demonstrando para as empresas que pretendem investir na infraestrutura aeroportuária brasileira é que elas estarão restritas a apenas um aeroporto, não poderão, caso queiram ampliar seus investimentos, se expandir. Trata-se, portanto, de uma política absolutamente contrária ao que pretende o texto constitucional, no artigo 219, e ao que se propõe o Governo Federal, com seus projetos de ampliação de investimentos em infraestrutura. Afinal, ampliar projetos de infraestrutura, definitivamente, não passa pela proibição casuística e sem fundamento constitucional ou legal de participação das empresas que já são concessionárias de serviços de infraestrutura aeroportuária em outros leilões de concessão.

RESPOSTA

Diante da argumentação exposta, concluo:

1. A preocupação com participação cruzada nas concessionárias dos aeroportos justifica a restrição ao edital, tendo em vista que os dados econômicos presentes nos estudos não apontam concorrência entre os aeroportos envolvidos?

Não. Como ente da Administração Pública, integrante da Administração Indireta da União, a ANAC exerce função administrativa, ou

---

Weiterentwicklung. (...) die wirtschaftliche Infrastruktur wird definiert als entwicklungsoffener Inbegriff all jenen Einrichtungen und Maßnahmen, die als materielles und institutionelles Fundament für den Bereich der Ökonomischen Entfaltung des Einzelnen und der Allgemeinheit geeignet und notwendig sind und im öffentlichen Interesse dem Gemeinwesen zur Verfügung gestellt werden".

[65] Sobre este tema, *Vide* STOBER, Rolf. *Allgemeines Wirtschaftsverwaltungsrecht:* Grundlagen des Wirtschaftsverfassungs- und Wirtschaftsverwaltungsrechts, des Weltwirtschafts- und Binnenmarktrechts. 16ª ed. Stuttgart: Verlag W. Kohlhammer, 2008. pp. 182-184.

seja, o seu poder não é exercido por interesse próprio ou exclusivamente próprio, mas por interesse público. A autarquia tem por finalidade o exercício de uma função pública, ou seja, tem o dever de realizar o interesse público, não o seu. A ANAC não é independente ou autônoma em relação à lei ou à Constituição.

A ilegalidade cometida pela ANAC está no disposto no item 3.15.5 do Edital de concessão dos Aeroportos do Galeão e de Confins. Este item do Edital cria restrições à participação de empresas já concessionárias de serviços de infraestrutura aeroportuária na concorrência pública sem qualquer fundamento constitucional ou legal para tanto. Não existe nenhum dispositivo constitucional que impeça uma empresa que já detenha uma concessão de bem, obra ou serviço público de participar de uma nova licitação.

Não bastasse a inconstitucionalidade expressa em impedir que os atuais concessionários de serviços de infraestrutura aeroportuária participem de novas concessões, a presente proibição foi inserida de forma inédita no Edital, em seu item 3.15.5, para a concessão dos aeroportos do Galeão e de Confins. Em nenhum dos procedimentos de concorrência realizados anteriormente no setor aeroportuário brasileiro houve esta exigência, tanto é assim que os acionistas da concessionária do aeroporto de Brasília são os mesmos dos acionistas do aeroporto de São Gonçalo do Amarante. Os aeroportos de Angra dos Reis e Cabo Frio são operados pelo mesmo grupo, que obteve concessões distintas em momentos distintos. Nenhuma empresa concessionária de serviços de infraestrutura aeroportuária foi proibida de participar, até hoje, de qualquer dos leilões dos aeroportos. Inclusive, à época do segundo leilão de concessão de serviços de infraestrutura aeroportuária (Guarulhos-Viracopos – Brasília), a própria ANAC rechaçou expressamente qualquer tipo de sugestão neste sentido, por não entender existir qualquer problema concorrencial que pudesse justificar este tipo de proibição. Trata-se, portanto, de flagrante atuação da Administração Pública (no caso, da ANAC) em contradição com os princípios da boa fé e da confiança legítima.

A mera preocupação com a concorrência, sem estudos sólidos, preparados especificamente para o mercado brasileiro, como a alegada

INCONSTITUCIONALIDADE DA RESTRIÇÃO À PARTICIPAÇÃO...

existência de uma suposta "nota técnica", não justifica a exclusão dos concessionários de serviços de infraestrutura aeroportuária do direito de participarem das concorrências públicas de novas concessões. Esta proibição de concessionários de serviços de infraestrutura aeroportuária seria justificável apenas se efetivamente os aeroportos que estão sendo concedidos fossem concorrentes diretos. No entanto, os dados econômicos não demostram essa relação de concorrência indiscriminada dos aeroportos de Confins e do Galeão com os demais aeroportos concedidos no país.

2. A restrição à participação das atuais concessionárias (e seus acionistas) significa infringência ao art. 219 da Constituição Federal?

Sim. A restrição à participação de acionistas de atuais concessionárias de aeroportos no país significa violação ao artigo 219 da Constituição de 1988, pois consiste em um verdadeiro desincentivo ao mercado interno. A expansão do mercado interno é entendida pela Constituição, particularmente pela leitura conjunta dos seus artigos 3º, II, 170, I e 219, como a principal estratégia de dinamismo econômico. O processo de desenvolvimento econômico deve ser liderado, assim, pela demanda interna do país, não apenas pelas exportações, ampliando as relações comerciais e objetivando a instituição de uma sociedade de consumo de massas. O incentivo ao mercado interno está diretamente ligado à capacidade da infraestrutura existente no país estar adequada ao processo de desenvolvimento, inclusive no setor de transportes, como é o caso do setor aeroportuário.

Perde-se, assim, a oportunidade de atração de investimentos das concessões públicas, especialmente no campo da infraestrutura. Concessões estas que são, talvez, uma das principais possibilidades atuais de incentivo ao desenvolvimento do mercado interno. Trata-se, portanto, de uma política absolutamente contrária ao que pretende o texto constitucional, no seu artigo 219.

Este é o meu parecer.

São Paulo, 27 de junho de 2013.

SERVIÇO PÚBLICO DE RADIODIFUSÃO E CONTRATO DE ELABORAÇÃO E VEICULAÇÃO DE PROGRAMAÇÃO

CONSULTA

O GRUPO X, por intermédio de seus ilustres advogados, honra-me com a presente consulta para elaboração de parecer jurídico sobre o contrato celebrado entre a Rede X e a entidade Y e suas implicações sobre o regime jurídico da concessão de serviços públicos de radiodifusão de sons e imagens. Os termos da presente consulta foram assim formulados:

1. O direito à exploração de serviço de radiodifusão por meio de concessão é uma atividade econômica? Em caso positivo, as normas constitucionais que tratam do tema, as regras infraconstitucionais e os contratos permitem a cobrança de algum tipo de preço do consumidor da TV aberta ou estipulam algum tipo de limite para a remuneração das concessionárias?

2. Qual é a natureza do contrato firmado entre o Grupo X e a entidade Y?

a) Trata-se de cessão de espaço publicitário para fins comerciais?

GILBERTO BERCOVICI

b) Trata-se de transferência de concessão de serviço público de radiodifusão?

c) Trata-se de subconcessão?

d) Trata-se de arrendamento de concessão?

3. O contrato firmado entre o Grupo X e a entidade Y afeta a natureza ou a validade da concessão de serviço público de radiodifusão outorgada ao Grupo X?

PARECER

1. A NATUREZA JURÍDICA DO SERVIÇO DE RADIODIFUSÃO

Os serviços de radiodifusão são considerados constitucionalmente como serviços públicos de competência da União desde a Constituição de 1934 (artigo 5º, VIII[1]), decisão mantida pela Carta de 1937 (artigo 15, VII), pela Constituição de 1946 (artigo 5º, XII[2]) e pelas Cartas de 1967 (artigo 8º, XV, 'a'[3]) e 1969 (8º, XV, 'a'). A Constituição de

---

[1] Artigo 5º, VIII da Constituição de 1934: "Art. 5º Compete privativamente á União: VIII – explorar ou dar em concessão os serviços de telégrafos, radio-communicação e navegação aerea, inclusive as installações de pouso, bem como as vias-ferreas que liguem directamente portos maritimos a fronteiras nacionaes, ou transponham os limites de um Estado" (grifos nossos). A Constituição de 1934 constitucionalizou o regime introduzido pelo Decreto n. 20.047, de 27 de maio de 1931, e pelo Decreto n. 21.111, de 1º de março de 1932, ambos editados durante o Governo Provisório de Getúlio Vargas. Sobre este período. *Vide* VIANNA, Gaspar. *Direito de Telecomunicações*. Rio de Janeiro: Ed. Rio, 1976. pp. 118-121. A redação do artigo 15, VII da Carta de 1937 é a mesma do texto constitucional de 1934.

[2] "Artigo 5º, XII da Constituição de 1946: Art. 5º Compete à União: XII – *explorar, diretamente ou mediante autorização ou concessão, os serviços* de telégrafos, *de rádiocomunicação, de radiodifusão*, de telefones interestaduais e internacionais, de navegação aérea e de vias férrea que liguem portos marítimos a fronteiras nacionais, ou transponham os limites de um Estado" (grifos nossos).

[3] Artigo 8º, XV, 'a' da Carta de 1967: "Art. 8º Compete à União: [...] XV – explorar, diretamente ou mediante autorização ou concessão: a) os serviços de telecomunicações". A Carta de 1969 manteve o mesmo texto e a mesma numeração do dispositivo.

264

SERVIÇO PÚBLICO DE RADIODIFUSÃO E CONTRATO DE ELABORAÇÃO...

1988 foi ainda mais enfática nesta conceituação, conforme determinam seus artigos 21, XI e XII, 'a'[4] e 223, *caput*.[5]

Os serviços públicos de radiodifusão sonora e de sons e imagens são regulados pelo Código Brasileiro de Telecomunicações (Lei n. 4.117, de 27 de agosto de 1962)[6], aprovado sob a Constituição de 1946 e ainda parcialmente em vigor, especificamente no que se refere à radiodifusão. A Lei Geral das Telecomunicações (Lei n. 9.472, de 16 de julho de 1997) não se aplica expressamente, segundo o seu artigo 211[7], para o setor de radiodifusão[8]. Isto significa que a regulação e a outorga de concessões, permissões ou autorizações do serviço de radiodifusão competem diretamente ao Ministério das Comunicações, não à Agência Nacional de Telecomunicações (Anatel).[9]

---

[4] "Artigo 21, XI e XII, 'a' da Constituição de 1988: Art. 21. Compete à União: XI – explorar, diretamente ou mediante autorização, concessão ou permissão, os serviços de telecomunicações, nos termos da lei, que disporá sobre a organização dos serviços, a criação de um órgão regulador e outros aspectos institucionais; XII – explorar, diretamente ou mediante autorização, concessão ou permissão: a) os serviços de radiodifusão sonora e de sons e imagens" (redação de ambos os dispositivos introduzida pela Emenda Constitucional n. 8, de 15 de agosto de 1995).

[5] "Artigo 223, *caput* da Constituição de 1988: Compete ao Poder Executivo outorgar e renovar concessão, permissão e autorização para o serviço de radiodifusão sonora e de sons e imagens, observado o princípio da complementaridade dos sistemas privado, público e estatal".

[6] Para o debate em torno da elaboração e promulgação do Código Brasileiro de Telecomunicações, *Vide* VIANNA, Gaspar. *Direito de Telecomunicações*. Rio de Janeiro: Ed. Rio, 1976. pp. 133-147.

[7] "Artigo 211 da Lei n. 9.472/1997: A outorga dos serviços de radiodifusão sonora e de sons e imagens fica excluída da jurisdição da Agência, permanecendo no âmbito de competências do Poder Executivo, devendo a Agência elaborar e manter os respectivos planos de distribuição de canais, levando em conta, inclusive, os aspectos concernentes à evolução tecnológica. Parágrafo único. Caberá à Agência a fiscalização, quanto aos aspectos técnicos, das respectivas estações".

[8] Sobre a distinção entre os serviços de telecomunicação e de radiodifusão, *Vide*, por todos, DANTAS, Marcos. *A Lógica do Capital-Informação*: A Fragmentação dos Monopólios e a Monopolização dos Fragmentos num Mundo de Comunicações Globais. 2ª ed. Rio de Janeiro: Contraponto, 2002. pp. 137-145.

[9] *Vide*, ainda, CORDOVIL, Leonor Augusta Giovine. *A Intervenção Estatal nas Telecomunicações*: A Visão do Direito Econômico. Belo Horizonte: Fórum, 2005. p. 118

GILBERTO BERCOVICI

Serviço público é uma das formas de atuação do Estado no domínio econômico, prevista expressamente no artigo 175, *caput* da Constituição de 1988.[10] Qualquer que seja a concepção de serviço público adotada, formal ou material, o papel do Estado em sua prestação, direta ou indiretamente, faz parte do núcleo essencial da ideia de serviço público. Ao manter expressamente a TV e o rádio com a natureza jurídica de serviço público (cf. artigos 21, XII, 'a' e 223, *caput*), a Constituição de 1988 tentou resguardar o elevado interesse público existente neste setor.[11] É dentro desse quadro que devemos analisar a previsão de três "sistemas", distintos e complementares, de rádio e TV (artigo 223, *caput*).

O assim chamado "sistema privado" de rádio e TV recebe tal designação, no texto constitucional, para indicar que a Constituição aceita que as atividades de radiodifusão também se realizem, dentro de certos parâmetros e de forma não exclusiva, com o apoio do mercado e com o objetivo de gerar lucros. A aceitação, aqui, do apoio de empresas privadas controladas por particulares não implica, porém, a descaracterização da atividade como serviço público, calcado em padrões mínimos de impessoalidade e objetividade.[12] Na verdade, a parcial

---

e FARACO, Alexandre Ditzel. *Democracia e Regulação das Redes Eletrônicas de Comunicação:* Rádio, Televisão e Internet. Belo Horizonte: Fórum, 2009. p. 87.

[10] Artigo 175, *caput* da Constituição de 1988: "Incumbe ao poder público, na forma da lei, diretamente ou sob regime de concessão ou permissão, sempre através de licitação, a prestação de serviços públicos". Sobre a clássica distinção da atividade econômica em sentido amplo em atividade econômica em sentido estrito e serviço público, *Vide* GRAU, Eros Roberto. *A Ordem Econômica na Constituição de 1988:* Interpretação e Crítica, 12ª ed. São Paulo: Malheiros, 2007. pp. 101-111.

[11] Mesmo nos países onde o direito constitucional parece, nesse ponto, ser menos claro que o disposto no nosso, juristas de inclinações privatistas são forçados a reconhecer o caráter de serviço público da radiodifusão. Segundo González Encinar, "considerar que em nuestro ordenamiento jurídico el 'servicio público de televisión' no es uma realidad 'necesaria' sería no solo jurídicamente inconstitucional, sino también politicamente suicida" *In:* ENCINAR, José Juan González. *El Régimen Jurídico de la Televisión.* Madrid: Centro de Estudios Constitucionales, 1995. p. 18. Frisando a compatibilidade entre a defesa das liberdades e o regime de serviço público, *Vide Idem,* pp. 110-111.

[12] Sobre o tema, mais detidamente, SEELAENDER, Airton L. Cerqueira Leite. "O Regime Constitucional da Televisão e os Mecanismos de Contenção do Poder Privado no Estado Democrático de Direito". *In: Seminário "20 Anos da Constituição"* (org. Daniel

SERVIÇO PÚBLICO DE RADIODIFUSÃO E CONTRATO DE ELABORAÇÃO...

abertura do setor ao capital privado se destina a favorecer o seu desenvolvimento tecnológico e a ampliar o pluralismo político constitucionalmente consagrado.[13]

É importante notar que a criação de um "sistema público" de rádio e televisão não se deu para autorizar a transformação do "sistema estatal" em *venal voz dos governantes* e a do assim chamado "sistema privado" em um *servil coral de oligarquias*. Pelo contrário, apenas sinalizou a preocupação do Constituinte em estimular de forma particularmente intensa o pluralismo, valor da ordem constitucional que rege todos os três "sistemas" supramencionados.

Distingue-se o "setor público" do chamado "setor privado" por não pressupor o exercício da atividade por empresas concessionárias ou permissionárias destinadas à obtenção de lucros e controladas por particulares ou empresas privadas. Distingue-se, por outro lado, do "sistema estatal" por ser organizado e dirigido por organizações da sociedade civil, e não pelo Estado.

Na concepção da Constituição, a TV e o rádio do "sistema público" deveriam, como vemos, ser geridos por associações, sindicatos e "organizações sociais", servindo à sociedade civil e não aos interesses dos governantes e seus aliados. A TV e o rádio do "sistema público" deveriam, inclusive, fragmentar sua programação, permitindo a produção descentralizada da mesma, de forma a assegurar um "direito de antena" a distintos setores da sociedade.

A previsão constitucional de três sistemas de rádio e televisão distintos- um "privado", um "público" e um "estatal" (artigo 223, *caput*), não despubliciza, na verdade, nem o setor dito "privado" nem o setor "público não-estatal", que seguem, ambos, dependendo de concessões,

---

Sarmento), Petrópolis, 2008. *Vide*, ainda, LIMA, Venício A. de. *Liberdade de Expressão X Liberdade de Imprensa:* Direito à Comunicação e Democracia. São Paulo: Publisher Brasil, 2010. p. 68.

[13] Como mostra González Encinar, na televisão "el sector privado debe cumplir algunas misiones de interes público (...): tiene que hacer factible el pluralismo y la democracia". Cf. ENCINAR, José Juan González. *El Régimen Jurídico de la Televisión*. Madrid: Centro de Estudios Constitucionales, 1995. pp. 33-34.

GILBERTO BERCOVICI

autorizações e permissões, regidas pelo direito público, de serviços de competência da União.

Vista como freio ao poder privado, a previsão de um sistema "estatal" também se destina, por fim, a reforçar o pluralismo, e não a legitimar a criação de uma rede "chapa-branca", a serviço da propaganda política governamental.[14] Tanto isso é verdade, que a Constituição dispõe sobre um "sistema estatal", e não sobre um "sistema governamental" ou "governista".

E este "sistema estatal", ainda que não entregue diretamente à sociedade civil (gestora direta do "sistema público", na linguagem do artigo 223), pode e deve ser organizado pelo Estado de modo a resguardar o pluralismo e a informação contra as pressões do situacionismo político para controlar a mídia. Uma TV ou rádio estatal não deve silenciar a oposição. Não por acaso, há países democráticos em que a direção das redes estatais tem de ser mesmo compartilhada entre partidos oposicionistas e governistas, para que estes últimos não fiquem tentados a abusar do controle dos veículos do "sistema estatal". Ao não excetuar do campo do pluralismo o chamado "sistema estatal", está a Constituição, pois, fechando as portas ao telejornalismo "chapa-branca" e dando lastro a normas que permitam às TVs e rádios deste sistema uma abertura a todos os partidos e a todos os grupos sociais e correntes com algum significado na vida coletiva, nas suas discussões e nos seus conflitos.[15]

---

[14] Nesse sentido, *Vide*, também, a conclusão de CANOTILHO, José Joaquim Gomes; MOREIRA, Vital. *Constituição da República Portuguesa Anotada*. 4ª. Ed. São Paulo: RT, 2007. Vol. 1, p. 589. Na Alemanha, autores como Stern e Wufka já consideravam, há décadas atrás, inconstitucional uma representação governamental formal na gestão das TVs públicas que fosse capaz de influenciar estas últimas. Cf. SCHLIE, Otto."Organisation und gesellschaftliche Kontrolle des Rundfunks" *In:* AUFERMANN, Jorg; SCHARF, Wilfried; SCHLIE, Otto (orgs.). *Fernsehen und Hörfunk für die Demokratie*. Opladen: Westdeutscher Verlag, 1979. p. 57.

[15] A este respeito, *Vide* SCHLIE, Otto."Organisation und gesellschaftliche Kontrolle des Rundfunks" *In:* AUFERMANN, Jorg; SCHAR F, Wilfried; SCHLIE, Otto (orgs.). *Fernsehen und Hörfunk für die Demokratie*. Opladen: Westdeutscher Verlag, 1979. p. 59. Ainda analisando o direito alemão, Friedrich Müller e Bodo Pieroth também salientam que a radiodifusão estatal apresenta um dever de neutralidade que, mesmo não se confundindo com a "indiferença" do jornalista, veda com sua "praticabilidade relativa" todo

A exigência constitucional de que também exista um sistema de TVs e rádios sem nenhuma participação do capital privado pode ser vista, em suma, como uma garantia da própria liberdade e pluralidade da comunicação social.[16] O "sistema estatal" não se justifica, pois, só para garantir o exercício da atividade informativa onde exista desinteresse da iniciativa privada em assumi-la, através de concessões. O princípio da complementaridade dos "sistemas privado, público e estatal" (artigo 223, *caput*) reflete, sim, o relevo do pluralismo na esfera constitucional e visa, sobretudo, a criar dentro da mídia um *sistema de freios e contrapesos* próprio, que a impeça de se tornar um polo social de poder descontrolado.

Ora, se nem no "sistema estatal" a Constituição permite o uso abusivo do serviço público de radiodifusão, se nem no "sistema estatal" permite a submissão total e automática do rádio e da TV aos interesses do grupo situacionista, resta evidente que este último não pode, tampouco, através de concessões e outros atos administrativos, apossar-se do "sistema público" e do "sistema privado", sabotando a ordem constitucional por outras vias.

Cumpre destacar novamente, por fim, que os três "sistemas" se inserem na lógica do exercício de um serviço público, no qual é dever do Estado impedir o que na Alemanha se denomina *"poder unidirecional sobre a opinião"*.[17]

Concebida como serviço público, a radiodifusão é regrada em nossa Constituição de forma distinta daquela dirigida às atividades do setor periodístico. Se estas últimas independem de concessões, permissões e autorizações estatais, já na radiodifusão tais atos são constitucionalmente previstos (artigo 223, *caput*), pois compete à Administração assegurar que a prestação do serviço sirva a objetivos constitucionais próprios,

---

facciosismo imposto a partir dos órgãos dirigentes do ente gestor do serviço. Cf. MÜLLER, Friedrich; PIEROTH, Bodo. *Politische Freiheitsrechte der Rundfunkmitarbeiter*. Berlin: Duncker & Humblot, 1976. pp. 53 e 75.

[16] CANOTILHO, José Joaquim Gomes; MOREIRA, Vital. *Constituição da República Portuguesa Anotada*. 4ª ed. Coimbra: Coimbra Ed., 2007. Vol. I, p. 586.

[17] Cf. HOFFMANN-RIEM, Wolfgang. *Erosionen des Rundfunkrechts*. München: Verlag C. H. Beck, 1990. p. 14. *Vide*, ainda, LIMA, Venício A. de. *Regulação das Comunicações: História, Poder e Direitos*. São Paulo: Paulus, 2011. pp. 93-101.

GILBERTO BERCOVICI

evitando, por exemplo, os riscos políticos decorrentes da oligopolização (artigo 220, § 5º da Constituição de 1988). Dentro desse quadro, não seria exagero aceitar a tese de que, ao conceder o serviço, o Estado tenha de garantir um fornecimento mínimo de informações livres de qualquer *"monopólio das opiniões"*.[18]

Tal dever de assegurar um *fornecimento mínimo de informações em uma atmosfera de pluralismo*, justifica por si só o dever-reflexo de criar e manter um "sistema estatal" de radiodifusão[19], nem por isso deve ser desconsiderado à hora da Administração distribuir concessões, autorizações e permissões no âmbito do "sistema privado". Voltada ao fomento do pluralismo constitucionalmente desejado, a existência do "sistema privado" não basta, por si só, para assegurar a boa prestação do serviço. Esta seria, aliás, inviável, no entender da própria Constituição, em se verificando um alto grau de concentração empresarial neste "sistema".[20]

2. A NATUREZA DO CONTRATO FIRMADO ENTRE O GRUPO X E A ENTIDADE Y

2.1 Cessão de Espaço Publicitário para Fins Comerciais

O contrato celebrado em junho de 2014 entre o Grupo X e a entidade Y versa sobre a elaboração e veiculação de programação

---

[18] Sobre a ideia de *fornecimento mínimo* no serviço de radiodifusão, cf. FECHNER, Frank. *Medienrecht.* 12ª ed. Tübingen: Mohr Siebeck, 2011. p. 19, que aqui também remete ao Princípio do Estado Social presente na Lei Fundamental alemã.

[19] BVerfGE 73, pp. 157 e ss. e BVerfGE 74, pp. 325 e ss.

[20] Sobre o monopólio dos meios de comunicação no Brasil, situação na qual uma única empresa de mídia detém cerca de 56% da audiência da televisão aberta (dados da pesquisa divulgada pela organização não governamental *Article 19*, em 2008), *Vide* LIMA, Venício A. de. *Liberdade de Expressão X Liberdade de Imprensa*, Direito à Comunicação e Democracia. São Paulo: Publisher Brasil, 2010. pp. 83-87; Venício A. de LIMA, *Regulação das Comunicações:* Direito à Comunicação e Democracia. São Paulo: Publisher Brasil, 2010. pp. 28-31 e 85-86 e MORAES, Dênis. *Vozes Abertas da América Latina:* Estado, Políticas Públicas e Democratização da Comunicação. Rio de Janeiro: MauadX/Faperj, 2011. pp. 35-46. Para a análise da evolução recente do mercado brasileiro de televisão, a partir de 1985, *Vide* BOLAÑO, César Ricardo Siqueira. *Mercado Brasileiro de Televisão.* 2ª ed. São Paulo/Aracaju: EDUC/Editora-UFS, 2004. pp. 205-281.

SERVIÇO PÚBLICO DE RADIODIFUSÃO E CONTRATO DE ELABORAÇÃO...

de cunho religioso e cultural de responsabilidade da entidade Y por parte do Grupo X.

Um dos argumentos utilizados contra o referido contrato é o de que se trataria, na realidade, de um contrato de cessão de espaço publicitário para fins comerciais que teria excedido os limites estipulados no artigo 124 da Lei n. 4.117/1962 (Código Brasileiro de Telecomunicações)[21], que seriam de, no máximo, 25% (vinte e cinco por cento) do tempo total da programação. Segundo os opositores do contrato, o objeto do mesmo seria a veiculação de propaganda comercial da entidade Y por um período de programação muito superior ao determinado na lei.

A questão central aqui é que, ao contrário do que foi alegado pelos opositores do contrato, não está sendo contratada a veiculação de propaganda comercial, mas a elaboração e veiculação de programação por parte da entidade Y. O concessionário do serviço público de radiodifusão, o Grupo X, em momento algum abriu mão totalmente da possibilidade de venda de espaço publicitário durante a exibição da programação elaborada pela entidade Y. Ou seja, não foi adquirido por esta última o direito de veicular propaganda comercial, mas sim a obrigação de produzir programação de cunho religioso e cultural para ser transmitida por meio do Grupo X.

O fato de o contrato prever a remuneração do concessionário pelo uso de sua infraestrutura de produção e radiodifusão, bem como pela veiculação em horários determinados de sua grade, não implica na caracterização imediata da programação a ser elaborada pela entidade Y como cessão de espaço publicitário para fins comerciais. A legislação vigente não determina que a única fonte de receita dos concessionários de serviço de radiodifusão seja a angariada por meio da veiculação de publicidade. A produção e a transmissão de programas podem ser gratuitas ou onerosas, a critério do concessionário. Não existe nenhuma

---

[21] "Artigo 124 da Lei n. 4.117/1962: O tempo destinado na programação das estações de radiodifusão, à publicidade comercial, não poderá exceder de 25% (vinte e cinco por cento) do total".

proibição à arrecadação de receitas por meio da produção e da veiculação de programação que não configura publicidade.

A concessão de serviço público de radiodifusão é atividade complexa que reúne o desenvolvimento de ações técnicas distintas, tais como composição de grade de programação, a produção de programação própria, a contratação de conteúdo audiovisual de terceiros, a veiculação destes programas, o relacionamento com o mercado publicitário, a operação de infraestrutura para transmissão do sinal radiofônico, a adequação às exigências técnicas de transmissão, como, por exemplo, a conversão da transmissão analógica para digital, etc. Portanto, uma única atividade da concessionária não pode ser entendida como se fosse a totalidade da própria concessão.

A exploração de atividades econômicas complementares ou vinculadas ao serviço público propriamente dito não afeta necessariamente a sua prestação adequada. O concessionário tem o direito de aproveitar a estrutura necessária para a prestação do serviço público para, se for possível, utilizá-la na exploração de outras atividades com relevância econômica ou lucrativas. O regime jurídico próprio da concessão de serviço público não é afastado ou comprometido nos casos em que existam ou se criem fontes alternativas ou acessórias de financiamento para o concessionário.[22]

A programação da emissora, parte dela produzida pela entidade Y, é montada de acordo com o seu próprio planejamento interno, com a distribuição das várias modalidades possíveis de programas (culturais, religiosos, de entretenimento, infantis, noticiários, etc) e as respectivas cotas de patrocínio comercial (que não podem exceder os 25% do tempo de programação determinados em lei). A decisão de como a grade de programação vai ser estruturada é exclusiva da emissora, concessionária de serviço público de radiodifusão. Não cabe ao poder concedente se imiscuir nesta decisão, salvo nos temas de relevante interesse público (classificação indicativa dos programas, proteção a crianças e

---

[22] Neste sentido, *Vide* JUSTEN Filho, Marçal. *Teoria Geral das Concessões de Serviço Público*. São Paulo: Dialética, 2003. pp. 149-150.

SERVIÇO PÚBLICO DE RADIODIFUSÃO E CONTRATO DE ELABORAÇÃO...

adolescentes, campanhas de utilidade pública, pronunciamentos oficiais de autoridades governamentais, combate à publicidade enganosa ou abusiva, etc) e dentro dos limites estabelecidos expressamente na Constituição e na legislação em vigor.

Não há nenhum dispositivo na legislação brasileira que vede a utilização de produções de terceiro na programação de uma concessionária de televisão. Pelo contrário, a prática não é só amplamente disseminada no setor, como permitida pelo próprio Código Brasileiro de Telecomunicações, em seu artigo 48.[23]

A contratação com terceiros para a produção de programação, inclusive, pode ser necessária para o cumprimento do disposto no artigo 221 da Constituição de 1988:

> "A produção e a programação das emissoras de rádio e televisão atenderão aos seguintes princípios: I – preferência a finalidades educativas, artísticas, culturais e informativas; II – promoção da cultura nacional e regional e estímulo à produção independente que objetive sua divulgação; III – regionalização da produção cultural, artística e jornalística, conforme percentuais estabelecidos em lei; IV – respeito aos valores éticos e sociais da pessoa e da família".

O atendimento a essas exigências constitucionais nem sempre é possível por meio de produção própria. Nada mais natural do que buscar parcerias para a produção e veiculação de programas que estejam de acordo com os princípios do artigo 221. A celebração do contrato com a entidade Y teve por escopo a produção e veiculação de programas religiosos e culturais, com destaque à promoção dos valores éticos e sociais da pessoa e da família.

---

[23] Artigo 48 da Lei n. 4.117/1962: "Nenhuma estação de radiodifusão poderá transmitir ou utilizar, total ou parcialmente, as emissões de estações congêneres, nacionais ou estrangeiras, sem estar por estas previamente autorizada. Durante a irradiação, a estação dará a conhecer que se trata de retransmissão ou aproveitamento de transmissão alheia, declarando, além do próprio indicativo e localização, os da estação de origem".

GILBERTO BERCOVICI

2.2 Transferência de concessão e subconcessão

Outro argumento levantado contra o contrato firmado entre o Grupo X e a entidade Y busca caracterizá-lo como uma espécie de transferência de concessão. A transferência ou cessão da concessão, nas palavras de Celso Antônio Bandeira de Mello, consiste em uma verdadeira *"burla ao princípio licitatório"*. A concessão é um contrato *intuitu personae*, firmado entre o Estado (poder concedente) e um concessionário que, por determinação constitucional (artigo 175, *caput*), habilitou-se mediante licitação pública. Quem venceu a licitação foi o concessionário, não um terceiro.[24]

Apesar destas questões de fundo, no setor de radiodifusão, o Decreto-Lei n. 236, de 28 de fevereiro de 1967, ainda em vigor, proibiu expressamente a transferência direta ou indireta de concessão de radiodifusão sem prévia autorização do Governo Federal. Ou seja, caso houvesse a autorização prévia, a transferência da concessão seria possível. No mesmo sentido, a Lei n. 8.987, de 13 de fevereiro de 1995, previu em seu artigo 27, *caput*[25] a possibilidade de transferência da concessão ou do controle societário da concessionária, desde que com a anuência prévia do poder concedente.

Não há possibilidade de ter ocorrido uma transferência de concessão, mesmo sem a necessária anuência do poder concedente. Para tanto, a entidade Y precisaria ter assumido todas as funções e prerrogativas de gestão da concessão, no lugar do Grupo X. Fato este que evidentemente não ocorreu ou seria possível de ocorrer em virtude do contrato firmado entre as duas entidades.

---

[24] BANDEIRA DE MELLO, Celso Antônio. *Curso de Direito Administrativo*. 28ª ed. São Paulo: Malheiros, 2011. pp. 730-732; PORTO Neto, Benedicto. *Concessão de Serviço Público no Regime da Lei n. 8.987/1995:* Conceitos e Princípios. São Paulo: Malheiros, 1998. pp. 132-135. Em sentido mais benéfico em relação à possibilidade de transferência da concessão, *Vide* AMARAL, Antônio Carlos Cintra do. *Concessão de Serviço Público*. São Paulo: Malheiros, 1996. pp. 24-26; ROCHA, Cármen Lúcia Antunes. *Estudo sobre Concessão e Permissão de Serviço Público no Direito Brasileiro*. São Paulo: Saraiva, 1996. pp. 48-51 e JUSTEN Filho, Marçal. *Teoria Geral das Concessões de Serviço Público*. São Paulo: Dialética, 2003. pp. 528-545.

[25] Artigo 27, *caput* da Lei n. 8.987/1995: "A transferência de concessão ou do controle societário da concessionária sem prévia anuência do poder concedente implicará a caducidade da concessão".

SERVIÇO PÚBLICO DE RADIODIFUSÃO E CONTRATO DE ELABORAÇÃO...

Da análise do contrato fica explícita a responsabilização do Grupo X por todas as ações técnicas necessárias para a prestação do serviço público de radiodifusão. Não há qualquer possibilidade de assunção da concessão, mesmo que disfarçadamente, pela entidade Y. O Grupo X mantém, ainda, o controle sobre a grade de programação, determinando os horários de exibição dos vários programas. Contratar a produção e a veiculação de programação alheia não configura abrir mão do controle da concessão de serviço público de radiodifusão. A concessão continua com o Grupo X, sem qualquer forma de transferência.

Do mesmo modo em que foi alegada a possibilidade de transferência da concessão, poderia ser aventada a hipótese de eventual ocorrência de subconcessão. A subconcessão está prevista no artigo 26 da Lei n. 8.987/1995[26], que estipula como requisitos essenciais a necessidade de autorização prévia por parte do poder concedente e a realização de concorrência pública para a escolha do subconcessionário. Portanto, a escolha do subconcessionário não é ato da esfera de atribuições ou competências do concessionário original, pelo contrário. A seleção do subconcessionário só pode ser efetuada por meio de concorrência pública, ou seja, procedimento licitatório promovido apenas por entidades governamentais. Eventual subconcessão efetuada sem o conhecimento do poder concedente é motivo de extinção do contrato de concessão original. O único direito do concessionário original seria o de não ter mais responsabilidade em relação à parcela do serviço público que está sendo subconcedida. Neste sentido, têm razão Cármen Lúcia Antunes Rocha e Marçal Justen Filho quando afirmam que a subconcessão prevista na Lei n. 8.987/1995 é muito mais uma cessão parcial da concessão original do que uma subconcessão propriamente dita.[27]

---

[26] "Artigo 26 da Lei n. 8.987/1995: É admitida a subconcessão, nos termos previstos no contrato de concessão, desde que expressamente autorizada pelo poder concedente.
§ 1º A outorga de subconcessão será sempre precedida de concorrência.
§ 2º O subconcessionário se sub-rogará todos os direitos e obrigações da subconcedente dentro dos limites da subconcessão".

[27] BANDEIRA DE MELLO, Celso Antônio. *Curso de Direito Administrativo*. 28ª ed. São Paulo: Malheiros, 2011, p. 732; BLANCHET, Luiz Alberto. *Concessão e Permissão de Serviços Públicos:* Comentários à Lei n. 8.987, de 13 de fevereiro de 1995 e à Lei n. 9.074,

GILBERTO BERCOVICI

Pelos mesmos motivos elencados para rebater a possibilidade de ter ocorrido uma transferência, ainda que fraudulenta, da concessão, não há possibilidade de ter sido realizada, ainda que sem a concordância do poder concedente e sem concorrência pública, uma subconcessão. A responsabilidade do Grupo X por todas as atividades necessárias para a prestação do serviço público de radiodifusão continua em sua plenitude.

2.3 Arrendamento de Concessão

Um último argumento utilizado na contestação ao contrato é o de denominar a relação estipulada entre o Grupo X e a entidade Y como um arrendamento de concessão.

O arrendamento, como figura contratual típica, é tema de delimitação escassa no direito brasileiro, face a outros institutos próximos, como a locação. O contraste entre o arrendamento e outras figuras negociais é relevante na civilística italiana e alemã, espaço doutrinário em que estas distinções primeiro se desenvolveram.

Este reduzido apuro conceitual é devido, em larga medida, às opções terminológicas do Código Civil, que recorre à figura do arrendamento em esparsas passagens, a saber, nas que dizem respeito ao arrendamento de estabelecimento comercial (artigo 1144 e artigo 1147), aos direitos do usufrutuário (artigo 1399), à anticrese (artigo 1507) e aos poderes do tutor (artigo 1747, V). Basta dizer que Caio Mário da Silva Pereira, ao comentar sobre as partes do contrato de locação, nomeia-as como *"locador, ou senhorio, ou arrendador; e locador, ou inquilino, ou arrendatário"*.[28]

---

de 07 de julho de 1995. Curitiba: Juruá, 1995. pp. 132-133; AMARAL, Antônio Carlos Cintra do. *Concessão de Serviço Público*. São Paulo: Malheiros, 1996. p. 24; ROCHA, Cármen Lúcia Antunes. *Estudo sobre Concessão e Permissão de Serviço Público no Direito Brasileiro*. São Paulo: Saraiva, 1996. pp. 47-49; PORTO Neto, Benedicto. *Concessão de Serviço Público no Regime da Lei n. 8.987/1995*: Conceitos e Princípios. São Paulo: Malheiros, 1998. pp. 129-132 e JUSTEN Filho, Marçal. *Teoria Geral das Concessões de Serviço Público*. São Paulo: Dialética, 2003. pp. 522-528.

[28] PEREIRA, Caio Mário da Silva. *Instituições de Direito Civil.* Vol. 3: *Contratos*. 15ª ed. Rio de Janeiro: Forense, 2011. p. 230.

SERVIÇO PÚBLICO DE RADIODIFUSÃO E CONTRATO DE ELABORAÇÃO...

Esta sinonímia, ou melhor dizendo, a imprecisão do tipo contratual "arrendamento"[29], não persiste a um exame mais amplo da doutrina comparada e de nossa legislação. Dito de outra forma, o arrendamento qualifica relações jurídicas de contornos bem definidos.

A civilística alemã que elaborou o BGB (*Bürgerliches Gesetzbuch*) delimitou a diferença básica entre locação (*"Miete"*) e arrendamento (*"Pacht"*). A locação tem por objeto o uso de um bem, enquanto o arrendamento amplia este objeto ao disponibilizar a seu beneficiário o *uso e fruição* de um bem. Segundo Karl Larenz[30]:

> "O arrendamento é um contrato bilateral, pelo qual o arrendante obriga-se, durante o prazo contratual, a garantir ao arrendatário a utilização plena do bem, isto é, o uso do bem arrendado e o proveito dos frutos, na medida em que constituam ganhos provenientes do aproveitamento econômico do bem. [...] O arrendamento diferencia-se da locação na medida em que o arrendatário não apenas tem o direito de usar o bem, mas, sobretudo, pode aproveitar seus frutos".

Este é o ponto chave que distingue o arrendamento de outras figuras contratuais: o direito garantido ao arrendatário de apropriar-se dos frutos gerados pelo aproveitamento econômico do bem arrendado.

Por certo, o arrendamento desenvolveu-se sobremaneira como instrumento contratual dos bens produtivos. Na doutrina italiana, segundo

---

[29] Sobre o emprego impreciso do *nomen juris* "arrendamento", *Vide* especialmente a crítica de Waldirio Bulgarelli à denominação do *leasing* como "arrendamento mercantil" no direito brasileiro. Cf. BULGARELLI, Waldirio. *Contratos Mercantis*. São Paulo: Atlas, 2000. p. 380.

[30] LARENZ, Karl. *Lehrbuch des Schuldrechts*: Besonderer Teil. 13ª ed. München: C.H. Beck, 1986. Vol. 2, tomo 1, pp. 278-279: "Der Pachtvertrag ist ein gegenseitiger Vertrag, durch den der Verpächter verpflichtet wird, dem Pächter die volle Nutzung des Pachtgegenstandes, d. h. in der Regel, seinen Gebrauch und den Genuß der Früchte, soweit diese nach den Regeln einer ordnungsmäßigen Wirtschaft als Ertrag anzusehen sind", während der Pachtzeit zu gewähren. (...) Von der Miete unterscheidet sich die Pacht demnach dadurch, daß der Pächter nicht nur zum Gebrauch, sondern auch und vornehmlich zum Fruchtgenuß berechtigt ist".

Messineo, esta espécie contratual caracteriza-se igualmente pelo uso e fruição da coisa, acentuando-se a gestão econômica do bem pelo arrendatário:

> "El arrendamento de cosas productivas – en la legislación abrogada estaba previsto – en parte – bajo forma de arrendamento de fondos rústicos (arts. 1614 y sigtes). Pero faltaba en ella poner de relieve la nota económica predominante, o sea, el objeto de este contrato, que es uma cosa mueble o inmueble, essencialmente productiva y puede también no ser (aunque, en la mayor parte de los casos, lo sea) um fundo rústico, sino outro bien productivo (ejemplos, máquinas, animales, patentes de invención, hacienda). [...] El arrendatario debe cuidar de la gestion de la cosa, de conformidade con el destino económico de ella y el interés de la producción, mientras le corresponden a él los frutos y las otras utilidades de la cosa. [...] Para dar vida al arrendamento de cosas productivas, es necesario, pues, también el concurso de la actividad del arrendatario, dirigida a emplear la cosa, o sea, a realizar la gestión de la misma, con finalidade productiva, de manera que, al resultado del contrato, concurre el goce de la cosa produtiva y el hecho de que la misma este dirigida a la obtención del destino económico que le es próprio".[31]

O arrendamento encontrou largo emprego nas práticas do direito agrário, em que a associação entre o uso e fruição como indissociáveis da exploração econômica do bem é mais evidente. Tanto que o direito alemão (*"Landpacht"*) e o direito italiano designaram regras especiais ao arrendamento dos meios de produção rústicos. No direito brasileiro, igualmente é no arrendamento rural (Decreto n. 59.566, de 14 de novembro de 1966) que este tipo contratual encontra seu primeiro emprego mais preciso, qual seja, o da combinação de uso e fruição de um bem. No mesmo sentido, o arrendamento minerário, como será dito a seguir, igualmente confere ao arrendatário o uso e fruição dos bens minerais extraídos[32], trazendo mais

---

[31] MESSINEO, Francesco. *Manual de Derecho Civil y Comercial*. Buenos Aires: Ediciones Jurídicas Europa-America, 1979. Vol. V, pp. 191-192.

[32] MESSINEO, Francesco. *Manual de Derecho Civil y Comercial*. Buenos Aires: Ediciones Jurídicas Europa-America, 1979. Vol. V, p. 193, disserta sobre o arrendamento de minas

SERVIÇO PÚBLICO DE RADIODIFUSÃO E CONTRATO DE ELABORAÇÃO...

um exemplo do uso técnico do tipo negocial do arrendamento. Para aproveitar outro exemplo do nosso direito, referimo-nos ao arrendamento de estabelecimento comercial (artigos 1144 e 1147 do Código Civil), em que se revertem, em favor do arrendatário, todas as vantagens econômicas advindas da exploração do fundo de comércio.

Em síntese, qualificar uma relação jurídica como "arrendamento" implica atribuir aos polos contratuais um conjunto específico de deveres e vantagens relacionadas ao uso e apropriação dos frutos de um determinado bem. Muito menos se pode utilizar o *nomen juris* como sinonímia de figuras contratuais absolutamente distintas, como a compra e venda.

Ainda na esfera administrativa, o arrendamento só é possível quando se trata de bens imóveis da União não utilizados em serviço público, desde que haja também a exploração de frutos ou prestação de serviços pelo arrendatário do imóvel, conforme determinam os artigos 64, § 1º[33], 95 e 96[34] do Decreto-Lei n. 9.760, de 05 de setembro de 1946.

Outro caso possível de arrendamento no Direito Público ocorre com o arrendamento de concessão de lavra e de manifesto de mina, regulamentado pela Portaria DNPM (Departamento Nacional de Produção

---

como caso particularmente interessante, pois a execução do contrato (exploração das minas) acarreta, finalmente, o esgotamento do bem objeto do contrato.

[33] "Artigo 64, § 1º do Decreto-Lei n. 9.760/1946: Os bens imóveis da União não utilizados em serviço público poderão, qualquer que seja a sua natureza, ser alugados, aforados ou cedidos.

§ 1º A locação se fará quando houver conveniência em tornar o imóvel produtivo, conservando porém, a União, sua plena propriedade, considerada arrendamento mediante condições especiais, quando objetivada a exploração de frutos ou prestação de serviços".

[34] "Artigos 95 e 96 do Decreto-Lei n. 9.760/1946: Artigo 95: Os imóveis da União não aplicados em serviço público e que não forem utilizados nos fins previstos nos itens I e II do art. 86, poderão ser alugados a quaisquer interessados.

Parágrafo único. A locação se fará, em concorrência pública e pelo maior prêço oferecido, na base mínima do valor locativo fixado.

Artigo 96. Em se tratando de exploração de frutos ou prestação de serviços, a locação se fará sob forma de arrendamento, mediante condições especiais, aprovadas pelo Ministro da Fazenda.

Parágrafo único – Salvo em casos especiais, expressamente determinados em lei, não se fará arrendamento por prazo superior a 20 (vinte) anos".

GILBERTO BERCOVICI

Mineral) n. 269, de 10 de julho de 2008.[35] Esta possibilidade de arrendamento de concessão de lavra existe porque a concessão para exploração de recursos minerais é uma concessão de uso de exploração de bens públicos indisponíveis. Os recursos minerais são bens públicos de uso especial, bens indisponíveis cuja destinação pública está definida constitucionalmente: a exploração e aproveitamento de seus potenciais. A exploração dos recursos minerais está vinculada aos objetivos fundamentais dos artigos 3º, 170 e 219 da Constituição de 1988, ou seja, o desenvolvimento, a redução das desigualdades e a garantia da soberania econômica nacional. Trata-se de um patrimônio nacional irrenunciável.[36]

Os recursos naturais do subsolo são inalienáveis, tanto que só podem ser alienados excepcionalmente, por meio de concessões[37], conforme determina o artigo 176, *caput* da Constituição de 1988. As concessões podem ser translativas ou constitutivas.[38] A concessão translativa é aquela na qual a Administração Pública transfere a terceiros poderes, deveres ou direitos que já exercia para que o concessionário os exerça em seu lugar, como a concessão de prestação de serviços públicos.

A concessão para exploração de recursos minerais é uma concessão constitutiva, ou seja, o poder concedente outorga poderes para o concessionário utilizar ou explorar um bem público, embora conserve

---

[35] Ressalte-se que mesmo no caso do arrendamento de concessão de lavra e de manifesto de mina é essencial a anuência prévia do poder concedente, no caso, o DNPM (artigo 2º, § 1º da Portaria DNPM n. 269/2008).

[36] Para este debate, *Vide* BERCOVICI, Gilberto. *Direito Econômico do Petróleo e dos Recursos Minerais*. São Paulo: Quartier Latin, 2011. pp. 285-296.

[37] *Vide*, por todos, PINHEIRO, Alcides. *Direito das Minas:* Comentários à Legislação. Rio de Janeiro: Rodrigues & Cia, 1939. pp. 11-12; ROCHA, Lauro Lacerda. *Código de Minas:* Das Minas e Jazidas no Direito Brasileiro. 2ª ed. Rio de Janeiro: Freitas Bastos, 1962. pp. 99-103 e SERRA, Silvia Helena. *Direitos Minerários:* Formação, Condicionamento e Extinção. São Paulo: Signus Ed., 2000, pp. 102-103.

[38] *Vide*, sobre a distinção entre concessão constitutiva e concessão translativa, BANDEIRA DE MELLO, Oswaldo Aranha. *Princípios Gerais de Direito Administrativo*. Rio de Janeiro: Forense, 1969. Vol. 1, pp. 488-491; FERNANDES, Raimundo Nonato. "Da Concessão de Uso de Bens Públicos". *Revista de Direito Administrativo*. Outubro/dezembro, n. 118, pp. 5-7. 1974. e DI PIETRO, Maria Sylvia Zanella. *Uso Privativo de Bem Público por Particular*. 2ª ed. São Paulo: Atlas, 2010. pp. 105-110.

SERVIÇO PÚBLICO DE RADIODIFUSÃO E CONTRATO DE ELABORAÇÃO...

o seu domínio. A alienabilidade prevista no artigo 176 da Constituição é a exceção, por isso é expressa. A concessão para exploração dos recursos minerais é uma exceção à inalienabilidade dos bens públicos situados no subsolo. A autorização constitucional da apropriação pelo concessionário do produto da lavra diz respeito aos bens móveis extraídos, que não afeta a propriedade da União sobre os bens imóveis não extraídos. Por este motivo, a concessão não é de direito real de uso[39], porque ela não outorga, além do direito de extrair e de se apropriar do que e quando se extraia, o direito ao concessionário de se apropriar dos minerais no subsolo, antes de serem extraídos. Ela concede um direito de propriedade futura, uma espécie de direito de crédito, sobre um bem móvel quando extraído. A concessão mineral é um ato administrativo mediante o qual a União, sem transmitir o domínio ou um direito real sobre o subsolo, outorga ao titular da concessão o direito de explorar o subsolo, com os direitos conexos necessários para que possa atuar, inclusive com proteção frente a terceiros.

Em decorrência disto, a natureza jurídica do contrato de concessão de lavra mineral é a de um contrato de concessão de uso de exploração de bens públicos indisponíveis, cujo regime jurídico é distinto em virtude da Constituição e da legislação ordinária, portanto, a de um contrato de direito público. Estas concessões são atos administrativos constitutivos pelos quais o poder concedente (a União) delega poderes aos concessionários para utilizar ou explorar um bem público.[40]

A concessão de prestação de serviços públicos de radiodifusão é distinta da concessão de lavra mineral. Trata-se, como visto acima, de uma concessão translativa, ou seja, a concessão na qual o poder concedente transfere ao concessionário poderes, deveres ou direitos que já exercia para que o concessionário os exerça em seu lugar. Não é cabível

---

[39] DI PIETRO, Maria Sylvia Zanella. *Uso Privativo de Bem Público por Particular*. 2ª ed. São Paulo: Atlas, 2010. pp. 189-192 e DI PIETRO, Maria Sylvia Zanella. *Direito Administrativo*. 20ª ed. São Paulo: Atlas, 2007. p. 645.

[40] DI PIETRO, Maria Sylvia Zanella. *Uso Privativo de Bem Público por Particular*. 2ª ed. São Paulo: Atlas, 2010. pp. 39-41 e 108-109 e DI PIETRO, Maria Sylvia Zanella. *Direito Administrativo*. 20ª ed. São Paulo: Atlas, 2007. p. 640.

GILBERTO BERCOVICI

neste tipo de concessão a possibilidade de arrendamento, dado que não se trata do uso e exploração de bens públicos, como nos casos do Decreto-Lei n. 9.760/1946 e do arrendamento de concessão de lavra mineral, mas de prestação de serviços públicos.

No caso em tela, é absolutamente impreciso considerar que o Grupo X arrendou à entidade Y a concessão de serviço público de radiodifusão. Fosse o arrendamento o objeto do contrato, a entidade Y deveria aproveitar para si os frutos gerados pela exploração da concessão. O contrato absolutamente não permite esta leitura.

Dentre as atribuições da concessionária X, está a seleção de material audiovisual para veiculação na área de transmissão. O Grupo X é livre para contratar com terceiros a concepção e produção deste conteúdo. Pode contratar conteúdo inteiramente produzido por terceiros ou, como na espécie, participar da produção do material (cláusulas 2.1 e 2.1.1 do contrato). É este o objeto da parceria: a conjugação de esforços para a disponibilização de programas televisivos. O Grupo X é remunerado pela disponibilização de infraestrutura de produção e veiculação, sendo certo que todos os procedimentos técnicos de transmissão competem à concessionária. Não há, no contrato, ou nos fatos inferidos pelos seus oponentes, qualquer possibilidade de vislumbrar a entidade Y como arrendatária da concessão pública de serviço de radiodifusão: a atividade de radiodifusão não é exercida pela entidade Y, nem há o aproveitamento de frutos percebidos no exercício desta atividade econômica.

3. REFLEXOS DO CONTRATO SOBRE A CONCESSÃO DE SERVIÇO PÚBLICO DE RADIODIFUSÃO

A transferência de concessão, a subconcessão e o arrendamento não podem ser confundidos com a contratação de terceiros, prevista no artigo 25 da Lei n. 8.987/1995.[41] A chamada "terceirização" é uma

---

[41] Artigo 25 da Lei n. 8.987/1995: "Incumbe à concessionária a execução do serviço concedido, cabendo-lhe responder por todos os prejuízos causados ao poder concedente,

SERVIÇO PÚBLICO DE RADIODIFUSÃO E CONTRATO DE ELABORAÇÃO...

subcontratação em sentido estrito. O concessionário contrata com terceiros para que colaborem, direta ou indiretamente, com prestações necessárias para a realização do serviço público. A contratação de terceiros não pode abranger todo o objeto da concessão, sob pena de esvaziamento do contrato de concessão. Os contratos firmados não são contratos administrativos, mas contratos de direito privado. Os terceiros contratados são remunerados diretamente pelo concessionário, não possuindo relação jurídica com o poder concedente. A responsabilidade do concessionário pela prestação do serviço, obviamente, não é e não pode ser transferida para terceiros. Segundo Marçal Justen Filho, a contratação de terceiros é absolutamente corriqueira quando os serviços públicos são concedidos à iniciativa privada, nada mais sendo do que procedimentos de gestão privada inerentes à própria ideia de concessão.[42]

Nas palavras de Marçal Justen Filho:

> "É característico da concessão o concessionário assumir pessoalmente o desempenho das atividades correspondentes à prestação do serviço público. Nos limites determinados no contrato, o serviço público passa à exclusiva responsabilidade do concessionário. Isso significa, por outro lado, que o poder concedente

---

aos usuários ou a terceiros, sem que a fiscalização exercida pelo órgão competente exclua ou atenue essa responsabilidade.

§ 1º Sem prejuízo da responsabilidade a que se refere este artigo, a concessionária poderá contratar com terceiros o desenvolvimento de atividades inerentes, acessórias ou complementares ao serviço concedido, bem como a implementação de projetos associados.

§ 2º Os contratos celebrados entre a concessionária e os terceiros a que se refere o parágrafo anterior reger-se-ão pelo direito privado, não se estabelecendo qualquer relação jurídica entre os terceiros e o poder concedente.

§ 3º A execução das atividades contratadas com terceiros pressupõe o cumprimento das normas regulamentares da modalidade do serviço concedido".

[42] BANDEIRA DE MELLO, Celso Antônio. *Curso de Direito Administrativo*. 28ª ed. São Paulo: Malheiros, 2011, pp. 732-733; BLANCHET, Luiz Alberto. *Concessão e Permissão de Serviços Públicos:* Comentários à Lei n. 8.987, de 13 de fevereiro de 1995 e à Lei n. 9.074, de 07 de julho de 1995. Curitiba: Juruá, 1995. pp. 130-131; AMARAL, Antônio Carlos Cintra do. *Concessão de Serviço Público*. São Paulo: Malheiros, 1996. p. 23 e JUSTEN Filho, Marçal. *Teoria Geral das Concessões de Serviço Público*. São Paulo: Dialética, 2003. pp. 520-522.

cessa sua atuação. Mas seria até impossível cogitar de que todas as atividades e tarefas referidas direta e indiretamente à concessão teriam de ser executadas pessoal e diretamente pelo concessionário. Terá ele, de modo inevitável, de contar com a colaboração de terceiros. Aliás, isso é tão inerente à concessão que o próprio art. 25 da Lei n. 8.987 explicitamente alude à hipótese, ainda que para determinar a ausência de instituição de relação jurídica entre o poder concedente e esses terceiros".[43]

A relação existente entre o Grupo X e a entidade Y é uma relação comercial, regida pelo direito privado. Esta relação não afeta, de modo algum, a natureza ou a validade da concessão de serviço público de radiodifusão outorgada ao Grupo X, como, aliás, determina expressamente o artigo 25, § 2º da Lei n. 8.987/1995. O Grupo X permanece como concessionário de serviço público de radiodifusão de sons e imagens, plenamente responsável perante o poder concedente no tocante à adequada prestação do serviço público.

RESPOSTA

Diante da argumentação exposta, concluo:

1. O direito à exploração de serviço de radiodifusão por meio de concessão é uma atividade econômica? Em caso positivo, as normas constitucionais que tratam do tema, as regras infraconstitucionais e os contratos permitem a cobrança de algum tipo de preço do consumidor da TV aberta ou estipulam algum tipo de limite para a remuneração das concessionárias?

Os serviços de radiodifusão são considerados constitucionalmente como serviços públicos de competência da União, conforme determinam os artigos 21, XI e XII, 'a' e 223, *caput* da Constituição de 1988.

---

[43] JUSTEN Filho, Marçal. *Teoria Geral das Concessões de Serviço Público*. São Paulo: Dialética, 2003. p. 519.

SERVIÇO PÚBLICO DE RADIODIFUSÃO E CONTRATO DE ELABORAÇÃO...

A exploração de atividades econômicas complementares ou vinculadas ao serviço público propriamente dito não afeta necessariamente a sua prestação adequada. O concessionário tem o direito de aproveitar a estrutura necessária para a prestação do serviço público para, se for possível, utilizá-la na exploração de outras atividades com relevância econômica ou lucrativa. O regime jurídico próprio da concessão de serviço público não é afastado ou comprometido nos casos em que existam ou se criem fontes alternativas ou acessórias de financiamento para o concessionário.

2. Qual é a natureza do contrato firmado entre o Grupo X e a entidade Y?

a) Trata-se de cessão de espaço publicitário para fins comerciais?

Não está sendo contratada a veiculação de propaganda comercial, mas a elaboração e veiculação de programação por parte da entidade Y. Ou seja, não foi adquirido por esta última o direito de veicular propaganda comercial, mas sim a obrigação de produzir programação de cunho religioso e cultural para ser transmitida por meio do Grupo X.

O fato de o contrato prever a remuneração do concessionário pelo uso de sua infraestrutura de produção e radiodifusão, bem como pela veiculação em horários determinados de sua grade, não implica na caracterização imediata da programação a ser elaborada pela entidade Y como cessão de espaço publicitário para fins comerciais. A legislação vigente não determina que a única fonte de receita dos concessionários de serviço de radiodifusão seja a angariada por meio da veiculação de publicidade. A produção e a transmissão de programas podem ser gratuitas ou onerosas, a critério do concessionário. Não existe nenhuma proibição à arrecadação de receitas por meio da produção e da veiculação de programação que não configura publicidade.

b) Trata-se de transferência de concessão de serviço público de radiodifusão?

Para ter ocorrido uma transferência de concessão, mesmo sem a necessária anuência do poder concedente, a entidade Y precisaria ter assumido todas as funções e prerrogativas de gestão da concessão, no lugar do Grupo X. Fato este que evidentemente não ocorreu ou seria possível de ocorrer em virtude do contrato firmado entre as duas entidades.

Da análise do contrato fica explícita a responsabilização do Grupo X por todas as ações técnicas necessárias para a prestação do serviço público de radiodifusão. Não há qualquer possibilidade de assunção da concessão, mesmo que disfarçadamente, pela entidade Y. O Grupo X mantém, ainda, o controle sobre a grade de programação, determinando os horários de exibição dos vários programas. Contratar a produção e a veiculação de programação alheia não configura abrir mão do controle da concessão de serviço público de radiodifusão. A concessão continua outorgada e gerida pelo Grupo X, sem qualquer forma de transferência.

c) Trata-se de subconcessão?

Não. A responsabilidade do Grupo X por todas as atividades necessárias para a prestação do serviço público de radiodifusão continua em sua plenitude. Portanto, não há possibilidade de ter sido realizada, ainda que sem a concordância do poder concedente e sem concorrência pública, uma subconcessão.

d) Trata-se de arrendamento de concessão?

Não. Não é possível afirmar que o Grupo X arrendou à entidade Y a concessão de serviço público de radiodifusão. Fosse o arrendamento o objeto do contrato, a entidade Y deveria aproveitar para si os frutos gerados pela exploração da concessão. O contrato absolutamente não permite esta leitura.

Considerando-se a concessão de serviço público de radiodifusão como um complexo de atividades, não se pode dizer que a entidade Y detenha o direito de exercer a prestação do serviço própria do Grupo X, percebendo para si as vantagens econômicas desta atividade.

3. O contrato firmado entre o Grupo X e a entidade Y afeta a natureza ou a validade da concessão de serviço público de radiodifusão outorgada ao Grupo X?

SERVIÇO PÚBLICO DE RADIODIFUSÃO E CONTRATO DE ELABORAÇÃO...

A relação existente entre o Grupo X e a entidade Y é uma relação comercial, regida pelo direito privado. Esta relação não afeta, de modo algum, a natureza ou a validade da concessão de serviço público de radiodifusão outorgada ao Grupo X, como, aliás, determina expressamente o artigo 25, § 2º da Lei n. 8.987/1995.

Este é o meu parecer.

São Paulo, 23 de março de 2015.

CAPACIDADE NORMATIVA DE CONJUNTURA

OS LIMITES AO PODER NORMATIVO DO CONSELHO NACIONAL DE SEGUROS PRIVADOS (CNSP): A INCONSTITUCIONALIDADE DA RESOLUÇÃO CNSP N. 224/2010, DA RESOLUÇÃO CNSP N. 225/2010 E DA RESOLUÇÃO CNSP N. 232/2011

CONSULTA

A Associação X, por intermédio de seus advogados, honra-me com a formulação da seguinte consulta, cujos termos transcrevo abaixo:

A Resolução CNSP 224/2010 acrescenta o § 4º ao art. 14 da Resolução CNSP 168/2007:

"Art. 14. A cedente pode efetuar a colocação dos seus excedentes em resseguradores de sua livre escolha, observadas as exigências legais e regulamentares.

§ 1º Quando a cedente, o ressegurador ou o retrocessionário pertencerem ao mesmo conglomerado financeiro ou forem empresas ligadas, as operações de resseguro ou retrocessão deverão ser informadas à SUSEP, na forma por ela regulamentada.

GILBERTO BERCOVICI

§ 2º Para fins de aplicação do disposto no § 1º deste artigo, consideram-se empresas ligadas, ou pertencentes ao mesmo conglomerado financeiro, aquelas assim definidas pelas normas do CNSP, que dispõem sobre os critérios para a realização de investimentos pelas sociedades supervisionadas pela SUSEP.

§ 3º A cedente deverá informar à SUSEP, na forma a ser regulamentada, sempre que concentrar, com um único ressegurador admitido ou eventual, suas operações de resseguro ou retrocessão, em percentual superior ao disposto na tabela a seguir:

Nível de classificação de risco do ressegurador conforme a agência:			Prêmios Cedidos como Percentual do Patrimônio Líquido Ajustado	Sinistros a Recuperar como Percentual do Patrimônio Líquido Ajustado
Standard & Poors ou Fitch	Moody's	AM Best		
AAA	Aaa	A++	25%	50%
AA+, AA, AA-	Aa1, Aa2, Aa3	A+	20%	40%
A+, A, A-	A1, A2, A3	A, A-	15%	30%
BBB+, BBB, BBB-	Baa1, Baa2, Baa3	B++, B+	10%	20%

§ 4º As responsabilidades assumidas em seguro, resseguro ou retrocessão no País não poderão ser transferidas para empresas ligadas ou pertencentes ao mesmo conglomerado financeiro sediadas no exterior."

A Resolução CNSP 225/2010 altera em dois pontos a Resolução CNSP n. 168/2007:

"Art. 1º O art. 15º da Resolução CNSP n. 168, de 17 de dezembro de 2007, passa a vigorar com a seguinte redação:

"Art. 15. A sociedade seguradora contratará com resseguradores locais pelo menos quarenta por cento de cada cessão de resseguro em contratos automáticos ou facultativos." (NR)

OS LIMITES AO PODER NORMATIVO DO CONSELHO NACIONAL...

Art. 2º O art. 39 da Resolução CNSP N. 168, de 2007, passa a vigorar acrescido do seguinte parágrafo único:

"Parágrafo único. Os contratos de resseguro, automáticos ou facultativos, poderão prever cláusula de controle de sinistro a favor do ressegurador local, quando este detiver maior cota de participação proporcional no risco."

QUESITOS

1. Essa norma criada pela Resolução CNSP 224/2010 contraria ou dispõe para além da Lei Complementar n. 126/2007 ou do Decreto-Lei n. 73/1966?

2. A norma viola o princípio da reciprocidade estabelecido no artigo 5º, III, e no art. 32, X, do Decreto-Lei n. 73/1966?

3. A primeira modificação introduzida pela Resolução CNSP 225/2010, prevista no artigo 1º estaria em contrariedade com o artigo 11 da Lei complementar n. 126/2007 que prevê a obrigação de contratar ou ofertar preferencialmente a resseguradores locais 40% de sua cessão de resseguro?

4. A segunda modificação introduzida pela Resolução CNSP 225/2010, ao prever a possibilidade de "cláusula de controle de sinistro a favor do ressegurador local" acha-se de conformidade com o art. 14 da Lei Complementar n. 126/2007?

5. Considerando o disposto nos artigos 5º, II, 22, I e VII, e 68, § 1º, entre outros da Constituição Federal, o CNSP, como órgão da Administração, dispõe de atribuição para editar norma com o conteúdo das Resoluções CNSP 224/2010 e 225/2010?

6. Quais as implicações dos artigos 170, parágrafo único, e 172 da Constituição Federal sobre as Resoluções CNSP 224/2010 e 225/2010?"

GILBERTO BERCOVICI

PARECER

1. A FORMAÇÃO DO SISTEMA SECURITÁRIO/ RESSECURITÁRIO BRASILEIRO

O mercado de seguros é exercido por grandes empresas[1], que garantem sua operacionalidade, ao administrarem fundos comuns ou de poupança coletiva, formados pelas contribuições (prêmios) de cada um dos segurados. Esta administração tem por finalidade garantir, no decorrer de uma determinada duração temporal, geralmente longa, os interesses legítimos dos segurados, que estão expostos a determinados riscos. A solvência e a capacidade operacional das empresas seguradoras exigem a autorização e o controle estatal sobre a atividade, visando preservar os interesses dos segurados.[2]

O resseguro é um mecanismo de dissolução de risco das seguradoras, essencial para a viabilidade de um mercado segurador no país, e, consequentemente, de todo o setor produtivo, pois ajuda a conferir estabilidade técnica e financeira às empresas de seguro. O resseguro visa satisfazer a necessidade crescente de fracionamento ou atomização dos riscos, permitindo a ampliação considerável do volume de operações. O risco do resseguro recai sobre o da atividade da seguradora, mas influencia

---

[1] No setor de seguros, a própria noção de empresarialidade é essencial para a realização do contrato, conforme explicita o parágrafo único do artigo 757 do Código Civil de 2002: "Art. 757. Pelo contrato de seguro, o segurador se obriga, mediante o pagamento do prêmio, a garantir interesse legítimo do segurado, relativo a pessoa ou a coisa, contra riscos predeterminados. Parágrafo único. Somente pode ser parte, no contrato de seguro, como segurador, entidade para tal fim legalmente autorizada".

[2] *Vide*, neste sentido, VIVANTE, Cesare. *Del Contratto di Assicurazione.* Torino: Unione Tipografico-Editrice Torinese, 1909. pp. 11-13 e TZIRULNIK, Ernesto; CAVALCANTI, Flávio de Queiroz B.; PIMENTEL, Ayrton. *O Contrato de Seguro de acordo com o Novo Código Civil Brasileiro.* 2ª ed. São Paulo: RT, 2003. pp. 39-40. *Vide*, ainda, ASCARELLI, Tullio. "O Conceito Unitário do Contrato de Seguro" In: *Problemas das Sociedades Anônimas e Direito Comparado.* Campinas: Bookseller, 2001. pp. 311-316 e 364-366; COMPARATO, Fábio Konder. *O Seguro de Crédito:* Estudo Jurídico São Paulo: RT, 1968. pp. 24-26 e 159-161 e PIZA, Paulo Luiz de Toledo. *Contrato de Resseguro:* Tipologia, Formação e Direito Internacional. São Paulo: Instituto Brasileiro de Direito do Seguro, 2002. pp. 119-127.

294

OS LIMITES AO PODER NORMATIVO DO CONSELHO NACIONAL...

a formação do contrato de seguro no caso dos seguros empresariais, de grande vulto financeiro.[3]

No Brasil, o setor de seguros era, até a década de 1930, totalmente controlado por companhias estrangeiras[4], situação que levou a Assembleia Nacional Constituinte de 1933-1934 a buscar uma nova forma de regular a questão. O Governo Provisório já havia criado, por meio do Decreto n. 24.782, de 14 de julho de 1934, o Departamento Nacional de Seguros Privados e Capitalização (DNSPC), junto ao Ministério do Trabalho, Indústria e Comércio, em substituição à antiga e ineficiente Inspetoria de Seguros. Com a Constituição de 1934, a União assumiu um papel central, com a determinação expressa no artigo 117, *caput* daquele texto constitucional[5] de que as companhias de seguro deveriam ser nacionalizadas. Para tanto, o então Ministro do Trabalho, Indústria e Comércio, Agamenon Magalhães, apresentou projeto de lei propondo,

---

[3] COMPARATO, Fábio Konder. *O Seguro de Crédito:* Estudo Jurídico São Paulo: RT, 1968. pp. 105-106; GERATHEWOHL, Klaus. *Reinsurance:* Principles and Practice. Karlsruhe: Verlag Versicherungswirtschaft, 1980. Vol. 1, pp. 1-56, especialmente pp. 21-22; IRUKWU, Jo Ogbonnaya. *Reinsurance in the Third World.* Reimpr. London: Witherby & Co., 1982. pp. 1-6; PRADOS, Maria Concepción Hill. *El Reaseguro.* Barcelona: José María Bosch Editor, 1995. pp. 21, 23-26 e 28-30; PIZA, Paulo Luiz de Toledo. *Contrato de Resseguro:* Tipologia, Formação e Direito Internacional. São Paulo: Instituto Brasileiro de Direito do Seguro, 2002. pp. 88-91, 118 e 235; TZIRULNIK, Ernesto. CAVALCANTI, Flávio de Queiroz B.; PIMENTEL, Ayrton. *O Contrato de Seguro de acordo com o Novo Código Civil Brasileiro.* 2ª ed. São Paulo: RT, 2003. pp. 42-43; GROPELLO, Giulio di; GIONTA, Giuseppe. *Manuale di Riassicurazione:* La Riassicurazione Finanziaria e i Derivati in Riassicurazione. 2ª ed. Trieste: LINT, 2004. pp. 31-34 e WALHIN, Jean-François. *La Réassurance.* Bruxelles: Éditions Larcier, 2007, pp. 2-3.

[4] Para um levantamento histórico da dominação estrangeira no setor de seguros brasileiro do início do século XX, *Vide* COSTA, Ricardo Cesar Rocha da. "A Atividade de Seguros nas Primeiras Décadas da República" *In:* ALBERTI, Verena (coord.). *Entre a Solidariedade e o Risco:* História do Seguro Privado no Brasil. Rio de Janeiro: Ed. FGV, 1998, pp. 23-80.

[5] Artigo 117, *caput* da Constituição de 1934: "A lei promoverá o fomento da economia popular, o desenvolvimento do credito e a nacionalização progressiva dos bancos de deposito. Igualmente providenciará sobre a nacionalização das empresas de seguros em todas as suas modalidades, devendo constituir-se em sociedade brasileira as estrangeiras que actualmente operam no paiz".

GILBERTO BERCOVICI

ainda em 1936, a criação do Instituto Federal de Resseguros, como forma de garantir a nacionalização das companhias de seguro, protegendo os capitais segurados em companhias que estavam operando no país.[6] A Carta de 1937 manteve um dispositivo similar ao da Constituição de 1934, prevendo, em seu artigo 145[7], o controle nacional do setor de seguros. Foi este o fundamento constitucional da criação do IRB – Brasil Resseguros S.A., ainda sob a denominação de Instituto de Resseguros do Brasil, autorizada por meio do Decreto-Lei n. 1.186, de 3 de abril de 1939.[8]

O IRB foi instituído como órgão responsável pelo monopólio estatal do resseguro no Brasil.[9] A natureza jurídica do IRB, desde sua criação, é a de uma sociedade de economia mista, seguindo a política

---

[6] MAGALHÃES, Agamenon. *O Anteprojecto de Nacionalização das Sociedades de Seguros e o Instituto Federal de Reseguro.* Rio de Janeiro: Ministério do Trabalho, Industria e Commercio, 1936. pp. 7-15, 19-21, 23-25, 33-34, 39-42 e 73-78 e VITAL, João Carlos. *A Criação e Organização do Instituto de Resseguros do Brasil, 1939-1940.* Rio de Janeiro: IRB, 1941. pp. 16 e 22-34. *Vide*, ainda, LIMA Sobrinho, Barbosa. *A Nacionalidade da Pessoa Jurídica.* Belo Horizonte: Revista Brasileira de Estudos Políticos, 1963. pp. 188-201.

[7] Artigo 145 da Carta de 1937: "Só poderão funcionar no Brasil os bancos de depósito e as emprêsas de seguros, quando brasileiros os seus acionistas. Aos bancos de depósito e emprêsas de seguros atualmente autorizados a operar no país, a lei dará um prazo razoável para que se transformem de acôrdo com as exigências dêste artigo".

[8] Posteriormente, o IRB foi reestruturado pelo Decreto-Lei n. 9.735, de 4 de setembro de 1946, pelo Decreto-Lei n. 73, de 21 de novembro de 1966, e pela Lei n. 9.482, de 13 de agosto de 1997. Na composição original do IRB, os institutos federais de previdência social eram detentores de 70% (setenta por cento) das ações e as companhias seguradoras, compulsoriamente, detinham 30% (trinta por cento) das ações (artigos 7º, 8º e 9º do Decreto-Lei n. 1.186/1939). Sobre a composição acionária inicial do IRB, *Vide* VITAL, João Carlos. *A Criação e Organização do Instituto de Resseguros do Brasil.* Rio de Janeiro: IRB, 1941. pp. 87-95.

[9] Sobre o monopólio do setor de resseguros exercido pelo IRB, *Vide* PIZA, Paulo Luiz de Toledo. *Contrato de Resseguro:* Tipologia, Formação e Direito Internacional. São Paulo: Instituto Brasileiro de Direito do Seguro, 2002. pp. 42-44, 63, 462, 469-472 e 478-481. *Vide*, ainda, MOTTA, Marly Silva da. "A Criação e a Estruturação de uma Instituição-Modelo da Era Vargas: O Instituto de Resseguros do Brasil". *In:* ALBERTI, Verena (coord.). *Entre a Solidariedade e o Risco:* História do Seguro Privado no Brasil. Rio de Janeiro: Ed. FGV, 1998, pp. 84-113 e SARMENTO, Carlos Eduardo. "Nacionalização e Expansão: O Mercado Segurador Brasileiro entre 1939 e 1963". *In:* ALBERTI, Verena (coord.). *Entre a Solidariedade e o Risco:* História do Seguro Privado no Brasil. Rio de Janeiro: Ed. FGV, 1998, pp. 134-171.

OS LIMITES AO PODER NORMATIVO DO CONSELHO NACIONAL...

posta em prática durante o Estado Novo de abrir espaço para a representação dos interesses dos setores privados da economia. No entanto, houve quem defendesse se tratar o IRB de uma *"sociedade sui generis"*, tendo em vista que não se tratava propriamente de uma sociedade, pois os detentores de seu capital não exerciam os direitos e deveres de sócios.[10]

A situação de monopolista do IRB foi mantida com a Constituição de 1946 (artigo 149[11]) e com as cartas outorgadas sob o regime militar. E foi durante a ditadura militar, no contexto da reforma administrativa promovida pelo "Plano de Ação Econômica do Governo" (PAEG), elaborado por Octávio Gouveia de Bulhões e Roberto Campos[12], foi editado o Decreto-Lei n. 73, de 21 de novembro de 1966, que instituiu o Sistema Nacional de Seguros Privados (artigo 8º), composto pelas sociedades autorizadas a operar em seguros privados, pelos corretores habilitados, pelo IRB (hoje, após a aprovação da Lei Complementar n. 126, de 15 de janeiro de 2007, pelos resseguradores) e por dois novos órgãos, que substituíram o Departamento Nacional de Seguros

---

[10] MOTTA, Marly Silva da. "A Criação e a Estruturação de uma Instituição-Modelo da Era Vargas: O Instituto de Resseguros do Brasil". *In:* ALBERTI, Verena (coord.). *Entre a Solidariedade e o Risco:* História do Seguro Privado no Brasil. Rio de Janeiro: Ed. FGV, 1998, pp. 113-117. Para o debate sobre a natureza jurídica do IRB. *Vide* VENÂNCIO Filho, Alberto. *A Intervenção do Estado no Domínio Econômico:* O Direito Público Econômico no Brasil. Rio de Janeiro: Ed. FGV, 1968. pp. 377-378; DAVIS, Manoel T. de Carvalho Britto. *Tratado das Sociedades de Economia Mista:* A Emprêsa Estatal Brasileira perante o Cenário Jurídico e Econômico. Rio de Janeiro: José Konfino Editor, 1969. Vol. 2, pp. 765-770; LIMA, Ruy Cirne. *Princípios de Direito Administrativo.* 5ª ed. São Paulo: RT, 1982. pp. 72-73 e 182-183 e COMPARATO, Fábio Konder. "Monopólio Público das Operações de Resseguro" *In: Direito Público:* Estudos e Pareceres. São Paulo: Saraiva, 1996. pp. 164-165. Sobre o papel institucional da sociedade de economia mista IRB na ordem constitucional econômica brasileira, *Vide* BERCOVICI, Gilberto. "Resseguro e Ordem Econômica". *Revista Brasileira de Direito do Seguro e da Responsabilidade Civil.* Vol. 1, n. 2, São Paulo pp. 148-153.

[11] "Artigo 149 da Constituição de 1946: A lei disporá sôbre o regime dos bancos de depósito, das empresas de seguro, de capitalização e de fins análogos".

[12] Sobre a importância e permanência das reformas introduzidas pelo PAEG na estrutura administrativa do país até hoje, *Vide* BERCOVICI, Gilberto. "O Direito Constitucional Passa, O Direito Administrativo Permanece: A Persistência da Estrutura Administrativa de 1967". *In:* TELES, Edson; SAFATLE, Vladimir (orgs.). *O Que Resta da Ditadura:* A Exceção Brasileira. São Paulo: Boitempo, 2010. pp. 77-90.

GILBERTO BERCOVICI

Privados e Capitalização (extinto pelo artigo 136 do Decreto-Lei n. 73/1966): o Conselho Nacional de Seguros Privados (CNSP) e a Superintendência de Seguros Privados (SUSEP), esta de natureza autárquica.

2. A CONSTITUIÇÃO DE 1988 E O PODER NORMATIVO DO CNSP

A Constituição de 1988, expressamente, determina que a política de seguros é competência exclusiva da União, conforme prescrevem os seus artigos 21, VIII e 22, VII.[13] O Decreto-Lei n. 73/1966 foi recepcionado pela nova ordem constitucional, sendo mantido no que não contrariasse os dispositivos constitucionais.[14] A maior parte das modificações no texto do Decreto-Lei n. 73/1966 só seria introduzida com a aprovação da Lei Complementar n. 126, de 15 de janeiro de 2007.

O monopólio estatal do resseguro foi previsto na Constituição, no texto original do seu artigo 192, II[15], até o advento da Emenda Constitucional n. 13, de 21 de agosto de 1996, que retirou a expressão

---

[13] "Artigo 21, VIII da Constituição de 1988: Compete à União: VIII – administrar as reservas cambiais do país e fiscalizar as operações de natureza financeira, especialmente as de crédito, câmbio e capitalização, bem como as de seguros e de previdência privada". 'Artigo 22, VII da Constituição de 1988: Compete privativamente à União legislar sobre: VII – política de crédito, câmbio, seguros e transferência de valores". Sobre os objetivos da política nacional de seguros privados, *Vide* PIZA, Paulo Luiz de Toledo. *Contrato de Resseguro:* Tipologia, Formação e Direito Internacional. São Paulo: Instituto Brasileiro de Direito do Seguro, 2002. pp. 469-472.

[14] Sobre o fenômeno da "recepção" das normas infraconstitucionais elaboradas anteriormente à nova Constituição, *Vide*, por todos, BROSSARD, Paulo. "Constituição e Leis a Ela Anteriores". *Revista Trimestral de Direito Público* n. 4, São Paulo: Malheiros, 1993, pp. 15-30.

[15] "Artigo 192, II da Constituição de 1988 (redação original): O sistema financeiro nacional, estruturado de forma a promover o desenvolvimento equilibrado do País e a servir aos interesses da coletividade, será regulado em lei complementar, que disporá, inclusive, sobre: II – autorização e funcionamento dos estabelecimentos de seguro, previdência e capitalização, bem como do órgão oficial fiscalizador e do órgão oficial ressegurador".

"*órgão oficial ressegurador*" do texto constitucional. Posteriormente, a Emenda Constitucional n. 40, de 29 de maio de 2003, retirou todos os incisos e parágrafos do artigo 192 e alterou a redação do seu *caput*.[16]

Com a promulgação da Lei n. 9.482, de 13 de agosto de 1997, que renomeou o IRB para Brasil Resseguros S.A. e dispôs sobre a abertura do seu capital social, foi reafirmada sua natureza jurídica de sociedade de economia mista. Esta lei foi editada no contexto da quebra do monopólio constitucional do IRB no setor de resseguros, por meio da alteração do artigo 192, II da Constituição de 1988 pela Emenda Constitucional n. 13/1996, e, posteriormente, com a edição da Lei Complementar n. 126/2007, que passou a permitir a atuação de resseguradores estrangeiros no país, embora mantendo o IRB como ressegurador local (artigo 22). No entanto, como tive oportunidade de demonstrar em outra oportunidade, o IRB permaneceu como monopolista legal do resseguro no Brasil até a edição da Portaria SUSEP n. 2.886, de 25 de março de 2008, que cadastrou o primeiro ressegurador eventual no Brasil, e como monopolista de fato do resseguro até o início efetivo das atividades dos novos resseguradores cadastrados que só a partir de então passaram a concorrer com o IRB.[17]

Com a recepção do Decreto-Lei n. 73/1966, além do IRB, foram mantidos como órgãos do Sistema Nacional de Seguros Privados o CNSP e a SUSEP, com todas as suas atribuições[18], inclusive as expressas, no

---

[16] "Art. 192, *caput* da Constituição de 1988 (redação alterada pela Emenda Constitucional n. 40/2003): O sistema financeiro nacional, estruturado de forma a promover o desenvolvimento equilibrado do País e a servir aos interesses da coletividade, em todas as partes que o compõem, abrangendo as cooperativas de crédito, será regulado por leis complementares que disporão, inclusive, sobre a participação do capital estrangeiro nas instituições que o integram".

[17] *Vide* BERCOVICI, Gilberto. "IRB – Brasil Resseguros S.A. Sociedade de Economia Mista. Monopólio de Fato, Dever de Contratar e Proteção à Ordem Pública Econômica". *Revista de Direito do Estado*. Rio de Janeiro, n. 12, pp. 355-357, outubro/ dezembro de 2008.

[18] O CNSP e a SUSEP também têm a competência de regular e fiscalizar as entidades abertas de previdência privada, desde a edição da Lei n. 6.435, de 15 de julho de 1977. A Lei Complementar n. 109, de 29 de maio de 2001, manteve esta competência, em

caso do CNSP, no artigo 32 do Decreto-Lei n. 73/1966, com as alterações legislativas posteriores, a saber:

> "Art. 32 É criado o Conselho Nacional de Seguros Privados – CNSP, ao qual compete privativamente:
>
> I – Fixar as diretrizes e normas da política de seguros privados;
>
> II – Regular a constituição, organização, funcionamento e fiscalização dos que exercerem atividades subordinadas a êste Decreto-Lei, bem como a aplicação das penalidades previstas;
>
> III – Estipular índices e demais condições técnicas sôbre tarifas, investimentos e outras relações patrimoniais a serem observadas pelas Sociedades Seguradoras;
>
> IV – Fixar as características gerais dos contratos de seguros;
>
> V – Fixar normas gerais de contabilidade e estatística a serem observadas pelas Sociedades Seguradoras;
>
> VI – delimitar o capital das sociedades seguradoras e dos resseguradores;
>
> VII – Estabelecer as diretrizes gerais das operações de resseguro;
>
> VIII – disciplinar as operações de co-seguro;
>
> IX – Aplicar às Sociedades Seguradoras estrangeiras autorizadas a funcionar no País as mesmas vedações ou restrições equivalentes às que vigorarem nos países da matriz, em relação às Sociedades Seguradoras brasileiras ali instaladas ou que nêles desejem estabelecer-se;
>
> X – Prescrever os critérios de constituição das Sociedades Seguradoras, com fixação dos limites legais e técnicos das operações de seguro;

---

seu artigo 74, até que seja criado um órgão regulador e fiscalizador específico. As entidades fechadas de previdência privada estão sob a competência da Superintendência Nacional de Previdência Complementar (PREVIC), criada por meio da Lei n. 12.154, de 23 de dezembro de 2009. A composição do CNSP, prevista no artigo 33 do Decreto-Lei n. 73/1966, foi alterada pela Lei n. 10.190, de 14 de fevereiro de 2001, sendo o órgão atualmente composto pelo Ministro de Estado da Fazenda (ou seu representante), pelos representantes do Ministério da Justiça e do Ministério da Previdência e Assistência Social, pelo Superintendente da SUSEP e pelos representantes do Banco Central do Brasil e da Comissão de Valores Mobiliários.

OS LIMITES AO PODER NORMATIVO DO CONSELHO NACIONAL...

XI – Disciplinar a corretagem de seguros e a profissão de corretor;

XII – Decidir sôbre sua própria organização, elaborando o respectivo Regimento Interno;

XIII – Regular a organização, a composição e o funcionamento de suas Comissões Consultivas;

XIV – Regular a instalação e o funcionamento das Bolsas de Seguro;

XV – fixar as condições de constituição e extinção de entidades autorreguladoras do mercado de corretagem, sua forma jurídica, seus órgãos de administração e a forma de preenchimento de cargos administrativos;

XVI – regular o exercício do poder disciplinar das entidades autorreguladoras do mercado de corretagem sobre seus membros, inclusive do poder de impor penalidades e de excluir membros;

XVII – disciplinar a administração das entidades autorreguladoras do mercado de corretagem e a fixação de emolumentos, comissões e quaisquer outras despesas cobradas por tais entidades, quando for o caso."

Muitas destas atribuições do CNSP poderiam conflitar com o dispositivo da Constituição que atribui ao Congresso Nacional o poder para dispor sobre todas as matérias de competência da União (artigo 48 da Constituição), como direito civil e direito comercial (artigo 22, I) ou seguros (artigo 22, VII), ou com o dispositivo constitucional que veda a delegação de atos de competência exclusiva do Poder Legislativo (artigo 68, § 1º), além da chamada "separação de poderes", consagrada no artigo 2º da Constituição. Posso afirmar, no entanto, que o poder normativo do CNSP não é, em princípio, inconstitucional.

Começo pelo argumento da "separação dos poderes". Os defensores desta argumentação costumam ser mais ortodoxos do que o próprio Montesquieu. No célebre capítulo VI do Livro XI do livro *De L'Esprit des Lois* (1748), Montesquieu teria afirmado a "separação de poderes".[19]

---

[19] MONTESQUIEU, *De L'Esprit des Lois in Oeuvres Complètes*. Reimpr. Paris: Éditions du Seuil, 1990. Livro XI, Cap. VI.

GILBERTO BERCOVICI

Na realidade, Montesquieu jamais afirmou que os poderes são separados de forma estanque. Esta interpretação, chamada por Charles Eisenmann, de *"interprétation séparatiste"*[20], ignorou a intenção de Montesquieu que, dentro da tradição do chamado "governo misto"[21], buscava a instituição de um governo moderado, controlado. A separação de Montesquieu diz respeito à não confusão, à não identidade entre os componentes das várias funções estatais, não tem nada a ver com separação total e absoluta. Pelo contrário, Montesquieu exige que um poder controle o outro. O controle recíproco é essencial em seu sistema, para evitar o abuso de qualquer um dos poderes sobre os outros.

Os próprios norte-americanos entenderam que a "separação dos poderes" não exigiria que os poderes legislativo, executivo e judiciário fossem inteiramente desvinculados uns dos outros. Na realidade, o essencial era, inclusive, a sua vinculação e interpenetração, realizadas de maneira que cada um dos poderes obtivesse o controle constitucional sobre os demais. A mera declaração escrita dos limites dos vários poderes não era suficiente.[22] O mecanismo encontrado na Constituição norte-americana foi, ao invés da separação total e absoluta dos poderes, a introdução do sistema de *freios e contrapesos* (*checks and balances*).

Renato Alessi critica a concepção subjetiva da "separação de poderes" de Montesquieu, preferindo se ater à divisão material correspondente à

---

[20] EISENMANN, Charles. "La Pensée Constitutionnelle de Montesquieu" In: *Cahiers de Philosophie Politique* n. 2-3: Montesquieu. Bruxelas: Éditions Ousia, 1985. pp. 38-50. *Vide* também TROPER, Michel. *La Séparation des Pouvoirs et l'Histoire Constitutionnelle Française*. Paris: L.G.D.J., 1980. pp. 109-120. Na doutrina brasileira, *Vide* FERREIRA Filho, Manoel Gonçalves. *Do Processo Legislativo*. 3ª ed. São Paulo: Saraiva, 1995. pp. 111-114 e GRAU, Eros Roberto. "Crítica da 'Separação dos Poderes': As Funções Estatais, os Regulamentos e a Legalidade no Direito Brasileiro, as 'Leis-Medida'" In: *O Direito Posto e o Direito Pressuposto*. 7ª ed. São Paulo: Malheiros, 2008. pp. 225-235.

[21] Sobre a tradição do "governo misto" e da "constituição mista", provenientes de Políbio e recorrentes na formação do constitucionalismo ocidental, especialmente na tradição inglesa, *Vide*, por todos, POCOCK, J. G. A. *The Machiavellian Moment:* Florentine Political Thought and the Atlantic Republican Tradition. Princeton: Princeton University Press, 1975, especialmente capítulos IX e XI. pp. 272-273, 277, 286, 297-300, 304-308, 315-316, 323-328, 364-371, 382 e 395.

[22] HAMILTON, Alexander; MADISON, James; JAY, John. *The Federalist Papers*. London/New York: Penguin Books, 1987. Artigo n. 48.

distinção das funções estatais: função normativa, função administrativa e função jurisdicional. Em relação à função normativa, por exemplo, trata-se da emanação de estatuições primárias (que operam por força própria), contendo preceitos abstratos a uma pluralidade indeterminada e, em princípio, indeterminável, de sujeitos. Portanto, função normativa, ou seja, o poder de produzir normas jurídicas, não coincide exclusivamente com a função legislativa, que depende da adoção do sistema organizatório da "separação de poderes". Deste modo, como bem demonstra Alessi, o exercício da Administração Pública implica também em atividades materialmente legislativas e jurisdicionais, fruto de competências próprias e normais atribuídas pela Constituição e pelas leis.[23] Portanto, em princípio, um órgão administrativo, como o CNSP, ser dotado de competência normativa não fere a "separação de poderes", consagrada no artigo 2º da Constituição de 1988.

Ainda em relação à tese da incompatibilidade do poder normativo do CNSP, previsto no Decreto-Lei n. 73/1966, com as disposições posteriores da Constituição de 1988 vedando este tipo de delegação de competência legislativa, ainda poderia ser argumentado o disposto no artigo 25, *caput* do Ato das Disposições Constitucionais Transitórias:

> "Artigo 25 do ADCT: Ficam revogados, a partir de cento e oitenta dias da promulgação da Constituição, sujeito este prazo a prorrogação por lei, todos os dispositivos legais que atribuam ou deleguem a órgão do Poder Executivo competência assinalada pela Constituição ao Congresso Nacional, especialmente no que tange a:
>
> I – ação normativa;
>
> II – alocação ou transferência de recursos de qualquer espécie".

---

[23] ALESSI, Renato. *Principi di Diritto Amministrativo*. Milano: Giuffrè, 1966. Vol. 1, pp. 4-7 e 13-16. No Brasil, *Vide* GRAU, Eros Roberto. "Crítica da 'Separação dos Poderes': As Funções Estatais, os Regulamentos e a Legalidade no Direito Brasileiro, as 'Leis-Medida'" *In: O Direito Posto e o Direito Pressuposto*. 7ª ed. São Paulo: Malheiros, 2008. pp. 236-244. *Vide*, ainda, BANDEIRA DE MELLO, Celso Antônio. *Curso de Direito Administrativo*. 20ª ed. São Paulo: Malheiros, 2006. pp. 32-36.

No entanto, este dispositivo vem justamente em defesa da permanência do poder normativo do CNSP. Os textos legais anteriores à Constituição de 1988 (o artigo 32 do Decreto-Lei n. 73/1966, entre outros) que atribuíram ou delegaram a órgão do Poder Executivo (o CNSP) competência normativa, assinalada pela Constituição ao Congresso Nacional, tiveram sua vigência prorrogada expressamente por lei, dentro do prazo previsto no artigo 25 do Ato das Disposições Constitucionais Transitórias.

O poder normativo do CNSP (assim como o do Conselho Monetário Nacional) foi mantido em vigor por uma sucessão de dispositivos legais. A Constituição foi promulgada em 5 de outubro de 1988, ou seja, o prazo para que fossem prorrogados por lei os dispositivos que atribuíssem ou delegassem competências do Congresso Nacional a órgãos do Executivo venceu no dia 5 de abril de 1989. No dia 31 de março de 1989, foi editada a Medida Provisória n. 45, que prorrogava a vigência dos poderes normativos do CNSP, entre outros órgãos. Esta medida provisória foi reeditada como a Medida Provisória n. 53, de 3 de maio de 1989, aprovada sob a forma da Lei n. 7.770, de 31 de maio de 1989, que prorrogou a vigência do poder normativo do CNSP até 30 de outubro de 1989. A Medida Provisória n. 100, de 24 de outubro de 1989, manteve a prorrogação, sendo convertida na Lei n. 7.892, de 24 de novembro de 1989, que estendeu a vigência dos poderes normativos do CNSP até 31 de maio de 1990. Estes poderes foram mantidos em vigor pela Medida Provisória n. 188, de 30 de maio de 1990, aprovada como Lei n. 8.056, de 28 de junho de 1990, que prorrogou o prazo de vigência até 31 de dezembro de 1990. Este prazo de vigência dos poderes normativos do CNSP foi prorrogado, ainda, até 30 de junho de 1991 (Lei n. 8.127, de 20 de dezembro de 1990) e até 31 de dezembro de 1991 (Lei n. 8.201, de 29 de junho de 1991). Finalmente, a Lei n. 8.392, de 30 de dezembro de 1991, resolveu prorrogar os poderes normativos do CNSP por um prazo indefinido, até a elaboração da lei complementar prevista no artigo 192 da Constituição, que regula o Sistema Financeiro Nacional. Esta disposição foi mantida expressamente pelo artigo 73 da Lei n. 9.069, de 29 de junho de 1995, que instituiu o Plano Real, em vigor até hoje.

OS LIMITES AO PODER NORMATIVO DO CONSELHO NACIONAL...

Deste modo, até que seja elaborada a lei complementar (ou as leis complementares, de acordo com a redação introduzida pela Emenda Constitucional n. 40, de 2003) prevista no artigo 192 da Constituição, os poderes normativos do CNSP estão mantidos nos termos estabelecidos pelo artigo 32 do Decreto-Lei n. 73/1966. Na realidade, a grande questão sobre o poder normativo do CNSP não é a sua suposta violação à "separação de poderes", o que não corresponde à realidade constitucional contemporânea, mas, sim, o controle e os limites a este poder.

3. O PODER NORMATIVO DO CNSP, A SUPREMACIA DA LEI E A RESERVA DA LEI

Em um Estado de Direito, a atuação estatal se pauta pela legalidade, em todas as suas dimensões, estatuída de acordo com a hierarquia normativa estabelecida pela Constituição.[24] A legalidade, princípio constante, entre outros, do artigo 37, *caput* da Constituição de 1988[25], é, na feliz expressão de Celso Antônio Bandeira de Mello, o *"princípio basilar do regime jurídico-administrativo"*.[26] Mesmo na seara econômica, em que a necessidade da rapidez das decisões e ações justifica a denominada "capacidade normativa de conjuntura"[27], com a atribuição de poderes normativos a órgãos do Executivo, como o CNSP ou o Conselho Monetário Nacional, por exemplo, a legalidade não pode ser violada. Neste sentido, em seu clássico *Direito Administrativo Econômico* (*Wirtschaftsverwaltungsrecht*),

---

[24] MEYER, Holger Martin. *Vorrang der privaten Wirtschafts- und Sozialgestaltung Rechtsprinzip:* Eine Systematisch-axiologische Analyse der Wirtschaftsverfassung des Grundgesetzes. Berlin: Duncker & Humblot, 2006. pp. 308-315.

[25] Artigo 37, *caput* da Constituição de 1988: "A administração pública direta e indireta de qualquer dos Poderes da União, dos Estados, do Distrito Federal e dos Municípios obedecerá aos princípios de legalidade, impessoalidade, moralidade, publicidade e eficiência e, também, ao seguinte:".

[26] BANDEIRA DE MELLO, Celso Antônio. *Curso de Direito Administrativo*. 20ª ed. São Paulo: Malheiros, 2006. p. 89. *Vide*, ainda, DI PIETRO, Maria Sylvia Zanella. *Direito Administrativo*. 20ª ed. São Paulo: Atlas, 2007. pp. 58-59.

[27] *Vide* GRAU, Eros Roberto. "Crítica da 'Separação dos Poderes': As Funções Estatais, os Regulamentos e a Legalidade no Direito Brasileiro. As 'Leis-Medida'" *In: O Direito Posto e o Direito Pressuposto*. 7ª ed. São Paulo: Malheiros, 2008. pp. 230-233.

GILBERTO BERCOVICI

Ernst Rudolf Huber já destacava o princípio da legalidade da administração econômica (*Prinzip der Gesetzmässigkeit der Wirtschaftsverwaltung*), ou seja, a obrigatoriedade de todos os atos administrativos econômicos terem fundamento legal.[28]

No entanto, quando se fala em legalidade e em lei, a primeira distinção necessária que se deve fazer é a entre lei em sentido formal e lei em sentido material. Esta distinção foi criada no século XIX pelo publicista alemão Paul Laband, como forma de solucionar o conflito constitucional que durou de 1861 a 1866 entre o Rei da Prússia e o Parlamento prussiano sobre a natureza jurídica do orçamento e, consequentemente, sobre os poderes do Parlamento em aprovar a lei orçamentária e controlar, assim, as finanças estatais. Para resolver o conflito constitucional prussiano, Laband desenvolveu a teoria dualista da lei, que seria adotada pela maioria dos publicistas posteriores.[29]

De acordo com a teoria dualista da lei, as leis podem ser leis em sentido material e leis em sentido formal. A lei em sentido material é sinônimo de norma jurídica, podendo ser estatuída pelos mais variados órgãos, desde que dotados de poder normativo para tanto. Já a lei em

---

[28] HUBER, Ernst Rudolf. *Wirtschaftsverwaltungsrecht.* 2ª ed Tübingen: J. C. B. Mohr (Paul Siebeck), 1953. Vol. 1. pp. 59-60.

[29] LABAND, Paul. *Das Budgetrecht nach den Bestimmungen der Preussischen Verfassungs-Urkunde unter Berücksichtigung der Verfassung des Norddeutschen Bundes.* Berlin: Verlag von J. Guttentag, 1871. pp. 3-11; LABAND, Paul. *Das Staatsrecht des Deutschen Reiches.* Reimpr. da 5ª ed. Goldbach: Keip Verlag, 1997. Vol. 2, pp. 1-23 e 61-84 e JELLINEK, Georg. *Gesetz und Verordnung:* Staatsrechtliche Untersuchungen auf rechtsgeschichtlicher und rechtsvergleichender Grundlage. Reimpr. da ed. de 1887. Aalen: Scientia Verlag, 1964. pp. 226-261. Especificamente sobre esta distinção em Paul Laband e em Georg Jellinek, *Vide* BÖCKENFÖRDE, Ernst-Wolfgang. *Gesetz und gesetzgebende Gewalt:* Von den Anfängen der deutschen Staatsrechtslehre bis zur Höhe des staatsrechtlichen Positivismus. 2ª ed. Berlin: Duncker & Humblot, 1981. pp. 226-253; VAZ, Manuel Afonso. *Lei e Reserva da Lei:* A Causa da Lei na Constituição Portuguesa de 1976. Reimpr. Porto: Faculdade de Direito da Universidade Católica Portuguesa, 1996. pp. 125-139 e MONCADA, Luís S. Cabral de. *Lei e Regulamento.* Coimbra: Coimbra Ed., 2002. pp. 71-83 e 88-115. Para uma crítica de um contemporâneo de Laband a esta distinção, *Vide* MAYER, Otto. *Deutsches Verwaltungsrecht.* Reimpr. da 3ª ed. Berlin: Duncker & Humblot, 2004. § 6, n. 1. pp. 64-67.

OS LIMITES AO PODER NORMATIVO DO CONSELHO NACIONAL...

sentido formal é a lei propriamente dita, a lei como ato promulgado pelo Poder Legislativo, fruto do processo legislativo.[30]

No caso brasileiro, o artigo 5º, II da Constituição de 1988, que repete a clássica expressão *"ninguém será obrigado a fazer ou deixar de fazer alguma coisa senão em virtude de lei"*, está tratando da lei em sentido material, da sujeição à norma jurídica em geral, ao ordenamento jurídico. A necessidade expressa de lei em sentido formal surge de forma destacada em outros dispositivos do texto constitucional, como, por exemplo, o artigo 5º, XXXIX, que determina que não há crime sem lei anterior que o defina, ou o artigo 150, I, que trata da legalidade tributária.[31]

Os regulamentos e atos normativos expedidos por órgãos do Poder Executivo, como decretos, resoluções, portarias, são, neste sentido, lei em sentido material, que se distinguem da lei em sentido formal não pelo seu conteúdo ou efeito vinculativo, mas pelo órgão elaborador das normas. Como foram promulgados por órgãos do Poder Executivo, atuam com base em uma lei em sentido formal, dependem de uma lei em sentido formal para serem válidos, vigentes e eficazes. Afinal, se o poder regulamentar não for limitado pela Constituição, alerta Forsthoff, corre-se o risco de se esvaziar o princípio da subordinação da Administração Pública à lei[32]:

---

[30] FAGUNDES, Miguel Seabra. *O Controle dos Atos Administrativos pelo Poder Judiciário.* 5ª ed. Rio de Janeiro: Forense, 1979. pp. 20-25; LEAL, Victor Nunes. "Lei e Regulamento" *In: Problemas de Direito Público.* Rio de Janeiro: Forense, 1960. pp. 65-66; SILVA, José Afonso da. *Processo Constitucional de Formação das Leis.* 2ª ed. São Paulo: Malheiros, 2006. pp. 25-28; VAZ, Manuel Afonso. *Lei e Reserva da Lei:* A Causa da Lei na Constituição Portuguesa de 1976. Reimpr. Porto: Faculdade de Direito da Universidade Católica Portuguesa, 1996. pp. 17-31 e MAURER, Hartmut. *Allgemeines Verwaltungsrecht.* 16ª ed. München: Verlag C. H. Beck, 2006. pp. 65 e 68-69.

[31] FERREIRA Filho, Manoel Gonçalves. *Do Processo Legislativo.* 3ª ed. São Paulo: Saraiva, 1995. pp. 200-201 e GRAU, Eros Roberto. "Crítica da 'Separação dos Poderes': As Funções Estatais, os Regulamentos e a Legalidade no Direito Brasileiro. As 'Leis-Medida'" *In: O Direito Posto e o Direito Pressuposto.* 7ª ed. São Paulo: Malheiros, 2008. pp. 246-247. Em sentido contrário, entendendo que o dispositivo do artigo 5º, II da Constituição se refere à lei em sentido formal, *Vide* BANDEIRA DE MELLO, Celso Antônio. *Curso de Direito Administrativo.* 20ª ed. São Paulo: Malheiros, 2006. pp. 91-94 e 318-323.

[32] SILVA, José Afonso da. *Processo Constitucional de Formação das Leis.* 2ª ed. São Paulo: Malheiros, 2006. pp. 33-36; FORSTHOFF, Ernst. *Lehrbuch des Verwaltungsrechts.* 9ª ed.

GILBERTO BERCOVICI

"Il fondamento, pertanto, della potestà regolamentare va ricercato in una attribuzione di potestà normativa materiale da parte del potere legislativo all'autorità".[33]

A adoção de uma Constituição rígida reforça o regime da legalidade, pois implica na adoção de um sistema de hierarquia das fontes jurídicas. A Constituição, como norma de hierarquia mais alta que a da lei ordinária significa que o Poder Legislativo está subordinado ao Poder Constituinte. Geralmente, a Constituição é mais genérica que a lei ordinária, que é mais genérica do que os regulamentos ou outros atos normativos de hierarquia inferior, ou seja, há uma série escalonada de atos juridicamente relevantes que parte da Constituição, passa pela lei e pelos regulamentos até chegar aos atos meramente executivos. Como destaca Adolf Merkl, a Administração Pública se encontra envolvida de tal forma neste escalonamento de funções jurídicas que todas as ações administrativas são ações dentro desta estrutura escalonada e hierarquicamente estruturada.[34]

Otto Mayer, em seu clássico *Direito Administrativo Alemão* (*Deutsches Verwaltungsrecht*), cuja primeira edição é de 1895, foi pioneiro em destacar as duas dimensões da legalidade: a supremacia da lei (*Vorrang des Gesetzes*) e a reserva da lei (*Vorbehalt des Gesetzes*). A primeira dimensão da legalidade, diretamente vinculada à hierarquia das fontes jurídicas, é a da primazia ou supremacia da lei. Para Otto Mayer, a supremacia da lei é um ato de vontade estatal jurídica que implica na força da lei. A primazia da lei significa que a Administração Pública é obrigada a agir

---

München: Verlag C. H. Beck, 1966. Vol. 1. pp. 120-124 e 129-130; ALESSI, Renato. *Principi di Diritto Amministrativo*. Milano: Giuffrè, 1966. Vol. 1, p. 419 e MAURER, Hartmut. *Allgemeines Verwaltungsrecht*. 16ª ed. München: Verlag C. H. Beck, 2006. pp. 69-71.

[33] ALESSI, Renato. *Principi di Diritto Amministrativo* Milano: Giuffrè, 1966. Vol. 1, p. 418.

[34] MERKL, Adolf. *Teoría General del Derecho Administrativo*. Granada: Editorial Comares, 2004. pp. 219-223; LEAL, Victor Nunes. "Lei e Regulamento" *In: Problemas de Direito Público*. Rio de Janeiro: Forense, 1960. pp. 62-63; FORSTHOFF, Ernst. *Lehrbuch des Verwaltungsrechts*. 9ª ed. München: Verlag C. H. Beck, 1966 Vol. 1, pp. 118-120 e MAURER, Hartmut. *Allgemeines Verwaltungsrecht*. 16ª ed. München: Verlag C. H. Beck, 2006. pp. 63-67.

OS LIMITES AO PODER NORMATIVO DO CONSELHO NACIONAL...

de acordo com a lei, ou seja, proíbe infrações ou violações às leis existentes.[35] Nas palavras de Victor Nunes Leal:

> "Entre o regulamento e a lei, como acertadamente observou Duguit, não há diferença substancial, mas formal, não há diferença de natureza, mas de grau ou hierarquia. O regulamento, exatamente como a lei, é um ato de natureza normativa; a distinção reside na subordinação do regulamento à lei. Mas o regulamento não é mera reprodução da lei. É um texto mais minucioso, mais detalhado, que completa a lei, a fim de garantir a sua exata e fiel execução. É fundamental, entretanto, que nesta sua função de complementar a lei, não a infrinja".[36]

Da mesma maneira que os atos normativos do Executivo, em virtude da hierarquia das fontes jurídicas e da supremacia da lei, não podem revogar ou derrogar as leis ordinárias precedentes, assim como normatizar para além do que determinou a lei ordinária que os fundamenta, a matéria tratada pelos atos normativos do Executivo, como os regulamentos e similares, hierarquicamente inferiores perante a lei, também não pode ser matéria reservada à disciplina legislativa formal (reserva de lei).[37] Esta é a segunda dimensão da legalidade, a da reserva de lei.[38] Este tema, o da reserva de lei, foi muito debatido na doutrina

---

[35] MAYER, Otto. *Deutsches Verwaltungsrecht*. Reimpr. da 3ª ed. Berlin: Duncker & Humblot, 2004. § 6, n. 2, pp. 68-69; MAURER, Hartmut. *Allgemeines Verwaltungsrecht*. 16ª ed. München: Verlag C. H. Beck, 2006. p. 115 e OSSENBÜHL, Fritz. "Vorrang und Vorbehalt des Gesetzes" *In:* ISENSEE, Josef; KIRCHHOF, Paul (orgs.). *Handbuch des Staatsrechts der Bundesrepublik Deutschland*. 3ª ed. Heidelberg: C. F. Müller Verlag, 2007. Vol. 5, pp. 184-187.

[36] LEAL, Victor Nunes. "Delegações Legislativas" *In: Problemas de Direito Público*, Rio de Janeiro: Forense, 1960, p. 99.

[37] ALESSI, Renato. *Principi di Diritto Amministrativo* Milano: Giuffrè, 1966. Vol. 1, p. 421. *Vide* também DI PIETRO, Maria Sylvia Zanella. *Direito Administrativo*. 20ª ed. São Paulo: Atlas, 2007. p. 81.

[38] MAYER, Otto. *Deutches Verwaltungsrecht*. Reimpr. da 3ª ed. Berlin: Duncker & Humblot, 2004. § 6, n. 3, pp. 69-73; VAZ, Manuel Afonso. *Lei e Reserva da Lei: A Causa da Lei na Constituição Portuguesa de 1976*. Reimpr. Porto: Faculdade de Direito da Universidade Católica Portuguesa, 1996. pp. 31-37 e 139-145; MAURER, Hartmut. *Allgemeines Verwaltungsrecht*. 16ª ed. München: Verlag C. H. Beck, 2006. pp. 115-126 e MONCADA, Luís S. Cabral de. *Lei e Regulamento*. Coimbra: Coimbra Ed., 2002. pp. 83-88.

GILBERTO BERCOVICI

alemã pós-Segunda Guerra Mundial. As discussões sobre a reserva de lei foram travadas entre os defensores de uma reserva total legislativa, concretamente irrealista, e a corrente majoritária, adepta de uma reserva de lei parcial. O Tribunal Constitucional Federal alemão chegou, inclusive, a criar uma teoria, a chamada "Teoria da Essencialidade" (*"Wesentlichkeitstheorie"*), que entendia que todas as matérias que fossem significativas para a liberdade e a existência dos indivíduos deveriam ficar reservadas à lei em sentido formal, debatida e aprovada pelo Parlamento.[39] No nosso sistema constitucional, a reserva de lei, ou seja, o domínio exclusivo da lei ordinária deve ser constitucionalmente definido, afinal, trata-se de quais decisões políticas do Estado vão ganhar dignidade legislativa para obterem uma especial força jurídica.[40]

Estas considerações sobre as dimensões da legalidade, da supremacia e da reserva de lei, são extremamente úteis para que se possa traçar os contornos e os limites do poder normativo atribuído a órgãos do Poder Executivo, como o CNSP. Estes limites constitucionais e legais ficam mais evidentes quando estes órgãos ultrapassam suas atribuições constitucionais e legais e emitem normas manifestamente contrárias ao ordenamento constitucional brasileiro, como é o caso aqui analisado, da Resolução CNSP n. 224 e da Resolução CNSP n. 225, ambas de 6 de dezembro de 2010.

4. AS RESOLUÇÕES N. 224 E N. 225 DO CNSP E O LIVRE EXERCÍCIO DA ATIVIDADE ECONÔMICA

A importância do papel ativo do Estado em relação a uma política de seguros privados justifica-se para garantir o interesse dos segurados

---

[39] OSSENBÜHL, Fritz. "Vorrang und Vorbehalt des Gesetzes" *In:* ISENSEE, Josef; KIRCHHOF, Paul (orgs.). *Handbuch des Staatsrechts der Bundesrepublik Deutschland.* 3ª ed. Heidelberg: C. F. Müller Verlag, 2007. Vol. 5 pp. 188-220. Para uma análise sobre o debate alemão em torno do tema da reserva de lei, *Vide* MONCADA, Luís S. Cabral de. *Lei e Regulamento.* Coimbra: Coimbra Ed., 2002. pp. 168-296.

[40] FERREIRA Filho, Manoel Gonçalves. *Do Processo Legislativo.* 3ª ed. São Paulo: Saraiva, 1995. pp. 201-202 e MONCADA, Luís S. Cabral de. *Lei e Regulamento.* Coimbra: Coimbra Ed., 2002. p. 264.

OS LIMITES AO PODER NORMATIVO DO CONSELHO NACIONAL...

e beneficiários dos contratos de seguro, fortalecer as relações econômicas do mercado e para promover a expansão e integração do mercado de seguros no processo econômico e social do país, evitar a evasão de divisas, preservar a liquidez e solvência das seguradoras e coordenar a política de seguros com as políticas de investimentos, monetária, creditícia e fiscal do Governo Federal (artigos 2º, 4º e 5º do Decreto-Lei n. 73/1966, ainda em vigor). No setor de seguros/resseguros há, como apontado, uma ampla atuação intervencionista do Estado, pois trata-se de uma atividade econômica que funciona na base da confiança e com a movimentação de grandes somas de recursos financeiros. Seguro e resseguro são fundamentais para o bom funcionamento do sistema econômico, além de consistirem em uma forma de redistribuição de recursos a partir da "dependência mútua" de pessoas que não se conhecem, mas que mantém relações jurídicas em comum a partir de um capital gerenciado em conjunto pelo segurador/ressegurador.[41] O controle e a fiscalização do Estado são, neste caso, essenciais, seja para garantia das reservas financeiras manipuladas pelas empresas seguradoras, seja para tornar efetiva a garantia ao segurado, ou seja, pelo "simples" fato de que os recursos manejados pelo setor securitário e ressecuritário são provenientes de poupança pública. Trata-se, portanto, de atividade econômica em sentido estrito, visando a consecução de objetivos de política econômica do Estado brasileiro, além da preservação do mercado e das relações econômicas no Brasil. O Estado brasileiro atua, direta ou indiretamente, no setor de seguros e de resseguros com base na preservação de relevante interesse coletivo (artigos 173, *caput* e 174, *caput* da Constituição).[42]

---

[41] PIZA, Paulo Luiz de Toledo. *Contrato de Resseguro:* Tipologia, Formação e Direito Internacional. São Paulo: Instituto Brasileiro de Direito do Seguro, 2002. pp. 33-37 e 458-468. Sobre a formação das reservas dos resseguradores e sua importância, *Vide* GERATHEWOHL, Klaus. *Reinsurance:* Principles and Practice. Karlsruhe: Verlag Versicherungswirtschaft, 1980. Vol. 1, pp. 796-806.

[42] "Artigo 173, *caput* da Constituição de 1988: Ressalvados os casos previstos nesta Constituição, a exploração direta de atividade econômica pelo Estado só será permitida quando necessária aos imperativos da segurança nacional ou a relevante interesse coletivo, conforme definidos em lei".

"Artigo 174, *caput* da Constituição de 1988: Como agente normativo e regulador da atividade econômica, o Estado exercerá, na forma da lei, as funções de fiscalização,

GILBERTO BERCOVICI

A livre iniciativa, no texto constitucional de 1988 (artigos 1º, IV e 170, *caput*[43]), não representa o triunfo do individualismo econômico, mas é protegida em conjunto com a valorização do trabalho humano, em uma ordem econômica com o objetivo de garantir a todos uma vida digna, com base na justiça social. Isto significa que a livre iniciativa é fundamento da ordem econômica constitucional no que expressa de socialmente valioso[44], o que não representa nenhuma novidade na tradição constitucional brasileira, pois a livre iniciativa está presente como fundamento da ordem econômica constitucional desde 1934.[45] Portanto,

---

incentivo e planejamento, sendo este determinante para o setor público e indicativo para o setor privado".

[43] "Artigo 1º, IV da Constituição de 1988: A República Federativa do Brasil, formada pela união indissolúvel dos Estados e Municípios e do Distrito Federal, constitui-se em Estado Democrático de Direito e tem como fundamentos: IV – os valores sociais do trabalho e da livre iniciativa".

"Artigo 170, *caput* da Constituição de 1988: A ordem econômica, fundada na valorização do trabalho humano e na livre iniciativa, tem por fim assegurar a todos existência digna, conforme os ditames da justiça social, observados os seguintes princípios".

[44] Cf. GRAU, Eros Roberto. *A Ordem Econômica na Constituição de 1988* : Interpretação e Crítica. 12ª ed. São Paulo: Malheiros, 2007. pp. 200-208; COMPARATO, Fábio Konder. "Regime Constitucional do Controle de Preços no Mercado". *Revista de Direito Público*, São Paulo, n. 97, pp. 18-23, janeiro/março de 1991: RT. e SOUZA Neto, Cláudio Pereira de; MENDONÇA, José Vicente Santos de. "Fundamentalização e Fundamentalismo na Interpretação do Princípio Constitucional da Livre Iniciativa" *In:* SOUZA Neto, Cláudio Pereira de; SARMENTO Daniel (coords.). *A Constitucionalização do Direito:* Fundamentos Teóricos e Aplicações Específicas. Rio de Janeiro: Lumen Juris, 2007. pp. 709-741. Sobre as possibilidades e limites da livre iniciativa na Constituição de 1988, *Vide*, ainda, BERCOVICI, Gilberto. *Direito Econômico do Petróleo e dos Recursos Minerais*. São Paulo: São Paulo: Quartier Latin, 2011. pp. 260-273.

[45] Isto pode ser facilmente demonstrado a partir da leitura dos textos do artigo 115, *caput* da Constituição de 1934 ("Art 115. A ordem econômica deve ser organizada conforme os princípios da Justiça e as necessidades da vida nacional, de modo que possibilite a todos existência digna. Dentro desses limites, é garantida a liberdade econômica"), do artigo 145, *caput* da Constituição de 1946 ("Art 145. A ordem econômica deve ser organizada conforme os princípios da justiça social, conciliando a liberdade de iniciativa com a valorização do trabalho humano"), do artigo 157, I da Carta de 1967 ("Art 157. A ordem econômica tem por fim realizar a justiça social, com base nos seguintes princípios: I – liberdade de iniciativa") e do artigo 160, I da Carta de 1969 ("Art. 160. A ordem econômica e social tem por fim realizar o desenvolvimento nacional e a justiça social, com base nos seguintes princípios: I – liberdade de iniciativa").

OS LIMITES AO PODER NORMATIVO DO CONSELHO NACIONAL...

a livre iniciativa não pode ser reduzida, sob pena de uma interpretação parcial e equivocada do texto constitucional, à liberdade econômica plena ou à liberdade de empresa, pois abrange todas as formas de produção, individuais ou coletivas, como a iniciativa econômica individual, a iniciativa econômica cooperativa (artigos 5º, XVIII e 174, § 3º e § 4º da Constituição) e a própria iniciativa econômica pública (artigos 173 e 177 da Constituição, entre outros).[46]

A Constituição de 1988 garante, além da iniciativa econômica privada, o livre exercício da atividade econômica, conforme prescreve o seu artigo 170, parágrafo único:

> "Artigo 170, parágrafo único. É assegurado a todos o livre exercício de qualquer atividade econômica, independentemente de autorização de órgãos públicos, salvo nos casos previstos em lei".

O significado deste dispositivo, segundo Celso Antônio Bandeira de Mello e Eros Grau, é o da garantia da legalidade na esfera das atividades econômicas, ou seja, a não sujeição das atividades econômicas a qualquer restrição estatal senão em virtude de lei e esta lei é lei em sentido formal. Trata-se, em suma, da reserva da lei na esfera das atividades econômicas.[47] O exercício das atividades econômicas, como liberdade

---

[46] Sobre a iniciativa econômica pública, *Vide*, ainda, GALGANO, Francesco. "Pubblico e Privato nella Regolazione dei Rapporti Economici" *In:* GALGANO, Francesco (coord.). *Trattato di Diritto Commerciale e di Diritto Pubblico dell'Economia*. Padova: CEDAM, 1977. Vol. 1, pp. 120-126; ASENJO, Oscar de Juan. *La Constitución Económica Española:* Iniciativa Económica Pública "versus" Iniciativa Económica Privada en la Constitución Española de 1978. Madrid: Centro de Estudios Constitucionales; 1984. pp. 90-99; CANOTILHO, José Joaquim Gomes; MOREIRA, Vital. *Constituição da República Portuguesa Anotada*. 4ª ed. Coimbra: Coimbra Ed., 2007. Vol. I, pp. 958-959 e 982-986 e BERCOVICI, Gilberto. *Direito Econômico do Petróleo e dos Recursos Minerais*. São Paulo: Quartier Latin, 2011. pp. 274-278.

[47] BANDEIRA DE MELLO, Celso Antônio. *Curso de Direito Administrativo*. 20ª ed. São Paulo: Malheiros, 2006. pp. 323 e 751-754; GRAU, Eros Roberto. *A Ordem Econômica na Constituição de 1988*: Interpretação e Crítica. 12ª ed. São Paulo: Malheiros, 2007. p. 205 e GRAU, Eros Roberto. "Crítica da 'Separação dos Poderes': As Funções Estatais, os Regulamentos e a Legalidade no Direito Brasileiro. As 'Leis-Medida'". *In: O Direito Posto e o Direito Pressuposto*. 7ª ed. São Paulo: Malheiros, 2008. p. 247. *Vide*

GILBERTO BERCOVICI

pública, pode ser limitado, mas apenas por lei. O poder regulamentar atua nestas limitações apenas dentro dos parâmetros estabelecidos pela lei em sentido formal, pois não pode afetar a garantia e o exercício da liberdade de exercício da atividade econômica.[48] Deste modo, o poder regulamentar atribuído ao CNSP não compreende o de inovar a ordem jurídica, restringindo a liberdade de atuação econômica.[49]

A Resolução CNSP n. 224/2010 *"acrescenta o § 4º. ao art. 14 da Resolução CNSP n. 168, de 17 de dezembro de 2007"*, versando sobre aspectos da concretização do regime de liberdades no exercício da atividade econômica em sentido amplo, ou seja, toda a atividade econômica realizada no âmbito do Estado brasileiro, previsto em nosso ordenamento.[50] Assim, devem ser tomados como premissas alguns conceitos básicos que auxiliam a compreensão dos limites da capacidade regulamentar no caso em exame, submetida, como não poderia deixar de ser, aos ditames da ordem econômica constitucional.

A liberdade de atuação econômica é fundamento para a liberdade profissional, a autonomia privada, a liberdade de empresa, entre outras liberdades públicas.[51] Deste modo, o eixo interpretativo adequado diz

---

também LAUBADÈRE, André de. *Droit Public Économique*. Paris: Dalloz, 1974. pp. 245-246; CHÉROT, Jean-Yves. *Droit Public Économique*. 2ª ed. Paris: Economica, 2007. pp. 95-97 e RUTHIG Josef; STORR, Stefan. *Öffentliches Wirtschaftsrecht*. 2ª ed. Heidelberg: C. F. Müller Verlag, 2008. pp. 77-79.

[48] LAUBADÈRE, André de. *Droit Public Économique*. Paris: Dalloz, 1974. pp. 244-262 e DELVOLVÉ, Pierre. *Droit Public de l'Économie*. Paris: Dalloz, 1998. pp. 109-112.

[49] PIZA, Paulo Luiz de Toledo. *Contrato de Resseguro:* Tipologia, Formação e Direito Internacional. São Paulo: Instituto Brasileiro de Direito do Seguro, 2002. pp. 61-63.

[50] Sobre a distinção entre atividade econômica em sentido amplo (gênero) e suas espécies, atividade econômica em sentido estrito e serviço público, *Vide* GRAU, Eros Roberto. *A Ordem Econômica na Constituição de 1988*: Interpretação e Crítica. 12ª ed. São Paulo: Malheiros, 2007. pp. 101-111.

[51] HUBER, Ernst Rudolf. *Wirtschaftsverwaltungsrecht*. 2ª ed. Tübingen: J. C. B. Mohr (Paul Siebeck), 1953. Vol. 1, pp. 660-666; BADURA, Peter. *Wirtschaftsverfassung und Wirtschaftsverwaltung:* Ein exemplarischer Leitfaden 2ª ed. Tübingen: J.C.B. Mohr (Paul Siebeck), 2005. pp. 21-22 e 38-41 e MEYER, Holger Martin. *Vorrang der privaten Wirtschafts- und Sozialgestaltung Rechtsprinzip:* Eine Systematisch-axiologische Analyse der Wirtschaftsverfassung des Grundgesetzes. Berlin: Duncker & Humblot, 2006. pp. 272-279.

OS LIMITES AO PODER NORMATIVO DO CONSELHO NACIONAL...

com a correta compreensão das diversas liberdades econômicas, manifestamente os institutos da livre iniciativa, da livre concorrência, da liberdade de contratar e da liberdade contratual, em algumas dimensões específicas, como a temporal, a subjetiva e dos limites operacionais econômico-financeiros.

A ordem econômica constitucional brasileira estabelece fins ao Estado, precipuamente previstos nos artigos 3º, 170 e 219.[52] A articulação de tais artigos sintetiza um conjunto de tarefas que permite simultaneamente alcançar o desenvolvimento das forças produtivas e sua distribuição, tendo como centro decisório os poderes político-econômico nacionais. Esse verdadeiro programa constitucional prevê como horizontes a serem alcançados pelas estruturas sociais brasileiras a internalização dos centros decisórios e a homogeneização social, a concretização dos institutos jurídicos da soberania econômica e da soberania popular. Em uma expressão síntese, os artigos constitucionais preveem que o Brasil deve superar o subdesenvolvimento que marca sua condição de país de industrialização tardia, com contemporânea dependência externa, que apresenta grandes disparidades sociais e regionais e frágeis estruturas democráticas.[53] Dados esses fins maiores, diversos são os meios constitucionais para alcançá-los, a partir de uma adequada organização da vida econômica nacional, dentre os quais a escolha, para a incidência jurídica, em específicos setores da atividade econômica em sentido amplo, das diversas liberdades econômicas acima mencionadas. Ou seja, a Constituição e o ordenamento jurídico constitucionalmente adequado

---

[52] "Artigo 3º da Constituição de 1988: Constituem objetivos fundamentais da República Federativa do Brasil: I – construir uma sociedade livre, justa e solidária; II – garantir o desenvolvimento nacional; III – erradicar a pobreza e a marginalização e reduzir as desigualdades sociais e regionais; IV – promover o bem de todos, sem preconceitos de origem, raça, sexo, cor, idade e quaisquer outras formas de discriminação".

"Artigo 219 da Constituição de 1988: O mercado interno integra o patrimônio nacional e será incentivado de modo a viabilizar o desenvolvimento cultural e socioeconômico, o bem-estar da população e a autonomia tecnológica do País, nos termos de lei federal".

[53] *Vide*, especialmente, BERCOVICI, Gilberto. *Constituição Econômica e Desenvolvimento: Uma Leitura a partir da Constituição de 1988*. São Paulo: Malheiros, 2005. pp. 33-43 e BERCOVICI, Gilberto. *Direito Econômico do Petróleo e dos Recursos Minerais*. São Paulo: Quartier Latin, 2011. pp. 208-237.

GILBERTO BERCOVICI

conseguem prover os meios para a adoção de políticas de desenvolvimento e de proteção e preservação do mercado interno sem que isto sirva de disfarce retórico para garantir a supremacia de determinados interesses econômicos privados em detrimento do interesse público, como é o caso das Resoluções CNSP n. 224 e n. 225, ambas de 2010, aqui analisadas.

Liberdade de iniciativa é a possibilidade de buscar os fins autodeterminados; liberdade de concorrência é a possibilidade de não ver-se impedido de buscar tais fins, em função da atuação de concorrente que, em sua própria busca, bloqueia, de maneira imputada como ilegal, a atuação dos outros, e, por consequência, a própria concorrência; liberdade de contratar é possibilidade de escolha entre distintos parceiros econômicos ou de não escolher parceiro algum; liberdade contratual é a possibilidade de moldar os termos da parceria, de modelagem de conteúdos econômicos, de manufatura *sponte propria* de tipos contratuais.[54]

---

[54] Para Antonio Junqueira de Azevedo, a autonomia da vontade compõe-se tradicionalmente de três princípios, quais sejam, a liberdade contratual, a obrigatoriedade dos efeitos contratuais (*pacta sunt servanda*) e da relatividade das convenções (*res inter alios acta tertiis nec nocet nec prodest*). Para o autor, o princípio da liberdade de contratar se expressa, em seus vários desdobramentos, "na liberdade de contratar ou não contratar, a de plasmar o conteúdo do contrato, a da escolha de com quem contratar, da forma contratual, do tipo contratual, do momento de contratar etc". Cf. AZEVEDO, Antonio Junqueira de. "Relatório Brasileiro sobre Revisão Contratual apresentado para as Jornadas Brasileiras da Associação Henri Capitant" *In: Novos Estudos e Pareceres de Direito Privado.* São Paulo: Saraiva, 2009. p. 182. Pontes de Miranda igualmente aborda a natureza dúplice da liberdade contratual, estabelecendo, de um lado, a *"liberdade de conclusão"* do negócio jurídico, *"no sentido de ninguém poder ser constrangido a concluir contrato, ou outro negócio jurídico bilateral"* e, de outro lado, a *"liberdade de determinação do conteúdo negocial"*, abrangendo, neste caso, a determinabilidade do objeto e da forma contratual. *Vide* PONTES DE MIRANDA, Francisco Cavalcanti. *Tratado de Direito Privado*, 3ª ed. São Paulo: Revista dos Tribunais, 1984. Vol. XXXVIII, pp. 39 e ss. Já Orlando Gomes entende que a liberdade de contratar se manifesta por seis maneiras: (1) liberdade de contratar ou deixar de contratar, (2) liberdade de determinar as cláusulas do contrato, (3) liberdade de negociar o conteúdo do contrato parta determiná-lo bilateralmente, (4) liberdade de modificar o regime legal do contrato nas suas normas dispositivias ou supletivas, (5) liberdade de escolher o outro contratante e (6) liberdade de celebrar contratos atípicos. A liberdade de contratar *stricto sensu* significa que o ato de contratar tem de ser praticado espontaneamente, nunca por imposição ou por obrigação. Cf. GOMES, Orlando. *Novos Temas de Direito Civil.* Rio de Janeiro: Forense, 1983. p. 183.

OS LIMITES AO PODER NORMATIVO DO CONSELHO NACIONAL...

Tais liberdades econômicas existirão nos diversos setores da atividade econômica em sentido amplo em função dos fins constitucionais acima mencionados. Serviço público ou atividade econômica em sentido estrito são escolhas que diminuem ou aumentam o leque das liberdades econômicas à disposição do Estado para o alcance dos fins previstos constitucionalmente; as técnicas de atuação do Estado na economia (atuação *no* domínio econômico – por absorção ou participação – e *sobre* o domínio econômico – por direção ou indução)[55] também são técnicas que, ao incidirem de maneira específica em determinados setores, diminuem ou ampliam o leque das liberdades econômicas mencionadas.

Nas operações de resseguro e retrocessão, houve no Brasil um histórico que caminhou da extrema liberdade – em momento anterior à Revolução de 1930 – ao monopólio estatal constitucionalmente previsto em favor do "órgão oficial ressegurador", o IRB (artigo 192, II da Constituição, em sua redação original). Tal situação alterou-se com as reformas constitucionais de corte neoliberal dos anos 1990 e seguintes, que tiveram por fulcro a remodelagem do regime jurídico do sistema financeiro brasileiro, trazendo algumas modificações ao quadro das quatro liberdades exercidas pelos atores do Sistema Nacional de Seguros Privados. Atualmente o resseguro é atividade econômica em sentido estrito, devendo ser considerada de interesse coletivo, por estar vinculada ao desenvolvimento nacional (artigo 192 da Constituição de 1988) e pelas estratégicas funções ordenadas pelo artigo 5º do Decreto-Lei n. 73/1966, tais como: promover a expansão do mercado de seguros e propiciar condições operacionais necessárias para sua integração no processo econômico do país; evitar a evasão de divisas, pelo equilíbrio

---

Pedro Pais de Vasconcelos, ao tratar da autonomia privada, diferencia os conceitos da "liberdade de celebração" e "liberdade de estipulação". *Vide* VASCONCELOS, Pedro Pais de. *Teoria Geral do Direito Civil*. 4ª ed. Coimbra: Almedina, 2007. p. 416. Ainda sobre este tema, ARAÚJO, Fernando. *Teoria Econômica do Contrato*. Coimbra: Almedina, 2007. pp. 499-500 e LOURENÇO, José. *Limites à Liberdade de Contratar*: Princípios da Autonomia e da Heteronomia da Vontade nos Negócios Jurídicos. São Paulo: Juarez de Oliveira, 2001. pp. 97 e ss.

[55] Cf. GRAU, Eros Roberto. *A Ordem Econômica na Constituição de 1988*: Interpretação e Crítica. 12ª ed. São Paulo: Malheiros, 2007. pp. 148-151.

GILBERTO BERCOVICI

do balanço dos resultados do intercâmbio, de negócios com o exterior; firmar o princípio da reciprocidade em operações de seguro, condicionando a autorização para o funcionamento de empresas e firmas estrangeiras a igualdade de condições no país de origem; promover o aperfeiçoamento das sociedades seguradoras; preservar a liquidez e solvência das sociedades seguradoras; coordenar a política de seguros com a política de investimentos do governo federal, observados os critérios estabelecidos para as políticas monetárias, creditícia e fiscal.

O desenho institucional do Sistema Nacional de Seguros Privados garante e limita as quatro liberdades econômicas acima mencionadas, para a consecução de seus fins (que, por sua vez, submetem-se aos fins constitucionais insculpidos nos artigos $3^{\underline{o}}$, 170 e 219). A extensão e o conteúdo que as quatro liberdades econômicas detém no Sistema Nacional de Seguros Privados estão expressamente contidas nos seus diplomas legais regentes, submetendo-se, por óbvio, à regra interpretativa da hierarquia (não se supondo, como já destacado anteriormente, sob pena de comprometimento da possibilidade decisória, que regra inferior possa dispor contrariamente ou alargadamente em relação a comando superior). Por isso, a análise de tais liberdades econômicas em suas dimensões temporal, subjetiva e de limites econômico-financeiros, há de levar em consideração o disposto na Lei Complementar n. 126/2007, iniciando-se pelo seu artigo $4^{\underline{o}}$, que estabelece com *"quais tipos de resseguradores podem ser realizadas as operações de resseguro e retrocessão"* (texto normativo que garante e limita simultaneamente os institutos da livre iniciativa, livre concorrência, liberdade de contratar e liberdade contratual) e o seu artigo $8^{\underline{o}}$, que define que *"a contratação de resseguro e retrocessão no País ou no exterior será feita mediante negociação direta entre a cedente[56] e o ressegurador ou por meio de intermediário legalmente autorizado"* (regra que insculpe a liberdade de contratar e a liberdade contratual).

---

[56] De acordo com a definição do artigo $2^{\underline{o}}$, I da Resolução CNSP n. 168/2007, cedente é a sociedade seguradora que contrata operação de resseguro ou o ressegurador que contrata operação de retrocessão. Devo ressaltar, no entanto, a palavra cedente é empregada como um jargão, por que, na realidade, não há cessão alguma de contrato ou de responsabilidades. Há sim contratação de garantia distinta *inter alios*, entre seguradora e resseguradora.

318

OS LIMITES AO PODER NORMATIVO DO CONSELHO NACIONAL...

O artigo 4º da Lei Complementar n. 126/2007 delimita as possibilidades de livre iniciativa para os interessados em exercerem a atividade empresária resseguradora, pois não pode haver outros tipos de resseguradores realizando operações de resseguro e retrocessão salvo os expressamente nele definidos: ressegurador local (sediado no país sob a forma de sociedade anônima, possuindo como objeto exclusivo a realização de operações de resseguro e retrocessão), ressegurador admitido (sediado no exterior, mas mantendo escritório de representação no Brasil, autorizado pela autarquia fiscalizadora) e ressegurador eventual (sediado no exterior, sem escritório de representação no Brasil e sem sede em paraísos fiscais, autorizado pela autarquia fiscalizadora). Este conjunto de três tipos limita a livre iniciativa do ponto de vista da constituição subjetiva, e o detalhamento de suas obrigações encontra-se ao longo do texto normativo (conforme, por exemplo, os requisitos mínimos para o ressegurador admitido ou eventual impostos pelo artigo 6º da Lei Complementar n. 126/2007). Existe, é verdade, possibilidade legal de a atividade empresária resseguradora não vir a ser exercida por agentes submetidos a esta tipologia, prevista expressamente no artigo 9º, § 4º da Lei Complementar n. 126/2007.[57] Neste caso, a exceção aos três tipos de ressegurador (tripla tipologia que já é limitação à livre iniciativa na dimensão da constituição subjetiva, cujo fundamento é, entre outros, a preservação do bom e adequado funcionamento do sistema) está excepcionada pelo próprio texto legal, que retorna a um grau maior de abertura da liberdade de iniciativa, incorporando outros atores econômicos, tendo também como fundamento a higidez do sistema e a necessidade de este manter-se operando em condições de regular economicamente a limitação da capacidade de oferta e pressão da demanda por elevadas proteções.

O artigo 11 da mesma Lei Complementar traz as balizas temporais, de constituição subjetiva e de limites operacionais referentes ao exercício

---

[57] "Artigo 9º, § 4º da Lei Complementar n. 126/2007: É o órgão regulador de seguros autorizado a dispor sobre transferência de riscos, em operações de resseguro e retrocessão, com pessoas não abrangidas pelos incisos I e II do *caput* deste artigo, quando ficar comprovada a insuficiência da oferta de capacidade por resseguradores locais, admitidos e eventuais".

GILBERTO BERCOVICI

da liberdade de contratar, com efeitos materiais e jurídicos para os demais tipos de liberdades econômicas. Determina-se que nos três primeiros anos de vigência da lei, vencidos em janeiro de 2010, as cedentes não poderão exercer sua liberdade de contratar em relação à totalidade de seus contratos, pois 60% deles deverão ser ofertados a resseguradores locais, que poderão aceitá-los ou não, dando início ao procedimento de fundamentação da recusa, importante para a formatação da próxima contratação a ser tentada; após janeiro de 2010, este limite à liberdade de contratar reduz-se para 40%, garantindo-se a liberdade de contratar de 60% do volume total de operações com resseguradores eventuais ou admitidos:

> "Artigo 11. Observadas as normas do órgão regulador de seguros, a cedente contratará ou ofertará preferencialmente a resseguradores locais para, pelo menos:
>
> I – 60% (sessenta por cento) de sua cessão de resseguro, nos 3 (três) primeiros anos após a entrada em vigor desta Lei Complementar; e
>
> II – 40% (quarenta por cento) de sua cessão de resseguro, após decorridos 3 (três) anos da entrada vigor desta Lei Complementar."

Nesta regra, estão previstos comportamentos social-típicos de oferta, que podem culminar com a aceitação, a recusa e a nova possibilidade de oferta. Portanto, estão garantidas, no mínimo, quatro posições jurídicas, nas expressões *"contratará ou ofertará preferencialmente"*. Estruturando-se a vida contratual no esquema formação – execução – conclusão contratual (nascimento, vida e morte), localizam-se estas três posições no momento da formação. Estas posições jurídicas, é claro, por estarem asseguradas em lei, não precisam em hipótese alguma estarem reguladas pelo ente administrativo de controle. Constituem o regime, no Sistema Nacional de Seguros Privados, para as operações de resseguro e retrocessão, das liberdades de contratar e de contrato, isto é, de escolha ou não dos parceiros, e dos conteúdos a serem executados e concluídos. Desta maneira, atualmente, respeitada a tipologia de constituição subjetiva (ressegurador local, admitido e eventual), pode-se exercer a liberdade de contratar de até 60% com quaisquer resseguradores admitidos

OS LIMITES AO PODER NORMATIVO DO CONSELHO NACIONAL...

ou eventuais. Qualquer outra limitação temporal, subjetiva ou de limite operacional extrapola o que a Lei Complementar n. 126/2007 determinou de maneira cristalina, afrontando o regime jurídico da liberdade de contratar. Afrontar a liberdade de contratar onde ela é pensada sistêmica e organicamente significa, como no caso em exame, em verdade, denegar a liberdade de contrato (modelagem dos conteúdos e de tipos contratuais) e solapar a liberdade de concorrência e, no limite, a própria liberdade de iniciativa.

A Resolução CNSP n. 168/2007, como não poderia deixar de ser, sob pena de ser fulminada de ilegalidade, prioritariamente sob os ângulos da invalidade (por regular materialmente algo que extrapola seu âmbito) e ineficácia (por não ser possível extrair os efeitos cujo texto está a determinar), observou o regime de exercício da liberdade de contratar nas três dimensões mencionadas (temporal, de tipologia subjetiva e de limites econômico-financeiros), frisando a expressão *"livre escolha"* no seu artigo 14, que esclarece administrativamente a matéria:

> "Artigo 14, *caput* da Resolução CNSP n. 168/2007: A cedente pode efetuar a colocação dos seus excedentes em resseguradores de sua livre escolha, observadas as exigências legais e regulamentares."

O CNSP, administrador emanador da regra infralegal, operando nos limites que a Lei Complementar lhe cinge, empenhou-se em esclarecer os deveres de informação que as cedentes, ao exercerem sua liberdade de contratar, estão vinculadas:

> "Artigo 14, § § 1º, 2º e 3º da Resolução CNSP n. 168/2007 (redação original):
>
> § 1º Quando a cedente, o ressegurador ou retrocessionário pertencerem ao mesmo conglomerado financeiro ou forem empresas ligadas, as operações de resseguro ou retrocessão deverão ser informadas à SUSEP, na forma por ela regulamentada.
>
> § 2º Para fins de aplicação do disposto no § 1º deste artigo, consideram-se empresas ligadas, ou pertencentes ao mesmo conglomerado financeiro, aquelas assim definidas pelas normas do CNSP,

que dispõem sobre os critérios para a realização de investimentos pelas sociedades supervisionadas pela SUSEP.

§ 3º A cedente deverá informar à SUSEP, na forma a ser regulamentada, sempre que concentrar, com um único ressegurador admitido ou eventual, suas operações de resseguro ou retrocessão, em percentual superior ao disposto na tabela a seguir: [...].”

A Resolução CNSP n. 168/2007, portanto, em sua redação original, está adequada à sua lei de regência, vez que respeita o regime da liberdade de contratar ("liberdade de escolha") instituído, dos pontos de vista temporal, subjetivo e de limites econômico-financeiros, meramente *detalhando* os procedimentos administrativos referentes a informações a serem prestadas pelos que exercerão tal liberdade de contratar, superiormente assegurada.

A Resolução CNSP n. 224/2010, por sua vez, traz a seguinte redação em seu artigo 1º:

> "Artigo 1º da Resolução CNSP n. 224/2010: O art. 14 da Resolução CNSP n. 168, de 17 de dezembro de 2007, passa a vigorar acrescido do seguinte § 4º: '§ 4º. As responsabilidades assumidas em seguro, resseguro ou retrocessão no País não poderão ser transferidas para empresas ligadas ou pertencentes ao mesmo conglomerado financeiro sediadas no exterior.'"

Deste modo, pretende-se, no diploma hierarquicamente inferior (a resolução), como se vê, uma limitação ao regime de liberdade de contratar previsto no diploma hierarquicamente superior (a lei complementar e a Constituição). Não há como texto normativo inferior alargar tais limitações, determinando hipóteses que erodam a liberdade de contratar concedida por texto superior. A alteração pretendida pelo texto hierarquicamente inferior limita a liberdade de contratar com quem se quer (liberdade subjetiva: *"não poderão ser transferidas para empresas..."*), gerando o efeito de alterar o tempo e os limites econômico-financeiros previstos para a proteção/adaptação dos resseguradores locais, que passam a ter privilégios econômicos que o texto hierarquicamente superior não trouxe.

OS LIMITES AO PODER NORMATIVO DO CONSELHO NACIONAL...

Respeitando a reserva de competência material da lei, a Resolução CNSP n. 168/2007 regulou o momento da oferta, dentro do momento da formação do contrato, nos termos de seu artigo 15:

> "Artigo 15 da Resolução CNSP n. 168/2007 (redação original): A sociedade seguradora deverá assegurar a ressegurador ou resseguradores locais a oferta preferencial de cada cessão de resseguro, no montante mínimo de 60% (sessenta por cento) dos prêmios cedidos, até o dia 16 de janeiro de 2010, e de 40% (quarenta por cento), após o dia 16 de janeiro de 2010.
>
> § 1º Para fins de cumprimento do limite referido no *caput* deste artigo, a sociedade seguradora deve dirigir consulta formal a um ou mais resseguradores locais de sua livre escolha.
>
> § 2º Os resseguradores locais terão o prazo de cinco dias úteis, para o caso dos contratos facultativos, ou de dez dias úteis para os contratos automáticos, para formalizar a aceitação total ou parcial da oferta de que trata o *caput* deste artigo, após o que o silêncio será considerado como recusa.
>
> § 3º A consulta a que se refere o parágrafo deste artigo deve conter os termos, condições e informações necessárias para a análise do risco, garantido o tratamento equânime a todos os resseguradores locais consultados.
>
> § 4º A sociedade seguradora poderá incluir na consulta cotações de resseguradores admitidos ou eventuais, os quais estejam comprometidos a aceitar, isoladamente ou em conjunto, as mesmas condições ofertadas, com a indicação dos respectivos percentuais de aceitação, cuja soma não poderá ser inferior a 60% (sessenta por cento) da cessão de resseguro.
>
> § 5º No caso de recusa, total ou parcial, a sociedade seguradora deverá ofertar o excedente a outros resseguradores locais, de modo a satisfazer o disposto no *caput* deste artigo, quando:
>
> I – o montante mínimo de oferta preferencial referido no *caput* deste artigo tiver sido aceito por resseguradores locais; ou
>
> II – consultados todos os resseguradores locais, esses, em seu conjunto, tenham recusado total ou parcialmente o montante mínimo de oferta preferencial referido no *caput* deste artigo; ou

GILBERTO BERCOVICI

III – houver aceitação, por resseguradores admitidos e/ou eventuais, em condições mais favoráveis de preço, desde que as mesmas condições e preços tenham sido submetidos aos resseguradores locais consultados na forma dos incisos anteriores.

§ 6º As sociedades seguradoras deverão manter arquivados, para cada aceitação ou aceitação, conforme o caso, todos os documentos referentes à comprovação da exigências deste artigo pelo prazo de cinco anos, contado do encerramento do período determinado para a oferta preferencial."

A pretensão da Resolução CNSP n. 225/2010 parece ser a de supressão das posições jurídicas garantidas pelo artigo 11 da Lei Complementar n. 126/2007. O texto da Resolução CNSP n. 225/2010 altera o artigo 15, *caput* da Resolução CNSP n. 168/2007. Veja-se o teor do texto normativo introduzido pela Resolução CNSP n. 225/2010:

"Artigo 15, *caput* da Resolução CNSP n. 168/2007 (redação alterada pela Resolução CNSP n. 225/2010): Art. 15. A sociedade seguradora contratará com resseguradores locais pelo menos quarenta por cento de cada cessão de resseguro em contratos automáticos ou facultativos."

Compare-se este texto da Resolução CNSP n. 225/2010 com o texto do artigo 11 da Lei Complementar n. 126/2007, hierarquicamente superior: *"[...]) a cedente contratará ou ofertará preferencialmente a resseguradores locais [...]."* O momento da formação contratual é aparentemente subtraído dos comportamentos social-típicos de oferta, possibilidade de aceitação, possibilidade de recusa e possibilidade de nova oferta, pois a redação da Resolução CNSP n. 225/2010 afirma categoricamente *"contratará"*, suprimindo as expressões *"contratará ou ofertará preferencialmente"*, que são as utilizadas na Lei Complementar n. 126/2007 que deve ser seu fundamento material e normativo. Portanto, este dispositivo da Resolução CNSP n. 225/2010 é simplesmente inconcebível.

A Resolução não tem qualquer condão de suprimir as posições jurídicas delineadas, transformando os atos de formação contratual nas

OS LIMITES AO PODER NORMATIVO DO CONSELHO NACIONAL...

operações de resseguro e retrocessão em atos compulsórios. O máximo a que se pode chegar é que as posições jurídicas asseguradas em lei hierarquicamente superior à Resolução CNSP n. 225/2010 estão mantidas e as questões até então esclarecidas pela Resolução CNSP n. 168/2007 (como prazos, critérios e requisitos informacionais etc.) passam a ser esclarecidas por outros diplomas, como eventualmente os artigos do Código Civil que regulam as atividades de seguro e, futuramente, após a aprovação do Projeto de Lei n. 8.034/2010, do Deputado Moreira Mendes, que substituiu o Projeto de Lei n. 3.555/2004, apresentado pelo atual Ministro da Justiça, José Eduardo Cardozo, quando Deputado Federal, em representação dos interesses da comunidade de estudiosos reunida em torno do Instituto Brasileiro de Direito do Seguro (IBDS), os artigos da Lei do Contrato de Seguro.

As possibilidades contidas no artigo 12 da Lei Complementar n. 126/2007 especificam possibilidades de limitações às liberdades econômicas de competência do *"órgão regulador de seguros"* (o CNSP), mas nenhuma delas derroga a liberdade de contratar desenhada e garantida no artigo 11, como é óbvio e expresso, além do artigo 170, parágrafo único da Constituição. A dicção *"observadas as disposições desta Lei Complementar"* demonstra, com contundência, que o que a lei previu de maneira expressa não poderá ser objeto de qualquer deliberação por órgão incompetente, vez que o órgão competente é o de representação política do povo, o Congresso Nacional.

São limitadas as competências previstas no artigo 12:

> "Artigo 12 da Lei Complementar n. 126/2007: O órgão regulador de seguros estabelecerá as diretrizes para as operações de resseguro, de retrocessão e de corretagem de resseguro e para a atuação dos escritórios de representação dos resseguradores admitidos, observadas as disposições desta Lei Complementar.
>
> Parágrafo único. O órgão regulador de seguros poderá estabelecer:
>
> I – cláusulas obrigatórias de instrumentos contratuais relativos às operações de resseguro e retrocessão;
>
> II – prazos para formalização contratual;

GILBERTO BERCOVICI

III – restrições quanto à realização de determinadas operações de cessão de risco;

IV – requisitos para limites, acompanhamento e monitoramento de operações intragrupo; e

V – requisitos adicionais aos mencionados nos incisos I a IV deste parágrafo."

São três as possibilidades com conexão de sentido com a Resolução CNSP n. 224/2010: as contidas nos incisos III, IV e V do parágrafo único do artigo 12 da Lei Complementar n. 126/2007, todas incapazes de dotar de competência material ao CNSP. A hipótese do artigo 12, parágrafo único, inciso III estabelece a competência do CNSP para restringir operações específicas, por conta do tipo de risco, e não por conta da condição subjetiva do operador de resseguro, por sua qualificação pessoal, como é o caso da restrição imposta pela Resolução CNSP n. 224/2010.

A hipótese do artigo 12, parágrafo único, inciso IV estabelece a competência do CNSP para estabelecer *requisitos* informacionais para os limites das "operações intragrupo" (*"requisitos para os limites, acompanhamento e monitoramento de operações intragrupo"*) e *não os próprios limites*; se existem requisitos informacionais para os limites, é porque os limites existem e estão fora do alcance dessa regra, *justamente por estarem regulados no artigo 11* da Lei Complementar n. 126/2007. Finalmente, a possibilidade mencionada no artigo 12, parágrafo único, inciso V permite à autoridade administrativa detalhar os requisitos, mas jamais criá-los onde a lei não os criou, por alguma via, ou onde a lei expressamente os determinou, como no caso dos limites fixados no artigo 11 da Lei Complementar n. 126/2007.

A liberdade de contratar ameaçada com essa intensidade de atuação regulamentar do CNSP passa, na verdade, a ser um veto à liberdade de concorrência, pois ocorreria, por conta de um ato administrativo hierarquicamente inferior, a instituição de ambiente econômico que permite infração à ordem econômica consistente em distorção no mercado não desejada pela ordem jurídica.

326

OS LIMITES AO PODER NORMATIVO DO CONSELHO NACIONAL...

O artigo 14 da Lei Complementar n. 126/2007 impõe limites à liberdade de contrato, ao estipular posições jurídicas aos atores do desenho sinalagmático ressecuritário e retrocessionário, consagrando, por força de lei, antigo costume, consensual na melhor doutrina, o do caráter de *res inter alios acta* guardado pelo contrato de resseguro, destinado à garantia dos riscos da atividade empresarial seguradora em relação ao segurado, protegido, por sua vez, pelo contrato de seguro com a seguradora. O texto do artigo 14, ao expressamente posicionar-se pela consideração do contrato de resseguro como ato entre terceiros – em referência à relação segurado/segurador – explicita os desenhos dessa limitação à liberdade de modelagem dos conteúdos contratuais, nos seguintes termos:

> "Artigo 14, *caput*: Os resseguradores e os seus retrocessionários não responderão diretamente perante o segurado, participante, beneficiário ou assistido pelo montante assumido em resseguro e em retrocessão, ficando as cedentes que emitiram o contrato integralmente responsáveis por indenizá-los."

Seu parágrafo único abre a possibilidade de pagamento, pelo ressegurador, na hipótese de insolvência, de decretação de liquidação ou de falência da cedente, quando será permitido o pagamento direto ao segurado, participante, beneficiário ou assistido, porém somente *"da parcela de indenização ou benefício correspondente ao resseguro, desde que o pagamento da respectiva parcela não tenha sido realizado ao segurado pela cedente nem pelo ressegurador à cedente, quando: I – o contrato de resseguro for considerado facultativo na forma definida pelo órgão regulador de seguros; II – nos demais casos, se houver cláusula contratual de pagamento direto".*

Deste modo, tem-se, simultaneamente, respeitada a separação entre os contratos, também conhecida como "autonomia do contrato de resseguro ou autonomia das obrigações securitárias e ressecuritárias".[58]

---

[58] *Vide* PRADOS, Maria Concepción Hill. *El Reaseguro*. Barcelona: José María Bosch Editor, 1995. pp. 66-91 e PIZA, Paulo Luiz de Toledo. *Contrato de Resseguro*: Tipologia, Formação e Direito Internacional. São Paulo: Instituto Brasileiro de Direito do Seguro, 2002. pp. 21-37 e 251-267.

GILBERTO BERCOVICI

Em verdade, a visão de ser o resseguro o "seguro do seguro" e não o "seguro da atividade empresária securitária" é fruto do individualismo metodológico que impede a visão articulada de um Sistema Nacional de Seguros Privados e mesmo a visão sistêmica da função cumprida pelo resseguro no capitalismo contemporâneo, repleto de conexões mundializadas e hierarquizadas. O resseguro funciona como um estabilizador sistêmico, e não individualizado, e o direito econômico que o regula deve atentar para isso, sob pena de não dotar-lhe de racionalidade jurídica apta a prover proteções gerais, mas sim soluções parciais e fragmentárias. O resseguro, seguro da atividade empresária seguradora, ato entre terceiros (cedente e ressegurador), ao ser tão plenamente respeitado sistemicamente, por óbvio, passa também a respeitar sistemicamente o contrato de seguro. Desta feita, fenômenos conhecidos como *"a desnaturação do contrato de resseguro"*, que tendem a juntar o contrato de resseguro ao de seguro (revelados pelas práticas das cada vez mais acentuadas cláusulas de controle de regulação e liquidação de sinistro, ou a prática de seguradoras servirem de mero *fronting* de apresentação dos grandes segurados aos resseguradores, aproximando-as de corretores de seguro), na verdade, são contraditórios com a consagração da separação do *res inter alios acta* e não são albergados expressamente por nosso ordenamento jurídico. Tal é nossa opção legal, plenamente compatível com a noção sistêmica buscada pela implementação do artigo 5º do Decreto Lei n. 73/1966, que especifica, para o setor de seguros, parte dos comandos constitucionais consagradores do desenvolvimento nacional.

A Resolução CNSP n. 168/2007 prevê na redação original de seu artigo 39 que *"poderá ser prevista a participação do ressegurador na regulação de sinistros, sem prejuízo da responsabilidade da seguradora perante o segurado"*. Aqui, em primeiro lugar, deve ser ressaltado a parcimônia do CNSP, ao reconhecer o óbvio: *"sem prejuízo da responsabilidade da seguradora perante o segurado"*. Onde a lei hierarquicamente superior assumiu a posição jurídica do "ato entre terceiros", por certo que qualquer obrigação contraída entre cedente e ressegurador não gera efeitos jurídicos perante o segurado, como se afirmou, justamente para a proteção da própria função sistêmica do ressegurador. A mesma parcimônia verbal aparece na primeira parte do texto normativo da Resolução CNSP n. 168/2007,

OS LIMITES AO PODER NORMATIVO DO CONSELHO NACIONAL...

que, respeitando os limites já traçados para a liberdade de contrato, apenas reconhece que *"poderá ser prevista a participação do ressegurador na regulação de sinistros"*. O modal *"poderá"*, diferente dos modais deônticos *"deverá"* (imposição da conduta) ou *"não poderá/não deverá"* (proibição da conduta) indica mera possibilidade de existência da conduta, abrindo espaço para a liberdade contratual, obviamente onde tal liberdade não confronte com as limitações contidas na fórmula *"ato entre terceiros"*. Tal observação é pertinente principalmente tendo em vista o fenômeno do poder econômico, poder de fato que desnatura fórmulas jurídicas e que, face à compreensão de sua natureza com racionalidade dominadora, já tem, ao longo do século XX, sido objeto de uma série de controles jurídicos, dentro do direito societário, concorrencial, do consumidor, entre outros. Assim, qualquer tentativa de o poder econômico ressecuritário impor, através da cândida fórmula deôntica *"poderá"* a fórmula deôntica *"deverá"*, certamente estar-se-á perante alargamento indevido de limitações trazidas pelo comando legal contido no artigo 14 da Lei Complementar n. 126/2007.

Neste sentido, a Resolução CNSP n. 225/2010 padece de um vício mais preocupante: ela parece ter sido redigida em completo esquecimento do disposto no artigo 14 da Lei Complementar n. 126/2007. Sua lógica discursiva parece tomar como premissa o esquecimento da fórmula *"ato entre terceiros"*, ao afirmar, alterando a redação do artigo 39 da Resolução CNSP n. 168/2007 com o acréscimo de um parágrafo único, que *"os contratos de resseguro, automáticos ou facultativos, poderão prever cláusula de controle de sinistro a favor do ressegurador local, quando este detiver maior cota de participação proporcional no risco"*.

Nesta nova redação, a especificação da hipótese negocial (*"a favor do ressegurador local, quando este detiver maior cota de participação proporcional no risco"*), indica proteção de relações tão particulares que quase retira o caráter necessariamente geral da regulação jurídica. O modal deôntico *"poderão"*, do ponto de vista formal, por certo é uma garantia de que nenhuma obrigação advém para quem se encontra na hipótese de subsunção. Entretanto, como afirmado, realizar a análise jurídica correta é obrigatoriamente levar em conta os fenômenos do poder socialmente a ela vinculados, de modo a afastar abstratismos que não permitem a correta

329

GILBERTO BERCOVICI

regulação da realidade econômica. Deve ser afirmado que o particularismo da descrição da situação negocial possibilita apontar que o poder econômico ressecuritário está transformando, na prática diária, o vetor dos modais, transformando o *"poderá"* em *"deverá"*, sob pena de exclusão do acesso aos contratos.

A previsão de cláusula de controle de sinistro jamais poderá ir contra a consideração do contrato de resseguro como *"ato entre terceiros"*, e sua imposição material, ainda que formalmente mantenha-se a aparência de acordo pactuado, não é tolerada pelo direito econômico. A mera menção a tal possibilidade nas Resoluções CNSP n. 168/2007 e n. 225/2010 já é um forte indício de que o poder econômico ressecuritário atua para desnaturar a forma jurídica, praticando alterações de sentidos nos modais deônticos, o que, na realidade da vida econômica, significa imposição de posições contratuais. Para a defesa contra este tipo de conduta, existem diversos mecanismos jurídicos previstos. Além do explicitado no artigo 14 da Lei Complementar n. 126/2007, também devem ser mencionadas proteções contra abuso de posição dominante, contidas na Lei de Defesa da Concorrência.

A participação não pode ser entendida como controle. O que parece estar ocorrendo com as Resoluções CNSP n. 224 e n. 225, de 2010, é o retorno de vícios presentes no sistema anterior, quando o IRB era monopolista e, por lei, regulador. Sobre a probabilidade desta situação, *vide* as considerações, escritas antes do fim do monopólio estatal do resseguro por Ernesto Tzirulnik e Alessandro Octaviani:

> "No Brasil, a resposta a estas condições estruturais determinadas pela localização periférica foi a criação, no âmbito da política nacional-desenvolvimentista do Governo Getúlio Vargas, de um instituto apto a tratar da questão de resseguros, que viria a servir, durante certo tempo, como sustentação da solvabilidade do sistema e articulador da técnica securitária. [...] Este modelo, ligado a uma intervenção direta e ativa, foi recepcionado pelo direito brasileiro de modo ainda insuficientemente estudado pela doutrina, quer securitária, quer administrativista. De qualquer modo, as consequencias técnicas e jurídicas para a prática dos seguros – e

OS LIMITES AO PODER NORMATIVO DO CONSELHO NACIONAL...

consequentemente para a regulação dos sinistros – foram e ainda são impreterivelmente significativas. No caso da regulação de sinistros a concepção intervencionista tem uma incidência prática de alcances cristalinos. Como já demonstrado, a regulação é prestação de serviços que integra a dívida da seguradora, visando à rápida e precisa apuração do conteúdo da prestação indenizatória que possa representar o cumprimento exato. Os contratos de resseguro em geral – que não obrigam o segurado, nem desobrigam o segurador – implicam o direito de inspeção do segurador, assim como costumam prever a assistência ou cooperação do ressegurador para com o segurador. No caso brasileiro, em que o resseguro é ainda objeto de monopólio a cargo do IRB Brasil Resseguros S.A., antes denominado Instituto de Resseguros do Brasil, o regime de regulação de sinistro é caracterizado por enérgico *claims control*. O Decreto-lei n. 73/66, inc. I, alínea g, do art. 44, estabelece ser da competencia do IRB 'proceder à liquidação de sinistros, de conformidade com os critérios traçados pelas normas de cada ramo de seguro'".[59]

A Lei Complementar n. 126/2007 revogou o artigo 44, I, 'g' do Decreto-Lei n. 73/1966, com a justificativa de que, a partir da abertura do setor de resseguros, o IRB não poderia mais ter a competência de liquidar (regular) sinistros. Nem o IRB nem ressegurador algum, pois esta competência só se justificava no âmbito da intervenção direta e total do Estado. Não há como fundamentar a desnaturação da dívida das seguradoras atribuindo a terceiros/estranhos, os resseguradores, quaisquer deles, o poder de controle sobre a regulação dos sinistros de interesse dos segurados. A boa intervenção reguladora deveria repudiar o controle por resseguradores da regulação do sinistro, prevendo a máxima independência das companhias seguradoras, sem prejuízo do direito de

---

[59] TZIRULNIK, Ernesto; OCTAVIANI, Alessandro. *Regulação de Sinistro:* Ensaio Jurídico. 3ª ed. São Paulo: Max Limonad, 2001. pp. 149-150. *Vide*, ainda, AGUIRRE, Felipe F. "Regulação de Sinistro no Projeto de Lei n. 3.555/04". *Revista Brasileira de Direito do Seguro e da Responsabilidade Civil*, São Paulo, Vol. 1, n. 2, pp. 43-47, dezembro de 2009 e CAVALCANTI, Flávio de Queiroz Bezerra. "Regulação de Sinistro no Projeto de Lei n. 3.555/04", *Revista Brasileira de Direito do Seguro e da Responsabilidade Civil*, São Paulo, Vol. 1, n. 2, pp. 50-57, dezembro de 2009.

cooperação em favor dos resseguradores. Esta é a solução adotada, por exemplo, nos artigos 79 a 84 do Projeto de Lei n. 8.034/2010 (que retoma o Projeto de Lei n. 3.555/2004), atualmente em discussão no Congresso Nacional, visando dotar o país de uma adequada Lei do Contrato de Seguro.[60]

---

[60] Projeto de Lei n. 8.034/2010: "Artigo 2º Consideram-se integrantes da atividade contratual seguradora, além dos contratos de seguro, também os contratos necessários à sua plena viabilidade, como o resseguro e a retrocessão.

Artigo 3º São consideradas instrumentais à atividade contratual seguradora a corretagem, *a regulação e liquidação de sinistros*, entre outras, submetidas no que couber às determinações da presente lei.

Artigo 79. A reclamação de pagamento por sinistro feita pelo segurado, beneficiário ou terceiro prejudicado determinará a prestação dos serviços de regulação e liquidação que têm por objetivo identificar as causas e os efeitos do fato avisado pelo interessado, e quantificar em dinheiro os valores devidos pela seguradora, salvo quando convencionada reposição em espécie.

Artigo 80. Cabe exclusivamente à seguradora a regulação e a liquidação do sinistro.

Artigo 81. O segurado e o beneficiário poderão participar dos procedimentos de regulação e liquidação.

Artigo 82. A regulação e a liquidação do sinistro devem ser realizadas, sempre que possível, com simultaneidade. Parágrafo único. Apurada a existência de sinistro e de quantias parciais devidas ao segurado ou beneficiário, a seguradora deve adequar suas provisões e efetuar, em no máximo trinta (30) dias, adiantamentos por conta do pagamento final ao segurado ou beneficiário.

Artigo 83. O regulador e o liquidante do sinistro devem prontamente informar à seguradora as quantias apuradas a fim de que possam ser efetuados os pagamentos devidos ao segurado ou beneficiário. Parágrafo único. O descumprimento dessa obrigação acarreta a responsabilidade solidária do regulador e do liquidante pelos danos decorrentes da demora.

Artigo 84. O regulador e o liquidante de sinistro atuam à conta da seguradora. Parágrafo único. É vedada a fixação da remuneração do regulador, do liquidante, dos peritos, inspetores e demais auxiliares, com base na economia proporcionada à seguradora.

Artigo 85. Cumpre ao regulador e ao liquidante de sinistro: I – exercerem suas atividades com probidade e celeridade; II – informarem aos interessados todo o conteúdo de suas apurações; III – empregarem peritos especializados, sempre que necessário.

Artigo 86. Em caso de dúvida sobre critérios e fórmulas destinados à apuração do valor da dívida da seguradora, serão adotados aqueles que forem mais favoráveis ao segurado ou ao beneficiário, vedado o enriquecimento sem causa.

Artigo 87. O relatório de regulação e liquidação do sinistro, assim como todos os elementos que tenham sido utilizados para sua elaboração, são documentos comuns às partes.

OS LIMITES AO PODER NORMATIVO DO CONSELHO NACIONAL...

Além disto, a preservação do mercado interno (artigo 219 da Constituição) não é justificativa para a edição das Resoluções CNSP n. 224/2010 e n. 225/2010. Simplesmente deixar a regulação de sinistros com resseguradores locais não significa preservar o centro decisório, no que diz respeito à liquidação de sinistros no país, pois as decisões destes resseguradores locais continuarão sujeitas à dos resseguradores estrangeiros, com os quais eles são obrigados a retroceder e pulverizar os riscos,

---

Artigo 88. É vedado ao segurado e ao beneficiário promoverem modificações no local do sinistro, destruir ou alterar elementos a este relacionados. § 1º O descumprimento culposo implica obrigação de suportar as despesas acrescidas para a apuração e liquidação do sinistro. § 2º O descumprimento doloso exonera a seguradora.

Artigo 89. Negada a garantia, no todo ou em parte, a seguradora deverá entregar ao segurado, ou ao beneficiário, todos os documentos produzidos ou obtidos durante a regulação e liquidação do sinistro.

Artigo 90. Correm à conta da seguradora todas as despesas com a regulação e liquidação do sinistro, salvo as realizadas para a apresentação dos documentos predeterminados para aviso da ocorrência, prova da identificação e legitimidade do segurado ou beneficiários, e outros documentos ordinariamente em poder destes.

Artigo 91. A execução dos procedimentos de regulação e liquidação de sinistro não importa reconhecimento de qualquer obrigação de pagamento do valor do seguro por parte da seguradora.

Artigo 92. A seguradora terá o prazo máximo de noventa (90) dias, contados da apresentação da reclamação pelo interessado, para executar os procedimentos de regulação e liquidação de sinistro.

§ 1º O prazo será suspenso até que o interessado apresente as informações, documentos e demais elementos de que disponha necessários para a execução da regulação e liquidação, desde que expressamente solicitados pela seguradora. § 2º Quando a regulação e a liquidação dependerem de fato superveniente, o prazo somente terá início após a ciência pela seguradora de sua ocorrência. § 3º O prazo a que se refere o *caput* será de no máximo 30 (trinta) dias para a regulação e liquidação dos seguros obrigatórios, seguros relacionados a veículos automotores, seguros sobre a vida e a integridade física, e para todos os demais seguros cujos valores não excedam a quinhentas vezes o do maior salário mínimo vigente.

Artigo 93. Os pagamentos devidos pela seguradora devem ser efetuados em dinheiro, salvo previsão de reposição em espécie. § 1º O pagamento em dinheiro deve ser efetuado até o décimo dia após a apuração da dívida. § 2º O prazo para a reposição deverá ser expressamente pactuado em contrato.

Artigo 94. A mora da seguradora fará incidir multa de cinco por cento (5%) sobre o montante devido, corrigido monetariamente, sem prejuízo dos juros legais e da indenização pelos danos decorrentes da mora".

333

até por falta de capacidade própria. A atuação do Estado deveria se dirigir em outro sentido, no da garantia de condições plenas para que as seguradoras locais possam decidir sobre o sinistro.

As Resoluções CNSP n. 224/2010 e n. 225/2010 trazem um novo problema ao proibirem a transferência das responsabilidades em seguro, resseguro ou retrocessão no país para empresas ligadas ou pertencentes ao mesmo conglomerado financeiro sediadas no exterior e ao obrigarem as seguradoras a contratar com resseguradores locais pelo menos 40% de cada cessão de resseguro em contratos automáticos ou facultativos. Afinal, antes da vigência da Lei Complementar n. 126/2007, o IRB era obrigado a realizar as operações de resseguro (artigos 44, I, 'b' e 58 do Decreto-Lei n. 73/1966), com a ressalva disposta no artigo 44, I, letras 'd' e 'h' do mesmo Decreto-Lei: a conveniência dos interesses nacionais.[61] Neste caso, o IRB poderia se recusar a contratar a operação de resseguro, que deveria ser realizada no exterior. No entanto, mesmo assim, o IRB detinha o monopólio da intermediação de contratação de seguro no exterior (artigo 81 do Decreto-Lei n. 73/1966), ou seja, o IRB continuava a exercer um papel central em todo o processo. Atualmente, há possibilidade de recusa por parte do ressegurador local. Em um mercado reservado, como o criado, de forma absolutamente ilegal, pelas Resoluções CNSP n. 224/2010 e n. 225/2010, as companhias seguradoras, em tese, podem escolher o seu ressegurador, embora a capacidade dos resseguradores locais seja limitada e eles tenham o direito de recusar a contratar a operação. Já o IRB, por sua vez, continua tendo o

---

[61] "Artigo 44, I do Decreto-Lei n. 73/1966 (redação original, hoje revogado pela Lei Complementar n. 126/2007): Compete ao IRB: I – Na qualidade de órgão regulador de cosseguro, resseguro e retrocessão: (...) b) aceitar o resseguro obrigatório e facultativo, do País ou do exterior; d) promover a colocação, no exterior, de seguro, cuja aceitação não convenha aos interêsses do País ou que nêle não encontre cobertura; h) distribuir pelas Sociedades a parte dos resseguros que não retiver e colocar no exterior as responsabilidades excedentes da capacidade do mercado segurador interno, ou aquelas cuja cobertura fora do País convenha aos interêsses nacionais".

"Artigo 58 do Decreto-Lei n. 73/1966 (redação original, hoje revogado pela Lei Complementar n. 126/2007): A aceitação de resseguro pelo IRB é obrigatória, em princípio, sendo considerado ressegurador e ficando as Sociedades Seguradoras, nesse caso, como retrocessionárias".

"dever-poder" de contratar o resseguro no país, pois é uma sociedade de economia mista, com funções e finalidades determinadas por lei e, dentre estas funções, exerce a de ressegurador de última instância no país.[62]

Ainda em relação ao controle do mercado ressegurador, se o objetivo das Resoluções CNSP n. 224/2010 e n. 225/2010 foi, de algum modo, recriar ou facilitar o monopólio do IRB sobre o resseguro no Brasil, o instrumento utilizado foi absolutamente inadequado. Como afirmei já anteriormente, o monopólio legal do IRB só foi encerrado em 25 de março de 2008, com a edição da Portaria SUSEP n. 2.886, que cadastrou o primeiro ressegurador eventual no Brasil. Desde esta data, o IRB não exerce mais, de direito, as funções de monopolista do resseguro no Brasil, embora tenha exercido, de fato, as funções de monopolista do resseguro até o início das atividades de seus concorrentes.

O texto da Constituição de 1988 não estabelece nenhuma proibição à instituição de um novo monopólio estatal, bem como nenhuma exigência de que este monopólio estatal deva ser criado pela via da reforma constitucional. A criação ou não de monopólios estatais passou a ser, com a Constituição de 1988, uma opção política do legislador, limitada pelos parâmetros instituídos no próprio texto constitucional, especialmente os do artigo 173, ou seja, a necessidade dos motivos de segurança nacional ou relevante interesse coletivo. No entanto, como está explícito no texto do artigo 173, esta criação eventual de um novo monopólio estatal deve ser feita por lei, em sentido formal.[63] Se existe

---

[62] Sobre o dever-poder do IRB, como sociedade de economia mista federal, em contratar as operações de resseguro no país, *Vide* BERCOVICI, Gilberto. "IRB – Brasil Resseguros S.A. Sociedade de Economia Mista. Monopólio de Fato, Dever de Contratar e Proteção à Ordem Pública Econômica". *Revista de Direito do Estado*, Rio de Janeiro, n. 12, pp. 355-367, outubro/dezembro de 2008.

OBSERVAÇÃO: O IRB foi privatizado em outubro de 2013, não possuindo mais, obviamente, a natureza jurídica de sociedade de economia mista.

[63] GRAU, Eros Roberto. *A Ordem Econômica na Constituição de 1988*: Interpretação e Crítica. 12ª ed. São Paulo: Malheiros, 2007. pp. 283-285; SOUZA Neto, Cláudio Pereira de; MENDONÇA, José Vicente Santos de. "Fundamentalização e Fundamentalismo na Interpretação do Princípio Constitucional da Livre Iniciativa". *In:* SOUZA Neto Cláudio

GILBERTO BERCOVICI

a pretensão recriar a situação de monopólio estatal no setor de resseguros, mais uma vez, não é um ato normativo expedido por órgão da Administração Pública, como o CNSP, a via constitucionalmente adequada.

A boa-fé é elemento constitutivo da formação do contrato de resseguro (*uberrima fides*), que exige a confiança e a correção de comportamento entre as partes, além de um dever constante durante toda a relação ressecuritária.[64] Além de dever entre as partes envolvidas na relação ressecuritária, devo ressaltar, também, a necessidade de observância do princípio da boa-fé da Administração Pública. O princípio da boa-fé, em seu conteúdo essencial, é decorrência do princípio da moralidade e do regime republicano, pois versa sobre a confiança do cidadão no Estado Democrático de Direito, em qualquer de suas manifestações, seja no administrador, seja no legislador ou no julgador.[65]

A concepção da boa-fé da Administração Pública, por sua vez, está estreitamente vinculada à segurança jurídica em matéria econômica,

---

Pereira de; SARMENTO, Daniel (coords.). *A Constitucionalização do Direito:* Fundamentos Teóricos e Aplicações Específicas. Rio de Janeiro: Lumen Juris, 2007. pp. 725-727 e 741 e BERCOVICI, Gilberto. *Direito Econômico do Petróleo e dos Recursos Minerais.* São Paulo: Quartier Latin, 2011. pp. 278-285. *Vide* também LAUBADÈRE, André de. *Droit Public Économique.* Paris: Dalloz, 1974. pp. 251-257.

[64] GERATHEWOHL, Klaus. *Reinsurance:* Principles and Practice. Karlsruhe: Verlag Versicherungswirtschaft, 1980. Vol. 1, pp. 413-414; PRADOS, Maria Concepción Hill. *El Reaseguro.* Barcelona: José María Bosch Editor, 1995. pp. 51-54 e PIZA, Paulo Luiz de Toledo. *Contrato de Resseguro:* Tipologia, Formação e Direito Internacional. São Paulo: Instituto Brasileiro de Direito do Seguro, 2002. pp. 319-323. Este dever de máxima boa-fé também está previsto no artigo 765 do Código Civil de 2002: "O segurado e o segurador são obrigados a guardar na conclusão e na execução do contrato, a mais estrita boa-fé e veracidade, tanto a respeito do objeto como das circunstâncias e declarações a ele concernentes".

[65] Sobre o princípio da boa-fé como confiança do cidadão no Estado, *Vide* FLEINER Fritz. *Les Principes Généraux du Droit Administratif Allemand.* Paris: Librairie Delagrave, 1933. pp. 126-132; FORSTHOFF, Ernst. *Lehrbuch des Verwaltungsrechts.* 9ª ed. München: Verlag C. H. Beck, 1966. Vol. 1, pp. 252-255; BANDEIRA DE MELLO, Celso Antônio. *Curso de Direito Administrativo.* 20ª ed. São Paulo: Malheiros, 2006. pp. 107-108 e FREITAS, Juarez. "Repensando a Natureza da Relação Jurídico-Administrativa e os Limites Principiológicos à Anulação dos Atos Administrativos" *In: Estudos de Direito Administrativo,* São Paulo, pp. 9-30, 1995: Malheiros.

OS LIMITES AO PODER NORMATIVO DO CONSELHO NACIONAL...

fundada no princípio da confiança legítima. A partir do pressuposto de que se pode e se deve confiar no Estado (boa-fé da Administração Pública), os particulares se organizam e investem a partir de determinadas regras estabelecidas, confiando na estabilidade daquelas regras por um determinado período de tempo, ou seja, buscam a garantia da continuidade do sistema constitucional econômico. A modificação repentina destas regras abala a confiança dos particulares na Administração Pública. Obviamente, não se questiona o direito e o dever da Administração Pública alterar as regras quando for necessário para a preservação do interesse público, mas a forma abrupta como isto foi realizado e a falta absoluta de qualquer justificativa razoável em que se demonstrasse a preservação do interesse público como objetivo ou motivação[66], como foi o caso da edição das Resoluções CNSP n. 224/2010 e n. 225/2010.

5. AS RESOLUÇÕES N. 224 E N. 225 DO CNSP E O REGIME JURÍDICO DO CAPITAL ESTRANGEIRO

O contrato de resseguro é um contrato que tem forte influência internacional, em virtude das exigências de atomização e distribuição dos riscos, o que exige operações em vários Estados. A atuação em nível nacional, na maioria das vezes, é insuficiente para satisfazer as exigências de garantias de uma sociedade industrial. A capacidade dos resseguradores que operam internacionalmente, deste modo, é fundamental para assegurar os mercados seguradores nacionais.[67]

---

[66] *Vide* DELVOLVÉ, Pierre. *Droit Public de l'Économie*. Paris: Dalloz, 1998. pp. 201-211; CHÉROT, Jean-Yves. *Droit Public Économique*. 2ª ed. Paris: Economica, 2007. pp. 86-90; MEYER, Holger Martin. *Vorrang der privaten Wirtschafts- und Sozialgestaltung Rechtsprinzip:* Eine Systematisch-axiologische Analyse der Wirtschaftsverfassung des Grundgesetzes. Berlin: Duncker & Humblot, 2006. pp. 315-322 e VALIM, Rafael. *O Princípio da Segurança Jurídica no Direito Administrativo Brasileiro*. São Paulo: Malheiros, 2010. pp. 111-131.

[67] GERATHEWOHL, Klaus. *Reinsurance:* Principles and Practice. Karlsruhe: Verlag Versicherungswirtschaft, 1980. Vol. 1, pp. 555-560 e PIZA, Paulo Luiz de Toledo. *Contrato de Resseguro:* Tipologia, Formação e Direito Internacional. São Paulo: Instituto Brasileiro de Direito do Seguro, 2002. pp. 303-308 e 353-361.

GILBERTO BERCOVICI

O papel do capital estrangeiro, portanto, não pode ser menosprezado nesta atividade. Justamente uma das inovações trazidas pela Resolução CNSP n. 224/2010 é a restrição da atuação de resseguradores pertencentes a grupos sediados no exterior, sem qualquer fundamento constitucional ou legal. A restrição é introduzida com o acréscimo do § 4º ao artigo 14 da Resolução CNSP n. 168/2007:

> "Artigo 14, § 4º da Resolução CNSP n. 168/2007, acrescido pela Resolução CNSP n. 224/2010: § 4º As responsabilidades assumidas em seguro, resseguro ou retrocessão no País não poderão ser transferidas para empresas ligadas ou pertencentes ao mesmo conglomerado financeiro sediadas no exterior".

A discussão e regulação sobre o capital estrangeiro no Brasil tem por fundamento toda a disputa em torno da remessa de lucros para o exterior por parte das empresas estrangeiras ou suas filiais atuantes no país. O poder econômico (e consequentemente político) exercido pelas empresas de capital estrangeiro no Brasil, sua influência na formação da opinião pública e sua capacidade de pressionar o Poder Público em várias questões de política econômica sempre gerou discussões sobre como limitar e fiscalizar este poder, cuja fonte é externa ao país. No entanto, qualquer restrição à atuação do capital estrangeiro no Brasil, para ser válida e legítima, além de estar de acordo com o texto constitucional, só pode ser feita por lei em sentido formal, conforme explicita o artigo 172 da Constituição:

> "Artigo 172. A lei disciplinará, com base no interesse nacional, os investimentos de capital estrangeiro, incentivará os reinvestimentos e regulará a remessa de lucros".

O artigo 171 da Constituição de 1988[68] estabelecia uma distinção constitucional entre empresa brasileira e empresa brasileira de capital

---

[68] "Art. 171 da Constituição de 1988 (redação original): São consideradas: I – empresa brasileira a constituída sob as leis brasileiras e que tenha sua sede e administração no País; II – empresa brasileira de capital nacional aquela cujo controle efetivo esteja em

nacional. Com sua revogação pela Emenda Constitucional n. 6, de 15 de agosto de 1995, isto não significa a impossibilidade de adoção de critérios em favorecimento do capital nacional na legislação infraconstitucional, como concessão de incentivos fiscais ou tributários às empresas brasileiras de capital nacional, assim como a preferência de aquisição de bens e serviços destas empresas por parte do Estado, como determina o artigo 3º, § 2º da Lei n. 8.666, de 21 de junho de 1993[69], que dispõe a respeito das normas gerais sobre licitações e contratos da Administração Pública. Embora não conste mais do texto constitucional a distinção entre empresa brasileira e empresa brasileira de capital nacional, não há nada que impeça a legislação ordinária de estabelecer esta distinção. A revogação do artigo 171 significa apenas que não há mais o dever constitucional de se diferenciar as empresas brasileiras das empresas brasileiras de capital nacional. A preferência às empresas brasileiras de capital nacional era obrigatória pelo disposto no artigo 171 da Constituição. Esta preferência simplesmente deixou de ter obrigatoriedade constitucional, sendo mantida ou incorporada de acordo com a vontade política do legislador ordinário de estabelecer distinções entre determinadas situações e conceder tratamentos jurídicos distintos. As distinções

---

caráter permanente sob a titularidade direta ou indireta de pessoas físicas domiciliadas e residentes no País ou de entidades de direito público interno, entendendo-se por controle efetivo da empresa a titularidade da maioria de seu capital votante e o exercício, de fato e de direito, do poder decisório para gerir suas atividades. § 1º A lei poderá, em relação à empresa brasileira de capital nacional: I – conceder proteção e benefícios especiais temporários para desenvolver atividades consideradas estratégicas para a defesa nacional ou imprescindíveis ao desenvolvimento do País; II – estabelecer, sempre que considerar um setor imprescindível ao desenvolvimento tecnológico nacional, entre outras condições e requisitos: a) a exigência de que o controle referido no inciso II do *caput* se estenda às atividades tecnológicas da empresa, assim entendido o exercício, de fato e de direito, do poder decisório para desenvolver ou absorver tecnologia; b) percentuais de participação, no capital, de pessoas físicas domiciliadas e residentes no País ou entidades de direito público interno. § 2º Na aquisição de bens e serviços, o poder público dará tratamento preferencial, nos termos da lei, à empresa brasileira de capital nacional".

[69] "Art. 3º, § 2º da Lei n. 8.666/1993: Em igualdade de condições, como critério de desempate, será assegurada preferência, sucessivamente, aos bens e serviços: I – produzidos ou prestados por empresas brasileiras de capital nacional; II – produzidos no País; III – produzidos ou prestados por empresas brasileiras; IV – produzidos ou prestados por empresas que invistam em pesquisa e no desenvolvimento de tecnologia no País".

apenas não podem contrariar a Constituição. A revogação do artigo 171 não implicou em uma proibição de que a lei ordinária tratasse da matéria no mesmo sentido. Como afirma Celso Antônio Bandeira de Mello, o fim da proteção constitucional não significa que não possa existir uma proteção legal, desde que esta não contrarie a Constituição.[70]

No entanto, a proteção ou distinção entre o capital nacional e o capital estrangeiro, como determina o próprio artigo 172 da Constituição, só pode ser feita por lei em sentido formal.[71] De acordo com Dominique Carreau e Patrick Juillard, em relação aos investimentos estrangeiros, as legislações dos Estados podem ser: a) de incentivo, ou seja, a lei rompe com a igualdade entre o capital nacional e o capital estrangeiro em benefício do investidor internacional e em prejuízo do nacional; b) de dissuasão, isto é, a lei rompe com a igualdade entre o capital nacional e o capital estrangeiro em favor do investidor nacional e em prejuízo do estrangeiro; c) de controle, ou seja, há uma legislação que respeita a igualdade entre o capital nacional e o capital estrangeiro,

---

[70] GRAU, Eros Roberto. *A Ordem Econômica na Constituição de 1988*: Interpretação e Crítica. 12ª ed. São Paulo: Malheiros, 2007. pp. 263 e 268-276; GRAU, Eros Roberto. "Conceito de Empresa Brasileira de Capital Nacional e Incentivos Fiscais – Revogação do Art. 171 da Constituição – Interpretação da Constituição". *Revista Trimestral de Direito Público* n. 13, São Paulo: Malheiros, 1996. pp. 88-94; BANDEIRA DE MELLO, Celso Antônio. "Preferências em Licitação para Bens e Serviços Fabricados no Brasil e para Empresas Brasileiras de Capital Nacional". *Fórum de Contratação e Gestão Pública*, Belo Horizonte, n. 13, pp. 1539-1543, janeiro de 2003; COSTA, José Augusto Fontoura. *Direito Internacional do Investimento Estrangeiro*. Curitiba: Juruá, 2010. p. 53 e BERCOVICI, Gilberto. *Direito Econômico do Petróleo e dos Recursos Minerais*. São Paulo: Quartier Latin, 2011. pp. 248-249.

[71] O sistema francês, por exemplo, é totalmente distinto do nosso. A Lei n. 66–1008, de 22 de dezembro de 1966, a lei sobre investimentos estrangeiros na França, embora preveja a liberdade de relações financeiras entre a França e o estrangeiro, também concede em seu artigo 3º uma habilitação ao Poder Executivo para que o Governo, desde que o interesse nacional assim o exija, tome, por meio de decretos deliberados pelo Conselho de Ministros, todas as medidas necessárias para regulamentar as relações financeiras entre a França e o estrangeiro. Em suma, o Poder Executivo decide, por decreto, sobre tudo o que se refere à autorização ou controle que seja considerado oportuno sobre as operações de investimentos estrangeiros na França. *Vide* CARREAU, Dominique; JUILLARD, Patrick, *Droit International Économique*. 2ª ed. Paris: Dalloz, 2005, pp. 397-398 e 431.

OS LIMITES AO PODER NORMATIVO DO CONSELHO NACIONAL...

buscando um tratamento equilibrado e com determinados controles previstos em lei.[72]

A legislação brasileira atual é uma legislação que pode ser classificada como de controle. A Lei n. 4.131, de 3 de setembro de 1962, ainda em vigor, garante em seu artigo 2º[73] que o capital estrangeiro investido no Brasil terá tratamento jurídico idêntico ao do capital nacional, em igualdade de condições, vedadas quaisquer outras discriminações, salvo as previstas em lei. As palavras de um dos principais especialistas do tema, Herculano Borges da Fonseca, são perfeitamente adequadas ao caso aqui analisado:

> "Quis o legislador, na lei sôbre capitais estrangeiros, que êstes gozassem de tôdas as garantias e que não sofressem outras discriminações senão as previstas na Lei n. 4.131. Essa qualificação é muito útil e evita que, em virtude de Decretos, Instruções ou Portarias, se pretenda acrescentar restrições outras, que possam perturbar os investimentos estrangeiros e criar um clima menos favorável para aquêles que confiem no País e para êle tragam seus bens e capitais".[74]

Os poderes normativos atribuídos por lei ao CNSP (artigo 32 do Decreto-Lei n. 73/1966 e artigo 12 da Lei Complementar n. 126/2007) não conferem ao órgão o poder de tratar diferenciadamente o capital estrangeiro em relação ao capital nacional no setor de resseguros. Não bastasse isto, a edição da Resolução CNSP n. 224/2010 violou o princípio da reciprocidade. A reciprocidade é um dos princípios das operações de resseguro, servindo para reduzir custos, taxas, aumentar a difusão dos riscos e, inclusive, podendo reduzir o volume de pagamentos

---

[72] CARREAU, Dominique; JUILLARD, Patrick. *Droit International Économique*, 2ª ed. Paris: Dalloz, 2005, pp. 461-465.

[73] "Art. 2º da Lei n. 4.131/1962: Ao capital estrangeiro que se investir no País, será dispensado tratamento jurídico idêntico ao concedido ao capital nacional em igualdade de condições, sendo vedadas quaisquer discriminações não previstas na presente lei".

[74] FONSECA, Herculano Borges da. *Regime Jurídico do Capital Estrangeiro:* Comentários à Lei n. 4.131, de 3 de Setembro de 1962, e Regulamentos em Vigor. Rio de Janeiro: Ed. Letras e Artes, 1963. p. 67, grifos meus.

341

GILBERTO BERCOVICI

em moeda estrangeira, melhorando a balança de pagamentos.[75] Na legislação do Sistema Nacional de Seguros Privados, o princípio da reciprocidade está previsto expressamente nos artigos 5º, III e 32, X do Decreto-Lei n. 73/1966, violados pela Resolução CNSP n. 224/2010:

> "Artigo 5º, III do Decreto-Lei n. 73/1966: A política de seguros privados objetivará:
>
> III – Firmar o princípio da reciprocidade em operações de seguro, condicionando a autorização para o funcionamento de emprêsas e firmas estrangeiras a igualdade de condições no país de origem".
>
> "Artigo 32, X do Decreto-Lei n. 73/1966: É criado o Conselho Nacional de Seguros Privados – CNSP, ao qual compete privativamente:
>
> X – Aplicar às Sociedades Seguradoras estrangeiras autorizadas a funcionar no País as mesmas vedações ou restrições equivalentes às que vigorarem nos países da matriz, em relação às Sociedades Seguradoras brasileiras ali instaladas ou que nêles desejem estabelecer-se".

Salvo as recentes medidas tomadas pela Argentina no sentido de restringir a participação do capital estrangeiro no setor de resseguros[76], que podem ter sido imitação ou "reciprocidade" às decisões da Resolução CNSP n. 224/2010, não há motivo algum no atual cenário internacional para que se tome uma medida restritiva da atuação do capital estrangeiro como esta. Ainda que houvesse, o meio foi constitucionalmente inadequado, pois o capital estrangeiro só pode ser disciplinado por lei, não por resolução ou qualquer outra norma emitida sem fundamento legal por órgão do Poder Executivo. O resultado deste tipo de medida pode ser o descrito por Klaus Gerathewohl:

---

[75] Para uma exaustiva descrição das vantagens e desvantagens da reciprocidade no resseguro, *Vide* GERATHEWOHL, Klaus. *Reinsurance:* Principles and Practice. Karlsruhe: Verlag Versicherungswirtschaft, 1980. Vol. 1, pp. 341-364.

[76] A SSN (*Superintendencia de Seguros de la Nación*) argentina editou a Resolução n. 35.615, de 21 de fevereiro de 2011, que restringe, a partir de 1º de setembro de 2011, a atuação dos resseguradores estrangeiros naquele país.

OS LIMITES AO PODER NORMATIVO DO CONSELHO NACIONAL...

"Any discrimination between reinsurers would indeed cause severe impairments in the market, since the reinsurer has to consider investment income on his underwriting reserves as well as his underwriting results. As the interest factor is therefore an important one, a foreign reinsurer unable to realize a suitable investment income owing to state-imposed investment restrictions, may suffer so many disadvantages as opposed to his domestic competitors that he will be forced to withdraw from a market".[77]

O argumento da necessidade desta medida, pela via constitucionalmente inadequada da Resolução, para um maior controle sobre o fluxo de capital estrangeiro no país não tem a menor procedência. O nosso ordenamento jurídico está repleto de instrumentos para que as autoridades governamentais possam atuar de modo diligente e rápido em caso de necessidade de um maior controle sobre a circulação financeira. A título de exemplo, na própria legislação sobre o capital estrangeiro, a Lei n. 4.131/1962, há um dispositivo, o artigo 28, cuja redação foi alterada pela Lei n. 4.390, de 29 de agosto de 1964, que prevê expressamente que, em caso de grave desequilíbrio no balanço de pagamentos ou quando houver sérias razões para prever o advento de tal situação, a Superintendência da Moeda e do Crédito (hoje, o Banco Central) e o Banco do Brasil podem restringir, por prazo limitado, a importação e a remessa de dividendos de capital estrangeiro e monopolizar as operações de câmbio.[78] Portanto, evitar a evasão de divisas ou manter o equilíbrio do balanço de pagamentos não são argumentos que justifiquem as restrições impostas aos resseguradores estrangeiros ilegalmente por meio da Resolução CNSP n. 224/2010.

RESPOSTA

Diante da argumentação exposta, concluo:

---

[77] GERATHEWOHL, Klaus. *Reinsurance:* Principles and Practice. Karlsruhe: Verlag Versicherungswirtschaft, 1980. Vol. 1, pp. 556-557.

[78] *Vide* FONSECA, Herculano Borges da. *Regime Jurídico do Capital Estrangeiro:* Comentários à Lei n. 4.131, de 3 de Setembro de 1962, e Regulamentos em Vigor. Rio de Janeiro: Ed. Letras e Artes, 1963. pp. 120-123.

GILBERTO BERCOVICI

1. Essa norma criada pela Resolução CNSP 224/2010 contraria ou dispõe para além da Lei Complementar n. 126/2007 ou do Decreto-Lei n. 73/1966?

Sim. A Resolução CNSP n. 224/2010 contraria vários dispositivos da Lei Complementar n. 126/2007, como, por exemplo, o seu artigo 11, ou os artigos 5º, III e 32, X do Decreto-Lei n. 73/1966, entre outros, conforme examinei detidamente no decorrer desta exposição. A Resolução CNSP n. 224/2010 não respeitou a supremacia e a reserva de lei, dispondo para muito além do seu âmbito de competência normativa material.

2. A norma viola o princípio da reciprocidade estabelecido no artigo 5º, III, e no art. 32, X, do Decreto-Lei n. 73/1966?

Sim. Ao restringir a atuação dos resseguradores estrangeiros, sem fundamento legal, a Resolução CNSP n. 224/2010 violou expressamente o princípio da reciprocidade, garantido pelos artigos 5º, III e 32, X do Decreto-Lei n. 73/1966.

3. A primeira modificação introduzida pela Resolução CNSP 225/2010, prevista no artigo 1º estaria em contrariedade com o artigo 11 da Lei complementar n. 126/2007 que prevê a obrigação de contratar ou ofertar preferencialmente a resseguradores locais 40% de sua cessão de resseguro?

Sim. A modificação introduzida pela Resolução CNSP n. 225/2010 no artigo 15 da Resolução CNSP n. 168/2007 viola o disposto no artigo 11 da Lei Complementar n. 126/2007, suprimindo posições jurídicas asseguradas em lei hierarquicamente superior, o que é inadmissível em um Estado Democrático de Direito.

4. A segunda modificação introduzida pela Resolução CNSP 225/2010, ao prever a possibilidade de "cláusula de controle de sinistro a favor do ressegurador local" acha-se de conformidade com o art. 14 da Lei Complementar n. 126/2007?

Não, a Resolução CNSP n. 225/2010 alarga indevidamente as limitações trazidas pelo comando legal contido no artigo 14 da Lei

OS LIMITES AO PODER NORMATIVO DO CONSELHO NACIONAL...

Complementar n. 126/2007. Com a nova redação do artigo 39 da Resolução CNSP n. 168/2007 trazida pela Resolução CNSP n. 225/2010, a especificação da hipótese negocial indica a proteção de relações tão particulares que quase retira o caráter necessariamente geral da regulação jurídica.

5. Considerando o disposto nos artigos 5º, II, 22, I e VII, e 68, § 1º, entre outros da Constituição Federal, o CNSP, como órgão da Administração, dispõe de atribuição para editar norma com o conteúdo das Resoluções CNSP n. 224/2010 e n. 225/2010?

Não. A Constituição de 1988, embora preveja a "separação de poderes" (artigo 2º), distribui as competências entre os vários órgãos do Estado a partir de um critério material, não apenas subjetivo/formal. Há, portanto, entes da Administração Pública com poderes normativos. No caso do CNSP, o artigo 25 do Ato das Disposições Constitucionais Transitórias exigiu que os órgãos dotados de poderes normativos que a Constituição atribuiu ao Congresso Nacional tivessem seus poderes prorrogados expressamente por lei até 180 dias após a promulgação do texto constitucional. Uma sucessão de prorrogações, iniciada com a Medida Provisória n. 45, de 31 de março de 1989, manteve os poderes normativos do CNSP, ainda em vigor pelo disposto no artigo 73 da Lei n. 9.069, de 29 de junho de 1995, até que seja elaborada a lei complementar (ou as leis complementares) exigida pelo artigo 192 da Constituição, que trata do Sistema Financeiro Nacional. Portanto, o CNSP dispõe de atribuição para editar normas. O poder e a atribuição que o CNSP não tem é o de editar normas que violem o princípio da legalidade em todas as suas dimensões, como a supremacia e a reserva de lei, como as Resoluções CNSP n. 224/2010 e n. 225/2010, manifestamente incompatíveis com o Decreto-Lei n. 73/1966 e com a Lei Complementar n. 126/2007, que deveriam ser seu fundamento legal.

6. Quais as implicações dos artigos 170, parágrafo único, e 172 da Constituição Federal sobre as Resoluções CNSP n. 224/2010 e n. 225/2010?

O artigo 170, parágrafo único da Constituição de 1988, assegura o livre exercício da atividade econômica, salvo nos casos previstos em lei. Por sua vez, o artigo 172 da Constituição determina que a lei disciplinará,

345

GILBERTO BERCOVICI

com base no interesse nacional, os investimentos de capital estrangeiro, os reinvestimentos e regulará a remessa de lucros. Portanto, apenas a lei em sentido formal pode restringir qualquer tipo de atividade econômica ou estabelecer distinções entre o capital nacional e o capital estrangeiro. As Resoluções CNSP n. 224/2010 e n. 225/2010 foram muito além da ilegalidade, são flagrantemente inconstitucionais, pois não podem regular os temas de que tratam, reservados, por expressa determinação constitucional, à lei em sentido formal.

Este é o meu parecer.

São Paulo, 15 de março de 2011

PARECER COMPLEMENTAR

QUESITO

A Associação X, por intermédio de seus advogados, honra-me com a formulação da seguinte consulta complementar ao parecer emitido em março de 2011, cujos termos transcrevo abaixo:

Após a emissão de vosso douto parecer sobre os normativos 224 e 225 em nome do CNSP, sucedeu ato do Ministro da Fazenda com expressa previsão de sujeição a referendo do mesmo colegiado, a saber, a Resolução CNSP n. 232, de 25 de março de 2011, que revoga expressamente a Resolução CNSP n. 224/2010 e dispõe sobre a mesma matéria. Diante disto, indaga-se se foi sanado o vício que inquinava a Resolução CNSP n. 224/2010 revogada ou se ele persiste em prejuízo da constitucionalidade e legalidade da nova norma administrativa.

PARECER

A Resolução CNSP n. 232/2011 determina que *"o art. 14 da Resolução CNSP n. 168, de 17 de dezembro de 2007, passa a vigorar acrescido dos*

OS LIMITES AO PODER NORMATIVO DO CONSELHO NACIONAL...

seguintes § § 4º, 5º, 6º, 7º e 8º", mantendo os vícios da Resolução CNSP n. 224/2010, que revoga expressamente em seu artigo 4º, ao continuar tratando sobre aspectos da concretização do regime de liberdades no exercício da atividade econômica em sentido amplo, a atividade econômica cujo exercício é garantido no artigo 170, parágrafo único da Constituição de 1988.[79] Os limites legais da atividade econômica resseguradora foram estabelecidos, conforme já analisado no parecer anterior, pela Lei Complementar n. 126/2007, como definição de tipos de resseguradores (artigo 4º da Lei Complementar n. 126/2007) e os parâmetros que devem ser observados pelos agentes econômicos em relação ao exercício de suas atividades, limitando, por meio do artigo 11 da Lei Complementar, o exercício da liberdade de contratar.

A Resolução CNSP n. 168/2007, conforme já demonstrado anteriormente, em sua redação original, manteve-se fiel ao texto da Lei Complementar n. 126/2007, respeitando, em seu artigo 14, o regime de liberdade de contratar ("liberdade de escolha") instituído pela lei complementar, hierarquicamente superior, limitando-se a detalhar os procedimentos administrativos necessários ao fiel cumprimento da mesma. No entanto, a Resolução CNSP n. 224/2010, hoje revogada, incluiu um novo parágrafo ao artigo 14 da Resolução CNSP n. 168/2007, o § 4º, que proibia a transferência das responsabilidades assumidas em seguro, resseguro ou retrocessão no país para empresas ligadas ou pertencentes ao mesmo conglomerado financeiro sediadas no exterior. A flagrante ilegalidade deste dispositivo acrescido pela Resolução CNSP n. 224/2010 manifestava-se na tentativa de impor mais limitações à liberdade de contratar do que as exigidas pela Lei Complementar n. 126/2007.

Embora revogada pela Resolução CNSP n. 232/2011, os vícios da Resolução CNSP n. 224/2010 não foram extirpados do nosso ordenamento jurídico, mas agravados pela nova resolução, que muda a redação do § 4º do artigo 14 da Resolução CNSP n. 168/2007 e acrescenta, ainda, outros parágrafos a este artigo:

---

[79] "Artigo 170, parágrafo único da Constituição de 1988: É assegurado a todos o livre exercício de qualquer atividade econômica, independentemente de autorização de órgãos públicos, salvo nos casos previstos em lei".

GILBERTO BERCOVICI

"§ 4º A sociedade seguradora ou o ressegurador local não poderá transferir, para empresas ligadas ou pertencentes ao mesmo conglomerado financeiro sediadas no exterior, mais de 20% (vinte por cento) do prêmio correspondente a cada cobertura contratada.

§ 5º Entende-se por empresas ligadas ou pertencentes a um mesmo conglomerado financeiro o conjunto de pessoas jurídicas relacionadas, direta ou indiretamente, por participação acionária de 10% (dez por cento) ou mais no capital, ou por controle operacional efetivo, caracterizado pela administração ou gerência comum, ou pela atuação no mercado sob a mesma marca ou nome comercial.

§ 6º Sem prejuízo das atribuições do órgão fiscalizador, os comitês de auditoria das sociedades seguradoras e dos resseguradores locais, bem como seus auditores independentes, deverão verificar o cumprimento do disposto no § 4º e indicar expressamente o resultado por meio de relatório circunstanciado sobre o descumprimento de dispositivos legais e regulamentares.

§ 7º O limite máximo disposto no § 4º não se aplica aos ramos garantia, crédito à exportação, rural, crédito interno e riscos nucleares para os quais ficam permitidas cessões em resseguro ou retrocessão para empresas ligadas ou pertencentes ao mesmo conglomerado financeiro sediadas no exterior, observadas as demais exigências legais e regulamentares.

§ 8º Os contratos automáticos já firmados serão considerados, para efeito do limite disposto no § 4º, na sua renovação ou a partir de 31 de março de 2012, o que ocorrer antes" .

Ao invés de proibir, a nova redação do § 4º do artigo 14 da Resolução CNSP n. 168/2007, determinada pela Resolução CNSP n. 232/2011, limita a transferência para empresas ligadas ou pertencentes ao mesmo grupo financeiro sediadas no exterior a não mais de 20% (vinte por cento) do prêmio correspondente a cada cobertura contratada, excluindo desta limitação os seguros garantia, de crédito à exportação, rural, de crédito interno e de riscos nucleares (artigo 14, § 7º da Resolução CNSP n. 168/2007, introduzido pela Resolução CNSP n. 232/2011).

OS LIMITES AO PODER NORMATIVO DO CONSELHO NACIONAL...

Aparentemente, houve uma maior "liberalidade" do CNSP, revogando a Resolução CNSP n. 224/2010 e eximindo determinadas modalidades de seguro das limitações impostas pelas resoluções. Na realidade, não houve mudança alguma na política equivocada seguida pelo CNSP, que, ao arrepio da lei e da Constituição, tenta criar limitações e restrições sem ser detentor de competência legal para tanto. Todas as incompatibilidades anteriormente demonstradas da Resolução CNSP n. 224/2010 com o artigo 12 da Lei Complementar n. 126/2007 e com a legislação de defesa da concorrência (Lei n. 8.884/1994) foram mantidas com a Resolução CNSP n. 232/2011.

Não bastasse estas violações ao disposto no texto da Lei Complementar n. 126/2007, a Resolução CNSP n. 232/2011 reforça, ainda, a ilegalidade introduzida pela Resolução CNSP n. 225/2010, que foi mantida, não obstante sua inconstitucionalidade já demonstrada no parecer anterior, em vigor. A referida Resolução CNSP n. 225/2010 alterou a redação do artigo 15, *caput* da Resolução CNSP n. 168/2007, determinando que a sociedade seguradora contratará (e não *"contratará ou ofertará preferencialmente"*, como determina o artigo 11 da Lei Complementar n. 126/2007) com resseguradores locais pelo menos 40% (quarenta por cento) de cada cessão de resseguro em contratos automáticos ou facultativos. O parágrafo único do artigo 15 da Resolução CNSP n. 168/2007 introduzido pela Resolução CNSP n. 232/2011, prevê que: *"os contratos automáticos já firmados serão considerados, para efeito do percentual disposto no caput, na sua renovação ou a partir de 31 de março de 2012, o que ocorrer antes"* Ou seja, o parágrafo único introduzido pela Resolução CNSP n. 232/2011 apenas reforça o disposto no *caput* do artigo 15 da Resolução CNSP n. 168/2007, com as mudanças trazidas pela inconstitucional Resolução CNSP n. 225/2010, fixando prazos para o seu cumprimento.

Finalmente, em relação ao regime jurídico do capital estrangeiro no país, ao limitar as operações entre empresas ligadas ou pertencentes ao mesmo conglomerado financeiro, por estarem sediadas no exterior, a Resolução CNSP n. 232/2011 continua infringindo o princípio da reciprocidade (artigo 5º, III e artigo 32, X do Decreto-Lei n. 73/1966), bem como o disposto no artigo 172 da Constituição de 1988, que determina que o regime jurídico do capital estrangeiro no Brasil, inclusive as eventuais limitações e restrições à sua atuação, só pode ser estabelecido por lei em sentido formal, não por um ato normativo de um órgão da Administração Pública.

RESPOSTA

Diante da argumentação exposta acima, posso concluir que:

Não foi sanado o vício que inquinava a Resolução CNSP n. 224/2010 revogada e estes mesmos vícios persistem em prejuízo da constitucionalidade e legalidade da Resolução CNSP n. 232, de 25 de março de 2011.

Este é o meu parecer.

São Paulo, 27 de agosto de 2011

DIREITO CONCORRENCIAL

DEFESA DA CONCORRÊNCIA E PROTEÇÃO À PROPRIEDADE INTELECTUAL: COMPATIBILIZAÇÃO ENTRE A POLÍTICA CONCORRENCIAL E AS DEMAIS POLÍTICAS PÚBLICAS

CONSULTA

A diretoria jurídica da empresa X, por intermédio de seu ilustre advogado, honra-me com a presente consulta para elaboração de parecer sobre questões envolvendo o processo administrativo instaurado pelas autoridades de defesa da concorrência contra a empresa X e outras montadoras por suposta prática de abuso do poder econômico, cujos termos são transcritos abaixo:

A presente consulta tem por objeto processo administrativo instaurado em razão de representação formulada pela Associação Y contra a empresa X e outras, por suposto abuso de poder econômico.

Tais montadoras, amparadas pela Lei n. 9279/96 (Lei de Propriedade Industrial), possuem registro de desenho industrial sobre determinadas autopeças de veículos por eles fabricadas – em especial, as chamadas *crash parts*[1]

---

[1] Basicamente, as peças aparentes do veículo: calotas, faróis, grades de radiador, lanternas, pára-choques, retrovisores, rodas, capôs, pára-lamas, portas, tampas traseiras.

– o que lhes confere o direito de produzir e comercializar estas peças, em caráter exclusivo, no prazo assinalado pela Lei (10 anos, prorrogáveis por mais três períodos sucessivos de 5 anos cada).

Segundo a Associação Y, as montadoras teriam passado a adotar diversas medidas judiciais e extrajudiciais (notadamente, notificações extrajudiciais) contra seus associados, fabricantes independentes de autopeças, com o fim de impedir que esses agentes ofereçam no mercado autopeças de reposição para os veículos das montadoras. Assim, acolhendo pedido das montadoras, o próprio Judiciário tem deferido a busca e apreensão das peças produzidas pelas fabricantes independentes, bem como ordenando que se abstenham de comercializar e de se utilizar das marcas detidas pelas representadas.

Assim, e ainda segundo a Associação Y, a conduta das montadoras teria como objetivo eliminar os fabricantes independentes do mercado de autopeças de reposição, para obter/manter seu monopólio sobre o fornecimento das *crash parts*. Mais especificamente, a Associação Y defende que o direito de propriedade intelectual deveria ser utilizado apenas por uma montadora contra a outra, mas não seria oponível aos fabricantes independentes – atuantes no chamado "mercado secundário" de reposição – sob pena de violação à concorrência.

Importante destacar que os fabricantes independentes não pretendem utilizar o desenho industrial das montadoras para criar produtos novos, incrementando-os ou aprimorando-os. O que eles lutam para obter junto ao SBDC é o direito de poder *copiar* as peças das montadoras.

A representação da Associação Y, inicialmente, motivou a instauração de averiguação preliminar. No curso desse procedimento, tanto a Secretaria de Direito Econômico ("*SDE*") como a Procuradoria do CADE opinaram no sentido de que o exercício dos direitos previstos na LPI não pode ser tido como abusivo por si só. A intervenção antitruste somente se justificaria quando houvesse abuso dos procedimentos de registro – o que não é o caso. Além disso, tendo sido acolhidas em juízo as medidas judiciais das montadoras, também não seria caso de *sham*

DEFESA DA CONCORRÊNCIA E PROTEÇÃO À PROPRIEDADE...

litigation. O CADE, aliás, na visão da SDE, seria até mesmo *possivelmente incompetente* para intervir nessa matéria, uma vez que, ao contrário do que ocorre com as patentes, a Lei de Defesa da Concorrência e a Lei de Propriedade Industrial não previram a licença compulsória de desenhos industriais. Por fim, opinaram que o pleito da Associação Y *deveria ser tratado em âmbito legislativo*, por meio de alteração legal, e não via processo administrativo sancionatório perante o SBDC.[2] A manifesta insegurança jurídica (não apenas às montadoras, mas também para todas as demais empresas que registram seu desenho industrial e confiam na sua proteção) foi igualmente apontada pela D. Secretaria e i. ProCADE, *verbis*:

> "Assim, querer restringir um direito previsto e cuidadosamente disciplinado em lei com base em um conceito arbitrário e, pela sua própria natureza, fugaz, além de ofender os mais comezinhos princípios da hermenêutica jurídica, causa profunda insegurança jurídica, pois os direitos de propriedade intelectual estariam sob permanente indefinição de sua extensão, situação esta, frise-se, insustentável e contrária ao fim do próprio direito, que é a pacificação e estabilidade das relações sociais" (fls. x)

O Ministério Público, em sentido contrário, opinou pela instauração de processo administrativo, por entender que, em razão do monopólio temporário conferido às montadoras sobre as autopeças, seria factível que tais agentes exercessem abusos no mercado secundário de peças de reposição. Argumentou, ainda, que não foi verificado se os lucros obtidos pelas montadoras no mercado primário já não seriam suficientes para compensar os investimentos em P&D das respectivas empresas. Por fim, argumentou que, independentemente de não haver previsão legal de licenciamento compulsório de desenho industrial, estes não estariam imunes à tutela antitruste.

---

[2] "Em conclusão, o pedido da Associação Y pelo não "reconhecimento" do exercício do direito de propriedade das montadoras sobre suas autopeças no *aftermarket*, que em última instância nada mais é do que o pedido de um licenciamento compulsório restrito ao mercado de reposição, seria manifestamente ilegal pelos motivos já expostos e, mesmo que fosse legal, nenhum dos órgãos do SBDC seria competente para afastar a proteção conferida pelo INPI" (fls. x).

GILBERTO BERCOVICI

Ao final, o CADE acolheu a representação da Associação Y e determinou a instauração do processo administrativo. Segundo o extenso voto do Conselheiro Relator:

(i) O exercício do direito de propriedade industrial pode ser, por si só, abusivo, quando se desvirtuar dos fins sócio-econômicos que amparam esse direito;

(ii) A exclusividade conferida às montadoras garante um monopólio no mercado secundário, o que lhes permite aumentar preços em detrimento do consumidor – situação que seria atenuada caso fosse permitida a concorrência dos fabricantes independentes;

(iii) Nada obstante os termos da LPI, a exclusividade conferida por lei às montadoras não se justifica diante dos fabricantes, pois *(a)* os investimentos feitos pelas montadoras para desenvolvimento do desenho industrial aparentam ser baixos e já poderiam ser recuperados no mercado primário (venda de veículos); *(b)* a proteção ao DI não apresentaria incentivo relevante à inovação, já que as montadoras buscam inovar no desenvolvimento do veículo como um todo, e não apenas nas peças; *(c)* também não garantiria segurança e qualidade das peças, pois haveria outros meios de resguardar os interesses do consumidor; e *(d)* por fim, a proteção ao desenho industrial também não seria necessária para evitar a contrafação das marcas das montadoras.

(iv) Assim, na opinião do Relator, a proteção não traria eficiências, e ao mesmo tempo prejudicaria a concorrência, caracterizando, assim, exercício abusivo do direito de propriedade industrial. Mais especificamente, o emprego dos direitos conferidos pela LPI, por parte das montadoras, "se desvirtua dos fins sócio-econômicos estabelecidos pela própria norma constitucional que ampara esse direito, que tem por objetivo "o interesse social e o desenvolvimento tecnológico e econômico do País" (art. 5°, XXIX)" e, ainda, é "juridicamente desproporcional, pois compromete severamente o direito à livre concorrência, o direito dos consumidores e a repressão ao abuso de poder econômico, sem contrapartidas em termos de benefícios visados pelos direitos de propriedade industrial".

DEFESA DA CONCORRÊNCIA E PROTEÇÃO À PROPRIEDADE...

(v) Ainda segundo o Relator, as decisões judiciais favoráveis às montadoras não seriam relevantes ao caso, não apenas porque o CADE não está obrigado a segui-las, mas também pelo fato de que a eventual legalidade do meio (a decisão judicial) não implicaria a legalidade da conduta (imposição do desenho industrial contra os fabricantes independentes)

(vi) Assim, caberia ao CADE intervir, "independentemente de medidas judiciais e legislativas eventualmente cabíveis", sendo a solução adequada, conforme já antecipado pelo Relator, será, além da aplicação da multa cabível, "determinar às montadoras a não imposição, aos FIAPS, dos registros de desenho industrial em questão". Não é uma obrigação licenciamento, pois não haverá pagamento por parte dos FIAPS – haverá simplesmente uma ordem de não fazer (uma proibição) para as montadoras.

Com essas premissas, o CADE decidiu instaurar processo administrativo contra as montadoras, sugerindo à SDE que pondere e, se possível, levante informações e dados que embasem ou eventualmente rechacem a posição externada pelo Relator. Com isso, o processo foi remetido de volta à SDE, com a sugestão de que ela investigue (i) os gastos das montadoras com desenvolvimento das *crash parts*; (ii) o retorno que obtêm com a venda dos carros e com as peças; (iii) o impacto desse investimento/retorno no incentivo à inovação; dentre outros, para, então, avaliar se estaria havendo abuso no direito das montadoras de se utilizarem da proteção ao desenho industrial.

Notificada para apresentar defesa, a empresa X se manifestou, aduzindo, dentre outras matérias de defesa, os seguintes pontos:

(a) A exploração plena do registro e sua defesa contra terceiros integram a essência do desenho industrial. A LPI não limita o uso do registro a apenas um mercado ou somente até a recuperação do investimento. A possibilidade de retorno supracompetitivo, aliás, é justamente o principal incentivo à inovação previsto no sistema.

(b) A interpretação dada ao CADE à LPI, ademais, impõe severa limitação a um direito fundamental previsto na Constituição

GILBERTO BERCOVICI

(Art. 5º, *caput* e inc. XXIX). O CADE não tem competência para atuar como revisor de políticas públicas pré-determinadas e calcadas em Lei, nem de priorizar uma legislação em detrimento da aplicação ou relativização de outra. O dever da Autarquia Administrativa de Concorrência, nesse sentido, é o de aplicar a Lei: a LPI, para o CADE, é um dado posto pelo sistema, que não pode ser desconsiderado a pretexto de, em tese, haver outra solução que o órgão reputa mais adequada para a concorrência. Se o CADE acredita que a LPI deveria ser alterada, deve, exercendo sua função de *advocacia da concorrência*, levar a questão ao âmbito legislativo – notadamente porque eventual alteração da Lei terá, como resultado, invasão da competência privativa do INPI, responsabilização internacional do Estado brasileiro por descumprimento do Acordo TRIPS e, ainda, violação à reserva legal penal (havendo, portanto, diversos e relevantes temas de política legislativa que devem ser equacionadas juntamente com essa questão).

(c) Nesse sentido, a decisão do CADE vai, ainda, na contramão da política pública traçada pelo INPI e de todas as demais políticas públicas que gravitam em torno da PI (proteção e incentivo à inovação, combate à pirataria e proteção do consumidor). A decisão, com efeito, contraria medidas de combate à pirataria adotadas pelo próprio Ministério da Justiça, bem como a valorização da qualidade e segurança do consumidor defendidas pelo Departamento de Proteção e Defesa do Consumidor.

Neste contexto, a empresa X pede sejam abordados os seguintes pontos principais na consulta:

1. No contexto da Constituição Federal de 1988, como deve se dar a interação entre a política pública de defesa da concorrência e as demais políticas públicas implementadas pelo Estado?

2. Existe uma precedência ou superioridade da política da defesa da concorrência em relação às demais políticas públicas, em especial as de defesa da ordem econômica?

a) Pode o CADE, a pretexto de ter sua competência criada e definida pela lei de defesa da concorrência, modificar ou interferir no

DEFESA DA CONCORRÊNCIA E PROTEÇÃO À PROPRIEDADE...

conteúdo de outras políticas públicas, ou mesmo nos objetivos perseguidos por outros órgãos da Administração?

3. Especificamente com relação ao caso concreto, constitui abuso ou infração à ordem econômica a proteção, pelas montadoras, de seu registro de desenho industrial contra a cópia ou imitação produzida por fabricantes independentes de autopeças?

4. A Lei de Propriedade Industrial apresenta requisitos e limitações à obtenção e ao exercício de direitos de propriedade industrial (e.g requisitos de novidade, finalidade comercial, prazo de exclusividade, hipóteses de extinção do direito). Qual é o objetivo de tais limitações e requisitos?

5. Tem o CADE competência para revisar a política pública de proteção à propriedade industrial ditada pela Constituição, pela LPI e pelo INPI, limitando o uso do registro de desenho industrial de peças automotivas somente a determinados mercados ou, ainda, restringindo o prazo de duração desse registro conforme o investimento feito e/ou o retorno obtido pela montadora?

a) A intenção do CADE de atrelar a legalidade e efetividade da proteção do desenho industrial a critérios fluídos e casuísticos ("investimento x retorno") atenta contra a segurança jurídica buscada pela política pública de proteção à propriedade industrial?

6. Tem o CADE competência para permitir a imitação e cópia não–autorizada dos desenhos industriais das montadoras, sobrepondo-se ao disposto nos arts. 187 e 188 da LPI, que tipificam tal conduta como crime?

a) Semelhante permissão configuraria *incentivo à pirataria*, cujo combate constitui política pública expressamente adotada pelo Ministério da Justiça?

b) Permitir a imitação e cópia não–autorizada do desenho industrial, fora do controle de seu titular, por fabricantes não sujeitos aos mesmos *standards* e controles de qualidade e segurança empregados pelas montadoras, contraria a política de valorização da qualidade e

GILBERTO BERCOVICI

proteção da incolumidade e segurança do consumidor defendidas pelo Ministério da Justiça, através do DPDC?

7. Tem o CADE competência para criar obrigações ou impor limites aos direitos decorrentes do desenho industrial em desacordo com o previsto no TRIPs e demais tratados internacionais assinados pelo Brasil, em matéria de propriedade industrial?

8. No presente caso concreto, a interferência pretendida pelo CADE na relação entre as montadoras e fabricantes independentes não estaria, a pretexto de defender a concorrência, meramente protegendo concorrentes e criando um mercado artificial ("mercado de peças piratas") não autorizado pela Lei?"

PARECER

1. A INDÚSTRIA AUTOMOBILÍSTICA E OS FABRICANTES DE AUTOPEÇAS NO BRASIL

É voz corrente afirmar que a indústria de autopeças é um dos principais efeitos positivos gerados pela implantação da indústria automobilística. No entanto, no Brasil, a indústria de autopeças foi a força determinante para a consolidação e o desenvolvimento da indústria automobilística. A grande luta da indústria de autopeças brasileira sempre foi a da integração horizontal, em contraposição às relações verticais existentes entre as montadoras e as fornecedoras de autopeças nos países desenvolvidos. Com esta integração horizontal, garante-se que parte considerável dos veículos seja subcontratada junto a fornecedores locais e que as relações entre as montadoras e os fabricantes de autopeças tenham um caráter cooperativo. A natureza da indústria automobilística brasileira, segundo Caren Addis, foi extremamente condicionada pela indústria nacional de autopeças.[3] A importância da indústria de autopeças

---

[3] GATTÁS, Ramiz. *A Indústria Automobilística e a 2ª Revolução Industrial no Brasil:* Origens e Perspectivas. São Paulo: Prelo Ed., 1981. pp. 213-214; ADDIS, Caren. "Cooperação e Desenvolvimento no Setor de Autopeças" *In:* ARBIX, Glauco; ZILBOVICIUS,

DEFESA DA CONCORRÊNCIA E PROTEÇÃO À PROPRIEDADE...

para a implementação da indústria automobilística pode ser percebida das palavras do economista Sydney Latini:

> "Só se pode falar realmente de indústria automobilística em um país quando se verifica a presença de produção local de autopeças em níveis adequados, isto é, quando se fabricam veículos com índice de nacionalização de alguma expressão. Assim, um país que tem apenas montadoras de veículos, importando todas ou grande parte das peças e componentes do produto final, não pode ser considerado como possuidor de uma indústria automobilística. Não é por outra razão que países que querem preservar suas respectivas indústrias automobilísticas estabelecem índices mínimos de nacionalização e/ou adotam barreiras não-tarifárias".[4]

A indústria brasileira de autopeças, composta, majoritariamente, por fabricantes locais, conseguiu se articular desde o início da década de 1950. A fundação da Associação Profissional da Indústria de Peças para Automóveis e Similares ocorreu em 25 de outubro de 1951, em São Paulo. Registrada no dia 28 de agosto de 1952 no Ministério do Trabalho, Indústria e Comércio, a Associação solicitou o seu reconhecimento como sindicato, o que ocorreu em 15 de setembro de 1953, quando mudou a sua denominação da Associação para Sindicato da Indústria de Peças para Automóveis e Similares – SINDIPEÇAS.[5]

O Presidente Getúlio Vargas criou, em 25 de julho de 1951, por meio do Decreto n. 29.806, a Comissão de Desenvolvimento Industrial

---

Mauro (orgs.). *De JK a FHC: A Reinvenção dos Carros*. São Paulo: Scritta, 1997. pp. 134 e 147-148; POSTHUMA, Anne Caroline. "Autopeças na Encruzilhada: Modernização Desarticulada e Desnacionalização" *In:* ARBIX, Glauco; ZILBOVICIUS, Mauro (orgs.). *De JK a FHC: A Reinvenção dos Carros*. São Paulo: Scritta, 1997. pp. 389-390 e LATINI, Sydney A. *A Implantação da Indústria Automobilística no Brasil:* Da Substituição de Importações Ativa à Globalização Passiva. São Paulo: Ed. Alaúde, 2007. p. 96.

[4] LATINI, Sydney A. *A Implantação da Indústria Automobilística no Brasil:* Da Substituição de Importações Ativa à Globalização Passiva. São Paulo: Ed. Alaúde, 2007. p. 225.

[5] GATTÁS, Ramiz. *A Indústria Automobilística e a 2ª Revolução Industrial no Brasil:* Origens e Perspectivas. São Paulo: Prelo Ed., 1981. pp. 57-61, 67-69 e 131 e LATINI, Sydney A. *A Implantação da Indústria Automobilística no Brasil:* Da Substituição de Importações Ativa à Globalização Passiva. São Paulo: Ed. Alaúde, 2007. pp. 95-96.

GILBERTO BERCOVICI

(CDI), com o objetivo de planejar o processo de industrialização no Brasil. A CDI coordenava os trabalhos de várias subcomissões, entre elas a Subcomissão para a Fabricação de Jipes, Tratores, Caminhões e Automóveis, chefiada pelo então Comandante Lúcio Martins Meira (futuro Ministro da Viação e Presidente do BNDE no Governo Juscelino Kubitschek). Esta subcomissão buscou elaborar estudos sobre a viabilidade da fabricação de automóveis e materiais necessários para a indústria automobilística no país, inclusive analisando o ritmo necessário para a progressiva nacionalização das peças e equipamentos fabricados. A subcomissão elaborou um relatório intitulado Plano Nacional de Estímulo à Produção de Automóveis e à Implantação Gradativa da Indústria Automobilística, que, encaminhado com a Exposição n. 1502, de 17 de outubro de 1952, foi aprovado pelo Presidente Getúlio Vargas, por meio de despacho presidencial de 30 de outubro de 1952, determinando a continuidade dos trabalhos da subcomissão com vistas à implementação das medidas apresentadas. Outra das principais medidas tomadas pela subcomissão foi a instituição de uma política de salvaguardas para a proteção da indústria nacional de autopeças, restringindo o licenciamento de peças e acessórios aos elementos ainda não produzidos no país, conforme estipulava o Aviso n. 288 da CEXIM (Carteira de Exportação e Importação do Banco do Brasil), de 19 de agosto de 1952. Este Aviso n. 288, da CEXIM, liberou as importações de artigos automobilísticos não produzidos no país, mas tornou não licenciáveis os produtos já fabricados pela indústria de autopeças nacional. Como medida complementar, foi aprovado o Aviso n. 311, da CEXIM, que permitia a importação de equipamentos de veículos para serem montados desde que obrigatoriamente adquiridos sem os estofamentos e sem as peças referidas no Aviso n. 288. Por sua vez, o Decreto n. 35.729, de 25 de junho de 1954, criou, junto ao Ministério da Fazenda, a CEIMA (Comissão Executiva da Indústria de Material Automobilístico), com a função de elaborar e submeter à CDI e ao Presidente da República, os planos industriais para as várias linhas de fabricação de materiais e equipamentos automobilísticos. A CEIMA foi o embrião do Grupo Executivo da Indústria Automobilística, instituído no contexto do Plano de Metas de Juscelino Kubitschek.[6]

---

[6] GATTÁS, Ramiz. *A Indústria Automobilística e a 2ª Revolução Industrial no Brasil:* Origens e Perspectivas. São Paulo: Prelo Ed., 1981. pp. 77-87 e 93-99; ADDIS, Caren. "Cooperação

DEFESA DA CONCORRÊNCIA E PROTEÇÃO À PROPRIEDADE...

Em 16 de junho de 1956, por meio do Decreto n. 39.412, o Presidente Juscelino Kubitschek criou o Grupo Executivo da Indústria Automobilística (GEIA), presidido pelo Ministro da Viação e Obras Públicas, Comandante Lúcio Meira. A tarefa do GEIA era analisar os projetos de implantação da indústria automobilística e propor ao Presidente os Planos Nacionais da Indústria Automobilística referentes aos vários tipos de veículo.[7] O suporte material para a atuação do GEIA era dado pelos estudos elaborados na antiga Subcomissão para a Fabricação de Jipes, Tratores, Caminhões e Automóveis da CDI e pela própria indústria nacional de autopeças. A previsão do GEIA nos distintos Planos Nacionais da Indústria Automobilística era alcançar cerca de 90% de nacionalização das peças e equipamentos até 1960.[8] Na descrição de Caren Addis:

> "As regras para a implantação da indústria basearam-se na proteção de mercado e na definição de altos índices nacionalização: 95% de cada veículo deveriam ser produzidos no Brasil, nos cinco primeiros anos de implantação da indústria (1956-1961). A legislação sobre o índice de nacionalização pretendia induzir as montadoras a produzirem somente os componentes principais (como os motores e a estampagem das grandes

---

e Desenvolvimento no Setor de Autopeças" *In:* ARBIX, Glauco; ZILBOVICIUS, Mauro (orgs.). *De JK a FHC:* A Reinvenção dos Carros. São Paulo: Scritta, 1997. pp. 135-136 e LATINI, Sydney A. *A Implantação da Indústria Automobilística no Brasil:* Da Substituição de Importações Ativa à Globalização Passiva. São Paulo: Ed. Alaúde, 2007. pp. 89-91 e 97-100.

[7] O Decreto n. 39.568, de 12 de julho de 1956, era referente ao Plano Nacional da Indústria Automobilística para a fabricação de caminhões. O Decreto n. 39.569, de 12 de julho de 1956, por sua vez, tinha por objeto a fabricação de jipes. As caminhonetes, caminhões leves e furgões eram tema do Decreto n. 39.676-A, de 30 de julho de 1956. O Decreto n. 41.018, de 26 de fevereiro de 1957, dizia respeito à fabricação de automóveis de passageiros. Finalmente, o Decreto n. 47.473, de 22 de dezembro de 1959, estruturava o plano para a industrialização de tratores agrícolas.

[8] GATTÁS, Ramiz. *A Indústria Automobilística e a 2ª Revolução Industrial no Brasil:* Origens e Perspectivas. São Paulo: Prelo Ed., 1981. pp. 199-211. Para uma análise detalhada sobre os dados, pressupostos, objetivos e resultados do GEIA, *vide* LATINI, Sydney A. *A Implantação da Indústria Automobilística no Brasil:* Da Substituição de Importações Ativa à Globalização Passiva. São Paulo: Ed. Alaúde, 2007. pp. 109-110, 130-153, 207-209 e 223-227.

peças) e contratassem junto aos fornecedores as peças restantes. Graças à política protecionista, veículos e peças tiveram que ser produzidos no país, sendo proibida sua importação. Consequentemente, procurando respeitar o índice de nacionalização, as montadoras foram levadas a ensinar aos fornecedores conceitos de organização industrial; a oferecer contratos de longo prazo e, com frequência, acordos de exclusividade no fornecimento; a emprestar equipamentos e recursos; facilitar o contato com fornecedores estrangeiros; e a auxiliar na obtenção de concessões e outros acordos de assistência técnica, que propiciariam aos brasileiros o acesso à tecnologia e aos princípios modernos de produção".[9]

Ao contrário do que ocorreu na Europa e nos Estados Unidos, as fábricas de automóveis, ao se instalarem no país, já encontraram uma indústria de autopeças previamente estabelecida e se desenvolvendo, com preponderância do capital nacional. A política industrial perseguida pelo Estado brasileiro, então, foi a de tentar assegurar a integração horizontal da indústria automobilística. Desta forma, ao elaborar a política de industrialização automobilística, o GEIA propôs o estímulo aos projetos de integração horizontal, ou seja, o estabelecimento de montadoras que produzissem determinadas peças e atuassem em coordenação com as fábricas nacionais de autopeças para a produção das demais peças e equipamentos que necessitassem. Este modelo de integração horizontal tinha a expectativa de uma assistência técnica e tecnológica maior fornecida pelas montadoras à indústria nacional de autopeças, além de privilegiar contratos de longo prazo.[10] Nas palavras de um dos pioneiros da indústria de autopeças no Brasil, Ramiz Gattás:

---

[9] ADDIS, Caren. "Cooperação e Desenvolvimento no Setor de Autopeças" *In:* ARBIX, Glauco; ZILBOVICIUS, Mauro (orgs.). *De JK a FHC:* A Reinvenção dos Carros. São Paulo: Scritta, 1997. p. 137.

[10] GATTÁS, Ramiz. *A Indústria Automobilística e a 2ª Revolução Industrial no Brasil:* Origens e Perspectivas. São Paulo: Prelo Ed., 1981. pp. 202-203 e 305-306; ADDIS, Caren. "Cooperação e Desenvolvimento no Setor de Autopeças" *In:* ARBIX, Glauco; ZILBOVICIUS, Mauro (orgs.). *De JK a FHC:* A Reinvenção dos Carros. São Paulo: Scritta, 1997. pp. 136-139 e LATINI, Sydney A. *A Implantação da Indústria Automobilística no Brasil:* Da Substituição de Importações Ativa à Globalização Passiva. São Paulo: Ed. Alaúde, 2007. pp. 154-159.

DEFESA DA CONCORRÊNCIA E PROTEÇÃO À PROPRIEDADE...

"A indústria de autopeças não é simples fornecedora desta ou daquela peça, que ela retira da prateleira ou do estoque para entregar à indústria terminal, e que seria, também, objeto de outro ou de outros mercados. Não. Ela, quase sempre, não tem este outro ou outros mercados. Ela fabrica esta peça e a entrega a um único mercado, um único cliente, dentro de um esquema industrial que é o da horizontalização".[11]

A política brasileira de horizontalização perdeu parte de sua força a partir de 1964, com a diminuição da supervisão estatal e o favorecimento ao capital estrangeiro que se seguiu à implantação da ditadura militar. Houve forte estímulo às economias de escala e às fusões de empresas, inclusive com a formação de cartéis de produtores de autopeças, que compartilhavam informações sobre o mercado, preços cobrados e custos.[12] Em 1979, o Governo Geisel proibiu as montadoras de integrarem verticalmente os produtos que já adquiriam dos fornecedores de autopeças. Com esta medida, os fornecedores de autopeças voltaram a moldar a produção e boa parte das práticas industriais do setor automobilístico. Várias empresas, especialmente as subsidiárias de multinacionais, tornaram-se exportadoras.[13] A indústria de autopeças foi se diferenciando no decorrer do tempo em dois setores: as empresas competitivas internacionalmente, com constante melhoria de técnica, tecnologia e *design*, buscando acompanhar padrões internacionais e as empresas menos sofisticadas que fornecem para o mercado local de reposição e substituição de peças.[14] Neste sentido, afirma Caren Addis:

---

[11] GATTÁS, Ramiz. *A Indústria Automobilística e a 2ª Revolução Industrial no Brasil:* Origens e Perspectivas. São Paulo: Prelo Ed., 1981. pp. 305-306.

[12] ADDIS, Caren. "Cooperação e Desenvolvimento no Setor de Autopeças" *In:* ARBIX, Glauco; ZILBOVICIUS, Mauro (orgs.). *De JK a FHC*: A Reinvenção dos Carros. São Paulo: Scritta, 1997. pp. 139-144.

[13] ADDIS, Caren. "Cooperação e Desenvolvimento no Setor de Autopeças" *In:* ARBIX, Glauco; ZILBOVICIUS, Mauro (orgs.). *De JK a FHC*: A Reinvenção dos Carros. São Paulo: Scritta, 1997. pp. 144-146.

[14] POSTHUMA, Anne Caroline. "Autopeças na Encruzilhada: Modernização Desarticulada e Desnacionalização" *In:* ARBIX, Glauco; ZILBOVICIUS, Mauro (orgs.). *De JK a FHC*: A Reinvenção dos Carros. São Paulo: Scritta, 1997. pp. 391-393 e 395-397.

"A relação de cooperação entre montadoras-fornecedores, ponto vital da horizontalização dos anos 50, é um elemento crítico da competitividade internacional. A colaboração é capaz de diminuir ciclos do produto, reduzir seu tempo de desenvolvimento e rebaixar custos, assim como agilizar a introdução de novos modelos no mercado, melhorando sua qualidade e mesmo margem de lucro. Ou seja, relações de cooperação entre montadoras e fornecedores são a chave para a sobrevivência em mercados liberalizados".[15]

A partir da década de 1990, consagrou-se na indústria automobilística brasileira um processo de modernização desarticulada, com a expansão competitiva das montadoras e um processo de concentração e reestruturação da indústria de autopeças, com empresas de maior porte e predomínio do capital estrangeiro. No cenário que se instaurou a partir dos anos 1990 no Brasil, as montadoras buscaram racionalizar os custos, concentrando-se na estratégia, na pesquisa e desenvolvimento, no projeto de novos produtos e na comercialização de veículos. Além disso, buscaram reduzir o número de fornecedores com os quais atuavam diretamente, muitas vezes trabalhando em conjunto com alguns desses fornecedores no desenvolvimento e *design* de novas peças. A redução do número de fornecedores acabou favorecendo uma maior cooperação no projeto e desenvolvimento de novos produtos e a obtenção de contratos mais estáveis e duradouros com os fornecedores remanescentes. Embora houvesse a eliminação de alguns fabricantes, em compensação estabeleceu-se uma relação de dependência mútua cada vez mais forte entre as montadoras e seus principais fornecedores de autopeças. A necessidade de atender às demandas e especificidades das montadoras, dentro de padrões mais rigorosos de tempo e qualidade, transformou um setor antes muito pulverizado em uma indústria cada vez mais similar às montadoras, ou seja, de grande porte e composta em boa parte por empresas transnacionais.[16] Esta tendência foi agravada com a adoção do

---

[15] ADDIS, Caren. "Cooperação e Desenvolvimento no Setor de Autopeças" *In:* ARBIX, Glauco; ZILBOVICIUS, Mauro (orgs.). *De JK a FHC:* A Reinvenção dos Carros. São Paulo: Scritta, 1997. pp. 148-149.

[16] POSTHUMA, Anne Caroline. "Autopeças na Encruzilhada: Modernização Desarticulada e Desnacionalização" *In:* ARBIX, Glauco; ZILBOVICIUS, Mauro (orgs.).

DEFESA DA CONCORRÊNCIA E PROTEÇÃO À PROPRIEDADE...

regime automotivo brasileiro, por meio da Lei n. 9.449, de 14 de março de 1997, que consagrou o tratamento diferenciado em relação às importações de veículos e as importações de componentes, com a redução das exigências de nacionalização das autopeças.[17]

A resposta mais adequada da indústria de autopeças nacional à liberalização e à abertura descontrolada dos mercados nos anos 1990 seria reavivar a construção de relações cooperativas com as montadoras[18]:

> "O número reduzido de empresas que busca agressivamente alianças e investe em tecnologia e produtividade acompanha os esforços das montadoras para reduzir todo o seu sistema de fornecimento. Neste cenário, as relações montadora-fornecedor só podem ter caráter cooperativo a partir da relação de dependência mútua entre as empresas – as montadoras necessitam dos fornecedores, que possuem conhecimento específico do produto; e os fornecedores necessitam das montadoras para sobreviver e ressarci-las dos investimentos feitos em ativos específicos, que não podem ser convertidos em outros usos".[19]

É neste contexto, em que os componentes e peças de veículos correspondem a cerca de 60 a 70% do total de custo de fa-

---

De JK a FHC: A Reinvenção dos Carros. São Paulo: Scritta, 1997. pp. 397-400 e 402-404.

[17] POSTHUMA, Anne Caroline. "Autopeças na Encruzilhada: Modernização Desarticulada e Desnacionalização" *In:* ARBIX, Glauco; ZILBOVICIUS, Mauro (orgs.). *De JK a FHC:* A Reinvenção dos Carros. São Paulo: Scritta, 1997. pp. 404-406 e LATINI, Sydney A. *A Implantação da Indústria Automobilística no Brasil:* Da Substituição de Importações Ativa à Globalização Passiva. São Paulo: Ed. Alaúde, 2007. pp. 296-297.

[18] ADDIS, Caren. "Cooperação e Desenvolvimento no Setor de Autopeças" *In:* ARBIX, Glauco; ZILBOVICIUS, Mauro (orgs.). *De JK a FHC:* A Reinvenção dos Carros. São Paulo: Scritta, 1997. pp. 148-151 e POSTHUMA, Anne Caroline. "Autopeças na Encruzilhada: Modernização Desarticulada e Desnacionalização" *In:* ARBIX, Glauco; ZILBOVICIUS, Mauro (orgs.). *De JK a FHC:* A Reinvenção dos Carros. São Paulo: Scritta, 1997. pp. 390-391.

[19] ADDIS, Caren. "Cooperação e Desenvolvimento no Setor de Autopeças" *In:* ARBIX, Glauco; ZILBOVICIUS, Mauro (orgs.). *De JK a FHC:* A Reinvenção dos Carros. São Paulo: Scritta, 1997. p. 150.

bricação[20], que ganha importância a proteção ao desenho industrial das autopeças. Nas palavras de Helen Shapiro, pesquisadora da implantação da indústria automobilística no Brasil:

> "Moreover, parts are not final goods but face a derived demand from motor vehicles. Because so much of the sector's production is directed to the terminal sector, it is dependent on it for markets and, often, for technical designs. Licensed distributors also played an important role in the replacement market".[21]

2. A PROTEÇÃO À PROPRIEDADE INTELECTUAL, O REGISTRO DE DESENHO INDUSTRIAL E A DEFESA DA CONCORRÊNCIA

Os direitos de proteção às obras intelectuais são constitucionalmente consagrados pelo artigo 5º, XXVII, XXVIII e XXIX, logo após os direitos relativos à propriedade. No caso da propriedade industrial, a proteção da Constituição de 1988 está assegurada no artigo 5º, XXIX:

> "Artigo 5º, XXIX: a lei assegurará aos autores de inventos industriais privilégio temporário para sua utilização, bem como proteção às criações industriais, à propriedade das marcas, aos nomes de empresas e a outros signos distintivos, tendo em vista o interesse social e o desenvolvimento tecnológico e econômico do país".

A partir deste tratamento constitucional, duas considerações essenciais devem ser observadas. Em primeiro lugar, os direitos intelectuais são, de acordo com a Constituição de 1988, direitos fundamentais, não simplesmente direitos de personalidade, consoante a tradição do direito civil,

---

[20] Cf. POSTHUMA, Anne Caroline. "Autopeças na Encruzilhada: Modernização Desarticulada e Desnacionalização" *In:* ARBIX, Glauco; ZILBOVICIUS, Mauro (orgs.). *De JK a FHC:* A Reinvenção dos Carros. São Paulo: Scritta, 1997. p. 397.

[21] SHAPIRO, Helen. *Engines of Growth*: The State and Transnational Auto Companies in Brazil. Reimpr. Cambridge/New York: Cambridge University Press, 2006. p. 193.

DEFESA DA CONCORRÊNCIA E PROTEÇÃO À PROPRIEDADE...

de raiz jusnaturalista.[22] Em segundo lugar, a Constituição protege os direitos intelectuais de forma similar à que protege os direitos de propriedade, dando especial ênfase ao caráter patrimonial e econômico destes direitos.

A exclusividade temporária na utilização da propriedade intelectual é de interesse público, pois promoveria o progresso cultural e técnico, além de assegurar a concorrência. Para Denis Borges Barbosa, o sistema de produção de bens imateriais voltados para o mercado pressupõe a organização de um sistema de criação intelectual que induza e favoreça os investimentos. Para tanto, ou se socializariam os riscos e custos ou se permitiria a apropriação privada dos resultados da criação intelectual por meio de uma exclusividade jurídica. Como os bens imateriais são ubíquos, ou seja, não se esgotam como os bens materiais, devem ter regras de utilização distintas. O interesse social está na existência de investimentos em inovação, o que gera a intervenção do Estado para garantir, juridicamente, determinados direitos para quem investir em novas criações. A exclusividade temporária, assim, encoraja a inovação e permite aos competidores distinguirem os seus produtos ou serviços perante a clientela, estimulando a concorrência a pesquisar, desenvolver e explorar produtos e técnicas novas e competitivas. É a finalidade que justifica a tutela dos bens imateriais.[23]

A constitucionalização dos direitos intelectuais como direitos fundamentais traz importantes consequências para seu tratamento jurídico,

---

[22] *Vide*, neste sentido, CARBONI, Guilherme. *Função Social do Direito de Autor*. Curitiba: Juruá, 2006. pp. 139-146. Sobre a superação da dicotomia entre direitos fundamentais e direitos da personalidade, *vide* MIRANDA, Jorge. *Manual de Direito Constitucional*. 3ª ed. Coimbra: Coimbra Editora, 2000. Vol. IV, pp. 58-62.

[23] ASCARELLI, Tullio. *Teoria della Concorrenza e dei Beni Immateriali:* Lezioni di Diritto Industriale. 2ª ed. Milano: Giuffrè, 1957. pp. 242-245; POLLAUD-DULIAN, Frédéric. *Propriété Intellectuelle:* La Propriété Industrielle. Paris: Economica, 2011. pp. 39-40; SILVEIRA, Newton. *Propriedade Intelectual:* Propriedade Industrial, Direito de Autor, Software, Cultivares, Nome Comercial. 4ª ed. Barueri: Manole, 2011. p. 87; SILVEIRA Newton; SANTOS Jr, Walter Godoy dos. "Propriedade Intelectual e Liberdade". *Revista de Direito Mercantil* n. 142, pp. 9-11, abril/junho de 2006. e BARBOSA, Denis Borges. "Do Bem Incorpóreo à Propriedade Intelectual" *In:* GRAU KUNTZ, Karin; BARBOSA, Denis Borges (orgs.). *Ensaios sobre o Direito Imaterial:* Estudos Dedicados a Newton Silveira. Rio de Janeiro: Lumen Juris, 2009. pp. 413-419 e 425-430.

GILBERTO BERCOVICI

especialmente no que diz respeito às suas limitações.[24] Afinal, não existe direito fundamental absoluto.[25] O dispositivo constitucional de proteção aos direitos intelectuais fundamenta a proteção de um direito subjetivo, ou seja, um "direito a não-eliminação de posições jurídicas". Isto significa que o Estado deve não eliminar aquelas determinadas posições de vantagem jurídica de que o seu titular dispõe.[26]

Não bastasse isto, os direitos intelectuais, em seu aspecto patrimonial, também estão submetidos à função social da propriedade (artigos 5º, XXIII e 170, III da Constituição de 1988). Quando se fala em função social, não se está fazendo referência às limitações negativas do direito de propriedade, que atingem o exercício do direito de propriedade, não a sua substância. As transformações pelas quais passou o instituto da propriedade não se restringem ao esvaziamento dos poderes do proprietário ou à redução do volume do direito de propriedade, de acordo com as limitações legais. Se fosse assim, o conteúdo do direito

---

[24] Na doutrina brasileira e portuguesa, é cada vez maior o número de obras sobre a restrição e limitação dos direitos fundamentais, dentre as quais destaco BARROS, Suzana de Toledo. *O Princípio da Proporcionalidade e o Controle da Constitucionalidade das Leis Restritivas de Direitos Fundamentais*. Brasília: Brasília Jurídica, 1996; PEREIRA, Jane Reis Gonçalves. *Interpretação Constitucional e Direitos Fundamentais:* Uma Contribuição ao Estudo das Restrições aos Direitos Fundamentais na Perspectiva da Teoria dos Princípios. Rio de Janeiro: Renovar, 2006; FREITAS, Luiz Fernando Calil de. *Direitos Fundamentais:* Limites e Restrições. Porto Alegre: Livraria do Advogado, 2007; SILVA, Luís Virgílio Afonso da. *Direitos Fundamentais:* Conteúdo Essencial, Restrições e Eficácia. São Paulo: Malheiros, 2009 e NOVAIS, Jorge Reis. *As Restrições aos Direitos Fundamentais Não Expressamente Autorizadas pela Constituição*. Coimbra: Coimbra Editora, 2003.

[25] ALEXY, Robert. *Theorie der Grundrechte*. 2ª ed. Frankfurt am Main: Suhrkamp, 1994. pp. 249-257.

[26] Para a perspectiva subjetiva da limitação dos direitos fundamentais, *vide* FREITAS, Luiz Fernando Calil de. *Direitos Fundamentais:* Limites e Restrições. Porto Alegre: Livraria do Advogado, 2007 pp. 57-62 e 69-70. O conceito clássico de direito público subjetivo é de Georg Jellinek, exposto na obra JELLINEK, Georg. *System der subjektiven öffentlichen Rechte*. Reimpr. da 2ª ed. Aalen: Scientia Verlag, 1964. *Vide* a crítica de Alexy à teoria de Jellinek em ALEXY, Robert. *Theorie der Grundrechte*. 2ª ed. Frankfurt am Main: Suhrkamp, 1994. pp. 159-170 e 229-248. No Brasil, este debate é analisado por DUARTE, Clarice Seixas. "O Direito Público Subjetivo: História de um Debate" *In:* BENEVIDES, Maria Victoria de Mesquita; BERCOVICI, Gilberto; MELO Claudineu de (orgs.). *Direitos Humanos, Democracia e República:* Homenagem a Fábio Konder Comparato. São Paulo: Quartier Latin, 2009. pp. 229-268.

DEFESA DA CONCORRÊNCIA E PROTEÇÃO À PROPRIEDADE...

de propriedade não teria sido alterado, passando a função social a ser apenas mais uma limitação, mas, na realidade, o exercício do direito de propriedade deixa de ser absoluto.[27] A função social é mais do que uma limitação. Trata-se de uma concepção que se consubstancia no fundamento, razão e justificação da propriedade.[28]

A função é o poder de dar à propriedade determinado destino, de vinculá-la a um objetivo. O qualificativo social indica que esse objetivo corresponde ao interesse coletivo, não ao interesse do proprietário. A função social corresponde, para Fábio Konder Comparato, a um poder-dever do proprietário, sancionável pela ordem jurídica. Desta maneira, há um condicionamento do poder a uma finalidade. A função social da propriedade impõe ao proprietário o dever de exercê-la, atuando como fonte de comportamentos positivos.[29] Desta forma, o princípio constitucional da função social da propriedade se aplica a todos os direitos patrimoniais previstos na ordem constitucional brasileira, inclusive os direitos intelectuais.[30] Não é possível interpretar os dispositivos constitucionais sobre direitos intelectuais de modo distinto. Até mesmo porque a propriedade intelectual é ainda mais funcionalizada e condicionada do

---

[27] COMPARATO, Fábio Konder. "Função Social da Propriedade dos Bens de Produção". *Revista de Direito Mercantil* n. 63, pp. 75-76, julho/setembro de 1986.; GOMES, Orlando. "A Função Social da Propriedade". *Boletim da Faculdade de Direito da Universidade de Coimbra:* Estudos em Homenagem ao Prof. Dr. A. Ferrer-Correia II. Coimbra, 1989. pp. 424-425 e 431-432 e TEPEDINO, Gustavo. "Contornos Constitucionais da Propriedade Privada" *In:* DIREITO, Carlos Alberto Menezes (org.). *Estudos em Homenagem ao Professor Caio Tácito.* Rio de Janeiro: Renovar, 1997. pp. 321-322.

[28] GOMES, Orlando. "A Função Social da Propriedade". *Boletim da Faculdade de Direito da Universidade de Coimbra:* Estudos em Homenagem ao Prof. Dr. A. Ferrer-Correia II. Coimbra, 1989. pp. 428-429.

[29] COMPARATO, Fábio Konder. "Função Social da Propriedade dos Bens de Produção". *Revista de Direito Mercantil* n. 63, pp. 75-76, julho/setembro de 1986 e GOMES, Orlando. "A Função Social da Propriedade". *Boletim da Faculdade de Direito da Universidade de Coimbra:* Estudos em Homenagem ao Prof. Dr. A. Ferrer-Correia II. Coimbra, 1989. p. 426.

[30] No mesmo sentido, *vide* ASCENSÃO, José de Oliveira. "Direito Intelectual, Exclusivo e Liberdade". *Revista da ABPI (Associação Brasileira de Propriedade Intelectual)* n. 59, julho/agosto, pp. 40-49, 2002. e CARBONI, Guilherme. *Função Social do Direito de Autor.* Curitiba: Juruá, 2006. pp. 172-180.

GILBERTO BERCOVICI

que a propriedade tradicional. Afinal, o detentor de bens imateriais não pode assegurar sua exclusividade de fato, mas apenas por meio das garantias instituídas pelo próprio ordenamento jurídico.[31]

Como afirma Calixto Salomão Filho, a proteção aos bens imateriais é dinâmica, ou seja, se protege o direito de utilização, não a titularidade do bem objeto da produção em si.[32] O interesse tutelado, segundo Tullio Ascarelli, é a probabilidade de ganho futuro. A criação intelectual tem a possibilidade de ser utilizada com probabilidade de ganho. O titular da propriedade imaterial, assim, não goza de riquezas imediatamente, mas concorre à obtenção de uma riqueza futura.[33] Ainda para Ascarelli, o núcleo dos direitos sobre bens imateriais diz justamente respeito à sua utilização em relação a terceiros, especialmente a obrigação de abstenção, isto é, o limite ao exercício de uma atividade econômica em favor de determinados agentes privados.[34] Fábio Konder Comparato, no entanto, vai além. Para ele, a propriedade intelectual, ou seja, o direito exclusivo de exploração industrial, é um direito-função ou poder-dever. Isto significa que a propriedade intelectual tem função formadora e instrutora da coletividade, especialmente por meio da publicidade obrigatória do direito protegido, pois não se trata apenas de uma advertência a terceiros, para que se abstenham de reproduzir aquela ideia ou forma, mas representa a informação necessária e indispensável para o aperfeiçoamento técnico da coletividade naquele determinado campo do produto ou processo registrado.[35]

---

[31] BARBOSA, Denis Borges. "Do Bem Incorpóreo à Propriedade Intelectual" *In:* GRAU-KUNTZ, Karin; BARBOSA, Denis Borges (orgs.). *Ensaios sobre o Direito Imaterial:* Estudos Dedicados a Newton Silveira. Rio de Janeiro: Lumen Juris, 2009. pp. 422-425.

[32] SALOMÃO Filho, Calixto. *Direito Concorrencial:* As Condutas. São Paulo: Malheiros, 2003. p. 133.

33 ASCARELLI, Tullio. *Teoria della Concorrenza e dei Beni Immateriali:* Lezioni di Diritto Industriale. 2ª ed. Milano: Giuffrè, 1957. pp. 246-261 e LIBERTINI, Mario. "Il Diritto della Concorrenza nel Pensiero di Tullio Ascarelli". *Revista de Direito Mercantil* n. 137, janeiro/março, pp. 14-15, 2005.

[34] ASCARELLI, Tullio. *Teoria della Concorrenza e dei Beni Immateriali:* Lezioni di Diritto Industriale. 2ª ed. Milano: Giuffrè, 1957. pp. 24-25, 28-30, 33-34 e 241-242.

[35] COMPARATO, Fábio Konder. "A Transferência Empresarial de Tecnologia para

DEFESA DA CONCORRÊNCIA E PROTEÇÃO À PROPRIEDADE...

A proteção da propriedade intelectual, ou dos bens imateriais, é também uma categoria do direito concorrencial. A propriedade intelectual, segundo Francisco Campos, é uma das modalidades ou instrumentos pelos quais o ordenamento jurídico organiza e condiciona o comércio, transformando-o em comércio jurídico ou em concorrência disciplinada pelo direito. O bem imaterial é protegido em virtude da função para a qual é utilizado. A prioridade do seu uso consiste no direito de exclusividade, ou seja, a exclusividade é decorrente do uso do bem imaterial conforme ao comércio juridicamente regulado. A violação desta exclusividade legal se traduz por meio da utilização do trabalho alheio mediante concorrência desleal, isto é, o chamado *free-riding*.[36] A proteção da propriedade intelectual tem seu fundamento na concorrência. Não se trata de uma disciplina extravagante ao direito concorrencial, enfatiza Calixto Salomão Filho, mas é um meio de tutela da concorrência, ou melhor, é decorrente de uma aplicação especial da legislação de proteção à concorrência. A concorrência é também o seu limite, pois quando sua função se torna sem sentido, cessa a razão de sua proteção legal diferenciada.[37] Para Francisco Campos, os bens imateriais são também *"bens de concorrência"*:

Países Subdesenvolvidos: Um Caso Típico de Inadequação dos Meios aos Fins" *In: Direito Empresarial:* Estudos e Pareceres. São Paulo: Saraiva, 1995, pp. 44-45.

[36] Neste sentido, afirma Katarzyna Czapracka: "IP law and antitrust law are both designed to correct market failures. Antitrust policy targets anticompetitive conduct, which, in essence, is the type of conduct that limits the output or increases prices. The purpose of IP laws is to increase the incentives for private investment in the development of new products or more efficient production processes. To this end, IP laws create exclusive rights that limit the access of third parties to information, technologies, and other intangible goods. The product of R&D, information, is a public good, and as such can easily be appropriated by rivals, who did not bear the R&D cost. Assigning exclusive rights in the outcomes of creative and intellectual efforts allows the inventor to make a return on his investment by preventing free riding by his competitors" *In:* CZAPRACKA, Katarzyna. *Intellectual Property and the Limits of Antitrust:* A Comparative Study of US and EU Approaches. Cheltenham: Edward Elgar, 2009. p. 36.

[37] CAMPOS, Francisco. "Nome Comercial" *In: Direito Comercial.* Rio de Janeiro: Freitas Bastos, 1957. pp. 41-51 e SALOMÃO Filho, Calixto. *Direito Concorrencial:* As Condutas. São Paulo: Malheiros, 2003. pp. 127-128, 131-133 e 143. Em sentido distinto, entendendo o direito industrial e o direito concorrencial como complementares, *vide* ASCARELLI, Tullio. *Teoria della Concorrenza e dei Beni Immateriali:* Lezioni di Diritto Industriale. 2ª ed. Milano: Giuffrè, 1957. pp. 36-42 e 696 e LIBERTINI,

GILBERTO BERCOVICI

"Os bens imateriais da indústria e do comércio são, assim, bens de concorrência (Wettbewerbsgute), isto é, nascidos na concorrência, protegida a situação que lhes foi criada pelos que dêles se utilizam por fôrça da prioridade no seu uso".[38]

O desenho industrial é uma criação de forma, isto é, uma forma nova[39] de um produto conhecido, tem caráter ornamental. Seu objetivo é melhorar a função do produto, não inaugurar uma nova função. O desenho industrial é um meio de se diferenciar perante uma clientela cada vez mais exigente, atribuindo aos objetos industriais uma forma que seja, ao mesmo tempo, rentável, funcional e estética ou atrativa. Como não tem considerações de utilidade, apenas complementa o quadro das criações industriais, o desenho industrial não pode se constituir na forma necessária para que determinado produto preencha sua finalidade.

Mario. "Il Diritto della Concorrenza nel Pensiero di Tullio Ascarelli" ". *Revista de Direito Mercantil* n. 137, janeiro/março, pp. 16-18 de 2005

[38] CAMPOS, Francisco. "Nome Comercial" *In: Direito Comercial*. Rio de Janeiro: Freitas Bastos, 1957. p. 44. Neste mesmo sentido, Denis Borges Barbosa entende a propriedade intelectual como uma "propriedade concorrencial", isto é, como uma técnica de controle da concorrência, assegurando investimentos em inovação por meio de direitos temporários de exclusividade. Cf. BARBOSA, Denis Borges. "Do Bem Incorpóreo à Propriedade Intelectual" *In:* GRAU-KUNTZ, Karin; BARBOSA, Denis Borges (orgs.). *Ensaios sobre o Direito Imaterial:* Estudos Dedicados a Newton Silveira. Rio de Janeiro: Lumen Juris, 2009. pp. 407-408 e 420. *Vide*, ainda, SILVEIRA, Newton. *Propriedade Intelectual:* Propriedade Industrial, Direito de Autor, Software, Cultivares, Nome Comercial. 4ª ed. Barueri: Manole, 2011. p. 92 e SILVEIRA, Newton; SANTOS Jr, Walter Godoy dos. "Propriedade Intelectual e Liberdade" ". *Revista de Direito Mercantil* n. 142, pp. 15-22, abril/junho de 2006.

[39] Sobre a distinção entre novidade e originalidade e sua aplicação aos desenhos industriais, *vide* PONTES DE MIRANDA, Francisco Cavalcanti. *Tratado de Direito Privado*. 4ª ed. São Paulo: RT, 1983. Vol. XVI, § 1.985, pp. 422-424; MORO, Maitê Cecília Fabbri. *Marcas Tridimensionais:* Sua Proteção e os Aparentes Conflitos com a Proteção Outorgada por Outros Institutos da Propriedade Intelectual. São Paulo: Saraiva, 2009. pp. 233-239; POLLAUD-DULIAN, Frédéric. *Propriété Intellectuelle:* La Propriété Industrielle. Paris: Economica, 2011. pp. 550-551 e BARBOSA, Denis Borges. "Do Requisito de Originalidade nos Desenhos Industriais" *In:* BARBOSA, Denis Borges; SOUTO MAIOR, Rodrigo; RAMOS, Carolina Tinoco. *O Contributo Mínimo na Propriedade Intelectual:* Atividade Inventiva, Originalidade, Distinguibilidade e Margem Mínima. Rio de Janeiro: Lumen Juris, 2010. pp. 528-550.

DEFESA DA CONCORRÊNCIA E PROTEÇÃO À PROPRIEDADE...

O registro do desenho industrial confere ao seu titular o direito exclusivo, de duração limitada, de explorá-lo, ou seja, de sua fabricação, oferta, colocação no mercado, importação, exportação, utilização de produto no qual o desenho foi incorporado ou aplicado e seu armazenamento. Este é o conteúdo positivo do direito de proteção ao desenho industrial. O seu conteúdo negativo consiste no direito de impedir que terceiros utilizem aquele desenho industrial sem o consentimento do seu titular.[40]

A proteção ao desenho industrial é uma proteção a uma inovação no campo da indústria. Essa inovação, no entanto, não apresenta nenhum caráter técnico em si, mas consiste em dar uma forma ornamental nova ou original aos produtos industriais, com o objetivo de captar clientela. O desenho industrial é, assim, uma espécie de arte aplicada à indústria. A exclusividade temporária outorgada a seu titular não impede verdadeiramente a concorrência na comercialização daquele tipo de produto. Qualquer produto com outro formato ou forma pode produzir ou obter o mesmo efeito técnico. Os produtos concorrentes são substituíveis. A exclusividade se dá não sobre o produto, mas sobre seu formato. O essencial da forma do desenho industrial não são os seus imperativos técnicos, mas o seu efeito estético, seu caráter ornamental. A limitação imposta pela exclusividade no desenho industrial é impedir que terceiros se apropriem de um desenho sem autorização do seu titular, o que não impede de forma alguma que se ofereça o mesmo produto ou um produto similar sob formato ou apresentação estética distintos.[41]

---

[40] PONTES DE MIRANDA, Francisco Cavalcanti. *Tratado de Direito Privado*. 4ª ed. São Paulo: RT, 1983. vol. XVI, § § 1.984-1.985, pp. 419-422; MORO, Maitê Cecília Fabbri. *Marcas Tridimensionais:* Sua Proteção e os Aparentes Conflitos com a Proteção Outorgada por Outros Institutos da Propriedade Intelectual. São Paulo: Saraiva, 2009. pp. 210-213 e 231-232; POLLAUD-DULIAN, Frédéric. *Propriété Intellectuelle:* La Propriété Industrielle. Paris: Economica, 2011. pp. 505-507; SILVEIRA, Newton. *Propriedade Intelectual:* Propriedade Industrial, Direito de Autor, Software, Cultivares, Nome Comercial. 4ª ed. Barueri: Manole, 2011. pp. 6-8, 51-54 e 87-88; GONÇALVES, Luís M. Couto. *Manual de Direito Industrial:* Patentes, Desenhos ou Modelos, Marcas, Concorrência Desleal. 2ª ed. Coimbra: Almedina, 2008, pp. 163-165 e MELO, Renato Dolabella. *Patentes e Desenhos Industriais:* Instrumentos Legais para Coibir os Abusos. Belo Horizonte: Arraes Editores, 2011. pp. 59-60.

[41] POLLAUD-DULIAN, Frédéric. *Propriété Intellectuelle:* La Propriété Industrielle. Paris: Economica, 2011. pp. 41-42, 507-508 e 529-530. *Vide* também MORO, Maitê Cecília

O desenho industrial consiste, ele próprio, em um importante fator que proporciona a concorrência, pois facilita a diferenciação dos produtos e possibilita estratégias distintas de publicidade.[42] Glauco Arbix, em seu estudo sobre a inovação, destaca a importância da estratégia da diferenciação de produtos para a lucratividade das empresas, tática esta empregada intensamente nos países mais desenvolvidos. A estratégia das empresas que competem por diferenciação de produto é justamente a mais dinâmica e promissora, que torna a empresa menos vulnerável à competição em virtude de custo ou preço simplesmente.[43] A concorrência, portanto, não pode ser analisada exclusivamente de um ponto de vista estático, pois os agentes econômicos podem criar, eliminar, aumentar ou diminuir suas diferenças, modificando as características dos seus produtos.[44]

Além disto, a velocidade das inovações, inclusive, faz com que, em vários setores, os produtos ou processos protegidos pela Lei da Propriedade Intelectual acabem se tornando ultrapassados antes da expiração do prazo legal de proteção. Neste sentido, esclarece Herbert Hovenkamp:

> "The continuing development and actual use of new patented devices should not be treated as an illegal exclusionary practice. The disincentive created to research and development would far outweigh any injury to the competitive process that might result. In some high technology fields the commercial life expectancy of some components is only a fraction of the legal life of the patents

---

Fabbri. *Marcas Tridimensionais:* Sua Proteção e os Aparentes Conflitos com a Proteção Outorgada por Outros Institutos da Propriedade Intelectual. São Paulo: Saraiva, 2009. pp. 242-243.

[42] MORO, Maitê Cecília Fabbri. *Marcas Tridimensionais:* Sua Proteção e os Aparentes Conflitos com a Proteção Outorgada por Outros Institutos da Propriedade Intelectual. São Paulo: Saraiva, 2009. p. 209.

[43] ARBIX, Glauco. *Inovar ou Inovar:* A Indústria Brasileira entre o Passado e o Futuro. São Paulo: Ed. Papagaio, 2007. pp. 115-116.

[44] SCHUMPETER, Joseph Alois. *Capitalism, Socialism and Democracy.* Reimpr., New York: Harper Perennial, 2001. pp. 81-82, 84-86 e 100-106 e POSSAS, Silvia. "Concorrência e Inovação" *In:* PELAEZ, Victor; SZMRECSÁNYI, Tamás (orgs.). *Economia da Inovação Tecnológica.* São Paulo: Hucitec, 2006, p. 15.

DEFESA DA CONCORRÊNCIA E PROTEÇÃO À PROPRIEDADE...

that protect them. In any field where technology changes at a rapid rate, research and development is likely to render components or processes obsolete long before their patents expire".[45]

Para a compreensão das relações entre concorrência e inovação, a recuperação das teses de Joseph Alois Schumpeter é de grande importância. Schumpeter destaca o papel central desempenhado pela concorrência em termos de inovação, contrapondo-se ao modelo "estático" da concorrência em matéria de preços. Afinal, para Schumpeter, o principal impulsionador do desenvolvimento econômico capitalista é justamente a inovação. Ao constituírem formas de concorrência que não se manifestam pela dimensão preço, as inovações, segundo Miguel Moura e Silva, assumem-se como *"nonprice competition"*; além de, simultaneamente, serem meios de diferenciação de produtos que tendem a gerar algum grau de poder de mercado potencial. Este poder de mercado, obviamente, só pode ser aferido *ex post*, caso o esforço de inovação seja bem sucedido. A característica essencial de qualquer inovação é a incerteza *ex ante* da rentabilidade dos investimentos necessários. Schumpeter descarta os métodos de análise "estática" da concorrência, centrada na dimensão do preço, por considerá-los insuficientes para perceber a importância das inovações na dinâmica e transformação do sistema econômico.[46]

O agente essencial do processo de inovação é a empresa, geralmente a de grande porte, pois é necessária uma alocação intensiva de recursos financeiros, técnicos e humanos. Ao introduzir inovações, a empresa modifica também o poder relativo dos vários agentes econômicos no mercado, alterando suas próprias condições de

---

[45] HOVENKAMP, Herbert. *Federal Antitrust Policy:* The Law of Competition and Its Practice. 3ª ed. St. Paul: Thomson/West, 2005. p. 333.

[46] SCHUMPETER, Joseph Alois. *Business Cycles:* A Theoretical, Historical, and Statistical Analysis of the Capitalist Process. Reimpr. da 1ª ed. Chevy Chase/Mansfield Centre: Bartleby's Books/Martino Publishing, 2005. Vol. I, pp. 91-92 e SILVA, Miguel Moura e. *Inovação, Transferência de Tecnologia e Concorrência:* Estudo Comparado do Direito da Concorrência dos Estados Unidos e da União Europeia. Coimbra: Almedina, 2003. pp.27-29 e 32-34.

GILBERTO BERCOVICI

competir.[47] Schumpeter entende que o poder monopolista encoraja os esforços de pesquisa e desenvolvimento. A inovação pode gerar poder no mercado e, em casos extremos, monopólio. As estruturas de mercado que produzem a competição de preços são sempre distintas das que estimulam inovações significativas. Boa parte das inovações lucrativas ocorre em mercados relativamente concentrados, com número relativamente pequeno de empresas atuando. Os incentivos às empresas para inovarem são determinados não apenas pela existência de competição, mas também pela possibilidade de se apropriarem dos resultados de seu investimento. Se a competição for muito acirrada, a possibilidade de apropriação é reduzida, assim como o incentivo a investir e inovar. Como bem afirma Massimo Motta, é difícil escolher, na prática, o nível "correto" de competição, pois a possibilidade de resultados varia muito, embora, em tese, o monopólio ou cartel seriam piores do que estruturas competitivas de mercado porque falhariam em estimular uma eficiência dinâmica dos agentes econômicos.[48]

O exercício ou a expectativa de exercício de poder no mercado tem um papel importante na manutenção dos incentivos às empresas a investir, inovar, introduzir novos bens e melhorar a qualidade de seus produtos. Nenhuma política pública pode ter como objetivo a ser perseguido eliminar o poder no mercado. A própria existência de algum poder econômico ajuda a competição. É esta perspectiva que faz as

---

[47] POSSAS, Silvia. "Concorrência e Inovação" *In:* PELAEZ, Victor; SZMRECSÁNYI, Tamás (orgs.). *Economia da Inovação Tecnológica.* São Paulo: Hucitec, 2006, p. 32 e ARBIX, Glauco. *Inovar ou Inovar:* A Indústria Brasileira entre o Passado e o Futuro. São Paulo: Ed. Papagaio, 2007. pp. 38-39 e 49.

[48] SCHUMPETER, Joseph Alois. *Business Cycles.* Reimpr. da 1ª ed. Chevy Chase/ Mansfield Centre: Bartleby's Books/Martino Publishing, 2005. Vol. I, pp. 96-97 e 108-109; SCHUMPETER, Joseph Alois. *Capitalism, Socialism and Democracy.* Reimpr. da 1ª ed. Chevy Chase/Mansfield Centre: Bartleby's Books/Martino Publishing, 2005. Vol. I, pp. 87-106; MOTTA, Massimo. *Competition Policy:* Theory and Practice. 12ª ed. Cambridge/New York: Cambridge University Press, 2009. pp. 56-57; POSSAS, Silvia. "Concorrência e Inovação" *In:* PELAEZ, Victor; SZMRECSÁNYI, Tamás (orgs.). *Economia da Inovação Tecnológica.* São Paulo: Hucitec, 2006, pp. 32-33; SZMRECSÁNYI, Tamás. "A Herança Schumpeteriana" *In:* PELAEZ Victor; SZMRECSÁNYI, Tamás (orgs.). *Economia da Inovação Tecnológica.* São Paulo: Hucitec, 2006. p. 126 e HOVENKAMP, Herbert. *The Antitrust Enterprise:* Principle and Execution. Reimpr. Cambridge (Ms.)/London: Harvard University Press, 2008. pp. 13-15.

DEFESA DA CONCORRÊNCIA E PROTEÇÃO À PROPRIEDADE...

empresas investirem e inovarem.[49] Este fenômeno é traduzido como "apropriabilidade" de uma inovação pelos economistas neo-schumpeterianos. A introdução das inovações deve corresponder à apropriação de ganhos extraordinários, cuja ocorrência seria necessária para que possa ocorrer a inovação. Quanto maior for a "apropriabilidade", maior será o incentivo à inovação, além do fato de se garantir ao inovador mais condições de continuar inovando. O complemento da "apropriabilidade" é a "cumulatividade" da inovação, ou seja, a ocorrência de uma inovação permite que ocorram inovações posteriores e quem iniciou o processo tem melhores condições de continuar inovando. Finalmente, há, ainda, a "oportunidade" da inovação, o conjunto de possibilidades que uma inovação proporciona, inclusive, a geração de novas inovações. Segundo Silvia Possas, todos estes elementos da inovação geram assimetrias, mas, por sua vez, também modificam determinados mercados e rompem com assimetrias previamente existentes.[50]

É muito difícil conseguir determinar se determinados investimentos estratégicos foram realizados com o objetivo de tornar a empresa mais competitiva e melhorar seus produtos ou foram apenas pelo desejo de fortalecer ou assegurar uma posição dominante ou monopolista no mercado. A maioria dos investimentos tem efeitos positivos sobre o bem-estar coletivo, não se pode, portanto, desencorajar as empresas a desenvolverem projetos. Caso se acuse uma empresa de algo como um "superinvestimento" (*over-investment*), o ônus da prova cabe ao demandante ou ao órgão regulador, nunca ao demandado. As autoridades devem proteger a competição, não os competidores. Se empresas começarem a ser punidas por supostamente terem "investido demais", o efeito concreto é o de inibir a inovação.[51]

---

[49] MOTTA, Massimo. *Competition Policy:* Theory and Practice. 12ª ed. Cambridge/New York: Cambridge University Press, 2009. pp. 58 e 64; POSSAS, Silvia. "Concorrência e Inovação" *In:* PELAEZ, Victor; SZMRECSÁNYI, Tamás (orgs.). *Economia da Inovação Tecnológica.* São Paulo: Hucitec, 2006, pp. 15-16 e SZMRECSÁNYI, Tamás. "A Herança Schumpeteriana" " *In:* PELAEZ, Victor; SZMRECSÁNYI, Tamás (orgs.). *Economia da Inovação Tecnológica.* São Paulo: Hucitec, 2006. pp. 125-126.

[50] POSSAS, Silvia. "Concorrência e Inovação" *In:* PELAEZ, Victor & SZMRECSÁNYI, Tamás (orgs.). *Economia da Inovação Tecnológica.* São Paulo: Hucitec, 2006, pp. 33-35.

[51] MOTTA, Massimo. *Competition Policy:* Theory and Practice. 12ª ed. Cambridge/New York: Cambridge University Press, 2009. pp. 454-457.

Neste sentido, talvez seja útil adotar a distinção, proposta por Hovenkamp, entre a inovação resultante de colaboração e a inovação exclusivamente interna à empresa. Quando uma empresa inova exclusivamente por si própria, sem acordos com outras empresas, raramente esta inovação irá violar a legislação concorrencial. A exceção seriam os atos predatórios de monopolistas que criariam estrategicamente um produto apenas para tornar o produto do rival incompatível ou pior. Este é o caso da chamada "predação tecnológica", também conhecida como "inovação de prateleira" (*"off the shelf product innovations"*). A eliminação do concorrente, assim, se daria por meio da causação de prejuízo, além do preço, por alteração na qualidade do produto. Esta conduta está prevista genericamente no artigo 36, § 3º, IV da Lei n. 12.529, de 30 de novembro de 2011 (cujo texto é o mesmo do artigo 21, V da Lei n. 8.884, de 11 de junho de 1994, hoje revogado). Seriam criadas, assim, dificuldades ao concorrente por meio da introdução de inovações com o objetivo exclusivo de eliminá-lo do mercado. Geralmente, a inovação afeta a concorrência por meio de acordos e colaborações que visam reduzir o número de concorrentes ou facilitar um acordo de preços.[52]

A pesquisa em inovação justifica a exceção aos dispositivos concorrenciais ou, ao menos, sua interpretação extensiva, nos termos do artigo 88, § 6º da Lei n. 12.529/2011 (cujo texto é similar ao do revogado artigo 54, § 1º da Lei n. 8.884/1994). Estes investimentos podem ser fundamento de cooperação e concentração empresarial, inclusive justificando uma posição de poder no mercado, desde que este poder não crie barreiras insuperáveis à entrada de concorrentes e desde que sejam constatados ganhos de eficiência no mercado.[53]

A política de inovação é parte essencial de toda e qualquer política industrial contemporânea, objetivando inaugurar, inclusive, um

---

[52] HOVENKAMP, Herbert. *The Antitrust Enterprise:* Principle and Execution Reimpr. Cambridge (Ms.)/London: Harvard University Press, 2008. pp. 25-30 e SALOMÃO Filho, Calixto. *Direito Concorrencial:* As Condutas. São Paulo: Malheiros, 2003. pp. 185-188.

[53] SALOMÃO Filho, Calixto. *Direito Concorrencial:* As Estruturas. São Paulo: Malheiros, 1998. pp. 180-183.

DEFESA DA CONCORRÊNCIA E PROTEÇÃO À PROPRIEDADE...

novo padrão de competitividade, dado o seu dinamismo e poder multiplicador. A política industrial não pode ser direcionada para substituir ou eliminar o sistema concorrencial. Embora possa haver prevalência dos objetivos de política industrial sobre as preocupações concorrenciais, a política industrial é perfeitamente compatível com a defesa da concorrência.[54] Sobre este difícil equilíbrio entre competitividade e progresso, afirma Hovenkamp:

> "As far as innovation is concerned, antitrust's main job is not to stand in the way, trusting that the market will generally take care of things, yet intervening when a significant restraint threatens to limit the avenues of innovation".[55]

Incentivar a inovação não consiste em leniência das autoridades de defesa da concorrência ou inaplicabilidade do direito concorrencial, pelo contrário. Pode-se afirmar, portanto, que não só a legislação de defesa da concorrência não é contraditória com a política industrial, em particular com o incentivo à inovação, como deve ser aplicada no sentido de não inibir o investimento e o aprimoramento em inovação.

O que não se pode fazer é considerar apenas a política de defesa da concorrência na análise das questões envolvendo os direitos intelectuais, sob pena de serem perpetuadas as distorções causadoras do abuso do poder econômico. A tendência de fazer predominar, mais ou menos sistematicamente, os princípios e objetivos exclusivos do direito concorrencial leva ao desconhecimento da particularidade e da legitimidade dos direitos intelectuais. Nas palavras de Fábio Konder Comparato:

---

[54] SALOMÃO Filho, Calixto. *Direito Concorrencial:* As Estruturas São Paulo: Malheiros, 1998. pp. 176-199 e 220-222 e ARBIX, Glauco. *Inovar ou Inovar:* A Indústria Brasileira entre o Passado e o Futuro. São Paulo: Ed. Papagaio, 2007. pp. 28-33. *Vide*, ainda, EIFERT, Martin. "Innovationsfördernde Regulierung" *In:* EIFERT, Martin; HOFFMANN-RIEM, Wolfgang (orgs.). *Innovationsfördernde Regulierung:* Innovation und Recht II. Berlin: Duncker & Humblot, 2009. p. 17.

[55] HOVENKAMP, Herbert. *The Antitrust Enterprise:* Principle and Execution Reimpr. Cambridge (Ms.)/London: Harvard University Press, 2008. p. 15.

GILBERTO BERCOVICI

"Aliás, a consideração exclusiva dos aspectos concorrenciais, no regime das patentes, acarreta a negação prática de sua função social, de estímulo às invenções de interesse para a coletividade. A utilização social do produto ou processo inventado torna-se de consideração secundária, na economia do sistema. O que importa é a regulação da concorrência, regulação essa que, como se assinalou, tende a reforçar e não a atenuar os desequilíbrios do poder e influência no mercado".[56]

Como sabemos, a atual legislação patentária brasileira foi um dos resultados da Rodada Uruguai no Acordo Geral de Tarifas e Trocas (GATT), em 1994, que também criou a Organização Mundial do Comércio (OMC). O acordo TRIPS (*Agreement on Trade-Related Aspects of Intellectual Property Rights*), por sua vez, homogeneizou o tratamento dado à proteção de direitos de propriedade intelectual por seus signatários, tratando de forma igual os desiguais.

O artigo 26 do TRIPS[57] prevê que o titular de um desenho industrial tem o direito de impedir sua cópia não autorizada. Esta proteção pode até ser limitada em alguns aspectos, mas não se pode, de forma alguma, impedir que um desenho industrial seja explorado normalmente por seu titular legítimo. Não há fundamento jurídico algum para se afirmar que este direito de exclusividade não existe no mercado secundário. Uma eventual decisão do CADE (Conselho Administrativo de

---

[56] COMPARATO, Fábio Konder. "A Transferência Empresarial de Tecnologia para Países Subdesenvolvidos: Um Caso Típico de Inadequação dos Meios aos Fins" *In: Direito Empresarial*: Estudos e Pareceres. São Paulo: Saraiva, 1995. p. 44. *Vide*, em sentido próximo, POLLAUD-DULIAN, Frédéric. *Propriété Intellectuelle:* La Propriété Industrielle. Paris: Economica, 2011. pp. 52-70.

[57] "Artigo 26. 1. The owner of a protected industrial design shall have the right to prevent third parties not having the owner's consent from making, selling or importing articles bearing or embodying a design which is a copy, or substantially a copy, of the protected design, when such acts are undertaken for commercial purposes. 2. Members may provide limited exceptions to the protection of industrial designs, provided that such exceptions do not unreasonably conflict with the normal exploitation of protected industrial designs and do not unreasonably prejudice the legitimate interests of the owner of the protected design, taking account of the legitimate interests of third parties. 3. The duration of protection available shall amount to at least 10 years".

DEFESA DA CONCORRÊNCIA E PROTEÇÃO À PROPRIEDADE...

Defesa Econômica) impedindo a exclusividade dos titulares de desenho industrial violaria o artigo 26 do TRIPS.[58]

Com a ratificação e incorporação do TRIPS ao ordenamento jurídico brasileiro, por meio do Decreto n. 1.355, de 31 de dezembro de 1994, todas as formas de propriedade intelectual ganharam um reforço à sua proteção no país. O Instituto Nacional da Propriedade Intelectual (INPI) não é mais o órgão que se limita a registrar os direitos sobre a propriedade intelectual, mas ganhou funções de um verdadeiro instrumento de política econômica, inclusive no tocante à repressão ao abuso do poder econômico exercido por meio da propriedade intelectual.[59]A proteção ao desenho industrial não pode entrar em colisão com a política pública de defesa da concorrência, cujo âmbito de atuação não deve se ampliar de tal forma a querer também interferir na esfera do registro e proteção da propriedade intelectual, área de competência do INPI. Deste modo, qualquer eventual aplicação da legislação de defesa da concorrência em situações que envolvam a proteção de propriedade intelectual deve se pautar por rígidos padrões de prova, tendo em vista que o conflito da política pública de defesa da concorrência com a política pública de proteção à propriedade intelectual deve ser evitado, para que não se acarretem prejuízos, ao invés de benefícios, à população em geral. Afinal, tanto a lei de defesa da concorrência quanto a lei de proteção à propriedade intelectual precisam ser interpretadas de forma a serem compatíveis, e não contraditórias entre si. Neste sentido, é categórico Herbert Hovenkamp:

> "As a result, the antitrust laws and the federal intelectual property laws must be interpreted so as to accommodate one another. Importantly, the United States has both a patent policy and an antitrust policy, and neither should be interpreted in such a way as to disregard the other".[60]

---

[58] MELO, Renato Dolabella. *Patentes e Desenhos Industriais:* Instrumentos Legais para Coibir os Abusos. Belo Horizonte: Arraes Editores, 2011. pp. 98-99.

[59] SILVEIRA, Newton. *Propriedade Intelectual:* Propriedade Industrial, Direito de Autor, Software, Cultivares, Nome Comercial. 4ª ed. Barueri: Manole, 2011. pp. 93-94.

[60] HOVENKAMP, Herbert. *Federal Antitrust Policy:* The Law of Competition and Its Practice. 3ª ed. St. Paul: Thomson/West, 2005. pp. 241-242.

A Lei n. 9.279, de 14 de maio de 1996, não estatui nenhuma previsão de que os direitos sobre um desenho industrial estejam limitados ou circunscritos a um determinado tipo de mercado ou estejam sujeitos ao licenciamento compulsório. A exclusividade do titular do desenho industrial não tem nenhuma vinculação ao mercado onde seja explorado. Não se aplica, portanto, o disposto no artigo 38, IV, 'a' da Lei n. 12.529, de 30 de novembro de 2011.[61]

Uma eventual decisão do CADE no sentido do licenciamento compulsório seria, no entanto, apenas consultiva. O CADE não tem poder de aplicar diretamente o licenciamento compulsório. O órgão competente legalmente para realizar um licenciamento compulsório é o INPI, que pode acatar, ou não, o entendimento do CADE. Além disto, o licenciamento compulsório não é aplicável a todos os tipos de propriedade intelectual. No caso dos desenhos industriais, por exemplo, não há qualquer previsão legal para sua utilização.[62]

A proteção à propriedade intelectual, como destaca Hovenkamp, não implica automaticamente na atribuição de poder econômico aos seus titulares. Para que haja um abuso do poder econômico neste caso, deveria ser constatada a exclusão de concorrentes e a redução de oferta sem justificativas. Se as montadoras efetivamente buscam a exclusão dos fabricantes independentes de autopeças e conseguem fabricar, diretamente ou por meio de contratos de licenciamento com terceiros devidamente autorizados, a quantidade total necessária de autopeças para manter o nível da oferta, essa eventual exclusão dos chamados fabricantes independentes de autopeças não é, em si, um ilícito concorrencial, pois se deu com base legal, de acordo com a Lei n. 9.279/1996. O que não pode ocorrer para que não seja caracterizado algum tipo de abuso do poder econômico por parte das montadoras titulares dos desenhos industriais seria a redução da oferta de autopeças ou um aumento desarrazoado dos preços.[63]

---

[61] MELO, Renato Dolabella. *Patentes e Desenhos Industriais:* Instrumentos Legais para Coibir os Abusos. Belo Horizonte: Arraes Editores, 2011. pp. 96-98.

[62] MELO, Renato Dolabella. *Patentes e Desenhos Industriais:* Instrumentos Legais para Coibir os Abusos. Belo Horizonte: Arraes Editores, 2011. pp. 2-3, 67, 73-75 e 85-87.

[63] HOVENKAMP, Herbert *Federal Antitrust Policy:* The Law of Competition and Its Practice. 3ª ed. St. Paul: Thomson/West, 2005. pp. 142-143 e 405-406 e MELO, Renato

DEFESA DA CONCORRÊNCIA E PROTEÇÃO À PROPRIEDADE...

Uma eventual decisão do CADE no sentido de determinar a não aplicação dos critérios de exclusividade do desenho industrial no mercado secundário afetaria a todos os titulares de desenhos industriais, independentemente de terem praticado alguma suposta prática abusiva ou não. O resultado seria negativo em todo o processo de inovação no campo dos desenhos industriais no país.[64]

As controvérsias geradas pela incidência comum de políticas de direito concorrencial e de proteção à propriedade intelectual são também objeto de intenso debate nos meios jurídicos norte-americano e europeu. Como bem observa Steve D. Anderman, a oposição – aparentemente inconciliável – que frequentemente se verificou entre estes dois campos caminha hoje para uma aplicação conjunta de seus princípios, entendidos como *"componentes complementares de uma política industrial moderna"*. Este percurso de harmonização exige das autoridades de defesa da concorrência uma adequação dos conceitos teóricos fundamentais do direito antitruste às especificidades do direito da propriedade intelectual:

> "EC competition policy and intellectual property rights (IPRs) are widely recognised to be complementary components of a modern industrial policy. Both pursue a common aim of improving innovation and consumer welfare although they do so by using rather different means. Intellectual property legislation such as patents, copyright and design rights laws pursue this aim by offering a period of exclusive rights to exploit to IP right holders as a reward and incentive to innovation and R&D investment. Modern competition policy attempts to keep markets innovative by maintaining effective competition on markets by preventing foreclosure of markets and maintaining access to markets. At first sight there seems to be a potential clash between the methods used by the two systems of legal regulation to achieve their common aims; the concern to maintain access to markets appears to

---

Dolabella. *Patentes e Desenhos Industriais:* Instrumentos Legais para Coibir os Abusos. Belo Horizonte: Arraes Editores, 2011. pp. 99-100.

[64] MELO, Renato Dolabella. *Patentes e Desenhos Industriais:* Instrumentos Legais para Coibir os Abusos. Belo Horizonte: Arraes Editores, 2011. p. 99.

be implacably opposed to the concept of exclusive rights to make, use and sell a product. And indeed, historically there was a period when the misunderstanding of the economic effects of IPRs led EC competition policy to attempt to place overly strict limits on the exercise of IP rights particularly in the field of patent licensing. Today, however, EC competition policy treats the economic effects of IPRs more realistically. It no longer assumes that the legal monopoly conferred by IP laws, such as patent and copyright legislation, to make and sell a particular product or process automatically amounts to an economic monopoly or even confers market power. Its view is that this issue must be left to be established empirically. Equally importantly, EC competition law gives explicit recognition to the positive contribution that IPRs make to competition as well as innovation and has made a number of significant adjustments within its doctrines to accommodate the exercise of IPRs".[65]

---

[65] ANDERMAN, Steven D.; SCHMIDT, Hedvig. "EC Competition Policy and IPRs" In: ANDERMAN, Steven D. (org.). *The Interface between Intellectual Property Rights and Competition Policy*. Cambridge/New York: Cambridge University Press, 2007. p. 37. Anderman identifica, ainda, os parâmetros para uma avaliação de direitos de propriedade intelectual pelo direito concorrencial: "Competition policy and intellectual property rights (IPRs) have evolved historically as two separate systems of law. Each has its own legislative goals and each its own methods of achieving those goals. There is a considerable overlap in the goals of the two systems of law because both are aimed at promoting innovation and economic growth. Yet there are also potential conflicts owing to the means used by each system to promote those goals. IP laws generally offer a right of exclusive use and exploitation to provide a reward to the innovator, to provide an incentive to other innovators and to bring into the public domain innovative information that might otherwise remain trade secrets. Competition authorities regulate near monopolies, mergers and commercial agreements with the aim of maintaining effective competition in markets. This regulation occasionally results in limits being placed on the free exercise of the exclusive rights granted by IP laws. (...) At the same time, the basic doctrines of modern competition law work in conjunction with IP laws by acknowledging their positive role in the process of innovation in at least five major respects. First and foremost, both the US and the EU competition laws accept that the achievement of an economic monopoly by means of investment R&D and intellectual property rights is a legitimate course of conduct for a firm, a form of 'competition on the merits'. Secondly, and relatedly, both EU competition law and US antitrust law acknowledge that the pricing of IPRs, even by dominant firms, must include a return which adequately reflects the reward/incentive function of IPRs as well as the ex ante investment risks of their owners. Thirdly, the competition laws in both systems in most cases give recognition to the right of IPR owners to prevent copying even if the exercise of this right denies access to markets to competitors. Fourthly, the competition laws in both

DEFESA DA CONCORRÊNCIA E PROTEÇÃO À PROPRIEDADE...

No mesmo sentido, Richard J. Gilbert também defende que o direito concorrencial ofereça um tratamento adaptado às especificidades do direito de propriedade intelectual, particularmente em razão da disciplina legal diferenciada de que usufrui este campo jurídico.[66]

Um caso paradigmático no direito comparado para a fixação de parâmetros de aplicação do direito de propriedade intelectual pelas autoridades de defesa da concorrência foi o julgamento do caso *"Volvo v. Veng"* pelo Tribunal de Justiça da Comunidade Europeia em 1988.[67] O interesse desta decisão para o caso em tela é ainda maior, pois estabelece critérios, dentro do vasto domínio da propriedade intelectual[68], para

---

systems no longer automatically assume that the legal monopoly conferred by IP laws, such as patent and copyright legislation, automatically amounts to an economic monopoly or even confers market power. That issue is left to be established empirically. Finally, in their analysis of IP licensing agreements both systems of competition policy work with the presumption that the licensing of IPRs is in general pro-competitive in its effects" *In:* ANDERMAN, Steven D. "The Competition Law/IP 'Interface': An Introductory Note" *In:* ANDERMAN, Steven D. (org.). *The Interface between Intellectual Property Rights and Competition Policy.* Cambridge/New York: Cambridge University Press, 2007. pp. 1 e ss.

[66] Dentre as distinções principais que devem ser observadas para a adequação entre direito concorrencial e direito de propriedade intelectual, destacam-se: "1. Intellectual property enjoys special legal prerogatives. 2. Intellectual property's role in stimulating innovation. 3. The boundaries that define intellectual property are uncertain. 4. Intellectual property motivates strategic conduct. 5. Intellectual property owners may require conditions on licensees to discourage imitation and to appropriate the value of their inventions. 6. The owners of intellectual property may have means to impose licensing conditions that extend beyond what is feasible for ordinary property. 7. Intellectual property is often complementary to other assets" *In:* GILBERT, Richard J. "Competition Policy for Intellectual Property" *In:* BUCCIROSSI Paolo. (org.). *Handbook of Antitrust Economics.* Cambridge (Ms.): The MIT Press, 2008. p. 524.

[67] Processo 238/87, CJCE 5/10588. Acórdão do Tribunal Europeu, datado de 5 de outubro de 1988, disponível em língua portuguesa: http://eur-lex.europa.eu/LexUriServ/LexUriServ.do?uri=CELEX:61987CJ0238:PT:HTML, acesso em 20/10/2012. No mesmo sentido, *vide* o processo *Maxicar v. Renault:* Processo 53/87, Acórdão do Tribunal Europeu, datado de 5 de outubro de 1988, disponível em língua portuguesa em língua portuguesa em: http://eur-lex.europa.eu/LexUriServ/LexUriServ.do?uri=CELEX:61987CJ0053:PT:HTML, acesso em 20/10/2012.

[68] Para uma visão geral do direito de propriedade intelectual na prática concorrencial europeia, *vide* KORAH, Valentine. *Intellectual Property Rights and the EC Competition Rules.* Portland: Hart Publishing, 2006.

GILBERTO BERCOVICI

o tratamento dos desenhos industriais pelo direito concorrencial, especificamente as peças de reposição no mercado automotivo.[69]

Conforme o relatório do caso, a montadora *AB Volvo* era titular no Reino Unido de um modelo industrial registrado, referente aos pára-lamas dianteiros dos veículos *Volvo* da série 200. A empresa *Erik Veng Limited*, com sede no Reino Unido, importava esses mesmos painéis de carroçaria, fabricados sem a autorização da *Volvo*, comercializando-os em território britânico. A *Volvo* processou a *Veng* no Reino Unido perante a *High Court of Justice* por violação do seu direito exclusivo, que, por sua vez, formulou o reenvio prejudicial ao Tribunal de Justiça da Comunidade Europeia[70] (denominado Tribunal de Justiça da União Europeia a partir da entrada em vigor do Tratado de Lisboa em 2007), questionando se o direito de propriedade industrial da *Volvo* era oponível à *Veng* ou se constituía um abuso de posição dominante. O Tribunal decidiu nos seguintes termos:

> "O facto de o titular de um modelo industrial registado, referente a painéis de carroçaria de automóvel, recusar a concessão a

---

[69] SCHMIDT, Hedvig. *Competition Law, Innovation and Antitrust:* An Analysis of Tying and Technological Integration. Cheltenham: Edward Elgar, 2009. A autora, ao comentar a jurisprudência europeia acerca dos direitos de propriedade intelectual na ordem concorrencial, distingue que: "The former [patent right] is seen as a stronger right than the latter [copyright] because patents can exclude third parties from making the same product, whereas copyrights can merely exclude others from copying the product, not from producing a similar product. It is important to emphasize the consequences for IP rights holders of such a finding. It almost automatically makes the IP holder dominant in his or her own spare part market, because in principle no one else would be able to produce a similar product, assuming that all spare parts arc not substitutable owing to the IP right. Design rights are exceptional in that respect, unless they have been granted a license by the right holder. This rarity was illustrated in Volvo v. Veng" (p. 108). *Vide* também o comentário sobre a proteção ao *design* automotivo em PRUETZ, Erica. "Protecting Car Design Internationally: A Comparison of British and American Design Laws". *Loyola of Los Angeles International and Comparative Law Review.* Vol. 475, 2002. pp. 475-507.

[70] O reenvio prejudicial é um tipo de processo do Tribunal de Justiça da União Europeia em que este se pronuncia a pedido de um órgão jurisdicional nacional sobre a interpretação e a validade do direito comunitário (artigo 19 do Tratado de Lisboa e artigo 267 do Tratado sobre o Funcionamento da União Europeia).

DEFESA DA CONCORRÊNCIA E PROTEÇÃO À PROPRIEDADE...

terceiros, mesmo com royalties razoáveis a título de compensação, de uma licença para o fornecimento de peças integrantes do modelo industrial não pode ser, por si só, considerado uma exploração abusiva de posição dominante na acepção do artigo 86.º do Tratado [atual artigo 82]".

Na fundamentação de sua decisão, o Tribunal argumentou que o exercício dos direitos de propriedade industrial, essencialmente a proibição de que terceiros copiem o *design* registrado, só poderia ser considerado abusivo se determinadas condutas adicionais fossem identificadas, o que se convencionou chamar de "doutrina das circunstâncias excepcionais" (*"exceptional circumstances doctrine"*):

"8. É importante acentuar, em seguida, que a faculdade de o titular de um modelo industrial protegido impedir terceiros de fabricar, bem como de vender ou importar, sem o seu conhecimento, produtos integrantes do modelo industrial constitui a própria essência do seu direito exclusivo. Daqui resulta que impor ao titular do modelo industrial protegido, a obrigação de conceder a terceiros, mesmo com royalties razoáveis a título de compensação, uma licença para o fornecimento de produtos integrantes do modelo industrial, teria por consequência privar aquele titular de parte essencial do seu direito exclusivo, e que, por isso, a recusa de concessão de semelhante licença não pode constituir, sem mais, um abuso de posição dominante.

9. Há que salientar, porém, que o exercício do direito exclusivo pelo titular de um modelo industrial relativo a painéis de carroçaria de veículos automóveis pode ser proibido pelo artigo 86.º se der origem, por parte de uma empresa em posição dominante, a certos comportamentos abusivos, tais como a recusa arbitrária de fornecer peças sobressalentes a garagens independentes, a fixação dos preços das peças sobresselentes a um nível não equitativo, ou a decisão de deixar de produzir peças sobresselentes para um determinado modelo, apesar de muitos veículos desse modelo ainda continuarem a circular, desde que esses comportamentos possam afectar o comércio entre Estados-membros."

GILBERTO BERCOVICI

A tentativa de se estabelecerem as hipóteses nas quais a recusa de contratar, decorrente do exercício legítimo de opor a terceiros o direito legal de proteção à propriedade intelectual, constituiria um abuso de posição dominante foi ampliada no caso *Magill*.[71] Como bem observa Cyril Ritter[72], nem todas as hipóteses desenvolvidas nos casos que tratam de diferentes tipos de propriedade intelectual (propriedade industrial e *copyrights*) são intercambiáveis, mas oferecem diretrizes para a identificação de condutas abusivas.

John Temple Lang, a partir do exame dos casos *Volvo* e *Magill*, sintetiza as hipóteses admitidas para a mitigação do direito de propriedade intelectual na aplicação das regras de direito concorrencial europeu, aplicáveis principalmente no caso de dois mercados distintos.[73] Se há dois mercados, e a empresa dominante usa o direito de propriedade intelectual também no mercado secundário, a proteção à propriedade intelectual pode ser afastada apenas nas seguintes hipóteses: a) Se a recusa impede os consumidores do mercado secundário de terem acesso a um novo produto para o qual há demanda latente. Esta é a lógica do caso *Magill*: há abuso se o detentor do direito intelectual necessário para um novo produto não o utiliza, nem o licencia, a fim de proteger seus

---

[71] Processo T-69/89, *RTE v. Commission*, 1991 ECR II–485, e apelações C-241/91 P e C-242/91 P, RTE /ITP v. Commission, 1995 ECR I-743. Neste caso, três canais de TV no Reino Unido (RTE, BBC e ITP) publicavam individualmente guias de sua programação. A empresa *Magill*, uma editora de pequeno porte, pretendia utilizar as informações sobre a programação dos vários canais e consolidá-las em um único guia. A recusa das TVs em fornecer as informações à *Magill* foi considerada abusiva, por tratar-se de novo produto para o qual havia uma demanda não satisfeita.

[72] RITTER, Cyril. "Refusal to Deal and 'Essential Facilities': Does Intellectual Property Require Special Deference Compared to Tangible Property?". *World Competition*.Vol. 28, n. 3, 2005. pp. 281-298.

[73] É importante notar que a existência de um mercado primário e secundário para as peças de *design* registrado é controversa. Hedvig Schmidt, adotando o ponto de vista de Steven D. Anderman, cita sua análise do caso *Volvo*: "If. however, the function of the component is inseparable from its appearance, as in body panels, and the [IP right] gives an exclusive right to products with that appearance, the existence of the [IP right] can have the effect of narrowing down the product market to a single product market" *In:* SCHMIDT, Hedvig. *Competition Law, Innovation and Antitrust:* An Analysis of Tying and Technological Integration. Cheltenham: Edward Elgar, 2009. p. 109.

DEFESA DA CONCORRÊNCIA E PROTEÇÃO À PROPRIEDADE...

produtos existentes da competição de novos produtos. b) Se a empresa dominante licencia seus direitos sobre a propriedade intelectual, a partir dos quais outras empresas formam um mercado secundário, é abusiva a revogação das licenças concedidas. c) Se a empresa recusa-se a fornecer/licenciar as peças necessárias para o abastecimento do mercado de reposição. d) Se a empresa recusa-se a fornecer/licenciar as peças necessárias para a reparação de antigos produtos, obrigando os consumidores a adquirem seus produtos mais recentes. e) Se a recusa é combinada com a imposição de preços excessivamente elevados.[74]

É importante ressaltar que, especificamente para os casos de registros de desenhos industriais, permanece como parâmetro na jurisprudência europeia o caso *Volvo*, justamente pela especificidade das prerrogativas legais conferidas a seu titular, bem como as particularidades do setor automobilístico. No entanto, trazemos comentários de outros casos envolvendo propriedade intelectual (como o problema do *copyright* do caso *Magill*) como subsídios que atestam o descabimento da pretensão da requerente, e o posicionamento arbitrário do CADE em aplicar seletivamente a Lei de Propriedade Industrial, dando à oponibilidade *erga omnes* um alcance injustificadamente restritivo.

Vejamos que a proteção ao registro dos desenhos industriais não impede o desenvolvimento de novo produto pelas requerentes, que atenderiam uma demanda insatisfeita dos consumidores. Ao contrário, o que pretendem é justamente copiar as peças de reposição. Às requerentes jamais foi concedida qualquer licença sobre o direito de propriedade industrial das peças de reposição, portanto, não há que se falar em frustração de expectativa legítima de continuar a atuar em determinado mercado. Tampouco as requerentes pretendem suprir o abastecimento de peças de modelos em linha ou fora de produção, o que poderia, eventualmente, atender a uma demanda dos consumidores para manutenção de seus veículos.

---

[74] LANG, John Temple. "The Application of the Essential Facility Doctrine to Intellectual Property Rights under European Competition Law" *In:* LÉVÉQUE, François; SHEWLANSKI, Howard (orgs.). *Antitrust, Patents and Copyright:* EU and US Perspectives Cheltenham: Edward Elgar, 2005. pp. 63-64.

GILBERTO BERCOVICI

No caso em análise, trata-se de identificar a linha que separa o exercício legítimo de direito e a conduta abusiva ilícita.[75] Esta linha não é tênue, mas precisamente estabelecida pela Constituição e pelas leis brasileiras. Portanto, o ato dos titulares de direitos intelectuais sobre o desenho industrial de autopeças não poderia ser classificado como abuso de direito, nos termos do artigo 187 do novo Código Civil.[76] A clássica obra de Pedro Baptista Martins, de 1935, define existir abuso de direito sempre na situação em que:

> "o titular de um direito que, entre vários meios de realizá-lo, escolhe precisamente o que, sendo o mais danoso para outrem, não é, contudo, o mais útil para si ou o mais adequado ao espírito da instituição", cometendo, assim "um ato abusivo, atentando contra a justa medida dos interesses em conflito e contra o equilíbrio das relações jurídicas".[77]

No caso dos direitos intelectuais, o abuso de direito desvirtua sua finalidade social.[78] Evidentemente, não é o que se trata no caso em tela, pelo contrário.

---

[75] Sobre a necessidade de condutas cumulativas abusivas para o licenciamento compulsório de direitos de propriedade intelectual, *vide* também DREXL, Josef. "Abuse of Dominance in Licensing and Refusal to License: A More Economic Approach to Competition by Imitation and to Competition by Substitution" *In:* EHLERMANN, Claus-Dieter; ATANASIU, Isabella (orgs.). *The Interaction between Competition Law and Intellectual Property Law*. Portland: Hart Publishing, 2007. pp. 647-664.

[76] "Artigo 187 do Código Civil de 2002: Também comete ato ilícito o titular de um direito que, ao exercê-lo, excede manifestamente os limites impostos pelo seu fim econômico ou social, pela boa-fé ou pelos bons costumes".

[77] MARTINS, Pedro Baptista. *O Abuso do Direito e o Ato Ilícito*. 3ª ed. Rio de Janeiro: Forense, 1997. p. 76. Sobre o abuso do direito como limite à autonomia privada, *vide* PINHEIRO, Rosalice Fidalgo. *O Abuso do Direito e as Relações Contratuais*. Rio de Janeiro: Renovar, 2002. pp. 387-425 e M. BOULOS, Daniel. *Abuso do Direito no novo Código Civil*. São Paulo: Método, 2006. pp. 275-288.

[78] Sobre o abuso do direito nas situações subjetivas patrimoniais, *vide* PINHEIRO, Rosalice Fidalgo. *O Abuso do Direito e as Relações Contratuais*. Rio de Janeiro: Renovar, 2002. pp. 37-45 e BOULOS, Daniel M. *Abuso do Direito no novo Código Civil*. São Paulo: Método, 2006. pp. 261-272.

DEFESA DA CONCORRÊNCIA E PROTEÇÃO À PROPRIEDADE...

3. A NATUREZA JURÍDICA E A VINCULAÇÃO DA ATUAÇÃO DO CADE À LEGALIDADE

A atual Lei de Defesa da Concorrência, a Lei n. 12.529/2011, em seu artigo 4º, atribui expressamente ao CADE a natureza jurídica de autarquia:

> "Artigo 4º da Lei n. 12.529/2011: O Cade é entidade judicante com jurisdição em todo o território nacional, que se constitui em autarquia federal, vinculada ao Ministério da Justiça, com sede e foro no Distrito Federal, e competências previstas nesta Lei".[79]

A natureza jurídica de autarquia significa que o CADE é uma pessoa jurídica de direito público, com capacidade exclusivamente administrativa.

---

[79] Não cabe aqui reconstruir o longo debate sobre a natureza jurídica do CADE, gerado pela ausência de definição expressa por parte da Lei n. 4.137, de 10 de setembro de 1962. Embora todas as características estruturais do CADE demonstrassem que o mesmo tinha natureza jurídica autárquica, a falta de afirmação literal por parte da legislação gerou um vasto e inócuo debate sobre esta natureza jurídica. Os próprios juristas envolvidos na discussão muitas vezes se contradiziam, atribuindo a natureza autárquica ao CADE em um parecer ou artigo e retirando esta mesma natureza jurídica autárquica do CADE em outro texto. *Vide*, por exemplo, COSTA, Adroaldo Mesquita da. "Conselho Administrativo de Defesa Econômica – Representação Judicial". *Revista de Direito Administrativo* n. 78, outubro/dezembro, pp. 398-400, 1964; VENÂNCIO Filho, Alberto. *A Intervenção do Estado no Domínio Econômico: O Direito Público Econômico no Brasil.* Rio de Janeiro: Ed. FGV, 1968. pp. 352-355; MAYER, "Luiz Rafael. Conselho Administrativo de Defesa Econômica – CADE – Personalidade Jurídica Implicitamente Consagrada no Texto Legal – Interpretação Lógica" *In:* FRANCESCHINI, José Inácio Gonzaga; FRANCESCHINI, José Luiz Vicente de Azevedo. *Poder Econômico:* Exercício e Abuso – Direito Antitruste Brasileiro São Paulo: RT, 1985. pp. 472-475; MAYER, Luiz Rafael. "Conselho Administrativo de Defesa Econômica – Recurso Administrativo", *Revista de Direito Administrativo* n. 125, julho/setembro, pp. 336-344, 1976, e MEIRELLES, Hely Lopes. "Natureza Jurídica e Posição do CADE na Administração Federal – Natureza de suas Decisões e de seu Controle Judicial, através de Ação Ordinária Anulatória – Limites da Apreciação Forense – Inexistência de Capacidade Postulatória do CADE, em Nome Próprio, em Juízo" *In:* FRANCESCHINI, José Inácio Gonzaga; FRANCESCHINI, José Luiz Vicente de Azevedo. *Poder Econômico:* Exercício e Abuso – Direito Antitruste Brasileiro São Paulo: RT, 1985. pp. 552-561. Formalmente, a questão da natureza jurídica do CADE foi solucionada, implicitamente, pelo artigo 14 da Lei n. 8.158, de 08 de janeiro de 1991 e, posteriormente, explicitamente, pelo artigo 3º da Lei n. 8.884, de 11 de junho de 1994.

393

GILBERTO BERCOVICI

É justamente pelo fato de ser uma pessoa jurídica de direito público que torna o CADE titular de interesses públicos, mas também significa que o órgão está submetido ao regime jurídico-administrativo.[80]

Como ente da Administração Pública, integrante da Administração Indireta da União, o CADE exerce função administrativa, ou seja, o seu poder não é exercido por interesse próprio ou exclusivamente próprio, mas por interesse público. A autarquia tem por finalidade o exercício de uma função pública, ou seja, tem o dever de realizar o interesse público, não o seu. Deste modo, uma autarquia não pode atuar de acordo com a autonomia da vontade, buscando atingir interesses e objetivos em proveito próprio. Não há autonomia da vontade para entes que exercem função pública, pois estão submetidos aos objetivos determinados previamente na Constituição e nas leis, possuindo o dever de preservar o interesse público, não o interesse exclusivo da entidade estatal ou os interesses privados de seus dirigentes. Por este motivo, são criados, mantidos e obtêm poderes e recursos por meio do ordenamento jurídico. O seu poder é atribuído, por lei, para a realização dos seus deveres, de suas finalidades, também legalmente fixados. Na concepção que é utilizada pela melhor doutrina publicista brasileira, o ente público é dotado de *"dever-poder"*, pois é um instrumento que deve cumprir a finalidade para a qual foi instituído[81]. No mesmo sentido, afirmam Eduardo García de Enterría e Tomás Ramón Fernández:

---

[80] Sobre a natureza jurídica e características das autarquias, *vide* ROMANO, Santi. "Decentramento Amministrativo" *In: Scritti Minori*. Reimpr. Milano: Giuffrè, 1990. Vol. 2, pp. 39-57; FONSECA, Tito Prates da. *Autarquias Administrativas*. São Paulo: Saraiva, 1935. pp. 66-73; CARNEIRO, Erymá. *Autarquias:* Estudo de Direito e Finanças. Rio de Janeiro: Typ. do Jornal do Commercio, 1937. pp. 13-33; COTRIM Neto, A. B. *Direito Administrativo da Autarquia:* Um Estudo sôbre Expedientes de Administração Indireta no Estado Contemporâneo. Rio de Janeiro: Freitas Bastos, 1966. pp. 219-233, 278-289 e 313-360; BANDEIRA DE MELLO, Celso Antônio. *Natureza e Regime Jurídico das Autarquias*. São Paulo: RT, 1968, pp. 8-10 e 220-247; LIMA, Ruy Cirne. *Princípios de Direito Administrativo*. 5ª ed. São Paulo: RT, 1982. pp. 61-65; BANDEIRA DE MELLO, Celso Antônio. *Curso de Direito Administrativo*. 28ª ed. São Paulo: Malheiros, 2011. pp. 160-169 e DI PIETRO, Maria Sylvia Zanella. *Direito Administrativo*. 20ª ed. São Paulo: Atlas, 2007. pp. 397-401.

[81] LIMA, Ruy Cirne. *Princípios de Direito Administrativo*. 5ª ed. São Paulo: RT, 1982. pp. 20-22 e 51-60 e BANDEIRA DE MELLO, Celso Antônio. *Curso de Direito Administrativo*.

DEFESA DA CONCORRÊNCIA E PROTEÇÃO À PROPRIEDADE...

"El principio de legalidad de la Administración, con el contenido explicado, se expresa en un mecanismo técnico preciso: la legalidad atribuye potestades a la Administración, precisamente. La legalidad otorga facultades de actuación, definiendo cuidadosamente sus límites, apodera, habilita a la Administración para su acción confiriéndola al efecto poderes jurídicos. Toda acción administrativa se nos presenta así como ejercicio de un poder atribuido previamente por la Ley y por ella delimitado y construido. Sin una atribución legal previa de potestades la Administración no puede actuar, simplemente".[82]

Vários setores ou mercados exigem legislação específica para disciplinar o seu funcionamento, regulando, inclusive, o grau de concorrência adequado ao setor. A legislação é específica, pois ocorre à margem das normas da Lei n. 12.529/2011, que disciplina a concorrência de modo geral. A Lei de Defesa da Concorrência é uma lei geral, isto é, regula a concorrência como um todo, estipulando suas balizas. A aplicação da Lei de Defesa da Concorrência pode ser excluída do âmbito de incidência de leis especiais, que regulam determinados setores, não necessariamente submetidos à lógica concorrencial geral ou ao controle do mesmo órgão administrativo.[83]

28ª ed. São Paulo: Malheiros, 2011, pp. 71-72 e 97-99. *Vide*, ainda, GARCÍA DE ENTERRÍA, Eduardo; FERNÁNDEZ, Tomás-Ramón. *Curso de Derecho Administrativo*. 15ª ed. Madrid: Civitas, 2011. vol. 1, pp. 465-471. Sobre as relações jurídicas administrativas, *vide*, por todos, ACHTERBERG, Norbert. *Allgemeines Verwaltungsrecht:* Ein Lehrbuch. 2ª ed. Heidelberg: C. F. Müller Juristischer Verlag, 1986. pp. 367-397, especialmente pp. 381-387 e 391-394 e GARCÍA DE ENTERRÍA Eduardo; FERNÁNDEZ, Tomás-Ramón. *Curso de Derecho Administrativo*. 15ª ed. Madrid: Civitas, 2011. Vol. 1, pp. 50-55.

[82] GARCÍA DE ENTERRÍA, Eduardo; FERNÁNDEZ, Tomás-Ramón *Curso de Derecho Administrativo*. 15ª ed. Madrid: Civitas, 2011. Vol. 1, p. 465.

[83] Sobre a solução de antinomias com base no critério da especialidade (*"lex specialis derogat legi generali"*), uma antinomia total-parcial, na concepção de Alf Ross, *vide*, por todos, MAXIMILIANO, Carlos. *Hermenêutica e Aplicação do Direito*. 19ª ed. Rio de Janeiro: Forense, 2005. pp. 293-295; ROSS, Alf. *On Law and Justice*. Reimpr. Clark: The Lawbook Exchange, 2004. pp. 128-134; DINIZ, Maria Helena. *Conflito de Normas*. 3ª ed. São Paulo: Saraiva, 1998. pp. 39-40; GUASTINI, Riccardo. *Das Fontes às Normas*. São Paulo: Quartier Latin, 2005. pp. 233-235 e HESPANHA, António Manuel. *O Caleidoscópio do Direito:* O Direito e a Justiça nos Dias e no Mundo de Hoje. 2ª ed. Coimbra: Almedina, 2009. 708-716.

GILBERTO BERCOVICI

Nos mercados regulamentados geralmente as regras típicas da concorrência não prevalecem em sua plenitude em virtude de lei.[84] A lei especial disciplina determinada situação individualizável e peculiar, prevalecendo sobre a lei geral, cuja incidência abrange as demais situações não explicitadas ou individualizadas pelas leis especiais. A Lei de Defesa da Concorrência tutela o mercado de forma ampla, sem considerar especificidades de determinados setores ou mercados, que são reguladas pela sua legislação própria. A isenção ou a exceção à Lei de Defesa da Concorrência pode ser expressa ou implícita, dependendo de como estará estruturada a regulação dos setores objeto de legislação específica.[85]

A legislação pode atribuir a competência para zelar pela concorrência em determinados setores da economia a órgãos distintos dos integrantes do Sistema Brasileiro de Defesa da Concorrência (SBDC). A Lei de Defesa da Concorrência não pode ser interpretada de forma isolada do restante do ordenamento jurídico-constitucional. Se a lei atribui competência a um órgão, outro ente administrativo não pode decidir sobre o mesmo tema, sob pena de nulidade.[86]

A competência funcional sempre é atribuída por lei, não se "conquista", nem se presume[87]. Esta é uma garantia fundamental dos

---

[84] HOVENKAMP, Herbert. *Federal Antitrust Policy:* The Law of Competition and Its Practice. 3ª ed. St. Paul: Thomson/West, 2005. pp. 716-719.

[85] GRAU, Eros Roberto; FORGIONI, Paula A. "CADE vs. BACEN. Conflitos de Competência entre Autarquias e a Função da Advocacia-Geral da União". *Revista de Direito Mercantil* n. 135, julho/setembro,pp. 12-15, 2004; GRAU, Eros Roberto; FORGIONI, Paula. "Lei Antitruste e Sistema Portuário Brasileiro. Competência dos Órgãos Integrantes do Sistema Brasileiro de Defesa da Concorrência (SBDC) e do Conselho de Autoridade Portuária (CAP)" *In: O Estado, a Empresa e o Contrato.* São Paulo: Malheiros, 2005. pp. 172-179 e GRAU, Eros Roberto; FORGIONI, Paula. "Lei Antitruste e Leis que Autorizam Práticas Restritivas da Concorrência. A Lei Ferrari" *In: O Estado, a Empresa e o Contrato.* São Paulo: Malheiros, 2005. pp. 202-206.

[86] Sobre a importância da competência neste debate, *vide* o hoje clássico CRISAFULLI, Vezio. "Gerarchia e Competenza nel Sistema Costituzionale dele Fonti". *Rivista Trimestrale di Diritto Pubblico.* Anno X, pp. 801-810, 1960.

[87] GARCÍA DE ENTERRÍA, Eduardo; FERNÁNDEZ, Tomás-Ramón *Curso de Derecho Administrativo.* 15ª ed. Madrid: Civitas, 2011. Vol. 1, pp. 472-477; LIMA, Ruy Cirne. *Princípios de Direito Administrativo.* 5ª ed. São Paulo: RT, 1982.pp. 139-145 e

DEFESA DA CONCORRÊNCIA E PROTEÇÃO À PROPRIEDADE...

administrados, a garantia de que há uma prévia ordenação constitucional e/ou legal de competências decisórias dos vários órgãos da Administração Pública. Afirma, neste sentido, Norbert Achterberg:

> "Considerando-se que a competência funcional decorre de uma regra abstrata e geral, neste sentido deve-se, em primeiro lugar, considerar o órgão legislador e apenas então a função a ser executada em razão da autorização realizada".[88]

Também compartilha deste entendimento Ruy Cirne Lima:

> "Competência 'lato sensu' se denomina, em direito público, a medida do poder que a ordem jurídica assina a uma pessoa determinada. [...] Inversamente, no direito público, dentre os poderes atribuídos às pessoas administrativas, nem todos constituem manifestação de um direito subjetivo ou de uma relação de administração: são de direito objetivo. Daí que, a êsses, seja necessário fixarlhes, também, por via objetiva, a exata medida. Daí, portanto, a noção de competência".[89]

A mesma interpretação é reforçada, ainda, por Eduardo García de Enterría e Tomás-Ramón Fernández:

> "Todo poder atribuido por la Ley ha de ser en cuanto a su contenido un poder concreto y determinado; no caben poderes

---

GRAU, Eros Roberto; FORGIONI, Paula A. "CADE vs. BACEN. Conflitos de Competência entre Autarquias e a Função da Advocacia-Geral da União". *Revista de Direito Mercantil* n. 135, julho/setembro,pp. 12-15, 2004 p. 18. *Vide* também OTERO, Paulo. *Legalidade e Administração Pública:* O Sentido da Vinculação Administrativa à Juridicidade. Coimbra: Almedina, 2003. pp. 875-876 e 887.

[88] "Ist sie [die Funktionskompetenz] durch abstrakt-generelle Regelung wahrzunehmen, so kommt hierfür zunächst ein Organ der Gesetzgebung und erst aufgrund einer durch diese vorgenommene Ermächtigung ein solches der vollziehenden Fuktion in Betracht" *In:* ACHTERBERG, Norbert. *Allgemeines Verwaltungsrecht:* Ein Lehrbuch. 2ª ed. Heidelberg: C. F. Müller Juristischer Verlag, 1986. p. 234.

[89] LIMA, Ruy Cirne. *Princípios de Direito Administrativo.* 5ª ed. São Paulo: RT, 1982. pp. 139-140.

inespecíficos, indeterminados, totales, dentro del sistema conceptual de Estado de Derecho abierto por la Revolución francesa, en cuyo seno vivimos. La justificación de este aserto no es difícil. Desde un punto de vista abstracto un poder jurídico indeterminado es difícilmente concebible, o más claramente, es una contradicción con el sistema de Derecho, para el cual es consubstancial la existencia de límites (de los derechos de unos con los de otros, de los de cada uno con los de la colectividad, de los de ésta con los derechos de los ciudadanos, especialmente con los fundamentales o constitucionalmente declarados). En términos más simples, un derecho ilimitado pondría en cuestión la totalidad del ordenamiento, porque esa ilimitación destruiría todos los demás derechos, los haría imposibles. El segundo argumento para excluir poderes indeterminados es de pura técnica organizativa: toda organización y más aún a medida que aumenta en complejidad, se edifica sobre una distribución de funciones y de competencias en un conjunto de órganos. No puede haber un órgano que disponga de todas las competencias a la vez, por más que siempre existiría alguno que tenga alguna eminencia sobre todos y aun que vigile el funcionamiento del conjunto. Así como antes argüimos que desde el punto de vista intersubjetivo un poder ilimitado destruiría los derechos de lo demás sujetos, ahora desde la perspectiva interna de la organización hay que decir que una competencia global y absoluta de un órgano destruirá la organización entera, al sustituirse en el conjunto general de los órganos y al excluir la existencia de límites entre la organización y sus miembros (que nunca pueden integrar en una sola organización la totalidad de su vida y de sus intereses, ni aun siquiera los de carácter colectivo o social)".[90]

O próprio CADE, ainda sob a vigência da Lei n. 4.137/1962, deliberou expressamente que o órgão não é instância revisora dos atos administrativos de outros entes estatais, mas, por determinação legal, atua para evitar e reprimir o abuso do poder econômico:

---

[90] GARCÍA DE ENTERRÍA, Eduardo; FERNÁNDEZ, Tomás-Ramón *Curso de Derecho Administrativo*. 15ª ed. Madrid: Civitas, 2011. Vol. 1, pp. 473-474.

DEFESA DA CONCORRÊNCIA E PROTEÇÃO À PROPRIEDADE...

"Por outro lado, o Conselho Administrativo de Defesa Econômica não é instância revisora de decisões adotadas por outros órgãos do Estado, no exercício regular de suas atribuições, achando-se o exame de seus atos subordinado a recursos hierárquicos próprios dentro da organização administrativa, e, afinal, ao contrôle do Judiciário. A interferência do CADE diz respeito apenas, na forma da Lei n. 4.137, de 10-9-62, à 'repressão ao abuso do poder econômico' (art. 1º), cujas características e pressupostos estão definidos no citado diploma legal (artigo 2º)".[91]

Apesar das mudanças na legislação concorrencial, a obrigação de todas as autoridades de defesa da concorrência continua sendo, justamente, aplicar a legislação concorrencial de modo a garantir sua maior eficácia e efetividade possíveis dentro dos parâmetros e limites estabelecidos pelo texto constitucional. Não há, no ordenamento jurídico brasileiro, nenhum dispositivo que justifique alguma primazia da política pública de defesa da concorrência sobre as políticas de proteção à propriedade intelectual ou qualquer outra política pública. Sendo assim, os responsáveis por estas políticas têm o dever de compatibilizá-las da melhor forma possível, assegurando a consecução dos objetivos constitucionalmente determinados.

4. A POLÍTICA PÚBLICA DE DEFESA DA CONCORRÊNCIA E SEUS LIMITES

A Constituição de 1988 prevê expressamente a livre concorrência como um princípio da ordem econômica constitucional (artigo 170, IV). Ao incorporar a concorrência livre como um princípio, o texto constitucional explicitou a compreensão de que a concorrência é um meio, um instrumento de política econômica, não um objetivo da ordem econômica constitucional.[92]

---

[91] Processo n. 20.599-69 (Relator: Conselheiro Raul de Góes), cuja decisão, tomada por unanimidade em 13 de março de 1970, está transcrita na *Revista de Direito Administrativo* n. 101, julho/setembro, pp. 304-306, 1970,.

[92] GRAU, Eros Roberto. *A Ordem Econômica na Constituição de 1988* : Interpretação e Crítica. 12ª ed. São Paulo: Malheiros, 2007. pp. 208-214 e BERCOVICI, Gilberto;

GILBERTO BERCOVICI

Conceber a defesa da concorrência como uma política pública ou como um instrumento de uma política econômica mais ampla, acarreta a discussão sobre quais seriam os objetivos da política concorrencial. Obviamente, estes objetivos variam muito de acordo com os autores, o momento histórico e os ordenamentos específicos com os quais se trata. No debate norte-americano, por exemplo, autores como Robert H. Bork defendem a tese de que a única racionalidade possível para uma política concorrencial seria esta ter seus objetivos limitados a apenas um: a maximização do bem-estar do consumidor (*"the only legitimate goal of American antitruste law is the maximization of consumer welfare"*). As práticas dos agentes econômicos que não afetem ou não ampliem o bem-estar do consumidor, não devem ser objeto de preocupação das autoridades de defesa da concorrência, podendo gerar ineficiência e uma excessiva intervenção estatal na esfera econômica privada.[93]

ANDRADE, José Maria Arruda de. "A Concorrência Livre na Constituição de 1988" *In:* ADEODATO, João Maurício; BITTAR, Eduardo C. B. (orgs.). *Filosofia e Teoria Geral do Direito:* Estudos em Homenagem a Tercio Sampaio Ferraz Junior por seu Septuagésimo Aniversário. São Paulo: Quartier Latin, 2011. pp. 458-468. Em um texto célebre, anterior à Constituição de 1988, José Alexandre Tavares Guerreiro afirma que *"a livre concorrência é valor-meio, a servir o valor-fim, que vem a ser o bem comum e o interesse coletivo" In:* GUERREIRO, José Alexandre Tavares. "Formas de Abuso de Poder Econômico". *Revista de Direito Mercantil* n. 66, abril/junho, p. 49, 1987. *Vide*, ainda, REICH, Norbert. *Markt und Recht*: Theorie und Praxis des Wirtschaftsrechts in der Bundesrepublik Deutschland. Neuwied/Darmstadt: Luchterhand, 1977. pp. 243-245. Em um sentido distinto, entendendo a concorrência não apenas como um meio ou como um meio entre outros, mas como meio e como objetivo, *vide* FIKENTSCHER, Wolfgang. *Wirtschaftsrecht*. München: C. H. Beck'sche Verlagsbuchhandlung, 1983. Vol. 2, pp.143-151. Já para uma visão totalmente contrária, entendendo a livre concorrência como um fim, um objetivo, não como um meio ou instrumento, *vide* HOPPMANN, Erich. *Wirtschaftsordnung und Wettbewerb*. Baden-Baden: Nomos Verlagsgesellschaft, 1988. pp. 185-188, 238-253 e 276-295.

[93] BORK, Robert H. *The Antitrust Paradox:* A Policy At War With Itself. Reimpr., New York: The Free Press, 1993. pp. 50-89 e 405-439. Para uma crítica à concepção de "bem-estar do consumidor" de Bork, *vide* HOVENKAMP, Herbert. *Federal Antitrust Policy:* The Law of Competition and Its Practice. 3ª ed. St. Paul: Thomson/West, 2005. pp. 74-77. No Brasil, também para uma crítica à limitação da defesa da concorrência à proteção dos consumidores, *vide* GUERREIRO, José Alexandre Tavares. "Formas de Abuso de Poder Econômico". *Revista de Direito Mercantil* n. 66, abril/junho, pp. 51-52 1987. e PRADO, Luiz Carlos Delorme. "Política de Concorrência e Desenvolvimento:

DEFESA DA CONCORRÊNCIA E PROTEÇÃO À PROPRIEDADE...

No Brasil, por exemplo, Carlos Bello descreve como eixos orientadores de uma política antitruste: a defesa ou promoção de posturas pró-competitivas, a promoção ou garantia da liberdade de iniciativa, o fomento ou garantia do bem-estar dos consumidores, buscar uma maior dispersão do poder econômico, o apoio a políticas macroeconômicas, o apoio a políticas sociais e a luta contra a captura do sistema político pelo poder econômico.[94] Já Luiz Carlos Delorme Prado enfatiza que o debate sobre a política de concorrência no Brasil pode ser limitado a duas grandes visões:

> "Nesse contexto, há duas visões de políticas de concorrência: (i) como um sistema legal cujo objetivo e promover o bem-estar do consumidor, no curto prazo, através da maximização das eficiências de Pareto; e (ii) como um sistema legal e institucional que é parte de uma política pública de promoção do desenvolvimento, que combina legislação tradicional antitruste, com regulação econômica, política industrial e planejamento econômico. No primeiro caso, o mercado é visto como um bem em si, como um instrumento de orientação da política de desenvolvimento; no segundo caso, o mercado é visto como um instrumento para promover as eficiências dinâmicas schumpeterianas, combinadas com outras políticas: neste caso, o mercado é um dos instrumentos da política de desenvolvimento".[95]

Massimo Motta, por sua vez, elenca uma série de objetivos de política pública concorrencial: bem-estar econômico geral (o objetivo mais importante, em sua opinião), bem-estar do consumidor, proteção às pequenas empresas, promoção da integração econômica (como no

---

Reflexões sobre a Defesa da Concorrência em uma Política de Desenvolvimento". *Cadernos do Desenvolvimento*. Vol. 6, n. 9, julho/dezembro, pp. 325-331, 2011.

[94] BELLO, Carlos Alberto. *Autonomia Frustrada:* O CADE e o Poder Econômico. São Paulo: Boitempo Editorial, 2005. pp. 45-49.

[95] PRADO, Luiz Carlos Delorme. "Política de Concorrência e Desenvolvimento: Reflexões sobre a Defesa da Concorrência em uma Política de Desenvolvimento" : Reflexões sobre a Defesa da Concorrência em uma Política de Desenvolvimento". *Cadernos do Desenvolvimento*. Vol. 6, n. 9, julho/dezembro, p. 322, 2011.

caso europeu), garantir a liberdade econômica, estabilidade macroeconômica (combate à inflação, por exemplo) e justiça e equidade no tratamento dos consumidores e rivais. Além disto, Motta afirma que pode haver outros fatores vinculados às políticas públicas afetando a concorrência, como buscar reduzir o desemprego e a recessão (razões sociais), a quebra do poder econômico de determinados agentes e grupos (razões políticas), razões ambientais ou medidas de política industrial e de política de comércio exterior (razões estratégicas).[96] Após esta exaustiva análise, Massimo Motta chega a uma definição de política concorrencial:

> "To define competition policy (or anti-trust policy as it is more often called in the US) is not an easy task. A possible definition might be as follows: 'the set of policies and laws, which ensure that competition in the marketplace is not restricted in a way that is detrimental to society. [...] In Section 1.3 I have argued that economic welfare is the objective competition authorities and courts should pursue. That brings me to define competition as 'the set of policies and laws which ensure that competition in the marketplace is not restricted in a way as to reduce economic welfare'".[97]

O importante neste debate sobre a defesa da concorrência como política pública é perceber, como faz Norbert Reich, que o problema da política concorrencial acaba se reduzindo a um conflito de objetivos entre funções político-sociais e funções estritamente econômicas. Ao incluir a livre concorrência como um princípio da ordem econômica constitucional, o legislador constituinte instrumentalizou a concorrência, de modo a vincular o direito concorrencial a alcançar determinados objetivos da política econômica geral.[98]

---

[96] MOTTA, Massimo. *Competition Policy:* Theory and Practice. 12ª ed. Cambridge/New York: Cambridge University Press, 2009. pp. 17-30.

[97] MOTTA, Massimo. *Competition Policy:* Theory and Practice. 12ª ed. Cambridge/New York: Cambridge University Press, 2009. p. 30.

[98] Sobre este tema, *vide* REICH, Norbert. *Markt und Recht:* Theorie und Praxis des Wirtschaftsrechts in der Bundesrepublik Deutschland. Neuwied/Darmstadt: Luchterhand,

DEFESA DA CONCORRÊNCIA E PROTEÇÃO À PROPRIEDADE...

Esta relação da política concorrencial, uma política parcial, portanto, limitada, com a política econômica geral, cujos pressupostos estão previstos no texto constitucional de 1988[99], gera uma série de conflitos e ambiguidades, o que torna necessário, a meu ver, retomar este tema sob o ângulo das políticas públicas em geral, para que seja possível compreender algumas das dificuldades na demarcação dos limites da política de defesa da concorrência em particular.

No campo jurídico brasileiro, o debate em torno das políticas públicas teve por catalisador as possibilidades abertas pela Constituição de 1988, destacando-se os textos de Fábio Konder Comparato[100], José Reinaldo de Lima Lopes[101] e Maria Paula Dallari Bucci.[102] A grande preocupação destes autores, ao contrário dos estudos nas ciências sociais, se dá em torno da concretização do programa constitucional e da reformulação das concepções tradicionais do nosso direito público, especialmente a reconstrução do direito administrativo a partir da ação do Estado para a satisfação do interesse social. Não por acaso busca-se definir, juridicamente, política pública como tendo por fundamento a necessidade

---

1977. pp. 245-246. Para a crítica do que Hoppmann denominou de *"instrumentalização da política concorrencial"* (*"Instrumentalisierung der Wettbewerbspolitik"*), *vide* HOPPMANN, Erich. *Wirtschaftsordnung und Wettbewerb*. Baden-Baden: Nomos Verlagsgesellschaft, 1988. pp. 48-54.

[99] A política econômica constitucional está incluída na função de direção do processo econômico geral, como, por exemplo, nos dispositivos relativos ao desenvolvimento (artigo 3º, II), pleno emprego (170, VIII), política monetária (artigos 21, VII e VIII, 164, 172 e 192) e distribuição de renda (artigos 3º, III, 21, IX, 170, VII, entre vários outros).

[100] COMPARATO, Fábio Konder. "Ensaio sobre o Juízo de Constitucionalidade de Políticas Públicas", *Revista de Informação Legislativa* n. 138, abril/junho, pp. 39-48, 1998.

[101] LOPES, José Reinaldo de Lima. "Judiciário, Democracia, Políticas Públicas". *Revista de Informação Legislativa* n. 122, maio/julho, pp. 255-265, 1994, posteriormente republicado, com alterações, sob o título de "Direito Subjetivo e Direitos Sociais: O Dilema do Judiciário no Estado Social de Direito" *In*: FARIA, José Eduardo (org.). *Direitos Humanos, Direitos Sociais e Justiça*. Reimpr., São Paulo: Malheiros, 1998, pp. 113-143.

[102] BUCCI, Maria Paula Dallari. "As Políticas Públicas e o Direito Administrativo". *Revista Trimestral de Direito Público* n. 13, pp. 134-144, 1996 e, especialmente, o livro *Direito Administrativo e Políticas Públicas*, São Paulo: Saraiva, 2002.

GILBERTO BERCOVICI

de concretização de direitos por meio de prestações positivas do Estado[103], elaborando-se o conceito de que:

> "políticas públicas são os programas de ação governamental visando coordenar os meios à disposição do Estado e as atividades privadas, para a realização de objetivos socialmente relevantes e politicamente determinados".[104]

Em moldes distintos do direito, bem como com outros pressupostos, já na década de 1970, as ciências sociais brasileiras passaram da análise do Estado para a análise das políticas públicas. Segundo Marcus André Melo, passagem esta que é fruto de uma tentativa de substituição do Estado pela sociedade civil como centro das preocupações políticas e teóricas.[105] O que ocorreu foi o deslocamento do estudo do Estado ou do papel do Estado, bem como das concepções totalizantes, para uma discussão setorial de determinadas políticas. Isto se deve não apenas à maior especialização dos pesquisadores e formuladores políticos, mas também ao contexto de americanização da ciência política, de crise do desenvolvimentismo (e, consequentemente, do planejamento e do Estado),

---

[103] BUCCI, Maria Paula Dallari. "As Políticas Públicas e o Direito Administrativo". *Revista Trimestral de Direito Público* n. 13, p. 135, 1996.

[104] BUCCI, Maria Paula Dallari. *Direito Administrativo e Políticas Públicas*, São Paulo: Saraiva, 2002 p. 241. *Vide* também BUCCI ,Maria Paula Dallari, "As Políticas Públicas e o Direito Administrativo". *Revista Trimestral de Direito Público* n. 13, pp. 135-136 e 140, 1996.

[105] MELO, Marcus André. "Estado, Governo e Políticas Públicas" *In:* MICELI, Sergio (org.). *O Que Ler na Ciência Social Brasileira (1970-1995)*. Vol. 3: *Ciência Política*. 2ª ed. São Paulo/Brasília: Ed. Sumaré/ANPOCS/CAPES, 2002. pp. 69 e 81-82. Para um levantamento dos trabalhos e tendências recentes no campo do estudo das políticas públicas em países como Alemanha, Inglaterra, Estados Unidos e França, *vide* BOUSSAGUET, Laurie; JACQUOT, Sophie; RAVINET, Pauline (orgs.). *Dictionnaire des Politiques Publiques*. 3ª ed. Paris: Presses de Sciences Po, 2010 e os estudos reunidos na *Revue Française de Science Politique*. Vol. 52, n. 1, fevereiro,2002; GIRAUD, Olivier. "Une École Allemand d'Analyse des Politiques Publiques entre Traditions Étatiques.et Théoriques", pp. 5-21; SMITH, Andy. "Grandeur et Décadence de l'Analyse Britannique des Politiques Publiques", pp. 23-35; SMYRL, Marc. "Politics et Policy dans les Approches Américaines des Politiques Publiques: Effets Institutionnels et Dynamiques du Changement", pp. 37-52 e HASSENTEUFEL, Patrick; SMITH, Andy. "Essoufflement ou Second Souffle? L'Analyse des Politiques Publiques À La Française'", pp. 53-73.

DEFESA DA CONCORRÊNCIA E PROTEÇÃO À PROPRIEDADE...

de crescente legitimidade das ideias liberais e seus pressupostos metodológicos individualistas e à tentativa de substituir o direito por instrumentos de análise econômica na compreensão do aparato estatal.[106] Para Marcus Faro de Castro, buscou-se uma politização não institucional, fora da esfera estatal, uma espécie de "política antipolítica".[107]

Embora o estudo das políticas públicas possa representar um grande avanço para a revisão dos pressupostos epistemológicos individualistas do direito administrativo[108], não é possível promover ou compreender o papel do Estado no processo de desenvolvimento exclusivamente através das políticas públicas. As políticas públicas são sempre programas setoriais.[109] O choque que existe se dá entre uma visão global e de territorialidade, que é a do desenvolvimento e do planejamento, com uma visão setorial e fragmentada, que é a das políticas públicas.[110]

---

[106] Para a conceituação e crítica do chamado "individualismo metodológico", ou seja, a redução de todos os fenômenos sociais às ações intencionais/racionais dos indivíduos, pressuposto de análise de boa parte das doutrinas econômicas e, hoje, também, de setores das ciências sociais e do direito, *vide* DUMONT, Louis. *Homo Aequalis I: Genèse et Épanoissement de l'Idéologie Économique*. Reimpr. Paris: Gallimard, 1985. pp. 11-40; DOUGLAS, Mary; NEY, Steven. *Missing Persons: A Critique of the Social Sciences*. Berkeley/Los Angeles/London/New York: University of California Press/Russell Sage Foundation, 1998. pp. 22-45 e 154-185 e PAULANI, Leda Maria. *Modernidade e Discurso Econômico*. São Paulo: Boitempo Editorial, 2005. pp. 69-140.

[107] Cf. MELO, Marcus André. "Estado, Governo e Políticas Públicas" *In:* MICELI, Sergio (org.). *O Que Ler na Ciência Social Brasileira (1970-1995)*. Vol. 3: *Ciência Política*. 2ª ed. São Paulo/Brasília: Ed. Sumaré/ANPOCS/CAPES, 2002. pp. 60-65 e CASTRO, Marcus Faro de. "Direito, Economia e Políticas Públicas: Relações e Perspectivas". *Ciências Sociais Hoje*. Rio de Janeiro: Rio Fundo/ANPOCS, 1992. pp. 202-205. Para um panorama das mudanças nas concepções, objetos e métodos da Ciência Política no final do século XX, *vide*, por todos, BEYME, Klaus von. *Theorie der Politik im 20. Jahrhundert: Von der Moderne zur Postmoderne*. 3ª ed. Frankfurt-am-Main: Suhrkamp, 1996.

[108] Neste sentido, *vide* o inovador trabalho de BUCCI, Maria Paula Dallari. *Direito Administrativo e Políticas Públicas*, São Paulo: Saraiva, 2002 pp. 241-278.

[109] MULLER, Pierre. *Les Politiques Publiques*. 4ª ed. Paris: PUF, 2000. p. 23. *Vide*, ainda, THOENIG, Jean-Claude. "Politique Publique" *In:* BOUSSAGUET, Laurie; JACQUOT, Sophie; RAVINET, Pauline (orgs.). *Dictionnaire des Politiques Publiques*. 3ª ed. Paris: Presses de Sciences Po, 2010. pp. 420-426.

[110] MULLER, Pierre. *Les Politiques Publiques*. 4ª ed. Paris: PUF, 2000. pp. 16-26. A discussão sobre políticas públicas e direito, em outros países, como a Espanha, dá-se nos mesmos moldes, buscando-se a substituição da centralidade da Administração Pública

GILBERTO BERCOVICI

Deste modo, para o estudo da política econômica prevista constitucionalmente, a política de superação do subdesenvolvimento[111], com todas as suas possibilidades emancipatórias, não faz sentido a fragmentação da atual análise de políticas públicas. O desenvolvimento impõe a necessidade de se repensar um planejamento abrangente.[112] Analisar o desenvolvimento por meio das políticas públicas só faz sentido se o desenvolvimento nacional for considerado a principal política pública, conformando e harmonizando todas as demais.[113]

A partir do século XX, portanto, as constituições passam a conter as normas atribuidoras de competência para a elaboração e a implementação da política econômica e estabelecem o fundamento jurídico para que os Estados tomem as medidas econômicas necessárias.[114] A efetividade da política econômica torna-se, assim, também uma tarefa do direito, particularmente do direito econômico, definido por Fábio Konder Comparato como o direito que instrumentaliza a política econômica.[115] Com esta incorporação da política econômica aos textos constitucionais, surgem autores como Reiner Schmidt, que, em sua obra *Wirtschaftspolitik und Verfassung*, chegam a elaborar uma definição jurídica de política econômica. Para ele, em termos jurídicos, política econômica é:

---

por estudos mais contingentes, focados nos atores sociais e políticos que interferem na formulação e atuação da política concreta, com distintas racionalidades e interesses em disputa, além da comparação dos resultados obtidos pelas várias políticas públicas. Cf. SUBIRATS, Joan. "Notas acerca del Estado, la Administración y las Políticas Públicas". *Revista de Estudios Políticos* n. 59, janeiro/março, pp. 189-195, de 1988..

[111] Sobre esta previsão constitucional, *vide*, especialmente, os capítulos 1 e 2 do livro BERCOVICI, Gilberto. *Constituição Econômica e Desenvolvimento:* Uma Leitura a partir da Constituição de 1988. São Paulo: Malheiros, 2005. pp. 11-68.

[112] *Vide* MÉSZÁROS, István. "Economia, Política e Tempo Disponível: Para Além do Capital" *In: Margem Esquerda:* Ensaios Marxistas n. 1, maio, pp. 116-124, 2003.

[113] COMPARATO, Fábio Konder. "A Organização Constitucional da Função Planejadora" *In:* CAMARGO, Ricardo Antônio Lucas (org.). *Desenvolvimento Econômico e Intervenção do Estado na Ordem Constitucional:* Estudos Jurídicos em Homenagem ao Professor Washington Peluso Albino de Souza. Porto Alegre: Sergio Antonio Fabris Ed., 1995. pp. 78 e 82-83.

[114] BERCOVICI, Gilberto. *Constituição Econômica e Desenvolvimento:* Uma Leitura a partir da Constituição de 1988. São Paulo: Malheiros, 2005. pp. 33-37.

[115] COMPARATO, Fábio Konder. "O Indispensável Direito Econômico". *Revista dos Tribunais* n. 353, março, p. 22, 1965.

DEFESA DA CONCORRÊNCIA E PROTEÇÃO À PROPRIEDADE...

"o conjunto de medidas soberanas por meio das quais se determinam as condições a que estão submetidas as atividades econômicas privadas e se determinam fins a serem alcançados".[116]

A política pública de defesa da concorrência, ou política concorrencial, portanto, é instrumental, isto é, serve como meio para a implementação de determinada política econômica. Não há como buscar a obtenção de maiores pretensões com esta política. Como qualquer política pública, a política de defesa da concorrência é parcial, limitada e deve ser estruturada de forma a poder cooperar com outras políticas públicas, tão ou mais importantes para a população. Neste mesmo sentido, afirma Luiz Carlos Delorme Prado:

> "Por outro lado, há hoje no país pouca relação e comunicação insuficiente entre as autoridades de defesa da concorrência e outros setores que atuam com políticas públicas que afetam a concorrência. Essa pouca coordenação se expressa na ausência de considerações concorrenciais para as negociações comerciais brasileiras, inclusive no que se refere a acordos tarifários. Há ainda insuficientes considerações sobre questões concorrenciais na política industrial brasileira e nos órgãos que a implementam, como o BNDES. Ou seja, qualquer formulação de uma política de defesa da concorrência para uma estratégia de desenvolvimento no Brasil, tem como ponto de partida a busca de mecanismos para maior integração entre três dimensões da política pública: a política antitruste, a política industrial e a política de comércio exterior".[117]

A política de defesa da concorrência é, conforme reiterei acima, parcial. Ela se refere a apenas um dos vários aspectos da política econômica. A política concorrencial não pode substituir as demais políticas ou os demais aspectos integrantes da política econômica, nem se arrogar a

---

[116] SCHMIDT, Reiner. *Wirtschaftspolitik und Verfassung: Grundprobleme*. Baden-Baden: Nomos Verlagsgesellschaft, 1971. p. 60.

[117] PRADO, Luiz Carlos Delorme. "Política de Concorrência e Desenvolvimento: Reflexões sobre a Defesa da Concorrência em uma Política de Desenvolvimento". *Cadernos do Desenvolvimento*. Vol. 6, n. 9, julho/dezembro, p. 339, 2011.

GILBERTO BERCOVICI

primazia, mas deve ser harmonizada com as demais políticas públicas. Assim, a política concorrencial tem que estar configurada não apenas de acordo com os parâmetros fixados constitucionalmente, mas também com a cautela de não interferir de forma equivocada em outras políticas públicas, situação em que pode, às vezes, trazer mais danos à sociedade do que benefícios.

4. CONSIDERAÇÕES FINAIS

A dominação dos mercados nem sempre é ilícita. Esta dominação pode ocorrer em decorrência de situações protegidas pelo ordenamento jurídico.[118] De acordo com Eros Grau e Paula Forgioni:

> "A condenação, indistintamente, de todas as práticas restritivas da competição poderia conduzir a um resultado diametralmente oposto àquele que é constitucionalmente pretendido, na afirmação da livre concorrência. Assim, não se justifica a reprovação de tais práticas quando aos prejuízos delas decorrentes, suportados pelo mercado, ou pela concorrência, corresponderem vantagens a serem auferidas pela economia nacional como um todo, de sorte que essas eficiências sejam relativamente maiores do que aqueles prejuízos".[119]

Portanto, não basta a afirmação de que a concorrência está sendo prejudicada: é necessária a indicação precisa de que mercado se trata.[120]

Retomando as lições tiradas a partir do caso *Volvo v. Veng*, no caso do mercado de peças de reposição automotivas, à parte do paradigma

---

[118] SALOMÃO Filho, Calixto. *Direito Concorrencial:* As Condutas. São Paulo: Malheiros, 2003. pp. 126-127.

[119] GRAU, Eros Roberto; FORGIONI, Paula. "Lei Antitruste e Leis que Autorizam Práticas Restritivas da Concorrência. A Lei Ferrari" *In: O Estado, a Empresa e o Contrato.* São Paulo: Malheiros, 2005. p. 195.

[120] GRAU, Eros Roberto; FORGIONI, Paula. "Lei Antitruste e Leis que Autorizam Práticas Restritivas da Concorrência. A Lei Ferrari" *In: O Estado, a Empresa e o Contrato.* São Paulo: Malheiros, 2005. p. 201.

DEFESA DA CONCORRÊNCIA E PROTEÇÃO À PROPRIEDADE...

estabelecido por este caso, qual seja, de que o exercício do direito de propriedade intelectual de empresa dominante não é, *per se*, abusivo, devem ser tomadas em conta as especificidades do mercado secundário do setor.

A proteção ao desenho industrial, cujo exercício é plenamente legítimo, só pode ser afastada em circunstâncias excepcionais, como está consolidado desde o caso *Volvo v. Veng*. A recusa em licenciar os modelos não é *per se* abusiva, mas trata-se de um exercício legítimo de direito, e a desconsideração desta proteção pela autoridade concorrencial seria uma medida que extrapolaria sua competência, em confronto com o regime legal da propriedade intelectual.[121]

A insistência de fabricantes independentes em obter vantagens sobre a propriedade industrial das montadoras pela via administrativa concorrencial é uma estratégia que se provou infrutífera alhures, como pode se ver na experiência norte-americana e europeia. No juízo comum e em outras instâncias administrativas, a proteção ao direito de propriedade industrial é reiteradamente confirmada.[122] Não à toa, o embate sobre a proteção ao *design* das peças de reposição trava-se hoje no campo da reforma legislativa. No caso dos Estados Unidos, em que a atuação de grupos de interesse (*lobbies*) se dá de forma transparente, é inclusive ressaltada a forte intervenção das seguradoras – as maiores compradoras de peças de reposição – em prol de uma mitigação do direito de propriedade industrial. Os projetos de lei mais recentes, *"Access to Repair Parts Act"*[123],

---

[121] Acerca da submissão das autoridades antitruste aos princípios do Estado de Direito e da relação entre direito concorrencial e os direitos contratual e de propriedade, *vide* ANDREANGELI, Arianna. "Between Economic Freedom and Effective Competition Enforcement: The Impact of the Antitrust Remedies provided by the Modernisation Regulation on Investigated Parties' Freedom to Contract and to Enjoy Property". *The Competition Law Review*. Vol. 6, n. 2, pp. 225-257.

[122] Nos EUA, por exemplo, foi proibida a importação de peças de reposição da *Pick-Up Ford* F-150 por violação aos desenhos industriais registrados pela *Ford* de acordo com o direito nacional norte-americano, conforme decisão da *International Trade Commission* (*In: re Certain Automotive Parts*, 2007 WL 2021234, ITC, 4 de Maio de 2007).

[123] Access to Repair Parts Act – Makes it not an act of infringement of any design patent to make, use, offer to sell, sell, or import into the United States any article that is a

GILBERTO BERCOVICI

foram apresentados na Câmara dos Deputados e no Senado norte-americanos em 2009, respectivamente pela Deputada Zoe Lofgren (H.R. 3059 – 111th Congress)[124] e pelo Senador Sheldon Whitehouse (S. 1368 – 111th Congress)[125], e não foram aprovados[126], permanecendo em vigor o direito à propriedade industrial em moldes similares ao nosso.

Na Europa, também há uma movimentação política para a modificação da atual diretiva de proteção ao desenho industrial (Diretiva n. 98/71/EC, de 13 de outubro de 1998)[127], especificamente para restringi-la no âmbito do mercado secundário de peças de reposição automotivas. Até o presente momento, no entanto, trata-se apenas de um projeto (COD(2004)0203)[128], sem qualquer vinculação legal. O Ilustre Conselheiro Ragazzo refere-se frequentemente a esta proposta no embasamento de seu voto no r. processo administrativo. Em que pese o interesse teórico destas discussões reformadoras[129], trata-se, apenas, de um projeto que tramita há oito anos na Comissão Europeia, sem que os Estados-Membros tenham decidido pela adoção deste regramento, preferindo a manutenção do arcabouço legal vigente.

É nesse contexto e sob esta perspectiva que o debate sobre a reforma da Lei de Propriedade Industrial deve ser compreendido. A análise de nossa experiência recente, sob a vigência da Lei n. 9.279/1996,

---

component part of another article, if the sole purpose of the component part is for the repair of the article of which it is a part so as to restore its original appearance.

[124] http://www.govtrack.us/congress/bills/111/hr3059

[125] http://www.govtrack.us/congress/bills/111/s1368.

[126] Para uma avaliação crítica sobre os projetos legislativos apresentados, *vide* WANSTRATH, Kara Y. "Access to Repair Parts Act: Will it Achieve its Goal or Hurt an Already Struggling Industry?". *DePaul Journal of Art, Technology & Intellectual Property Law*. Vol. 20, 2010. pp. 409-448.

[127] http://eur-lex.europa.eu/LexUriServ/LexUriServ.do?uri=CELEX:31998L0071: EN:NOT

[128] http://eur-lex.europa.eu/LexUriServ/LexUriServ.do?uri=CELEX:52004PC0582: EN:NOT

[129] STRAUS, Joseph. "Design Protection for Spare Parts Gone in Europe? Proposed Changes to the EC Directive: The Comission's Mandate and its Doubtful Execution". *European Intellectual Property Review*. Vol. 27, 2005. pp. 391-404.

DEFESA DA CONCORRÊNCIA E PROTEÇÃO À PROPRIEDADE...

deve ser feita a partir da perspectiva crítica da proteção inconteste da propriedade intelectual dos detentores do conhecimento – em sua maioria não nacionais. Segundo dados divulgados pelo próprio INPI, a proteção da propriedade intelectual, especialmente as patentes, é garantida a não residentes, geralmente empresas multinacionais. Em 2010, foram realizados 28.052 pedidos de depósito de patentes, dos quais 20.797 eram de não residentes e 7.255 de residentes no país.

Este quadro, se analisado de acordo com a ordem constitucional brasileira, apresenta a injusta inadequação dos meios (nossa atual Lei de Propriedade Industrial) aos fins pretendidos pela Constituição (a superação do subdesenvolvimento, conforme explicitam os seus artigos 3º, 170 e 219). A questão de proteção à propriedade intelectual não pode estar desvinculada da criação e da proteção de um mercado interno forte e de uma política industrial voltada para os interesses do País.

Se quisermos nos manter fiéis a tais preceitos, a alternativa correta não parece ser o aprofundamento do grau de proteção patentária a ser garantido pela Lei de Propriedade Industrial, como alguns querem insistir, mas devemos criar estruturas que protejam e incentivem o nosso modelo de desenvolvimento, em sua condição *real,* políticas que sejam submetidas ao interesse público, à autonomia tecnológica. Portanto, qualquer política de proteção à propriedade intelectual, qualquer política de inovação tecnológica deve ser feita dentro desses parâmetros: o desenvolvimento e a proteção do mercado interno, o desenvolvimento da política industrial, o desenvolvimento da política de inovação, todas elas com a perspectiva de incorporar a maior parte da população nos seus frutos.

Apesar das suas muitas falhas, a Lei n. 9.279/1996 ainda é a legislação vigente no país e a submissão de toda e qualquer autoridade administrativa à legalidade, inclusive o CADE, é um dos fundamentos do Estado Democrático de Direito instituído pela Constituição de 1988. Em suma, a via da reforma legislativa é a única a admitir a pretensão da Associação Y de afastar a eficácia das regras de propriedade industrial que protegem os desenhos industriais das peças automotivas registrados pela Consulente.

GILBERTO BERCOVICI

RESPOSTA

Diante da argumentação exposta, concluo:

1. No contexto da Constituição Federal de 1988, como deve se dar a interação entre a política pública de defesa da concorrência e as demais políticas públicas implementadas pelo Estado?

As políticas públicas têm por fundamento a necessidade de concretização de direitos por meio de prestações positivas do Estado. As políticas públicas são programas setoriais, podendo haver um conflito entre uma visão global e de territorialidade, que é a do desenvolvimento e planejamento, com uma visão setorial e fragmentada, que é a das políticas públicas. A política de defesa da concorrência, assim, deve ser compreendida no contexto da política econômica constitucional, como uma parte integrante da mesma, não como uma política totalmente autônoma, evitando-se uma visão fragmentada, parcial e contraproducente em relação aos objetivos de política econômica constitucionalmente determinados nos artigos 3º, 170 e 219.

2. Existe uma precedência ou superioridade da política da defesa da concorrência em relação às demais políticas públicas, em especial as de defesa da ordem econômica?

Com a incorporação ao texto constitucional de normas atribuidoras de competência para a elaboração e a implementação da política econômica, estabelece-se o fundamento jurídico para que os Estados tomem as medidas econômicas necessárias. A política econômica é o conjunto de medidas soberanas por meio das quais se determinam as condições a que estão submetidas as atividades econômicas privadas e se determinam fins a serem alcançados. A política pública de defesa da concorrência, ou política concorrencial, portanto, é instrumental, isto é, serve como meio para a implementação de determinada política econômica. Não há como buscar a obtenção de maiores pretensões com esta política. Como qualquer política pública, a política de defesa da concorrência é parcial, limitada e deve ser estruturada de forma a poder cooperar com outras políticas públicas, tão ou mais importantes para a população.

412

DEFESA DA CONCORRÊNCIA E PROTEÇÃO À PROPRIEDADE...

a) Pode o CADE, a pretexto de ter sua competência criada e definida pela lei de defesa da concorrência, modificar ou interferir no conteúdo de outras políticas públicas, ou mesmo nos objetivos perseguidos por outros órgãos da Administração?

A política concorrencial não pode substituir as demais políticas ou os demais aspectos integrantes da política econômica, nem se arrogar a primazia, mas deve ser harmonizada com as demais políticas públicas. Assim, a política concorrencial tem que estar configurada não apenas de acordo com os parâmetros fixados constitucionalmente, mas também com a cautela de não interferir de forma equivocada em outras políticas públicas, situação em que pode, às vezes, trazer mais danos à sociedade do que benefícios. Em um Estado Democrático de Direito, a atuação estatal se pauta pela legalidade, em todas as suas dimensões, estatuída de acordo com a hierarquia normativa estabelecida pela Constituição. Como ente da Administração Pública, integrante da Administração Indireta a União, o CADE exerce função administrativa, ou seja, o seu poder não é exercido por interesse próprio ou exclusivamente próprio, mas por interesse público. A autarquia tem por finalidade o exercício de uma função pública, ou seja, tem o dever de realizar o interesse público, não o seu.

3. Especificamente com relação ao caso concreto, constitui abuso ou infração à ordem econômica a proteção, pelas montadoras, de seu registro de desenho industrial contra a cópia ou imitação produzida por fabricantes independentes de autopeças?

O exercício legítimo de direito, nos termos que lhe autoriza a lei, não pode ser considerado abusivo. O sistema de proteção à propriedade intelectual, reconhecido pela Constituição Federal e garantido pela Lei n. 9.279/1996, confere ao titular de registro de desenho industrial a proteção contra a cópia ou imitação produzida por terceiros. O exercício desta exclusividade é a própria essência da propriedade intelectual, decorrente, neste caso, do registro eficaz. A ordem econômica contempla os regimes de proteção à concorrência e de propriedade intelectual, no mesmo patamar, como engrenagens promotoras do desenvolvimento econômico nacional. A proteção da propriedade intelectual é, a bem

413

da verdade, uma categoria do direito concorrencial, pois constitui uma modalidade pela qual o ordenamento jurídico organiza a atividade econômica, transformando-a em concorrência disciplinada pelo direito. A proteção legal aos titulares de registros de desenho industrial é um elemento constituidor das relações de mercado ao qual o CADE, como ente da Administração submetido ao estrito princípio da legalidade, não é permitido concordar ou não. A proteção contra cópias e imitações de desenhos industriais é consequência legal do registro, que independe da apreciação do CADE. As decisões da autarquia não têm o condão de modificar a relação de direitos subjetivos determinada em lei.

4. A Lei de Propriedade Industrial apresenta requisitos e limitações à obtenção e ao exercício de direitos de propriedade industrial (e.g requisitos de novidade, finalidade comercial, prazo de exclusividade, hipóteses de extinção do direito). Qual é o objetivo de tais limitações e requisitos?

O sistema de produção de bens imateriais voltados para o mercado pressupõe um a organização de um sistema de criação intelectual que induza e favoreça os investimentos. Para tanto, permite-se a apropriação privada dos resultados da criação intelectual por meio de uma exclusividade jurídica. Como não se esgotam como os bens materiais, devem ter regras de utilização distintas. O interesse social está na existência de investimentos em inovação, o que gera a intervenção do Estado para garantir, juridicamente, determinados direitos para quem investir em novas criações. A exclusividade temporária, assim, encoraja a inovação e permite aos competidores distinguirem os seus produtos ou serviços perante a clientela, estimulando a concorrência a pesquisar, desenvolver e explorar produtos e técnicas novas e competitivas. É a finalidade que justifica a tutela legal dos bens imateriais.

5. Tem o CADE competência para revisar a política pública de proteção à propriedade industrial ditada pela Constituição, pela LPI e pelo INPI, limitando o uso do registro de desenho industrial de peças automotivas somente a determinados mercados ou, ainda, restringindo o prazo de duração desse registro conforme o investimento feito e/ou o retorno obtido pela montadora?

DEFESA DA CONCORRÊNCIA E PROTEÇÃO À PROPRIEDADE...

Não há, no ordenamento jurídico brasileiro, nenhum dispositivo que justifique alguma primazia da política pública de defesa da concorrência sobre as políticas de proteção à propriedade intelectual ou qualquer outra política pública. Sendo assim, os responsáveis por estas políticas têm o dever de compatibilizá-las da melhor forma possível, assegurando a consecução dos objetivos constitucionalmente determinados. A Lei de Propriedade Industrial é a expressão normativa do regime de proteção dos desenhos industriais. Um sistema de propriedade intelectual capaz de induzir a inovação e o desenvolvimento tecnológico e cultural baseia-se em garantias estritas como a eficácia do registro e a duração limitada da exclusividade do gozo do direito de propriedade. Introduzir elementos estranhos ao regime da Lei de Propriedade Industrial para condicionar a eficácia das regras de propriedade intelectual representa intervenção indevida da autoridade concorrencial na atuação econômica das empresas do setor automobilístico.

a) A intenção do CADE de atrelar a legalidade e efetividade da proteção do desenho industrial a critérios fluídos e casuísticos ("investimento x retorno") atenta contra a segurança jurídica buscada pela política pública de proteção à propriedade industrial?

A intenção do CADE, tal como descrita na consulta, certamente atenta contra a segurança jurídica. Afinal, a segurança jurídica decorre da efetividade estrita do princípio da legalidade que orienta a atividade dos entes públicos e que informa a relação entre o poder público e os particulares. Critérios estranhos ao sistema de proteção à propriedade intelectual são ilegais e lesivos à política pública do setor. Não há qualquer fundamento legal para que a autoridade de defesa da concorrência aplique condicionantes à aplicação das normas de propriedade intelectual. Sua intervenção, nesta ou em qualquer outra atividade econômica só se autoriza quando do exercício abusivo do poder econômico.

6. Tem o CADE competência para permitir a imitação e cópia não–autorizada dos desenhos industriais das montadoras, sobrepondo-se ao disposto nos arts. 187 e 188 da LPI, que tipificam tal conduta como crime?

A permissão pura e simples de imitação e cópia não autorizada dos desenhos industriais, por parte do CADE, seria equivalente, na prática, a revogar os dispositivos da Lei de Propriedade Industrial que coíbem e criminalizam tais condutas. Seria absurdo atribuir a uma autarquia poder equivalente ao conferido às autoridades legislativas competentes para modificar, de forma tão radical, normas sancionadoras de natureza penal que integram o sistema de proteção da propriedade intelectual.

a) Semelhante permissão configuraria *incentivo à pirataria*, cujo combate constitui política pública expressamente adotada pelo Ministério da Justiça?

A organização do sistema de proteção à propriedade intelectual compete à lei, e não ao CADE. O legislador entendeu por bem atribuir direitos de exploração exclusiva de desenhos industriais ao detentor do registro. Este é um mecanismo que garante eficácia ao sistema, incentivando os agentes econômicos a inovarem, com a garantia legal de usufruírem desta exclusividade por um determinado período. O afastamento da proteção ao registro dos desenhos industriais representaria, para empresas que não aplicaram o mesmo empenho de pesquisa e desenvolvimento, verdadeiro estímulo à cópia ilegal.

b) Permitir a imitação e cópia não-autorizada do desenho industrial, fora do controle de seu titular, por fabricantes não sujeitos aos mesmos *standards* e controles de qualidade e segurança empregados pelas montadoras, contraria a política de valorização da qualidade e proteção da incolumidade e segurança do consumidor defendidas pelo Ministério da Justiça, através do DPDC?

A produção indiscriminada de cópias e imitações de autopeças sem dúvida potencializa a distribuição no mercado de componentes que utilizem materiais indevidos que possam trazer risco à integridade física do consumidor. Sem o comprometimento com a qualidade do produto completo, identificado apenas com a montadora, a disputa por participação no mercado pelas fabricantes não autorizadas de peças pode se dar com o emprego de estratégias de manipulação de preços, em detrimento da observância de parâmetros de qualidade necessários à segurança dos usuários.

7. Tem o CADE competência para criar obrigações ou impor limites aos direitos decorrentes do desenho industrial em desacordo com

DEFESA DA CONCORRÊNCIA E PROTEÇÃO À PROPRIEDADE...

o previsto no TRIPs e demais tratados internacionais assinados pelo Brasil, em matéria de propriedade industrial?

Os tratados internacionais recepcionados pelo direito nacional têm *status* de lei ordinária e, nesta qualidade, vinculam todos os entes da Administração Pública, como o CADE. Desta forma, constituem normas de proteção à propriedade intelectual que não podem ser alteradas, ou ignoradas, pela autoridade de defesa da concorrência.

8. No presente caso concreto, a interferência pretendida pelo CADE na relação entre as montadoras e fabricantes independentes não estaria, a pretexto de defender a concorrência, meramente protegendo concorrentes e criando um mercado artificial ("mercado de peças piratas") não autorizado pela Lei?"

A defesa da concorrência não se pode efetivar à revelia das demais esferas constituintes da ordem econômica. A restrição arbitrária e seletiva da oponibilidade dos direitos de propriedade industrial, ademais de manifesta ilegalidade contra o regime de tutela dos desenhos industriais registrados, é contrária à própria tarefa de promover a concorrência livre, por possibilitar a inserção de agentes econômicos ilegítimos neste mercado. As autoridades de defesa da concorrência, por determinação constitucional e legal, têm o dever-poder de proteger a concorrência, não os concorrentes.

Este é o meu parecer.

São Paulo, 16 de abril de 2013.

DEFINIÇÃO DE MERCADO RELEVANTE NO SETOR DE MÚSICA GRAVADA E A IMPOSSIBILIDADE DE SEGMENTAÇÃO POR GÊNEROS MUSICAIS

CONSULTA

A empresa X, por intermédio de seu ilustre advogado, honra-me com a presente consulta para elaboração de parecer sobre tema de direito econômico da concorrência, havendo por fundamento ato de concentração submetido ao CADE.

Em síntese, o caso apresentado envolve a seguinte operação:

Trata-se da aquisição, em âmbito mundial, pela empresa X, do negócio de música gravada da empresa Y. A empresa X é uma empresa com sede em Londres que atua no setor de comunicação e entretenimento. Os principais produtos e serviços ofertados pela empresa X são: produção, gravação e distribuição de produtos fonográficos e vídeo-fonográficos (CD's e DVD's); edição e comercialização de obras musicais; promoção, propaganda e merchandising de artistas; e execução de empreendimentos artísticos musicais. A empresa Y é a divisão de música gravada do Grupo Y, empresa controlada indiretamente pelo Grupo Z até o momento da implementação da operação. A empresa Y atua no mercado de música gravada. Os selos da empresa Y contratam, comercializam e promovem os artistas e distribuem suas músicas para varejistas que as comercializam em formato físico e digital.

Conforme consta do Contrato de Compra e Venda assinado entre as requerentes, o Grupo Z separou, por meio de reorganização societária, os negócios de *"music publishing"* (*Negócio MP*) e os negócios de música gravada (*Negócio RM*) do Grupo Y em Sociedades do Grupo MP e Sociedades do Grupo RM, respectivamente. Com a presente operação, a empresa X adquiriu a totalidade do capital social das Sociedades do Grupo RM. Dessa forma, a empresa X passou a controlar os ativos e passivos do negócio de música gravada da empresa Y, anteriormente detidos pelo Grupo Z.

Segundo as requerentes, a empresa X não adquiriu qualquer participação direta ou indireta em qualquer dos *Negócios MP* nem em qualquer das Sociedades do Grupo MP. Elas ressaltaram, entretanto, que o *Negócio RM* incluirá os ativos de edição de música cristã do Grupo de Música Cristã do Grupo Y, todos registrados e estabelecidos nos Estados Unidos.

A operação foi apresentada também para as autoridades concorrenciais da União Europeia, Estados Unidos, Austrália, Nova Zelândia, Áustria, Canadá e Japão. A operação foi aprovada em todas as referidas jurisdições, tendo sido impostas restrições apenas na União Europeia, segundo informações apresentadas pela Consulente.

Submetida a exame do Sistema Brasileiro de Defesa da Concorrência – SBDC nos autos do Ato de Concentração acima mencionado. A operação foi impugnada pela empresa concorrente, sob o argumento de que o mercado relevante deveria ser definido a partir da segmentação por gêneros musicais. Esta pretensão foi afastada pelo Conselheiro Relator, que, em seu voto, conheceu da operação e sugeriu sua aprovação sem ressalvas, definindo o mercado relevante conforme a atividade-fim da empresa, a saber, a produção de música gravada, sem segmentação por gêneros musicais.

A partir desta discussão, formula a Consulente os seguintes quesitos:

DEFINIÇÃO DE MERCADO RELEVANTE NO SETOR DE MÚSICA...

1. Em que medida a dinâmica competitiva do mercado de música gravada é afetada pela segmentação por gêneros?

2. Como deve ser definido o mercado relevante no segmento de música gravada?

3. Existe alguma justificativa, legal ou econômica, para que o mercado relevante seja definido por gênero?

4. Tendo em vista a definição de mercado relevante adotada, qual o padrão de competição no Brasil resultante no cenário pós fusão?

PARECER

1. O MERCADO DA MÚSICA EM SUAS MÚLTIPLAS ATIVIDADES.

O mercado musical constitui um dos ramos da chamada "indústria do entretenimento", que pode ser definida como a "monetização do tempo de lazer".[1] As atividades recreativas assumem nas sociedades industriais, a partir do século XX, uma maior importância econômica, pois a maior disponibilidade de tempo e recursos garante a parcela considerável da população o usufruto de atividades não relacionadas ao trabalho.

É neste contexto que se desenvolve uma cultura de massas que consome as mais variadas formas de expressão do entretenimento. Em termos gerais, todos os setores da indústria de entretenimento exibem características similares, e são influenciados por variáveis externas, como a economia, a política, tendências sociais e tecnologia, além de se influenciarem entre si, como se dá no caso do mercado da música e sua relação estreita com o mercado de filmes, televisão e vídeo *games*.[2] Podemos compreender o "lazer" em diferentes perspectivas:

---

[1] HULL, Geoffrey P. HUTCHISON, Thomas William; STRASSER, Richard. *The Music Business and Recording Industry:* Delivering Music in the 21st Century. 3ª ed. New York/London: Routledge, 2011. p. 1.

[2] HULL, Geoffrey P. HUTCHISON, Thomas William; STRASSER, Richard. *The*

"1. Leisure as time (free time after practical necessities of life have been addressed)

2. Leisure as a state of being (leisure not as a means to an end, but rather an end in itself)

3. Leisure as a way of life (entertainment is part of a person's life rather than an alternative to work)

4. Leisure as an all-pervading "holistic concept" (leisure seen in all actions, e.g. family activities, home decorating, etc.)

5. Leisure as activity (leisure made up of activities, ranging from passive to active e.g. watching TV to do-it-yourself home repairs)."[3]

A indústria do entretenimento claramente abrange todos os cinco níveis das atividades de lazer, envolvendo os indivíduos na esfera passiva, emocional, ativa e recreativa.[4] Por constituir uma atividade econômica com mercado próprio, cada divisão da indústria de entretenimento cria um produto que lhe é peculiar. Observa Hull que

"as an industrial sector, the entertainment industry is similar to other industries that manufacture and produce products for profit. [...] As an economic sector, the entertainment industry consists of a large number of sub-industries that are devoted to specific forms of entertainment".[5]

Music Business and Recording Industry: Delivering Music in the 21st Century. 3ª ed. New York/London: Routledge, 2011. p. 2.

[3] HULL, Geoffrey P. HUTCHISON, Thomas William; STRASSER, Richard. *The Music Business and Recording Industry:* Delivering Music in the 21st Century. 3ª ed. New York/London: Routledge, 2011. p. 3.

[4] HULL, Geoffrey P. HUTCHISON, Thomas William; STRASSER, Richard. *The Music Business and Recording Industry:* Delivering Music in the 21st Century. 3ª ed. New York/London: Routledge, 2011. p. 4Exemplificam os autores que os ouvintes de música – como os espectadores de TV e filmes – envolvem-se de forma passiva com a atividade de entretenimento. Ouvir uma banda não afeta a criação da música, mas a participação em vídeo *games* ou na produção de vídeos não comerciais, podem interferir na produção de entretenimento.

[5] HULL, Geoffrey P. HUTCHISON, Thomas William; STRASSER, Richard. *The Music Business and Recording Industry:* Delivering Music in the 21st Century. 3ª ed. New

DEFINIÇÃO DE MERCADO RELEVANTE NO SETOR DE MÚSICA...

É importante destacar o fato de que cada produto de entretenimento é único, por reunir elementos não reproduzíveis da criatividade humana. Assim, uma canção resulta da combinação artística original de voz, palavras, arranjos instrumentais e efeitos sonoros, assim como um filme congrega ações singulares de atores, diretores, cenários, técnicos, etc. Este caráter singular dos produtos de entretenimento faz desta indústria um setor de alto risco, dependente do gosto popular e altamente sensível a períodos de crise econômica, em que os produtos não essenciais são os primeiros a sofrer com a redução de renda dos indivíduos. Se considerarmos as estatísticas trazidas por Hull e outros[6], cerca de 90% (noventa por cento) das gravações musicais não são bem sucedidas, o que estrutura o negócio em torno de alguns nomes altamente populares, que permitem a absorção das perdas com os negócios de baixa venda. Desta estrutura temos o efeito de que os artistas que produzem lucros gozam de considerável liberdade para buscar as empresas que lhes garantam as melhores condições de produção e divulgação de seu trabalho, como, por exemplo, uma empresa do setor musical que dê acesso privilegiado em um grande portal de internet, um canal de TV aberta ou que edite revistas de grande circulação, podendo oferecer condições mais vantajosas para a apresentação do trabalho do artista junto ao público.

York/London: Routledge, 2011. p. 4: "Although there are numerous sub-industries, the entertainment industry as a whole can be broken down into eight major divisions: 1. Motion Picture Industry; 2. Music Industry (recording, publishing, and live performance); 3. Broadcasting (television, radio, and Internet); 4. Publishing (books, magazines, and newspapers); 5. Games (video and computer games and toys); 6. Sports; 7. Exhibition Entertainment (museums, amusement parks, and theater); 8. Gambling". Mais adiante, na p. 27: "The entertainment industry covers a broad array of activities and sectors. This diversity of forms is not hermetic, as each sector offers the opportunity for revenue generation for multiple entertainment forms. As such, music is an inherent part of several entertainment sectors beyond its traditional boundaries. From the more traditional relationships, such as the motion picture, broadcast and performing arts industries, to the growing gaming industry, to the not so obvious entertainment sectors such as sports (one can never imagine a Super bowl half-time show without music) and the gambling industry, especially with casinos catering now to families rather than using music as a loss leader to attract high rollers".

[6] HULL, Geoffrey P. HUTCHISON, Thomas William; STRASSER, Richard. *The Music Business and Recording Industry*: Delivering Music in the 21st Century. 3ª ed. New York/London: Routledge, 2011. p. 6.

GILBERTO BERCOVICI

Embora tenhamos partido de uma análise de características comuns à indústria de entretenimento como um todo, e guardadas as relações que cada setor estabelece entre si, o exercício de cada atividade é altamente especializado, ou seja, ainda que um setor de entretenimento seja alavancado pela exploração de outro (músicas de trilhas sonoras de novelas da TV aberta têm maior probabilidade de gerar lucros mais elevados), a configuração de cada mercado é bastante diferenciada.

No caso da atividade econômica musical, podemos falar de dois fluxos principais de geração de receitas: a) mercado de edição musical (*music publishing industry*), relativo à venda, uso e licenciamento de músicas; e b) mercado de música gravada (*music recording industry*) relativo à comercialização e uso de gravações musicais. Podemos, ainda, acrescentar as apresentações ao vivo de artistas, ao rol atividades próprias ao setor econômico musical, embora, em nosso entendimento, a matriz fundamental da reprodução econômica do mercado musical dependa do binômio "edição+gravação", ou seja, no registro da criação intelectual musical e em suas *performances* artísticas.

É certo afirmar que as modificações na forma de divulgar e acessar os produtos musicais impactam nas estratégias mercadológicas da indústria – pensemos na passagem da venda de LPs e fitas cassete para CDs e destes para a distribuição eletrônica – mas o *core business* permanece o mesmo: as companhias da indústria musical atuam para estabelecer os melhores catálogos de músicas, gravados em sua melhor expressão artística.

O mercado de edição musical tem como função primária a aquisição de direitos de propriedade intelectual e a exploração destes direitos.[7] O principal ativo da empresa de edição é o denominado "catálogo", que se refere ao conjunto de todas as músicas cujos direitos pertencem à

---

[7] "Licensing is a part of what is sometimes described as secondary exploitation of rights. Primary exploitation is the sale of records. Thereafter, other areas of exploitation are secondary or ancillary. Over the past thirty years the various sources of secondary exploitation of records and videos has become an important element of income for record companies, music publishers and recording artists" *In:* ISHERWOOD, Patrick. *Legal and Business Issues in the Music Industry.* London: Thorogood, 1998, p. 64.

publishing company. Seu negócio principal é a maximização de valor de seu próprio catálogo, a aquisição de catálogos e a coadministração de catálogos de terceiros, em regra empresas de menor porte. A estrutura interna destas empresas em ampla medida espelha suas funções primárias de aquisição e exploração de *copyrights*, conforme a atuação de divisões criativas (responsáveis pela contratação de compositores e seleção de repertório para ampliação do catálogo, da forma mais rentável possível) e administrativas.

O mercado de gravação se desenvolve a partir do controle sobre a gravação de uma *performance* e sua comercialização junto ao público ou seu licenciamento junto a estúdios de cinema ou produtoras de vídeo *games*. Em suma, depende da contratação (em regra com exclusividade) de artistas, da produção de *performances* gravadas (as chamadas gravações *"master"*, a partir das cópias, as cópias físicas ou eletrônicas são duplicadas) e a comercialização de cópias destas gravações a vários usuários (público final por meio de distribuidores físicos e digitais, estúdios de cinema, produtoras de *games*, novelas de televisão, agências de propaganda, etc.). As duas funções básicas da indústria de gravação são adquirir/produzir as gravações *master* (processo *in-house* ou terceirizado) e comercializá-las junto ao público geral e especializado.

As quatro principais empresas no mercado de gravação (as chamadas *"majors"*) são: *Universal Music Group, Sony Entertainment, Warner Music Group*, e *EMI Music Group*. A estas *"big four"* somam-se inúmeras gravadoras independentes, de maior e menor porte (incluindo a *Som Livre*, ligada às *Organizações Globo*), que atuam na aquisição/produção de gravações *masters*. Já a presença de outros *players* na ponta da distribuição é menos representativa, considerando-se os elevados custos desta atividade.

No campo do mercado de *music recording*, a otimização do binômio "gravação de *masters* + comercialização" nos permite identificar um interesse das maiores empresas em adquirir selos menores, com o intuito de ampliar seu catálogo e garantir o "abastecimento" constante dos canais de comercialização, levando-se em conta que vários lançamentos terão baixas vendas e os sucessos que emplacarem nas paradas são substituídos em curtos intervalos. Assim, explica o economista Harold Vogel:

GILBERTO BERCOVICI

"Because efficiency in this area requires that retailers located over a wide geographic swath have their inventories quickly replenished, most records are distributed by large organizations with sufficient capital to stock and ship hundreds of thousands of units at a moment's notice".[8]

Obviamente, as novas possibilidades de circulação eletrônica de arquivos de áudio ampliam os canais de distribuição antes calcados na produção física de música gravada, incluindo na cadeia econômica da indústria musical agentes econômicos importantes como distribuidores de conteúdo digital (*iTunes* da *Apple* e *Amazon*, por exemplo), o que por certo afetará as barreiras de entrada na atividade de distribuição musical constatadas atualmente – em oposição às barreiras de entrada pouco significativas na atividade de gravação propriamente.

As possibilidades de novos veículos de *marketing*, no entanto, só podem ser exploradas se forem desenvolvidos com sucesso os mercados de *publishing* e *music recording*, ainda claramente especializados do ponto de vista econômico, tendo em vista que se organizam em torno de uma representação econômica claramente identificada: o catálogo.

Especificamente a respeito das gravadoras, cujo negócio é a propriedade de gravações *master* e sua exploração, a viabilidade de seu negócio está em dispor de um catálogo variado o suficiente para garantir um fluxo constante de sucessos de venda que possam compensar lançamentos de menor retorno. Este balanço entre *hits* e *flops* é alcançado com a produção própria de gravações, mas também com a aquisição de outros catálogos. Este *portfolio* pode incluir diferentes selos musicais, gravações dos mais variados artistas de diferentes épocas. O catálogo interessa economicamente em sua perspectiva coletiva. Ainda que uma mesma gravadora distribua sua produção por meio de diferentes selos de música, esta segmentação não é inerente ao negócio das gravadoras. Para a empresa, todos os *"masters"* compõem seu catálogo unitário. Em larga medida, os selos correspondem à aquisição de catálogos de outras gravadoras, mantendo-se por conveniência a sua denominação original

---

[8] VOGEL, Harold L. *Entertainment Industry Economics*. Cambridge/New York:Cambridge University Press, 1986. p. 149.

426

DEFINIÇÃO DE MERCADO RELEVANTE NO SETOR DE MÚSICA...

junto ao público[9], e não a unidades independentes. Para a gravadora, ressalte-se, não há segmentação econômica, as rentabilidades das diferentes gravações se compensam entre si. Uma aposta de sucesso pode se revelar um fracasso junto ao público, e, de igual forma, uma gravação sem maiores pretensões, "para fazer catálogo" (menor investimento gera maior rentabilidade com vendas menos expressivas), pode ser bastante lucrativa.

As estratégias para composição do catálogo visam o equilíbrio entre gravações mais e menos rentáveis. Como dissemos ao início, o produto da indústria de entretenimento é a expressão única da criatividade humana, e como toda manifestação artística-cultural, sua recepção junto ao público é incerta. Por óbvio, artistas consagrados têm uma expectativa de retorno maior, podem ser um sucesso de crítica, mas ainda assim o retorno do investimento pode se situar aquém do esperado.

Gravadoras de maior porte "diluem" seu risco na composição de catálogos variados, daí não se estranhar que uma mesma gravadora disponha de selos de distribuição de música *pop, gospel* e *country*[10]. Faz parte de seu negócio a composição de catálogos rentáveis e sua expertise na atuação nas atividades de prospecção de talentos, contratação de artistas, disponibilização de estrutura de estúdios para gravação com técnicos especializados e mobilização de recursos de *marketing* e distribuição (contatos com imprensa e outros setores da indústria de entretenimento, negociação com cadeias varejistas e canais da internet) lhe permitem atuar de fato em qualquer meio de expressão musical. Daí que a variabilidade da composição dos catálogos é da própria natureza dos empreendimentos, de maior ou menor porte. Como bem observa Denisoff, em seu estudo seminal sobre a sociologia da música popular: *"the*

---

[9] *Vide*, como exemplo, o selo *RCA Records*, atualmente distribuído pela *Sony Entertainment Company*, originado da compra da *Victor Talking Machine Company* (fundada em 1901) pela *RCA* (*Radio Corporation of America*) em 1929 e com atuação ininterrupta desde então, embora sob o controle de diferentes empresas.

[10] Neste sentido, HULL, Geoffrey P. HUTCHISON, Thomas William; STRASSER, Richard. *The Music Business and Recording Industry:* Delivering Music in the 21st Century. 3ª ed. New York/London: Routledge, 2011. p. 38.

record companies, must orchestrate this demographic cacophony in order to earn a profit".[11] Mesmo as chamadas gravadoras que atuem em um mercado de nicho seguem a mesma lógica de diversificação do catálogo em busca da rentabilidade, na medida em que procuram incorporar o máximo de artistas de uma mesma tendência a seu repertório de gravações – um artista pode ser do gosto público, enquanto outro, de estilo diferente, seja pouco popular.

Este princípio de diversificação temática é um traço comum ao setor de entretenimento, ponto a partir do qual iniciamos nossa exposição. Paralelamente, os estúdios de cinema rodam filmes de ação, romance, terror, suspense e comédia; as editoras publicam *best-sellers*, autoajuda, biografias; os produtores de vídeo *game* fazem jogos de simulação de voo, corridas, esportes, combate, RPG, puzzles.

À parte da descrição estrutural do mercado de música a partir da sua segmentação funcional (*publishing* x *recording*), é necessário examinar se é apropriado descrever este mercado a partir dos estilos artísticos musicais, a que comumente chamamos de gênero musical.

2. O GÊNERO MUSICAL COMO CRITÉRIO DE SEG-MENTAÇÃO DE MERCADO. OBJEÇÕES TEÓRICAS E PRÁTICAS

A discussão sobre o gênero nas artes e humanidades remonta à filosofia aristotélica, sem que haja consenso sobre sua conveniência analítica:

> "The notion of "genre theory" is ambiguous in the same way as "taxonomy" is in biology. It may mean actual classifications of Literary works or it may refer to the logic of such classifications. The latter sense, for which we shall reserve the name genre theory, is most interesting philosophically. Every genre classification must

---

[11] DENISOFF, R. Serge. *Solid Gold:* The Popular Record Industry. New Brunswick: Transaction, 1975. p. 39.

be tied to some genre theory, though most classifiers have not made explicit their conceptual underpinnings. Implicit in much of traditional genre classification is a presupposition of the dualism between physis and nomos, nature and convention. A fundamental basis of genre classification has correlatively been Aristotelian naturalism. But a failure of Aristotelian classifiers to reach agreement inevitably leads other thinkers to affirm that all classification is arbitrary and conventional".[12]

No mesmo sentido, o problema da classificação na arte problematiza profundamente a própria compreensão do conceito de gênero:

"The ambiguous notion of genre is central to this discussion. Literally, a genre is a "kind" or "type" of art. The notion of genre presumes that some aggregation principle enables observers to sort cultural products into categories. Formalists treat genres as comprising works that share conventions of form or content. Art historians also define genres in terms of shared conventions, but focus as well on social relations among producers in identifying "schools" or "artistic movements". Although students of popular culture and literary theorists of the "reader-response" school consider formal similarities, they acknowledge that genres are partially constituted by the audiences that support them. Efforts of humanists to define genre in terms of form or content

---

[12] ROLLIN, Bernard E. "Nature, Convention and Genre Theory". *Poetics* 10 p. 127, 1981. Igualmente problematizando o uso do gênero nas artes e humanidades, *vide*, entre outros, DOWD, Garin. "Introduction: Genre Matters in Theory and Criticism" *In:* DOWD, Garin; STEVENSON, Lesley; STRONG, Jeremy *Genre Matters:* Essays in Theory and Criticism. Bristol: Intellect, 2006. pp. 11-27. É interessante destacar a afirmação de CHANDLER, Daniel. *An Introduction to Genre Theory*, disponível em http://www.aber.ac.uk/media/Documents/intgenre/intgenre.html, acesso em 09/01/2013: "The word genre comes from the French (and originally Latin) word for 'kind' or 'class'. The term is widely used in rhetoric, literary theory, media theory, and more recently linguistics, to refer to a distinctive type of 'text'. For most of its 2,000 years, genre study has been primarily nominological and typological in function. That is to say, it has taken as its principal task the division of the world of literature into types and the naming of those types – much as the botanist divides the realm of flora into varieties of plants. As will be seen, however, the analogy with biological classification into genus and species misleadingly suggests a 'scientific' process".

GILBERTO BERCOVICI

similarities represent attempts to impose normative order on systems of classification that are socially constructed".[13]

A questão do gênero, portanto, está longe de ser pacífica. Se nosso senso comum nos permite utilizá-lo no discurso leigo para uma tipologia de formas de produção literária, textual, musical, cinematográfica, televisiva ou pictórica, os estudos especializados sobre o tema abordam, antes, o alcance efetivo deste conceito.[14]

A musicologia não permaneceu alheia a esta discussão, e a problemática dos gêneros musicais têm sido importante objeto de debate. Franco Fabbri[15] consolidou a amplitude conceitual do gênero a partir de sua produção social, justamente ao recusar a possibilidade de determiná-lo com precisão:

> "A musical genre is 'a set of musical events (real or possible) whose course is governed by a definite set of socially accepted rules'. The notion of set, both for a genre and for its defining apparatus, means that we can speak of sub-sets like 'sub-genres', and of all the operations foreseen by the theory of sets: in particular a certain 'musical event' may be situated in the intersection of two or more genres, and therefore belong to each of these at the same time. [...] Excessive broadness is a defect also of my own definition of genre: it allows me to call 'genre' any set of genres, and therefore some

---

[13] MAGGIO, Paul Di. "Classification in Art". *American Sociological Review*. Vol. 52, n. 4, agosto, p. 441, 1987..

[14] Para uma pequena amostragem da discussão sobre o conceito de gênero – e sua utilidade teórica ou não – na literatura, *vide* FROW, John."Reproducibles, Rubrics, and Everything you Need: Genre Theory Today". *PMLA [Publications of the Modern Language Association]*, n. 122, 5, outubro, pp. 1626-1634, 2007; na área de ciências da informação: ANDERSEN, Jack. "The Concept of Genre in Information Studies". *Annual Review of Information Science and Technology*. Vol. 42, n. 1, pp. 339–367, 2008; nos estudos de folclore: HARRIS, Trudier. "Genre". *The Journal of American Folklore*. Vol. 108, n. 430, 1995. pp. 509-527 e na história, PHILLIPS, Mark Salber. "Histories, Micro- and Literary: Problems of Genre and Distance". *New Literary History*. Vol. 34, n. 2, 2003. pp. 211-229.

[15] FABBRI, Franco. "A Theory of Musical Genres: Two Applications" *In:* HORN, D.; TAGG, P. *Popular Music Perspectives*. Göteborg/Exeter: International Association for the Study of Popular Music, 1982. pp. 52-81.

DEFINIÇÃO DE MERCADO RELEVANTE NO SETOR DE MÚSICA...

which usually go under other names: musical systems, ethnic music, even 'terrestrial music' (a union of all the types of musical production and consumption on this planet) or 'galactic'".[16](grifo meu)

Desta forma, se pretendemos conservar o conceito de gênero na descrição da música, devemos assumir, *a priori*, que um único evento musical pode transitar entre as fronteiras de mais de um gênero. A questão reside, para Fabbri, na identificação da configuração do gênero no contexto social, com todas as dificuldades que esta atribuição difusa acarreta[17]: *"cada gênero pode ter suas formas típicas, mas a forma **não** é suficiente para definir um gênero"* (grifo do autor)'[18] Allan F. Moore vai além e discute a imprecisão entre os conceitos de estilo e gênero, cuja distinção é ausente para certos autores, como Fabbri, concluindo que, embora sejam conceitos que devam ser investigados pela musicologia, não se pode deixar de observar um choque entre as expectativas estilísticas e a experiência sonora, o que também se aplica ao gênero:

"much of the interest in music comes from the realization of friction between awareness of stylistic conventions that appear to be relevant to a particular piece of music, and the sonic experience itself, as a result of the investigations summarized here, it now appears to me that such friction can exist between that piece and genre conventions as well".[19]

O questionamento sobre a problemática do gênero, – da teoria do gênero, portanto – responde hoje a uma formulação da hipótese a partir

---

[16] FABBRI, Franco. "A Theory of Musical Genres: Two Applications" Two Applications" *In:* HORN, D.; TAGG, P. *Popular Music Perspectives.* Göteborg/Exeter: International Association for the Study of Popular Music, 1982. pp. 52-53.

[17] Sobre a dificuldade em traduzir as concepções de gênero musical entre diferentes culturas, *vide* FABBRI, Franco; CHAMBERS, Iain, "What Kind of Music?". *Popular Music.* Vol. 2, 1982. pp. 131-143.

[18] FABBRI, Franco. "A Theory of Musical Genres: Two Applications" *In:* HORN, D.; TAGG, P. *Popular Music Perspectives.* Göteborg/Exeter: International Association for the Study of Popular Music, 1982. p. 64.

[19] MOORE, Allan F. "Categorical Conventions in Music Discourse: Style and Genre". *Music & Letters.* Vol. 82, n. 3, 2001. p. 442.

GILBERTO BERCOVICI

de sua prática social, ou seja, há um deslocamento – ou ao menos ampliação – de uma perspectiva formalista para uma abordagem sociológica.

A dificuldade em operacionalizar o conceito de gênero, questio-
nado anteriormente em sua fundamentação teórica, mostra-se mais
evidente nos estudos empíricos de musicologia. Johan Fornäs, em seu
estudo sobre o *rock*[20], conclui:

> "Like all other genre concepts, rock is very hard to define. A genre
> is a set of rules for generating musical works. Using such
> conventional sets of rules in producing or interpreting musical
> pieces can give rise to classificatory systems, but actual musics do
> not in themselves fall unambiguously into any simple classes. It
> all depends on which rules are used, and this choice is situationally
> bound. Genres are, however, more intersubjective than subjective
> phenomena. In each temporal and spatial context, there are certain
> genre definitions that are relevant and used by the most important
> groups of actors in the musical field: musicians, producers,
> marketers and audiences. There are innumerable possible ways to
> define rock, but not all of them are meaningful in a given context.
> On the other hand, there is no consensus around one single
> definition".[21]

---

[20] FORNÄS, Johan. "The Future of Rock, Discourses that Struggle to Define a Genre".
Popular Music n. 14, 1995. pp. 111-125.

[21] FORNÄS, Johan. "The Future of Rock, Discourses that Struggle to Define a Genre".
Popular Music n. 14, 1995. pp. 111-112. O autor, de forma manifestamente controversa,
identifica *pop* e *rock*, como um único gênero, embora reconheça a dificuldade de sua
posição: "Variations abound, and rock actually seems to be more of a family of genres
than a homogeneous category.". Mais à frente, na p. 13, manifesta a desistência de qualquer
configuração objetiva do gênero musical: "Rock/pop thus contains a historically and
institutionally anchored tension between rock (in the most narrow sense) and something
else, like pop, rap, house or other subgenre labels. Sometimes these other genres are
accepted within rock, sometimes they are excluded. Rock is a 'supergenre' whose totality
is not delimited to any specific subculture. Some of its subgenres are subculturally related
(punk heavy metal), others are much more diffuse. Sometimes these subgenres are separated
in record catalogues, radio programmes or journal reviews. Sometimes rock/ pop is
instead treated as a unity, associated with modern youth culture (i.e. as cultural expressions
of and/or for all young people, not only youth subcultures). A continuous definitional
struggle is going on among the interpretive communities of listeners and musicians. As

DEFINIÇÃO DE MERCADO RELEVANTE NO SETOR DE MÚSICA...

O tema do gênero musical continua levantando questões importantes na musicologia, mas como um conceito inteiramente reformulado em oposição á tradição formalista que o caracterizou, não apenas na música, como nas demais artes e ciências humanas. Ao invés de classificar os eventos musicais de acordo com estruturas formais pré-estabelecidas, a temática do gênero evoluiu em um sistema de análise complexo e altamente problemático, em ampla medida como um conjunto não uniforme de usos comuns do termo.

À parte da dificuldade dos musicólogos em formular uma descrição precisa dos gêneros musicais, a aplicabilidade do conceito mostra-se cada dia mais difícil no campo da manipulação eletrônica de bancos de dados de arquivos digitais de música. Embora nosso tema não seja o da distribuição digital de músicas, é neste contexto atual de distribuição de obras musicais que a validade do gênero como categorização de músicas atinge seu tensionamento máximo e esgotamento. Considerando o gênero como construção social, não podemos deixar de considerar as novas formas de percepção dos tipos musicais e de organização de sua circulação na tentativa de delimitá-lo, ou de superá-lo, na medida em que a reação do público à produção e distribuição de bens musicais afeta diretamente as decisões dos agentes econômicos que os produzem.

As classificações de gêneros musicais têm se mostrado particularmente insuficientes na área de *Music Information Retrieval* – MIR (recuperação de informações musicais em bancos de dados), ferramenta essencial para extrair diretamente dos arquivos digitais de áudio dados úteis sobre as músicas. A qualificação do áudio pelo gênero musical é um descritor bastante popular, e assim como nos meios acadêmicos mencionados acima, um tópico que levanta várias discussões junto aos engenheiros e físicos acústicos que automatizam estes sistemas, embora, mais recentemente, a comunidade de pesquisadores tenha criticado o emprego da categoria de gênero como inconsistente e ambígua, pouco eficaz para a categorização de grandes volumes de informação musical,

---

long as this struggle is not settled, it seems reasonable not to exclude any of the participants, but treat rock as an open and unfinished category".

GILBERTO BERCOVICI

o que poderia ser alcançado, segundo alguns autores, pelo exame de similaridades tonais das gravações.[22]

À dificuldade técnica de automatizar a identificação dos gêneros musicais, some-se a intervenção dos consumidores na organização dos acervos musicais, atribuindo *"tags"* às músicas, sobretudo de arquivos digitais de áudio, mas também da relação de títulos disponíveis nos grandes varejistas. Segundo Bertin-Mahieux e outros autores: "The real strength of a tagging system is seen when the tags of many users are aggregated. When the tags created by thousands of different listeners are combined, a rich and complex view of the song or artist emerges".[23]

Outro estudo sobre a estruturação de sistemas mais eficientes com base em *tags* sociais sinaliza para a ampliação dos critérios de categorização musical instituídos a partir do tripé gênero-artista-álbum, atribuindo

---

[22] PANAGAKIS, Ioannis; BENETOS, Emmanoull; KOTROPOULOS, Constantine. "Music Genre Classification: A Multilinear Approach" *In:* BELLO, Juan Pablo; CHEW, Elaine; TURNBULL, Douglas (orgs.). *ISMIR 2008:* Proceedings of the 9th International Conference of Music Information Retrieval. Philadelphia: Drexel University, 2008. pp. 583-588.

[23] BERTIN-MAHIEUX, Thierry; ECK, Douglas; MAILLET, François; LAMERE, Paul. "Autottager: A Model for Predicting Social Tags fromm Accoustic Features on Large Music Databases". *Journal of New Music Research*. Vol. 37, n. 2, p. 116. Outros aspectos problemáticos do gênero são discutidos aqui: "The acquisition of reliable ground truth is a key requirement of training effective genre classifiers. It has been suggested that only limited agreement can be achieved among human annotators when classifying music by genre, and that such limits impose an unavoidable ceiling on automatic genre classification performance. Not only can individuals differ on how they classify a given recording, but they can also differ in terms of the pool of genre labels from which they choose. Very few genres have clear definitions, and what information is available is often ambiguous and inconsistent from source to source. There is often significant overlap between genres, and individual recordings can belong to multiple genres to varying degrees. There are often complex relationships between genres, and some genres are broad while others are narrow. Furthermore, genres often encapsulate multiple discrete clusters (e.g., Baroque music could include both a Monteverdi opera and a Scarlatti harpsichord sonata" *In:* MCKAY, Cory; FUJINAGA, Ichiro. "Musical Genre Classification: Is It Worth Pursuing and How Can It be Improved" *In:* DANNENBERG, Robert B. LEMSTRÖM, Kjell; TINDALE, Adam (orgs.). *ISMIR 2006:* 7th International Conference on Music Information Retrieval. Victoria: University of Victoria, 2006. p. 2.

DEFINIÇÃO DE MERCADO RELEVANTE NO SETOR DE MÚSICA...

sentido taxonômico a fatores como nacionalidade da composição musical, época, *performance* original/*cover*, artista (*Beatles*, por exemplo, seria uma categorização *per se*), tipo de gravação (acústica, ao vivo), critérios pessoais variados (festa, trilha sonora, favorita, casamento).[24] As *tags* não apenas apresentam uma nova sistemática de classificação e pesquisa musical, mas revelam como a percepção dos atributos de uma música são percebidos de maneira diferente pelo público ouvinte.

Em pesquisa comentada por Paul Lamere[25], foram coletadas informações sobre *tags* atribuídos livremente à banda *"Deerhoof"* pelos visitantes do site de rádio *online Last.fm*, como por exemplo, relativos a gênero – em sentido *lato* (*Indie, Indie Rock, Noise Rock, Rock, Indie Pop, Alternative, Post-rock, Pop, Avant-garde, Art Punk, Art Rock, Post-punk, Math-rock*), humor (engraçado), opinião (estranho), selo fonográfico (*Kill Rock Stars*), instrumentação (vocalistas femininas), estilo (experimental, *electronic*), contexto geográfico (San Francisco) e experiência (ao vivo). Com os *tags* livres, temos muito mais informações sobre as músicas da banda, do que o único descritor do *site iTunes* da *Apple*, atribuído a partir de um vocabulário controlado: *"Alternative"*. Como observa o autor, as *tags* rompem as fronteiras imprecisas da categorização por gêneros:

> "With social tags we can ignore the problem of fuzzy category boundaries completely. Instead of trying to pick the best genre category for Deerhoof (is it "Indie", "Experimental" or "Noise Pop"?) We can tag Deerhoof with all three".[26]

É importante observar que o gênero musical não é excluído das taxonomias. Apenas não se pode considerar esta categoria como objetivamente eficaz para categorizar a produção musical, dado seu elevado

---

[24] LEVY, Mark; SANDLER, Mark. "Learning Latent Semantic Models for Music from Social Tags". *Journal of New Music Research*. Vol. 37, n. 2, 2008. pp. 137-150.

[25] LAMERE, Paul. "Social Tagging and Music Information Retrieval". *Journal of New Music Research*. Vol. 37, n. 2, 2008. pp. 101-114.

[26] LAMERE, Paul. "Social Tagging and Music Information Retrieval". *Journal of New Music Research*. Vol. 37, n. 2, p. 102, 2008.

GILBERTO BERCOVICI

grau de subjetividade. Como no exemplo acima, grande parte dos *tags* atribuídos são relacionados a gênero, mas segundo a percepção dos ouvintes, havendo gêneros e subgêneros sobrepostos, bem como gêneros que podem ser considerados opostos entre si. Prossegue Lamere:

> "An ongoing problem for music librarians and editors is how to represent the music genre taxonomy. Music genre is widely used to classify music and to aid in retrieval and discovery. However there is no general agreement as to the correct genre taxonomy. One study compared three commercial genre taxonomies and found little agreement among them. There was no consensus as to the names used in the classifications. For example, "Rock" and "Pop" did not denote the same set of songs, the hierarchy differed from one taxonomy to another and there were semantic inconsistencies within taxonomies. They found that building a consistent genre hierarchy was extremely difficult even for domain experts. They eventually abandoned their effort to build such a genre taxonomy, citing multiple difficulties in establishing consistent, understandable taxonomy".[27]

Em suma, a categorização da música por gêneros é, do ponto de vista musicológico, controversa, e, do ponto de vista prático, de pouca

---

[27] LAMERE, Paul. "Social Tagging and Music Information Retrieval". *Journal of New Music Research*. Vol. 37, n. 2, p. 102, 2008. O estudo citado é AUCOUTURIER, Jean-Julien; PACHET, F. "Representing Musical Genre: A State of the Art". *Journal of New Music Research*. Vol. 32, n. 1, pp. 83–93, 2003. *Vide*, também, uma síntese geral em AUCOUTURIER, Jean-Julien; PAMPALK, Elias. "Introduction – From Genres to Tags: A Little Epistemology of Music Information Retrieval Research". *Journal of New Music Research*. Vol. 37, n. 2, pp. 87-92, 2008,. Outra pesquisa empírica conduzida sobre a eficácia dos gêneros, a partir da interação de consumidores de música no *Google Answers* constatou, a respeito da utilização de categorias de gênero, que *"Genre descriptions ranged from standard (but not crisply defined) characterizations ("jazz", "pop") to the highly idiosyncratic ("Sort of that teenie bop bitter angst genre")"* In: BAINBRIDGE, David; CUNNINGHAM, Sally Jo; J. DOWNIE, Stephen. "How People Describe their Music Information Needs: A Grounded Theory Analysis of Music Queries" *In:* HOOS, Holger H.; BAINBRIDGE, David (orgs.). *ISMIR 2003 – 4th International Conference on Music Information Retrieval*. Baltimore: The John Hopkins University, 2003, disponível em versão eletrônica em http://ismir2003.ismir.net/papers/Bainbridge.pdf, acesso em 05/01/2013.

consistência junto aos consumidores do mercado de música, insuficiente para organizar a demanda dos produtos musicais. A título de exemplo, reproduzimos a análise do musicólogo Richard Taruskin sobre a classificação da obra do compositor Philip Glass conforme a tipologia dos gêneros musicais:

> "Rock critics have understandably been quicker to call attention to the stylistic affinities between Glass's music (or minimalism generally) and *pop*, although few have put the matter bluntly in terms of influence. Michael Walsh, writing in Time magazine, was content to observe that "rock and *minimalism* share obvious characteristics, including a steady beat, limited harmonies and hypnotic repetition." Robert Coe, in the New York Times magazine, credited the Philip Glass Ensemble with providing the means "to place new *experimental* music on a continuum ranging from *academic modernism to progressive rock* and *jazz*," and noted particularly Glass's apparent influence on *disco*, the 1970s *commercial genre* with which Terry Riley had also been associated. But the chronology of Glass's relationship with *rock* does not necessarily support the one-way model; and one young critic, Gregory Bloch, has dared suggest that disco, that most *commercial* (and therefore disdained) of *rock genres*, may have been among the elements that conjoined to produce Glass's "*operatic*" style".[28] (grifo meu)

3. CONCEITO JURÍDICO-ECONÔMICO DE MERCADO RELEVANTE

De acordo com Markus Lenssen:

> "O conceito de mercado relevante e o processo de sua definição, mediante a delimitação de suas fronteiras não constituem, a princípio, o objeto principal de uma controvérsia de direito concorrencial.

---

[28] TARUSKIN, Richard. *The Oxford History of Western Music:* Music in the Late Twentieth Century. Oxford/New York: Oxford University Press, 2009. p. 392.

GILBERTO BERCOVICI

O procedimento antitruste tem por objeto aferir se há prejuízo à competição, e não obter conhecimento sobre um mercado. No entanto, para o direito da concorrência, em seus diferentes eixos de atuação, a definição de mercado relevante assume um papel fundamental e, na maioria dos casos, influenciará de maneira decisiva o resultado de uma investigação concorrencial".[29]

A definição do mercado relevante, portanto, atende a uma necessidade prévia de se estabelecer os critérios da análise concorrencial, como no caso do controle prévio dos atos de concentração. Na hipótese, a definição do mercado desempenha duas funções: de um lado, permite identificar a gama de produtos e a amplitude geográfica que podem sofrer efeitos anticompetitivos como resultado da operação, e, por outro lado, permite às autoridades de defesa da concorrência identificar os competidores de mercado, medir a respectiva participação no mercado e estabelecer o grau de concentração.

A definição do mercado relevante no caso concreto pode ser difícil e complexa. Como observa Debra J. Pealstein, em uma formulação extrema, o *"mercado relevante poderia ser restrito aos substitutos perfeitos"*. Entre a restrição e a expansão máxima dos limites do mercado relevante, *"apresentam-se um continuum de possíveis definições"*[30], expressas pela

---

[29] LENSSEN, Markus. *Der kartellrechtlich relevante Markt:* Prinzip – Konzeption – Methode. Baden–Baden: Nomos Verlagsgesellschaft, 2009. p. 23: "Der kartellrechtlich relevante Markt und der Prozess seiner Bestimmung durch die Definition seiner Grenzen stehen zunächst nicht im Mittelpunkt einer Wettbewerbsrechtlichen Fragestellung. Am Ende eines kartellrechtlichen Verfahrens steht nicht die Erkenntnis über den Markt, sondern die Antwort auf die Frage, ob ein Verstoß gegen das Wettbewerbsrecht gegeben ist. Der kartellrechtlich relevante Markt tritt jedoch in allen Konstellationen des Kartellrechts gleichsam als Fundament in Erscheinung, seine Bestimmung wird in den meisten Fällen wesentlich auf das Ergebnis einer kartellrechtlichen Untersuchung einwirken". No mesmo sentido, RUBINFELD, Daniel L. "Market Definition with Differentiated Products: The Post/Nabisco Cereal Merger". *Antitrust Law Journal* n. 68, p. 177, 2000: "Market definition is not an end in itself. rather, it provides a foundation on which one can evaluate likely competitive effects".

[30] PEALSTEIN, Debra J. *Antitrust Law Developments.* 5ª ed. Chicago: American Bar Association, 2002. p. 525: "Virtually all such markets would be served by a single firm because even homogenous goods are differentiated in some way (by location, availability,

DEFINIÇÃO DE MERCADO RELEVANTE NO SETOR DE MÚSICA...

delimitação geográfica e de produto em que a concorrência se efetiva, em cujos limites – no caso do ato de concentração – a operação pode afetar negativamente a competição, ou criar condições para abuso de poder de mercado.[31]

O critério fundamental para delimitação do mercado relevante de produto é a análise de substitutos da demanda capazes de atender as necessidades e expectativas dos consumidores. Segundo Calixto Salomão Filho:

> "Produtos que para os consumidores servem absolutamente para o mesmo uso podem não ser substituíveis se a diferença de preço entre eles for muito grande. Poderão ser substituíveis, no entanto,

---

image). At the other extreme, one could expand the market to encompass an entire economy in which any product is potentially substitute for another, if only in the most tangential and infinitesimal way, in competition for society's scarce resources". É interessante notar, que, em que pese a importância fundamental do conceito de mercado relevante como ferramenta analítica para a decisão de casos de direito concorrencial, o tema é pouco aprofundado na doutrina especializada. Para uma crítica à insuficiência da dogmática, *vide*: KATE, Adriaan ten; NIELS, Gunnar. "The Relevant Market: A Concept Still in Search of Definition". *Journal of Competition Law & Economics*. Vol. 5, n. 2, pp. 297-333, 2008, aqui p. 298: "In contrast with its legal prominence, the concept of relevant market has received little attention in the literature. Much has been written about the conditions under which other products (or locations) should be added to an existing group to make it a (relevant) market, about the products to add, about the procedure to follow for establishing the relevant market for a specific product, and about the factors that should be taken into account in such procedures, but little has been written about what a (relevant) market ultimately is. Consequently, it is hard to find a satisfactory description or definition in textbooks on microeconomics or industrial organization, if the concept is mentioned at all in such readings. For this reason, many economics graduates will be unfamiliar with the term. This is surprising, to say the least, for a concept that plays such a crucial role in the analysis of competition cases".

[31] A propósito, fundamentar a análise da demanda com base em um tipo ideal de consumidor identificado a um único gênero musical – o que já depende da admissão de que os gêneros são claramente delimitados – não corresponde à prova empírica. Koen van Eijck conduziu uma pesquisa sociológica em que constatou que os indivíduos de grupos de maior *status* social, ao contrário do que, por exemplo, afirmava Bourdieu sobre a caracterização do capital social, tendem a consumir uma maior variedade de produtos musicais. A este grupo mais culto e receptivo a diferentes estímulos musicais, van Eijck, opondo-se ao senso comum, denominou de *"onívoros musicais"*. *Vide* EIJCK, Koen van. "Social Differentiation in Musical Taste Patterns". *Social Forces*. Vol. 79, n. 3, março de 2001, pp. 1163-1185.

GILBERTO BERCOVICI

se essa diferença de preço corresponder exatamente à diferença de qualidade a eles atribuída pelos consumidores (isto é. diferença de utilidade entre ambos os produtos)".[32]

Ainda que a maior ênfase seja dada ao exame da substituição de demanda, as autoridades de defesa da concorrência têm analisado também os substitutos da oferta. Neste sentido, à parte do questionamento sobre a possibilidade das empresas de um determinado mercado ofertarem substitutos dos produtos de seus competidores, o enfoque da análise do caso igualmente se encaminhará para a verificação da presença de barreiras à entrada de novos concorrentes, importante índice de exercício abusivo do poder de mercado.

Estas diretivas gerais, adotadas em jurisdições como a norte-americana e europeia[33], são igualmente aplicáveis aos casos submetidos ao Sistema Brasileiro de Defesa da Concorrência – SBDC. Assim, é frequente que o CADE, ao examinar casos semelhantes aos apreciados em outras jurisdições, adote critérios do direito comparado. No caso do mercado de música, é exatamente o que permite afirmar a jurisprudência do CADE. Expressamente no voto proferido pelo Relator, no caso em tela, lemos:

> "15. A definição *do* segmento de música gravada, nos termos referidos acima [decisão da Comissão Europeia na aquisição da Zomba Records pela BMG em 2002] como um mercado relevante apartado sob a ótica do produto tem sido adotada pelo SBDC como padrão para as análises concorrenciais correspondentes desde pelo menos o início dos anos 2000, tendo ocorrido, por exemplo, no AC n 08012.009203/2003-95, de interesse das empresas Sony Corporation of America e Bertelsmann (BMG)".[34]

---

[32] SALOMÃO FILHO, Calixto. *Direito Concorrencial:* As Estruturas. 3ª ed. São Paulo: Malheiros, 2007. p. 114.

[33] Para uma abordagem empírica sobre mercado relevante no direito comparado, *vide* SÄCKER, Franz Jürgen. *The Concept of Relevant Product Market:* Between Demand-Side Substitutability and Supply-Side Substitutability in Competition Law. Frankfurt am Main: Peter Lang, 2008. pp. 14-28.

[34] AC n. 08012.012428/2011-39, Requerentes: *Universal Music Holdings Limited e EMI Group Global Limited.*

DEFINIÇÃO DE MERCADO RELEVANTE NO SETOR DE MÚSICA...

Diante da referência do SBDC a entendimentos jurisprudenciais do direito comparado, vejamos como se consolidou a descrição das estruturas do mercado de música no direito concorrencial europeu[35] e em que medida, estes critérios podem ser aplicados no contexto brasileiro, particularmente na definição de mercado relevante e na segmentação de mercados por gêneros.

A definição dos mercados relevantes segue os critérios consolidados na decisão *BMG/Zomba*[36], delimitando-os às atividades de música gravada e *publishing*, conforme item IV da decisão[37]:

> "9. As principais atividades das empresas de *gravação musical* podem ser descritas como descoberta e desenvolvimento de artistas, a gravação de sua música , organização da manufatura da gravação nos principais formatos (cd, cassete e vinil), distribuição das gravações a varejistas e atacadistas, e a promoção e propaganda de cada gravação lançada.
>
> 12. A atividade de music *publishing* consiste na aquisição, pela empresa de edição, dos direitos de obras musicais e sua subsequente

---

[35] Referimo-nos, particularmente, aos procedimentos específicos do mercado musical: a) *Thorn EMI/ Virgin* (caso m202, decisão de 27/04/1992); b) *Seagram/Polygram* (caso m1219, decisão de 21/09/1998); c) *BMG/Zomba* (caso m2883, decisão de 02/09/2002); d) *Sony/BMG* (caso m3333, decisão de 19/07/2004); e) *Sony/SonyBMG* (caso m5272, decisão de 15/09/2008).

[36] Caso m2883, decisão de 02/09/2002.

[37] "8. The concentration produces its effects on two market sectors, namely (a) music recording and distribution, and (b) music publishing:

a) *Music recording and distribution:* 9. The principal activities of record companies can be described as discovering and developing artists, recording their music, organising the manufacture of record releases in the main formats (compact disc, cassette and vinyl), distributing the records to retailers and wholesalers, and marketing and promoting each record release. (...)

b) *Music publishing:* 12. Music publishing consists mainly of the acquisition by publishers of rights to musical works and their subsequent exploitation upon remuneration, mostly in the form of a commission charged by the publisher to the author (lyricist and/or composer) on the revenues generated by the commercial exploitation of musical works. The main activities of publishers consist of (a) discovering of authors, (b) artistic and financial support to authors, (c) legal protection of the musical work, (d) commercial exploitation of the musical work, and (e) administration of the authors' patrimonial rights".

441

exploração mediante remuneração, majoritariamente na forma de uma comissão cobrada pelo editor ao autor (letrista e/ou compositor) sobre as receitas geradas pela exploração comercial das obras musicais. A principal atividade dos *publishers* consiste na (a) descoberta de autores, (b) suporte artístico e financeiro aos autores, (c) proteção legal da obra musical, (d) exploração comercial da obra musical, e (e) administração dos direitos patrimoniais dos autores".

Esta definição de mercado relevante, que pode ser acrescida, a depender da hipótese (como no caso *Sony/BMG*), do mercado de música *online*, orientou as demais decisões da Comissão Europeia, e do próprio CADE.

Quanto à segmentação por gênero, é importante observar que esta hipótese foi discutida em diferentes oportunidades na Comissão Europeia, como nos casos *EMI/Virgin* e *Seagram/Polygram*, por iniciativa das próprias requerentes. No entanto, já na decisão tomada em 1992 no caso *EMI/Virgin*, a Comissão observou, no item 11 da decisão, que

> "uma segmentação mais restrita do mercado de produtos chegaria a distinguir entre artistas individuais e até mesmo músicas específicas. No entanto, os varejistas, que são os clientes das gravadoras, ainda que atendendo à demanda dos consumidores finais, não adotam uma abordagem tão restritiva".[38]

No caso *Seagram/Polygram*, novamente a questão da segmentação por gênero é discutida, mas sem nenhum posicionamento que afetasse a definição dos mercados relevantes, classificados em gravação musical e distribuição. A própria Comissão notou a equivocidade do gênero *"pop music"*, que poderia abarcar diferentes categorias como *jazz*, *soul*, *heavy metal* e *techno*.[39]

---

[38] EMI/Virgin (m202): "11. The narrowest product market definition would distinguish between individual artists or even individual songs. However, retailers, who are the customers of the record companies, while mainly driven by the demand of the ultimate consumer, do not take such a limited approach".

[39] Seagram/Polygram, item 15. "The Commission takes note of the fact that the distinction between national and international pop has to a certain extent lost its

DEFINIÇÃO DE MERCADO RELEVANTE NO SETOR DE MÚSICA...

A possibilidade de a Comissão considerar os gêneros musicais como critério para definição dos mercados relevantes, possibilidade esta que foi sendo progressivamente minimizada, da decisão *EMI/Virgin* para *Seagram/Polygram*, foi definitivamente afastada no julgamento do caso *Sony/BMG* em 2004[40], posição esta que foi expressamente adotada pelo CADE. Conforme voto proferido pelo Conselheiro Relator, refutando impugnação da empresa concorrente, que pretendia a segmentação do respectivo mercado relevante por gênero musical:

> "18. Entretanto, o CADE, em decisões anteriores [AC n. 08012.004362/2002-12 e AC n. 08012.009203/2003-95], definiu o mercado relevante em questão como o de gravação musical, sem a separação por gêneros musicais. A SEAE, na análise da operação envolvendo Sony Music e BMG, afirmou que não havia necessidade de segmentar o mercado, uma vez que tanto a Sony Music quanto a BMG atuavam em todas as categorias musicais.
>
> 19. A SEAE afirmou ainda que, se o teste do monopolista hipotético fosse aplicado no mercado de música gravada, seria possível

---

importance and is not necessarily be based on the language of the song. It is, however, unquestionable that some pop music is marketed only nationally and can thus represent a separate category and possibly a separate market. The Commission is also of the opinion that within the popular music sector a large number of different categories (e.g. jazz, soul, heavy metal and techno) are readily identifiable. The artists belonging to different categories do not compete with each other. It is possible that those different music categories constitute separate markets. However, for the purposes of the present case it is not necessary to decide whether or not different categories of music within the pop market constitute separate markets since the effects of the proposed transaction on these different categories of music are similar to those on pop music taken as a whole. Even on the basis of the narrowest product definition the proposed acquisition, as seen below, will not lead to the creation or strengthening of a dominant position".

[40] Sony/BMG, item 12: "The results from the market investigation have shown that, from a demand side perspective, end consumers make purchasing decisions based on a number of criteria such as type of music (genre), individual artist or single versus album. Also, promotional campaigns appear to have a significant effect on their purchasing behaviour. From the supply side, record companies may sign artists and sell records across a range of different genres. Independents labels, however, often specialise in certain specific genres. The Commission considers that, for the purpose of this case, it is not necessary to decide whether distinct product markets based on genre exist and whether there is a distinct product market for compilations".

GILBERTO BERCOVICI

que cada artista fosse considerado um mercado distinto, uma vez que o gosto do consumidor é determinante na escolha do produto e não haveria, pelo lado da demanda, substitutos próximos. Entretanto, a Secretaria argumentou que não é possível considerar mercados tão restritos uma vez que as gravadoras ofertam, no mercado, diversos géneros, artistas. compilações e lançamentos. A SEAE concluiu, portanto, que "a análise antitruste deve centrar-se nessa cesta de produtos ofertada, e não apenas em cada produto em especial".

Considerando o que foi apresentado nos dois primeiros tópicos, acerca da estrutura do mercado de entretenimento musical e da imprecisão conceitual de gênero, que lhe dificulta o emprego como ferramenta analítica capaz de justificar a segmentação de mercados relevantes no âmbito do direito da concorrência, entendemos ser acertado o posicionamento do CADE, exarado em decisões anteriores e reiterado no presente caso, no sentido de definir os mercados relevantes da indústria musical a partir das atividades de *publishing* e gravação, que estruturam a própria atividade empresarial do setor.

Neste sentido, a descrição da estrutura negocial das gravadoras apresentada na decisão *EMI/Virgin*, já em 1992, estabelece com clareza, que a competição não é em torno de gêneros musicais, mas sim, pelo melhor catálogo, este sim é o negócio da empresa:

> "31. The major record companies each have a large and varied collection of titles in their back catalogues from which they draw a significant proportion of their annual turnover. The back catalogue comprises all past single and album titles. A continuing demand exists for a number of these titles which generates a steady source of income for record companies. This income is obtained without any of the costs associated with promotion and marketing of new titles.
>
> 32. The income derived from the back catalogue is a valuable source of finance for investment in artists and enables the major record companies to take higher risks in the investment of artists by comparison to their smaller competitors. When combined

with revenue from current hits, only the major companies are able to compete for major artists, some of whom can command extremely high advances".

A segmentação de mercado por gêneros seria, à parte de uma opção desprovida de lastro teórico, contrária à organização vigente no mercado brasileiro. Tomando por base as estatísticas colacionadas nos autos a partir de informações da ABPD – Associação Brasileira de Produtores de Disco, os dados do mercado de música são superestimados, haja vista que os números apresentados pela ABPD não incluem as informações relativas às gravadoras independentes, em número superior a 200 (duzentas), e que representam cerca de 25% (vinte e cinco por cento) do mercado. Segundo a mesma manifestação da ABPD, a *Som Livre* é a terceira maior gravadora do país, tendo registrado participações de mercado de 21,1% (vinte e um vírgula um por cento) e de 19,33% (dezenove vírgula trinta e três por cento) em 2010 e 2011, respectivamente.[41] A *Som Livre* é uma gravadora pertencente às *Organizações Globo*, o grupo de mídia mais poderoso do país, e que, como se nota, possui uma participação importante no mercado, dada a elevada representatividade dos artistas de seu catálogo. A participação das requerentes no mercado de música gravada, após a conclusão do negócio, estaria em torno de 30-40% (trinta a quarenta por cento), superior ao limite de 20% (vinte por cento) que desobrigaria o exame das condições específicas de exercício de poder de mercado.

Ocorre que, no Brasil, cerca de 75% (setenta e cinco por cento) do consumo é representado por gravações de músicas brasileiras, o que favorece a atividade de gravadoras independentes nacionais, tanto as de maior capacidade econômica, como *Som Livre* e *Biscoito Fino*, quanto as de menor porte. Aliás, é impreciso opor as *majors* a gravadoras tão significativas no mercado interno quanto a *Som Livre*, por exemplo, que disponibiliza a seus contratados exposição privilegiada nos espaços do canal da TV Globo, alavancando a venda de CDs, ingressos para shows, etc.

---

[41] Isto se considerarmos apenas o universo de empresas que reportam seus números para a ABPD; ou seja, cerca de 75% (setenta e cinco por cento) do mercado.

GILBERTO BERCOVICI

Esta grande parcela de músicos brasileiros no conjunto de artistas atuantes aquece a rotatividade do plantel das gravadoras, especialmente pela facilidade de mobilidade contratual dos músicos entre as empresas que ofereçam as melhores condições de produção e comercialização.

Estas particularidades do mercado brasileiro representam claramente obstáculos ao exercício abusivo do poder de mercado das consulentes. Ademais, a estes elementos minimizadores de barreiras à entrada de novos concorrentes, podemos incluir em nosso quadro fatores presentes no mercado mundial da música e que igualmente influentes no mercado brasileiro, como a pirataria, a dependência de canais de distribuição não exclusivos com alto poder de barganha (grandes varejistas) e o impacto dos grandes portais de música digital no consumo destes produtos de entretenimento.

RESPOSTA

Diante da argumentação exposta, concluo:

1. Em que medida a dinâmica competitiva do mercado de música gravada é afetada pela segmentação por gêneros?

A segmentação por gêneros não corresponde à dinâmica competitiva do mercado de música gravada. Os gêneros não operam como parâmetros de categorização estáveis. O reposicionamento dos competidores em segmentos de gênero musical não corresponderiam, por um lado, nem à estruturação do setor de oferta, conduzido pela estratégia de diversificação de catálogo e maximização de retorno dos investimentos feitos para prospecção de talentos, negociação com editores musicais para obtenção do melhor repertório possível para a produção de gravações musicais e efetivação de estratégias de divulgação e contratação de distribuidores para alcançar o máximo de consumidores, e, de outro lado, tampouco atenderiam aos movimentos de demanda, que transitam com maior ou menor precisão por entre gêneros musicais dificilmente discerníveis. O consumidor de um gênero musical rigorosamente demarcado é um tipo ideal que não corresponde à realidade.

DEFINIÇÃO DE MERCADO RELEVANTE NO SETOR DE MÚSICA...

2. Como deve ser definido o mercado relevante no segmento de música gravada?

A definição do mercado relevante é etapa fundamental de qualquer análise no direito concorrencial. A partir desta delimitação, por um lado, pode-se identificar quais produtos e espaços geográficos podem sofrer efeitos anticompetitivos resultantes de uma determinada operação, e, por outro lado, pode-se identificar os competidores, medir a respectiva participação de cada um dos agentes econômicos e estabelecer o grau de concentração econômica do respectivo mercado. A definição do mercado relevante atende ao princípio da substitutibilidade, sobretudo sob o enfoque da demanda, mas também na perspectiva dos ofertantes. Por certo, cada manifestação artística é única se considerada em sua qualidade artística, o que, *ad absurdum*, nos levaria a considerar cada obra musical como constituinte de um único mercado. Por esta razão, o mercado relevante de música gravada delimita-se nas atividades possibilitadoras da produção musical, conforme decisão da Comissão Europeia no caso da aquisição da *Zomba Records* pela *BMG* (Caso m2883, parecer de 02/09/2002), a saber: *"a descoberta e desenvolvimento de artistas, a gravação de sua música, a organização e manufatura de gravações em diversos formatos, a comercialização junto a varejistas e atacadistas e a promoção e propaganda de cada gravação lançada"*.

3. Existe alguma justificativa, legal ou econômica, para que o mercado relevante seja definido por gênero?

O conceito de gênero é de difícil caracterização. Na teoria musical – e nas artes e humanidades em geral – discute-se, inclusive, a possibilidade de uso do conceito, e sua operacionalização nas novas ferramentas de circulação eletrônica (MIR – *Music Information Retrieval*) mostra-se ineficaz. A adoção de critérios de avaliação concorrencial baseados em manifestações altamente subjetivas não confere à análise jurídica concorrencial o grau de certeza e segurança necessários. Sob qualquer perspectiva, o emprego de um recurso analítico caracterizado pela equivocidade será disfuncional. O uso não convencionado de qualificadoras de gênero recomenda que não sejam adotadas como princípio de segmentação de mercado. O direito e a economia devem buscar identificar os critérios de definição do mercado relevante que mais atendam à exigência de maior grau de objetividade e correspondência fática possível.

4. Tendo em vista a definição de mercado relevante adotada, qual o padrão de competição no Brasil resultante no cenário pós fusão?

A definição do mercado relevante de música gravada nos permite estabelecer a participação dos competidores no mercado pós-fusão. Com base nas estatísticas reunidas pelo CADE, a participação das empresas requerentes será de 30-40% (trinta a quarenta por cento), o que nos obriga a examinar a possibilidade de exercício do poder de mercado seguinte à concentração. O mercado brasileiro é caracterizado pelo alto consumo de música nacional, na ordem de 75% (setenta e cinco por cento), o que favorece a atuação de gravadoras independentes no mercado interno e a mobilidade dos artistas. Ademais, há que se observar que sob o rótulo de "gravadoras independentes", que ocupam de 20-30% (vinte a trinta por cento) do mercado, abrigam-se agentes econômicos significativos, como a gravadora *Som Livre*, de propriedade das Organizações Globo, o maior conglomerado de mídia do país, alavancada pelo acesso conferido a seus artistas à programação da TV aberta para divulgação de novos trabalhos, shows, etc. Condições estruturais, como a rivalidade entre gravadoras para acesso aos catálogos das empresas de *publishing*, a ausência de canais de distribuição exclusivos, o alto poder de barganha das redes varejistas, a pirataria, e principalmente, as profundas alterações no mercado de música decorrente da circulação de música *online*, asseguram a manutenção da competividade no mercado brasileiro de música gravada.

Este é o meu parecer.

São Paulo, 18 de março de 2013.

DO IMPEDIMENTO DE MANDATO CRUZADO DE MEMBRO DE CONSELHO DE ADMINISTRAÇÃO DE SOCIEDADE ANÔNIMA: O CONFLITO DE INTERESSES ENTRE AGENTES ECONÔMICOS EM INTEGRAÇÃO VERTICAL NO MERCADO

CONSULTA

A empresa X, honra-me com a formulação da presente consulta para elaboração de parecer sobre o tratamento legal aplicável no direito brasileiro à participação cruzada de membro de Conselho de Administração de empresas com interesses conflitantes. Reproduzo os termos da consulta que me foi encaminhada:

X é acionista controlador indireto da Companhia Y ("CY"). O acionista controlador direto da CY é a empresa Z S.A. ("Z"). O acionista controlador precedente da CY, Sr. W, é acionista minoritário da Z (da qual detém ações com direito de voto e determinados direitos de veto). A relação entre X e W, na qualidade de acionistas da Z e CY está regulada por determinadas avenças. sendo o Acordo de Acionistas da Z ("AAZ") o instrumento mais importante.

De acordo com o AAZ, atendidas certas condições, W tem o direito de continuar a ocupar a presidência do Conselho de Administração da CY, posição de que usufrui atualmente. Portanto, X encontra-se obrigado a exercer seus direitos como acionista da Z, bem como acionista controlador da CY, no sentido de assegurar a eleição de W como Presidente do Conselho de Administração da CY, conquanto W esteja mental e fisicamente apto para o exercício de suas funções, e enquanto a CY registrar níveis satisfatórios de desempenho.

Recentemente tornou-se pública a intenção de que W não apenas pretende adquirir participação acionária relevante na empresa T S.A. ("T"), mas também tornar-se presidente do Conselho de Administração da Empresa, hipótese que se vislumbra provável com a formação de chapa e indicação feita em 21 de Fevereiro de 2013.

No entanto, como é notório, as atividades da CY e da T estão verticalmente integradas, sendo que entre ambas as empresas há intensa relação comercial na forma fornecedor/cliente. De fato, a T fornece extensa variedade de produtos que são adquiridos ou distribuídos tanto pela CY quanto por outras companhias do seu Grupo.

De acordo com dados publicados na imprensa, a T seria a maior fornecedora da CY, abastecendo 6% das compras feitas pelo grupo. Ademais, dados noticiosos também informariam que a CY seria a maior cliente da T no mercado brasileiro, alcançando montante próximo a 11% das vendas.

Na qualidade de acionista controlador da CY, X revela justificada preocupação com os riscos decorrentes da eleição do presidente do Conselho de Administração da CY – com mandato até a Assembleia Geral Ordinária a ser convocada em 2014 – como membro do Conselho de Administração da T, em virtude do conflito de interesses de ordem comercial e estratégica que se configura entre as empresas.

Em vista do exposto, indaga-se:

1. De acordo com o direito concorrencial brasileiro, consideram-se as atividades da CY e T verticalmente integradas? Na hipótese afirmativa, e considerando que o sr. W possui participação acionária relevante na

DO IMPEDIMENTO DE MANDATO CRUZADO DE MEMBRO DE...

CY e Z, bem como ocupa a posição de presidente do Conselho de Administração da CY, caso o sr. W adquira ações da T, qual seria o patamar de aquisição necessário para exigência da notificação prévia da operação ao CADE, e qual seria o foco da análise do órgão de defesa da concorrência?

2. Caso o sr. W, detentor de participação acionária relevante na CY, e presidente do Conselho de Administração da CY, adquira participação acionária inferior ao patamar indicado no item 1 acima, mas, no entanto, venha a ser eleito presidente do Conselho de Administração da T, o CADE teria competência para interferir no exercício de suas funções nos Conselhos de Administração da CY ou T? X tem o direito, na qualidade de acionista majoritário da CY, de peticionar junto ao CADE a intervenção do órgão para tutela dos interesses da CY?

3. O CADE tem competência para *(i)* impedir que W seja tanto *presidente* do Conselho de Administração da CY quanto da T; ou *(ii)* impedir que W seja concomitantemente membro dos Conselhos de Administração da CY e T?

4. Caso W seja eleito para o Conselho de Administração da T e mantenha sua posição no Conselho de Administração da CY, o CADE tem competência para *(i)* impedir o exercício dos direitos conferidos a W pelo AAZ na CY (incluindo impedimento de voto nos Conselhos da Z e CY); ou *(ii)* determinar a W o desinvestimento em uma das companhias; *(iii)* adotar qualquer outra medida?

5. A conclusão das questões anteriores seria alterada caso o sr. W seja eleito para o Conselho de Administração da T e venha a renunciar de seu cargo no Conselho de Administração da CY, mas ainda exerça o direito de designar membros do Conselho de Administração da CY? Neste caso, o CADE teria competência para *(i)* impedir que os membros designados por W votem; ou *(ii)* impedir que W nomeie membros do Conselho de Administração da CY?"

PARECER

1. A PROTEÇÃO CONSTITUCIONAL À CONCORRÊNCIA E A ORDEM PÚBLICA ECONÔMICA

GILBERTO BERCOVICI

1. OBJETIVOS GERAIS DO DIREITO ANTITRUSTE

A liberdade de concorrência influi diretamente na organização dos agentes econômicos. De forma bastante ampla, pode-se dizer que o direito antitruste busca prevenir e impedir quaisquer formas de comportamento anticompetitivo no mercado. Embora as regras do direito antitruste sejam enunciadas majoritariamente como proibições, seu objetivo é estabelecer condições favoráveis de competição e proteger os interesses dos consumidores.

Em comum[1], diferentes sistemas de proteção à concorrência estipulam regras para que as empresas se abstenham de comportamentos que possam se caracterizar como condutas colusivas mediante cooperação com atuais ou potenciais competidores. Com esta finalidade, acordos horizontais entre empresas independentes que determinem política de preços, divisão de mercado ou quaisquer outros ajustes que impliquem em cooperação abusiva entre concorrentes são usualmente proibidas. No entanto, outros tipos de acordos, como aqueles estabelecidos entre empresas que atuam em níveis distintos em um dado mercado – como se dá entre fornecedor e distribuidor – também podem configurar condutas anticompetitivas.

Uma empresa que detenha uma posição dominante em um mercado específico pode agir abusivamente e afetar negativamente as condições de competitividade usufruídas pelos demais concorrentes, seja impedindo ou restringindo a atuação de concorrentes atuais ou futuros. Esta hipótese também é tratada pelas legislações concorrenciais com o objetivo de corrigir distorções geradas por comportamentos abusivos dos agentes econômicos dominantes.

A legislação antitruste pode perseguir objetivos de natureza econômica, social ou política. Em uma perspectiva comparativa[2], podemos

---

[1] Para uma análise da convergência internacional de políticas antitruste, cf. DABBAH, Maher M. *The Internationalisation of Antitrust Policy*. Cambridge/New York: Cambridge University Press, 2003.

[2] Para uma introdução geral ao direito concorrencial comparado: *Competition Policy in*

DO IMPEDIMENTO DE MANDATO CRUZADO DE MEMBRO DE...

dizer que, nos Estados Unidos, o propósito dominante do direito antitruste é fomentar a eficiência dos agentes econômicos e maximizar o bem-estar dos consumidores[3], ou seja, impedir o estabelecimento de monopólios privados que possam gerar danos aos demais produtores e consumidores, colocando em risco a própria sociedade democrática. Por sua vez, na Europa[4], o direito antitruste é visto especialmente como um instrumento para promover a integração dos mercados europeus.

2. POLÍTICA ANTITRUSTE E RELAÇÕES VERTICAIS – CONTROLE ESTRUTURAL E DE CONDUTAS

Um mercado competitivo apresenta benefícios como preços mais baixos, produtos de melhor qualidade, disponibilidade de maior gama de produtos e serviços, e inovação. O controle de concentrações visa impedir que o aumento excessivo de poder de mercado dos agentes econômicos prive os consumidores destas condições ideais, influenciando de maneira negativa os parâmetros de competitividade.

As concentrações verticais envolvem companhias que operem em diferentes níveis da cadeia produtiva de um determinado mercado. É o caso da concentração entre fabricante de um produto (a empresa *"upstream"*) e seu distribuidor (a empresa *"downstream"*).

A concentração vertical pode dar acesso a informações comerciais sensíveis relacionadas às atividades de rivais, permitindo a uma empresa fornecedora, por exemplo, alterar sua política de preços ou seu nível de produção, tornando-a mais ou menos agressiva a depender do conhecimento da estratégia de outras empresas que atuem no mesmo ramo,

---

the OECD Countries. Paris: OECD, 1986 e DOERN, C.; WILKS, S. *Comparative Competition Policy.* Oxford: Oxford University Press, 1996.

[3] BORK, Robert H. *The Antitrust Paradox:* A Policy at War with Itself. New York: Free Press, 1993. *Vide* especialmente o capítulo 4: *"Business Behaviour and the Consumer Interest:* Some Rudiments of Theory", pp. 90 e ss.

[4] MESTMÄCKER, Ernst-Joachim; SCHWEITZER, Heike. *Europäisches Wettbewerbsrecht.* München: C. H. Beck, 2004. pp. 94 e ss.

GILBERTO BERCOVICI

antecipando-se às decisões dos demais competidores. O resultado, qual seja o desequilíbrio no plano horizontal da estrutura do mercado, afetará, imediatamente, os competidores diretos, e, mediatamente, reduzirá o bem-estar dos consumidores.

Não se pode descartar a hipótese, principalmente em aquisições parciais ou de mero investimento, de que o acesso a estas informações comerciais privilegiadas leve a um acirramento das negociações entre os níveis *downstream/upstream*, em detrimento dos consumidores. Exemplificando: o fornecedor quer alcançar o máximo lucro possível com a venda ao distribuidor, enquanto este busca alcançar a máxima rentabilidade, o que pressupõe obter a maior diferença possível entre o preço de compra do bem e sua venda ao consumidor final. Conhecendo os volumes/preços/prazos dos contratos entre distribuidor e os demais fornecedores concorrentes, a empresa *downstream* pode usar estas informações para obter maiores vantagens negociais – o que pode se dar em prejuízo dos demais concorrentes e consumidores. Ou seja, nem sempre há de se ter por certa que a concentração vertical resulta na atuação coordenada das empresas *downstream/upstream*, mas na exacerbação do poder de mercado de uma das empresas. E no âmbito do direito antitruste, este conflito de interesses atinge não apenas os direitos privados dos acionistas, mas viola a garantia constitucional da livre concorrência, conferida a toda a coletividade.

A defesa da livre concorrência, como um dos pilares da ordem econômica constitucional brasileira (artigo 170, IV), é de competência precípua do Sistema Brasileiro de Defesa da Concorrência (SBDC)[5], nos termos da delimitação legal que lhe confere a Lei n. 12.529, de 30 de novembro de 2011, como se lê em seu artigo 1º:

> "Artigo 1º Esta Lei estrutura o Sistema Brasileiro de Defesa da Concorrência – SBDC e dispõe sobre a prevenção e a repressão às infrações contra a ordem econômica, orientada pelos ditames

---

[5] Lei n. 12.529/2011, artigo 3º: "O SBDC é formado pelo Conselho Administrativo de Defesa Econômica – CADE e pela Secretaria de Acompanhamento Econômico do Ministério da Fazenda, com as atribuições previstas nesta Lei".

constitucionais de liberdade de iniciativa, livre concorrência, função social da propriedade, defesa dos consumidores e repressão ao abuso do poder econômico."

No âmbito da atuação do SBDC, articulam-se, portanto, competências autorizativas e coibitivas do exercício do poder econômico, que alcançam, no primeiro caso, atos empresariais lícitos, e, no segundo caso, condutas ilícitas, as infrações à ordem econômica *stricto sensu*.

A competência autorizativa do SBDC refere-se ao controle preventivo de atos de concentração econômica, ou seja, de análise de estrutura de mercado, conforme disposto no Título VII – Do Controle das Concentrações, da Lei n. 12.529/2011. A primeira informação é dada pelo artigo 88:

> "Artigo 88. Serão submetidos ao CADE pelas partes envolvidas na operação os atos de concentração econômica em que, cumulativamente:
>
> I – pelo menos um dos grupos envolvidos na operação tenha registrado, no último balanço, faturamento bruto anual ou volume de negócios total no País, no ano anterior à operação, equivalente ou superior a R$ 400.000.000,00 (quatrocentos milhões de reais); e
>
> II – pelo menos um outro grupo envolvido na operação tenha registrado, no último balanço, faturamento bruto anual ou volume de negócios total no País, no ano anterior à operação, equivalente ou superior a R$ 30.000.000,00 (trinta milhões de reais)."

À parte da mobilidade dos parâmetros de faturamento prevista no § 1º do mesmo artigo[6], temos uma primeira delimitação da competência

---

[6] "Artigo 88. § 1º: Os valores mencionados nos incisos I e II do *caput* deste artigo poderão ser adequados, simultânea ou independentemente, por indicação do Plenário do Cade, por portaria interministerial dos Ministros de Estado da Fazenda e da Justiça". Neste sentido, determinou a Portaria Interministerial MJ/MF n. 994, de 30 de Maio de 2012: "Art. 1º – Para os efeitos da submissão obrigatória de atos de concentração a analise do Conselho Administrativo de Defesa Econômica – CADE, conforme previsto no art. 88

preventiva do CADE, qual seja, a do faturamento apresentado pelos agentes econômicos obrigados a submeter operações de concentração empresarial da qual participem.

No entanto, o critério do faturamento, se, por um lado, exclui da esfera de controle preventivo do CADE os atos de concentração praticados por empresas de menor porte, por outro, não abrange todo e qualquer ato negocial praticado entre empresas de faturamento mais expressivo, mas apenas e tão-somente aqueles que possam ser classificados como atos de concentração econômica *stricto sensu*, conforme se lê no artigo 90 da mesma Lei n. 12.529/2011:

> "Artigo 90. Para os efeitos do artigo 88 desta Lei, realiza-se um ato de concentração quando:
>
> I – 2 (duas) ou mais empresas anteriormente independentes se fundem;
>
> II – 1 (uma) ou mais empresas adquirem, direta ou indiretamente, por compra ou permuta de ações, quotas, títulos ou valores mobiliários conversíveis em ações, ou ativos, tangíveis ou intangíveis, por via contratual ou por qualquer outro meio ou forma, o controle ou partes de uma ou outras empresas;
>
> III – 1 (uma) ou mais empresas incorporam outra ou outras empresas; ou
>
> IV – 2 (duas) ou mais empresas celebram contrato associativo, consórcio ou *joint venture*.
>
> Parágrafo único. Não serão considerados atos de concentração, para os efeitos do disposto no artigo 88 desta Lei, os descritos no inciso IV do *caput*, quando destinados às licitações promovidas pela administração pública direta e indireta e aos contratos delas decorrentes".

A Resolução CADE n. 2, de 29 de Maio de 2012, disciplina a notificação dos atos de que trata o artigo 88 da Lei n. 12.529/2011.

---

da Lei n. 12.529 de 30 de novembro de 2011, os valores mínimos de faturamento bruto anual ou volume de negócios no país passam a ser de: I – R$ 750.000.000,00 (setecentos e cinquenta milhões de reais) para a hipótese prevista no inciso I do art. 88, da Lei n. 12.529, de 2011; e II – R$ 75.000.000,00 (setenta e cinco milhões de reais) para a hipótese prevista no inciso II do art. 88, da Lei n. 12.529 de 2011."

DO IMPEDIMENTO DE MANDATO CRUZADO DE MEMBRO DE...

Vejamos as hipóteses de notificação obrigatória elencadas nos artigos 9º e 10, com os destaques que se aplicam diretamente a nosso caso:

"Art. 9º As aquisições de participação societária de que trata o artigo 90, II, da Lei n. 12.529/2011 são de notificação obrigatória, nos termos do art. 88 da mesma lei, quando:

I – Acarretem aquisição de controle;

II – Não acarretem aquisição de controle, mas preencham as regras de minimis do artigo 10; ou

III – Sejam realizadas pelo controlador, na hipótese disciplinada no artigo 11.

Art. 10. Nos termos do artigo 9º, II, são de notificação obrigatória ao CADE as aquisições de parte de empresa ou empresas que confiram ao adquirente o status de maior investidor individual, ou que se enquadrem em uma das seguintes hipóteses:

I – Nos casos em que a empresa investida não seja concorrente nem atue em mercado verticalmente relacionado:

a) Aquisição que confira ao adquirente titularidade direta ou indireta de 20% (vinte por cento) ou mais do capital social ou votante da empresa investida;

b) Aquisição feita por titular de 20% (vinte por cento) ou mais do capital social ou votante, desde que a participação direta ou indiretamente adquirida, de pelo menos um vendedor considerado individualmente, chegue a ser igual ou superior a 20% (vinte por cento) do capital social ou votante.

II – Nos casos em que a empresa investida seja concorrente ou atue em mercado verticalmente relacionado:

a) Aquisição que conferir participação direta ou indireta de 5% (cinco por cento) ou mais do capital votante ou social;

b) Última aquisição que, individualmente ou somada com outras, resulte em um aumento de participação maior ou igual a 5%, nos casos em que a investidora já detenha 5% ou mais do capital votante ou social da adquirida.

Parágrafo único. Para fins de enquadramento de uma operação nas hipóteses dos incisos I ou II deste artigo, devem ser consideradas: as atividades da empresa adquirente e as atividades das demais empresas integrantes do seu grupo econômico conforme definição do artigo 4º dessa Resolução".

GILBERTO BERCOVICI

A Resolução do CADE é definitiva quanto à relevância concorrencial de aquisições verticais, ainda que minoritárias. Prevê inclusive no artigo 10, II, 'b' um mecanismo para evitar subterfúgios ao controle preventivo por meio de aquisições de pequena monta, que individualmente não atinjam o patamar de 5% (cinco por cento). A regra para o controle preventivo é cristalina: aquisições em empresa atuante em mercado verticalmente relacionado, somando 5% (cinco por cento) do capital votante ou social, devem ser obrigatoriamente notificadas ao CADE.

Na sistemática da lei atual (Lei n. 12.529/2011), o controle dos atos de concentração é prévio à sua realização, não sendo mais prevista a reversibilidade. Caso a operação de notificação obrigatória não tenha sido comunicada tempestivamente ao CADE, aplicam-se as multas e sanções do artigo 88, § § 3º e 4º, inclusive a imposição de desfazimento do negócio.[7]

À parte do controle preventivo estrutural do mercado, que igualmente alcança as participações minoritárias verticais, toda e qualquer prática empresarial pode ensejar por parte do CADE o exercício de sua competência repressiva, nos termos do artigo 36 da Lei n. 12.529/2011.[8] Este controle repressivo, no entanto, demanda a efetiva verificação de

---

[7] "Artigo 88. § 3º: Os atos que se subsumirem ao disposto no *caput* deste artigo não podem ser consumados antes de apreciados, nos termos deste artigo e do procedimento previsto no Capítulo II do Título VI desta Lei, *sob pena de nulidade,* sendo ainda imposta multa pecuniária, de valor não inferior a R$ 60.000,00 (sessenta mil reais) nem superior a R$ 60.000.000,00 (sessenta milhões de reais), a ser aplicada nos termos da regulamentação, sem prejuízo da abertura de processo administrativo, nos termos do art. 69 desta Lei".

"Artigo 88 § 4º: Até a decisão final sobre a operação, deverão ser preservadas as condições de concorrência entre as empresas envolvidas, sob pena de aplicação das sanções previstas no § 3º deste artigo".

[8] "Artigo 36. Constituem infração da ordem econômica, independentemente de culpa, os atos sob qualquer forma manifestados, que tenham por objeto ou possam produzir os seguintes efeitos, ainda que não sejam alcançados: I – limitar, falsear ou de qualquer forma prejudicar a livre concorrência ou a livre iniciativa; II – dominar mercado relevante de bens ou serviços; III – aumentar arbitrariamente os lucros; e IV – exercer de forma abusiva posição dominante".

DO IMPEDIMENTO DE MANDATO CRUZADO DE MEMBRO DE...

dano à ordem concorrencial, objeto de inquérito administrativo para apuração de infrações à ordem econômica.

3. QUESTÕES CONCORRENCIAIS NAS AQUISIÇÕES MINORITÁRIAS

Os efeitos competitivos da aquisição societária parcial dependem da valoração de dois elementos distintos, o interesse financeiro de um lado, e o controle societário de outro. Esta diferenciação está ausente das análises das fusões totais, que presumem que a empresa adquirente automaticamente assume o controle pleno da sociedade adquirida. Interesses societários parciais, no entanto, exigem a análise em apartado destas figuras. A dificuldade destas análises está, segundo Areeda e Turner, na impossibilidade em se transpor a metodologia quantitativa aplicável ao exame das fusões totais, que equipara a participação societária à proporção dos efeitos concorrenciais.[9]

As aquisições parciais exigem que se examine em que grau esta participação societária se traduz em controle ou influência dos acionistas minoritários sobre a direção da empresa, e como a eventual influência sobre a direção da empresa atua sobre a ordem concorrencial. Assim, ao contrário das fusões convencionais, o foco central do controle de aquisição parcial reside na análise da extensão e na espécie de controle detidos por cada acionista, bem como suas implicações sobre as decisões gerenciais da empresa.

A distinção entre interesse financeiro e controle societário não é tema novo no direito empresarial. No entanto, os autores do direito societário ocupam-se dos efeitos desta dicotomia dentro dos limites da empresa, enquanto o direito concorrencial operacionaliza estes conceitos

---

[9] AREEDA, Phillip; TURNER, Donald F. *Antitrust Law*. Vol. 5. §§ 1100-1305. Boston: Little, Brown & Comp., 1980. p. 322: "Unfortunately, there is no formula that can describe the likelihood of such effects (...). Inappropriate, for example, would be a formula that attempted to discount market shares (...) according to the acquirer's shareholding (...) Here there is *no reason to suppose that the effects of lesser acquisitions are in any way proportional to shareholding*" (grifo meu).

para examinar suas implicações na *performance* competitiva dos mercados nos quais uma(s) empresa(s) detenha participação acionária em outra rival.

O interesse financeiro refere-se à titularidade da adquirente em aproveitar dos lucros da empresa na qual detém a participação acionária. O poder de controle refere-se à capacidade de controlar ou influenciar em grau determinante as decisões de relevância concorrencial, tais como fixação de preços, desenvolvimento, volume de produção e oferta de produtos, parcerias com outras empresas, bem como venda ou aquisição de ativos. O interesse financeiro representa um incentivo para a empresa adquirente, enquanto o poder de controle é um fator de incentivo para a empresa adquirida. O primeiro confere a seu titular o direito de receber uma parcela dos benefícios gerados pelas operações e investimentos da empresa, enquanto o poder de controle confere a seu titular o direito de tomar as decisões que afetam sua atividade empresarial internar e seu posicionamento no mercado. Ainda pela distinção entre interesse financeiro e poder de controle, há que se considerar a estrutura do capital da empresa, distribuído entre votantes e não-votantes. No caso brasileiro, em particular, a Lei das SA (Lei n. 6.404, de 15 de dezembro de 1976) prevê a classe especial de ações preferenciais, que não têm direito a voto, ou seja, contam com pleno interesse financeiro, mas não podem exercer qualquer poder de controle sobre a empresa. É um amplo espectro de configurações de interesse e controle, que vão do simples interesse passivo, no qual não há sequer a remota possibilidade de influência o andamento dos negócios (*silent financial interest*) ao controle total da empresa, o modelo-padrão de análise de atos de concentração, em que há a expectativa de acréscimo máximo de preços e redução máxima de oferta.

Nas aquisições parciais há uma miríade de cenários: ao lado do interesse exclusivamente econômico na operação, há uma escala de influência na empresa na qual se detém a participação, mas sempre incapaz de exercer o controle pleno sobre os destinos da companhia. No controle parcial, o exercício dos poderes inerentes à condição do acionista pode ser restringido pelos estatutos sociais – incluídos, aqui, os acordos parassociais –, disposições legais societárias, regras de governança corporativa e determinações da autoridade concorrencial, que pode

DO IMPEDIMENTO DE MANDATO CRUZADO DE MEMBRO DE...

impor condicionantes comportamentais à aprovação do ato de concentração empresarial.

Em estudo da OCDE sobre os efeitos concorrenciais das participações acionárias minoritárias[10], a entidade observa, assim como a doutrina jurídica e econômica, que tais participações podem ter efeitos anticompetitivos, mas a apuração desta condição deve considerar as complexidades dos direitos acionários parciais, e não aplicar pura e simplesmente os critérios de exame das fusões totais. Particularmente no que se refere às condicionantes (*remedies*) para aprovação do ato integrativo[11], ao lado da usual – e muitas vezes desnecessária – imposição de

---

[10] OECD, *Minority Shareholders:*Competition & Policy Roundtables. Paris: OECD, 2008.

[11] OECD, *Minority Shareholders:* Competition & Policy Roundtables. Paris: OECD, 2008. pp. 44-45: "Both structural remedies (such as divestitures) and behavioural remedies (such as confidentiality agreements and the so-called "Chinese Walls") have been accepted by antitrust agencies to remedy concerns raised by minority shareholdings. In general, there are four categories of remedies which have been considered by antitrust agencies when dealing with potential anti-competitive effects of minority shareholdings:

a) *Divestiture of the minority stake:* The divestiture of the acquired shares and the severance of the structural link between the competing firms is the preferred solution by antitrust agencies to remedy antitrust concerns arising from minority shareholdings. However, in many instances, the acquirer of the minority stake is ordered to divest only a part of the stock that it has acquired (or planned to acquire), therefore allowing it to retain some shares in the target, provided that such remaining participation would not allow the acquirer to gain control or otherwise influence the business conduct of the target.

b) *Dilution of an active shareholding into a passive shareholding:* In some cases, agencies have allowed the acquirer of the minority stake to retain its shareholding in its entirety, provided that it waives the rights linked to minority stakes, such as representation rights on the board, veto rights and information rights. In these cases, the fact that the acquirer of the shares will not use them to influence the behaviour of the firm in which the investment was made (e.g. by electing a board member or by voting the shares or by obtaining sensitive information on the other company) is considered a sufficient remedy to prevent risks of co-ordination between the two firms.

c) *Creation of Chinese Walls:* In other cases, antitrust agencies have required the elevation of a so- called Chinese Wall between the two firms in order to prevent the flow of sensitive information between the two companies. In practice, this entails the signature of confidentiality or non- disclosure agreements by those who are exposed to confidential information as a consequence of their role in the two firms. This remedy is clearly targeted to prevent that the exchange of confidential information may lead to an anti-competitive coordination of the business conduct of the two firms. This remedy has desinvestimento, temos como medidas comportamentais eficazes para impedimento de comportamento oclusivo entre concorrentes associados: *(i)* restrição do exercício de direitos dos acionistas, como voto, nomeação de membros dos órgãos diretivos; *(ii)* criação de *"Chinese Walls"* como barreira ao fluxo de informações sensíveis entre os agentes econômicos concorrentes; *(iii) proibição de interlocking directorates, ou, no dizer de Fábio Konder Comparato, de "coligação administrativa"*[12]*, isto é, do compartilhamento de agentes de direção entre as empresas.*

A análise econômica dos efeitos competitivos de aquisições societárias parciais indica que os processos de exame das fusões totais e parciais não são equivalentes. No caso das aquisições totais, a sociedade adquirente automaticamente controla, em sua integralidade, a empresa adquirida. Interesse financeiro e poder de controle se confundem. Para as operações de aquisições parciais, é necessário identificar qual a relação entre interesse financeiro e poder de controle. A estrutura societária e contratual da relação entre os agentes econômicos pode indicar com certo grau de segurança, a despeito da proporção da participação acionária, qual o efetivo poder de controle, entendido no campo do direito concorrencial como a capacidade de influir na tomada de decisões estratégicas, que um agente econômico efetivamente pode exercer sobre o outro.

Neste sentido, apenas uma compreensão aprofundada das razões da discussão no campo societário nos permite elucidar as condições nas quais se produzem ajustes societários que também têm efeitos anticompetitivos.

---

been used particularly in cases where board representation was associated with the minority stake, although it can also be applied to other instances, such as to common shareholders (with no common representation in the boards).

d) *Elimination of interlocking directorates*: If the minority shareholding entitles the owner to appoint board members in the target company and that gives rise to situations where one or more board members sit on the boards of both companies, agencies have required that the interlocking directorate be ended. This is to prevent the common board members from having access to sensitive information of the two companies, which could facilitate parallel behaviours and collusion. This type of remedy is generally preferred to a Chinese Wall remedy, as it is structural in nature and better guarantees the separation between the parties' competitive conduct".

[12] COMPARATO, Fábio Konder; SALOMÃO Filho, Calixto. *O Poder de Controle na Sociedade Anônima.* 5ª ed. Rio de Janeiro: Forense, 2008. p. 74.

4. EFEITOS DAS ESTRUTURAS SOCIETÁRIAS SOBRE A CONCORRÊNCIA: CONTROLE E PROPRIEDADE

À primeira vista, o direito societário e o direito concorrencial servem a propósitos distintos, quais sejam, de um lado, a estrutura de interesses estritamente internos à companhia e, de outro, a proteção da competição e dos consumidores em um mercado relevante. De fato, se não é o caso de se asseverar a impossibilidade de conciliação destes campos jurídicos, ao menos o ponto de partida deve ser a suposta neutralidade do direito societário face ao direito concorrencial.[13] No entanto, reconhecer a repercussão dos atos societários para além da companhia ou do grupo é inescapável[14]. Cabe, aqui, relativizar esta pretensa neutralidade do direito societário e verificar quais os reflexos que as estruturas descritas pelo direito societário produzem sobre a ordem concorrencial.

A análise dos atos de concentração, assim, deve levar em consideração soluções organizacionais, ou seja, próprias do direito societário, para situações em que a imposição de medidas exclusivamente anticoncorrenciais possam ser excessivas e, até mesmo, anticompetitivas. As alternativas

---

[13] Esta foi a posição da Escola Ordoliberal de Freiburg. Os autores desta corrente negam ao direito societário a tarefa primordial de defesa da liberdade de concorrência e controle das concentrações e cooperações empresariais. Sobre o pensamento dos ordoliberais e sua influência na Alemanha do pós-Segunda Guerra Mundial, *vide* PEACOCK, Alan; WILLGERODT, Hans (orgs.). *Germany's Social Market Economy:* Origins and Evolution. London: Macmillan, 1989; KARPEN, Ulrich. *Soziale Marktwirtschaft und Grundgesetz:* Eine Einführung in die rechtlichen Grundlagen der Sozialen Marktwirtschaft. Baden-Baden: Nomos Verlagsgesellschaft, 1990 e, especialmente, HASELBACH, Dieter. *Autoritärer Liberalismus und Soziale Marktwirtschaft:* Gesellschaft und Politik im Ordoliberalismus. Baden-Baden: Nomos Verlagsgesellschaft, 1991.

[14] Um primeiro modelo para identificar os pontos de contato entre o direito societário e o direito concorrencial foi proposto por IMMENGA, Ulrich. "Der Preis der Konzernierung" *In:* SAUERMANN, H. *Wirtschaftsordnung und Staatsverfassung:* Festschrift für Franz Böhm zum 80. Geburtstag. Tübingen: J. C. B. Mohr (Paul Siebeck), 1975. pp. 253-267. Immenga propõe a análise do "preço da concentração", em três etapas: *(i)* relevância do capital votante do capital total da empresa; *(ii)* distribuição interna de poderes na sociedade; *(iii)* regulamentação da responsabilidade de controladores e administradores.

GILBERTO BERCOVICI

de organização do poder das sociedades, ou de grupos societários, oferecidas pelo mais recente direito das companhias consistem, indiscutivelmente, em uma fonte importante para adequar as condutas de agentes econômicos a parâmetros competitivos aceitáveis.

A convergência dos direitos societário e concorrencial pode parecer uma contradição em si, posto que restringir o abuso de posição dominante (objetivo maior do direito antitruste) parece colidir com o interesse primário de maximização dos dividendos a que têm direito os acionistas. Mas, do ponto de vista das estruturas, o direito societário oferece importantes ferramentas organizacionais para uma disposição de poderes e controles apropriados ao gerenciamento empresarial voltado à competição.

Superar a limitada leitura das formas[15] para alcançar a realidade do exercício de poder na empresa é a tarefa a que se propõe a análise concorrencial do direito societário.[16] Assim, o poder decisório, sob o enfoque

---

[15] RATHENAU, Walther. *Vom Aktienwesen:* eine geschäftliche Betrachtung, Berlin: Fischer, 1917. O autor tece importantes comentários sobre o exercício abusivo do poder de controle societário pelos acionistas majoritários. Para Rathenau, a persecução de interesses individuais pelos controladores, em detrimento do interesse social da companhia, pode levar até mesmo à entrega do controle da empresa a seus concorrentes (p. 30). Tal ato abusivo ocorreria quando não houvesse regras claras para defesa dos interesses da companhia pelas instâncias diretivas colegiadas. Segundo Rathenau, apenas o fortalecimento dos conselhos de supervisão (*"Aufsichtsrat"*) poderiam impedir a formação de grandes companhias alheias à finalidade social das empresas. O fenômeno identificado por Rathenau da formação dos grandes grupos empresariais, das grandes sociedades anônimas durante as primeiras décadas do século XX, é discutido detidamente para os anos da República de Weimar por LAUX, Frank. *Die Lehre vom Unternehmen an sich:* Walther Rathenau und die aktienrechtliche Diskussion in der Weimarer Republik. Berlin: Duncker & Humblot, 1998. Especificamente quanto ao problema da concentração econômica, Laux apresenta a importante discussão a respeito da formação do direito dos grupos societários (*"Konzernrecht"*), e do combate à concorrência desleal no contexto das integrações empresariais no período de Weimar (pp. 124 e ss). Sobre o debate em torno das concepções de Walther Rathenau, *vide*, ainda, RIECHERS, Arndt. *Das "Unternehmen an sich":* Die Entwicklung eines Begriffes in der Aktienrechtsdiskussion des 20. Jahrhunderts,.Tübingen: J. C. B. Mohr (Paul Siebeck), 1996. pp. 7-26.

[16] "Artigo 31 da Lei n. 12.529/2011: Esta Lei aplica-se às pessoas físicas ou jurídicas de direito público ou privado, bem como a quaisquer associações de entidades ou pessoas,

DO IMPEDIMENTO DE MANDATO CRUZADO DE MEMBRO DE...

concorrencial, não se traduz apenas pelo controle acionário majoritário – definição esta dada pelo direito societário, mas sim pelo *poder de influência nas decisões mercadologicamente relevantes (produção, investimento, tecnologia e vendas) de outra empresa, capaz de dirigir o planejamento empresarial de outro agente econômico.*

A questão do poder na empresa, sob o enfoque do direito societário, distingue e problematiza, há muito, as tensões entre propriedade e controle. Este debate é geralmente associado à clássica obra de Berle e Means[17], cujo problema central é a ascensão das grandes corporações nos Estados Unidos na década de 1930, caracterizadas pela concentração do poder econômico e gerencial e dispersão da propriedade acionária.[18]

---

constituídas de fato ou de direito, ainda que temporariamente, com ou sem personalidade jurídica, mesmo que exerçam atividade sob regime de monopólio legal."

[17] BERLE, Adolf A.; MEANS, Gardiner C. *The Modern Corporation and Private Property.* Reimpr., New Brunswick/London: Transaction, 2009. Para um debate recente, *vide* MARKS, Stephen G. "The Separation of Ownership and Control" *In:* BOUCKAERT, Boudewijn & DE GEEST, Gerrit (orgs.). *Encyclopedia of Law and Economics.* London: Elgar, 2000. Vol. V, pp. 692-724. Para uma análise sobre o contexto político de surgimento desta teoria, *vide* ROE, Mark J. "Political Preconditions to Separating Ownership from Corporate Control". *Stanford Law Review.* Vol. 53, dezembro, pp. 540-606, 2000.

[18] Para BERLE e MEANS: "Management" may be defined as that body of men who, in law, have formally assumed the duties of exercising domination over the corporate business and assets. It thus derives its position from a legal title of some sort (...). The law holds the management to certain standards of conduct. This is the legal link between ownership and management. As separation of ownership from management becomes factually greater, or is more thoroughly accomplished by legal devices, it becomes increasingly the only reason why expectations that corporate securities are worth having, can be enforced by the shareholders" *In:* BERLE, Adolf A.; MEANS, Gardiner C. *The Modern Corporation and Private Property.* Reimpr., New Brunswick/London: Transaction, 2009. p. 196. Em seguida, na p. 212, prosseguem os autores sobre o conceito de controle: "Control," on further analysis, may act in any one of three ways. First, it may influence or induce the directors in exercising the power of the Corporation. Second, the "control" may, acting under its own legal right, perform certain corporate acts itself–such as, voting for directors, for amendments of the charter, or to ratify past acts of the directors. Third, the "control" may perform acts which nominally have nothing to do with the corporation, but which in fact gravely affect the fate of the enterprise. For instance, "control" may be sold".

GILBERTO BERCOVICI

Na doutrina brasileira, o jurista que melhor tratou do tema foi Fábio Konder Comparato, em sua obra clássica *"O Poder de Controle na Sociedade Anônima"*, recentemente atualizada por Calixto Salomão Filho. Nela, o autor retoma as teses de Berle e Means e as aprofunda ao complementá-las com conceitos oriundos da doutrina alemã, tais como o de *"influência dominante"* (*"beherrschender Einfluss"*), que terá importante repercussão no direito concorrencial:

> "Levando-se, pois, em consideração o critério fundamental da separação entre propriedade acionária e poder de controle empresarial, temos que o controle interno apresenta quatro modalidades típicas, a saber, conforme o grau crescente em que se manifesta essa separação, controle totalitário, majoritário, minoritário e gerencial.
>
> Até o advento da Lei n. 6.404, faltava no direito brasileiro uma definição legal de controle.[19] [...] Pelo exame do direito comparado, verifica-se que a definição do poder de controle é dada em lei, sobretudo, no que concerne à regulamentação dos grupos societários. O critério mais frequentemente seguido é o consagrado na legislação alemã, desde 1937. A existência de uma situação de controle é reconhecida não só na hipótese de participação majoritária no capital votante, mas também quando uma sociedade exerce sobre a outra. direta ou indiretamente, uma "influência dominante" (*beherrschender Einfluss*). É o que se dessume da leitura dos § § 15 e seguintes da lei alemã de 1965, malgrado o seu casuísmo pouco sistemático.
>
> A noção de "influência dominante" é amplíssima e parece corresponder à própria noção de poder de controle, em sua mais vasta generalidade. Abarcando, portanto, não só o controle interno (em

---

[19] Esta definição legal se encontra no artigo 116 da Lei n. 6.404/1976: "Art. 116. Entende-se por acionista controlador a pessoa, natural ou jurídica, ou o grupo de pessoas vinculadas por acordo de voto, ou sob controle comum, que: a) é titular de direitos de sócio que lhe assegurem, de modo permanente, a maioria dos votos nas deliberações da assembleia-geral e o poder de eleger a maioria dos administradores da companhia; e b) usa efetivamente seu poder para dirigir as atividades sociais e orientar o funcionamento dos órgãos da companhia. Parágrafo único. O acionista controlador deve usar o poder com o fim de fazer a companhia realizar o seu objeto e cumprir sua função social, e tem deveres e responsabilidades para com os demais acionistas da empresa, os que nela trabalham e para com a comunidade em que atua, cujos direitos e interesses deve lealmente respeitar e atender".

DO IMPEDIMENTO DE MANDATO CRUZADO DE MEMBRO DE...

todas as suas modalidades), como o externo. Todavia, a expressão, mais alusiva do que descritiva, carece de precisão, constituindo simples diretriz ou indicação para o intérprete na análise dos elementos de fato".[20]

Ao comentar esta passagem, observa Calixto Salomão Filho a importância das reflexões sobre o controle de poder societário para a correta identificação de seus prolongamentos na esfera concorrencial:

> "A expressão "influência dominante" ganha em precisão quando aplicada no direito concorrencial para indicar aquelas situações em que, mesmo sem a existência de controle no sentido societário, há o poder de dirigir a atividade e modificar estruturalmente a sociedade, produzindo efeitos de concentração econômica. É inegável, no entanto, que dadas as dificuldades de aplicar os padrões de direito concorrencial ao direito societário (exatamente por suas diferenças de escopo), a indefinição permanece quando a expressão é utilizada em matéria societária".[21]

A relação mais direta entre direito societário e concorrencial se dá, assim, nas diferentes abordagens para o conceito do poder de controle. A vinculação já superada no direito societário entre "propriedade" e "controle" avança ainda mais se analisada sob o *escopo concorrencial, segundo o qual o "controle" se traduz na mera influência de um agente econômico sobre a atividade empresarial de outro.*

Um ponto de convergência entre direito societário e concorrencial, no que tange à estrutura de poder na empresa, refere-se ao problema dos chamados *interlocking directorates*. O termo foi inicialmente empregado pelo direito antitruste americano na seção VIII do *Clayton Act* de 1914[22]

---

[20] COMPARATO, Fábio Konder; SALOMÃO Filho, Calixto. *O Poder de Controle na Sociedade Anônima.* 2ª ed. São Paulo: RT, 1977. pp. 79 e ss.

[21] COMPARATO Fábio Konder; SALOMÃO Filho, Calixto. *O Poder de Controle na Sociedade Anônima.* 2ª ed. São Paulo: RT, 1977. p. 81.

[22] "§ 8 – (a) – (1) No person shall, at the same time, serve as a director or officer in any two corporations (other than banks, banking associations, and trust companies) that are

(USC § 19), e refere-se à proibição de que um mesmo indivíduo participe concomitantemente das instâncias decisórias de duas empresas vinculadas ou concorrentes entre si. Entre nós, a recepção doutrinária do instituto é bastante recente[23], e decorre da reforma da Lei das SA trazida pela Lei n. 10.303, de 31 de outubro de 2001, dispondo em seu artigo 147, § § 3º e 4º, *verbis*:

> "Art. 147. Quando a lei exigir certos requisitos para a investidura em cargo de administração da companhia, a assembleia-geral somente poderá eleger quem tenha exibido os necessários comprovantes, dos quais se arquivará cópia autêntica na sede social.
>
> § 3º O conselheiro deve ter reputação ilibada, não podendo ser eleito, salvo dispensa da assembleia-geral, aquele que:
>
> I – ocupar cargos em sociedades que possam ser consideradas concorrentes no mercado, em especial, em conselhos consultivos, de administração ou fiscal; e
>
> II – tiver interesse conflitante com a sociedade.
>
> § 4º A comprovação do cumprimento das condições previstas no § 3º será efetuada por meio de declaração firmada pelo conselheiro eleito nos termos definidos pela Comissão de Valores Mobiliários, com vistas ao disposto nos arts. 145 e 159, sob as penas da lei."

É novidade bem-vinda no direito brasileiro que se reconheça, mormente em sede legislativa, o entrelaçamento do direito societário e do direito concorrencial, sancionando, inclusive condutas anticoncorrenciais como contrárias ao interesse social (art. 147, § 4º). Lamentavelmente, o

---

(A) engaged in whole or in part in commerce; and (B) by virtue of their business and location of operation, competitors, so that the elimination of competition by agreement between them would constitute a violation of any of the antitrust laws".

[23] ARAGÃO, Leandro Santos de. "Interlocking Directorates (personelle Verflechtungen) e a Proibição do art. 147, § 3º, inciso I, da Lei das Sociedades Anônimas: o Conflito entre a Liberdade de Concorrência e a Liberdade de Estruturação do Organograma Administrativo da Sociedade Empresária" *In:* CASTRO, Rodrigo R. Monteiro de; ARAGÃO, Leandro Santos de. *Sociedade Anônima:* 30 anos da Lei 6.404/76, São Paulo: Quartier Latin, 2007. pp. 65-85.

DO IMPEDIMENTO DE MANDATO CRUZADO DE MEMBRO DE...

então Presidente da República vetou a introdução de importante mecanismo na Lei das SA, proposto no Projeto de Lei n. 23/2001, convertido na Lei n. 10.303/2001 (n. 3.115/1997 na Câmara dos Deputados), que permitiria ao CADE se manifestar sobre a nomeação de membros do corpo diretivo das companhias. Lê-se na Mensagem de Veto n. 1.213, de 31 de outubro de 2001, o texto previsto do art. 141, § 9º, bem como as razões do veto:

> "[...] ouvidos os Ministérios do Desenvolvimento, Indústria e Comércio Exterior e da Fazenda, decidi vetar os seguintes dispositivos:
>
> § 9º do art. 141 da Lei no 6.404/76, proposto pelo art. 2º do projeto
>
> "Art. 141. ....
> ....
>
> § 9º A nomeação de membro do conselho de administração ficará prejudicada sempre que o Conselho Administrativo de Defesa Econômica – CADE considerar que a referida nomeação envolve riscos para a livre concorrência." (NR)
>
> *Razões do veto*
>
> "A regra certamente gerará incertezas no seio do mais alto poder de administração da companhia, com reflexos nefastos para o mercado, prejudicando eventuais estratégias empresariais.
>
> A falta de critérios objetivos para o julgamento por parte do CADE – Conselho Administrativo de Defesa Econômica cercará de insegurança a eleição dos membros do Conselho de Administração, porquanto o CADE terá o poder de modificar a vontade privada dos acionistas, aos quais, com exclusividade, cabe o direito de, reunidos em assembleia, votar a composição do conselho da companhia.
>
> Portanto, a norma contida no § 9º do art. 141 constitui interferência indevida do Poder Público na iniciativa privada, limitando a manifestação de vontade daqueles que compõem uma sociedade anônima, sendo, por isso, de constitucionalidade duvidosa.
>
> Se houver riscos para a livre concorrência, tais fatos decorrerão de ações concretas e não de uma simples suposição decorrente de composição, em tese, do conselho de administração de companhias.

GILBERTO BERCOVICI

Assim, a regra exorbita da razoabilidade, já dispondo o CADE dos poderes necessários para reprimir abusos eventualmente verificados em prejuízo da livre concorrência."

Entendeu o então Presidente Fernando Henrique Cardoso, confrontando os princípios da liberdade de concorrência e da liberdade de composição dos órgãos administrativos societários, o interesse público na defesa da concorrência e o interesse privado dos acionistas, que deveria prevalecer o interesse privado.[24] Não bastasse ter subvertido a prevalência do interesse público sobre o privado[25], desconsiderou que o

---

[24] Incisiva crítica ao inoportuno veto presidencial foi apresentada por ARAGÃO, Leandro Santos de. "Interlocking Directorates (personelle Verflechtungen) e a Proibição do art. 147, § 3ª, inciso I, da Lei das Sociedades Anônimas: o Conflito entre a Liberdade de Concorrência e a Liberdade de Estruturação do Organograma Administrativo da Sociedade Empresária" In: CASTRO, Rodrigo R. Monteiro de; ARAGÃO, Leandro Santos de. *Sociedade Anônima:* 30 anos da Lei 6.404/76, São Paulo: Quartier Latin, 2007. pp. 81-82: "o argumento apresentado no veto presidencial é simplório e está calcado muito mais em "chavões jurídicos" e palavras da moda (como incerteza e insegurança jurídica) que propriamente em critérios técnicos (embora tenha mencionado que o CADE não teria o poder de modificar a vontade privada dos acionistas, "aos quais, com exclusividade, cabe o direito de, reunidos em assembleia, votar a composição do conselho da companhia"). A fragilidade técnica das razões do veto é extrema, corroborada pela bisonha demonstração de completo desconhecimento do direito concorrencial, quando afirma que "[s]e houver riscos para a livre concorrência, tais fatos decorrerão de ações concretas e não de uma simples suposição decorrente de composição, em tese, do conselho de administração de companhias" No mínimo, o redator do veto presidencial nunca ouviu falar de interlocking directorates. Nunca atentou, também, para a possibilidade de as decisões do CADE implicarem alteração da vontade negocial quista pelos particulares envolvidos em determinada operação económica. Ora, se o CADE pode mandar desfazer uma fusão ou uma incorporação. determinando uma operação de desinvestimento (em nítida modificação do negócio jurídico aquisitivo desejado pelas partes), qual o motivo para não poder examinar e, se for o caso, vetar a indicação de um conselheiro de uma sociedade anónima? A liberdade de composição dos órgãos societários decisórios é absoluta?"

[25] Para a justificativa constitucional que autoriza as autoridades de defesa da concorrência a intervir na autonomia privada dos acionistas das companhias, *vide* NETTESHEIM, Martin; THOMAS, Stefan. *Entflechtung im deutschen Kartellrecht:* Wettbewerbspolitik, Verfassungsrecht, Wettbewerbsrecht Tübingen: Mohr Siebeck, 2011, pp. 138-140. Cumpre ressaltar, ainda, que os autores estão analisando um texto constitucional, o da Lei Fundamental de Bonn, cujas diretrizes de política intervencionista do Estado são muito menos acentuadas do que o texto constitucional brasileiro de 1988.

DO IMPEDIMENTO DE MANDATO CRUZADO DE MEMBRO DE...

CADE já dispunha de ampla competência para avaliar atos desta natureza ou de qualquer outra. Embora não se avente a hipótese de obrigatoriedade de submissão prévia ao CADE da nomeação de membros dos órgãos diretivos, a discussão em torno do atual artigo 147, § § 3º e 4º, do veto ao artigo 141, § 9º e da proibição dos *interlocking directorates* no direito estrangeiro inevitavelmente obrigam as autoridades de defesa da concorrência ao reconhecimento da repercussão de ajustes societários sobre as estruturas competitivas do mercado.

Na vigência da antiga Lei de Defesa da Concorrência (Lei n. 8.884, de 11 de junho de 1994), em que se previa a reversibilidade da operação, temos um exemplo importante, em sede cautelar[26], da vedação de participação cruzada em órgãos da administração de empresas em relação concorrencial:

> "a) Abster-se o adquirente de participar de decisões relativas à alteração societária da empresa-alvo, às alterações nas instalações físicas e transferência ou renúncia aos direitos e obrigações relativos aos ativos da empresa-alvo, aí também incluídos marcas, patentes e carteira de clientes e fornecedores, à descontinuidade da utilização de marcas e produtos, a alterações nas estruturas, logística e práticas de distribuição e comercialização do portfólio dos produtos ou serviços da empresa-alvo, a mudança na estrutura de administração da empresa-alvo, a interrupção dos projetos de investimento pré-estabelecidos e pré-aprovados em todos os setores de atividade da empresa-alvo e à implementação de seus planos e metas de vendas;
>
> b) Abster-se o adquirente de prestar serviços de gestão de ativos ou negócios para a empresa-alvo;
>
> c) Abster-se o adquirente de indicar qualquer administrador ou de participar de quaisquer órgãos de gestão da empresa-alvo;
>
> d) Abster-se o adquirente de se utilizar da posição de acionista para ter acesso a qualquer informação privilegiada e concorrencialmente sensível da empresa-alvo ou trocar informações dessa

---

[26] AC n. 08012 .002018/2010-07, Medida Cautelar (MC) n. 08700.000628/201018 (Camargo Corrêa, Votorantim e Cimpor).

natureza com a empresa-alvo ou com qualquer outro concorrente nos órgãos de administração da empresa-alvo;

e) Abster-se o adquirente de adotar ou influenciar a adoção pela empresa-alvo de condutas comerciais uniformes ou coordenadas nos mercados comuns de atuação das partes."

É o caso, portanto, de aprofundarmos o exame das estruturas internas a companhia para a devida compreensão das objeções concorrenciais trazidas ao âmbito organizacional da empresa.

5. O CONSELHO DE ADMINISTRAÇÃO NA ESTRUTURA DECISÓRIA DA COMPANHIA: COMPETÊNCIAS – IMPEDIMENTOS – CONFLITO DE INTERESSES

O Conselho de Administração – órgão obrigatório nas companhias abertas (Lei das SA, artigo 138, § 2º) – é composto por membros, designados Conselheiros, eleitos pela Assembleia-Geral, que pode destituí-los a qualquer tempo, independentemente de inclusão da matéria na ordem do dia e de justificativa (Lei das SA, artigo 140), ressalvada a hipótese de Conselheiro eleito em votação em separado. A Lei das SA qualifica o Conselho de Administração como órgão de deliberação colegiada (artigo 138, § 1º), ou seja, suas atribuições são exercidas pelo conjunto de seus membros, e não por cada um deles individualmente considerados[27], como se dá no caso dos membros da Diretoria, órgão da

---

[27] Explica Luciano de Souza Leão Jr., a respeito da colegialidade: "Colégio é grupo de pessoas com o mesmo status, ou que exercem as mesmas funções, e deliberação colegiada é decisão sobre ato voluntário por conjunto de pessoas que são membros de um colégio. A decisão colegiada é ato coletivo – conjunto de atos de vontade individuais que formam um único ato porque organizados pelo procedimento de deliberação, que compreende ao menos (a) a comunicação, a todos os membros do colégio, da instalação do processo de deliberação e da proposta a ser votada, (b) a manifestação dos membros sobre a proposta com o fim de formar a vontade social, e (c) a coleta dessas manifestações e proclamação da deliberação. O que fundamenta a imputação da deliberação a todo o colégio é a natureza unitária do ato criado pelo procedimento de deliberação, que transforma a multiplicidade de atos individuais em ato coletivo – ato do colégio como todo porque resulta de ação comum dos seus membros." LEÃO Jr, Luciano de Souza.

DO IMPEDIMENTO DE MANDATO CRUZADO DE MEMBRO DE...

Administração da companhia investido dos poderes de representá-la. A Lei das SA estabelece as principais atribuições do Conselho de Administração:

> "Art. 142. Compete ao conselho de administração:
>
> I – fixar a orientação geral dos negócios da companhia;
>
> II – eleger e destituir os diretores da companhia e fixar-lhes as atribuições, observado o que a respeito dispuser o estatuto;
>
> III – fiscalizar a gestão dos diretores, examinar, a qualquer tempo, os livros e papéis da companhia, solicitar informações sobre contratos celebrados ou em via de celebração, e quaisquer outros atos;
>
> IV – convocar a assembleia-geral quando julgar conveniente, ou no caso do artigo 132;
>
> V – manifestar-se sobre o relatório da administração e as contas da diretoria;
>
> VI – manifestar-se previamente sobre atos ou contratos, quando o estatuto assim o exigir;
>
> VII – deliberar, quando autorizado pelo estatuto, sobre a emissão de ações ou de bônus de subscrição;
>
> VIII – autorizar, se o estatuto não dispuser em contrário, a alienação de bens do ativo não circulante, a constituição de ônus reais e a prestação de garantias a obrigações de terceiros; (Redação dada pela Lei n. 11.941, de 2009)
>
> IX – escolher e destituir os auditores independentes, se houver."

O escalonamento hierárquico das companhias forma uma estrutura bastante clara em que a Diretoria subordina-se ao Conselho de Administração e este, à Assembleia-Geral. Se a função da Diretoria é precipuamente executiva, a posição do Conselho na companhia é fundamentalmente estratégica e de supervisão. Estratégica, pois é formuladora

---

"Conselho de Administração e Diretoria" *In:* LAMY Filho, Alfredo; PEDREIRA José Luiz Bulhões (coords.). *Direito das Companhias*. Rio de Janeiro: Forense, 2009. Vol. I, p.1031.

GILBERTO BERCOVICI

das políticas de médio e longo prazo para posicionamento da empresa no mercado (Lei das SA, artigo 142, I), e supervisora, pois exerce o controle da gestão e das contas da Diretoria, manifesta-se sobre atos e contratos gravosos à companhia e designa seus auditores externos.

Todas estas funções do Conselho de Administração podem se resumir em uma única palavra: informação – tanto da condição presente da empresa, quanto de seu planejamento futuro. *E informação é o fundamento da decisão empresarial.* As reuniões esporádicas dos acionistas em Assembleia não permitem um acompanhamento eficiente das decisões da empresa, e à Diretoria, incumbem sobretudo, responsabilidades executivas, além de não poder fiscalizar a si própria.

O direito societário estabelece impedimentos para nomeação e regras de solução de conflitos de interesses para afastar a atuação de Conselheiros com o objetivo de proteger o interesse social da companhia. É o que dispõe, em primeiro lugar, o artigo 147 da Lei das SA:

> "Art. 147. Quando a lei exigir certos requisitos para a investidura em cargo de administração da companhia, a assembleia-geral somente poderá eleger quem tenha exibido os necessários comprovantes, dos quais se arquivará cópia autêntica na sede social.
>
> § 1º São inelegíveis para os cargos de administração da companhia as pessoas impedidas por lei especial, ou condenadas por crime falimentar, de prevaricação, peita ou suborno, concussão, peculato, contra a economia popular, a fé pública ou a propriedade, ou a pena criminal que vede, ainda que temporariamente, o acesso a cargos públicos.
>
> § 2º São ainda inelegíveis para os cargos de administração de companhia aberta as pessoas declaradas inabilitadas por ato da Comissão de Valores Mobiliários.
>
> § 3º O conselheiro deve ter reputação ilibada, não podendo ser eleito, salvo dispensa da assembleia-geral, aquele que:
>
> I – ocupar cargos em sociedades que possam ser consideradas concorrentes no mercado, em especial, em conselhos consultivos, de administração ou fiscal; e
>
> II – tiver interesse conflitante com a sociedade.

DO IMPEDIMENTO DE MANDATO CRUZADO DE MEMBRO DE...

§ 4º A comprovação do cumprimento das condições previstas no § 3º será efetuada por meio de declaração firmada pelo conselheiro eleito nos termos definidos pela Comissão de Valores Mobiliários, com vistas ao disposto nos arts. 145 e 159, sob as penas da lei."

A Lei n. 10.303/2001 incluiu hipóteses de impedimento de eleição de Conselheiro por vínculo com empresa concorrente (§ 3º, I) ou que se encontre em conflito de interesses com a companhia (§ 3º, II). O § 4º institui o procedimento declaratório do impedimento de eleição do Conselheiro, previstos os efeitos civis e criminais aplicáveis aos documentos declaratórios.

A inclusão deste dispositivo, após vinte e cinco anos da promulgação da Lei das Sociedades Anônimas, revela o reconhecimento, pelo legislador, de reflexos indesejáveis de fusões e aquisições na condução dos negócios das empresas, em um cenário de mercado bem diferente de meados da década de 1970.

O impedimento é uma técnica producente nas inter-relações de empresas e pessoas em nossa sociedade, tipificada como sociedade de risco.[28] Identificado o risco, antecipa-se à ocorrência de um dano muito provável, evitando-se a materialização da própria condição criadora de risco. É abordagem diferente daquela a que o jurista tradicional está habituado, em que se aguardava passivamente a ocorrência de um dano, averiguando-se culpas e incidindo responsabilidades. Não se acolhendo o impedimento, a solução tradicional para mitigar o risco de atuação do Conselheiro nas hipóteses elencadas pela Lei n. 10.303/2001 seria meramente manipular as possibilidades de restrição de voto, obrigando-o a abster-se em situações de conflito. Ora, esta visão reducionista da empresa, isolada dentro de suas fronteiras, vai de encontro com a alteração da Lei das Sociedades Anônimas, que pede que se analise na conveniência da nomeação do Conselheiro, sua posição considerando a Sociedade em relação com suas concorrentes bem como a Sociedade em relação com os interesses pessoais do Conselheiro. Há, portanto, impedimento por razões concorrenciais e por razões negociais.

---

[28] *Vide*, por todos BECK, Ulrich. *Risikogesellschaft:* Auf dem Weg in eine andere Moderne. Frankfurt am Main: Suhrkamp, 1986.

GILBERTO BERCOVICI

A existência de qualquer vínculo profissional com empresa concorrente basta para configurar o impedimento. Isto porque, como afirmei acima, o Conselho de Administração é o espaço estratégico por excelência da companhia, no qual se delibera sobre informações sensíveis da empresa – seu planejamento e seus resultados. O acesso a estas matérias da política estratégica da empresa é incompatível com a presença de indivíduo vinculado direta ou indiretamente a uma sociedade ou grupo concorrente. O duplo exercício de cargos e funções em concorrentes enfraquece o comprometimento do Conselheiro em agir em defesa única e exclusiva do interesse social da companhia, como exigem os princípios de diligência e lealdade que orientam o regime geral dos administradores das sociedades anônimas (Lei das SA, artigos 153 e 155).[29]

Das razões negociais trata o inciso II do § 3º do artigo 147. Será inelegível aquele que tiver interesse em intermediar ou contratar com a empresa, direta ou indiretamente, sob qualquer forma. Entende Modesto Carvalhosa que é hipótese diversa do conflito de interesses tratado no artigo 156 da Lei das SA, por configurar, este caso, vedações à conduta de Administrador, Conselheiro ou Diretor, já empossado. Ainda segundo o autor, o impedimento pode versar sobre conflito de interesses formal ou substancial.[30]

---

[29] "Artigo 153: O administrador da companhia deve empregar, no exercício de suas funções, o cuidado e diligência que todo homem ativo e probo costuma empregar na administração dos seus próprios negócios".

"Artigo 155: O administrador deve servir com lealdade à companhia e manter reserva sobre os seus negócios, sendo-lhe vedado: I – usar, em benefício próprio ou de outrem, com ou sem prejuízo para a companhia, as oportunidades comerciais de que tenha conhecimento em razão do exercício de seu cargo; II – omitir-se no exercício ou proteção de direitos da companhia ou, visando à obtenção de vantagens, para si ou para outrem, deixar de aproveitar oportunidades de negócio de interesse da companhia; III – adquirir, para revender com lucro, bem ou direito que sabe necessário à companhia, ou que esta tencione adquirir".

[30] CARVALHOSA, Modesto. *Comentários à Lei de Sociedades Anônimas*. 5ª ed. São Paulo: Saraiva, 2011. Vol. 3. p. 253: "O conflito formal, portanto, no caso de impedimento de conselheiro indicado, advém da própria natureza do negócio jurídico bilateral ou unilateral. O conflito é pressuposto na formação dessas relações contratuais entre a companhia e o conselheiro indicado. Por isso, na formação da vontade das partes contratuais não pode haver confusão de pessoas. Assim, haverá sempre conflito formal,

Podemos analisar ambos os casos com fundamentos análogos. Afinal, os questionamentos em quaisquer dos casos são lógicos: atuando em empresas concorrentes ou com conflito de interesses, qual interesse social deve ser priorizado? Como defender os interesses de uma empresa sem preterir os interesses da outra? É no mínimo ilógico, para não dizer ingênuo, contemplar a hipótese de atuação isenta em ambas as empresas.

O conflito permanente resultante da estrutura de mercado (empresas em posição de concorrência ou verticalmente integradas, como no caso em análise) é replicado assim, no espaço estratégico da empresa. Abstenções de voto, ausências em deliberações, discussões sobre eventuais conflitos de interesses são medidas comportamentais que o direito societário fornece e que apenas prejudicariam o curso normal das atividades do Conselho de Administração e se revelariam por fim ineficazes, pois é da própria natureza do Conselho conhecer e deliberar sobre matérias sensíveis do ponto de vista concorrencial, como, por exemplo, carteira de clientes, lista de fornecedores e condições de faturamento, política de formação de preços, orçamentos, custos de transporte e logística, campanhas de *marketing*, movimentação financeira, planejamento fiscal, decisões de investimentos e planos de expansão, etc. Em que hipótese, é de se perguntar, poderia ser admitida a presença deste Conselheiro?

Marcus Lutter, notório autor do direito societário alemão adverte, ao defender enfaticamente a isenção dos Conselheiros das Companhias:

---

mesmo no caso os benefícios serem equitativos para a sociedade e para o conselheiro indicado, que são as partes contrapostas no respectivo negócio jurídico preliminar ou definitivo, e ainda no caso de intermediação. Não obstante o caráter eminentemente formal do conflito de interesses no caso do inciso II do § 3º deste artigo [art. 147], pode ocorrer conflito substancial de interesses que acarrete impedimento quando o indicado pretende realizar ou concretizar negócios preliminares ou ainda mera tratativa entre a sociedade e ele, indicado, ou terceiros. No caso ocorrerá conflito substancial de interesses, visto que o conselheiro indicado tem interesse próprio e, ao mesmo tempo, de terceiro maior do que aquele da sociedade onde estaria atuando no Conselho de Administração. Será ilícita a conduta do conselheiro indicado pelo simples fato de candidatar-se, pois há o pressuposto legal de um conflito que levará ao sacrifício do interesse da sociedade, em benefício próprio e de terceiro".

GILBERTO BERCOVICI

"Os sistemas devem ser levados a sério. Se não for assim, agimos de maneira cínica, e destruímos o sistema, Isto vale para Justiça, cuja independência deve ser indiscutível. [...] E o mesmo vale para o sistema da administração de nossas companhias de grande porte. Se não levamos o Conselho de Supervisão a sério, é melhor extingui-lo; não há como "levá-lo um pouquinho a sério", ou senão o sistema falha em momentos decisivos. [...] As regras de incompatibilidade se reportam a esta questão; a independência do juiz é colocada em dúvida, quando ele deve judicar em caso que envolva um parente ou seus próprios interesses. E o mesmo se aplica à administração pública, ao afastar a competência de funcionário público que esteja envolvido por ordem pessoal ou familiar. Não se pode agir de outra forma em relação com os membros dos órgãos das sociedades anônimas. Eles estão obrigados única e exclusivamente ao interesse da sociedade. Isto é absolutamente pacífico na jurisprudência e na doutrina". [31]

Lutter parte do seguinte caso concreto:

"um membro do Conselho de Supervisão da Daimler-Benz é eleito para o Conselho da Volkswagen e assume a função. Com isto, ele não apenas está obrigado, em razão dos deveres de lealdade e diligência, para com a Daimler-Benz, mas da mesma forma

---

[31] LUTTER, Marcus. "Die Unwirksamkeit von Mehrfachmandaten in den Aufsichtsräten von Konkurrenzunternehmen" *In:* BEISSE, Heinrich. *et al. Festschrift für Karl Beusch zum 68. Geburtstag am 31. Oktober 1993.* Berlin: De Gruyter, 1993. p. 509: "Systeme muss man ernst nehmen. Tut man das nicht, handelt man zynisch, so zerstört man das System. Das gilt für die Justiz, deren Unabhängigkeit fraglos erscheinen muss. (...) Und es gilt auch für das System der Verwaltung unserer grossen Gesellschaften. Nimmt man den Aufsichtsrat nicht ernst, muss man ihn abschaffen; so „ein bisschen ernst nehmen" gibt es nicht, weil dann nämlich das System im entscheidenden Moment versagt. (...) Regeln zur Inkompatibilität haben genau mit diesen Fragen zu tun; die Unabhängigkeit des Richters steht in Frage, wenn er über Verwandte oder in eigener Sache judizieren soll. Und so verhält es sich auch mit jeder ordentlichen Staatverwaltung, die den zuständigen Beamten ausschliesst, wenn er persönlich oder familiär involviert ist. Nicht anders kann es sich daher mit Organmitglieder in Aktiengesellschaften verhalten: Sie sind alle auf das Interesse ihrer Gesellschaft und nur ihrer Gesellschaft verpflichtet, stehen zu ihr in einen gesteigerten Treueverhältnis. das ist ganz und gar unstreitig in Rechtssprechung und Literatur".

DO IMPEDIMENTO DE MANDATO CRUZADO DE MEMBRO DE...

está obrigado de forma ilimitada para com a VW. Estas obrigações concomitantes de mesmo conteúdo podem ser satisfeitas? Se a Daimler -Benz decidir ingressar no mercado da VW com uma pequena Mercedes, para conquistar uma parcela do mercado da VW, está configurado um conflito de interesses insolúvel para este conselheiro: Se ele aprovar o projeto no Conselho da Daimler, ele prejudica a VW; se ele votar contra o projeto, ele favorece a VW, mas prejudica a Daimler. Ademais, coloca-se a questão se o Conselho de Supervisão, considerado em sua totalidade, será producente, uma vez que conta em suas fileiras com uma pessoa "da concorrência". Como pode haver uma discussão e efetiva informação aberta e sem maiores precauções, quando há o risco de que uma empresa concorrente obtenha desta forma dados internos – ou que efetivamente os obtenha, caso o referido Conselheiro atue de forma leal em relação a esta empresa?".[32]

Para Lutter, a presença em ambos os Conselhos é impossível. Caso a eleição seja realizada e o mandato aceito, tais atos são nulos. Permaneceria válido o mandato assumido na primeira empresa e o mandato na segunda empresa seria apenas aparente.[33] Solução semelhante adota

---

[32] LUTTER, Marcus. "Die Unwirksamkeit von Mehrfachmandaten in den Aufsichtsräten von Konkurrenzunternehmen" *In:* BEISSE, Heinrich. *et al. Festschrift für Karl Beusch zum 68. Geburtstag am 31. Oktober 1993.* Berlin: De Gruyter, 1993, pp. 509-510: "Ein Mietglied des Aufsichtsrates von Daimler-Benz wird in den Aufsichtsrat von VW gewählt und nimmt die Wahl an. Damit hat diese Person nun nicht mehr nur Treu- und Förderpflichten gegenüber Daimler-Benz, sondern dieselben unbeschränkten Treu-und Förderpflichten bestehen jetzt auch gegenüber VW. Lassen sich diese doppelten Pflichten gleichen Inhalts überhaupt erfüllen? Wenn Daimler-Benz beschliessen sollte, mit einem kleinen Mercedes in den Markt von VW einzudringen, um VW-Markt Anteile zu erobern, so entsteht ein unauflösbarer Interessenkonflikt in der Person dieses Aufsichtsratsmitgliedes: Wenn er in Aufsichtsrat von Daimler für das Projekt stimmt, so schadet er damit VW; stimmt er aber gegen das Projekt, so nutzt er zwar VW, schadet aber Daimler. Daneben stellt sich die Frage, ob der Gesamtaufsichtsrat, der einen Mann „von der Konkurrenz" in seinen Reihen hat, überhaupt arbeitsfähig ist. Wie soll eine offene, unvoreingenommene Diskussion und Information im Aufsichtsrat möglich sein, wenn das Risiko besteht, daß das Konkurrenzunternehmen auf diesem Weg in den Besitz von internen Information gerät – ja geraten muss, wenn sich das betreffende Aufsichtsratsmitglied diesem Unternehmen loyal verhält?".

[33] LUTTER, Marcus. "Die Unwirksamkeit von Mehrfachmandaten in den Aufsichtsräten von Konkurrenzunternehmen" *In:* BEISSE, Heinrich. *et al. Festschrift für Karl Beusch zum 68. Geburtstag am 31. Oktober 1993.* Berlin: De Gruyter, 1993, p. 520: "Als Ergebnis ist

GILBERTO BERCOVICI

Modesto Carvalhosa, ao entender que o Conselheiro atuante em empresas concorrentes haveria de possuir interesse maior na sociedade na qual possuía vínculos anteriores.[34] Discordo deste entendimento. Se o vínculo já existente com concorrente é fundamento lógico para impedimento de eleição em uma segunda empresa – neste sentido o artigo 147, § 3º, II dá amparo legal à recusa da Assembleia em aceitar candidato contrário ao interesse da companhia – a opção do Conselheiro em ingressar em empresa concorrente ou com notório conflito de interesses com aquela em que é atuante denota clara infração ao dever de lealdade para com a primeira sociedade, e não para com a segunda.

O capítulo dos deveres (artigos 153 a 157) e responsabilidades (artigo 158) da Lei das SA, constitutivo do chamado regime comum dos Administradores, Diretores e Conselheiros, tem por finalidade básica:

> "impedir que os administradores anteponham seus interesses pessoais aos interesses da companhia e da universalidade de seus acionistas, ou que sejam negligentes na administração do patrimônio alheio, consagrando-se a teoria de que a administração da companhia é composta por órgãos que, como tais, têm poderes-função que lhes são conferidos para que possam exercer e realizar da maneira mais eficiente o objeto social".[35]

---

damit festzuhalten, dass bei Doppelmandaten in den Aufsichtsräten konkurrierender Unternehmen die Wahl und ihre Annahme nichtig ist. Die betreffende Person ist nicht Mitglied des Aufsichtsrats geworden. Wird sie dennoch0 als Aufsichtsrat in der Gesellschaft tätig, handelt sie als Scheinaufsichtsrat."

[34] CARVALHOSA, Modesto. *Comentários à Lei de Sociedades Anônimas*. 5ª ed. São Paulo: Saraiva, 2011. Vol. 3. p. 250: "O pressuposto no caso do § 3º deste art. 147 é o de que o conselheiro vinculado à sociedade ou ao grupo concorrente, pela própria anterioridade do vínculo, possui um interesse maior neste do que naquele, em que posteriormente viria a ser conselheiro. O impedimento de eleição, portanto, pressupõe que o conselheiro vinculado a sociedade ou a grupo concorrente sacrificará o interesse da companhia em que seria eleito conselheiro, em benefício da outra com quem tem vínculos anteriores. Nesse caso, o exercício do cargo de conselheiro teria, presumivelmente, como finalidade favorecer a empresa ou o grupo concorrente."

[35] CAMPOS, Luiz Antonio de Sampaio. "Deveres e Responsabilidades" *In:* LAMY Filho Alfredo; PEDREIRA, José Luiz Bulhões (coords.). *Direito das Companhias*. Rio de Janeiro: Forense, 2009. Vol. I, p. 1090.

DO IMPEDIMENTO DE MANDATO CRUZADO DE MEMBRO DE...

Esta orientação interpretativa é fundamental para a correta aplicação dos dispositivos da Lei Societária, que opera com conceitos indeterminados e tipos abertos.

O dever de diligência (artigo 153) e o dever de lealdade (artigo 154) são os fundamentos da conduta dos Administradores, a partir dos quais se orientam os demais comportamentos. Do primeiro, resultam padrões como o dever de se informar, o dever de vigilância, de investigação, de intervenção e de assiduidade.

Já o dever de lealdade impõe a prevalência absoluta dos interesses sociais sobre os interesses dos administradores.[36] O administrador não pode obter vantagem em detrimento da sociedade, nem impedir que esta venha a obter vantagem legítima em benefício próprio.

No campo do dever da lealdade, desdobram-se expressamente a vedação de condutas como *(i)* aproveitamento de oportunidade comercial, em benefício próprio ou de terceiro, cuja ciência decorra do exercício da função (Lei das SA, artigo 155, I); *(ii)* omissão na proteção de direitos da Companhia ou aproveitamento de negócios (Lei das SA, artigo 155, II); *(iii)* aquisição, para revender com lucro, de bem ou direito que sabe necessário à Companhia, ou que esta tencione adquirir (Lei das SA, artigo 155, III).

A lealdade dos Administradores para com a Companhia também lhes obriga observar o sigilo das informações confidenciais da empresa, cujo acesso decorre da posição hierárquica que ocupam. Ao passo da regra geral de confidencialidade imposta no tratamento dos dados privativos à administração da Companhia, há a vedação, contemplada no

---

[36] CAMPOS, Luiz Antonio de Sampaio. "Deveres e Responsabilidades" *In:* LAMY Filho, Alfredo; PEDREIRA, José Luiz Bulhões (coords.). *Direito das Companhias.* Rio de Janeiro: Forense, 2009. Vol. I, p. 1129: "*A lealdade do administrador à companhia deve ser absoluta. indivisa e integral, no sentido de que, quando se tratar do interesse da companhia propriamente dita, a lealdade é inderrogável e, em princípio, não sofre relaxamento de qualquer espécie,* ressalvado o grupo de sociedade e outras situações em que haja negócios com partes relacionadas em que se receba o pagamento compensatório adequado, a teor do art. 245 da LSA. Naturalmente, nas relações com subsidiárias integrais a questão também deve ser examinada modus in rebus." (grifo meu).

481

GILBERTO BERCOVICI

artigo 155, § 1º da Lei das SA, da prática do *insider trading*, ou seja, da vedação de valer-se da informação para obter, para si ou para outrem, de vantagem mediante compra ou venda de valores mobiliários.

É, no entanto, no âmbito da disciplina do conflito de interesses que o dever de lealdade adquire sua máxima relevância na prática do direito societário. A Lei das SA não oferece uma definição do conceito, referindo-se à hipótese nos casos de conflitos de interesses entre acionistas (artigo 115, § 1º), e entre os administradores e a Companhia (artigo 156). Ademais, a existência de conflito de interesses é causa impeditiva de eleição de membro do Conselho de Administração (artigo 147, § 3º, II). Cabe ao escrutínio do caso concreto a verificação de interesses conflitivos, efetivos e inconciliáveis, de modo que a satisfação de um interesse particular resulte na contrariedade do interesse social.

Ao propor exegese do artigo 147, § 3º, I e II, Nelson Eizirik observa que, no caso do inciso I, o conflito de interesses é presumido, estrutural, decorrente da concorrência das empresas em um determinado mercado:

> "Já no caso do inciso II, o conflito de interesses pode decorrer de diversas situações de caráter negocial, tais como: ser o administrador acionista controlador de companhia prestadora de serviços ou fornecedora de produtos; de banco detentor de créditos significativos; de empresa consumidora permanente de bens ou serviços".[37]

É justamente o caso de que trata esta consulta: a pretensão da mesma pessoa ocupar concomitantemente a função de membro do Conselho de Administração em empresas verticalmente integradas, sendo uma a principal fornecedora/compradora da outra. A posição cruzada do Conselheiro, com acesso pleno às estratégias empresariais de ambas as Sociedades, não apenas coloca em risco os atos singulares da Administração das duas empresas, mas prejudicará de maneira contínua

---

[37] EIZIRIK, Nelson. *A Lei das S/A Comentada*. São Paulo: Quartier Latin, 2011. Vol. II, p. 327.

DO IMPEDIMENTO DE MANDATO CRUZADO DE MEMBRO DE...

o exercício das suas próprias atividades empresariais, compreendidas como a realização de ações concatenadas voltadas às finalidades das Sociedades.

Sob o enfoque da empresa que assiste seu Conselheiro ambicionar o mesmo cargo em empresa que tem interesse social diametralmente oposto, tal pretensão é insustentável.

Modesto Carvalhosa justifica a incompatibilidade do exercício do cargo de Conselheiro em companhias concorrentes, cujo raciocínio se permite aplicar às demais hipóteses que configurem interesses conflitantes, nos termos do art. 147, § 3º, II, pois

> "as informações e as deliberações estratégicas devem ser protegidas de eventuais violações, pois delas decorrem as vantagens competitivas da companhia em relação a seus concorrentes. [...] E a causa dessa norma impeditiva de exercício do cargo de conselheiro está em que os segredos da empresa, de negócios ou de fábrica, e as matérias estratégicas não podem ser sonegados ao conhecimento técnico e à deliberação colegiada do Conselho de Administração, não cabendo, ademais, à diretoria fazer qualquer distinção individual entre os conselheiros por ocasião da prestação dessas minuciosas informações. Acrescente-se que têm os conselheiros poder–dever de diligência individual, podendo isoladamente solicitar informações à diretoria sobre os assuntos que serão submetidos à deliberação do Conselho. E o exercício desse poder individual de diligência é totalmente incompatível com a vinculação que os conselheiros tenham, direta ou indiretamente, com a companhia concorrente".[38]

Configura-se em primeiro plano, conflito formal, pela advinda da própria natureza bilateral das posições contratuais entre as empresas. Mas pode ainda, qualificar um conflito substancial, como no caso em que o Conselheiro aproveite desta qualidade para atender a interesse alheio à

---

[38] CARVALHOSA, Modesto. *Comentários à Lei de Sociedades Anônimas.* 5ª ed. São Paulo: Saraiva, 2011. Vol. 3. pp. 251-252.

Companhia, podendo se identificar claramente a obtenção de vantagem patrimonial para si ou terceiros. A Lei das SA ressalvou, no *caput* do artigo 147, § 3º, a dispensa do impedimento de Conselheiro pela Assembleia-Geral. No entanto, segundo Carvalhosa, esta faculdade não é absoluta, obstando-se a dispensa que poderia configurar deliberação contrária ao interesse social. Para o autor, apenas os conselheiros externos, nos casos de investidores institucionais, poderiam motivar uma dispensa justificada.[39]

A incompatibilidade de Conselheiro com conflito de interesses, seja reconhecida preventivamente (artigo 147, § 3º, II), ou fundamentada na violação dos deveres impostos aos Administradores, tais como dever de diligência (Lei das SA, artigo 153), finalidade das atribuições e desvio de poder (Lei das SA, artigo 154), dever de lealdade (Lei das SA, artigo 155) e conflito de interesses (Lei das SA, artigo 156) justifica, para a preservação do interesse social, *seu afastamento do órgão deliberativo da Companhia*.

O impedimento de desempenho da função é medida que se revela racionalmente mais apropriada à Administração da Companhia, pois evita que o decurso das relevantes atividades do Conselho seja inviabilizado pela exigibilidade de abstenção da atuação do Conselheiro. Em uma situação de constante conflito de interesse e de demonstração de menor comprometimento com a Sociedade, em clara violação ao dever de lealdade, a hipótese de uma deliberação viciada seria uma constante.

---

[39] CARVALHOSA, Modesto. *Comentários à Lei de Sociedades Anônimas*. 5ª ed. São Paulo: Saraiva, 2011. Vol. 3. p. 252: "A dispensa do impedimento somente pode dar-se em se tratando de conselheiros externos que participem de diversos Conselhos do mesmo segmento empresarial. E essa dispensa deve levar em conta não apenas o perfil do indicado, mas também o acionista que o indica. Assim, apenas os de investidores institucionais v. g., os fundos de pensão e as entidades assemelhadas, é que poderão beneficiar-se da dispensa aprovada pela assembleia geral. O fundamento fático para tanto é o de que os investidores institucionais têm interesse na prosperidade de todas as companhias em que investiram. Na mesma situação excepcional encontram-se os bancos que administram fundos de investimento. O pressuposto da dispensa é o de que a multiplicidade de investimentos dessas instituições não acarreta o impedimento já que não teriam elas interesse em prejudicar uma sociedade em detrimento de outras concorrentes".

O funcionamento do Conselho, como órgão colegiado estaria definitivamente prejudicada.

Não é plausível sujeitar uma grande Companhia a que espere a manifestação de impedimento do Conselheiro para uma ou outra situação concreta específica. A participação das instâncias de planejamento estratégico em sociedades de interesses comerciais claramente antagônicos afeta a condição essencial de lealdade que se pressupõe dos administradores.

Os mecanismos sancionatórios, prevendo a anulação das deliberações cominada com indenização, depende de efetiva valoração de dano sofrido pela sociedade e apuração de responsabilidade. É solução ineficaz que não preserva o interesse da empresa, pois não lhe oferece defesa efetiva ante a vulnerabilidade contínua gerada pelo conflito de interesse previamente identificado.

Em estudo clássico do tema no direito francês, já propunha Dominique Schmidt: "De fato, não há solução melhor para uma situação grave e durável de conflito de interesses que o direito, respectivamente a obrigação de sair da sociedade".[40]

Se esta medida radical não se coloca no caso em tela, a admissão da permanência de Conselheiro em claro conflito de interesses é, seguramente, óbice à satisfação do interesse comum da Companhia.

SÍNTESE CONCLUSIVA

A admissibilidade de mandato cruzado em órgãos de administração de companhias relacionadas verticalmente no mercado é questão abordada pelo direito concorrencial e societário

O enfoque concorrencial se dá em duas esferas de competência do Sistema Brasileiro de Defesa da Concorrência: a preventiva e a

---

[40] SCHMIDT, Dominique. *Les Conflits d'Intérêts dans la Société Anonyme*. Paris: Joly, 2004. p. 450: "En effet, il n'y a pas de meilleur remède à une situation grave et durable de conflit d'intérêts que le droit, respectivement l'obligation de sortir de la société".

repressiva. O controle prévio dos atos de concentração analisa os efeitos concorrenciais das modificações das estruturas de mercado e decide sobre os termos de sua autorização. Nos termos da legislação corrente, aquisições no mercado vertical, de 5% (cinco por cento) ou mais do capital votante, em operação única ou em negócios sucessivos, são de notificação obrigatória. A aprovação com ou sem restrições, bem como o impedimento de efetivação do negócio, dependem da análise do respectivo mercado relevante. Com os dados econômicos disponíveis, não podemos opinar sobre uma eventual apreciação da operação. É, no entanto, provável que eventuais condicionantes à aprovação implicariam medidas de cunho estrutural e não comportamental – como a intervenção nos órgãos de administração – conforme o padrão das decisões do CADE. O controle repressivo de infrações econômicas resultante da participação de Conselheiro em órgãos de administração dependeria de apuração de conduta danosa específica ao mercado, resultante de notificação de fato à autoridade de defesa da concorrência. A pretensão de uma medida cautelar em procedimento investigatório pode ser admitida neste caso.

É, no entanto, sob o enfoque do direito societário que o conflito de interesses opõe a atividade econômica de empresa fornecedora e produtora, em que o desempenho de uma depende da redução de vantagem de outra fundamenta de maneira definitiva a impossibilidade do mandato cruzado. O conflito de interesses é condição insustentável para a preservação do interesse social da Companhia. O direito societário deve oferecer uma solução eficaz para a superação do conflito, ou seja, da situação em que a satisfação do interesse pessoal do Conselheiro, ou de terceiro, colide frontalmente com o interesse da sociedade.

O problema do conflito de interesses avulta no cenário empresarial movimentado por negociações de fusões e aquisições. A lei societária reconheceu este desafio, ao incluir na reforma de 2001 (Lei n. 10.303) a hipótese de impedimento de eleição de Conselheiro ao se verificar conflito de interesses (artigo 147, § 3º, II) e, expressamente, no caso de empresas concorrentes. No passo da doutrina nacional, a dispensa do impedimento permitido à Assembleia Geral seria, inclusive, medida tomada ao arrepio do interesse social.

DO IMPEDIMENTO DE MANDATO CRUZADO DE MEMBRO DE...

A motivação é a mesma: a necessidade de preservação das estratégias comerciais da empresa, de cujo sucesso depende a realização do interesse social − busca de lucro e seu compartilhamento. O impedimento da eleição é técnica para prevenção do conflito na nova Companhia, que já se sabe certo. Mormente ao se contemplar as competências estratégicas próprias do Conselho de Administração, há toda razão para destituição imediata do Conselheiro.

E da mesma forma é também razão para que a Companhia que gozava do vínculo inicial tome as medidas legais cabíveis − administrativas junto à Comissão de Valores Mobiliários (CVM) e judiciais − para de plano, com fundamento na violação do dever de lealdade, afastar a atuação de Conselheiro que prejudica, de forma contínua a persecução dos interesses da Companhia, insanável, portanto, pela proposta da observância de abstenções em casos de impedimento. Afinal, como pode se perceber do caso em tela, em que se trata de empresas verticalmente integradas, o conflito entre fornecedor e distribuidor é inerente à própria atividade empresarial dos agentes econômicos, e não pode ser fragmentado em atos singulares da Sociedade.

RESPOSTA

Diante da argumentação exposta, concluo:

1. De acordo com o direito concorrencial brasileiro, consideram-se as atividades da CY e T verticalmente integradas? Na hipótese afirmativa, e considerando que o sr. W possui participação acionária relevante na CY e Z, bem como ocupa a posição de presidente do Conselho de Administração da CY, caso o sr. W adquira ações da T, qual seria o patamar de aquisição necessário para exigência da notificação prévia da operação ao CADE, e qual seria o foco da análise do órgão de defesa da concorrência?

Pode-se afirmar sem qualquer dúvida que as atividades da CY e T são verticalmente integradas. Na cadeia do mercado analisado, a T atua como fornecedora de produtos para a CY. Ademais desta relação

GILBERTO BERCOVICI

vertical, a T é a maior fornecedora de produtos à CY, e esta é a principal distribuidora dos produtos da T no varejo. São informações comerciais que apenas acentuam a relevância da operação para o mercado e, por outro lado, indicam interesses comerciais antagônicos reivindicados pelas empresas. Uma negociação vantajosa para uma, implica em desvantagem para a outra.

O CADE, no exercício de sua competência autorizativa, exerce o controle prévio de concentrações econômicas nos termos do artigo 88 e seguintes da Lei n. 12.529/2011. A Resolução CADE n. 2/2012 regulamentou a notificação neste tipo de procedimento e determinou, para os casos em que a empresa investida seja concorrente ou atue em mercado verticalmente relacionado, a obrigatoriedade de submissão de aquisição que conferir participação direta ou indireta de 5% (cinco por cento) ou mais do capital votante ou social (artigo 10, II, 'a'). A mesma obrigatoriedade se aplica para a última aquisição que, individualmente ou somada com outras, resulte em um aumento de participação maior ou igual a 5% (cinco por cento), nos casos em que a investidora já detenha 5% (cinco por cento) ou mais do capital votante ou social da adquirida (art. 10, II, 'b'). Como em qualquer análise de ato de concentração, seja horizontal ou vertical, a apreciação do caso atenderá ao disposto no artigo 88, § § 5º e 6º da Lei de Defesa da Concorrência.[41]

2. Caso o sr. W, detentor de participação acionária relevante na CY, e presidente do Conselho de Administração da CY, adquira participação acionária inferior ao patamar indicado no item 1 acima, mas, no entanto, venha a ser eleito presidente do Conselho de Administração da

---

[41] "Artigo 88, § 5º: Serão proibidos os atos de concentração que impliquem eliminação da concorrência em parte substancial de mercado relevante, que possam criar ou reforçar uma posição dominante ou que possam resultar na dominação de mercado relevante de bens ou serviços, ressalvado o disposto no § 6º deste artigo".

"Artigo 88, § 6º: Os atos a que se refere o § 5º deste artigo poderão ser autorizados, desde que sejam observados os limites estritamente necessários para atingir os seguintes objetivos: I – cumulada ou alternativamente: a) aumentar a produtividade ou a competitividade; b) melhorar a qualidade de bens ou serviços; ou c) propiciar a eficiência e o desenvolvimento tecnológico ou econômico; e II – sejam repassados aos consumidores parte relevante dos benefícios decorrentes".

DO IMPEDIMENTO DE MANDATO CRUZADO DE MEMBRO DE...

T, o CADE teria competência para interferir no exercício de suas funções nos Conselhos de Administração da CY ou T? X tem o direito, na qualidade de acionista majoritário da CY, de peticionar junto ao CADE a intervenção do órgão para tutela dos interesses da CY?

De acordo com o artigo 88, § 7º da Lei n. 12.529/2011, *"é facultado ao CADE, no prazo de 1 (um) ano a contar da respectiva data de consumação, requerer a submissão dos atos de concentração que não se enquadrem no disposto neste artigo"*. Não há até o momento, em razão do breve período de vigência da Lei, notícia do exercício desta competência autorizativa residual, nem qual seria a fundamentação do ente da Administração Pública neste caso. O CADE, no entanto, detém o poder geral de repressão a condutas anticoncorrenciais, e no exercício desta competência, pode impor medidas cautelares e definitivas para coibir condutas que atentem à ordem concorrencial, inclusive intervindo na estrutura organizativa dos agentes econômicos, desde que esta seja causa direta da desfiguração da livre concorrência. Não só no Brasil, como também em outras jurisdições, as autoridades de defesa da concorrência entendem que medidas estruturais são mais efetivas que medidas comportamentais. Na vigência da antiga lei (Lei n. 8.884/1994), em que o controle de atos de concentração se dava após a conclusão do negócio, os termos de reversibilidade da operação, como o que reproduzi no bojo do parecer, tratavam especificamente dos potenciais efeitos anticoncorrenciais derivados da atuação dos órgãos da administração da empresa. Por um lado, da leitura destes termos verificamos o reconhecimento pela autoridade de defesa da concorrência, do potencial danoso destes ajustes organizacionais, mas, por outro lado, constituíam medidas de caráter provisório, cautelar. As decisões definitivas, aqui e alhures, são majoritariamente estruturais. Qualquer petição feita perante o CADE, por X ou por qualquer outro ente, deve buscar estritamente a tutela de direitos de natureza concorrencial. O CADE não é a instância competente para a pretensão fundamentada na relação jurídica estritamente societária. O artigo 1º, parágrafo único da Lei n. 12.529/2011 é cristalino: *"A coletividade é a titular dos bens jurídicos protegidos por esta Lei"*.

3. O CADE tem competência para *(i)* impedir que W seja tanto presidente do Conselho de Administração da CY quanto da T; ou

GILBERTO BERCOVICI

(ii) impedir que W seja concomitantemente membro dos Conselhos de Administração da CY e T?

O CADE pode impor, nas decisões tomadas no exercício de sua competência autorizativa e repressiva, medidas de cunho comportamental e estrutural. Como disse acima, autoridades de defesa da concorrência excepcionalmente aplicam medidas de caráter comportamental em caráter definitivo, por entenderem que medidas estruturais têm eficácia mais duradoura. O conteúdo dos antigos termos de reversibilidade pode sugerir o sucesso de uma medida cautelar. Há que se frisar, em qualquer caso, que um eventual afastamento de W de um, ou de ambos os órgãos, se daria tendo em vista a defesa da livre-concorrência, e não para a proteção dos interesses societários de X.

4. Caso W seja eleito para o Conselho de Administração da T e mantenha sua posição no Conselho de Administração da CY, o CADE tem competência para *(i)* impedir o exercício dos direitos conferidos a W pelo AAZ na CY (incluindo impedimento de voto nos Conselhos da Z e CY); ou *(ii)* determinar a W o desinvestimento em uma das companhias; *(iii)* adotar qualquer outra medida?

Ao CADE não interessam os conflitos internos à companhia, decorrentes do abuso dos direitos do acionista, e que se restrinjam ao prejuízo do interesse comum da sociedade. No mesmo sentido da resposta anterior, qualquer limitação só pode se dar mediante clara vinculação entre o exercício destes direitos e um efetivo prejuízo à ordem econômica e à concorrência livre. O conflito de interesses presente na atuação de W em ambos os Conselhos, que entendemos grave, contínuo e insanável, pode ser atacado de forma mais imediata e eficiente com as ferramentas disponíveis no direito societário. A repercussão concorrencial, como vimos, é plausível e reconhecida na doutrina estrangeira e nacional, mas pouco presente na atuação do Sistema Brasileiro de Defesa da Concorrência, em certa medida também, pelos desafios pouco frequentes desta complexidade. Quanto à questão do desinvestimento, a análise lógica seria que esta medida alcançasse a operação mais recente, ou seja, o CADE faria o controle da aquisição da participação na T e não da participação já existente na CY. Assim, a imposição de desinvestimento se daria, por consequência lógica, na T.

DO IMPEDIMENTO DE MANDATO CRUZADO DE MEMBRO DE...

5. A conclusão das questões anteriores seria alterada caso o sr. W seja eleito para o Conselho de Administração da T e venha a renunciar de seu cargo no Conselho de Administração da CY, mas ainda exerça o direito de designar membros do Conselho de Administração da CY? Neste caso, o CADE teria competência para *(i)* impedir que os membros designados por W votem; ou *(ii)* impedir que W nomeie membros do Conselho de Administração da CY?

A autoridade de defesa da concorrência tem competência para intervir, de forma ampla, no direito de propriedade e no exercício de prerrogativas decorrentes deste direito, como os direitos dos acionistas, desde que tal intervenção seja necessária para a tutela de interesses coletivos, e não individuais. A OCDE sugere, como vimos, que dentre as medidas comportamentais impostas aos agentes econômicos para mitigar eventual dano à concorrência preveja-se a restrição do exercício de direitos dos acionistas, como voto e nomeação de membros dos órgãos diretivos.

Sob o enfoque societário, a condição conflitiva de W em relação aos interesses sociais da CY permanece, ainda que renuncie ao cargo no Conselho da CY. Uma vez eleito para o Conselho da T, ele está submetido ao dever de lealdade para com esta empresa, e este dever de lealdade implica no atendimento a objetivos que o colocam em posição contrária à CY. Nos termos da Lei das SA, o exercício de voto será abusivo sempre que exercido com o fim de causar dano à Companhia ou a outros acionistas, ou de obter, para si ou para outrem, vantagem a que não faz jus e de que resulte, ou possa resultar, prejuízo para a Companhia ou para outros acionistas.

Este é o meu parecer.

São Paulo, 11 de março de 2013.

ESTRUTURAÇÃO DA CADEIA PRODUTIVA DA CARNE BOVINA NO BRASIL, DESENVOLVIMENTO E PROTEÇÃO AO MERCADO INTERNO

CONSULTA

A empresa X, por intermédio de seus ilustres Diretores, honra-me com a presente consulta para elaboração de parecer sobre questões vinculadas à atuação da empresa no setor de carnes bovinas, cujos termos são transcritos abaixo:

1. Qual o efeito de aquisições de frigoríficos pela empresa X sobre a cadeia de produção de carne bovina? A estruturação de uma cadeia produtiva forte de abate é importante para o desenvolvimento econômico do país e para a proteção constitucional ao mercado interno brasileiro?

PARECER

1. INTRODUÇÃO

A importância da criação de gado na formação econômica e social brasileira é destacada por inúmeros autores. Desde os primeiros cronistas

GILBERTO BERCOVICI

da colônia até os grandes intérpretes da formação nacional, o gado bovino teve sempre um papel destacado no que viria a ser o Brasil.

O jesuíta Antonil, em seu livro *Cultura e Opulência do Brasil por suas Drogas e Minas*, cuja primeira edição é de 1711, ao descrever os vários aspectos da economia colonial, percebeu a importância da criação de gado para a vida dos habitantes da colônia:

> "Para que se faça justo conceito das boiadas que se tiram cada ano dos currais do Brasil, basta advertir que todos os rolos de tabaco que se embarcam para qualquer parte vão encourados. E sendo cada um de oito arrobas, e os da Bahia, como vimos em seu lugar, ordinariamente cada ano pelo menos vinte e cinco mil, e os das Alagoas de Pernambuco dois mil e quinhentos, bem se vê quantas reses são necessárias para encourar vinte e sete mil e quinhentos rolos. Além disto, vão cada ano da Bahia para o Reino até cinquenta mil meios de sola; de Pernambuco quarenta mil, e do Rio de Janeiro (não sei se computando os que vinham da Nova Colônia ou só os do mesmo Rio e outras capitanias do Sul), até vinte mil: que vem a ser por todos cento e dez mil meios de sola. O certo é que não somente a cidade, mas a maior parte dos moradores do recôncavo mais abundantes se sustentam, nos dias não proibidos, da carne do açougue e da que se vende nas freguesias e vilas, e que comumente os negros, que são um numero muito grande nas cidades, vivem de fressuras, bofes e tripas, sangue e mais fato das reses, e que no sertão mais alto a carne e o leite é o ordinário mantimento de todos. Sendo também tantos os engenhos do Brasil que cada ano se fornecem de bois para os carros, e os de que necessitam os lavradores de canas, tabaco, mandioca, serrarias e lenhas, daqui se poderá facilmente inferir quantos haverão mister de ano em ano, para conservar este trabalhoso meneio. Portanto, deixar isto à consideração de quem 1er este capítulo, julgo que será melhor acerto do que afirmar precisamente o número das boiadas, porque nem os mesmos marchantes, que são tantos e tão divididos por todas as partes povoadas do Brasil, o podem dizer com certeza e dizendo-o, temo que não pareça crível e que se julgue encarecimento fantástico".[1]

---

[1] ANTONIL, André João. *Cultura e Opulência do Brasil por suas Drogas e Minas*. São Paulo: EDUSP, 2007. pp. 295-296.

ESTRUTURAÇÃO DA CADEIA PRODUTIVA DA CARNE BOVINA NO BRASIL...

O historiador Capistrano de Abreu, em seu clássico estudo *Os Caminhos Antigos e o Povoamento do Brasil*, de 1899, chama a atenção para o papel do boi na formação e expansão dos primeiros caminhos terrestres que acabaram interligando os vários centros de povoamento espalhados pela imensa área da América Portuguesa[2]:"O gado transporta o dono. E pululam fazendas e nascem estradas e o povoamento quase contínuo se torna ao menos no sentido longitudinal".[3]

Como destacado por Capistrano de Abreu e, posteriormente, por outros historiadores e estudiosos da formação brasileira, como Roberto Simonsen e Caio Prado Jr., a criação de gado possibilitou a ocupação de grande faixa do território brasileiro (o sertão), servindo tanto de retaguarda econômica da zona canavieira, forma de ocupação do interior, como apoio decisivo para o estabelecimento dos centros mineradores no interior da colônia, garantindo o seu abastecimento, além de gerar o estabelecimento de vias de transporte e comércio por todo o território brasileiro.[4] Na descrição de Caio Prado Jr:

> "Este comércio e consumo de carne relativamente avultados são propulsores de uma das principais atividades da colônia: a pecuária; a única, afora as destinadas aos produtores de exportação, que tem alguma importância. Não é com justiça que se relega em nossa história para um plano secundário. Certo que não ostenta

---

[2] ABREU, João Capistrano de. *Caminhos Antigos e Povoamento do Brasil*. Belo Horizonte/ São Paulo: Itatiaia/EDUSP, 1989. pp. 37-90.

[3] ABREU, João Capistrano de. *Caminhos Antigos e Povoamento do Brasil*. Belo Horizonte/ São Paulo: Itatiaia/EDUSP, 1989. p. 73.

[4] SIMONSEN, Roberto Cochrane. *História Econômica do Brasil (1500/1820)*. 8ª ed. São Paulo: Cia Ed. Nacional, 1978. pp. 150-173 e 185-188 e PRADO Jr, Caio. *Formação do Brasil Contemporâneo – Colônia*. São Paulo: Companhia das Letras, 2011. pp. 195-221. Para a importância destes caminhos e estradas no abastecimento da Corte, no Rio de Janeiro, a partir de 1808, *vide* LENHARO, Alcir. *As Tropas da Moderação:* O Abastecimento da Corte na Formação Política do Brasil – 1808-1842. São Paulo: Símbolo, 1979, pp. 58-71. Sobre as dificuldades para o abastecimento de carne das cidades brasileiras durante o século XIX e início do século XX, *vide* LINHARES, Maria Yedda Leite. *História do Abastecimento:* Uma Problemática em Questão (1530-1918). Brasília: BINAGRI Edições, 1979. pp. 191-208.

o lustre dos feitos políticos, nem aparece na primeira ordem dos grandes acontecimentos do país. Recalcada para o íntimo dos sertões, escondem-na à vista, a intensa vida do litoral, os engenhos, os canaviais, as outras grandes lavouras. E não tem os atrativos naturais do ouro e dos diamantes. Entretanto, já sem contar o papel que representa na subsistência da colônia, bastaria à pecuária o que realizou na conquista de território para o Brasil a fim de colocá-la entre os mais importantes capítulos da nossa história. Excluída a estreita faixa que beira o mar e que pertence à agricultura, a área imensa que constitui hoje o país se divide, quanto aos fatores que determinaram sua ocupação, entre a colheita florestal, no extremo Norte, a mineração, no Centro–Sul, e a pecuária, no resto. Das três, é difícil destacar uma para o primeiro lugar dessa singular competição. Mas se não a mais grandiosa e dramática, é a pecuária pelo menos a mais sugestiva para nossos olhos de hoje. Porque ela ainda aí está, idêntica ao passado, nestas boiadas que no presente, como ontem, palmilham o país, tangidas pelas estradas e cobrindo no seu passo lerdo as distâncias imensas que separam o Brasil; realizando o que só o aeroplano conseguiu em nossos dias repetir: a proeza de ignorar o espaço. Há séculos esta cena diuturna se mantém em todo o país; e neste longo decurso de tempo não se alterou; as mesmas boiadas que seu primeiro cronista (Antonil) descreve com tão vivas cores poderiam ressurgir hoje a atravancar as estradas para maior desespero dos automobilistas: estes não notariam diferença".[5]

Os dados levantados pelo IBGE em 2010 indicam que o rebanho bovino brasileiro é composto por 209,5 milhões de cabeças, ocupando uma área de pastagem de cerca de 220 milhões de hectares. Isto significa uma média de um animal por hectare, evidenciando a característica extensiva da maior parte da pecuária brasileira. Em 2010, foram abatidos cerca de 43 milhões de animais, com idade média de 4,5 anos e peso médio de 450 kg. O Brasil é, atualmente, o maior exportador de carne bovina do mundo, detendo cerca de 20% (vinte por cento) do mercado

---

[5] PRADO Jr, Caio. *Formação do Brasil Contemporâneo – Colônia*. São Paulo: Companhia das Letras, 2011. p. 196.

ESTRUTURAÇÃO DA CADEIA PRODUTIVA DA CARNE BOVINA NO BRASIL...

mundial em 2010. Segundo o levantamento feito pela equipe coordenada por Marcos Fava Neves, ainda em 2010, a cadeia produtiva da carne bovina movimentou recursos da ordem de cerca de US$ 167,5 bilhões, considerando-se todas as vendas realizadas, desde os insumos utilizados na criação, passando pela venda aos frigoríficos, até as vendas dos vários produtos e derivados nos mercados nacional e internacional. Um elemento, no entanto, é fundamental nesta movimentação financeira: três quartos deste valor são gerados *depois* que o gado deixa a fazenda. Esta cadeia produtiva, no entanto, é extremamente heterogênea, pois abarca grandes latifundiários, pequenos e médios produtores, indústrias frigoríficas de inserção internacional, como a consulente, e abatedouros clandestinos que, por sua vez, não seguem nenhuma das normas vigentes de vigilância sanitária.[6]

2. A ORDEM ECONÔMICA E A POLÍTICA AGRÍCOLA CONSTITUCIONAL

O capítulo da ordem econômica da Constituição de 1988 (artigos 170 a 192) tenta sistematizar os dispositivos relativos à configuração jurídica da economia e à atuação do Estado na economia, isto é, os preceitos constitucionais que, de um modo ou outro, reclamam a atuação estatal no domínio econômico, embora estes temas não estejam restritos a este capítulo do texto constitucional.[7] Em sua estrutura, o capítulo da ordem econômica engloba, no artigo 170 os princípios

---

[6] NEVES Marcos Fava (coord.). *Estratégias para a Carne Bovina no Brasil*. São Paulo: Atlas, 2012. pp. XXV-XXVI e 1-2. *Vide*, ainda, SOUZA, Carolina Barbosa Marques de. *A Bovinocultura de Corte do Estado de Mato Grosso do Sul:* Evolução e Competitividade. Campinas: Dissertação de Mestrado (Instituto de Economia da UNICAMP), 2010. pp. 49-52. *Mimeo*,

[7] Concordo com as afirmações de Eros Grau, para quem a "ordem econômica" não é um conceito jurídico. A "ordem econômica" apenas indica, topologicamente, as disposições que, em seu conjunto, institucionalizam as relações econômicas no texto constitucional, ressaltando-se que nem todas estas disposições estão abrigadas sob o capítulo da "ordem econômica", mas espalhadas por todo o texto. Cf. GRAU, Eros Roberto. *A Ordem Econômica na Constituição de 1988:* Interpretação e Crítica. 12ª ed. São Paulo: Malheiros, 2007. pp. 60-76 e 87-91.

GILBERTO BERCOVICI

fundamentais da ordem econômica brasileira, fundada na valorização do trabalho humano e na livre iniciativa, tendo por fim assegurar a todos uma existência digna de acordo com a justiça social. Dentre esses princípios, podem ser destacados, por exemplo, a soberania nacional, a função social da propriedade, a livre concorrência, a defesa do consumidor e do meio-ambiente, a redução das desigualdades sociais e regionais e a busca do pleno emprego. Os artigos 171 a 181 versam sobre a estruturação da ordem econômica e sobre o papel do Estado no domínio econômico, instituindo, segundo Eros Grau, uma ordem econômica aberta para a construção de uma sociedade de bem-estar.[8]

O artigo 171, revogado em 1995, tratava da diferenciação entre empresa brasileira e empresa brasileira de capital nacional e, juntamente com o artigo 172 (exigência de um regime jurídico para o capital estrangeiro de acordo com os interesses nacionais), são corolários da soberania econômica (artigo 170, I), assim como os artigos 176 (propriedade estatal do subsolo e regime da exploração mineral) e 177 (monopólio estatal do petróleo e seus derivados e dos materiais nucleares). Devo ressaltar, inclusive, que são derivados da soberania econômica, ainda, os dispositivos relativos à política de desenvolvimento tecnológico do país (artigos 218 e 219), situados fora do capítulo da ordem econômica.[9]

Os artigos 173 e 175 disciplinam a atividade econômica do Estado a partir da prestação de atividade econômica em sentido estrito (artigo 173, setor preferencialmente dos agentes privados) e dos serviços públicos (artigo 175, setor de titularidade estatal), bem como o regime jurídico das empresas estatais. O artigo 174 enuncia o Estado como agente regulador, fiscalizador e planejador da economia. Os demais artigos (178 a 181) tratam de setores específicos da atividade econômica, como transportes, turismo e tratamento favorecido às empresas de pequeno e médio porte.

---

[8] GRAU, Eros Roberto. *A Ordem Econômica na Constituição de 1988*: Interpretação e Crítica. 12ª ed. São Paulo: Malheiros, 2007. pp. 312-316.

[9] Sobre este tema, *vide*, por todos, BERCOVICI, Gilberto. *Direito Econômico do Petróleo e dos Recursos Minerais*. São Paulo: Quartier Latin, 2011. pp. 208-237.

ESTRUTURAÇÃO DA CADEIA PRODUTIVA DA CARNE BOVINA NO BRASIL...

Além destes princípios estruturantes, a ordem econômica da Constituição de 1988 engloba dispositivos que tratam da ordem econômica no espaço e da ordem econômica no tempo. A ordem econômica no espaço está configurada nas disposições sobre política urbana (artigos 182 e 183) e sobre política agrícola e fundiária e reforma agrária (artigos 184 a 191). Estes artigos versam, essencialmente, sobre a projeção da ordem econômica e seus conflitos no espaço, prevendo reformas estruturais profundas na organização socioeconômica. O artigo 192 (hoje reformado pela Emenda Constitucional n. 40, de 29 de maio de 2003) é a projeção da ordem econômica no tempo, ao cuidar do crédito e do sistema financeiro. O conflito projeta-se no tempo, diferindo a escassez no tempo, pois se define, pelo crédito, como os recursos serão distribuídos, em suma, quem irá receber recursos no momento presente e quem não irá ou quando outros setores terão (ou não) estes recursos. O Estado contemporâneo não pode se limitar a uma atuação mínima, mas deve dimensionar seus recursos de maneira a satisfazer o mais amplamente possível as necessidades sociais. Neste contexto, o funcionamento do crédito, que estende o campo das trocas do presente e dos bens disponíveis para o futuro e aos bens a produzir, é essencial como instrumento de direção da política econômica tendo em vista a manutenção da atividade econômica, o crescimento e a ampliação das oportunidades de emprego.[10]

A Constituição de 1988, ao tratar do setor agrário, busca disciplinar as atividades agrícolas como atividades econômicas essenciais para o desenvolvimento, enfatizando a necessidade de elaboração de uma política agrícola planejada pelo Estado[11], estruturada conforme determina o seu artigo 187:

> "Art. 187. A política agrícola será planejada e executada na forma da lei, com a participação efetiva do setor de produção, envolvendo

---

[10] VIDIGAL, Geraldo de Camargo. *Fundamentos do Direito Financeiro*. São Paulo: RT, 1973. pp. 38-39, 42-43, 51, 199-203 e 276-277.

[11] PEREIRA, Lutero de Paiva. *Agricultura e Estado:* Uma Visão Constitucional. 2ª ed. Curitiba: Juruá, 2011. pp. 23-27 e 85-91.

GILBERTO BERCOVICI

produtores e trabalhadores rurais, bem como dos setores de comercialização, de armazenamento e de transportes, levando em conta, especialmente:

I – os instrumentos creditícios e fiscais;

II – os preços compatíveis com os custos de produção e a garantia de comercialização;

III – o incentivo à pesquisa e à tecnologia;

IV – a assistência técnica e extensão rural;

V – o seguro agrícola;

VI – o cooperativismo;

VII – a eletrificação rural e irrigação;

VIII – a habitação para o trabalhador rural.

§ 1º Incluem-se no planejamento agrícola as atividades agroindustriais, agropecuárias, pesqueiras e florestais.

§ 2º Serão compatibilizadas as ações de política agrícola e de reforma agrária".

A importância do setor agrícola é tamanha que, além dos interesses sociais evidentes que se albergam nas suas atividades, muitos deles traduzidos no instituto jurídico da função social da propriedade[12], o

---

[12] Uma das grandes questões trazidas pelo debate sobre a função social da propriedade está ligada à possibilidade de um instituto jurídico, sem que haja qualquer modificação da lei, mudar a própria natureza econômica. Houve inegavelmente uma mudança do substrato da propriedade, apesar das normas civis não terem se modificado, ao contrário, pois os códigos civis definem propriedade com o conceito liberal ainda hoje. O instituto jurídico da propriedade teve um rico desenvolvimento em um tempo relativamente curto, ocorrendo uma total mudança econômica e social sem que houvesse mudado consideravelmente sua definição jurídico-legislativa, ao menos sob o ângulo do direito civil. Cf. RENNER, Karl. *Die Rechtsinstitute des Privatrechts und Ihre soziale Funktion:* Ein Beitrag zur Kritik des Bürgerlichen Rechts. Stuttgart: Gustav Fischer Verlag, 1965. pp. 46-47, 73-81, 172-174 e 202-204. Podemos perceber, assim, uma dupla possibilidade de evolução jurídica: a mudança da norma e a mudança da função. Para Karl Renner, a ciência jurídica deve estudar no presente de que modo isso ocorre, de que modo um condiciona o outro, com que regularidade ocorre. O fato é que aos institutos jurídicos de uma época cabe cumprir funções gerais. Se considerarmos absolutamente todos os efeitos que um instituto jurídico exercita sobre a sociedade em seu complexo, as funções particulares se fundem numa única função social. Dessa maneira, podemos concluir,

ESTRUTURAÇÃO DA CADEIA PRODUTIVA DA CARNE BOVINA NO BRASIL...

Estado tem interesse direto na sua organização e funcionamento também em virtude da necessidade de efetivar o abastecimento alimentar e de gêneros de primeira necessidade do país.[13]

---

ainda de acordo com Karl Renner, que o direito é um todo articulado, determinado pelas exigências da sociedade, cujo ordenamento é dotado de caráter orgânico. Os institutos jurídicos, enquanto parte do todo, estão, por esse motivo, em uma relação de conexão mais ou menos estreita uns com os outros. Tais conexões não se travam apenas no complexo normativo, mas também em uma função. A natureza orgânica do ordenamento jurídico, assim, demonstra que todos os institutos do direito privado estão em conexão com o direito público, sendo que não podem ser eficazes e não podem ser compreendidos sem considerações de direito público. A propriedade é ineficaz sem o ordenamento jurídico à sua volta, sendo conformada pelas disposições de direito público. *Vide* RENNER, Karl. *Die Rechtsinstitute des Privatrechts und Ihre soziale Funktion:* Ein Beitrag zur Kritik des Bürgerlichen Rechts. Stuttgart: Gustav Fischer Verlag, 1965. pp. 68-71. Quando se fala em função social, não se está fazendo referência às limitações negativas do direito de propriedade, que atingem o exercício do direito de propriedade, não a sua substância. As transformações pelas quais passou o instituto da propriedade não se restringem ao esvaziamento dos poderes do proprietário ou à redução do volume do direito de propriedade, de acordo com as limitações legais. Se fosse assim, o conteúdo do direito de propriedade não teria sido alterado, passando a função social a ser apenas mais uma limitação. A mudança ocorrida foi de mentalidade, deixando o exercício do direito de propriedade de ser absoluto. A função social é mais do que uma limitação. Trata-se de uma concepção que se consubstancia no fundamento, razão e justificação da propriedade. A função social da propriedade não tem inspiração socialista, antes é um conceito próprio do regime capitalista, que legitima o lucro e a propriedade privada dos bens de produção, ao configurar a execução da atividade do produtor de riquezas, dentro de certos parâmetros constitucionais, como exercida dentro do interesse geral. A função social passou a integrar o conceito de propriedade, justificando-a e legitimando-a. A função é o poder de dar à propriedade determinado destino, de vinculá-la a um objetivo. O qualificativo social indica que esse objetivo corresponde ao interesse coletivo, não ao interesse do proprietário. A função social corresponde, para Fábio Konder Comparato, a um poder-dever do proprietário, sancionável pela ordem jurídica. Desta maneira, há um condicionamento do poder a uma finalidade. A função social da propriedade impõe ao proprietário o dever de exercê-la, atuando como fonte de comportamentos positivos. *Vide*, por todos, COMPARATO, Fábio Konder. "Função Social da Propriedade dos Bens de Produção". *Revista de Direito Mercantil, Industrial, Econômico e Financeiro* n. 63, julho/setembro,pp. 75-76 1986. e GOMES, Orlando. "A Função Social da Propriedade". *Boletim da Faculdade de Direito:* Estudos em Homenagem ao Prof. Dr. A. Ferrer-Correia. Coimbra: Universidade de Coimbra, 1989. pp. 424-426 e 431-432.

[13] PEREIRA, Lutero de Paiva. *Agricultura e Estado:* Uma Visão Constitucional. 2ª ed. Curitiba: Juruá, 2011. pp. 93-94.

GILBERTO BERCOVICI

O abastecimento alimentar é parte fundamental não apenas da política agrícola, mas também da própria política econômica, pois diz respeito à variação de preços de produtos essenciais do consumo da maior parte da população e se relaciona também com a soberania econômica nacional (artigo 170, I da Constituição de 1988), propiciando uma maior autonomia do país frente às pressões do mercado internacional em relação ao fornecimento ou aos preços de determinados produtos primários.[14]

O abastecimento tem sido uma preocupação constante do Estado brasileiro. A título de exemplo, posso mencionar uma série de órgãos públicos criados no último século com o objetivo de promover uma política nacional de abastecimento, como o Comissariado da Alimentação Pública (Decreto n. 13.069, de 12 de junho de 1918)[15], a Comissão do Abastecimento (Decreto-Lei n. 1.507, de 16 de setembro de 1939), a Coordenação da Mobilização Econômica (Decreto-Lei n. 4.750, de 28 de setembro de 1942), a Comissão Nacional de Alimentação (Decreto-Lei n. 7.328, de 17 de fevereiro de 1945), a Comissão Federal de Abastecimento e Preços – COFAP (Lei n. 1.522, de 26 de dezembro de 1951), a Superintendência Nacional do Abastecimento – SUNAB (Lei Delegada n. 5, de 26 de setembro de 1962), a Companhia Brasileira de Alimentos (Lei Delegada n. 6, de 26 de setembro de 1962), a Companhia Nacional de Abastecimento – CONAB (artigo 19, II da Lei n. 8.029, de 12 de abril de 1990), entre outros.[16]

---

[14] PEREIRA, Lutero de Paiva. *Agricultura e Estado:* Uma Visão Constitucional. 2ª ed. Curitiba: Juruá, 2011. pp. 129-134. *Vide*, ainda, CEDRO, Rafael Rosa. *Desenvolvimento Rural e a OMC:* A Experiência do Brasil Curitiba: Juruá, 2011. pp. 83-92.

[15] O Comissariado da Alimentação Pública, dotado de amplos poderes, como controle de exportações e tabelamento de preços, sofreu forte resistência de vários setores políticos e econômicos e foi extinto com a criação da Superintendência do Abastecimento, por meio da Lei n. 4.039, de 12 de janeiro de 1920. *Vide* LINHARES, Maria Yedda Leite; SILVA, Francisco Carlos Teixeira da. *História Política do Abastecimento (1918-1974).* Brasília: Binagri Edições, 1979. pp. 43-54.

[16] Sobre estes vários órgãos públicos, *vide* VENÂNCIO Filho, Alberto. *A Intervenção do Estado no Domínio Econômico:* O Direito Público Econômico no Brasil. Rio de Janeiro: Ed. FGV, 1968. pp. 117-119, 225-239 e 364-365 e LINHARES, Maria Yedda Leite; SILVA, Francisco Carlos Teixeira da. *História Política do Abastecimento (1918-1974).* Brasília: Binagri Edições, 1979. pp. 89-117 e 156-173.

ESTRUTURAÇÃO DA CADEIA PRODUTIVA DA CARNE BOVINA NO BRASIL...

A política agrícola adotada nos países capitalistas na segunda metade do século XX, de acordo com José Eli da Veiga, tinha por pressuposto a necessidade de se obter alimentação em abundância e a baixo custo, reduzindo-se os preços alimentares aos consumidores e garantindo-se um nível de vida razoável para os produtores agrícolas. A conciliação entre estabilização de preços dos alimentos e de renda dos produtores foi o padrão que se tentou seguir na maior parte dos países desenvolvidos. Para tanto, a intervenção estatal se fez necessária visando garantir investimentos públicos em pesquisa, infraestrutura e crédito, objetivando assegurar o crescimento da oferta de produtos agrícolas em um ritmo mais acelerado que o crescimento da demanda, além de uma constante política de atuação estatal na administração dos preços dos produtos para garantir não só o acesso da população, mas também uma renda minimamente estável aos produtores.[17] Este padrão de atuação não impediu, obviamente, o surgimento de políticas setoriais distintas para os vários segmentos da produção agropecuária, com suas especificidades e graus variados de desenvolvimento tecnológico.[18]

O desenvolvimento capitalista do setor agropecuário significou a apropriação industrial de elementos ou etapas do processo rural de produção, reincorporando-os posteriormente como insumos ou meios de

---

[17] Esta intervenção se dá, geralmente, por meio de políticas de garantia de preços mínimos de determinados produtos agrícolas. A política de garantia de preços mínimos no Brasil existe desde 1943, inspirada na legislação baixada por Franklin Delano Roosevelt com o *Agricultural Adjustment Act*, de 1933. Sobre a política de preços mínimos, *vide*, entre outros, BELIK, Walter. *Agroindústria Processadora e Política Econômica*. Campinas: Tese de Doutorado (Instituto de Economia da UNICAMP), 1992. pp. 117-125.Mimeo, e REZENDE, Gervásio Castro de. "A Macroeconomia e a Política Agrícola na Década de 1990: A Política de Preços Mínimos" In: *Estado, Macroeconomia e Agricultura no Brasil*. Porto Alegre: Ed. UFRGS/IPEA, 2003. pp. 177-201.

[18] VEIGA, José Eli da. *O Desenvolvimento Agrícola:* Uma Visão Histórica. 2ª ed. São Paulo: EDUSP, 2007. pp. 209-211. No caso brasileiro recente, a Lei n. 8.171/1991 determina que a política agrícola garanta uma rentabilidade compatível aos dos demais setores da economia, devendo, portanto, o Estado atuar por meio de vários instrumentos econômicos e financeiros previstos legal e administrativamente para tanto, como financiamentos, programas de crédito rural, fomento público, incentivos, etc. Cf. PEREIRA, Lutero de Paiva. *Agricultura e Estado:* Uma Visão Constitucional. 2ª ed. Curitiba: Juruá, 2011. pp. 102-105 e 115-121.

produção, como, por exemplo, a mecanização dos instrumentos de trabalho agrícola, os fertilizantes, os avanços no campo genético e veterinário, etc.[19] A formação das cadeias agroindustriais diz respeito aos vários produtos específicos, cada qual com suas características próprias, como maior ou menor integração produtiva vertical. Esta integração envolve não apenas as empresas e grupos econômicos, mas também o próprio Estado, especialmente por meio de crédito, financiamentos, incentivos fiscais e políticas de fomento às exportações.[20]

O processo de integração entre indústria e o setor agropecuário é designado, muitas vezes, de complexo agroindustrial. Por sua vez, o termo *agribusiness*, hoje recorrente, foi inventado em 1957, por dois pesquisadores norte-americanos, John Davis e Roy Goldberg, ao analisarem as várias operações que incluíam a manufatura e a distribuição de insumos para a unidade produtiva agrícola. Formalmente, segundo Geraldo Müller, o complexo agroindustrial

> "é uma unidade de análise do processo sócio-econômico que envolve a geração de produtos agrícolas, o beneficiamento e sua transformação, a produção de bens industriais para a agricultura, os serviços financeiros, técnicos e comerciais correspondentes, e os grupos sociais".[21]

No Brasil, a partir da década de 1940, os vários setores da agroindústria acompanharam o desenvolvimento dos demais setores da indústria

---

[19] VEIGA, José Eli da. *O Desenvolvimento Agrícola:* Uma Visão Histórica. 2ª ed. São Paulo: EDUSP, 2007. pp. 189-191.

[20] MÜLLER, Geraldo. *Complexo Agroindustrial e Modernização Agrária.* São Paulo: Hucitec/EDUC, 1989. pp. 17-19, 44 e 57-58.

[21] MÜLLER, Geraldo. *Complexo Agroindustrial e Modernização Agrária.* São Paulo: Hucitec/EDUC, 1989. p. 46. *Vide* também BURANELLO, Renato M. *Sistema Privado de Financiamento do Agronegócio:* Regime Jurídico. 2ª ed. São Paulo: Quartier Latin, 2011. pp. 40-44. Para algumas discussões e debates sobre a conveniência ou não da utilização do termo "complexo agroindustrial" para setores da agricultura brasileira, *vide* MÜLLER, Geraldo. *Complexo Agroindustrial e Modernização Agrária.* São Paulo: Hucitec/EDUC, 1989. pp. 45-46, 5052, 61-62 e 65-66 e BELIK, Walter. *Agroindústria Processadora e Política Econômica.* Campinas: Tese de Doutorado (Instituto de Economia da UNICAMP), 1992. pp. 15-27.

ESTRUTURAÇÃO DA CADEIA PRODUTIVA DA CARNE BOVINA NO BRASIL...

de transformação, nunca lideraram o crescimento industrial. De um modo geral, segundo Walter Belik, a agroindústria processadora sempre esteve na dependência direta do desenvolvimento do setor de máquinas, equipamentos e insumos para poder regularizar e padronizar a matéria-prima agropecuária. A integração entre a agricultura moderna e a agroindústria começa a se delinear nas décadas de 1960 e 1970, quando esta nova articulação é promovida com forte presença e participação do Estado.[22]

A pesquisa e a inovação tecnológica no setor agropecuário ganharam força desde a criação da Empresa Brasileira de Pesquisa Agropecuária (Embrapa), autorizada pela Lei n. 5.851, de 07 de dezembro de 1972, empresa pública fundamental para a articulação das redes de planejamento e pesquisa agropecuárias. A Embrapa é responsável pelas principais pesquisas que revolucionaram o setor agropecuário brasileiro desde então. Reconhecida internacionalmente, a Embrapa propiciou que o Brasil se destacasse como potência agrícola e como principal inovador em tecnologia específica para a agropecuária em climas tropicais. O desenvolvimento tecnológico da agricultura brasileira permitiu a utilização do clima tropical de modo favorável ao aumento da nossa produtividade. A abundância de solo, a luminosidade, a temperatura e água foram, assim, utilizadas de modo a possibilitar o uso mais racional e adequado dos nossos recursos, bem como garantir elevações de produtividade em todo o setor agropecuário. A contribuição da Embrapa para a acumulação de conhecimentos sobre o meio rural brasileiro é, assim, quase incalculável. Além de ampliar a competitividade do Brasil em produtos agropecuários, as pesquisas promovidas pela Embrapa criaram novos produtos, novas utilizações, mais qualidade e mais inovação em todas as etapas do processo produtivo agrícola.

No início da década de 1990, foi instituído o Sistema Nacional de Pesquisa Agropecuária (SNPA), por meio da Portaria do Ministério da Agricultura, Pecuária e Abastecimento n. 193, de 07 de agosto de 1992, visando uma maior integração no sistema de inovação e otimizar

---

[22] BELIK, Walter. *Agroindústria Processadora e Política Econômica*. Campinas: Tese de Doutorado (Instituto de Economia da UNICAMP), 1992. pp. 36-37.

GILBERTO BERCOVICI

os recursos e investimentos, consolidados. A partir de 2001, foram criados fundos setoriais específicos, estruturados a partir do Fundo Nacional de Desenvolvimento Científico e Tecnológico (FNDCT), como o CT-Agronegócio (Lei n. 10.332, de 19 de dezembro de 2001), que recebe 17,5% dos recursos arrecadados com a Contribuição de Intervenção no Domínio Econômico (Cide).[23]

3. O PROBLEMA DA DEFINIÇÃO DO MERCADO RELEVANTE DE ABATE BOVINO

A definição do mercado relevante atende a uma necessidade prévia de se estabelecer os critérios da análise concorrencial, como no caso do controle prévio dos atos de concentração. Na hipótese, a definição do mercado desempenha duas funções: de um lado, permite identificar a gama de produtos e a amplitude geográfica que podem sofrer efeitos anticompetitivos como resultado da operação, e, por outro lado, permite às autoridades de defesa da concorrência identificar os competidores de mercado, medir a respectiva participação no mercado e estabelecer o grau de concentração.[24]

A definição do mercado relevante no caso concreto pode ser difícil e complexa. Como observa Debra J. Pealstein, em uma formulação extrema, o *"mercado relevante poderia ser restrito aos substitutos perfeitos"*. Entre a restrição e a expansão máxima dos limites do mercado relevante, *"apresentam-se um continuum de possíveis definições"*[25], expressas pela

---

[23] Para um levantamento dos recursos utilizados pelos fundos setoriais de inovação no setor agropecuário, especialmente o CT-Agronegócio, *vide* VIEIRA Filho, José Eustáquio Ribeiro. *Políticas Públicas de Inovação no Setor Agropecuário:* Uma Avaliação dos Fundos Setoriais. Rio de Janeiro: IPEA, março, 2012 (Texto para Discussão n. 1722).

[24] LENSSEN, Markus. *Der kartellrechtlich relevante Markt:* Prinzip – Konzeption – Methode Baden-Baden: Nomos Verlagsgesellschaft, 2009. p. 23. No mesmo sentido, RUBINFELD, Daniel L. "Market Definition with Differentiated Products: The Post/ Nabisco Cereal Merger". *Antitrust Law Journal* n. 68, 2000. p. 177.

[25] PEALSTEIN, Debra J. *Antitrust Law Developments.* 5ª ed. Chicago: American Bar Association, 2002. p. 525: "Virtually all such markets would be served by a single firm

ESTRUTURAÇÃO DA CADEIA PRODUTIVA DA CARNE BOVINA NO BRASIL...

delimitação geográfica e de produto em que a concorrência se efetiva, em cujos limites – no caso do ato de concentração – a operação pode afetar negativamente a competição, ou criar condições para abuso de poder de mercado.

O critério fundamental para delimitação do mercado relevante de produto é a análise de substitutos da demanda capazes de atender as necessidades e expectativas dos consumidores. Ainda que a maior ênfase seja dada ao exame da substituição de demanda, as autoridades de defesa da concorrência têm analisado também os substitutos da oferta. Neste sentido, à parte do questionamento sobre a possibilidade das empresas de um determinado mercado ofertarem substitutos dos produtos de seus competidores, o enfoque da análise do caso igualmente se encaminhará para a verificação da presença de barreiras à entrada de novos concorrentes, importante índice de exercício abusivo do poder de mercado.

Estas diretivas gerais, adotadas em jurisdições como a norte-americana e europeia[26], são igualmente aplicáveis aos casos submetidos ao

---

because even homogenous goods are differentiated in some way (by location, availability, image). At the other extreme, one could expand the market to encompass an entire economy in which any product is potentially substitute for another, if only in the most tangential and infinitesimal way, in competition for society's scarce resources". É interessante notar, que, em que pese a importância fundamental do conceito de mercado relevante como ferramenta analítica para a decisão de casos de direito concorrencial, o tema é pouco aprofundado na doutrina especializada. Para uma crítica à insuficiência da dogmática, *vide*: KATE, Adriaan ten; NIELS, Gunnar "The Relevant Market: A Concept Still in Search of Definition". *Journal of Competition Law & Economics*. Vol. 5, n. 2, 2008. pp. 297-333, aqui p. 298: "In contrast with its legal prominence, the concept of relevant market has received little attention in the literature. Much has been written about the conditions under which other products (or locations) should be added to an existing group to make it a (relevant) market, about the products to add, about the procedure to follow for establishing the relevant market for a specific product, and about the factors that should be taken into account in such procedures, but little has been written about what a (relevant) market ultimately is. Consequently, it is hard to find a satisfactory description or definition in textbooks on microeconomics or industrial organization, if the concept is mentioned at all in such readings. For this reason, many economics graduates will be unfamiliar with the term. This is surprising, to say the least, for a concept that plays such a crucial role in the analysis of competition cases".

[26] Para uma abordagem empírica sobre mercado relevante no direito comparado, *vide* SÄCKER, Franz Jürgen. *The Concept of Relevant Product Market:* Between Demand-Side

Sistema Brasileiro de Defesa da Concorrência – SBDC. Assim, é frequente que o Conselho Administrativo de Defesa Econômica (CADE), ao examinar casos semelhantes aos apreciados em outras jurisdições, adote critérios do direito comparado.

No caso do mercado de carne bovina, há uma divergência de interpretação sobre o mercado relevante. O mercado relevante de carne bovina *in natura* e o mercado relevante de carne bovina processada foram considerados mercados relevantes de abrangência nacional em várias decisões do CADE.[27] No entanto, o mercado relevante de abate de gado bovino vem sendo entendido pelos órgãos de defesa da concorrência como um mercado relevante regional, portanto de âmbito estadual.[28]

A justificativa para considerar o mercado relevante de abate de gado bovino como de âmbito estadual seriam razões sanitárias (saúde dos animais) e econômicas (custo de transporte), entendendo os órgãos de defesa da concorrência que as cargas de animais vivos usualmente não percorreriam grandes distâncias, consistindo em um mercado de dimensões próximas às unidades produtoras de gado. Em relação a este último ponto, as autoridades de defesa da concorrência se equivocaram. Não apenas historicamente o gado é transportado no Brasil a grandes distâncias, a pé, por ferrovia ou por caminhão, mas nos dias atuais, inclusive, o Brasil é exportador de gado bovino vivo para inúmeros países, como Venezuela, Líbano, Turquia, Egito, Angola e Senegal, perfazendo um total estimado de 600 mil cabeças de gado vivo exportado em 2011.[29] O argumento de que usualmente as cargas de animais vivos não percorreriam grandes distâncias não é correto.

Substitutability and Supply-Side Substitutability in Competition Law. Frankfurt am Main: Peter Lang, 2008. pp. 14-28.

[27] Atos de Concentração n. 08012.00018/2002-81; n. 08012.008109/2004-08 e n. 08012.000336/2005-68, todos aprovados sem restrições.

[28] Por exemplo, nos pareceres da Secretaria de Acompanhamento Econômico e da Procuradoria-Geral do CADE no Ato de Concentração n. 08012.008074/2009-11.

[29] NEVES Marcos Fava. (coord.). *Estratégias para a Carne Bovina no Brasil*. São Paulo: Atlas, 2012. pp. XXV-XXVI e 1-2., pp.94-96.

ESTRUTURAÇÃO DA CADEIA PRODUTIVA DA CARNE BOVINA NO BRASIL...

Outra imprecisão na definição do mercado relevante de abate de gado bovino diz respeito às questões sanitárias. Foram justamente as questões sanitárias determinantes para a definição do mercado relevante de carne bovina *in natura* como nacional, considerando-se, ainda, apenas os produtos inspecionados pelo Serviço de Inspeção Federal (SIF). Ora, não há como separar a política de defesa sanitária do abate de gado bovino da produção de carne *in natura*, até porque é efetuada nos mesmos estabelecimentos pelo mesmo sistema de fiscalização, estruturado no país desde a década de 1930.

A política de defesa sanitária é competência da União desde a década de 1930. O Serviço de Defesa Sanitária Animal do Ministério da Agricultura foi instituído ainda durante o Governo Provisório de Getúlio Vargas, por meio do Decreto n. 24.548, de 03 de julho de 1934. O Serviço de Defesa Sanitária Animal estabeleceu as regras para a importação e a exportação de animais e produtos derivados e para a circulação interna de animais no país (artigos 31 a 49), especialmente gado, com a atribuição de responsabilidades aos proprietários e companhias transportadoras (empresas de navegação, estradas de ferro ou outras formas de transporte) e a definição de como deveria ser feita a inspeção sanitária no gado que estava sendo transportado para outros Estados ou para matadouros frigoríficos (artigos 35 e 36, *caput* do Decreto n. 24.548/1934).[30]

A legislação sobre a fiscalização sanitária dos produtos de origem animal será consolidada por meio da Lei n. 1.283, de 18 de dezembro de 1950, ainda hoje em vigor. Esta lei estabeleceu a obrigatoriedade da prévia fiscalização, sob o ponto de vista industrial e sanitário, de todos os produtos de origem animal, determinando os locais onde deve ser

---

[30] "Artigo 35. Os animais transportados por estradas de ferro e destinados aos matadouros frigoríficos que abatam para exportação internacional serão inspecionados nos currais e bretes de embarque ou nas próprias fazendas, pelos funcionários do Serviço de Defesa Sanitária Animal, ou pelos funcionários dos Estados, quando êste serviço lhes houver sido confiado pelo Ministério da Agricultura".
"Artigo 36, *caput* Os animais destinados a outros Estados, para o corte, criação ou engorda, serão examinados nos currais ou bretes de embarque por funcionário do Serviço de Defesa Sanitária Animal que expedirá o respectivo certificado sanitário, ou por funcionários estaduais, de acôrdo com o artigo anterior".

GILBERTO BERCOVICI

efetuada a fiscalização (artigo 3º).[31] A competência para exercer a fiscalização é distribuída entre os três entes da Federação, embora permaneça, majoritariamente, nos órgãos federais.[32] Estas competências foram mantidas, em sua estrutura básica, pela Lei n. 7.889, de 23 de novembro de 1989, que alterou a redação de dois dispositivos da Lei n. 1.283/1950, reforçando seu fundamento constitucional no artigo 23, II da Constituição de 1988:

> "Artigo 1º da Lei n. 7.889/1989: A prévia inspeção sanitária e industrial dos produtos de origem animal, de que trata a Lei n. 1.283, de 18 de dezembro de 1950, é da competência da União, dos Estados, do Distrito Federal e dos Municípios, nos termos do art. 23, inciso II, da Constituição".

O artigo 23 da Constituição de 1988 instituiu as competências comuns da União, dos Estados, do Distrito Federal e dos Municípios. Dentre estas competências comuns, está a competência de cuidar da saúde e assistência pública (artigo 23, II). Não basta, no entanto, afirmar que é competência comum da União e demais entes da Federação cuidar da saúde e assistência pública. É necessário extrair o significado do dispositivo constitucional e suas implicações concretas na repartição de competências federativas.

---

[31] "Artigo 3º da Lei n. 1.283/1950: A fiscalização, de que trata esta lei, far-se-á: a) nos estabelecimentos industriais especializados e nas propriedades rurais com instalações adequadas para a matança de animais e o seu preparo ou industrialização, sob qualquer forma, para o consumo; b) nos entrepostos de recebimento e distribuição do pescado e nas fábricas que industrializarem; c) nas usinas de beneficiamento do leite, nas fábricas de laticínios, nos postos de recebimento, refrigeração e desnatagem do leite ou de recebimento, refrigeração e manipulação dos seus derivados e nos respectivos entrepostos; d) nos entrepostos de ovos e nas fábricas de produtos derivados; e) nos entrepostos que, de modo geral, recebam, manipulem, armazenem, conservem ou acondicionem produtos de origem animal; f) nas propriedades rurais; g) nas casas atacadistas e nos estabelecimentos varegistas".

[32] A Lei n. 5.760, de 03 de dezembro de 1971, por sua vez, determinou que a fiscalização sanitária de produtos de origem animal era de competência da União, que poderia celebrar convênios com os Estados, Distrito Federal e Municípios para a execução dos serviços de fiscalização. Além de ser materialmente incompatível com o texto do artigo 23 da Constituição de 1988, esta lei foi revogada expressamente pela Lei n. 7.889/1989.

ESTRUTURAÇÃO DA CADEIA PRODUTIVA DA CARNE BOVINA NO BRASIL...

Em um Estado intervencionista e voltado para a implementação de políticas públicas, como o Estado brasileiro estruturado pela Constituição de 1988, as esferas subnacionais não têm mais como analisar e decidir, originariamente, sobre inúmeros setores da atuação estatal, que necessitam de um tratamento uniforme em escala nacional. Isto ocorre principalmente com os setores econômico e social, que exigem uma unidade de planejamento e direção.[33] Antes, portanto, de o Estado social (aqui entendido como sinônimo de Estado intervencionista[34]) estar em contradição com o Estado federal, o Estado social influi de maneira decisiva no desenvolvimento do federalismo atual, sendo o federalismo cooperativo considerado como o federalismo adequado ao Estado social.[35]

As tensões do federalismo contemporâneo, situadas basicamente entre a exigência da atuação uniformizada e harmônica de todos os entes federados e o pluralismo federal, são resolvidas em boa parte por meio da colaboração e atuação conjunta das diversas instâncias federais. A cooperação se faz necessária para que as crescentes necessidades de homogeneização não desemboquem na centralização. A virtude da cooperação é a de buscar resultados unitários e uniformizadores sem esvaziar os poderes e competências dos entes federados em relação à União, mas ressaltando a sua complementaridade.[36] Podemos passar

---

[33] HESSE, Konrad. *Der Unitarische Bundesstaat*. Karlsruhe: Verlag C. F. Müller, 1962. pp. 13-14 e ROVIRA, Enoch Alberti. *Federalismo y Cooperacion en la Republica Federal Alemana*. Madrid: Centro de Estudios Constitucionales, 1986. pp. 356-357.

[34] Sobre esta discussão, *vide* BERCOVICI, Gilberto. *Desigualdades Regionais, Estado e Constituição*. São Paulo: Max Limonad, 2003. pp. 50-55.

[35] HESSE, Konrad. *Der Unitarische Bundesstaat Bundesstaat.*, Karlsruhe: Verlag C. F. Müllcr, 1962, pp. 32-34; HESSE, Konrad. *Grundzüge des Verfassungsrechts der Bundesrepublik Deutschland*. 20ª ed. Heidelberg: C. F. Müller Verlag, 1999. pp. 119-120; ROVIRA, Enoch Alberti. *Federalismo y Cooperacion en la Republica Federal Alemana, Madrid: Centro de Estudios Constitucionales, 1986,* pp. 25, 54-55 e 365-366 e BERCOVICI, Gilberto. "O Federalismo Cooperativo nos Estados Unidos e no Brasil". *Revista da Procuradoria-Geral do Município de Porto Alegre* n. 16, Porto Alegre, dezembro, pp. 13-25, 2002.

[36] HESSE, Konrad. *Der Unitarische Bundesstaat*. Karlsruhe: Verlag C. F. Müller, 1962. pp. 19-21 e 31-32; HESSE, Konrad. *Grundzüge des Verfassungsrechts der Bundesrepublik Deutschland*. 20ª ed. Heidelberg: C. F. Müller Verlag, 1999. pp. 103-104 e ROVIRA, Enoch Alberti. *Federalismo y Cooperacion en la Republica Federal Alemana, Madrid: Centro de Estudios Constitucionales*, 1986, pp. 24-25 e 562-563.

511

GILBERTO BERCOVICI

para a análise do federalismo brasileiro da Constituição de 1988, partindo da caracterização de federalismo cooperativo formulada por Enoch Rovira:

> "En pocas palabras, y como punto de partida, podemos decir que la división federal del poder no se entiende ya como separación y mera yuxtaposición de esferas independientes y soberanas de gobierno, actuando cada una sobre un ámbito material proprio y exclusivo, sino como colaboración entre los diversos centros de gobierno en la consecución de objetivos de común interés, como participación de todas las instancias en un esfuerzo conjunto para el cumplimiento de todas aquellas funciones y tareas que redundan en beneficio del todo, y con él, de las propias partes. La separación y la estanqueidad han sido sustituidas por lo que podemos designar como voluntad de colaboración, a impulso de las necesidades y exigencias de la realidad".[37]

Não é plausível, contudo, um Estado federal em que não haja um mínimo de colaboração entre os diversos níveis de governo. Faz parte da própria concepção de federalismo esta colaboração mútua. Portanto, no federalismo cooperativo, não se traz nenhuma inovação com a expressão "cooperação". Na realidade, a diferença é o que se entende por cooperação, que, no federalismo cooperativo, é bem diferente do modelo clássico de colaboração mínima e indispensável.[38]

Dentre as complexas relações de interdependência entre a União e os entes federados, no federalismo cooperativo, devemos distinguir a coordenação da cooperação propriamente dita. A coordenação é, na realidade, um modo de atribuição e exercício conjunto de competências

---

[37] ROVIRA, Enoch Alberti. *Federalismo y Cooperacion en la Republica Federal Alemana*, Madrid: Centro de Estudios Constitucionales, 1986, pp. 358-359.

[38] ROVIRA, Enoch Alberti. *Federalismo y Cooperacion en la Republica Federal Alemana*, Madrid: Centro de Estudios Constitucionales, 1986, pp. 345-346 e 365-366. *Vide* também ANASTOPOULOS, Jean. *Les Aspects Financiers du Fédéralisme*. Paris, L.G.D.J., 1979. pp. 409-410 e ARNDT, Klaus Friedrich; HEYDER, Wolfgang; ZILLER, Gebhard. "Interdependência Política no Federalismo Cooperativo" *In: O Federalismo na Alemanha*. Série Traduções n. 7, Rio de Janeiro: Konrad Adenauer Stiftung, 1995. p. 107.

ESTRUTURAÇÃO DA CADEIA PRODUTIVA DA CARNE BOVINA NO BRASIL...

no qual os vários integrantes da Federação possuem certo grau de participação. A vontade das partes é livre e igual, com a manutenção integral de suas competências: os entes federados sempre podem atuar de maneira isolada ou autônoma. A coordenação é um procedimento que busca um resultado comum e do interesse de todos. A decisão comum, tomada em escala federal, é adaptada e executada autonomamente por cada ente federado, adaptando-a às suas peculiaridades e necessidades.[39]

A materialização da coordenação na repartição de poderes são as competências concorrentes.[40] A União e os entes federados concorrem em uma mesma função, mas com âmbito e intensidade distintos. No caso brasileiro, há uma divergência doutrinária sobre a questão dos Municípios participarem, ou não, da repartição das competências concorrentes, por não estarem previstos expressamente no artigo 24 da Constituição de 1988 como titulares dos poderes elencados, ao lado da União e Estados. Na opinião de Fernanda Menezes de Almeida, apesar de não constarem expressamente no artigo 24, os Municípios não foram excluídos da repartição de competências concorrentes. Para ela, a titularidade dos Municípios está garantida pelo artigo 30, II da Constituição, que dá competência aos Municípios para legislarem de maneira suplementar no que lhes couber.[41]

Cada parte decide, dentro de sua esfera de poderes, de maneira separada e independente, com a ressalva da prevalência do direito federal,

---

[39] ROVIRA, Enoch Alberti. *Federalismo y Cooperacion en la Republica Federal Alemana,* Madrid: Centro de Estudios Constitucionales, 1986, pp. 361-365, 367-369 e 463-477.

[40] *Vide* WHEARE, Kenneth C. *Federal Government.* London/New York: Oxford University Press/Royal Institute of International Affairs, 1947. pp. 79-84. De acordo com vários autores, a técnica das competências concorrentes seria típica do federalismo cooperativo. Cf. ALMEIDA, Fernanda Dias Menezes de. *Competências na Constituição de 1988.* São Paulo: Atlas, 1991. p. 53.

[41] *Vide* ALMEIDA, Fernanda Dias Menezes de. *Competências na Constituição de 1988.* São Paulo: Atlas, 1991. pp. 80, 125, 139 e 167-171. Esta é a posição que considero mais adequada, dentro do sistema constitucional de 1988. Em sentido contrário, *vide* FERRAZ Jr, Tercio Sampaio. "Normas Gerais e Competência Concorrente – Uma Exegese do Art. 24 da Constituição Federal". *Revista Trimestral de Direito Público* n. 7, 1994. pp. 19-20.

GILBERTO BERCOVICI

que estabelece as chamadas "normas gerais". Em relação ao caso brasileiro, é necessário definirmos o que deve ser entendido por "normas gerais", previstas nos § § 1º, 2º, 3º e 4º do artigo 24 da Constituição de 1988. De acordo com Tercio Sampaio Ferraz Jr, a expressão "normas gerais" exige que seu conteúdo seja analisado de maneira teleológica. As "normas gerais" devem se reportar ao interesse fundamental da ordem federativa. Como a Federação brasileira têm por fundamento a solidariedade, que exige a colaboração de todos os seus integrantes, existe a necessidade de uniformização de certos interesses como base desta cooperação. Desta maneira, toda matéria que ultrapassar o interesse particular de um ente federado porque é comum, ou seja, interessa a todos, ou envolver conceituações que, se fossem particularizadas num âmbito subnacional, gerariam conflitos ou dificuldades nacionalmente, é matéria de "norma geral".[42] Justamente dentre as matérias elencadas no texto constitucional de 1988 como de competência concorrente da

---

[42] Cf. FERRAZ Jr, Tercio Sampaio "Normas Gerais e Competência Concorrente – Uma Exegese do Art. 24 da Constituição Federal". *Revista Trimestral de Direito Público* n. 7, 1994,. pp. 18-19. Para uma análise clássica (e ainda pertinente) sobre o assunto no Brasil, *vide* os textos de LEAL, Victor Nunes. "Leis Federais e Estaduais" e "Leis Municipais" *In: Problemas de Direito Público.* Rio de Janeiro: Forense, 1960. pp. 109-178. *Vide,* ainda, ROVIRA, Enoch Alberti. *Federalismo y Cooperacion en la Republica Federal Alemana,* Madrid: Centro de Estudios Constitucionales, 1986, pp. 84-85, 89-95, 366-367 e 462-463. De acordo com Enoch Rovira, a disposição que determina a prevalência do direito federal sobre o direito estadual (e, no nosso caso, também o direito municipal) é uma "norma de colisão" (*Kollisionsnorm*), não de competência. Esta determinação da prevalência do direito federal (na Constituição de 1988 está expressa no artigo 24, § 4º) não diz respeito à repartição de competências entre a União e os demais entes federados, mas como devem ser resolvidos eventuais conflitos oriundos da repartição, determinando, nestes casos, qual é o direito válido. *Vide* ROVIRA, Enoch Alberti. *idem,* pp. 119-128. *Vide* também HESSE, Konrad.l *Grundzüge des Verfassungsrechts der Bundesrepublik Deutschland.* 20ª ed. Heidelberg: C. F. Müller Verlag, 1999. p. 116. Para Raul Machado Horta, a Constituição de 1988 abandonou a tradição constitucional anterior, onde a competência concorrente dizia respeito apenas à suplementação, pelos Estados, da legislação de competência privativa da União. O artigo 24 da Constituição, em sua opinião, deu autonomia material e formal à competência concorrente, ao definir matérias próprias que são objeto das normas gerais federais e das normas suplementares estaduais. Cf. HORTA, Raul Machado. "Repartição de Competências na Constituição Federal de 1988" *In: Direito Constitucional.* 2ª ed. Belo Horizonte: Del Rey, 1999. pp. 356-357 e 366-368.

ESTRUTURAÇÃO DA CADEIA PRODUTIVA DA CARNE BOVINA NO BRASIL...

União e demais entes federados está o direito econômico (artigo 24, I da Constituição).[43]

Já na cooperação, nem a União, nem qualquer ente federado pode atuar isoladamente, mas todos devem exercer sua competência conjuntamente com os demais.[44] Na repartição de competências, a cooperação se revela nas chamadas competências comuns, consagradas no artigo 23 da Constituição de 1988. Nas competências comuns, todos os entes da Federação devem colaborar para a execução das tarefas determinadas pela Constituição. E mais: não existindo supremacia de nenhuma das esferas na execução destas tarefas, as responsabilidades também são comuns, não podendo nenhum dos entes da Federação se eximir de implementá-las, pois o custo político recai sobre todas as esferas de governo.[45] A cooperação parte do pressuposto da estreita interdependência que existe em inúmeras matérias e programas de interesse comum, o que dificulta (quando não impede) a sua atribuição exclusiva ou preponderante a um determinado ente, diferenciando, em termos de repartição de competências, as competências comuns das competências concorrentes e exclusivas.[46]

O interesse comum viabiliza a existência de um mecanismo unitário de decisão, no qual participam todos os integrantes da Federação. Na realidade, há dois momentos de decisão na cooperação. O primeiro

---

[43] SOUZA, Washington Peluso Albino de. *Primeiras Linhas de Direito Econômico*. 3ª ed. São Paulo: LTr, 1994, pp. 23-24 e 46-47; SOUZA, Washington Peluso Albino de. *Teoria da Constituição Econômica*. Belo Horizonte: Del Rey, 2002. pp. 205-263 e CLARK, Giovani. *O Município em Face do Direito Econômico*. Belo Horizonte: Del Rey, 2001. pp. 94-102.

[44] ROVIRA, Enoch Alberti. *Federalismo y Cooperacion en la Republica Federal Alemana*, Madrid: Centro de Estudios Constitucionales, 1986, pp. 369-370 e 487. *Vide* também HORTA, Raul Machado. "Repartição de Competências na Constituição Féderal de 1988" *In: Direito Constitucional*. 2ª ed. Belo Horizonte: Del Rey, 1999. pp. 364-366.

[45] *Vide* especialmente DALLARI, Sueli Gandolfi. *Os Estados Brasileiros e o Direito à Saúde*. São Paulo: Hucitec, 1995. pp. 38-42 e 79-80. *Vide* também ARRETCHE, Marta. *Estado Federativo e Políticas Sociais:* Determinantes da Descentralização. Rio de Janeiro: Revan, 2000. p. 56.

[46] ROVIRA, Enoch Alberti. *Federalismo y Cooperacion en la Republica Federal Alemana*, Madrid: Centro de Estudios Constitucionales, 1986, pp. 373-374.

GILBERTO BERCOVICI

se dá em nível federal, quando se determina, conjuntamente, as medidas a serem adotadas, uniformizando-se a atuação de todos os poderes estatais competentes em determinada matéria. O segundo momento ocorre em nível estadual ou regional, quando cada ente federado adapta a decisão tomada em conjunto às suas características e necessidades. Na cooperação, em geral, a decisão é conjunta, mas a execução se realiza de maneira separada, embora possa haver, também, uma atuação conjunta, especialmente no tocante ao financiamento das políticas públicas.[47]

Em termos federativos, o debate sobre políticas públicas e desenvolvimento está estreitamente vinculado à concepção do federalismo cooperativo e seus instrumentos de atuação conjunta. Para Joachim Hesse, o termo-chave da cooperação é a elaboração de política conjunta (*Politikverflechtung*).[48] E, no caso brasileiro, a política conjunta está vinculada diretamente à responsabilidade comum decorrente das políticas e tarefas estatais (*Staatsaufgaben*)[49], cuja ênfase deve se dar no processo de cooperação intergovernamental e nas políticas dele derivadas.[50]

---

[47] ROVIRA, Enoch Alberti. *Federalismo y Cooperacion en la Republica Federal Alemana*, Madrid: Centro de Estudios Constitucionales, 1986, pp. 374-376. *Vide* também ANASTOPOULOS, Jean. *Les Aspects Financiers du Fédéralisme*. Paris, L.G.D.J., 1979. pp. 114-115 e 224-227; HESSE, Joachim Jens. "República Federal da Alemanha: Do Federalismo Cooperativo à Elaboração de Política Conjunta" *In: O Federalismo na Alemanha*. Série Traduções n. 7, Rio de Janeiro: Konrad Adenauer Stiftung, 1995. pp. 128-129 e THIEL, Eberhard. "O Significado das Disposições Legais da Estrutura do Estado Federativo para a Política Econômica Prática" *In: O Federalismo na Alemanha*. Série Traduções n. 7, Rio de Janeiro: Konrad Adenauer Stiftung, 1995. pp. 179-180.

[48] Cf. HESSE, Joachim Jens. "República Federal da Alemanha: Do Federalismo Cooperativo à Elaboração de Política Conjunta" *In: O Federalismo na Alemanha*. Série Traduções n. 7, Rio de Janeiro: Konrad Adenauer Stiftung, 1995 pp. 117-118.

[49] O debate sobre as "tarefas do Estado" (*Staatsaufgaben*) é o debate alemão que trata das políticas previstas constitucionalmente, sua estruturação administrativa, responsabilidade por sua execução, mecanismos de cooperação administrativa e financeira, etc. Por tratar diretamente de questões vinculadas ao desenho da cooperação federativa, entendemos que pode ser muito útil para uma comparação com os dilemas enfrentados pelo federalismo cooperativo no Brasil.

[50] HESSE, Joachim Jens. "República Federal da Alemanha: Do Federalismo Cooperativo à Elaboração de Política Conjunta" *In: O Federalismo na Alemanha*. Série Traduções n. 7, Rio de Janeiro: Konrad Adenauer Stiftung, 1995 pp. 121-124 e 132-137.

ESTRUTURAÇÃO DA CADEIA PRODUTIVA DA CARNE BOVINA NO BRASIL...

Portanto, o artigo 23, II da Constituição de 1988 fundamenta uma política conjunta, regulada pela Lei n. 1.283/1950, de fiscalização sanitária dos produtos de origem animal, com a repartição material de atribuições entre os órgãos federais, estaduais e municipais, embora perceba-se clara preponderância federal:

"Artigo 4º da Lei n. 1.283/1950 (com a redação alterada pela Lei n. 7.889/1989): São competentes para realizar a fiscalização de que trata esta Lei: a) o Ministério da Agricultura, nos estabelecimentos mencionados nas alíneas a, b, c, d, e, e f, do art. 3º, que façam comércio interestadual ou internacional; b) as Secretarias de Agricultura dos Estados, do Distrito Federal e dos Territórios, nos estabelecimentos de que trata a alínea anterior que trata a alínea anterior que façam comércio intermunicipal; c) as Secretarias ou Departamentos de Agricultura dos Municípios, nos estabelecimentos de que trata a alínea a desde artigo que façam apenas comércio municipal; d) os órgãos de saúde pública dos Estados, do Distrito Federal e dos Territórios, nos estabelecimentos de que trata a alínea g do mesmo art. 3º".

"Artigo 5º da Lei n. 1.283/1950: Se qualquer dos Estados e Territórios não dispuser de aparelhamento ou organização para a eficiênte realização da fiscalização dos estabelecimentos, nos têrmos da alínea b do artigo anterior, os serviços respectivos poderão ser realizados pelo Ministério da Agricultura, mediante acôrdo com os Govêrnos interessados, na forma que fôr determinada para a fiscalização dos estabelecimentos incluídos na alínea a do mesmo artigo".

"Artigo 8º da Lei n. 1.283/1950: Incumbe privativamente ao órgão competente do Ministério da Agricultura a inspeção sanitária dos produtos e subprodutos e matérias primas de origem animal, nos portos marítimos e fluviais e nos postos de fronteiras, sempre que se destinarem ao comércio internacional ou interestadual".

De acordo com a pesquisa coordenada por Marcos Fava Neves, em 2010, a capacidade de abate nos estabelecimentos cadastrados junto ao Serviço de Inspeção Federal (SIF) era de cerca de 163 mil cabeças

GILBERTO BERCOVICI

por dia e a capacidade de abate nos estabelecimentos cadastrados junto ao Serviço de Inspeção Estadual (SIE) foi estimado em cerca de 35 mil cabeças por dia. Alguns Estados da Federação e os frigoríficos e abatedouros inspecionados pelo Serviço de Inspeção Municipal (SIM) não enviaram dados ou não foram contabilizados. O número estimado a partir dos dados obtidos foi o de 43 milhões de cabeças abatidas em 2010.[51]

A preponderância do Serviço de Inspeção Federal (SIF) fica clara nos dados e é legitimado também pela própria estrutura federativa cooperativa. Como se trata de uma competência comum da União e dos demais entes da Federação, a União acaba assumindo o papel principal de condução da política. Não bastasse isto, a própria legislação facilita essa prevalência federal, ao proibir a duplicidade de fiscalização. Ou seja, um estabelecimento fiscalizado pelo SIF não pode ser fiscalizado pelo SIE ou pelo SIM:

> "Artigo 6º da Lei n. 1.283/1950: É expressamente proibida, em todo o território nacional, para os fins desta lei, a duplicidade de fiscalização industrial e sanitária em qualquer estabelecimento industrial ou entreposto de produtos de origem animal, que será exercida por um único órgão". Parágrafo único. "A concessão de fiscalização do Ministério da Agricultura isenta o estabelecimento industrial ou entreposto de fiscalização estadual ou municipal".

Não faz qualquer sentido, portanto, em termos de fiscalização sanitária, considerar o mercado relevante de abate de gado bovino como estadual. A imensa maioria dos estabelecimentos oficiais de abate está cadastrada no SIF, que detém, reitere-se, a competência exclusiva para fiscalizar o abate de gado bovino destinado ao comércio interestadual e internacional (artigo 8º da Lei n. 1.283/1950), e segue os padrões internacionais exigidos também pela nossa legislação.

---

[51] NEVES, Marcos Fava. (coord.). *Estratégias para a Carne Bovina no Brasil*. São Paulo: Atlas, 2012. pp. XXV-XXVI e 1-2. pp. 17-18.

ESTRUTURAÇÃO DA CADEIA PRODUTIVA DA CARNE BOVINA NO BRASIL...

O mercado relevante de abate de gado bovino, assim como o mercado relevante de carne *in natura* e de carne processada, é nacional.

4. PROBLEMAS DE INTEGRAÇÃO NA CADEIA PRODUTIVA DA CARNE BOVINA

Na cadeia produtiva da carne bovina, apesar do crescimento da indústria frigorífica, verifica-se a impossibilidade de monopsônio e de determinação de preços por uma série de razões. Para começar, há a concorrência com outras carnes (frango, porco). No Brasil, a maior parte da aquisição de animais para abate é feita no mercado *spot*[52], ou seja, produtores e frigoríficos negociam diretamente ou por meio de corretores independentes e os contratos de compra de gado não são contratos com exclusividade.

O frigorífico está situado na cadeia de produção e distribuição entre os produtores e os distribuidores varejistas e atacadistas. Os principais atores na definição dos preços estão ao final da cadeia produtiva, são as grandes redes varejistas e supermercados, cujas centrais de compra e distribuição, com sua logística de redução de custos de distribuição e de estocagem, conseguem estabelecer determinados parâmetros e cotações.[53]

Em 2010, o faturamento estimado dos frigoríficos foi de US$ 42 bilhões, sendo que 89% foram contabilizados no mercado interno e 11%

---

[52] O mercado *spot*, ou "mercado disponível", "mercado pronto", é o mercado em que a entrega da mercadoria é imediata e o pagamento é feito à vista. As operações são contratos para liquidação imediata, geralmente *commodities* agrícolas, como o boi gordo. *Vide* MATOS, Alan Kardec Veloso de; ALVARENGA, José Eduardo de. "As Bolsas de Mercadorias e Futuros" *In*: SANTOS, Márcia Walquiria Batista dos; QUEIROZ João Eduardo Lopes (coords.). *Direito do Agronegócio*. Belo Horizonte: Fórum, 2005. p. 280 e BURANELLO, Renato M. *Sistema Privado de Financiamento do Agronegócio: Regime Jurídico*. 2ª ed. São Paulo: Quartier Latin, 2011. pp. 173-174.

[53] Sobre o papel das redes de supermercados na cadeia produtiva agroalimentar, *vide* BELIK, Walter. *Muito Além da Porteira*: Mudanças nas Formas de Coordenação da Cadeia Agroalimentar. Campinas: Tese de Livre-Docência (Instituto de Economia da UNICAMP), 1999. pp. 109-118. *Mimeo*.

no mercado internacional. As vendas de carne representam um faturamento de cerca de US$ 35,8 bilhões e as vendas de produtos derivados do boi para industrialização representam cerca de US$ 6,2 bilhões. É necessário ressaltar, ainda, que 60% do volume de carne comercializado pelos frigoríficos no mercado interno foram vendas diretas para os varejistas.[54] Podemos traduzir a importância das redes varejistas nas palavras de Walter Belik: "Hoje, sem dúvida alguma, o motor do processo de modernização da carne bovina é o supermercado".[55]

A política cambial também tem um papel central na determinação dos preços e nos incentivos para produzir e investir. A carne bovina é um bem particularmente sensível às variações cambiais, como qualquer produto primário. A maior depreciação da moeda nacional consiste em um maior estímulo às exportações.[56]

Os custos de transporte têm peso relativo para a produção de carne, especialmente o transporte rodoviário, responsável por cerca de 87% do total de carga transportada no Brasil. O transporte dos animais das fazendas até os frigoríficos deve levar em conta a dispersão das fazendas e a amplitude das distâncias das fazendas até as plantas industriais. Além disto, a distribuição dos produtos no mercado interno e para os portos de embarque também são feitos prioritariamente por meio de rodovias.[57]

---

[54] NEVES, Marcos Fava (coord.). *Estratégias para a Carne Bovina no Brasil*. São Paulo: Atlas, 2012. pp. XXV-XXVI e 1-2. pp. 18-28.

[55] BELIK, Walter. *Muito Além da Porteira:* Mudanças nas Formas de Coordenação da Cadeia Agroalimentar. Campinas: Tese de Livre-Docência (Instituto de Economia da UNICAMP), 1999. p. 62.

[56] SOUZA, Carolina Barbosa Marques de. *A Bovinocultura de Corte do Estado de Mato Grosso do Sul:* Evolução e Competitividade. Campinas: Dissertação de Mestrado (Instituto de Economia da UNICAMP), 2010. pp. 128-132. *Mimeo.*

[57] NEVES Marcos Fava. (coord.), *Estratégias para a Carne Bovina no Brasil*. São Paulo: Atlas, 2012. pp. XXV-XXVI e 1-2. pp. 29-33 e 165-166. *Vide*, ainda, SOUZA, Carolina Barbosa Marques de. *A Bovinocultura de Corte do Estado de Mato Grosso do Sul:* Evolução e Competitividade. Campinas: Dissertação de Mestrado (Instituto de Economia da UNICAMP), 2010. pp. 147-150. *Mimeo.* e BURANELLO, Renato M. *Sistema Privado de Financiamento do Agronegócio:* Regime Jurídico. 2ª ed. São Paulo: Quartier Latin, 2011. pp. 278-295.

ESTRUTURAÇÃO DA CADEIA PRODUTIVA DA CARNE BOVINA NO BRASIL...

A tributação também tem impacto no preço da carne. A maior parte da produção de carne bovina destina-se ao mercado interno, consistindo, portanto, em fonte considerável de arrecadação tributária. Não por acaso, a carga tributária é um dos fatores que estimula, segundo alguns especialistas, a manutenção dos abatedouros clandestinos. Além da questão da carga tributária, outro problema a ela relacionado diz respeito à guerra fiscal entre os Estados para atrair a instalação de plantas industriais de abate.[58]

A falta de uma maior cooperação e integração da cadeia produtiva da carne bovina fica aqui evidente. Enquanto o setor de abate buscou se adaptar às exigências dos padrões sanitários para a venda de carne e demais produtos no mercado interno e para exportação, se modernizou e buscou novos métodos e tecnologias, o mesmo não ocorreu no setor de criação. A bovinocultura propriamente dita não modificou o seu caráter extensivo e a as dificuldades de oferta para os frigoríficos. Nas palavras de Leonel Mazzali:

> "No entanto, se efetivamente ocorreram transformações, 'em seu conjunto não conseguiram alterar em profundidade o caráter extensivo e sazonal da oferta para os frigoríficos'. Em essência, não se promoveu uma 'revolução' no processo de reprodução e nutrição do animal, de modo a proporcionar a modificação das condições estruturais da produção. Permaneceram, pois, a falta de articulação entre a indústria e o abastecimento da matéria -prima e sobressaiu-se a manutenção do grau de autonomia e o poder econômico da pecuária".[59]

A diferença de tempo de produção do pecuarista e da indústria frigorífica é muito grande. O boi gordo precisa de, no mínimo, quatro anos para estar disponibilizado para o abate, se não levar mais tempo

---

[58] SOUZA, Carolina Barbosa Marques de. *A Bovinocultura de Corte do Estado de Mato Grosso do Sul:* Evolução e Competitividade. Campinas: Dissertação de Mestrado (Instituto de Economia da UNICAMP), 2010. pp. 132-141. *Mimeo*

[59] MAZZALI, Leonel. *O Processo Recente de Reorganização Agroindustrial:* Do Complexo à Organização "em Rede". São Paulo: EdUNESP, 2000. p. 63, grifos meus.

GILBERTO BERCOVICI

(a média muitas vezes chega a oito anos). A carne, por sua vez, é produzida em apenas três dias. Isto significa que a carne consumida hoje foi gerada há, no mínimo, quatro anos atrás, por decisão do pecuarista, não do frigorífico.[60]

A este descompasso nos prazos de produção, some-se a falta de uma maior parceria dos produtores e dos frigoríficos. Muitas vezes a criação de gado, assim como a própria posse de grandes extensões de terra, é vista como uma atividade mais especulativa do que produtiva, na qual o boi e a terra são entendidos como ativos financeiros. A natureza extensiva da maior parte de nossa pecuária e a concentração da propriedade da terra em poucas mãos explicam esta tendência. A disponibilidade do gado para abate depende do pecuarista, não do frigorífico.

Não há, assim, muitos controles sobre a origem dos animais, hoje cada vez mais exigidos como parte das medidas de vigilância sanitária, nem garantias de fornecimento de animais nos períodos de entressafra, entre várias outras disputas que prejudicam o setor. Uma tentativa de superar estes impasses se deu com a Lei n. 12.097, de 24 de novembro de 2009, que determinou a criação e aplicação de um sistema de rastreabilidade na cadeia produtiva de carne bovina, permitindo, assim, a garantia do registro e do acompanhamento das informações referentes às fases que compõem a cadeia produtiva de carne bovina, possibilitando que se siga um animal ou grupo de animais por todos os estágios de sua vida, bem como se rastreie um produto por todas as fases de produção, transporte, processamento e distribuição. O objetivo do sistema de rastreabilidade é aperfeiçoar os controles e garantias da saúde alimentar, tanto em relação à saúde animal, como em relação à saúde pública. Como parte do sistema brasileiro de rastreabilidade, está sendo implementado o SISBOV (Sistema Brasileiro de Identificação e Certificação de Origem Bovina).[61]

---

[60] SOUZA, Carolina Barbosa Marques de. *A Bovinocultura de Corte do Estado de Mato Grosso do Sul:* Evolução e Competitividade. Campinas: Dissertação de Mestrado (Instituto de Economia da UNICAMP), 2010. p. 7 e NEVES, Marcos Fava (coord.). *Estratégias para a Carne Bovina no Brasil.* São Paulo: Atlas, 2012. pp. XXV-XXVI e 1-2. p. 172.

[61] NEVES, Marcos Fava (coord.). *Estratégias para a Carne Bovina no Brasil.* São Paulo: Atlas, 2012. pp. XXV-XXVI e 1-2. pp. 33-35 e 175-176 e BURANELLO, Renato

ESTRUTURAÇÃO DA CADEIA PRODUTIVA DA CARNE BOVINA NO BRASIL...

Uma alternativa a estes impasses e descompassos gerados pela falta de integração da cadeia produtiva da carne bovina no Brasil seria o incentivo à verticalização da produção, garantindo uma maior homogeneidade e um fluxo regular de animais. Deste modo se reduziriam custos e haveria um maior controle para o cumprimento das exigências de qualidade dos mercados interno e internacional. Com a verticalização da produção, o sistema predominante de criação seria o de confinamento, o que também elevaria a produtividade da pecuária brasileira. Este processo talvez acabe se instalando no Brasil em virtude da crescente internacionalização da indústria frigorífica.

5. A INTERNACIONALIZAÇÃO DA INDÚSTRIA, SOBERANIA ECONÔMICA E SOBERANIA ALIMENTAR

O Banco Nacional de Desenvolvimento Econômico e Social (BNDES), desde 2002, segue uma política de fortalecimento de empresas brasileiras no mercado internacional visando especialmente, mas não apenas, o incremento das exportações. Este apoio, por determinação expressa do artigo 9º, II do Estatuto do BNDES (Decreto n. 4.418, de 11 de outubro de 2002)[62], só pode ser dado a empresas brasileiras de capital nacional. Esta política industrial adotada pelo BNDES foi elaborada e debatida em inúmeras ocasiões, como se pode perceber da reflexão de Luciano Coutinho, hoje Presidente do BNDES, enunciada em um seminário ocorrido em 2002, anos antes, portanto, de exercer suas atuais funções:

> "Existem razões sólidas e racionais para que a politica econômica robusteça os grupos empresariais de capital nacional, habilitando-os a operar globalmente. Tais razões são alinhadas da seguinte maneira: 1) a existência de empresas nacionais com atuação

---

M. *Sistema Privado de Financiamento do Agronegócio:* Regime Jurídico. 2ª ed. São Paulo: Quartier Latin, 2011. pp. 147-148.

[62] "Art. 9º, II: O BNDES poderá também: II – financiar a aquisição de ativos e investimentos realizados por empresas de capital nacional no exterior, desde que contribuam para o desenvolvimento econômico e social do País" (redação alterada pelo Decreto n. 6.322, de 21 de dezembro de 2007).

mundial, aqui sediadas, aglutina centros de decisão que, embora privados, fortalecem economicamente o país; 2) sem dúvida, a formulação e a tomada de decisões estratégicas a partir do Brasil concentram em nosso território as atividades de alto valor agregado em gestão, finanças, inovação organizacional, desenvolvimento tecnológico e de marcas; 3) como resultado do item anterior, localizam-se no país os melhores empregos e as melhores oportunidades de desenvolvimento profissional; 4) uma parcela importante dos investimentos diretos estrangeiros se faz através de associações, joint-ventures e parcerias, o que requer a presença de empresas nacionais capacitadas, com porte adequado e higidez financeira. Em resumo, a superação das deficiências competitivas do Brasil não pode prescindir de um conjunto de grupos nacionais de porte mundial. Sem isso, não se desenvolverão núcleos endógenos de progresso tecnológico capazes de afirmar marcas brasileiras, criar novos mercados e gerar, aqui, atividades e empregos de elevada qualificação. O capital estrangeiro pode cumprir apenas em parte estas funções, pois tende a concentrar centros de inovação e atividades nobres nas respectivas matrizes. É, portanto, urgente uma estratégia de formação de "campeões nacionais competitivos" que, a partir do Mercosul, se projetem como atores globais. A formação de "campeões competitivos" não implica a escolha burocrática e discricionária de "vencedores". Na quase totalidade dos setores existem empresas líderes, diferenciadas, mas competitivas e capazes – muitas vezes em áreas de negócio inóspitas, onde a maioria das empresas enfrenta problemas. Estas empresas líderes competitivas merecem, porém, atenção especial. Seu desempenho em inovação, excelência de gestão e outros pontos fortes devem ser estimulados tendo vista a conveniência de robustecê-las. Grandes grupos econômicos eficientes podem driblar o risco-país, alavancar mais crédito, gerar mais capitalização e, então, investir mais agressivamente. Podem também exportar vigorosamente, através da implantação de bases operacionais no exterior. Coordenados, em articulação com o Estado, fortalecem o poder nacional. Sem eles, ficaremos excessivamente dependentes das estratégias de atores privados externos, e reduzidos ao mimetismo – sem personalidade – de produtos design, marcas e referências culturais alienígenas".[63]

---

[63] COUTINHO, Luciano G. "Marcos e Desafios de uma Política Industrial Contemporânea"

ESTRUTURAÇÃO DA CADEIA PRODUTIVA DA CARNE BOVINA NO BRASIL...

As empresas brasileiras do setor frigorífico iniciaram um processo de diversificação e expansão internacional a partir da década de 1990. Este processo de internacionalização, com a aquisição de empresas estrangeiras, recebeu o apoio de financiamentos do BNDES, especialmente a partir de 2005. A estratégia do BNDES em financiar a internacionalização do setor de carne bovina tem por fundamento as vantagens que o setor pecuário brasileiro tem em relação aos seus congêneres internacionais em termos de custos e possibilidades de expansão e de acesso a novos mercados. Em termos de expansão do setor, além dos ganhos de eficiência gerados pela economia de escala, maior racionalização dos custos e melhoria da logística e do planejamento da produção e distribuição, o que ocorreu de modo marcante foi a diversificação do setor. Antes vinculada a um único produto (carne bovina), a consulente hoje se tornou uma empresa processadora de proteína animal, ampliando sua atuação e os seus produtos, contribuindo para inserir melhor produtos brasileiros no mercado internacional.[64]

A criação de empregos também é um dado fundamental que foi levado em consideração para que o BNDES pudesse financiar a indústria frigorífica. De acordo com o pesquisador Sérgio Zen, da Esalq-USP, a partir dos dados do Censo Agrícola do IBGE de 2006, a indústria frigorífica gerou cerca de 440 mil empregos diretos, geralmente em regiões distantes dos grandes centros, interiorizando o processo de desenvolvimento e garantindo o aquecimento da economia regional.[65]

A internacionalização, inclusive, é um instrumento de sobrevivência da empresa no próprio mercado interno. Afinal, como a empresa se

---

In: CASTRO, Ana Célia (coord.). *Desenvolvimento em Debate.* Rio de Janeiro: BNDES, 2002. pp. 204-205.

[64] NEVES, Marcos Fava (coord.). *Estratégias para a Carne Bovina no Brasil.* São Paulo: Atlas, 2012. pp. XXV-XXVI e 1-2. pp. 73-79. Sobre a política atual de apoio à internacionalização de empresas brasileiras do BNDES, *vide* ALEM, Ana Claudia; CAVALCANTI, Carlos Eduardo. "O BNDES e o Apoio à Internacionalização das Empresas Brasileiras: Algumas Reflexões". *Revista do BNDES.* Vol. 12, n. 24, dezembro de 2005, pp. 69-71.

[65] ZEN, Sérgio. "Fusão de Concorrentes ou de Complementares?". *Gazeta Mercantil,* 23 de abril de 2009, Caderno B, p. B9. *Vide,* ainda, NEVES, Marcos Fava (coord.). *Estratégias para a Carne Bovina no Brasil.* São Paulo: Atlas, 2012. pp. XXV-XXVI e 1-2. pp. 35-37.

internacionaliza em busca de aumento de competitividade, este fator é essencial para que ela preserve as parcelas do mercado doméstico que já conquistou. Um país que não possui empresas ou grupos empresariais com condições de competir internacionalmente acaba vendo suas indústrias serem compradas e adquiridas por grupos transnacionais estrangeiros, aumentando sua dependência externa.[66]

A dependência externa brasileira, inclusive, pode ser reduzida em outra esfera, a da soberania alimentar (*"food sovereignty"*), que também se vincula à segurança alimentar (*"food security"*), embora não se limite a ela. O Brasil, de acordo com estimativas da FAO, tende a ser o responsável por suprir cerca de 40% da demanda da produção agrícola mundial.[67] A posição do país como o principal exportador de carne bovina do mundo tende a se consolidar, apesar das barreiras sanitárias e não-tarifárias impostas pela União Europeia e pelos Estados Unidos à importação da carne brasileira. A diversificação de mercados tem caracterizado as exportações de carne do Brasil, com peso crescente os países do Oriente Médio, Rússia e Ásia, que, periodicamente, também buscam restringir as importações de carne brasileira por meio de barreiras não-tarifárias, forçando a reabertura de novas negociações comerciais.[68]

---

[66] *Vide* ALEM, Ana Claudia; CAVALCANTI, Carlos Eduardo. "O BNDES e o Apoio à Internacionalização das Empresas Brasileiras: Algumas Reflexões". *Revista do BNDES*. Vol. 12, n. 24, dezembro de 2005, p. 72.

[67] Sobre o recente papel do Brasil como grande fornecedor mundial de alimentos, *vide* WILKINSON, John. "The Globalization of Agribusiness and Developing World Food Systems" *In*: MAGDOFF, Fred; TOKAR, Brian (orgs.). *Agriculture and Food in Crisis*: Conflict, Resistance, and Renewal, New York: Monthly Review Press, 2010. pp. 160-164.

[68] NEVES, Marcos Fava (coord.). *Estratégias para a Carne Bovina no Brasil*. São Paulo: Atlas, 2012. pp. XXV-XXVI e 1-2. pp. 86-96. Sobre as barreiras tarifárias e as não-tarifárias impostas à carne brasileira, *vide* NEVES, Marcos Fava (coord.). *Estratégias para a Carne Bovina no Brasil*. São Paulo: Atlas, 2012. pp. XXV-XXVI e 1-2. pp. 96-107. Para uma descrição das normas do comércio internacional de carne e derivados do leite e o sistema da Organização Mundial do Comércio, *vide* ADAME MARTÍNEZ, Miguel Ángel. "El Derecho Agroalimentario de la Organización Mundial del Comercio y la Compraventa Internacional de Carne y Productos Lácteos" *In:* UBACH, Andrés Miguel Cosialls (org.). *El Derecho Agroalimentario del Sector Ganadero y la Política Agrícola*. Granada: Editorial Comares, 2012. pp. 1-55.

ESTRUTURAÇÃO DA CADEIA PRODUTIVA DA CARNE BOVINA NO BRASIL...

Estas barreiras sanitárias e não-tarifárias costumam utilizar-se do discurso da segurança alimentar. Na realidade, a apropriação é de apenas parcela do discurso, pois segurança alimentar é um conceito que vai muito além de evitar que os alimentos causem danos ou riscos potenciais à saúde humana quando consumidos. Segurança alimentar diz respeito à possibilidade do acesso a quantidade suficiente, saudável e nutritiva de alimento necessária para a dieta diária e as preferências alimentares para uma vida ativa e saudável de uma população. A concepção de risco incorporada à ideia de segurança alimentar não se limita aos potenciais efeitos danosos à saúde ou bem-estar de quem consome o alimento, mas implica também a possibilidade daquela população não ter acesso ao próprio alimento.[69]

A soberania alimentar está ligada à segurança alimentar, afinal ambas dizem respeito à garantia de acesso aos alimentos. No entanto, a soberania alimentar, como o próprio nome diz, vai mais além, pois se refere à autonomia decisória sobre a produção, consumo e a garantia de abastecimento da população. A soberania alimentar busca reduzir a dependência tanto dos países que gastam grande parte de sua renda na compra de alimentos como dos países que dependem dos mercados internacionais de bens alimentares para gerarem a maior parte de suas divisas.[70]

---

[69] BELIK, Walter. "Desenvolvimento Territorial e Soberania Alimentar" *In:* ALMEIDA Filho, Niemeyer; RAMOS Pedro (orgs.). *Segurança Alimentar:* Produção Agrícola e Desenvolvimento Territorial. Campinas: Ed. Alínea, 2010. pp. 180-181 e PINSTRUP-ANDERSEN, Per; WATSON II, Derrill D. *Food Policy for Developing Countries:* The Role of Government in Global, National, and Local Food Systems. Ithaca/London: Cornell University Press, 2011. pp. 88-115.

[70] ROSSET, Peter. "Fixing Our Global Food System: Food Sovereignty and Redistributive Land Reform" *In:* MAGDOFF, Fred; TOKAR, Brian (orgs.), *Agriculture and Food in Crisis*: Conflict, Resistance, and Renewal, New York: Monthly Review Press, 2010. pp. 191-192 e BELIK, Walter. "Desenvolvimento Territorial e Soberania Alimentar" *In:* ALMEIDA Filho, Niemeyer; RAMOS, Pedro (orgs.). *Segurança Alimentar:* Produção Agrícola e Desenvolvimento Territorial. Campinas: Ed. Alínea, 2010, pp. 169-170, 177 e 183-185. Para um conceito distinto, mais restrito, de soberania alimentar, *vide* PINSTRUP-ANDERSEN, Per; D. WATSON II, Derrill. *Food Policy for Developing Countries:* The Role of Government in Global, National, and Local Food Systems. Ithaca/London: Cornell University Press, 2011. pp. 323-324.

GILBERTO BERCOVICI

A prioridade para as políticas que incentivem a formação de empresas brasileiras competitivas internacionalmente está vinculada não apenas ao alto potencial de inovação e à contribuição do setor agroindustrial com o desenvolvimento do país, mas também em virtude da necessidade de se promover o dinamismo e a proteção do mercado interno nacional, no contexto da garantia do abastecimento e da soberania alimentar.

A soberania econômica nacional, prevista formalmente no artigo 170, I da Constituição de 1988, visa viabilizar a participação da sociedade brasileira, em condições de igualdade, no mercado internacional, como parte do objetivo maior de garantir o desenvolvimento nacional (artigo 3º, II), buscando a superação do subdesenvolvimento.[71] No entanto, a concepção de soberania econômica não se limita ao dispositivo do artigo 170, I do texto constitucional. Pelo contrário, ela está presente em vários outros dispositivos constitucionais, inclusive em outros capítulos que não o da ordem econômica, possibilitando uma análise sistemática do tema. Desta forma, é como expressão da soberania econômica nacional, traduzindo em termos jurídicos a política de internalização dos centros de decisão econômica do país, que deve ser compreendido o artigo 219 da Constituição de 1988:

> "Artigo 219. O mercado interno integra o patrimônio nacional e será incentivado de modo a viabilizar o desenvolvimento cultural e sócio-econômico, o bem-estar da população e a autonomia tecnológica do País, nos termos de lei federal".

O artigo 219 fundamenta, segundo Eros Grau, a intervenção estatal no domínio econômico. O mercado interno não é sinônimo de economia de mercado, como pretendem alguns. A sua inclusão no texto constitucional, como parte integrante do patrimônio nacional, significa a valorização do mercado interno como centro dinâmico do

---

[71] BERCOVICI, Gilberto. "Os Princípios Estruturantes e o Papel do Estado" *In:* CARDOSO Jr, José Celso (org.), *A Constituição Brasileira de 1988 Revisitada: Recuperação Histórica e Desafios Atuais das Políticas Públicas nas Áreas Econômica e Social.* Brasília: IPEA, 2009. Vol. 1, pp. 272-279.

ESTRUTURAÇÃO DA CADEIA PRODUTIVA DA CARNE BOVINA NO BRASIL...

desenvolvimento brasileiro, inclusive no sentido de garantir melhores condições sociais de vida para a população e a autonomia tecnológica do país. Este artigo reforça a necessidade de autonomia dos centros decisórios sobre a política econômica nacional, complementando os artigos 3º, II e 170, I da Constituição. O Estado nacional brasileiro, portanto, deve determinar o direcionamento das atividades que compõem o mercado interno no sentido positivado no texto constitucional, ou seja, da viabilização da homogeneização social e da internalização dos centros de decisão econômica.[72]

A expansão do mercado interno é entendida pela Constituição, particularmente pela leitura conjunta dos seus artigos 3º, II, 170, I e 219, como a principal estratégia de dinamismo econômico. O processo de desenvolvimento econômico deve ser liderado, assim, também pela demanda interna do país, não apenas pelas exportações, ampliando as relações comerciais e objetivando a instituição de uma sociedade de consumo de massas, o que denota a importância de uma cadeia produtiva forte de carne bovina e demais produtos derivados no país.

6. CONSIDERAÇÕES FINAIS

A consolidação de uma cadeia produtiva da carne bovina no Brasil se revela de fundamental importância, portanto, tanto por motivos de segurança e soberania alimentar como por razões de soberania econômica e desenvolvimento do nosso próprio mercado interno, segundo o programa constitucional de 1988. No entanto, permanecem, ainda, alguns desafios gigantescos. Segundo o lúcido diagnóstico de Arilson Favareto:

> "Durante muito tempo se imaginou que a industrialização resolveria por si os impasses de nossa formação como nação. Hoje, só o desconhecimento ou a ideologia urbana servem como justificativa

---

[72] GRAU, Eros Roberto. *A Ordem Econômica na Constituição de 1988:* Interpretação e Crítica. 12ª ed. São Paulo: Malheiros, 2007. pp. 254-255 e 273.

GILBERTO BERCOVICI

para se negar a importância de retomar a expressão "interiorização do desenvolvimento". Não no sentido de levar ao Brasil profundo o mesmo estilo de políticas e de investimentos experimentados nos pólos dinâmicos da economia nacional. Mas sim daquilo que Osvaldo Sunkel chamava de 'desarrollo desde dentro'. É impossível imaginar que o país encontrará o caminho do dinamismo com coesão social e conservação ambiental sem encontrar uma solução para o Brasil rural".[73]

Osvaldo Sunkel propôs uma releitura da divisão clássica disseminada pelos trabalhos da CEPAL entre *"desarrollo hacia afuera"* e *"desarrollo hacia adentro"*, defendendo a concepção do *"desarrollo desde dentro"*. Para Sunkel, Raúl Prebisch distinguia as duas etapas em termos de compensação do estímulo dinâmico da propagação do progresso técnico que provinha *"desde fuera"*, e que havia se tornado insuficiente, por meio do desenvolvimento *"desde dentro"*, ou seja, com um processo interno de industrialização capaz de criar um mecanismo endógeno de acumulação e geração de progresso técnico e produtividade, como nos países industrializados do centro do sistema. A ideia de *"desarrollo hacia adentro"* teria hipervalorizado a expansão do mercado interno pela produção local de bens anteriormente importados, o que teria contribuído para reproduzir os padrões de consumo e tecnológicos do centro na periferia. O que Sunkel propôs foi a estratégia de desenvolvimento *"desde dentro"*, ou seja, um esforço interno de configuração das estruturas produtivas que seja funcional em relação às necessidades e potencialidades específicas de cada país. Deste modo, o objetivo seria a criação de um *"núcleo endógeno básico para o processo de industrialização, acumulação, geração e difusão do progresso técnico e do incremento da produtividade"*. Este modelo de industrialização exigiria, ainda, uma maior participação e inter-relação entre as empresas, a pesquisa científica e tecnológica, meios de comunicação, órgãos públicos, etc. A consolidação do *"núcleo endógeno de dinamização tecnológica"* possibilitaria a criação de sistemas produtivos articulados, capazes de alcançar níveis de excelência internacional

---

[73] FAVARETO, Arilson. *Paradigmas do Desenvolvimento Rural Em Questão*, São Paulo: Iglu Ed., 2007. p. 204.

ESTRUTURAÇÃO DA CADEIA PRODUTIVA DA CARNE BOVINA NO BRASIL...

em todas as suas etapas. Esta estratégia, segundo Sunkel, não estaria voltada *a priori* para a satisfação das necessidades de consumo das classes alta e média, mas se orientaria para determinados mercados internos e externos nos quais os países latino-americanos possam se inserir dinamicamente. A adoção da estratégia do *"desarrollo desde dentro"*, assim, seria uma alternativa dinâmica de acumulação e inovação que superaria a etapa do *"desarrollo hacia adentro"* e suas distorções.[74]

A aposta na estratégia do *"desarrollo desde dentro"* talvez seja uma forma adequada de reestruturar a cadeia produtiva da carne bovina brasileira, assegurando a internacionalização das empresas ao lado de maior competitividade e desenvolvimento do mercado interno, com busca de mais bem-estar para a população em geral. Afinal, a indústria frigorífica e de processamento de carne bovina pode se configurar em um verdadeiro elemento dinâmico e transformador das relações em um setor tradicionalmente avesso às reformas sociais no Brasil, o setor agropecuário.

Segundo dados do IBGE, cerca de 96% dos bovinos brasileiros são criados em pasto. Outro dado que deve ser levado em conta é o da produtividade. A lotação média da pecuária nacional é, hoje, de 0,8 a 1 animal por hectare, estimando-se a área de pastagem no Brasil em 220 milhões de hectares.[75] Estes dados alarmantes da permanente associação histórica entre pecuária e latifúndio no Brasil devem ser lidos em conjunto com outros, fornecidos pela empresa X. A título ilustrativo, em 2009, cerca de 44% do total de cabeças de gado da empresa X foram adquiridas de apenas 3% dos pecuaristas do país. Em 2010, 38% do total de cabeças de gado da empresa foram provenientes de 2% dos pecuaristas.

---

[74] SUNKEL, Osvaldo. "Del Desarrollo Hacia Adentro al Desarrollo Desde Dentro" *In:* SUNKEL, Osvaldo (org.). *El Desarrollo desde Dentro:* Un Enfoque Neoestructuralista para la América Latina. Reimpr. México: Fondo de Cultura Económica, 1995. pp. 62-77 e SACHS, Ignacy. "Um Projeto para o Brasil: A Construção do Mercado Nacional como Motor do Desenvolvimento" *In:* PEREIRA, Luiz Carlos Bresser; REGO, José Marcio (orgs.). *A Grande Esperança em Celso Furtado:* Ensaios em Homenagem aos seus 80 Anos. São Paulo: Ed. 34, 2001, pp. 47-52.

[75] NEVES, Marcos Fava (coord.). *Estratégias para a Carne Bovina no Brasil.* São Paulo: Atlas, 2012. pp. XXV-XXVI e 1-2. pp. 112-116 e 135-139.

E, em 2011, 46% do total de cabeças de gado (pouco mais de 2 milhões e 780 mil cabeças de gado), foram adquiridas de 3% dos pecuaristas.

O significado destes dados é muito claro, eles demonstram que a verdadeira concentração de poder econômico na cadeia produtiva da carne bovina no Brasil não está situada na indústria frigorífica ou processadora. A real concentração de poder econômico está firmemente nas mãos dos grandes criadores de gado, portanto, grandes proprietários de terra. Estes continuam a exercer o seu imenso poder político e econômico quase sem qualquer limitação ou restrição desde os tempos coloniais.

RESPOSTA

Diante da argumentação exposta, concluo:

1. Qual o efeito de aquisições de frigoríficos pela empresa X sobre a cadeia de produção de carne bovina? A estruturação de uma cadeia produtiva forte de abate é importante para o desenvolvimento econômico do país e para a proteção constitucional ao mercado interno brasileiro?

O principal efeito de aquisições de frigoríficos pela empresa X, partindo-se do entendimento de que o mercado relevante de abate de gado bovino é nacional, e não estadual, e de que não há possibilidade de monopsônio ou de imposição de preços de compra de gado para o abate, pelos motivos expostos no decorrer deste parecer, é a tentativa de estruturar de uma maneira mais adequada e integrada a cadeia de produção da carne bovina no Brasil.

Hoje, há falta de uma maior cooperação e integração da cadeia produtiva da carne bovina brasileira. Enquanto o setor de abate buscou se adaptar às exigências dos padrões sanitários para a venda de carne e demais produtos no mercado interno e para exportação, se modernizou e buscou novos métodos e tecnologias, o mesmo não ocorreu no setor de criação. A bovinocultura propriamente dita não modificou o seu caráter extensivo e a as dificuldades de oferta para os frigoríficos. Muitas vezes a criação de gado, assim como a própria posse de grandes extensões

ESTRUTURAÇÃO DA CADEIA PRODUTIVA DA CARNE BOVINA NO BRASIL...

de terra, é vista como uma atividade mais especulativa do que produtiva, na qual o boi e a terra são entendidos como ativos financeiros. A natureza extensiva da maior parte de nossa pecuária e a concentração da propriedade da terra em poucas mãos explicam esta tendência.

Uma alternativa a estes impasses e descompassos gerados pela falta de integração da cadeia produtiva da carne bovina no Brasil seria o incentivo à verticalização da produção, garantindo uma maior homogeneidade e um fluxo regular de animais. Deste modo se reduziriam custos e haveria um maior controle para o cumprimento das exigências de qualidade dos mercados interno e internacional.

A estratégia do BNDES em financiar a internacionalização do setor de carne bovina tem por fundamento as vantagens que o setor pecuário brasileiro tem em relação aos seus congêneres internacionais em termos de custos e possibilidades de expansão e de acesso a novos mercados. Em termos de expansão do setor, além dos ganhos de eficiência gerados pela economia de escala, maior racionalização dos custos e melhoria da logística e do planejamento da produção e distribuição, o que ocorreu de modo marcante foi a diversificação do setor. Antes vinculada a um único produto (carne bovina), a consulente hoje se tornou uma empresa processadora de proteína animal, ampliando sua atuação e os seus produtos, contribuindo para inserir melhor produtos brasileiros no mercado internacional.

A internacionalização, inclusive, é um instrumento de sobrevivência da empresa no próprio mercado interno. Afinal, como a empresa se internacionaliza em busca de aumento de competitividade, este fator é essencial para que ela preserve as parcelas do mercado doméstico que já conquistou. Um país que não possui empresas ou grupos empresariais com condições de competir internacionalmente acaba vendo suas indústrias serem compradas e adquiridas por grupos transnacionais estrangeiros, aumentando sua dependência externa.

A prioridade para as políticas que incentivem a formação de empresas brasileiras competitivas internacionalmente está vinculada não apenas ao alto potencial de inovação e à contribuição do setor agroindustrial com o desenvolvimento do país, mas também em virtude da necessidade de se promover o dinamismo e a proteção do mercado interno nacional, no contexto da garantia do abastecimento e da soberania alimentar.

A internalização dos centros de decisão econômica, política prevista em vários dispositivos do texto constitucional de 1988, como o artigo 219, tem por objetivo, entre outros, reduzir a vulnerabilidade externa do país, visando assegurar uma política nacional de desenvolvimento. É um conceito complementar ao de soberania econômica nacional (e ao de soberania alimentar, como vimos), pois diz respeito diretamente à capacidade de decisão de política econômica de forma autônoma. A expansão do mercado interno é entendida pela Constituição, particularmente pela leitura conjunta dos seus artigos 3º, II, 170, I e 219, como a principal estratégia de dinamismo econômico. O processo de desenvolvimento econômico deve ser liderado, assim, também pela demanda interna do país, não apenas pelas exportações, ampliando as relações comerciais e objetivando a instituição de uma sociedade de consumo de massas, o que denota a importância de uma cadeia produtiva forte de carne bovina e demais produtos derivados no país.

Este é o meu parecer.

São Paulo, 27 de março de 2013.

ABUSO DAS RELAÇÕES CONTRATUAIS DE LONGO PRAZO E SEUS EFEITOS ANTICONCORRENCIAIS: CONDUTA EXCLUSIONÁRIA AO ACESSO DE *ESSENTIAL FACILITY* (CONCESSÃO DE MALHA FERROVIÁRIA)

CONSULTA

A empresa X ("Consulente"), por intermédio de seu ilustre advogado, honra-me com a presente consulta para elaboração de parecer jurídico sobre a repercussão, no âmbito do direito concorrencial, da relação contratual firmada em 05 de Março de 2009 entre o Grupo Y e a empresa Z, objeto de ato de concentração notificado ao CADE – Conselho Administrativo de Defesa Econômica.

A Consulente atua no mercado de logística de graneis sólidos no Estado de São Paulo, contratando fretes para produtores de açúcar e grãos, desde a região produtora até o ponto de destino, majoritariamente para exportação em terminais portuários. É consumidora, portanto, dos modais de transporte de graneis sólidos. Relata que, por conta do exercício abusivo das prerrogativas contratuais conferidas à empresa Z face ao Grupo Y, os concorrentes do mercado logístico de açúcar experimentam sensível acréscimo no valor dos fretes disponíveis e impossibilidade de acesso à malha ferroviária outorgada em concessão ao Grupo Y, absorvida pela demanda da empresa Z. Resultado: o fechamento do mercado de transporte ferroviário de açúcar.

O propósito negocial descrito pelas partes contratantes estabeleceria efetiva parceria de resultados pró-competitivos: os investimentos feitos pela empresa Z na ampliação da malha sob concessão do Grupo Y e equipamentos ferroviários capacitariam tanto a empresa Z quanto o Grupo Y a expandirem sua capacidade logística, viabilizada por estreita colaboração entre as partes na operacionalização do projeto.

Os contratos de longo prazo, no entanto, podem ter seu propósito inicial afastado pelo oportunismo e exercício abusivo de uma das partes, alterando essencialmente o resultado econômico do negócio. O desequilíbrio da relação contratual extrapola, assim, os limites da relação privada bilateral e afeta negativamente as condições de concorrência do mercado, exigindo a intervenção das autoridades de defesa da concorrência contra as infrações da ordem econômica resultantes.

É a hipótese que se apresenta nesta consulta, em que se formulam os seguintes quesitos:

1. A relação contratual privada entre o Grupo Y e a empresa Z afeta a natureza jurídica da concessão pública de que a infraestrutura ferroviária em comento é objeto?

2. O exercício das prerrogativas contratuais da empresa Z, no âmbito da execução dos contratos de longo prazo com o Grupo Y, constitui abuso de dominação na esfera concorrencial, autorizando a intervenção do Sistema Brasileiro de Defesa da Concorrência?

3. A malha ferroviária outorgada em concessão ao Grupo Y constitui uma *essential facility* para a disciplina concorrencial?

A resposta aos quesitos será (a) precedida pela contextualização das atividades empresariais do ramo logístico e de infraestrutura e do regime de concessão de serviço público aplicado ao sistema de transporte ferroviário.

ABUSO DAS RELAÇÕES CONTRATUAIS DE LONGO PRAZO E SEUS...

A argumentação em seguida analisa as (b) condutas adotadas pela empresa Z no contexto específico da execução de contratos de longo prazo, e os efeitos decorrentes da modificação de cláusulas essenciais à manutenção do equilíbrio contratual entre as partes, e que produzem efeitos anticompetitivos no mercado relevante equiparáveis à exclusividade, bem como (c) a aplicabilidade da doutrina das *"essential facilities"* ao caso apresentado pela Consulente.

PARECER

1. INFRAESTRUTURA E SERVIÇO PÚBLICO DE TRANSPORTE FERROVIÁRIO

Em decorrência da função central que desempenham na sociedade, as ações de infraestrutura apresentam alta complexidade em sua concepção, implantação e operação. Os economistas logo identificaram que os modelos gerais de elaboração de projetos, avaliação de riscos, estimativa de custos, formas de financiamento e formação de preços eram insuficientes para lidar com a complexidade de empreendimentos de infraestrutura.[1] A mesma necessidade de se ajustar o instrumental teórico convencional às exigências diferenciadas dos negócios complexos de infraestrutura verifica-se no campo do direito, tanto para o desenho contratual das operações, quanto para a interpretação dos negócios jurídicos que as viabilizam.

A regulação do setor ferroviário deveria ser feita no bojo de um modelo de regulação do setor de transportes em sua integralidade, pois os diferentes modais que o integram (rodoviário, ferroviário, aquaviário) convergem para uma mesma funcionalidade e oferecem o mesmo bem (a circulação de pessoas e mercadorias), razão pela qual há quem defenda um modelo de regulação global e unitária para o setor de transportes.

---

[1] FREY, René L."Infrastruktur" *In:* ALBERS, Willi; ZOTTMANN, Anton (orgs.). *Handwörterbuch der Wirtschaftswissenschaft.* Stuttgart/Tübingen/Göttingen: Gustav Fischer/Mohr Siebeck/Vandenhoeck & Ruprecht, 1978. Vol. 4, pp. 207-211.

GILBERTO BERCOVICI

Todavia, há fatores que determinam o tratamento diferenciado dos diversos modais: há especificidades de ordem física (a base viária utilizada pelos veículos transportadores), geográfica (a abrangência do atendimento e a localização das vias) e econômica (os custos específicos envolvidos em cada modal) que implicam (mas não determinam de forma absoluta) peculiaridades jurídicas. Apenas para ilustrar a interdependência analítica e pragmática desses fatores mencionados, basta que mencionemos com um simples exemplo das escolhas envolvidas na formulação de uma política pública de transportes. No caso mesmo do setor ferroviário, é óbvio que, dependendo-se das distâncias e trajetos de transportes considerados, os custos do transporte podem induzir à construção de vias rodoviárias ou ferroviárias, por terra ou por pontes. Ademais, a extensão dessa malha viária, bem como seu trajeto, determinam, em princípio, qual esfera da Federação seria a responsável pela formulação da política pública.

A Constituição de 1988 conferiu a competência sobre a prestação de parte dos serviços ferroviários e sua regulação à União (artigos 21, XII, 'd' e 22, XI).[2] Não é difícil perceber em tal atribuição de competência certa visão de que a administração de boa parte das ferrovias estaria atrelada à tutela de interesses que extrapolariam aqueles que seriam pertinentes aos demais entes federativos, principalmente por conta da abrangência territorial envolvida na atividade. Segundo tal concepção, a coordenação da atividade em um setor que constitui uma etapa essencial da cadeia logística e da infraestrutura do país deveria ficar a cargo da União, o ente federativo responsável por zelar pelo interesse nacional.

A visão sistêmica e integradora do setor de transportes é determinada, assim pelo próprio texto constitucional, quando este determina ser competência da União o estabelecimento dos princípios e diretrizes do Sistema Nacional de Viação (artigo 21, XXI da Constituição de 1988

---

[2] "Artigo 21, XII, 'd' da Constituição de 1988: Compete à União: XII – explorar, diretamente ou mediante autorização, concessão ou permissão: d) os serviços de transporte ferroviário e aquaviário entre portos brasileiros e fronteiras nacionais, ou que transponham os limites de Estado ou Território".

"Artigo 22, XI da Constituição de 1988: Compete privativamente à União legislar sobre: XI –trânsito e transporte".

ABUSO DAS RELAÇÕES CONTRATUAIS DE LONGO PRAZO E SEUS...

e Lei n. 12.379, de 06 de janeiro de 2011[3]), bem como legislar sobre as diretrizes da política nacional de transportes e sobre trânsito e transporte (artigo 22, IX e XI da Constituição de 1988). O artigo 178 da Constituição também reforça a competência federal.[4]

O Sistema Nacional de Viação depende grandemente dessas vias de acesso e ligação que são as ferrovias, e é razoável que, por conta da abrangência dos interesses envolvidos, a gestão da maior parte da malha ferroviária do país fique com a União, conforme explicitam, além da Constituição, os artigos 20 a 24 da Lei n. 12.379/2011. Afinal, o setor ferroviário está fortemente vinculado à política econômica nacional, especialmente à política de comércio exterior, à política de abastecimento do mercado interno, à política nacional de transportes e à segurança nacional.[5] Cabe aos Estados, Distrito Federal e Municípios, de acordo com os artigos 38 a 40 da Lei n. 12.379/2011, promover a integração e articulação dos seus Sistemas de Viação e respectivas infraestruturas com o Sistema Nacional de Viação, elaborar sua legislação própria em articulação com a legislação nacional e possibilitar a circulação econômica de bens e prover meios e facilidades de transporte coletivo de passageiros, mediante oferta de infraestrutura viária adequada e operação racional e segura do transporte intermunicipal e urbano. Como, no caso em tela, o Grupo Y é concessionário do uso e exploração de ampla malha ferroviária de propriedade da União Federal, iremos limitar nossa análise ao Subsistema Ferroviário Federal, nos termos do artigo 20 da Lei n. 12.379/2011.[6]

---

[3] "Artigo 2º da Lei n. 12.379/2011: O Sistema Nacional de Viação é constituído pela infraestrutura física e operacional dos vários modos de transporte de pessoas e bens, sob jurisdição dos diferentes entes da Federação. § 1º Quanto à jurisdição, o Sistema Nacional de Viação é composto pelo Sistema Federal de Viação e pelos sistemas de viação dos Estados, do Distrito Federal e dos Municípios. § 2º Quanto aos modos de transporte, o Sistema Nacional de Viação compreende os subsistemas rodoviário, ferroviário, aquaviário e aeroviário".

[4] "Artigo 178: A lei disporá sobre a ordenação dos transportes aéreo, aquático e terrestre, devendo, quanto à ordenação do transporte internacional, observar os acordos firmados pela União, atendido o princípio da reciprocidade".

[5] Neste mesmo sentido, *vide* MENDONÇA, Fernando. *Direito dos Transportes*. 2ª ed. São Paulo:Saraiva, 1990. pp. 11-14.

[6] "Artigo 20 da Lei n. 12.379/2011: O Subsistema Ferroviário Federal é constituído pelas ferrovias existentes ou planejadas, pertencentes aos grandes eixos de integração

GILBERTO BERCOVICI

Os serviços de transporte ferroviário, na determinação do artigo 21, XII, 'd' da Constituição de 1988 são serviços públicos.[7] A definição constitucional destas atividades como serviços públicos traz uma série de consequências jurídicas. A atuação do Estado no domínio econômico está prevista expressamente nos artigos 173, *caput*[8] e 175[9] da Constituição de 1988. Em ambos os dispositivos, trata-se da prestação de atividade econômica em sentido amplo pelo Estado, subdividida em duas modalidades: a prestação de atividade econômica em sentido estrito (artigo 173) e a prestação de serviço público (artigo 175).[10] No caso dos

---

interestadual, interregional e internacional, que satisfaçam a pelo menos um dos seguintes critérios: I – atender grandes fluxos de transporte de carga ou de passageiros; II – possibilitar o acesso a portos e terminais do Sistema Federal de Viação; III – possibilitar a articulação com segmento ferroviário internacional; IV – promover ligações necessárias à segurança nacional. Parágrafo único. Integram o Subsistema Ferroviário Federal os pátios e terminais, as oficinas de manutenção e demais instalações de propriedade da União".

[7] Sobre os serviços públicos por determinação constitucional, *vide* BANDEIRA DE MELLO, Celso Antônio. *Curso de Direito Administrativo.* 28ª ed. São Paulo: Malheiros, 2011. pp. 694-698. Para o debate francês, *vide* BELLESCIZE, Ramu de. *Les Services Publics Constitutionnels.* Paris: L.G.D.J., 2005, pp. 1-25 e GUGLIELMI, Gilles J.; KOUBI, Geneviève; DUMONT, Gilles. *Droit du Service Public.* 2ª ed. Pari:, Montchrestien, 2007. pp. 154-168.

[8] "Artigo 173, *caput* da Constituição de 1988: Ressalvados os casos previstos nesta Constituição, a exploração direta de atividade econômica pelo Estado só será permitida quando necessária aos imperativos da segurança nacional ou a relevante interesse coletivo, conforme definidos em lei".

[9] "Artigo 175 da Constituição de 1988: Incumbe ao poder público, na forma da lei, diretamente ou sob regime de concessão ou permissão, sempre através de licitação, a prestação de serviços públicos. Parágrafo Único – A lei disporá sobre: I – o regime das empresas concessionárias e permissionárias de serviços públicos, o caráter especial de seu contrato e de sua prorrogação, bem como as condições de caducidade, fiscalização e rescisão da concessão ou permissão; II – os direitos dos usuários; III – política tarifária; IV – a obrigação de manter serviço adequado".

[10] O debate entre as várias concepções de serviço público da doutrina brasileira é influenciado de maneira marcante pelos autores franceses, especialmente Léon Duguit, Maurice Hauriou e Gaston Jèze. *Vide* DUGUIT, Léon. *Les Transformations du Droit Public.* Paris: Éditions La Mémoire du Droit, 1999. pp. 33-72; DUGUIT, Léon. *Manuel de Droit Constitutionnel.* 3ª ed. Paris: Ancienne Librairie Fontemoing & Cie Éditeurs, 1918. pp. 29-30, 67-68 e 71-84; DUGUIT, Léon. *Leçons de Droit Public Général.* Paris: Éditions La Mémoire du Droit, 2000. pp. 124-152; DUGUIT, Léon. *Traité de Droit Constitutionnel.* 3ª ed. Paris: E. de Boccard, vol. 1 (1927), pp. 541-551, 603-631, 649-654

ABUSO DAS RELAÇÕES CONTRATUAIS DE LONGO PRAZO E SEUS...

serviços públicos, como os serviços de transporte ferroviário, nos termos dos artigos 21, XII e 175 da Constituição, a sua prestação pode se dar diretamente ou por meio de concessão, permissão ou autorização.

A outorga da concessão é um ato administrativo unilateral por meio do qual o poder concedente transfere a gestão do serviço público ao concessionário, que adquire também a responsabilidade pela prestação e gestão adequadas do serviço e o dever de agir em nome do poder concedente. Este ato de outorga é um ato constitutivo, pois incorpora direitos ao patrimônio do concessionário, vinculado ao contrato de concessão. O ato de outorga representa o momento inicial das relações jurídico-administrativas entre concessionário, poder concedente e usuários.[11]

---

e 670-680 e vol. 2 (1928), pp. 59-107 e 118-142; HAURIOU, Maurice. *Précis de Droit Administratif et de Droit Public.* 10ª ed. Paris: Sirey, 1921. pp. 21-33; JÈZE, Gaston. *Les Principes Généraux du Droit Administratif.* 3ª ed. Paris: Marcel Giard Libraire-Éditeur, vol. 1 (1925), pp. 1-2 e vol. 2 (1930), pp. 1-23 e GUGLIELMI, Gilles J. KOUBI, Geneviève; DUMONT, Gilles. *Droit du Service Public.* 2ª ed. Pari:, Montchrestien, 2007. pp. 17-84. No Brasil, há a contraposição entre os adeptos da concepção formal de serviço público, como Celso Antônio Bandeira de Mello e Maria Sylvia Zanella Di Pietro, e os defensores da concepção material de serviço público, como Ruy Cirne Lima e Eros Roberto Grau. *Vide* LIMA, Ruy Cirne. *Princípios de Direito Administrativo.* 5ª ed. São Paulo: RT, 1982. pp. 81-85; BANDEIRA DE MELLO, Celso Antônio. *Natureza e Regime Jurídico das Autarquias,* São Paulo: RT, 1968. pp. 167-171; BANDEIRA DE MELLO, Celso Antônio. *Prestação de Serviços Públicos e Administração Indireta.* 2ª ed. São Paulo: RT, 1987. pp. 18-27; BANDEIRA DE MELLO, Celso Antônio. *Curso de Direito Administrativo.* 28ª ed. São Paulo: Malheiros, 2011. pp. 678-689; DI PIETRO, Maria Sylvia Zanella. *Direito Administrativo.* 20ª ed. São Paulo: Atlas, 2007. pp. 86-95; GRAU, Eros Roberto. "Constituição e Serviço Público" *In:* GRAU, Eros Roberto; GUERRA Filho, Willis Santiago (orgs.). *Direito Constitucional:* Estudos em Homenagem a Paulo Bonavides. São Paulo: Malheiros, 2001. pp. 249-267 e BANDEIRA DE MELLO, Celso Antônio. "Serviço Público e sua Feição Constitucional no Brasil" *In: Grandes Temas de Direito Administrativo.* São Paulo: Malheiros, 2009. pp. 273-282.

[11] BANDEIRA DE MELLO, Oswaldo Aranha. *Princípios Gerais de Direito Administrativo.* Rio de Janeiro: Forense, 1969. Vol. I, pp. 488-491; BANDEIRA DE MELLO, Celso Antônio. *Curso de Direito Administrativo.* 28ª ed. São Paulo: Malheiros, 2011. pp. 719-723; JUSTEN Filho, Marçal. *Teoria Geral das Concessões de Serviço Público.* São Paulo: Dialética, 2003. pp. 56-57 e MOREIRA, Egon Bockmann. *Direito das Concessões de Serviço Público:* Inteligência da Lei 8.987/1995 (Parte Geral) São Paulo: Malheiros, 2010. pp. 92-93. *Vide,* ainda, ROCHA, Cármen Lúcia Antunes. *Estudo sobre Concessão e Permissão de Serviço Público no Direito Brasileiro.* São Paulo: Saraiva, 1996. pp. 34-42.

GILBERTO BERCOVICI

A relação contratual existente entre a empresa Z e o Grupo Y, concessionário de serviço público de transporte ferroviário, acarreta o controle externo por parte da empresa Z. Deste modo, todo o serviço público de transporte ferroviário operado pelo Grupo Y está submetido às decisões empresariais da empresa Z, que não é concessionária de serviço público. O que parece haver de fato é uma transferência indireta do controle sobre os destinos da concessão. Ora, esta transferência indireta do controle sobre a concessão de serviço público de transporte ferroviário do Grupo Y para a empresa Z é absolutamente ilegal, não sendo possível enquadrá-la sob o instituto da "subconcessão" ou sob o instituto da transferência de concessão propriamente dita, ambas admitidas, dentro de determinadas condições, pela Lei n. 8.987, de 13 de fevereiro de 1995.

A "subconcessão" precisa estar prevista no contrato de concessão, deve ser expressamente autorizada pelo poder concedente e sempre será precedida de concorrência (artigo 26 da Lei n. 8.987/1995[12]). No caso da "subconcessão", há, portanto, a cessão parcial da concessão a um terceiro, que assume em parte o lugar do concessionário original. E, para tanto, é necessária a autorização expressa do poder concedente e processo licitatório prévio. O concessionário não é titular do serviço público, não possui, portanto, o poder de constituir um subconcessionário sem o conhecimento e a autorização do poder concedente, sob pena de caducidade do contrato de concessão.[13] Portanto, a transferência indireta do controle sobre a concessão de serviço público de transporte ferroviário do Grupo Y para a empresa Z não pode ser considerada uma "subconcessão".

---

[12] "Artigo 26 da Lei n. 8.987/1995: É admitida a subconcessão, nos termos previstos no contrato de concessão, desde que expressamente autorizada pelo poder concedente. § 1º A outorga de subconcessão será sempre precedida de concorrência. § 2º O subconcessionário se sub-rogará todos os direitos e obrigações da subconcedente dentro dos limites da subconcessão".

[13] BANDEIRA DE MELLO, Celso Antônio. *Curso de Direito Administrativo*. 28ª ed. São Paulo: Malheiros, 2011. pp. 732-733; ROCHA, Cármen Lúcia Antunes. *Estudo sobre Concessão e Permissão de Serviço Público no Direito Brasileiro*. São Paulo: Saraiva, 1996. pp. 47-49; PORTO Neto, Benedicto. *Concessão de Serviço Público no Regime da Lei n. 8.987/95*: Conceitos e Princípios. São Paulo: Malheiros, 1998. pp. 129-132; JUSTEN Filho, Marçal. *Teoria Geral das Concessões de Serviço Público*. São Paulo: Dialética, 2003. pp. 522-528.

ABUSO DAS RELAÇÕES CONTRATUAIS DE LONGO PRAZO E SEUS...

Já a transferência de concessão, prevista no artigo 27 da Lei n. 8.987/1995 (com as alterações introduzidas pela Lei n. 11.196, de 21 de novembro de 2005)[14], também exige a prévia anuência do poder concedente, sob pena de caducidade da concessão. Ao contrário da "subconcessão", a transferência da concessão implica na transferência total da concessão a um terceiro, que assume integralmente o lugar do concessionário, seus direitos e deveres. Do mesmo modo que a "subconcessão", só pode haver transferência de concessão após a realização de procedimento licitatório prévio, conforme determina expressamente o artigo 175 da Constituição de 1988. A concordância do poder concedente é apenas a primeira etapa para a realização da transferência, cujo processo continua por meio da realização da licitação, e encerra-se com a passagem do objeto da concessão ao terceiro vencedor do procedimento licitatório, exigido constitucionalmente, sem ruptura do contrato de concessão original.[15] Da mesma forma, a transferência indireta do controle sobre a concessão de serviço público de transporte ferroviário do Grupo Y para a empresa Z não se enquadra nos requisitos legais necessários, sendo uma forma absolutamente ilegítima e ilegal

---

[14] "Artigo 27 da Lei n. 8.987/1995: A transferência de concessão ou do controle societário da concessionária sem prévia anuência do poder concedente implicará a caducidade da concessão. § 1º Para fins de obtenção da anuência de que trata o *caput* deste artigo, o pretendente deverá: I – atender às exigências de capacidade técnica, idoneidade financeira e regularidade jurídica e fiscal necessárias à assunção do serviço; e II – comprometer-se a cumprir todas as cláusulas do contrato em vigor. § 2º Nas condições estabelecidas no contrato de concessão, o poder concedente autorizará a assunção do controle da concessionária por seus financiadores para promover sua reestruturação financeira e assegurar a continuidade da prestação dos serviços. § 3º Na hipótese prevista no § 2º deste artigo, o poder concedente exigirá dos financiadores que atendam às exigências de regularidade jurídica e fiscal, podendo alterar ou dispensar os demais requisitos previstos no § 1º, inciso I deste artigo. § 4º A assunção do controle autorizada na forma do § 2º deste artigo não alterará as obrigações da concessionária e de seus controladores ante ao poder concedente".

[15] BANDEIRA DE MELLO, Celso Antônio. *Curso de Direito Administrativo*. 28ª ed. São Paulo: Malheiros, 2011. pp. 730-732; ROCHA, Cármen Lúcia Antunes. *Estudo sobre Concessão e Permissão de Serviço Público no Direito Brasileiro*. São Paulo: Saraiva, 1996. pp. 47-51; JUSTEN Filho, Marçal. *Teoria Geral das Concessões de Serviço Público*. São Paulo: Dialética, 2003. pp. 528-545. Em sentido um pouco distinto, *vide* PORTO Neto, Benedicto. *Concessão de Serviço Público no Regime da Lei n. 8.987/95:* Conceitos e Princípios. São Paulo: Malheiros, 1998. pp. 132-135.

GILBERTO BERCOVICI

de assunção de controle de uma concessão pública por parte de um agente econômico privado. Não é possível, sob pena de violação da legislação brasileira, especialmente a Lei n. 8.987/1995, a monopolização da concessão de serviço público de transporte ferroviário por um agente econômico estranho à contratação firmada com a União Federal.

2. CONTEXTO NEGOCIAL DAS OPERAÇÕES DE LOGÍSTICA

A OCDE, em seu recente estudo sobre as perspectivas econômicas na América Latina para o ano de 2014, elegeu como tema para a cúpula Iberoamericana da instituição a performance do setor de logística e seu impacto na competitividade da região.[16]

Os economistas envolvidos no estudo formulam uma série de parâmetros para o desenvolvimento de uma infraestrutura logística capaz de promover mudanças estruturais de longo prazo na região. Em que pese esta perspectiva, uma medida mais urgente, porém, é a necessidade de implementar soluções de curto prazo para reduzir os custos de transporte; uma destas ações é *"promover a competição no setor de transportes"*.[17]

No capítulo dedicado à formulação de políticas para expansão da capacidade logística latinoamericana[18], o estudo reitera que a competição

---

[16] Organisation for Economic Co-operation and Development Competition Committee (OECD), *Latin American Economic Outlook 2014:* Logistics and Competitiveness for Development, OECD, 2013.

[17] Organisation for Economic Co-operation and Development Competition Committee (OECD), Latin American Economic Outlook 2014 cit., p. 16: "The region needs to implement short-term solutions to reduce transport costs: Better roads, railways, ports and airports are essential for improving logistics. However, such projects require time and resources for their planning and execution. In the meantime, much can be done to improve the transport of goods and services using existing infrastructure. These "soft" solutions can include developing integrated logistics policies supported by the necessary governance and institutions; providing modern storage facilities and efficient customs and certification procedures; making better use of information and communication technologies; and promoting competition in transport".

[18] "Policies for Boosting Logistics Performance in Latin America" *In*: Organisation for Economic Co-operation and Development Competition Committee (OECD), *Latin*

ABUSO DAS RELAÇÕES CONTRATUAIS DE LONGO PRAZO E SEUS...

no setor de transporte é geralmente ignorada como um fator de maximização da rede logística.[19]

O planejamento de políticas de desenvolvimento no ramo logístico é complexo, e, na definição da OCDE, reúne diversas atividades e agentes econômicos:

> "O conceito de logística abrange uma série de elementos essenciais para a venda de produtos. A logística envolve todos os serviços e processos necessários para transportar mercadorias e serviços do ponto de produção até o consumidor final. [...] A logística inclui componentes "soft", como procedimentos administrativos e aduaneiros, organização e gerenciamento de transporte; custos de embalagem, armazenagem e estocagem; serviços de rastreamento e o uso de tecnologias de informação e comunicação. A logística também inclui componentes "hard", como infraestrutura de transporte, telecomunicações e armazenagem para conectar toda a cadeia de fornecimento. A logística, assim, compreende tanto atividades do setor privado quanto ações governamentais por meio de suas políticas de concepção, provisionamento, facilitação e regulação da atividade logística".[20]

American Economic Outlook 2014: Logistics and Competitiveness for Development. OECD, 2013, pp. 125-154.

[19] "Policies for Boosting Logistics Performance in Latin America" *In*: Organisation for Economic Co-operation and Development Competition Committee (OECD), *Latin American Economic Outlook 2014:* Logistics and Competitiveness for Development. OECD, 2013, p. 126: "Greater and better investment in infrastructure is essential but insufficient on its own. Improved transport infrastructure and a suitable framework for transport investment are essential. Since compliance with these requirements will not happen immediately, other measures to boost trade using existing transport infrastructure are a priority. The most important measures are to improve co-ordination among the various organisations involved in logistics and to promote good governance through mechanisms that co-ordinate the various national and regional public-private partnership initiatives at both the national and sub-national levels. Likewise, countries must work to make customs procedures, goods inspections and the management of packaging, storage and stock more efficient and more effective to reduce logistics costs. Finally, competition in the transport sector, logistics education and the use of information and communication technologies (ICTs) are also essential, but are often ignored, even when such measures have a substantial impact on the region's logistics cost overruns. Addressing these issues will therefore improve logistics performance, maximising the use of existing transport infrastructure."

[20] "Policies for Boosting Logistics Performance in Latin America" *In*: Organisation for

GILBERTO BERCOVICI

A análise conclui que há implicações diretas do custo e qualidade da logística no crescimento econômico sustentável de um país. Um dos fatores é a disponibilidade reduzida do transporte multimodal, responsável por elevar os custos logísticos e reduzir a competitividade e integração internacional, decorrente da priorização do transporte rodoviário[21]. Os investimentos em outros modais foram a tônica das políticas recentes, ainda que acompanhados por questões concorrenciais. Considerando que os investimentos são basicamente restritos ao escoamento de matérias-primas, o estudo cita expressamente os efeitos anticompetitivos verificados no Chile e na Colômbia, em que o financiamento privado de ferrovias restringiu o transporte sobre trilhos quase que exclusivamente ao carvão:

> "Private investment has helped meet the needs of logistics-intensive sectors such as raw materials, which has stymied competition. In Chile, port infrastructure deficiencies resulted in concessions for private ports. In 2006, 11 of Chile's 36 functioning ports were private. Access limitations to some privatised ports led to investigations by competition authorities (OECD, 2011). Chile's case underlines the importance of regulating port operations to promote competition among port services and illustrates some of the challenges that arise when access to infrastructure is limited. Similarly, in Colombia railways have been financed by private

---

Economic Co-operation and Development Competition Committee (OECD), *Latin American Economic Outlook 2014:* Logistics and Competitiveness for Development. OECD, 2013, , p. 126-127: "The concept of logistics encompasses a range of key elements for the sale of goods. Logistics comprises all services and processes needed to transport goods and services from the point of production to the end consumer. (...) Logistics includes various "soft" components, such as administrative and customs procedures; transport organisation and management; packaging, storage and stock costs; tracking and tracing services; and the use of ICTs throughout the process. It also includes "hard" components such as transport, telecommunications and storage infrastructure to connect the entire distribution supply chain. Logistics is therefore seen to encompass both private-sector activities and government action through its policies on logistics design, provision, facilitation and regulation. "

[21] "Policies for Boosting Logistics Performance in Latin America" *In*: Organisation for Economic Co-operation and Development Competition Committee (OECD), *Latin American Economic Outlook 2014:* Logistics and Competitiveness for Development. OECD, 2013, p. 132

ABUSO DAS RELAÇÕES CONTRATUAIS DE LONGO PRAZO E SEUS...

investment and have been used almost exclusively for transporting coal, affecting access to the network for other cargo"[22].

Em estudo anterior de 2010, o *International Transport Forum* da OCDE analisou questões concorrenciais e regulatórias envolvendo o setor de logística e transporte.[23] Na discussão geral do tema, os organizadores identificaram possíveis efeitos anticompetitivos das integrações verticais, que devem ser analisados caso a caso, com especial atenção à hipótese de ocorrência de práticas exclusionárias e potencial fechamento do mercado a concorrentes:

> "In this context [competitive effects of vertical integration], antitrust policy traditionally focused on exclusionary practices and the potential for businesses to foreclose on competitors by denying supply of inputs or services on which they depend, leveraging monopoly from one market to another. [...] Even if vertical integration is usually not a problem as such, it clearly can raise competition issues when combined with exclusive access to key infrastructure, for example, where an airport makes an exclusive contract with an airline for the development of a terminal in the absence of a second, common carrier terminal at the airport".[24]

---

[22] "Policies for Boosting Logistics Performance in Latin America" *In*: Organisation for Economic Co-operation and Development Competition Committee (OECD), *Latin American Economic Outlook 2014:* Logistics and Competitiveness for Development. OECD, 2013, p. 138. Na p. 153, o estudo conclui que é fundamental garantir a acesso público à infraestrutura privada, como forma a ampliar a competividade do setor. Em suma, a prioridade de uso das redes logísticas pelo financiador privado não atendem às exigências de desenvolvimento econômico do setor: "It is crucial to encourage the public use of private infrastructure, which in some countries in the region is used almost exclusively for transporting raw materials. Some measures adopted in the OECD countries can allow better use of infrastructure. For example, changes to Australian regulations in 2000 forced private railway companies such as the Fortescue Metals Group to provide access to third parties and to negotiate prices, which provided new competitors with access".

[23] Organisation for Economic Co-operation and Development Competition Committee (OECD), *Integration and Competition between Transport and Logistic Businesses*, OECD Publishing, 2010.

[24] Organisation for Economic Co-operation and Development Competition Committee (OECD), *Integration and Competition between Transport and Logistic Businesses*, OECD Publishing, 2010. p. 14.

GILBERTO BERCOVICI

Tais considerações de ordem concorrencial podem ser avaliadas pelas autoridades de defesa da concorrência em caráter preventivo, no procedimento de controle *ex ante* do ato de concentração econômica.

A defesa da livre concorrência, como um dos pilares da ordem econômica constitucional brasileira (artigo 170, IV), é de competência precípua do Sistema Brasileiro de Defesa da Concorrência (SBDC), nos termos da delimitação legal que lhe confere a Lei n. 12.529, de 30 de novembro de 2011, com vigência iniciada em 29 de maio de 2012, como se lê em seu artigo 1º:

> "Artigo 1º Esta Lei estrutura o Sistema Brasileiro de Defesa da Concorrência – SBDC e dispõe sobre a prevenção e a repressão às infrações contra a ordem econômica, orientada pelos ditames constitucionais de liberdade de iniciativa, livre concorrência, função social da propriedade, defesa dos consumidores e repressão ao abuso do poder econômico."

No âmbito da atuação do SBDC, articulam-se, portanto, competências autorizativas e repressivas do exercício do poder econômico, que alcançam, no primeiro caso, atos empresariais lícitos, e, no segundo caso, condutas ilícitas, as infrações à ordem econômica *stricto sensu*.

No caso em tela envolvendo os contratos do Grupo Y e da empresa Z, o CADE, no exercício de seu *dever* de controle prévio de concentrações econômicas, sequer conheceu da operação – equivocadamente, em nosso entendimento – e, subsidiariamente, não identificou riscos à competição. Esta posição, é importante salientar, fundou-se na perspectiva de que o comprometimento da rede ferroviária concedida ao Grupo Y nas prestações devidas à empresa Z não superariam os 20% ou 30% da capacidade acrescida, além da garantia de paridade de preços usufruídos pela empresa Z e demais concorrentes, segundo informações prestadas pelas partes contratantes.

Esta análise estática[25] é passível de mudanças ao longo do tempo, tanto mais no caso de *(i)* integração atividades fundamentalmente

---

[25] As limitações da análise estática do controle *antitrust* preventivo são reconhecidas e os métodos possíveis para uma melhor avaliação dos efeitos das operações no longo prazo

ABUSO DAS RELAÇÕES CONTRATUAIS DE LONGO PRAZO E SEUS...

colaborativas como no caso do setor logístico e de transportes, *(ii)* execução de contratos de longo prazo.

No que se refere à moderna concepção empresarial da logística[26], a concepção, estratégia e execução desta atividade é indissociável da perspectiva de longo prazo. A inovação nos serviços de logística preconizada por N. Kakabadse[27] exige uma cooperação mais estreita entre as empresas e seus prestadores de serviços, e que resultam em parcerias de longo prazo, fundadas na confiança entre todas as partes envolvidas. É o modelo que se convencionou chamar de logística contratual e que apresente três características essenciais:

> "(a) Contract logistics contains long term relationships defined with a formal contract. (b) Contract logistics is not the outsourcing of a single logistics task but of multidimensional service bundles which contain a multitude of single logistics tasks. (c) Contract logistics is customer specific and therefore innovative."[28]

É neste modelo de *coordenação ideal entre todas as etapas da atividade logística* que deve ser interpretado o vínculo econômico entre a empresa Z e o Grupo Y. Assim, para o operador logístico, o fornecedor de

---

são discutidas, em uma perspectiva teórica, por GINSBURG, Douglas H.; WRIGHT, Joshua D. "Dynamic Analysis and the Limits of Antitrust Institutions". *Antitrust Law Journal*. Vol. 78, n. 1, 2012. pp. 1-21

[26] O conselho de profissionais de gerenciamento de cadeias de fornecimento (Council of Supply Chain Management Professionals) define "logística" como: "Logistics management is that part of supply chain management that plans, implements, and controls the efficient, effective forward and reverses flow and storage of goods, services and related information between the point of origin and the point of consumption in order to meet customers' requirements." Disponível em http://cscmp.org/about-us/supply-chain-management-definitions, acesso em 16/10/2013.

[27] KAKABADSE, Nada; KAKABADSE, Andrew. Critical Review – Outsourcing: A Paradigm Shift. *The Journal of Management Development*. vol. 19, 2000. pp. 670-728.

[28] KERSTEN, Wolfgang; HOHRATH, Philipp; KOCH, Jan "Innovative Logistics Services: Advantages and Disadvantages of Outsourcing Complex Service Bundles" *In:* BLECKER, Thorsten; KERSTEN, Wolfgang; HERSTATT, Cornelius (eds.). *Key Factors for Successful Logistics:* Services, Transportation Concepts, IT and Management Tools. Berlin: Erich Schmidt, 2007. p 39.

GILBERTO BERCOVICI

serviços de transporte é peça essencial para o desempenho eficiente de planejamento estratégico, que se desenvolverá essencialmente no decurso de um amplo intervalo temporal.

3. CONDUTAS ANTICONCORRENCIAIS NAS RELAÇÕES VERTICAIS DE LONGO PRAZO

Richard E. Speidel[29] comenta em artigo clássico os atributos específicos das relações contratuais de longo prazo, e como estes atributos interferem em sua interpretação e execução. Sua advertência bem-humorada diz *"the long-term supply contract is a bit more complex than the "one-shot" sale of Dobbin or Blackacre"*. É esta complexidade que devemos ter em mente ao avaliar sua intrínseca mutabilidade.

Considerando que os contratos de longo prazo se conformam pela dificuldade de planejamento integral prévio e pela importância de ajustes ulteriores, *"ambas as partes devem compreender que a viabilidade de um contrato de longo prazo depende da cooperação contínua em sua execução e planejamento subsequente"*.[30] A finalidade de tal dever de renegociação, reduzindo o risco de oportunismo contratual, é o de evitar que uma parte possa obter vantagens desproporcionais sobre a outra, o que se justificaria em uma perspectiva tradicional da disciplina contratual, ou baseada apenas no critério da eficiência, isolada das condições de mercado.[31]

---

[29] SPEIDEL, Richard E. "Court-imposed Price Adjustments under Long-term Supply Contracts". *Northwestern University Law Review*. vol. 76, n. 3, outubro, pp. 369-422, 1981.

[30] SPEIDEL, Richard E. "Court-imposed Price Adjustments under Long-term Supply Contracts"". *Northwestern University Law Review*. vol. 76, n. 3, outubro, p. 401, 1981. "Both parties should understand at the outset that the long-term viability of the contract will depend upon continuing cooperation in performance and subsequent planning."

[31] SPEIDEL, Richard E. "Court-imposed Price Adjustments under Long-term Supply Contracts". *Northwestern University Law Review*. vol. 76, n. 3, outubro, pp. 404-406, 1981: "Assume that after changes occur which upset the balance struck ex ante in a long-term contract, the disadvantaged party initiates negotiations and ultimately proposes an adjustment in the price term. What should the advantaged party do? Under the

ABUSO DAS RELAÇÕES CONTRATUAIS DE LONGO PRAZO E SEUS...

No caso específico examinado por Speidel, qual seja, a revisão judicial de preços no caso de contratos de longo prazo, esta se justifica pela violação de um verdadeiro dever de ajustar as cláusulas contratuais às novas condições negociais (*duty to ajust*)[32], de acordo com o princípio da boa-fé.[33]

Joachim Jickeli, ao examinar a questão dos prazos contratuais no caso das concentrações verticais – que demanda a avaliação de efeitos sobre terceiros – qualifica a posição teórica e jurisprudencial do direito concorrencial (alemão, no caso), como ambígua. Embora a questão do longo prazo não seja considerada como fundamental, sua influência é reconhecida.[34]

A expectativa de imutabilidade dos contratos de longo prazo é contraditada pelo caráter adaptativo destes acordos. Haverá condutas modificativas pelos contratantes. A questão é se a parte com poderes

---

efficiency analysis and traditional contract law, he may refuse to negotiate or adjust without legal consequences. No duties are imposed upon the advantaged party in the ex post bargaining process. This result is, in my judgment, unsound. (...) Instrumental reasons also support the imposition of ex post bargaining duties, whether they be to regulate improper advantage-taking or to reduce the risk of opportunism in a transaction effectively shielded from market forces."

[32] SPEIDEL, Richard E. "Court-imposed Price Adjustments under Long-term Supply Contracts *Northwestern University Law Review*. vol. 76, n. 3, outubro, pp. 404-405, 1981: "At a minimum, the advantaged party should have a legal duty to negotiate in good faith. At a maximum, he should have a legal duty to accept an "equitable" adjustment proposed in good faith. Breach of these duties constitutes improper conduct in the ex post bargaining setting and justifies appropriate judicial remedies, including a court-imposed price adjustment".

[33] SPEIDEL, Richard E. "Court-imposed Price Adjustments under Long-term Supply Contracts". *Northwestern University Law Review*. vol. 76, n. 3, outubro, p. 408, 1981: "the advantaged party has acted improperly if he refuses to negotiate in good faith over a proposed adjustment. Regardless of the seller's motive or the reasonableness of the initial proposal, there is a duty to negotiate in good faith."

[34] JICKELI, Joachim. *Der langfristige Vertrag: eine rechtswissenschaftliche Untersuchung auf institutionen-ökonomischer Grundlage*. Baden-Baden: Nomos, 1996. p. 175: "Laufzeitgrenzen vertikaler Bindungen: Bei Verträgen zwischen Unternehmen aufeinanderfolgender Wirtschaftsstufen wird Drittschutz unter dem Blickwinkel des potentiellen Wettbewerbs notwendig. (...) *Die Laufzeit der Verträge wird dabei bisher nicht schwerpunktmäßig betont, ist jedoch als Einflußgröße erkannt.*"

bastantes para barganhar os ajustes decorrentes do decurso temporal do contrato o fará de forma abusiva ou não. Se estes abusos repercutirem produzirem efeitos anticompetitivos no mercado, cabe à autoridade de defesa da concorrência reprimir a infração da ordem econômica perpetrada pelo agente.

A Lei n. 12.529/2011 define em seu artigo 36, as infrações da ordem econômica:

> "Artigo 36. Constituem infração da ordem econômica, independentemente de culpa, os atos sob qualquer forma manifestados, que tenham por objeto ou possam produzir os seguintes efeitos, ainda que não sejam alcançados:
>
> I – limitar, falsear ou de qualquer forma prejudicar a livre concorrência ou a livre iniciativa;
>
> II – dominar mercado relevante de bens ou serviços;
>
> III – aumentar arbitrariamente os lucros; e
>
> IV – exercer de forma abusiva posição dominante.
>
> (...)
>
> § 2º Presume-se posição dominante sempre que uma empresa ou grupo de empresas for capaz de alterar unilateral ou coordenadamente as condições de mercado ou quando controlar 20% (vinte por cento) ou mais do mercado relevante, podendo este percentual ser alterado pelo CADE para setores específicos da economia".

O artigo 36, § 3º da Lei n. 12.529/2011[35] enumera hipóteses das condutas previstas no *caput* do artigo 36. Esta enumeração não é exaustiva

---

[35] "Artigo 36, § 3º da Lei n. 12.529/2011: As seguintes condutas, além de outras, na medida em que configurem hipótese prevista no *caput* deste artigo e seus incisos, caracterizam infração da ordem econômica: I – acordar, combinar, manipular ou ajustar com concorrente, sob qualquer forma: a) os preços de bens ou serviços ofertados individualmente; b) a produção ou a comercialização de uma quantidade restrita ou limitada de bens ou a prestação de um número, volume ou frequência restrita ou limitada de serviços; c) a divisão de partes ou segmentos de um mercado atual ou potencial de bens ou serviços, mediante, dentre outros, a distribuição de clientes, fornecedores,

ABUSO DAS RELAÇÕES CONTRATUAIS DE LONGO PRAZO E SEUS...

e não constitui *numerus clausus*. O rol exemplificativo apenas racionaliza a identificação das condutas que, em geral, têm a capacidade de produzir os efeitos previstos no artigo 36, *caput*.

Como se expôs anteriormente, a questão concorrencial levantada no caso de integração vertical – como se dá na relação entre a operadora logística empresa Z e a transportadora ferroviária do Grupo Y – se refere à potencial exclusão de concorrentes do mercado, seja em razão da imposição de preços abusivos pela empresa dominante, seja pela

---

regiões ou períodos; d) preços, condições, vantagens ou abstenção em licitação pública; II – promover, obter ou influenciar a adoção de conduta comercial uniforme ou concertada entre concorrentes; III – limitar ou impedir o acesso de novas empresas ao mercado; IV – criar dificuldades à constituição, ao funcionamento ou ao desenvolvimento de empresa concorrente ou de fornecedor, adquirente ou financiador de bens ou serviços; V – impedir o acesso de concorrente às fontes de insumo, matérias-primas, equipamentos ou tecnologia, bem como aos canais de distribuição; VI – exigir ou conceder exclusividade para divulgação de publicidade nos meios de comunicação de massa; VII – utilizar meios enganosos para provocar a oscilação de preços de terceiros; VIII – regular mercados de bens ou serviços, estabelecendo acordos para limitar ou controlar a pesquisa e o desenvolvimento tecnológico, a produção de bens ou prestação de serviços, ou para dificultar investimentos destinados à produção de bens ou serviços ou à sua distribuição; IX – impor, no comércio de bens ou serviços, a distribuidores, varejistas e representantes preços de revenda, descontos, condições de pagamento, quantidades mínimas ou máximas, margem de lucro ou quaisquer outras condições de comercialização relativos a negócios destes com terceiros; X – discriminar adquirentes ou fornecedores de bens ou serviços por meio da fixação diferenciada de preços, ou de condições operacionais de venda ou prestação de serviços; XI – recusar a venda de bens ou a prestação de serviços, dentro das condições de pagamento normais aos usos e costumes comerciais; XII – dificultar ou romper a continuidade ou desenvolvimento de relações comerciais de prazo indeterminado em razão de recusa da outra parte em submeter-se a cláusulas e condições comerciais injustificáveis ou anticoncorrenciais; XIII – destruir, inutilizar ou açambarcar matérias-primas, produtos intermediários ou acabados, assim como destruir, inutilizar ou dificultar a operação de equipamentos destinados a produzi-los, distribuí-los ou transportá-los; XIV – açambarcar ou impedir a exploração de direitos de propriedade industrial ou intelectual ou de tecnologia; XV – vender mercadoria ou prestar serviços injustificadamente abaixo do preço de custo; XVI – reter bens de produção ou de consumo, exceto para garantir a cobertura dos custos de produção; XVII – cessar parcial ou totalmente as atividades da empresa sem justa causa comprovada; XVIII – subordinar a venda de um bem à aquisição de outro ou à utilização de um serviço, ou subordinar a prestação de um serviço à utilização de outro ou à aquisição de um bem; e XIX – exercer ou explorar abusivamente direitos de propriedade industrial, intelectual, tecnologia ou marca".

GILBERTO BERCOVICI

impossibilidade de acesso de terceiros a produtos/serviços controlados pela empresa dominante.

Jonathan B. Baker, em artigo recente, defende que a exclusão de concorrentes deve ser uma preocupação central do direito concorrencial[36], ao contrário da posição periférica que assume no discurso antitruste contemporâneo:

> "Exclusionary conduct is commonly relegated to the periphery in contemporary antitrust discourse, while price fixing, market division, and other forms of collusion are placed at the core of competition policy. When the term "hard core" is applied to an antitrust violation, or the "supreme evil" of antitrust is identified, the reference is invariably to cartels".[37]

Conforme relatado pela Consulente, a demanda gerada pela empresa Z e seus clientes "monopolizou" a malha ferroviária do Grupo Y para escoamento da produção de açúcar do interior de São Paulo aos terminais de exportação. Embora a redação original dos contratos submetidos à apreciação do CADE não apresentasse cláusula expressa de exclusividade e o Conselheiro Relator houvesse afastado a possibilidade de exclusividade *de facto*[38] com base nas informações prestadas pelas requerentes (perspectiva de uso de 20% a 30% da capacidade acrescida), não resta dúvida que a empresa Z hoje conta com o Grupo Y como prestador de serviços de transporte ferroviário de açúcar comprometido

---

[36] BAKER, Jonathan B. "Exclusion as Core Competition Concern". *Antitrust Law Journal*. Vol. 78, n. 3, pp. 527-589, 2013..

[37] BAKER, Jonathan B. "Exclusion as Core Competition Concern"". *Antitrust Law Journal*. Vol. 78, n. 3, p. 527, 2013. p. 527. O autor prossegue na p. 532: "The troublesome rhetorical consensus placing exclusionary conduct at antitrust's periphery, not its core, is not just unwarranted; it is damaging. The more that exclusion is downplayed rhetorically, the more that its legitimacy as a subject for antitrust enforcement will be undermined, so the greater the likelihood that antitrust rules will eventually change to limit enforcement against anticompetitive foreclosure when they should not. Accordingly, anticompetitive exclusion, like anticompetitive collusion, must be understood as a core concern of competition policy".

[38] GOURDON, Pascal. *L'Exclusivité*. Paris: L.G.D.J, 2006. p. 195.

com sua demanda. A prioridade contratual imposta pela empresa Z tem o efeito inconteste de negócio exclusivo, haja vista a alegada impossibilidade do Grupo Y em manejar volumes de transporte alheios à demanda da empresa Z. Se o resultado da exclusividade é a vedação de contratar com terceiros, é exatamente este efeito que os concorrentes da empresa Z suportam, diante da recusa do Grupo Y em contratar fretes ferroviários, por estar submetida às determinações quantitativas de transporte estabelecidas em contrato com a empresa Z.

Excluída do acesso ao transporte ferroviário, a Consulente – concorrente da empresa Z, como os demais operadores logísticos de graneis sólidos, sobretudo açúcar – dispõem apenas do transporte rodoviário, menos eficiente em todos os aspectos: preço mais elevado, maior perda de carga em transbordo e maior tempo no trajeto até o destino. Portanto, pretender que o transporte rodoviário seja substituto do transporte ferroviário, é desconsiderar a realidade concreta da estrutura deste mercado – grau de concentração, barreiras à entrada e dinâmica.

A operação descrita no Ato de Concentração informa que o Grupo Y tem como obrigação contratual garantir à empresa Z *"a prática de tarifas competitivas em relação ao modal rodoviário"*. Ora, se às concorrentes da empresa Z não resta senão o transporte sobre rodas, estas provavelmente estão submetidas a preços de frete mais altos do que aqueles que usufruiriam no modal ferroviário, agora inteiramente absorvido pela empresa Z. Por outro lado, a empresa Z pode eventualmente não repassar a seus clientes as vantagens de preço que o contrato com o Grupo Y lhe confere. Com tamanho poder econômico e controle de tão ampla clientela, a aplicação de margens de lucro excessivas não deve ser desconsiderada como mais um prejuízo à concorrência.

Os contratos entre a empresa Z e o Grupo Y, portanto, exibiram, no decurso do tempo, o efeito de constituir verdadeiro privilégio da empresa Z em usufruir com exclusividade da rede ferroviária concedida ao Grupo Y, inviabilizando a continuidade das atividades de suas concorrentes. As vantagens competitivas que alegadamente resultariam da operação reverteram-se em abusivo prejuízo da livre concorrência, infração prevista no artigo 36, I da Lei n. 12.529/2011.

GILBERTO BERCOVICI

Retomando a recente advertência de Joseph B. Baker para que as autoridades de defesa da concorrência exibam o mesmo rigor na repressão às condutas exclusionárias:

> "Enforcers and commentators routinely describe anticompetitive exclusion as a lesser offense than anticompetitive collusion. The absence of rhetorical parity misleads because the two types of conduct harm competition in similar ways and are treated comparably in the framing of antitrust rules. Nor do policy considerations, whether or not discussed in "error cost" terms, suggest downplaying exclusion relative to collusion in antitrust enforcement. The rhetorical relegation of anticompetitive exclusion to antitrust's periphery must end. The more that exclusion is described as a lesser offense, the more its legitimacy as a subject for antitrust enforcement will be undermined and the greater the likelihood that antitrust rules will eventually change to limit enforcement against anticompetitive foreclosure when they should not. It is time to recognize that exclusion, like collusion, is at the core of sound competition policy"[39].

4. A MALHA FERROVIÁRIA E A DOUTRINA DAS *"ESSENTIAL FACILITIES"*

A malha ferroviária concedida pela União Federal para o Grupo Y deve ser compreendida como uma *essential facility* para a logística de exportação do açúcar brasileiro. De acordo com boa parte dos autores que pesquisam a proteção à concorrência, como Herbert Hovenkamp e Massimo Motta, por exemplo, a doutrina da *"essential facility"* é das mais problemáticas e incoerentes do direito concorrencial. Em termos gerais, o proprietário de uma, assim definida, *"essential facility"* tem o dever de compartilhá-la com outros. Caso este se recuse a fazê-lo, estará infringindo a legislação de proteção à concorrência. Portanto, a concepção de *"essential facility"* está muito vinculada à recusa de contratar. O problema central está em definir o que pode e o que não pode ser definido como

---

[39] BAKER, Jonathan B. "Exclusion as Core Competition Concern". *Antitrust Law Journal.* Vol. 78, n. 3, p. 589, 2013.

ABUSO DAS RELAÇÕES CONTRATUAIS DE LONGO PRAZO E SEUS...

"essential facility", cuja dificuldade está na decisão sobre a essencialidade e sobre a dificuldade em reproduzir determinado bem ou infraestrutura.[40]

A concepção de *"essential facility"* é uma criação jurisprudencial norte-americana. A sua origem está no caso *United States v. Terminal Railroad Association of Saint Louis*[41], no qual um grupo de empresas que controlava uma ponte ferroviária e a infraestrutura de transferência e estocagem de bens no Rio Mississipi, foi obrigado a dividir as suas instalações com outras empresas ferroviárias. Outra decisão célebre, em uma perspectiva mais moderna, sobre *"essential facilities"*, ocorreu no caso *Otter Tail Power Co. v. United States*.[42] A decisão da Suprema Corte foi no sentido da condenação da recusa de compartilhamento de uma *"public utility"* (um serviço público), em um setor regulado caracterizado por existirem monopólios naturais (o setor de eletricidade). A companhia foi condenada a compartilhar sua rede com companhias municipais que desejavam se abastecer de energia com outros fornecedores.[43]

Dois casos são, ainda, importantes na jurisprudência norte-americana sobre *"essential facilities"* e devem ser mencionados. O caso *MCI Communications Corp. v. AT&T*[44] influenciou várias outras decisões ao

---

[40] HOVENKAMP, Herbert. *Federal Antitrust Policy:* The Law of Competition and Its Practice. 3ª ed. St. Paul, Thomson/West, 2005. pp. 309 e 311-313 e MOTTA, Massimo. *Competition Policy:* Theory and Practice 12ª ed. Cambridge/New York: Cambridge University Press, 2009. pp. 66-68. *Vide*, ainda, KEZSBOM, Allen; GOLDMAN, Alan V. "No Shortcut Analysis: The Twisted Journey of the 'Essential Facilities' Doctrine". *Columbia Business Law Review*. Vol. 1, pp. 1, 31 e 34-36, 1996.; LIPSKY Jr., Abbot B.; SIDAK, J. Gregory "Essential Facilities". *Stanford Law Review*. Vol. 51, pp. 1212-1215, 1998-1999 e NESTER, Alexandre Wagner. *Regulação e Concorrência:* Compartilhamento de Infra-Estruturas e Redes. São Paulo: Dialética, 2006. pp. 109-111 e 183-189.

[41] U.S. 383 (1912)

[42] 410 U.S. 366 (1973)

[43] HOVENKAMP, Herbert. *Federal Antitrust Policy:* The Law of Competition and Its Practice. 3ª ed. St. Paul: Thomson/West, 2005. pp. 309-310; SALOMÃO Filho, Calixto. "Tratamento Jurídico dos Monopólios em Setores Regulados e Não Regulados" *In: Regulação e Concorrência:*Estudos e Pareceres. São Paulo: Malheiros, 2002. p. 39 e NESTER, Alexandre Wagner. *Regulação e Concorrência:* Compartilhamento de Infra-Estruturas e Redes. São Paulo: Dialética, 2006. pp. 82-83 e 93-95.

[44] 708 F. 2 d 1081 (7th circ.) 1983

GILBERTO BERCOVICI

definir quais seriam os quatro elementos essenciais para uma *"essential facility"*: a) o controle da *"essential facility"* por um monopolista; b) a impossibilidade prática ou razoável para que os competidores possam duplicar a *"essential facility"*; c) a recusa de autorização para que um competidor utilize a *"essential facility"*; d) a possibilidade de fornecer a *"essential facility"*.[45] Finalmente, a decisão proferida no caso *Verizon Communications Inc. v. Law Offices of Curtis V. Trinko*[46] definiu que uma *"essential facility"* só existe em situações nas quais: a) a *"facility"* demandada é essencial no sentido de que os competidores não são capazes de se suprir por si mesmos; b) a *"facility"* que está sendo exigida seja algo sobre o qual o demandado detenha o completo desenvolvimento e que, ainda, ele estaria comercializando com outros; c) a venda para os competidores seria "racional" no sentido de que seria, no mínimo, tão lucrativa quanto a venda para terceiros; d) não haveria nenhuma agência reguladora supervisionando ativamente a exigência de partilha compulsória.[47]

De acordo com o levantamento efetuado por Hovenkamp, a maioria das decisões judiciais norte-americanas sobre *"essential facilities"* trata das seguintes categorias: a) monopólios naturais ou *joint-ventures* sujeitos a significativas economias de escala; b) estruturas, plantas ou outros ativos produtivos valiosos que foram criados como parte do regime

---

[45] HOVENKAMP, Herbert. *Federal Antitrust Policy:* The Law of Competition and Its Practice. 3ª ed. St. Paul: Thomson/West, 2005. pp. 310 e 723-724; PITOFSKY, Robert; PATTERSON, Donna; HOOKS, Jonathan. "The Essential Facilities under U.S. Antitrust Law". *Antitrust Law Journal*. Vol. 70, pp. 451-452, 2002-2003.; MESTMÄCKER, Ernst-Joachim; SCHWEITZER, Heike. *Europäisches Wettbewerbsrecht*. 2ª ed. München: Verlag C. H. Beck, 2004. p. 448 e NESTER, Alexandre Wagner. *Regulação e Concorrência:* Compartilhamento de Infra-Estruturas e Redes. São Paulo: Dialética, 2006. pp. 99-100 e 165.

[46] 540 U.S. 398 (2004)

[47] HOVENKAMP, Herbert. *Federal Antitrust Policy:* The Law of Competition and Its Practice. 3ª ed. St. Paul: Thomson/West, 2005. p. 310 e SALOMÃO Filho, Calixto. "Tratamento Jurídico dos Monopólios em Setores Regulados e Não Regulados" *In: Regulação e Concorrência:*Estudos e Pareceres. São Paulo: Malheiros, 2002. p. 40. *Vide*, ainda, KEZSBOM, Allen; GOLDMAN, Alan V. "No Shortcut Analysis: The Twisted Journey of the 'Essential Facilities' Doctrine". *Columbia Business Law Review*. Vol. 1, pp. 19, 1996.

ABUSO DAS RELAÇÕES CONTRATUAIS DE LONGO PRAZO E SEUS...

regulatório, sendo monopólios naturais ou não; c) estruturas de posse do governo, cuja criação ou manutenção é subsidiada. O comum nestas três hipóteses é o fato de que aquele que detém o controle ou acesso àquelas determinadas estruturas pode ter vantagens significativas de custos sobre os que não têm. Uma *"essential facility"* deve definir o mercado relevante ou a porção substancial de um. Se não constitui ou controla um mercado relevante, a *"facility"* dificilmente poderá ser considerada "essencial".[48]

Outra característica fundamental de uma *"essential facility"*, ainda, segundo Calixto Salomão Filho, seria a situação de dependência de um agente econômico em relação ao outro, acarretada pela falta de acesso àquele bem ou infraestrutura, tornando inviável a oferta de seus produtos ou serviços. O núcleo material da categoria tipificada como *"essential facility"* é, assim, a alavancagem do poder de monopólio. Por esta razão, a "essencialidade" da *"facility"* está vinculada à questão das relações concorrenciais e ao poder exercido no mercado. A negativa de acesso pelo detentor da *facility"* deve gerar um efeito concorrencial que prejudique a empresa que pretendia ter acesso a ela. Portanto, como bem afirmam Mestmäcker e Schweitzer, as *"essential facilities"* não se prestam apenas para impor, de maneira genérica, a abertura de infraestruturas ou bens monopolizados, mas são úteis para que se atue sobre os efeitos concorrenciais decorrentes da negativa de acesso a infraestruturas e bens em um dado mercado. O detentor da *"essential facility"* deve, portanto, ser impedido de ampliar sua posição no mercado e eliminar a competição com base no aproveitamento restrito das instalações que lhe são exclusivas.[49]

---

[48] HOVENKAMP, Herbert. *Federal Antitrust Policy:* The Law of Competition and Its Practice. 3ª ed. St. Paul: Thomson/West, 2005. pp. 310-311.

[49] LIPSKY Jr., Abbot B.; SIDAK, J. Gregory "Essential Facilities" . *Stanford Law Review.* Vol. 51, pp. 1211, 1998-1999; SALOMÃO Filho, Calixto "Tratamento Jurídico dos Monopólios em Setores Regulados e Não Regulados" *In: Regulação e Concorrência:*Estudos e Pareceres. São Paulo: Malheiros, 2002. pp. 40-42; PITOFSKY, Robert; PATTERSON, Donna; HOOKS, Jonathan. "The Essential Facilities under U.S. Antitrust Law" " *Antitrust Law Journal.* Vol. 70, pp. 448-451, 2002-2003. e MESTMÄCKER, Ernst-Joachim; SCHWEITZER, Heike. *Europäisches Wettbewerbsrecht.* 2ª ed. München: Verlag C. H. Beck, 2004. p. 449.

GILBERTO BERCOVICI

A descrição de Abbot B. Lipsky Jr e de J. Gregory Sidak é interessante, justamente, por ressaltar esta vinculação entre *"essential facilities"* e o abuso do poder econômico:

> "The first important recognition is that true essential facilities – that is, facilities with market power in a defined and relevant geographic and product market-are inherently impervious to the fundamental solutions usually offered by antitrust enforcement. Antitrust law prohibits and deters behavior that reduces competition in markets where rivalry among independent suppliers of substitutes can exist. If a facility is essential – if its owner can exercise monopoly power in the relevant market – then competition in the market for the service provided by the facility can only be restored under one narrow condition: when the "facility" is actually a collection of competitors if placed under separate control. In the typical essential facilities doctrine case this remedy is impossible, because the facility in question consists of a single, integrated functional unit, like a stadium or a pipeline, whose cost characteristics give it overwhelming advantages over competitors".[50]

No caso europeu, a relevância prática da doutrina das *"essential facilities"* está diretamente relacionada à desregulamentação dos monopólios, geralmente estatais, nos setores de telecomunicações, energia e transportes. Tais mercados caracterizam-se por estruturas em rede, cujas particularidades devem ser consideradas no plano da concorrência por redes e no plano da competição de serviços prestados mediante o uso destas redes. O objetivo das políticas de desregulamentação e privatização era possibilitar a concorrência em ambos os níveis. De certa forma, é até desejável ao operador de uma rede, do ponto de vista estritamente econômico, possibilitar o acesso pago ao máximo de usuários. Os interesses se modificam, no entanto, quando o usuário de uma rede pretende explorá-la comercialmente e o operador da rede oferece os mesmos serviços, ou seja, integra-se verticalmente nesta mesma rede. Neste caso, há grande possibilidade de que o operador da rede aproveite

---

[50] LIPSKY Jr., Abbot B.; SIDAK, J. Gregory "Essential Facilities" . *Stanford Law Review*. Vol. 51, pp. 1217, 1998-1999.

ABUSO DAS RELAÇÕES CONTRATUAIS DE LONGO PRAZO E SEUS...

sua posição dominante em benefício de suas próprias atividades. Em setores econômicos até então monopolizados, o acesso a infraestruturas e redes é um pré-requisito necessário para uma transição ao sistema de competição no mercado. E esta complexidade da transição para a concorrência, tanto no plano político, quanto técnico e econômico, explica a regulação específica para determinados setores da economia.[51]

Na Europa, ainda, a Comissão Europeia consolidou em sua jurisprudência o entendimento de que o impedimento ao acesso às chamadas *"essential facilities"* representa uma conduta concorrencial abusiva, nos termos do artigo 82 do Tratado da União Europeia.[52] A recusa de acesso a uma *"facility"*, como uma infraestrutura, é uma forma de recusa de contratar, e, portanto, alguns princípios gerais aplicam-se à avaliação deste tipo de conduta. Quanto à diferenciação em relação às demais formas de recusa de contratar, um primeiro critério é o objeto do negócio: a recusa de contratar em geral refere-se à recusa de uma empresa dominante em fornecer bens e serviços relacionados às suas atividades "usuais, corriqueiras", diretamente ligadas ao seu objeto social. A doutrina das *"essential facilities"* refere-se ao acesso a infraestruturas primárias para o desempenho de atividades internas das empresas. Na União Europeia, a interpretação do artigo 82 do Tratado segundo a doutrina

---

[51] MESTMÄCKER, Ernst-Joachim; SCHWEITZER, Heike. *Europäisches Wettbewerbsrecht*, 2ª ed. München: Verlag C. H. Beck, 2004. p. 445 e NESTER, Alexandre Wagner. *Regulação e Concorrência*: Compartilhamento de Infra-Estruturas e Redes. São Paulo: Dialética, 2006. pp. 112-124 e 154-156.

[52] "Artigo 82 do Tratado que Institui a Comunidade Europeia, publicado em 24 de dezembro de 2002: É incompatível com o mercado comum e proibido, na medida em que tal seja suscetível de afetar o comércio entre os Estados-Membros, o fato de uma ou mais empresas explorarem de forma abusiva uma posição dominante no mercado comum ou numa parte substancial deste. Estas práticas abusivas podem, nomeadamente, consistir em: a) Impor, de forma direta ou indireta, preços de compra ou de venda ou outras condições de transação não equitativas; b) Limitar a produção, a distribuição ou o desenvolvimento técnico em prejuízo dos consumidores; c) Aplicar, relativamente a parceiros comerciais, condições desiguais no caso de prestações equivalentes colocando-os, por esse fato, em desvantagem na concorrência; d) Subordinar a celebração de contratos à aceitação, por parte dos outros contraentes, de prestações suplementares que, pela sua natureza ou de acordo com os usos comerciais, não têm ligação com o objeto desses contratos".

GILBERTO BERCOVICI

das *"essential facilities"* começou com casos do setor portuário: *Sealink I*[53], *Sealink II*[54] e *Porto de Rodby*.[55] Estes casos referiam-se à situação na qual o proprietário e operador de um terminal portuário oferecia também serviços de transporte e impedia o acesso de um concorrente ao porto ou não oferecia este acesso em condições razoáveis.[56]

No caso *"Magill"*[57] há a mesma argumentação. Porém, aqui, deve-se discutir se é cabível generalizar os elementos da doutrina das *"essential facilities"* para o caso de novos mercados. De qualquer forma, a Corte Europeia entendeu que uma empresa em posição relevante pode ser obrigada a uma conduta pró-concorrencial, ainda que se trate de um novo mercado, sem, no entanto, estabelecer que a novidade de um produto seja um elemento obrigatório para fundamentar uma violação ao artigo 82. O caso *"Bronner"*[58] também é importante para a compreensão do alcance que a Corte Europeia tem dado a este tema. A empresa *Oskar Bronner GmbH*, editora do jornal *"Der Standard"*, com participação

---

[53] KomE 11.6.1992, Az. IV/34174.

[54] KomE 21.12.1993, ABl. 1994, N. L 15/8.

[55] KomE 21.12.1993, ABl. 1994, N. L55/52. Este é um trecho da decisão da Comissão Europeia, ao aplicar o antigo artigo 86 do Tratado da União Europeia (atual artigo 82) no caso "Porto de Rodby": "Uma empresa com posição dominante em um mercado, que disponha de uma infra-estrutura (ou que tenha esta posição dominante em razão de dispor desta infra-estrutura) sem a qual os demais concorrentes não podem atender a seus clientes, que utilize esta mesma estrutura e impeça injustificadamente seu acesso aos demais participantes deste mercado, ou permita o acesso em condições desfavoráveis, viola o art. 86 [= art. 82], contanto que os demais requisitos deste artigo sejam preenchidos. Uma empresa em posição dominante não pode tomar ações discriminatórias em benefício próprio. O proprietário de uma infra-estrutura essencial, que se aproveita do próprio poder para fortalecer sua posição em um determinado mercado, ao impedir que seus concorrentes acessem estas estruturas, ou que lhes permita o acesso em condições prejudiciais, de forma a afetar negativamente a competitividade de seus concorrentes, viola o art. 86 [= art. 82]".

[56] MESTMÄCKER, Ernst-Joachim; SCHWEITZER, Heike. *Europäisches Wettbewerbsrecht*, 2ª ed. München: Verlag C. H. Beck, 2004. pp. 445 e 449-450 e NESTER, Alexandre Wagner. *Regulação e Concorrência:* Compartilhamento de Infra-Estruturas e Redes. São Paulo: Dialética, 2006. pp. 138-142.

[57] EuGH 6.4.1995, Slg. 1995 I 743.

[58] EuGH 26.11.1998, Slg. 1998 I 7791.

ABUSO DAS RELAÇÕES CONTRATUAIS DE LONGO PRAZO E SEUS...

de 3,6% no mercado austríaco de jornais diários, era concorrente do grupo *Mediaprint* (detentor de 46,8% do mercado austríaco). O grupo *Mediaprint* desenvolveu um sistema de distribuição em domicílio, o único de alcance nacional na Áustria. A empresa *Bronner* pretendia ter acesso a este sistema de distribuição, mediante pagamento justo. A Corte Europeia decidiu que a recusa da *Mediaprint* em permitir o uso de seu sistema de distribuição não representava qualquer violação ao antigo artigo 86 do Tratado da União Europeia (atual artigo 82). A Corte não se referiu expressamente ao conceito de *"essential facility"*, mas entendeu que deveria ser averiguado se *"o canal de distribuição era essencial para a venda de jornais"*. A Corte Europeia estabeleceu, então, três critérios para configurar uma violação ao antigo artigo 86 do Tratado da União Europeia (atual artigo 82): a) a recusa de acesso à *"facility"* (aqui, o sistema de distribuição) deve afetar a concorrência no respectivo mercado (aqui, o mercado de jornais diários), impossibilitando a competição da empresa que teve o acesso àquela estrutura ou bem recusado; b) a recusa não pode ser justificada objetivamente; c) não pode haver um substituto, efetivo ou potencial, para a referida *"facility"*.[59]

Quanto à questão se uma *"facility"* é "essencial", o aspecto decisivo, segundo Mestmäcker e Schweitzer, é a possibilidade de duplicação. Após o julgamento do caso *"Bronner"*, as autoridades comunitárias europeias decidiram que a *"facility"* deve ser imprescindível para o exercício da atividade empresarial do concorrente, de maneira a não se vislumbrar forma alternativa atual ou futura. Neste caso, inclusive, foi considerada a possibilidade de entrega pelo correio e venda em pontos comerciais, ainda que estas opções não fossem tão vantajosas para a empresa *Bronner*. Ainda foi considerada a hipótese de desenvolvimento de um sistema de distribuição próprio, ainda que não se tratasse de hipótese rentável para o concorrente. Destes elementos, Mestmäcker e Schweitzer concluem que simples dificuldades à competitividade do negócio não são relevantes. Uma *"facility"* não é essencial se, em decorrência

---

[59] MESTMÄCKER, Ernst-Joachim; SCHWEITZER, Heike. *Europäisches Wettbewerbsrecht*, 2ª ed. München: Verlag C. H. Beck, 2004. p. 451 e NESTER, Alexandre Wagner. *Regulação e Concorrência*: Compartilhamento de Infra-Estruturas e Redes. São Paulo: Dialética, 2006. pp. 131-132 e 142-146.

de não ter acesso a ela, um concorrente acabe dispondo de condições ruins para venda de seus produtos/serviços e, por esta razão, ficasse com uma posição competitiva fraca. O estabelecimento de uma *"facility"* equiparável está excluída quando esta ação é impossível (no caso *"Porto Rodby"*, a autorização para construção de um novo terminal portuário foi negada) ou é de tal forma onerosa que se torne impraticável para o concorrente. O obstáculo econômico só será insuperável se configurar, para todo e qualquer concorrente, um custo que impeça o acesso ao mercado. Neste sentido, a jurisprudência da Corte Europeia é mais restritiva que o entendimento da Comissão Europeia, ao exigir que a *"essential facility"* seja configurada como uma barreira de acesso ao mercado para todo e qualquer concorrente. Analisando estas decisões, Mestmäcker e Schweitzer afirmam que a recusa de acesso a *"essential facilities"* por si só não violaria o artigo 82 do Tratado da União Europeia, se esta recusa for justificada objetivamente. A justificativa geralmente mais aceita diz respeito à limitação da capacidade de utilização da *"essential facility"*. Seja plausível ou não esta justificativa, não é possível, no entanto, alegar a obrigação do proprietário da *"facility"* em ampliar sua capacidade de acesso e funcionamento. Também pode ser negado o uso de *"facilities"* por concorrentes que não atendam a critérios técnicos e econômicos pré-determinados. Em qualquer dos casos, o proprietário da *"facility"* tem direito a ser compensado pelos custos do seu estabelecimento e manutenção. Caso esta contrapartida não possa ser prestada, uma negativa de acesso também é plenamente justificável.[60]

Todas as características determinantes de uma *"essential facility"* são constatadas neste caso. Há o controle da suposta *"essential facility"* por um monopolista. Não existe também qualquer possibilidade prática ou razoável para que os competidores possam duplicar a *"essential facility"*. Uma *"essential facility"* só existe em situações nas quais a *"facility"* demandada é essencial no sentido de que os competidores não são capazes de se suprir por si mesmos, como ocorre no presente caso. Além disto, está presente a situação de dependência, característica central de uma *"essential facility"*.

---

[60] MESTMÄCKER, Ernst-Joachim; SCHWEITZER, Heike. *Europäisches Wettbewerbsrecht,* 2ª ed. München: Verlag C. H. Beck, 2004. pp. 452-453.

ABUSO DAS RELAÇÕES CONTRATUAIS DE LONGO PRAZO E SEUS...

As ferrovias concedidas ao Grupo Y constituem um monopólio natural regulado e detido pelo Estado, não havendo possibilidade econômica de sua duplicação, configurando efetivamente uma *"essential facility"*.

RESPOSTA

Diante da argumentação exposta, concluo:

1. A relação contratual privada entre o Grupo Y e a empresa Z afeta a natureza jurídica da concessão pública de que a infraestrutura ferroviária em comento é objeto?

A relação contratual existente entre a empresa Z e o Grupo Y, concessionário de serviço público de transporte ferroviário, acarreta o controle externo por parte da empresa Z. Deste modo, todo o serviço público de transporte ferroviário operado pelo Grupo Y está submetido às decisões empresariais da empresa Z, que não é concessionária de serviço público. O que parece haver de fato é uma transferência indireta do controle sobre os destinos da concessão. Ora, esta transferência indireta do controle sobre a concessão de serviço público de transporte ferroviário do Grupo Y para a empresa Z é absolutamente ilegal, não sendo possível enquadrá-la sob o instituto da "subconcessão" ou sob o instituto da transferência de concessão propriamente dita, ambas admitidas, dentro de determinadas condições, pela Lei n. 8.987/1995. A transferência indireta de controle sobre a concessão de serviço público de transporte ferroviário do Grupo Y para a empresa Z não se enquadra nos requisitos legais necessários, sendo uma forma ilegítima e ilegal de assunção de controle de uma concessão pública por parte de um agente econômico privado.

2. O exercício das prerrogativas contratuais da empresa Z, no âmbito da execução dos contratos de longo prazo com o Grupo Y, constitui abuso de dominação na esfera concorrencial, autorizando a intervenção do Sistema Brasileiro de Defesa da Concorrência?

No que se refere à moderna concepção empresarial da logística, a concepção, estratégia e execução desta atividade é indissociável da perspectiva de longo prazo.

A expectativa de imutabilidade dos contratos de longo prazo é contraditada pelo caráter adaptativo destes acordos. Haverá condutas modificativas pelos contratantes. A questão é se a parte com poderes bastantes para barganhar os ajustes decorrentes do decurso temporal do contrato o fará de forma abusiva ou não. Se estes abusos repercutirem produzirem efeitos anticompetitivos no mercado, cabe à autoridade de defesa da concorrência reprimir a infração da ordem econômica perpetrada pelo agente, nos termos do artigo 36, *caput*, da Lei n. 12.529/2011.

A questão concorrencial levantada no caso de integração vertical – como se dá na relação entre a operadora logística empresa Z e a transportadora ferroviária do Grupo Y – se refere à potencial exclusão de concorrentes do mercado, seja em razão da imposição de preços abusivos pela empresa dominante, seja pela impossibilidade de acesso de terceiros a produtos/serviços controlados pela empresa dominante.

No caso em tela, a demanda calibrada pela empresa Z (em seu próprio interesse e de seus clientes) "monopolizou" a malha ferroviária do Grupo Y para escoamento da produção de açúcar do interior de São Paulo aos terminais de exportação. A prioridade contratual usufruída pela empresa Z tem o efeito inconteste de um negócio exclusivo, haja vista a alegada impossibilidade do Grupo Y em manejar volumes de transporte alheios à demanda da empresa Z. Se o resultado da exclusividade é a vedação de contratar com terceiros, é exatamente este efeito que os concorrentes da empresa Z suportam, diante da recusa do Grupo Y em contratar fretes ferroviários, por estar submetida às determinações quantitativas de transporte estabelecidas em contrato com a empresa Z.

Os contratos entre a empresa Z e o Grupo Y, portanto, exibiram, no decurso do tempo, o efeito de constituir verdadeiro privilégio da empresa Z em usufruir com exclusividade da rede ferroviária concedida ao Grupo Y, inviabilizando a continuidade das atividades de suas concorrentes. As vantagens competitivas que alegadamente resultariam da operação reverteram-se em abusivo prejuízo da livre concorrência, infração prevista no artigo 36, I da Lei n. 12.529/2011.

ABUSO DAS RELAÇÕES CONTRATUAIS DE LONGO PRAZO E SEUS...

3. A malha ferroviária outorgada em concessão ao Grupo Y constitui uma *essential facility* para a disciplina concorrencial?

A malha ferroviária concedida pela União Federal para o Grupo Y deve ser compreendida como uma *essential facility* para a logística de exportação do açúcar brasileiro. Todas as características determinantes de uma *"essential facility"* são constatadas neste caso. Há o controle da suposta *"essential facility"* por um monopolista. Não existe também qualquer possibilidade prática ou razoável para que os competidores possam duplicar a *"essential facility"*. Uma *"essential facility"* só existe em situações nas quais a *"facility"* demandada é essencial no sentido de que os competidores não são capazes de se suprir por si mesmos, como ocorre no presente caso. Além disto, está presente a situação de dependência, característica central de uma *"essential facility"*. As ferrovias concedidas ao Grupo Y constituem um monopólio natural regulado e detido pelo Estado, não havendo possibilidade econômica de sua duplicação, configurando efetivamente uma *"essential facility"*.

Este é o meu parecer.

São Paulo, 13 de dezembro de 2013.

POLÍTICA INDUSTRIAL

A "QUESTÃO SIDERÚRGICA" E O PAPEL DO ESTADO NA INDUSTRIALIZAÇÃO BRASILEIRA[*]

A metalurgia no Brasil foi introduzida nos tempos coloniais. Todas as ferramentas eram importadas, o que demonstra a necessidade de haver fundições nas colônias americanas. O primeiro engenho de fundir ferro erguido no continente situava-se, por volta de 1550, próximo a Sorocaba, no morro do Araçoiaba, pertencendo a Afonso Sardinha. Haveria um outro engenho de fundir ferro a duas léguas da vila de São Paulo, em Santo Amaro do Ibirapuera, na margem esquerda do rio Pinheiros, de propriedade de Diogo de Quadros e de Francisco Lopes Pinto, que teria funcionado de 1607 até 1629.[1] O método utilizado era

---

[*] Este texto foi publicado na *Revista do Instituto Histórico e Geographico Brazileiro*, vol. 452, 2011, pp. 373-414 e no livro CLARK, Giovani; CORRÊA, Leonardo Alves; NASCIMENTO, Samuel Pontes do (orgs.). *Direito Econômico em Debate*, São Paulo: LTr, 2015. pp. 15-58.

[1] ESCHWEGE, Wilhelm von. *Pluto Brasiliensis*. Belo Horizonte/São Paulo: Itatiaia/EDUSP, 1979. Vol. 2, pp. 201-202; HOLANDA, Sergio Buarque de. *Caminhos e Fronteiras*. 3ª ed. São Paulo: Companhia das Letras, 1994. pp. 157-167; BARBOSA, Francisco de Assis. *Dom João VI e a Siderurgia no Brasil*. Rio de Janeiro: Biblioteca do Exército, 1958. pp. 24-32; BAER, Werner. *Siderurgia e Desenvolvimento Brasileiro*. Rio de Janeiro: Zahar, 1970. pp. 71-73 e BARROS, Geraldo Mendes. *História da Siderurgia no Brasil – Século XIX*. Belo Horizonte: Imprensa Oficial, 1989. pp. 35-38.

GILBERTO BERCOVICI

o da "forja catalã".[2] Em 1780, o Governador da Capitania de Minas Gerais, Rodrigo José de Menezes, propõe a instalação de uma fábrica de ferro em Minas Gerais às autoridades coloniais, iniciativa que não teria como prosperar, especialmente após o Alvará de 5 de janeiro de 1785, de D. Maria I, que proibia toda e qualquer instalação de indústria ou manufatura nas colônias portuguesas.[3]

A política portuguesa muda com o Príncipe Regente D. João e a administração de Dom Rodrigo de Sousa Coutinho (futuro Conde de Linhares).[4] As minas passam a ser regidas pelo Regimento de 13 de maio de 1803, que teve sua elaboração atribuída a José Bonifácio de Andrada e Silva e a Manuel Ferreira da Câmara Bittencourt Aguiar e Sá (o Intendente Câmara). O Regimento de 1803 tentou modernizar a exploração das minas brasileiras, com redução de impostos, incentivos à constituição de companhias mineradoras, novos limites de concessão e estímulos a novos descobrimentos, além de uma preocupação inédita com a preservação das florestas.[5] Em 1808, no entanto, há um novo

---

[2] Para uma descrição dos métodos de fundição do ferro, desde as forjas catalã e italiana até o alto-forno, *vide* GOMES, Francisco Magalhães. *História da Siderurgia no Brasil*. Belo Horizonte/São Paulo: Itatiaia/EDUSP, 1983. pp. 24-30.

[3] MENDONÇA, Marcos Carneiro de. *O Intendente Câmara:* Manuel Ferreira da Câmara Bethencourt e Sá, Intendente Geral das Minas e dos Diamantes, 1764-1835. 2ª ed. São Paulo: Cia. Ed. Nacional, 1958. pp. 71-73; BARBOSA, Francisco de Assis. *Dom João VI e a Siderurgia no Brasil*. Rio de Janeiro: Biblioteca do Exército, 1958. pp. 32-35 e BARROS, Geraldo Mendes. *História da Siderurgia no Brasil – Século XIX*. Belo Horizonte: Imprensa Oficial, 1989. pp. 38-43.

[4] MENDONÇA, Marcos Carneiro de. *O Intendente Câmara*. 2ª ed. São Paulo: Cia. Ed. Nacional, 1958. pp. 38-70 e BARBOSA, Francisco de Assis. *Dom João VI e a Siderurgia no Brasil*. Belo Horizonte: Imprensa Oficial, 1989. pp. 35-51.

[5] CALÓGERAS, João Pandiá. *As Minas do Brasil e Sua Legislação*. Rio de Janeiro: Imprensa Nacional, 1904. Vol. I, pp. 154-160; MENDONÇA, Marcos Carneiro de. *O Intendente Câmara*. 2ª ed. São Paulo: Cia. Ed. Nacional, 1958. pp. 118-138 e COMPANHIA VALE DO RIO DOCE. *A Mineração no Brasil e a Companhia Vale do Rio Doce*. Rio de Janeiro: Companhia Vale do Rio Doce, 1992. pp. 88-90. Eschwege critica o Regimento de 1803, entendendo-o como um texto europeu que não estaria adaptado ao Brasil. *Vide* ESCHWEGE, Wilhelm von. *Pluto Brasiliensis*. Belo Horizonte/São Paulo: Itatiaia/EDUSP, 1979. Vol. 2, pp. 271-277. Sobre a decadência da mineração, *vide*, ainda, PRADO Jr., Caio. *Formação do Brasil Contemporâneo – Colônia*. 22ª ed. São Paulo: Brasiliense, 1992. pp. 169-174.

A "QUESTÃO SIDERÚRGICA" E O PAPEL DO ESTADO NA...

Regimento, de 1º de julho, que revoga o de 1803, preocupado com as fundições e a circulação de ouro. As sociedades de mineração foram reguladas pela Carta Régia de 12 de agosto de 1817, endereçada ao Capitão-Geral de Minas Gerais. O artigo 8º desta Carta Régia concedia o direito de lavrar em terras particulares. Haveria preferência do proprietário do solo durante um determinado prazo. Esgotado este prazo, a sociedade de mineração poderia explorar as jazidas ou minas existentes, pagando uma compensação. Não se alterou o direito real sobre as minas e jazidas, que continuaram de propriedade da Coroa. A concessão sempre era da exploração, não da propriedade da mina. Apenas excepcionalmente poderia ocorrer a transmissão de propriedade, nos casos de doação explícita da Coroa.[6]

A implantação de uma indústria siderúrgica foi permeada de equívocos e obstáculos. Foram promovidas três fábricas de ferro, isoladas e sem comunicações: a Fábrica Patriótica, em Congonhas do Campo (MG), sob direção do Barão Wilhelm von Eschwege, alemão que já prestara serviços à Coroa portuguesa; a Fábrica Real do Morro de Gaspar Soares (MG), também conhecida como Morro do Pilar, sob direção do Intendente Câmara, e a Real Fábrica de São João do Ipanema, em Sorocaba (SP), cujo grande administrador foi o também alemão Coronel Frederico Luís Guilherme de Varnhagen.[7]

A primeira fundição de ferro ocorreu na Fábrica Patriótica de Congonhas do Campo, em dezembro de 1812, que utilizava o método

---

[6] CALÓGERAS, João Pandiá. *As Minas do Brasil e Sua Legislação*. Rio de Janeiro: Imprensa Nacional, 1904. Vol. I, pp. 160-163; vol. III, pp. 8-10 e COMPANHIA VALE DO RIO DOCE. *A Mineração no Brasil e a Companhia Vale do Rio Doce*. Rio de Janeiro: Companhia Vale do Rio Doce, 1992.pp. 98-101. A necessidade da doação ser expressa estava prevista nas Ordenações Filipinas, Livro 2º, Título XXVIII: "Por quanto em muitas doações feitas per Nós, e per os Reys nossos antecessores, são postas clausulas muito geraes e exuberantes, declaramos, que por taes doações, e clausulas nellas cônteùdas, nunca se entende serem dadas as dizimas novas dos pescados, nem os veeiros e Minas, de qualquer sorte que sejam, salvo se expressamente forem nomeados, e dados na dita doação. E para prescrição das ditas cousas não se poderá allegar posse alguma, postoque seja immemorial".

[7] BARBOSA, Francisco de Assis. *Dom João VI e a Siderurgia no Brasil*. Belo Horizonte: Imprensa Oficial, 1989. pp. 50-52 e BARROS, Geraldo Mendes. *História da Siderurgia no Brasil – Século XIX*. Belo Horizonte: Imprensa Oficial, 1989. pp. 43-47.

GILBERTO BERCOVICI

tradicional da forja catalã, e não o alto-forno, como as demais. Os seus métodos e a sua produção não foram suficientes e a fábrica fechou em 1822.[8] A Fábrica do Morro do Pilar funcionou de 1815 a 1831, sempre com muitas dificuldades, como a escassez de água e o constante abandono de emprego por parte dos empregados assalariados.[9] Já a Fábrica de Ipanema só terminou de ser construída e começou a funcionar quando a administração foi assumida por Varnhagen, entre 1814 e 1821, substituindo o sueco Carl Gustav Hedberg, cuja má-gestão contribuiu para os seus percalços. A primeira fundição ocorreu em 1818, mas as atividades declinaram até seu fechamento em 1832. Ao contrário das outras fábricas, no entanto, a Fábrica de Ipanema foi reaberta e fechada algumas vezes, funcionando entre 1836 e 1842 e novamente a partir de 1864, em virtude das necessidades da Guerra do Paraguai. As suas atividades continuaram de forma irregular, encerradas e reiniciadas de modo intermitente, até que a sua gestão foi transferida, por meio do

---

[8] ESCHWEGE, Wilhelm von. *Pluto Brasiliensis*. Belo Horizonte/São Paulo: Itatiaia/EDUSP, 1979. Vol. 2, pp. 204-205 e 247-253; BASTOS, Humberto. *A Conquista Siderúrgica no Brasil:*Crônica e Interpretação Econômica das Emprêsas e Indivíduos, Nacionais e Estrangeiros, que Participaram da Exploração dos Recursos Minerais e do Desenvolvimento Nacional. São Paulo: Livraria Martins Ed., 1959. pp. 44-45; BAER, Werner. *Siderurgia e Desenvolvimento Brasileiro*. Rio de Janeiro: Zahar, 1970. pp. 76-77; GOMES, Francisco Magalhães. *História da Siderurgia no Brasil*. Belo Horizonte/São Paulo: Itatiaia/EDUSP, 1983. pp. 79-85; LIBBY, Douglas Cole. *Transformação e Trabalho em uma Economia Escravista:* Minas Gerais no Século XIX. São Paulo: Brasiliense, 1988. pp. 137-139 e COMPANHIA VALE DO RIO DOCE. *A Mineração no Brasil e a Companhia Vale do Rio Doce*. Rio de Janeiro: Companhia Vale do Rio Doce, 1992.pp. 95-98.

[9] MENDONÇA, Marcos Carneiro de. *O Intendente Câmara*. 2ª ed. São Paulo: Cia. Ed. Nacional, 1958. pp. 160-170 e, especialmente, pp. 180-218 BASTOS, Humberto. *A Conquista Siderúrgica no Brasil:*Crônica e Interpretação Econômica das Emprêsas e Indivíduos, Nacionais e Estrangeiros, que Participaram da Exploração dos Recursos Minerais e do Desenvolvimento Nacional. São Paulo: Livraria Martins Ed., 1959. pp. 42-44; BAER, Werner. *Siderurgia e Desenvolvimento Brasileiro*. Rio de Janeiro: Zahar, 1970. pp. 74-75; GOMES, Francisco Magalhães. *História da Siderurgia no Brasil*. Belo Horizonte/São Paulo: Itatiaia/EDUSP, 1983. pp. 71-79 e COMPANHIA VALE DO RIO DOCE, *A Mineração no Brasil e a Companhia Vale do Rio Doce*. Rio de Janeiro: Companhia Vale do Rio Doce, 1992.pp. 93-94. Para a análise crítica do contemporâneo Eschwege, *Vide* ESCHWEGE, Wilhelm von. *Pluto Brasiliensis*. Belo Horizonte/São Paulo: Itatiaia/EDUSP, 1979. Vol. 2, pp. 207-213.

A "QUESTÃO SIDERÚRGICA" E O PAPEL DO ESTADO NA...

Decreto-Lei n. 69, de 15 de dezembro de 1937, do Ministério da Guerra para o Ministério da Agricultura, com o objetivo de exploração para o fornecimento de matéria-prima para a produção de fertilizantes fosfatados.[10]

Além das experiências pioneiras de Eschwege, Câmara e Varnhagen, outra iniciativa relevante no campo da siderurgia foi a do engenheiro francês Jean Antoine de Monlevade, que chegou em 1817 ao Brasil. Monlevade trabalhou com Eschwege e resolveu construir um alto-forno na cidade de Caeté, interior de Minas Gerais, iniciativa que não prosperou. Logo depois, em 1825, na localidade de São Miguel de Piracicaba, Monlevade construiu uma fábrica com forjas catalãs e mão-de-obra escrava. A fábrica durou até sua morte, em 1872, atuando de modo intermitente, com subsídios do Governo Provincial mineiro, até sua falência em 1897.[11]

O problema da implantação da siderurgia no início do século XIX no Brasil para observadores contemporâneos, como Eschwege e José Bonifácio de Andrada e Silva, era a falta de trabalhadores livres. A criação de pequenas fábricas deveria estimular o trabalho livre e expandir o

---

[10] BASTOS, Humberto. *A Conquista Siderúrgica no Brasil:*Crônica e Interpretação Econômica das Emprêsas e Indivíduos, Nacionais e Estrangeiros, que Participaram da Exploração dos Recursos Minerais e do Desenvolvimento Nacional. São Paulo: Livraria Martins Ed., 1959. pp. 40-42; BAER, Werner. *Siderurgia e Desenvolvimento Brasileiro.* Rio de Janeiro: Zahar, 1970. pp. 73-76; GOMES, Francisco Magalhães. *História da Siderurgia no Brasil.* Belo Horizonte/São Paulo: Itatiaia/EDUSP, 1983. pp. 47-70 e 131-140 e COMPANHIA VALE DO RIO DOCE, *A Mineração no Brasil e a Companhia Vale do Rio Doce.* Rio de Janeiro: Companhia Vale do Rio Doce, 1992.pp. 94-95 e 125-126. Para a crítica de Eschwege, que elogia, no entanto, o conterrâneo Varnhagen, *Vide* ESCHWEGE, Wilhelm von. *Pluto Brasiliensis.* Belo Horizonte/São Paulo: Itatiaia/ EDUSP, 1979. Vol. 2, pp. 215-244.

[11] BASTOS, Humberto. *A Conquista Siderúrgica no Brasil:*Crônica e Interpretação Econômica das Emprêsas e Indivíduos, Nacionais e Estrangeiros, que Participaram da Exploração dos Recursos Minerais e do Desenvolvimento Nacional. São Paulo: Livraria Martins Ed., 1959. pp. 46-49; BAER, Werner. *Siderurgia e Desenvolvimento Brasileiro.* Rio de Janeiro: Zahar, 1970. pp. 77-78; GOMES, Francisco Magalhães. *História da Siderurgia no Brasil.* Belo Horizonte/São Paulo: Itatiaia/EDUSP, 1983. pp. 109-113 e BARROS, Geraldo Mendes. *História da Siderurgia no Brasil – Século XIX.* Belo Horizonte: Imprensa Oficial, 1989. pp. 117-169.

mercado interno, criando a riqueza nacional, cujos grandes obstáculos eram a escravidão e o latifúndio voltado para a exportação. Eschwege reafirma inúmeras vezes a inconveniência das grandes fábricas de ferro no Brasil, pois não haveria mercado para a sua produção. A escravidão, inclusive, era um obstáculo que afetava a própria disposição ao trabalho dos homens livres.[12]

O resultado desta primeira tentativa de implantação da siderurgia, ainda que em pequena escala no Brasil, foi o abandono dos vários projetos[13]. A pequena siderurgia que se manteve durante o século XIX, especialmente em Minas Gerais, foi fruto de contribuições africanas com algumas inovações europeias, instituindo uma estrutura manufatureira bem rudimentar e dependente da mão-de-obra escrava. A abundância do minério de ferro e do carvão vegetal, o nível tecnológico baixo e a escala reduzida de produção mantiveram a pequena siderurgia em Minas Gerais produzindo essencialmente equipamentos agrícolas de ferro, expandindo-se apenas extensivamente. No entanto, como dependia da mão-de-obra escrava, esse setor praticamente desaparece com o fim da escravidão.[14] A indústria siderúrgica no Brasil durante o século XIX e o início do século XX limitava-se, assim, a pequenas oficinas e fundições, com poucas unidades de maior porte, incapazes de suprir a demanda interna.[15]

---

[12] Nas palavras do próprio Eschwege: *"É quase impossível, pois, no Brasil, fazer prosperar uma indústria, quando se depende do concurso dos homens livres" In*: ESCHWEGE, Wilhelm von. *Pluto Brasiliensis*. Belo Horizonte/São Paulo: Itatiaia/EDUSP, 1979. Vol. 2, p. 249.

[13] BARBOSA, Francisco de Assis. *Dom João VI e a Siderurgia no Brasil*. Belo Horizonte: Imprensa Oficial, 1989. pp. 52-73.

[14] LIBBY, Douglas Cole. *Transformação e Trabalho em uma Economia Escravista*: Minas Gerais no Século XIX. São Paulo: Brasiliense, 1988, pp. 134-137, 139-152 e 160-178.

[15] BASTOS, Humberto. *A Conquista Siderúrgica no Brasil*: Crônica e Interpretação Econômica das Emprêsas e Indivíduos, Nacionais e Estrangeiros, que Participaram da Exploração dos Recursos Minerais e do Desenvolvimento Nacional. São Paulo: Livraria Martins Ed., 1959. pp. 60-62; BAER, Werner. *Siderurgia e Desenvolvimento Brasileiro*. Rio de Janeiro: Zahar, 1970. pp. 78-82; GOMES, Francisco Magalhães. *História da Siderurgia no Brasil*. Belo Horizonte/São Paulo: Itatiaia/EDUSP, 1983. pp. 87-109 e 141-148; SUZIGAN, Wilson. *Indústria Brasileira*: Origem e Desenvolvimento. 2ª ed. São Paulo/Campinas:

A "QUESTÃO SIDERÚRGICA" E O PAPEL DO ESTADO NA...

No contexto do processo de Independência, a Lei de 20 de outubro de 1823 mantém em vigor no Brasil toda a legislação portuguesa anterior a 25 de abril de 1821, até que fosse especialmente revogada. A legislação colonial em relação às minas e jazidas foi, portanto, mantida pelo Estado brasileiro. A Carta Imperial de 1824, inclusive, garantia expressamente o direito de propriedade, em seu artigo 179, XXII, mas nada menciona sobre a propriedade das minas e jazidas. No entanto, ao instituir como regime político brasileiro a monarquia representativa (artigos 3, 11 e 12 da Carta de 1824), os bens da Coroa portuguesa no Brasil foram transferidos para a nova Nação brasileira. A manutenção da legislação portuguesa e do domínio real (agora nacional) sobre as minas e jazidas foi confirmada com a expedição do Decreto de 17 de setembro de 1824, que concedia a exploração de lavras no Rio Grande do Sul e no Espírito Santo, sob as mesmas regras vigentes no período colonial.[16]

A implantação da siderurgia no Brasil e a exploração adequada dos seus recursos minerais foram temas que ganharam destaque com a criação da Escola de Minas, em Ouro Preto (MG), em 1875. Embora a instalação de uma escola de engenharia de minas e de mineralogia estivesse presente desde os debates da Independência, inclusive na Assembleia Constituinte de 1823, a sua instituição foi determinada, ainda durante a Regência, pelo Decreto de 3 de outubro de 1832. No entanto, a Escola de Minas só foi efetivamente criada, após o convite formulado ao francês Henry Gorceix para que se tornasse seu diretor, em 6 de novembro de 1875. A participação da Escola de Minas de Ouro Preto, por meio de seus professores e ex-alunos, nos debates sobre a legislação minerária e na implementação das políticas que buscavam a consolidação da indústria side-

---

Hucitec/EdUNICAMP, 2000. pp. 272-274 e COMPANHIA VALE DO RIO DOCE. *A Mineração no Brasil e a Companhia Vale do Rio Doce*. Rio de Janeiro: Companhia Vale do Rio Doce, 1992.pp. 122-125.

[16] CALÓGERAS, João Pandiá. *As Minas do Brasil e Sua Legislação*. Rio de Janeiro: Imprensa Nacional, 1904. Vol. III, pp. 16-26 e VIVACQUA, Attilio. *A Nova Política do Sub-Solo e o Regime Legal das Minas*. Rio de Janeiro: Ed. Panamericana, 1942. pp. 510-511.

GILBERTO BERCOVICI

rúrgica no país no final do século XIX e início do século XX, foi extremamente relevante.[17]

A Constituição Republicana de 1891 rompeu com o sistema de propriedade do subsolo até então vigente no Brasil e instituiu o chamado regime de acessão, atribuindo ao proprietário do solo também a propriedade do subsolo, ou seja, tornando as minas e jazidas acessórios da propriedade superficial (artigo 72, § 17).[18] A crítica ao modelo republicano está presente em autores como Pandiá Calógeras, para quem o dispositivo constitucional, além de equivocado, era um acidente em nosso percurso histórico. A Constituição de 1891, ao não manter a distinção entre propriedade do solo e propriedade do subsolo, transferiu para as minas todas as dúvidas e litígios existentes na propriedade superficial, sobrecarregada de ônus e questionamentos sobre a regularidade de sua titulação, o que inviabilizaria qualquer investimento na indústria mineral.[19]

A partir desta crítica, Calógeras sugere um regime de "acessão mitigada". Em sua opinião, o direito de acessão das minas é decorrente da lei e é por esta definido, devendo traçar os seus limites. A acessão precisa ser considerada, assim, sob o duplo aspecto do proprietário do solo e da indústria extrativa, como o próprio texto constitucional de 1891 estabeleceu. Para Calógeras, a Constituição de 1891 não instituiu

---

[17] *Vide*, por todos, CARVALHO, José Murilo de. *A Escola de Minas de Ouro Preto:* O Peso da Glória. 2ª ed. Belo Horizonte; EdUFMG, 2002. pp. 37-39, 55, 117-121 e 124-129; BARROS, Geraldo Mendes. *História da Siderurgia no Brasil – Século XIX*. Belo Horizonte: Imprensa Oficial, 1989. pp. 179-246 e SUZIGAN, Wilson. *Indústria Brasileira:* Origem e Desenvolvimento. 2ª ed. São Paulo/Campinas: Hucitec/EdUNICAMP, 2000, p. 274.

[18] Artigo 72, § 17 da Constituição de 1891: "A Constituição assegura a brazileiros e a estrangeiros residentes no paíz a inviolabilidade dos direitos concernentes á liberdade, á segurança individual e á propriedade, nos termos seguintes: § 17 – O direito de propriedade mantem-se em toda a plenitude, salva a desapropriação por necessidade ou utilidade pública, mediante indemnização prévia.
As minas pertencem aos proprietarios do solo, salvas as limitações que forem estabelecidas por lei a bem da exploração deste ramo de industria".

[19] CALÓGERAS, João Pandiá. *As Minas do Brasil e Sua Legislação*. Rio de Janeiro: Imprensa Nacional, 1904. Vol. I, pp. IX-X e vol. II, pp. 576-577 e 600-603.

A "QUESTÃO SIDERÚRGICA" E O PAPEL DO ESTADO NA...

a acessão absoluta das minas ao solo nos terrenos de propriedade particular, mas teria tornado dependente o exercício da propriedade do dono do solo sobre as minas da elaboração de uma lei que criasse restrições de domínio peculiares às terras minerais, distintas da propriedade em geral.[20]

O Serviço Geológico e Mineralógico do Brasil, vinculado ao Ministério da Indústria, Viação e Obras Públicas (posteriormente, a partir de 1909, ao Ministério da Agricultura), foi criado pelo Decreto n. 6.323, de 10 de janeiro de 1907, pelo Presidente Afonso Pena, com o propósito de estudar cientificamente a riqueza geológica do país, praticamente desconhecida. A sua chefia foi inicialmente exercida pelo geólogo norte-americano Orville Derby. Em 1910, Orville Derby enviou ao XI Congresso Geológico Internacional, em Estocolmo, um relatório sobre as descobertas de grandes jazidas de minério de ferro na região da Serra do Espinhaço, próxima a Itabira, em Minas Gerais. O resultado deste relatório foi ter chamado a atenção das potências industriais para a riqueza mineral brasileira, especialmente no que dizia respeito ao ferro.[21]

Consciente da importância do ferro para a instauração de um sistema industrial moderno, e autorizado pelo artigo 2º, XI, n. 18 da Lei

---

[20] CALÓGERAS, João Pandiá. *As Minas do Brasil e Sua Legislação*. Rio de Janeiro: Imprensa Nacional, 1904. Vol. III, pp. 76-110 e 147-188 e VIVACQUA, Attilio. *A Nova Política do Sub-Solo e o Regime Legal das Minas*. Rio de Janeiro: Ed. Panamericana, 1942.pp. 530-532.

[21] VIVACQUA, Attilio. *A Nova Política do Sub-Solo e o Regime Legal das Minas*. Rio de Janeiro: Ed. Panamericana, 1942.pp. 305-311; AMARAL, Afrânio do. *Siderurgia e Planejamento Econômico do Brasil*. São Paulo: Brasiliense, 1946. pp. 272-274; ROGERS, Edgard J. "Brazil's Rio Doce Valley Project: A Study in Frustration and Perseverance". *Journal of Inter-American Studies*. Vol. 1, n. 2, abril, pp. 124-125, 1959. BASTOS, Humberto. *A Conquista Siderúrgica no Brasil*: Crônica e Interpretação Econômica das Emprêsas e Indivíduos, Nacionais e Estrangeiros, que Participaram da Exploração dos Recursos Minerais e do Desenvolvimento Nacional. São Paulo: Livraria Martins Ed., 1959. pp. 107-108; MARTINS, Luciano. *Pouvoir et Développement Économique*: Formation et Évolution des Structures Politiques au Brésil. Paris: Éditions Anthropos, 1976. pp. 168-169 e SILVA, Marta Zorzal e. *A Vale do Rio Doce na Estratégia do Desenvolvimentismo Brasileiro*. Vitória: EDUFES, 2004. p. 131.

GILBERTO BERCOVICI

n. 2.210, de 28 de dezembro de 1909, Nilo Peçanha editou o Decreto n. 8.019, de 19 de maio de 1910, concedendo incentivos aos empresários que desejassem estabelecer a indústria siderúrgica no país. Além de facilidades tributárias e fiscais, o Governo Federal se comprometia a reduzir os fretes do transporte ferroviário da matéria-prima e do produto industrializado, facilitar a construção da infra-estrutura de transportes necessária, além de dar preferência aos produtos da usina siderúrgica estabelecida no país. Esta política foi reiterada pelo Decreto n. 2.406, de 11 de janeiro de 1911, já no Governo Hermes da Fonseca, que mantinha a autorização ao Presidente da República para promover o estabelecimento de usinas siderúrgicas no país, com a garantia de preferência na compra dos produtos destas usinas pelo Poder Público, redução de tarifas e impostos, entre outras medidas. É importante salientar que a iniciativa de Nilo Peçanha, segundo Sydenham Lourenço Neto, marca o início do processo de politização do problema siderúrgico nacional, pois configura a descrença do Estado brasileiro em uma solução de mercado, que até então não tinha ocorrido, e não ocorreria, para esta questão.[22]

Os principais interessados em explorar as jazidas minerais eram ingleses, que organizaram uma companhia, a *Brazilian Hematite Syndicate*, que pretendia explorar a mineração do ferro em Itabira, com planos de exportar 3 milhões de toneladas de minério por ano, e adquirir o controle acionário da Estrada de Ferro Vitória-Minas, fundamental para o transporte do minério até o litoral. O Presidente Nilo Peçanha concordou em firmar um acordo de concessão com o grupo inglês, assinado em 30 de dezembro de 1909. Os termos do acordo estabeleciam a

---

[22] MARTINS, Luciano. *Pouvoir et Développement Économique:* Formation et Évolution des Structures Politiques au Brésil. Paris: Éditions Anthropos, 1976. pp. 167-168; SUZIGAN, Wilson. *Indústria Brasileira:* Origem e Desenvolvimento. 2ª ed. São Paulo/ Campinas: Hucitec/EdUNICAMP, 2000. pp. 275-277; LOURENÇO Neto, Sydenham. *Marchas e Contra-Marchas da Intervenção Estatal:* Empresariado e Burocracia na Política Siderúrgica Brasileira. Rio de Janeiro: Tese de Doutoramento (Instituto Universitário de Pesquisas do Rio de Janeiro), 2001. pp. 68-71, *Mimeo*, e SILVA, Marta Zorzal e. *A Vale do Rio Doce na Estratégia do Desenvolvimentismo Brasileiro.* Vitória: EDUFES, 2004. p. 130.

A "QUESTÃO SIDERÚRGICA" E O PAPEL DO ESTADO NA...

concessão da Estrada de Ferro Vitória-Minas, que deveria ser eletrifica-
da, para a utilização exclusiva pelo grupo inglês na exportação de até 3
milhões de toneladas de minério de ferro por ano. Os ingleses também
se comprometiam em instalar um estabelecimento siderúrgico. Assim
que obtiveram sua concessão, os ingleses, em 1910, adquiriram a propriedade das terras em que se situavam as jazidas de ferro e 73% das ações
da estrada de ferro. O nome do grupo foi modificado, em 1911, para
Itabira Iron Ore Company, que se tornou a companhia responsável pela
execução do contrato de concessão com o Governo brasileiro, autorizada pelo Decreto n. 8.787, de 16 de junho de 1911. Após os estudos
iniciais, no entanto, faltaram recursos para a *Itabira Iron* junto a seus financiadores externos, que desejavam uma garantia do Estado brasileiro
em relação aos empréstimos que fariam à *Itabira Iron*, garantia esta que
o Governo brasileiro se recusou a fornecer. Sem recursos externos e
com o início da Primeira Guerra Mundial, muito pouco foi realizado
pela *Itabira Iron*, que não cumpriu nenhuma de suas obrigações assumidas no contrato de concessão.[23]

---

[23] ROGERS, Edgard J. "Brazil's Rio Doce Valley Project: A Study in Frustration and
Perseverance". *Journal of Inter-American Studies*. Vol. 1, n. 2, abril, pp. 125-127, 1959;
BASTOS, Humberto. *A Conquista Siderúrgica no Brasil:* Crônica e Interpretação
Econômica das Emprêsas e Indivíduos, Nacionais e Estrangeiros, que Participaram da
Exploração dos Recursos Minerais e do Desenvolvimento Nacional. São Paulo: Livraria
Martins Ed., 1959. pp. 125-128; BAER, Werner. *Siderurgia e Desenvolvimento Brasileiro*.
Rio de Janeiro: Zahar, 1970. pp. 91-92; MARTINS, Luciano. *Pouvoir et Développement
Économique:* Formation et Évolution des Structures Politiques au Brésil. Paris: Éditions
Anthropos, 1976. pp. 169-170; AURELIANO, Liana. *No Limiar da Industrialização*. 2ª
ed. Campinas: Instituto de Economia da UNICAMP, 1999. pp. 50-51; PIMENTA,
Dermeval José. *A Vale do Rio Doce e Sua História*. Belo Horizonte: Ed. Vega, 1981. pp. 27-34;
SUZIGAN, Wilson. *Indústria Brasileira:* Origem e Desenvolvimento. 2ª ed. São Paulo/
Campinas: Hucitec/EdUNICAMP, 2000. pp. 277-278; COMPANHIA VALE DO RIO
DOCE, *A Mineração no Brasil e a Companhia Vale do Rio Doce*. Rio de Janeiro: Companhia
Vale do Rio Doce, 1992.pp. 154-156; LOURENÇO Neto, Sydenham. *Marchas e Contra-
Marchas da Intervenção Estatal:* Empresariado e Burocracia na Política Siderúrgica Brasileira.
Rio de Janeiro: Tese de Doutoramento (Instituto Universitário de Pesquisas do Rio de
Janeiro), 2001. pp. 78-79 e SILVA, Marta Zorzal e. *A Vale do Rio Doce na Estratégia do
Desenvolvimentismo Brasileiro*. Vitória: EDUFES, 2004. pp. 130-131. Além da *Itabira Iron*,
dois industriais brasileiros, Carlos Wigg e Trajano de Medeiros, obtiveram do Presidente
Hermes da Fonseca, em fevereiro de 1911, a concessão para a instalação de uma grande
usina siderúrgica integrada, nos termos do Decreto n. 2.406/1911. No entanto, a Câmara

GILBERTO BERCOVICI

Pandiá Calógeras, em seu clássico estudo sobre a legislação minerária brasileira, criticou a profunda indiferença existente no país sobre o problema da indústria mineral.[24] A atenção para os recursos minerais brasileiros vai ser obtida apenas com a Primeira Guerra Mundial, seja pelos problemas de abastecimento e consequente elevação dos preços, especialmente de carvão, aço e combustíveis, durante o conflito, seja pelo receio de que as riquezas do país pudessem ser alvo da cobiça de nações ou grupos econômicos estrangeiros, muitos dos quais, inclusive, começavam a se instalar no país.

O ferro estará no centro do debate sobre a exploração de recursos minerais no Brasil. Calógeras já havia destacado a importância do ferro como base de toda a indústria: quem possui ferro e pode produzi-lo está apto a todos os empreendimentos. Deste modo, Calógeras entende que o Estado deveria incentivar a iniciativa privada e promover a siderurgia no Brasil, substituindo os fornecedores estrangeiros. O Estado também deveria garantir mercado ao produto siderúrgico nacional, por meio de uma política de compras públicas, além de políticas tarifária, tributária, cambial, de transporte, de formação de pessoal e de atração de capital estrangeiro. Com isto, inclusive, se intensificaria o poder produtor do núcleo industrial brasileiro, devendo-se evitar a exportação de minério, mas incentivando-se a exportação de produtos elaborados que demandassem o desenvolvimento de um parque industrial[25]:

---

dos Deputados rejeitou a aprovação do contrato, entendendo que se criaria um virtual monopólio com financiamento público, autorizando a rescisão do contrato ou a extensão das vantagens obtidas a todas as demais empresas que se propusessem a atuar na siderurgia (artigo 83 da Lei n. 2.544, de 4 de janeiro de 1912). Com o impasse instalado, o contrato não foi executado, nem oficialmente anulado, mas nunca iria obter a aprovação legislativa necessária. *Vide* MARTINS, Luciano. *Pouvoir et Développement Économique:* Formation et Évolution des Structures Politiques au Brésil. Paris: Éditions Anthropos, 1976. pp. 170-171 e SUZIGAN, Wilson. *Indústria Brasileira:* Origem e Desenvolvimento. 2ª ed. São Paulo/Campinas: Hucitec/EdUNICAMP, 2000. pp. 278-279.

[24] CALÓGERAS, João Pandiá. *As Minas do Brasil e Sua Legislação.* Rio de Janeiro: Imprensa Nacional, 1904. Vol. II, p. 573.

[25] CALÓGERAS, João Pandiá. *As Minas do Brasil e Sua Legislação.* Rio de Janeiro: Imprensa Nacional, 1904. Vol. II, pp. 247-269 e 580-600. Sobre o debate em torno da siderurgia na Primeira República, *vide* MARTINS, Luciano. *Pouvoir et Développement Économique:* Formation et Évolution des Structures Politiques au Brésil. Paris: Éditions Anthropos,

A "QUESTÃO SIDERÚRGICA" E O PAPEL DO ESTADO NA...

"Consideramos este o ponto capital de um programma de desenvolução systematica de nossas chamadas riquezas mineraes: o garantir mercado ao producto. Feito isto, nenhuma duvida póde existir sobre o surto da industria correspondente; e na quadra actual, em que o governo, por força das circumstancias, se tornou grande proprietario de vias ferreas, que trafega por conta propria, isto é, se tornou grande consumidor de rodas de carro, de tanques de deposito, de caixas d'agua, de tubos, de canos de todos os typos, etc., é obvia a facilidade de intervir naturalmente no mercado no sentido de reservar as encommendas para as usinas brasileiras. Si destas, desde logo, não puderem dar vasão ás encommendas, deem-lhe destas uma parte apenas, e seja gradativamente augmentada a fracção, até que todo o material adquirido pelo governo seja indigena. Quanto a receiar não possa o producto manufacturado nacional competir com o extrangeiro, seria vão temor, pois não sómente as provas já foram publicamente dadas, como, em occasiões de aperto, foram sempre as fabricas do Brasil que solveram as crises da E. de F. Central quanto a material de transporte. O ponto está apenas em iniciar resolutamente esta politica economica, sem desfallecimentos e com o proposito firme de leval-a até suas ultimas consequências".[26]

Para Calógeras, como a Constituição havia adotado uma solução equivocada, ela era insuficiente para o desenvolvimento da mineração no Brasil. A elaboração de uma legislação sobre o aproveitamento dos recursos minerais era uma terefa urgente, cuja única base objetiva deveria ser *"o aproveitamento de jazidas nossas com recursos nossos"*.[27] A sua proposta se tornou a "Lei Calógeras", o Decreto n. 2.933, de 6 de janeiro de 1915, que tentou contornar os direitos absolutos do proprietário do solo, considerando a

---

1976. pp. 165-167. O Decreto n. 12.944, de 30 de março de 1918, editado por Wenceslau Brás, foi outra medida de maior importância para incentivar a indústria siderúrgica no Brasil, prevendo a concessão de empréstimos do governo federal para a instalação de siderúrgicas de pequeno porte no país. *Vide* GOMES, Francisco Magalhães. *História da Siderurgia no Brasil*. Belo Horizonte/São Paulo: Itatiaia/EDUSP, 1983. pp. 149-151.

[26] CALÓGERAS, João Pandiá. *As Minas do Brasil e Sua Legislação*. Rio de Janeiro: Imprensa Nacional, 1904. Vol. II, pp. 582-583.

[27] CALÓGERAS, João Pandiá. *As Minas do Brasil e Sua Legislação*. Rio de Janeiro: Imprensa Nacional, 1904. Vol. I, p. X e vol. II, pp. 576-577.

GILBERTO BERCOVICI

propriedade da mina distinta da propriedade do solo.[28] Apesar dos esforços, a "Lei Calógeras" nunca foi executada, recebendo questionamentos sobre sua constitucionalidade no tocante ao regime jurídico da propriedade.[29]

Em julho de 1919, em nome da *Itabira Iron Ore Company*, Percival Farquhar, norte-americano famoso nos meios financeiros internacionais, propôs ao Presidente Epitácio Pessoa a exportação do minério de ferro de Itabira (cerca de 10 milhões de toneladas por ano) e a construção simultânea de uma usina siderúrgica moderna, com capacidade de, no mínimo, 150 mil toneladas. O minério seria exportado pelo porto de Santa Cruz, no Espírito Santo, cujas instalações seriam de uso exclusivo da *Itabira Iron* pelo prazo de 90 anos. Os mesmos navios que levariam o minério de ferro brasileiro serviriam para trazer carvão norte-americano e europeu de boa qualidade para a usina siderúrgica, a ser instalada próxima ao porto. A *Itabira Iron* construiria a ferrovia até o porto e a usina siderúrgica. Em compensação, teria o monopólio sobre o uso da ferrovia e do porto para exportar o minério. A companhia teria, ainda, isenção de impostos de importação sobre maquinário, matéria-prima ou equipamentos ferroviários e portuários, além de outras facilidades tributárias. O Governo Epitácio Pessoa conseguiu autorização do Congresso Nacional para fazer concessões à *Itabira Iron* (Lei n. 3.991, de 5 de janeiro de 1920, artigo 53, XXIV), desde que não acarretassem novos encargos para o tesouro, subvenções ou garantia de juros. Como resultado das negociações, foi elaborado um termo aditivo ao contrato de concessão da *Itabira Iron*, autorizado pelo Decreto n. 14.160, de 11 de maio de 1920. O contrato foi celebrado em 29 de maio de 1920.[30]

---

[28] "Artigo 2º do Decreto n. 2.933/1915: Art. 2º A mina constitue propriedade immovel, distincta do sólo, sendo alienavel isoladamente. Os accessorios permanentes destinados á exploração, obras d'arte, construcções, machinas e instrumentos, animaes e vehiculos empregados no serviço da mina, bem como o material de custeio em deposito, são considerados immoveis".

[29] CALÓGERAS, João Pandiá. *As Minas do Brasil e Sua Legislação*. Rio de Janeiro: Imprensa Nacional, 1904. Vol. III, pp. 309-334; VIVACQUA, Attilio. *A Nova Política do Sub-Solo e o Regime Legal das Minas*. Rio de Janeiro: Ed. Panamericana, 1942. pp. 534-539 e VENÂNCIO Filho, Alberto. *A Intervenção do Estado no Domínio Econômico*: O Direito Público Econômico no Brasil. Rio de Janeiro: Ed. FGV, 1968. pp. 133-134.

[30] VIVACQUA, Attilio. *A Nova Política do Sub-Solo e o Regime Legal das Minas*. Rio de

A "QUESTÃO SIDERÚRGICA" E O PAPEL DO ESTADO NA...

No entanto, o contrato exigia que a companhia *Itabira Iron* também obtivesse a concordância do Estado de Minas Gerais. E a principal resistência ao plano de Farquhar viria do então Governador de Minas Gerais, Arthur Bernardes. Bernardes pretendia que Minas Gerais sediasse a implantação da siderurgia, não apenas servisse como fonte de extração do minério de ferro. A implementação da usina siderúrgica era, deste modo, sua prioridade. Já para Farquhar, a questão essencial era a

---

Janeiro: Ed. Panamericana, 1942.pp. 308-311; ROGERS, Edgard J. "Brazil's Rio Doce Valley Project: A Study in Frustration and Perseverance". *Journal of Inter-American Studies*. Vol. 1, n. 2, abril, pp. 127-129, 1959. pp. 127-129; BASTOS, Humberto. *A Conquista Siderúrgica no Brasil:* Crônica e Interpretação Econômica das Emprêsas e Indivíduos, Nacionais e Estrangeiros, que Participaram da Exploração dos Recursos Minerais e do Desenvolvimento Nacional. São Paulo: Livraria Martins Ed., 1959. pp. 115-117 e 132-133; PEREIRA, Osny Duarte. *Ferro e Independência:* Um Desafio à Dignidade Nacional. Rio de Janeiro: Civilização Brasileira, 1967. pp. 27-31; BAER, Werner. *Siderurgia e Desenvolvimento Brasileiro.* Rio de Janeiro: Zahar, 1970. pp. 92-93; SILVA, Edmundo de Macedo Soares e. *O Ferro na História e na Economia do Brasil.* Rio de Janeiro: Comissão Executiva Central do Sesquicentenário da Independência do Brasil, 1972. pp. 76-78; WIRTH, John D. *A Política do Desenvolvimento na Era de Vargas.* Rio de Janeiro: Fundação Getúlio Vargas, 1973. pp. 59-60; MARTINS, Luciano. *Pouvoir et Développement Économique:* Formation et Évolution des Structures Politiques au Brésil. Paris: Éditions Anthropos, 1976. pp. 171-174; AURELIANO, Liana. *No Limiar da Industrialização.* 2ª ed. Campinas: Instituto de Economia da UNICAMP, 1999. pp. 51-52; PIMENTA, Dermeval José. *A Vale do Rio Doce e Sua História.* Belo Horizonte: Ed. Vega, 1981. pp. 34-40; COMPANHIA VALE DO RIO DOCE, *A Mineração no Brasil e a Companhia Vale do Rio Doce.* Rio de Janeiro: Companhia Vale do Rio Doce, 1992.pp. 156-158; LOURENÇO Neto, Sydenham. *Marchas e Contra-Marchas da Intervenção Estatal:* Empresariado e Burocracia na Política Siderúrgica Brasileira. Rio de Janeiro: Tese de Doutoramento (Instituto Universitário de Pesquisas do Rio de Janeiro), 2001. pp. 79-81 e SILVA, Marta Zorzal e. *A Vale do Rio Doce na Estratégia do Desenvolvimentismo Brasileiro.* Vitória: EDUFES, 2004. pp. 133-134. Para a versão do Presidente Epitácio Pessoa, em que este defende o contrato com a *Itabira Iron* como necessário para o desenvolvimento da siderurgia no país, *vide* PESSOA, Epitácio. *Pela Verdade*, Rio de Janeiro: Livraria Francisco Alves, 1925. pp. 377-399. Já Percival Farquhar teve seus pontos de vista defendidos pelo livro, nada isento e repleto de imprecisões históricas, do norte-americano GAULD, Charles A. *Farquhar:* O Último Titã – Um Empreendedor Americano na América Latina. São Paulo: Editora de Cultura, 2006. pp. 358-369. Epitácio Pessoa, ainda, outorgou a concessão para exploração de uma usina para fusão de minério de ferro e fabricação e laminação de aço pelo processo de altos fornos a madeira para a Usina Queiroz Júnior Ltda (antiga Usina Esperança), por meio do Decreto n. 15.493, de 23 de maio de 1922. *Vide* GOMES, Francisco Magalhães. *História da Siderurgia no Brasil.* Belo Horizonte/São Paulo: Itatiaia/EDUSP, 1983. pp. 151-152.

GILBERTO BERCOVICI

exportação do minério de ferro. A construção da ferrovia e a mineração deveriam ter prioridade sobre a siderurgia. A oposição de Arthur Bernardes concretizou-se por meio da Lei Estadual n. 750, de 23 de setembro de 1919, que elevou, com base no artigo 9º, 1º da Constituição de 1891[31], o imposto estadual sobre a exportação do minério de ferro, elevando os custos do empreendimento de Farquhar.[32] A intenção de Bernardes era estimular a implantação da siderurgia, preferencialmente em Minas Gerais, o que se pode perceber da leitura do texto da Lei Estadual n. 750:

> "Artigo 1º Fica elevado a três mil réis por tonelada o imposto de exportação de minério de ferro. Parágrafo único – Os minérios que se destinarem aos estabelecimentos siderúrgicos da Nação ficam isentos do imposto de exportação.
>
> Artigo 2º Fica o Poder Executivo autorizado a conceder às empresas que explorarem o minério para exportação, a redução, a trinta réis, do imposto de três mil réis por tonelada, criado por lei, durante o prazo de vinte anos, desde que estabeleçam, no território mineiro, usinas que transformem em ferro e aço pelo menos 5% do minério a ser exportado.
>
> Artigo 3º Os produtos manufaturados pelas usinas a que se refere o artigo antecedente, gozarão de isenção de direitos de exportação, durante os dez primeiros anos."

---

[31] "Artigo 9º, 1º da Constituição de 1891: Art 9º É da competencia exclusiva dos Estados decretar impostos: 1º) sobre a exportação de mercadorias de sua propria producção".

[32] ROGERS, Edgard J. "Brazil's Rio Doce Valley Project: A Study in Frustration and Perseverance". *Journal of Inter-American Studies*. Vol. 1, n. 2, abril, pp. 128 e pp. 130-131, 1959; BASTOS, Humberto. *A Conquista Siderúrgica no Brasil*: Crônica e Interpretação Econômica das Emprêsas e Indivíduos, Nacionais e Estrangeiros, que Participaram da Exploração dos Recursos Minerais e do Desenvolvimento Nacional. São Paulo: Livraria Martins Ed., 1959. pp. 128-129 e 137-138; WIRTH, John D. *A Política do Desenvolvimento na Era de Vargas*. Rio de Janeiro: Fundação Getúlio Vargas, 1973. pp. 60-61; PIMENTA, Dermeval José. *A Vale do Rio Doce e Sua História*. Belo Horizonte: Ed. Vega, 1981. pp. 36-37; COMPANHIA VALE DO RIO DOCE, *A Mineração no Brasil e a Companhia Vale do Rio Doce*. Rio de Janeiro: Companhia Vale do Rio Doce, 1992.pp. 156 e 158-160 e LOURENÇO Neto, Sydenham. *Marchas e Contra-Marchas da Intervenção Estatal*: Empresariado e Burocracia na Política Siderúrgica Brasileira. Rio de Janeiro: Tese de Doutoramento (Instituto Universitário de Pesquisas do Rio de Janeiro), 2001. pp. 81-83.

A "QUESTÃO SIDERÚRGICA" E O PAPEL DO ESTADO NA...

O Presidente Epitácio Pessoa, em 21 de junho de 1920, encaminhou o contrato da *Itabira Iron* para que o Tribunal de Contas da União o registrasse. No entanto, o Tribunal de Contas se negou a fazê-lo, em virtude da falta de anuência entre a companhia e o Estado de Minas Gerais. Em 27 de novembro, o Presidente Epitácio Pessoa solicitou novamente o registro, no que não foi mais uma vez atendido. Desta vez, o Presidente da República simplesmente mandou executar o contrato, em 6 de dezembro de 1920, com base no Decreto n. 13.868, de 12 de novembro de 1919. O Tribunal de Contas o registrou sob protesto, submetendo seu ato ao Congresso Nacional, pois entendia que, além da falta do aval de Minas Gerais, as cláusulas do contrato ultrapassavam a autorização legislativa concedida e seriam prejudiciais ao patrimônio nacional, com a instituição de um monopólio privado no país[33], o que, nas palavras do próprio Epitácio Pessoa, não seria condizente com a realidade: *"o monopolio da Itabira, como monopolio defeso, é pura phantasia"*.[34]

A desconfiança de que Farquhar jamais instalaria a usina siderúrgica, limitando-se a explorar o minério de ferro e direcioná-lo para o mercado internacional, logo se tornou um dos motivos para justificar a oposição ao contrato da *Itabira Iron*. A construção de uma usina siderúrgica no Brasil, com certeza, não estava nos planos de nenhum industrial vinculado ao aço na Europa ou nos Estados Unidos.[35]

---

[33] MARTINS, Luciano. *Pouvoir et Développement Économique:* Formation et Évolution des Structures Politiques au Brésil. Paris: Éditions Anthropos, 1976. pp. 174-175; AURELIANO, Liana. *No Limiar da Industrialização.* 2ª ed. Campinas: Instituto de Economia da UNICAMP, 1999. pp. 52-53; PIMENTA, Dermeval José. *A Vale do Rio Doce e Sua História.* Belo Horizonte: Ed. Vega, 1981. pp. 39-40 e LOURENÇO Neto, Sydenham. *Marchas e Contra-Marchas da Intervenção Estatal:* Empresariado e Burocracia na Política Siderúrgica Brasileira. Rio de Janeiro: Tese de Doutoramento (Instituto Universitário de Pesquisas do Rio de Janeiro), 2001. p. 81. Para a justificativa dos seus atos e a crítica aos argumentos do Tribunal de Contas, *vide* PESSOA, Epitácio. *Pela Verdade.* Rio de Janeiro: Livraria Francisco Alves, 1925. pp. 383-391.

[34] PESSOA, Epitácio. *Pela Verdade.* Rio de Janeiro: Livraria Francisco Alves, 1925. p. 388. Para a defesa do monopólio da *Itabira Iron* como um monopólio natural, que a lei não condenaria, *vide* PESSOA, Epitácio. *Pela Verdade cit.*, pp. 388-389.

[35] SILVA, Edmundo de Macedo Soares e. *O Ferro na História e na Economia do Brasil.* Rio de Janeiro: Comissão Executiva Central do Sesquicentenário da Independência do Brasil,

GILBERTO BERCOVICI

Arthur Bernardes não se opôs, no entanto, à proposta do grupo belga ARBED (*Aciéries Réunies de Burback-Eich-Dudelange*), que, em 1921, se comprometeu com a construção de uma usina siderúrgica em Minas Gerais, mas à base de carvão vegetal. A diferença das propostas da ARBED e da *Itabira Iron* era marcante: os belgas não constituiriam um monopólio de fato, não buscavam a exportação de minério, mas sua industrialização no país, usariam carvão nacional, embora de origem vegetal, e se associavam a grupos industriais brasileiros. Foi constituída, assim, a Companhia Belgo-Mineira, cuja usina foi construída em Monlevade e, até os anos 1940, embora não produzisse os produtos pesados necessários para a infra-estrutura e a indústria de construção, foi a principal fornecedora de aço do país.[36]

1972. pp. 78-79 e WIRTH, John D. *A Política do Desenvolvimento na Era de Vargas*. Rio de Janeiro: Fundação Getúlio Vargas, 1973. pp. 61 e 63-66. *Vide*, ainda, PEREIRA, Osny Duarte. *Ferro e Independência:* Um Desafio à Dignidade Nacional. Rio de Janeiro: Civilização Brasileira, 1967. pp. 31-35. Um dos poucos historiadores econômicos a defender a proposta de Farquhar é Carlos Manuel Peláez. *Vide* PELÁEZ, Carlos Manuel. *História da Industrialização Brasileira*. Rio de Janeiro: APEC, 1972. pp. 175-194. Nas palavras de Peláez: "O nacionalismo emocional e a ignorância por parte das autoridades, interêsses encobertos por uma campanha xenófoba da imprensa, as ambições monopolísticas iniciais do grupo Itabira e fatôres exógenos, tais como as guerras e a Depressão, tudo contribuiu para retardar a exportação do minério brasileiro. O único resultado do caso Itabira foram as três décadas de discussões emocionais e burocráticas. A Itabira Iron foi uma das maiores frustrações desenvolvimentistas da história econômica da América Latina" *In:* PELÁEZ, Carlos Manuel. *História da Industrialização Brasileira cit.*, p. 194.

[36] AMARAL, Afrânio do. *Siderurgia e Planejamento Econômico do Brasil Brasil*. São Paulo: Brasiliense, 1946. pp. 332-341; BASTOS, Humberto. *A Conquista Siderúrgica no Brasil:* Crônica e Interpretação Econômica das Emprêsas e Indivíduos, Nacionais e Estrangeiros, que Participaram da Exploração dos Recursos Minerais e do Desenvolvimento Nacional. São Paulo: Livraria Martins Ed., 1959. pp. 110-115 e 155-157; BAER, Werner. *Siderurgia e Desenvolvimento Brasileiro*. Rio de Janeiro: Zahar, 1970. pp. 82-83 e 88; WIRTH, John D. *A Política do Desenvolvimento na Era de Vargas*. Rio de Janeiro: Fundação Getúlio Vargas, 1973. pp. 70-71; MARTINS, Luciano. *Pouvoir et Développement Économique:* Formation et Évolution des Structures Politiques au Brésil. Paris: Éditions Anthropos, 1976. pp. 175-176; AURELIANO, Liana. *No Limiar da Industrialização*. 2ª ed. Campinas: Instituto de Economia da UNICAMP, 1999. pp. 47-50; GOMES, Francisco Magalhães. *História da Siderurgia no Brasil*. Belo Horizonte/São Paulo: Itatiaia/EDUSP, 1983. pp. 189-195; SUZIGAN, Wilson. *Indústria Brasileira:* Origem e Desenvolvimento. 2ª ed. São Paulo/Campinas: Hucitec/EdUNICAMP, 2000. pp. 284-286; COMPANHIA VALE DO RIO DOCE, *A Mineração no Brasil e a Companhia Vale do Rio Doce*. Rio de

A "QUESTÃO SIDERÚRGICA" E O PAPEL DO ESTADO NA...

Uma nova tentativa de regulamentar a exploração dos recursos minerais ocorreu com a Lei de Minas de 1921 (Decreto n. 4.265, de 15 de janeiro de 1921), elaborada por Ildefonso Simões Lopes, então Ministro da Agricultura. Simões Lopes procurou sistematizar e ampliar as possibilidades abertas com a "Lei Calógeras", seguindo suas linhas básicas, inclusive na tentativa de distinção entre a propriedade do solo e a propriedade da mina. Outra medida importante foi a instituição da obrigação de concessão da lavra para todo aquele que desejasse explorar as minas de propriedade da União (artigo 60 do Decreto n. 4.265/1921).[37]

Sob a Presidência de Arthur Bernardes, é baixado o Decreto n. 4.801, de 9 de janeiro de 1924, que assumiu a implantação da siderurgia como um problema nacional. Deste modo, a solução deveria ser obtida por meio de concessões às empresas brasileiras:

> "Artigo 1º, II, V, VI, VII e VIII do Decreto n. 4.801/1924: Art. 1º É o Poder Executivo autorizado a amparar a exploração industrial siderurgica e carbonifera existente, a facilitar o seu maior desenvolvimento e a fundar novas usinas adequadas á producção moderna de aço, nos termos das bases abaixo especificadas, podendo, para esse fim, realizar as necessarias operações de credito. (...)
>
> II. Promover, mediante concurrencia publica, a construcção de tres usinas modernas com capacidade para a producção annual de 50.000 toneladas de aço cada uma; a primeira, no valle do Rio Doce, preferindo-se ahi o emprego de altos fornos electricos; outra, no valle do Paraopeba, para altos fornos, a coke mineral, preferindo-se o de carvão nacional; e a terceira, nas proximidades

---

Janeiro: Companhia Vale do Rio Doce, 1992. pp. 160-161 e LOURENÇO Neto, Sydenham. *Marchas e Contra-Marchas da Intervenção Estatal:* Empresariado e Burocracia na Política Siderúrgica Brasileira. Rio de Janeiro: Tese de Doutoramento (Instituto Universitário de Pesquisas do Rio de Janeiro), 2001. pp. 89-92.

[37] VIVACQUA, Attilio. *A Nova Política do Sub-Solo e o Regime Legal das Minas.* Rio de Janeiro: Ed. Panamericana, 1942.pp. 539-544. A distinção entre a propriedade do solo e a da mina estava prevista no artigo 5º, *caput* do Decreto n. 4.265/1921: "Art. 5º A mina constitue propriedade immovel, accessoria do solo, mas distincta delle".

da região carbonifera de Santa Catharina, para altos fornos, consumindo coke nacional. Paragrapho unico. Para a escolha das pessoas ou emprezas que hajam de construir essas usinas, além da idoneidade industrial e financeira, exigirá o Governo que o contractante seja brasileiro e possua mina de ferro ou de carvão em logar adequado, dentro da região designada, com os elementos necessarios ao trabalho e á vida de um centro de industria, verificada, no primeiro caso, a capacidade necessaria a uma longa exploração e o teor do minerio de ferro; e, no segundo caso, a importancia da jazida carbonifera, com a possibilidade de produzir coke metallurgico. O contractante demonstrará tambem a sua capacidade financeira para contribuir em tempo opportuno, com 20% da quantia que o Governo reconheça, mediante a approvação de planos e orçamentos, exclusivamente para occorrer ao custo da usina, seu apparelhamento e dependencia indispensaveis. (...)

V. No contracto será estipulado que a propriedade das usinas auxiliadas e demais bens hypothecados seja brasileira de direito e de facto, obrigando-se os contractantes, por si, herdeiros ou successores, a manter essa obrigação emquanto ellas existirem ou forem por qualquer fórma exploradas as suas minas. Os titulos de sua propriedade, quando em acções, quinhões ou outros, serão nominativos.

VI. O Governo dará preferencia de consumo para os productos das usinas; isenção de impostos, tarifas reduzidas de transportes terrestres e maritimos; construirá os trechos de estrada de ferro indispensaveis; melhorará e apparelhará os portos de embarque e desembarque de productos siderurgicos e de combustiveis; e melhorará as vias ferreas existentes e regularizará a navegação fluvial e maritima ligada ao problema da siderurgia e dos combustiveis. Promoverá, além disso, por todos os meios ao seu alcance, facilidades ao fabrico, transporte e consumo de productos dessas usinas.

VII. O Governo fará as desapropriações necessarias á execução do disposto nas clausulas anteriores e outras que, por utilidade ou necessidade publica, acautelem, no presente e no futuro, os interesses superiores da União e os da sua defesa ou que dependam da posse de quédas de agua, jazidas de ferro, de manganez e de combustiveis quaisquer.

A "QUESTÃO SIDERÚRGICA" E O PAPEL DO ESTADO NA...

VIII. O Governo poderá construir a usina do valle do Rio Doce, directamente. providenciando ulteriormente sobre a melhor fórma de exploração".

O decreto autorizava o Governo Federal a contratar a construção de três usinas siderúrgicas, com capacidade anual de 50 mil toneladas de aço, cada (uma em Santa Catarina e duas em Minas Gerais, no Vale do Paraopeba e no Vale do Rio Doce, sendo que esta poderia ser construída diretamente pelo Estado), dava preferência ao uso do carvão nacional, prorrogava as hipóteses de financiamento previstas no Decreto n. 12.944/1918 e determinava que o Governo privilegiaria o consumo dos produtos das usinas brasileiras, além de isenção de impostos e redução de tarifas, e se comprometeria com a construção de trechos de ferrovias e aparelhamento de portos. O Presidente Arthur Bernardes, ainda, consolidou, no texto do Decreto n. 17.095, de 21 de outubro de 1925, todos os incentivos governamentais para a instalação e desenvolvimento da siderurgia. No entanto, apesar dos esforços governamentais, não foi construída nenhuma das usinas siderúrgicas previstas.[38]

Arthur Bernardes tentou, ainda, reformar o artigo 72, § 17 da Constituição de 1891, obtendo, durante a única reforma constitucional ocorrida ao longo da vigência do texto de 1891, a aprovação da Emen-

---

[38] VIVACQUA, Attilio. *A Nova Política do Sub-Solo e o Regime Legal das Minas*. Rio de Janeiro: Ed. Panamericana, 1942.pp. 311-313; MARTINS, Luciano. *Pouvoir et Développement Économique:* Formation et Évolution des Structures Politiques au Brésil. Paris: Éditions Anthropos, 1976. p. 177; AURELIANO, Liana. *No Limiar da Industrialização*. 2ª ed. Campinas: Instituto de Economia da UNICAMP, 1999. p. 53; PIMENTA, Dermeval José. *A Vale do Rio Doce e Sua História*. Belo Horizonte: Ed. Vega, 1981. pp. 41-42; GOMES, Francisco Magalhães. *História da Siderurgia no Brasil*. Belo Horizonte/São Paulo: Itatiaia/EDUSP, 1983. pp. 159-168; COMPANHIA VALE DO RIO DOCE, *A Mineração no Brasil e a Companhia Vale do Rio Doce*. Rio de Janeiro: Companhia Vale do Rio Doce, 1992.p. 159 e LOURENÇO Neto, Sydenham. *Marchas e Contra-Marchas da Intervenção Estatal:* Empresariado e Burocracia na Política Siderúrgica Brasileira. Rio de Janeiro: Tese de Doutoramento (Instituto Universitário de Pesquisas do Rio de Janeiro), 2001. pp. 84-88. Sobre o consumo e a produção de aço no Brasil na última fase da Primeira República e as esparsas e insuficientes iniciativas de instalação de pequenas ou médias usinas siderúrgicas privadas, *vide* SUZIGAN, Wilson. *Indústria Brasileira:* Origem e Desenvolvimento. 2ª ed. São Paulo/Campinas: Hucitec/ EdUNICAMP, 2000. pp. 279-284 e 286-290.

da Constitucional de 3 de setembro de 1926. Esta Emenda Constitucional alterou parcialmente a redação do artigo 72, § 17, deixando seu texto mais restritivo em relação ao capital estrangeiro, mas sem eliminar o regime jurídico da acessão em relação à propriedade do subsolo:

> "Artigo 72. A Constituição assegura a brazileiros e a estrangeiros residentes no paíz a inviolabilidade dos direitos concernentes á liberdade, á segurança individual e á propriedade, nos termos seguintes: § 17 – O direito de propriedade mantem-se em toda a plenitude, salva a desapropriação por necessidade ou utilidade pública, mediante indemnização prévia.
>
> a) As minas pertencem ao proprietario do solo, salvas as limitações estabelecidas por lei, a bem da exploração das mesmas.
>
> b) As minas e jazidas mineraes necessarias à segurança e defesa nacionaes e as terras onde existirem não podem ser transferidas a estrangeiros".

Com a Presidência de Washington Luís, em 7 de dezembro de 1927, a *Itabira Iron* finalmente conseguiu assinar um contrato com o Governador de Minas Gerais, Antonio Carlos de Andrada, nos termos do Decreto Estadual n. 8.045, de 8 de dezembro de 1928. O minério de ferro teria o imposto de exportação reduzido, desde que 5% fossem transformados em aço. A companhia também não teria mais exclusividade de transporte de minério em suas ferrovias e portos e deveria organizar uma empresa sob as leis brasileiras para explorar as minas e instalar a usina siderúrgica. A *Itabira Iron* assinou um termo renunciando à exclusividade outorgada pelo Governo Federal em 10 de novembro de 1928, o que permitiu ao Congresso Nacional referendar o contrato impugnado pelo Tribunal de Contas, por meio do Decreto n. 5.568, de 12 de novembro de 1928.[39]

---

[39] VIVACQUA, Attilio. *A Nova Política do Sub-Solo e o Regime Legal das Minas*. Rio de Janeiro: Ed. Panamericana, 1942.pp. 313-315; BASTOS, Humberto. *A Conquista Siderúrgica no Brasil:* Crônica e Interpretação Econômica das Emprêsas e Indivíduos, Nacionais e Estrangeiros, que Participaram da Exploração dos Recursos Minerais e do Desenvolvimento Nacional. São Paulo: Livraria Martins Ed., 1959. pp. 129-130;

A "QUESTÃO SIDERÚRGICA" E O PAPEL DO ESTADO NA...

A política deliberada, a partir de 1930, será a da expansão econômica via mercado interno, especialmente por meio da industrialização. Esta visão não é, no entanto, consensual entre os historiadores econômicos. A corrente principal, representada, entre outros, por Celso Furtado, entende que há uma ruptura na política econômica a partir da Revolução de 1930, com destaque à clássica análise da política de preservação do setor cafeeiro para a manutenção dos níveis de renda na economia, favorecendo a internalização dos centros de decisão econômica e o processo de industrialização.[40] Outros autores, como Carlos Manuel Peláez, vão se dedicar a tentar desconstruir a interpretação de Celso Furtado, enfatizando a importância do setor industrial já existente no país em 1930 e defendendo que a política econômica do Governo Provisório foi a de manutenção da ortodoxia monetária, destacando a continuidade, e não as distinções, entre a política econômica brasileira antes e depois de 1930.[41] Na realidade, os defensores da interpretação

---

PEREIRA, Osny Duarte. *Ferro e Independência:* Um Desafio à Dignidade Nacional. Rio de Janeiro: Civilização Brasileira, 1967. pp. 35-36; MARTINS, Luciano. *Pouvoir et Développement Économique:* Formation et Évolution des Structures Politiques au Brésil. Paris: Éditions Anthropos, 1976. pp. 178-179 e 186-187; PIMENTA, Dermeval José. *A Vale do Rio Doce e Sua História.* Belo Horizonte: Ed. Vega, 1981. pp. 42-45; COMPANHIA VALE DO RIO DOCE, *A Mineração no Brasil e a Companhia Vale do Rio Doce.* Rio de Janeiro: Companhia Vale do Rio Doce, 1992.pp. 160-161 e LOURENÇO Neto, Sydenham. *Marchas e Contra-Marchas da Intervenção Estatal:* Empresariado e Burocracia na Política Siderúrgica Brasileira. Rio de Janeiro: Tese de Doutoramento (Instituto Universitário de Pesquisas do Rio de Janeiro), 2001. pp. 83-84.

[40] FURTADO, Celso. *Formação Econômica do Brasil.* 34ª ed., São Paulo: Companhia das Letras, 2007. pp. 263-285; MELLO, João Manuel Cardoso de. *O Capitalismo Tardio.* 8ª ed. São Paulo: Brasiliense, 1991. pp. 108-117 e 168-173; AURELIANO, Liana. *No Limiar da Industrialização.* 2ª ed. Campinas: Instituto de Economia da UNICAMP, 1999. pp. 129-140; SUZIGAN, Wilson. *Indústria Brasileira:* Origem e Desenvolvimento. 2ª ed. São Paulo/Campinas: Hucitec/EdUNICAMP, 2000. pp. 25-30 e 61-63 e FONSECA, Pedro Cezar Dutra. *Vargas:* O Capitalismo em Construção (1906-1954). São Paulo: Brasiliense, 1989. pp. 172-176.

[41] PELÁEZ, Carlos Manuel. *História da Industrialização Brasileira.* Rio de Janeiro: APEC, 1972, pp. 35-140 e SUZIGAN, Wilson. *Indústria Brasileira:* Origem e Desenvolvimento. 2ª ed. São Paulo/Campinas: Hucitec/EdUNICAMP, 2000. pp. 63-66. *Vide,* ainda, para a crítica a esta visão, SUZIGAN, Wilson. *Indústria Brasileira:* Origem e Desenvolvimento. 2ª ed. São Paulo/Campinas: Hucitec/EdUNICAMP, 2000. pp. 66-69 e FONSECA, Pedro Cezar Dutra. *Vargas:* O Capitalismo em Construção (1906-1954). São Paulo: Brasiliense, 1989. pp. 176-181.

GILBERTO BERCOVICI

de manutenção da ortodoxia econômica estão analisando os discursos das autoridades da época, sempre favoráveis à manutenção da estabilidade econômica, e não o sentido e a atuação concreta do aparato estatal brasileiro. O nacionalismo econômico brasileiro vai justamente se caracterizar pela busca de maior independência econômica, cujo pressuposto era o controle do Estado sobre seus recursos naturais para beneficiar a economia nacional. A posição do Brasil como exportador de matérias-primas, portanto, vulnerável às oscilações do mercado internacional, deixou de ser vista como vantajosa. E o Estado brasileiro vai ser reestruturado e atuar decisivamente para promover as transformações estruturais julgadas necessárias para solucionar esta questão, especialmente buscando diversificar a economia por meio da industrialização.[42]

Em termos de organização administrativa, a preocupação do Estado nacional em assumir o controle sobre os recursos minerais do país irá se manifestar na reestruturação do Ministério da Agricultura, promovida por Juarez Távora, a partir de 1933. Foi criada a Diretoria Geral de Pesquisas Científicas (Decreto n. 22.338, de 11 de janeiro de 1933), que incluía o Serviço Geológico, substituída pela Diretoria Geral de Produção Mineral (Decreto n. 23.016, de 28 de julho de 1933) e que, finalmente, foi transformada no Departamento Nacional de Produção

---

[42] FURTADO, Celso. *Formação Econômica do Brasil*. 34ª ed., São Paulo: Companhia das Letras, 2007. pp. 323-335; PRADO Jr., Caio. *História Econômica do Brasil*. 40ª ed. São Paulo: Brasiliense, 1993. pp. 287-300; IANNI, Octavio. *Estado e Capitalismo*. 2ª ed. São Paulo: Brasiliense, 1989. pp. 61-63; HILTON, Stanley E. "Vargas and Brazilian Economic Development, 1930-1945: A Reappraisal of his Attitude Toward Industrialization and Planning". *The Journal of Economic History*. Vol. 35, n. 4, dezembro, pp. 754-762 e 769-777, 1975,; DRAIBE, Sônia. *Rumos e Metamorfoses:* Um Estudo sobre a Constituição do Estado e as Alternativas da Industrialização no Brasil, 1930-1960. Rio de Janeiro: Paz e Terra, 1985. pp. 94-95; FONSECA, Pedro Cezar Dutra. *Vargas:* O Capitalismo em Construção (1906-1954). São Paulo: Brasiliense, 1989. pp. 181-202; BIELSCHOWSKY, Ricardo. *Pensamento Econômico Brasileiro:* O Ciclo Ideológico do Desenvolvimentismo. 2ª ed. Rio de Janeiro: Contraponto, 1995. pp. 248-259; CORSI, Francisco Luiz. *Estado Novo:* Política Externa e Projeto Nacional. São Paulo: EdUNESP, 2000. pp. 47-49 e 56-58 e BASTOS, Pedro Paulo Zahluth. "A Construção do Nacional-Desenvolvimentismo de Getúlio Vargas e a Dinâmica de Interação entre Estado e Mercado nos Setores de Base". *Revista Economia*, vol. 7, n. 4, dezembro, pp. 246-253, 2006. *Vide* também VIVACQUA, Attilio. *A Nova Política do Sub-Solo e o Regime Legal das Minas*. Rio de Janeiro: Ed. Panamericana, 1942.pp. 37-47.

A "QUESTÃO SIDERÚRGICA" E O PAPEL DO ESTADO NA...

Mineral – DNPM (Decreto n. 23.979, de 8 de março de 1934). A lógica por detrás desta reforma era fortalecer a burocracia profissional e ampliar os padrões de atuação técnica do Estado brasileiro.[43]

Uma série de medidas do Governo Provisório, como o Decreto n. 20.223, de 17 de julho de 1931, o Decreto n. 20.799, de 16 de dezembro de 1931 e o Decreto n. 23.266, de 24 de outubro de 1933, suspendeu todos os atos que implicassem alienação ou oneração de jazidas minerais. A política estatal brasileira passava a buscar a viabilização do desenvolvimento pelo aproveitamento das riquezas do subsolo.[44]

O Ministério da Guerra, em 20 de janeiro de 1931, por meio do Aviso n. 52, criou a Comissão Militar de Estudos Siderúrgicos, que deu impulso para que o Governo Provisório instituísse, em 30 de outubro do mesmo ano, a Comissão Nacional de Siderurgia, da qual participaram, entre outros, Euzébio de Oliveira, do Serviço Geológico e Mineralógico, o então Capitão Edmundo Macedo Soares e Silva e o ex-Ministro Pandiá Calógeras. A Comissão realizou um levantamento da siderurgia nacional no início da década de 1930, demonstrando a capacidade reduzidíssima do setor já instalado[45], o que tornava o país extremamente

---

[43] COHN, Gabriel. *Petróleo e Nacionalismo*. São Paulo: Difel, 1968. pp. 14-15; WIRTH, John D. *A Política do Desenvolvimento na Era de Vargas*. Rio de Janeiro: Fundação Getúlio Vargas, 1973. p. 120; ABREU, Sylvio Fróes. *Recursos Minerais do Brasil*. 2ª ed. São Paulo: Edgard Blücher/EDUSP, 1973. Vol. 2, pp. 392-394 e COMPANHIA VALE DO RIO DOCE. *A Mineração no Brasil e a Companhia Vale do Rio Doce*. Rio de Janeiro: Companhia Vale do Rio Doce, 1992.p. 173.

[44] COMPANHIA VALE DO RIO DOCE. *A Mineração no Brasil e a Companhia Vale do Rio Doce*. Rio de Janeiro: Companhia Vale do Rio Doce, 1992.pp. 172-173 e SILVA, Marta Zorzal e. *A Vale do Rio Doce na Estratégia do Desenvolvimentismo Brasileiro*. Vitória: EDUFES, 2004. pp. 134-135.

[45] Para a análise do parecer e dos dados levantados pela Comissão Nacional de Siderurgia, *vide* SILVA, Edmundo de Macedo Soares e. *O Ferro na História e na Economia do Brasil*. Rio de Janeiro: Comissão Executiva Central do Sesquicentenário da Independência do Brasil, 1972. pp. 84-89 e GOMES, Francisco Magalhães. *História da Siderurgia no Brasil*. Belo Horizonte/São Paulo: Itatiaia/EDUSP, 1983. pp. 201-214. *Vide*, ainda, AURELIANO, Liana. *No Limiar da Industrialização*. 2ª ed. Campinas: Instituto de Economia da UNICAMP, 1999. pp. 111-112; SUZIGAN, Wilson. *Indústria Brasileira: Origem e Desenvolvimento*. 2ª ed. São Paulo/Campinas: Hucitec/EdUNICAMP,

dependente do fornecimento externo, apesar de paradoxalmente rico em minério de ferro.[46]

Ao mesmo tempo em que buscava estudar a situação e as alternativas possíveis para a indústria siderúrgica no Brasil, o Governo Provisório teve que lidar com o polêmico contrato da *Itabira Iron*. A empresa não havia cumprido nenhum dos compromissos e prazos assumidos, acarretando a caducidade do contrato. Para evitar isto, a *Itabira Iron* pediu ao Governo Provisório a prorrogação dos prazos contratuais por "motivos de força maior". Por sua vez, o novo Governador de Minas Gerais, Olegário Maciel, anulou o ato de seu antecessor e declarou a caducidade do contrato da *Itabira Iron* (Decreto Estadual n. 9.869, de 4 de março de 1931). Embora também tenha declarado a caducidade do contrato da *Itabira Iron*, por meio do Decreto n. 20.046, de 27 de maio de 1931, o Governo Provisório decidiu pela realização de estudos para a revisão do contrato, suspendendo seu ato.

O Ministério da Viação e Obras Públicas instituiu, em setembro de 1931, uma comissão revisora para estudar este contrato. Nova comissão foi criada no final de 1933, propondo uma nova minuta de contrato, reduzindo a concessão da *Itabira Iron* à concessão de uma estrada de ferro para exportação do minério, com obrigação de estabelecer o tráfego público geral. Esta proposta foi encaminhada em 17 de maio de 1935 à Câmara dos Deputados para deliberação, mas nunca foi aprovada, em virtude do fechamento do Congresso Nacional em 10 de novembro de 1937.[47]

2000. pp. 290-294 e LOURENÇO Neto, Sydenham. *Marchas e Contra-Marchas da Intervenção Estatal:* Empresariado e Burocracia na Política Siderúrgica Brasileira. Rio de Janeiro: Tese de Doutoramento (Instituto Universitário de Pesquisas do Rio de Janeiro), 2001. pp. 103-109.

[46] Sobre este paradoxo, *vide* BAER, Werner. *Siderurgia e Desenvolvimento Brasileiro*. Rio de Janeiro: Zahar, 1970. pp. 84-89.

[47] VIVACQUA, Attilio. *A Nova Política do Sub-Solo e o Regime Legal das Minas*. Rio de Janeiro: Ed. Panamericana, 1942.pp. 315-320; BASTOS, Humberto. *A Conquista Siderúrgica no Brasil:* Crônica e Interpretação Econômica das Emprêsas e Indivíduos, Nacionais e Estrangeiros, que Participaram da Exploração dos Recursos Minerais e do Desenvolvimento Nacional. São Paulo: Livraria Martins Ed., 1959. pp. 130-139; PEREIRA, Osny Duarte. *Ferro e Independência:* Um Desafio à Dignidade Nacional.

A "QUESTÃO SIDERÚRGICA" E O PAPEL DO ESTADO NA...

A grande modificação, no entanto, seria trazida com o Código de Minas de 1934 (Decreto n. 24.642, de 10 de julho de 1934), que separou a propriedade do solo da propriedade do subsolo (artigo 4º do Código de Minas) e passou para o domínio da União todas as riquezas do subsolo que não fossem objeto, ainda, de exploração (artigos 5º, § 1º e § 2º e 11 do Código de Minas). Sua exploração só poderia ser feita, a partir de então, mediante concessão do Governo Federal (artigo 3º do Código de Minas). A propriedade do subsolo foi, deste modo, retirada da esfera privada e nacionalizada. Ao nacionalizar o subsolo, o Código de Minas, segundo Sônia Draibe, consistiu no passo inicial para que o Estado brasileiro passasse a atuar diretamente sobre os recursos naturais estratégicos passíveis de exploração industrial.[48]

A Constituição de 1934, por sua vez, consagra, definitivamente, a distinção entre a propriedade do solo e a propriedade do subsolo, em

---

Rio de Janeiro: Civilização Brasileira, 1967. pp. 36-37; SILVA, Edmundo de Macedo Soares e. *O Ferro na História e na Economia do Brasil*. Rio de Janeiro: Comissão Executiva Central do Sesquicentenário da Independência do Brasil, 1972. pp. 89-98; WIRTH, John D. *A Política do Desenvolvimento na Era de Vargas*. Rio de Janeiro: Fundação Getúlio Vargas, 1973. pp. 66-68; MARTINS, Luciano. *Pouvoir et Développement Économique:* Formation et Évolution des Structures Politiques au Brésil. Paris: Éditions Anthropos, 1976. pp. 188-195; PIMENTA, Dermeval José. *A Vale do Rio Doce e Sua História*. Belo Horizonte: Ed. Vega, 1981. pp. 49-52 e COMPANHIA VALE DO RIO DOCE. *A Mineração no Brasil e a Companhia Vale do Rio Doce*. Rio de Janeiro: Companhia Vale do Rio Doce, 1992.pp. 180-181.

[48] VIVACQUA, Attilio. *A Nova Política do Sub-Solo e o Regime Legal das Minas*. Rio de Janeiro: Ed. Panamericana, 1942.pp. 575-581; AMARAL, Afrânio do. *Siderurgia e Planejamento Econômico do Brasil*. São Paulo. Brasiliense, 1946. pp. 274-275; PEREIRA, Osny Duarte. *Ferro e Independência:* Um Desafio à Dignidade Nacional. Rio de Janeiro: Civilização Brasileira, 1967. pp. 43-45; COHN, Gabriel. *Petróleo e Nacionalismo*. São Paulo: Difel, 1968. pp. 16-18; LIMA, Medeiros. *Petróleo, Energia Elétrica, Siderurgia:* A Luta pela Emancipação – Um Depoimento de Jesus Soares Pereira sobre a Política de Getúlio Vargas. Rio de Janeiro: Paz e Terra, 1975. pp. 58-59; MARTINS, Luciano. *Pouvoir et Développement Économique*: Formation et Évolution des Structures Politiques au Brésil. Paris: Éditions Anthropos, 1976. p. 283; DRAIBE, Sônia. *Rumos e Metamorfoses: Um Estudo sobre a Constituição do Estado e as Alternativas da Industrialização no Brasil*, 1930-1960, Rio de Janeiro: Paz e Terra, 1985. pp. 95-96; COMPANHIA VALE DO RIO DOCE. *A Mineração no Brasil e a Companhia Vale do Rio Doce*. Rio de Janeiro: Companhia Vale do Rio Doce, 1992.pp. 173-176 e SILVA, Marta Zorzal e. *A Vale do Rio Doce na Estratégia do Desenvolvimentismo Brasileiro*. Vitória: EDUFES, 2004. p. 135.

GILBERTO BERCOVICI

seu artigo 118.[49] A competência para legislar sobre mineração e riquezas do subsolo foi atribuída à União (artigo 5º, XIX, *j*) embora admitindo-se a legislação estadual complementar (artigo 5º, § 3º). No entanto, a exploração das minas e jazidas, ainda que de propriedade privada (ou seja, as que foram devidamente cadastradas nos termos do Código de Minas), por determinação do artigo 119 da Constituição de 1934[50], passa a depender de autorização ou concessão da União, na forma da lei.[51]

Entre a promulgação do Código de Minas e a implantação do Estado Novo, há uma série de disputas sobre a exploração do subsolo brasileiro, envolvendo a Administração Pública (especialmente o DNPM), empresários privados nacionais e interesses de grupos econômicos internacionais (abstratos ou efetivos). Os interesses vinculados às empresas concessionárias de serviços públicos, particularmente a *Light* e a *AMFORP*, e às empresas do setor de mineração, no entanto, sofreriam uma grande derrota. A contestação judicial da constitucionali-

---

[49] "Artigo 118 da Constituição de 1934: As minas e demais riquezas do sub-sólo, bem como as quedas dagua, constituem propriedade distincta da do sólo para o efeito de exploração ou aproveitamento industrial".

[50] "Artigo 119 da Constituição de 1934: O aproveitamento industrial das minas e das jazidas mineraes, bem como das aguas e da energia hydraulica, ainda que de propriedade privada, depende de autorização ou concessão federal, na fórma da lei. § 1º. As autorizações ou concessões serão conferidas exclusivamente a brasileiros ou a empresas organizadas no Brasil, resalvada ao proprietario preferencia na exploração ou coparticipação nos lucros. § 2º. O aproveitamento de energia hydraulica, de potencia reduzida e para uso exclusivo do proprietario, independe de autorização ou concessão. § 3º. Satisfeitas as condições estabelecidas em lei, entre as quais a de possuírem os necessarios serviços technicos e administrativos, os Estados passarão a exercer, dentro dos respectivos territorios, a attribuição constante deste artigo. § 4º. A lei regulará a nacionalização progressiva das minas, jazidas minerais e quedas dagua ou outras fontes de energia hydraulica, julgadas basicas ou essenciaes á defesa economica ou militar do paiz. § 5º. A União, nos casos prescriptos em lei e tendo em vista o interesse da collectividade, auxiliará os Estados no estudo e apparelhamento das estancias minero-medicinaes ou thermo-medicinaes".

[51] A única exceção a esta exigência constitucional estava prevista no próprio artigo 119, § 6º: "§ 6º. Não dependem de concessão ou autorização o aproveitamento das quedas dagua já utilizadas industrialmente na data desta Constituição, e, sob esta mesma ressalva, a exploração das minas em lavra, ainda que transitoriamente suspensa".

A "QUESTÃO SIDERÚRGICA" E O PAPEL DO ESTADO NA...

dade dos Códigos de Minas e de Águas, iniciada logo após sua edição, com base no argumento da promulgação posterior à da Constituição de 1934, não encontrou acolhimento no Supremo Tribunal Federal. O Procurador-Geral da República, Gabriel de Rezende Passos, rebateu a argumentação da inconstitucionalidade em virtude da data de publicação, relembrando que ambos os Códigos foram editados com base nos poderes discricionários excepcionais do Chefe do Governo Provisório em 10 de julho de 1934, antes que a promulgação da nova Constituição encerrasse o período do governo revolucionário. A regularidade e validade dos atos legislativos editados até 16 de julho de 1934 foi assegurada pelo próprio texto constitucional. A publicação, que pode ser retardada pelos mais variados motivos, teria por fim tornar a lei conhecida e obrigatória no seu cumprimento, seria uma formalidade essencial, mas não uma condição de validade da lei, que decorreria de sua sanção ou promulgação pela autoridade competente. O Supremo Tribunal Federal decidiu no sentido de considerar constitucionais o Código de Águas e o Código de Minas de 1934, nos julgamentos do Mandado de Segurança n. 448/DF (Relator: Ministro Eduardo Espínola, julgado em 24 de setembro de 1937); do Agravo de Instrumento n. 7.878/RS (Relator: Ministro Costa Manso, julgado em 5 de setembro de 1938); do Agravo de Petição n. 7.886/PE (Relator: Ministro: Laudo de Camargo, julgado em 15 de setembro de 1938); e do Agravo de Petição n. 8.094 – Embargos (Relator: Ministro Laudo de Camargo, julgado em 26 de dezembro de 1940), entre vários outros julgados na mesma direção.[52]

Alguns industriais nacionais, durante a década de 1930, propuseram outras alternativas para tentar solucionar a "Questão Siderúrgica". Alexandre Siciliano Jr., por exemplo, em 1933, propôs a construção de uma usina siderúrgica estatal com capacidade de 150 mil toneladas, em Juiz de Fora (MG), além de uma usina para produção de coque (uma

---

[52] VIVACQUA, Attilio. *A Nova Política do Sub-Solo e o Regime Legal das Minas*. Rio de Janeiro: Ed. Panamericana, 1942.pp. 545-546; PASSOS, Gabriel de Rezende. *Nacionalismo*. São Paulo: Ed. Fulgor, 1959. pp. 45-46 e VENÂNCIO Filho, Alberto. *A Intervenção do Estado no Domínio Econômico*: O Direito Público Econômico no Brasil., Rio de Janeiro: Ed. FGV, 1968, pp. 134-135.

GILBERTO BERCOVICI

coqueria), a partir de carvão importado da Europa e, posteriormente, do carvão nacional, em Entre Rios (RJ), contrariando a ideia de integração produtiva. Outro projeto foi o de Henrique Lage, proprietário da maior parte das minas de carvão de Santa Catarina. Em 1936, Lage propôs a constituição de um consórcio nacional de aço, cujo capital seria proveniente das exportações de minério de ferro. A sua proposta incluía a construção de três usinas siderúrgicas, cuja produção conjunta seria de 150 mil toneladas anuais, mas que poderiam ser expandidas até 500 mil toneladas anuais. As usinas seriam situadas em Minas Gerais (na cidade de Gandarela, com previsão de ser uma usina à base de carvão vegetal), no Paraná (em Antonina, utilizando carvão catarinense) e no Rio de Janeiro (em Niterói, com fornos siderúrgicos elétricos).[53]

Percival Farquhar enfrentou, além da oposição do Governo brasileiro, problemas sérios de financiamento para seus empreendimentos. Em 1929, quando conseguiu o apoio de um consórcio internacional de banqueiros, empresas siderúrgicas europeias e fornecedores norte-americanos de equipamentos, a crise da bolsa de Nova York inviabilizou seus planos. Posteriormente, no decorrer da década de 1930, as siderúrgicas norte-americanas (especialmente a *Bethlehem Steel Company* e a *United States Steel*) não iriam se entusiasmar com seus planos, pois haviam garantido o fornecimento de minério

---

[53] BASTOS, Humberto. *A Conquista Siderúrgica no Brasil:* Crônica e Interpretação Econômica das Emprêsas e Indivíduos, Nacionais e Estrangeiros, que Participaram da Exploração dos Recursos Minerais e do Desenvolvimento Nacional. São Paulo: Livraria Martins Ed., 1959. pp. 149-151; BAER, Werner. *Siderurgia e Desenvolvimento Brasileiro.* Rio de Janeiro: Zahar, 1970. pp. 95-96; WIRTH, John D. *A Política do Desenvolvimento na Era de Vargas.* Rio de Janeiro: Fundação Getúlio Vargas, 1973. pp. 68-70; MARTINS, Luciano. *Pouvoir et Développement Économique:* Formation et Évolution des Structures Politiques au Brésil. Paris: Éditions Anthropos, 1976. pp. 176-177, 193-194 e LOURENÇO Neto, Sydenham. *Marchas e Contra-Marchas da Intervenção Estatal:* Empresariado e Burocracia na Política Siderúrgica Brasileira. Rio de Janeiro: Tese de Doutoramento (Instituto Universitário de Pesquisas do Rio de Janeiro), 2001. pp. 109-116. Sobre os vários projetos apresentados na década de 1930 para lidar com o problema da implantação da siderurgia no Brasil, *vide*, ainda, AMARAL, Afrânio do. *Siderurgia e Planejamento Econômico do Brasil.* São Paulo: Brasiliense, 1946. pp. 276-286.

A "QUESTÃO SIDERÚRGICA" E O PAPEL DO ESTADO NA...

de ferro da Venezuela. Dentre os seus parceiros europeus, os que vão buscar aprofundar as negociações, a partir de 1936, serão os alemães, por meio da *Vereinigte Stahlwerke*, com apoio do Estado alemão, que se comprometeram a fornecer equipamento ferroviário, portuário e de mineração à *Itabira Iron*, em troca do transporte do minério de ferro em navios alemães. No entanto, a oposição do Ministro das Relações Exteriores, Oswaldo Aranha, a partir de 1938, irá encerrar as tratativas de Farquhar.[54]

Em 1938, no início do Estado Novo, Getúlio Vargas expôs as três alternativas possíveis para a "Questão Siderúrgica":

> "A solução do problema está, portanto, na grande siderurgia – grande para nós, porque não poderá ser, é claro, a grande siderurgia alemã ou norte-americana. Falta-nos carvão? Teremos de importá-lo, pelo menos, enquanto o nosso não se ache em condições de substituí-lo. Encontrar-se-á uma fórmula para compensar essa importação com a exportação de minério. Esta é que não se deve fazer pura e simplesmente. É a única arma que possuímos para interessar os grupos metalúrgicos estrangeiros na instalação da siderurgia nacional. Cumpre utilizá-la com segurança e proveito. Resumindo as nossas considerações, podemos concluir que a instalação siderúrgica póde ser feita: 1) pelo Estado, com o levantamento de capitais estrangeiros ou mediante financiamento à base de minério exportado; 2) com capitais mixtos, do Estado e de emprêsas particulares nacionais; 3) por emprêsas particulares nacionais, com capitais próprios e

---

[54] ROGERS, Edgard J. "Brazil's Rio Doce Valley Project: A Study in Frustration and Perseverance". *Journal of Inter-American Studies*. Vol. 1, n. 2, abril, pp. 131-132, 1959. pp. 131-132; BAER, Werner. *Siderurgia e Desenvolvimento Brasileiro*. Rio de Janeiro: Zahar, 1970. pp. 93-94; WIRTH, John D. *A Política do Desenvolvimento na Era de Vargas*. Rio de Janeiro: Fundação Getúlio Vargas, 1973. pp. 62-63 e 84 e MARTINS, Luciano. *Pouvoir et Développement Économique:* Formation et Évolution des Structures Politiques au Brésil. Paris: Éditions Anthropos, 1976. pp. 205-206. Para a versão de Farquhar, visto como "vítima" de poderosos interesses financeiros internacionais aliados a grupos brasileiros que não desejavam o desenvolvimento do país, *vide* GAULD, Charles A. *Farquhar:* O Último Titã – Um Empreendedor Americano na América Latina. São Paulo: Editora de Cultura, 2006, pp. 382-495.

GILBERTO BERCOVICI

estrangeiros, e contróle do Estado. O Govêrno está disposto a resolver o problema e pronto a receber quaisquer propostas idôneas, dentro das condições indicadas".[55]

Para Vargas, portanto, seriam possibilidades viáveis para a implantação definitiva da grande siderurgia no país a construção de uma usina siderúrgica estatal, financiada com capital estrangeiro ou recursos provenientes da exportação de minério de ferro; a construção de uma siderúrgica em conjunto pelo Estado e pela iniciativa privada nacional ou a construção de uma siderúrgica pela iniciativa privada nacional, com capital próprio e capital estrangeiro, mas sob supervisão estatal. A situação política internacional, de disputa entre a Alemanha e os Estados Unidos, por maiores esferas de influência, iria ampliar a margem de manobra do Governo brasileiro nas negociações para a implantação da siderurgia pesada no país, favorecendo a solução exclusivamente estatal.[56]

O exame do problema siderúrgico no Conselho Técnico de Economia e Finanças, vinculado ao Ministério da Fazenda, ocorreu entre maio e junho de 1938. Após a análise de várias propostas, o relator do Conselho Técnico de Economia e Finanças, Pedro Demóstenes Rache, que havia sido vinculado aos interesses de Percival Farquhar, tentou apresentar o contrato original da *Itabira Iron* como a melhor solução para a implantação da siderurgia no país. A reação dos demais membros do

---

[55] VARGAS, Getúlio. "Problemas e Realizações do Estado Novo" *In: A Nova Política do Brasil.* Rio de Janeiro: José Olympio, 1938. Vol. V, p. 180.

[56] WIRTH, John D. *A Política do Desenvolvimento na Era de Vargas.* Rio de Janeiro: Fundação Getúlio Vargas, 1973. pp. 73-80. *Vide,* ainda, AURELIANO, Liana. *No Limiar da Industrialização.* 2ª ed. Campinas: Instituto de Economia da UNICAMP, 1999. pp. 53-54 e 112-113 e BASTOS, Pedro Paulo Zahluth. "A Construção do Nacional-Desenvolvimentismo de Getúlio Vargas e a Dinâmica de Interação entre Estado e Mercado nos Setores de Base". *Revista Economia,* vol. 7, n. 4, dezembro, pp. 253-254, 2006.. Sobre a preocupação de Getúlio Vargas com a siderurgia, entendendo-a como um dos principais problemas da economia brasileira, *vide* FONSECA, Pedro Cezar Dutra. *Vargas:* O Capitalismo em Construção (1906-1954). São Paulo: Brasiliense, 1989. pp. 216-218 e CORSI, Francisco Luiz. *Estado Novo:* Política Externa e Projeto Nacional. São Paulo: EdUNESP, 2000. pp. 70-72 e 141-143.

A "QUESTÃO SIDERÚRGICA" E O PAPEL DO ESTADO NA...

Conselho Técnico de Economia e Finanças não foi, no entanto, favorável a Farquhar. Guilherme Guinle, por exemplo, foi enfático em seus pareceres pela inconveniência da manutenção do contrato da *Itabira Iron*. Após os debates, a solução proposta foi a de manter o contrato da *Itabira Iron* para exportação do minério de ferro, com algumas modificações pontuais, desvinculando a construção da usina siderúrgica e a exportação de minério de ferro. Pela primeira vez, oficialmente, um órgão público separava a questão do minério do ferro da questão do aço. Enviado o relatório para o Presidente Vargas, este decidiu, em agosto de 1938, ouvir o Conselho Federal de Comércio Exterior e o Conselho de Segurança Nacional. Na prática, estava rejeitando a solução proposta pelo Conselho Técnico de Economia e Finanças.[57]

Na opinião de John Wirth, o Conselho Federal de Comércio Exterior atuou como um "biombo administrativo para o Exército". Em fevereiro de 1939, o Conselho Federal de Comércio Exterior aprovou o monopólio das exportações de minério de ferro como condição para a construção de uma usina siderúrgica estatal. Foi aprovada a instituição do Instituto Brasileiro do Aço, que regularia a produção interna de aço e a mineração de ferro. A proposta aprovada tinha como objetivos exportar anualmente dois milhões de toneladas de ferro e manganês, com o intuito de compensar a importação de carvão e equipamentos europeus, a

---

[57] VIVACQUA, Attilio. *A Nova Política do Sub-Solo e o Regime Legal das Minas*. Rio de Janeiro: Ed. Panamericana, 1942.pp. 320-324; AMARAL, Afrânio do. *Siderurgia e Planejamento Econômico do Brasil*. São Paulo: Brasiliense, 1946. pp. 286-291; SILVA, Edmundo de Macedo Soares e. *O Ferro na História e na Economia do Brasil*. Rio de Janeiro: Comissão Executiva Central do Sesquicentenário da Independência do Brasil, 1972. pp. 103-111; WIRTH, John D. *A Política do Desenvolvimento na Era de Vargas*. Rio de Janeiro: Fundação Getúlio Vargas, 1973. pp. 80-82; MARTINS, Luciano. *Pouvoir et Développement Économique:* Formation et Évolution des Structures Politiques au Brésil. Paris: Éditions Anthropos, 1976. pp. 204-209; PIMENTA, Dermeval José. *A Vale do Rio Doce e Sua História*. Belo Horizonte: Ed. Vega, 1981. pp. 53-54; GOMES, Francisco Magalhães. *História da Siderurgia no Brasil*. Belo Horizonte/São Paulo: Itatiaia/EDUSP, 1983. pp. 214-215; COMPANHIA VALE DO RIO DOCE. *A Mineração no Brasil e a Companhia Vale do Rio Doce*. Rio de Janeiro: Companhia Vale do Rio Doce, 1992. pp. 181-182 e LOURENÇO Neto, Sydenham. *Marchas e Contra-Marchas da Intervenção Estatal:* Empresariado e Burocracia na Política Siderúrgica Brasileira. Rio de Janeiro: Tese de Doutoramento (Instituto Universitário de Pesquisas do Rio de Janeiro), 2001. pp. 117-131.

GILBERTO BERCOVICI

instalação de uma usina siderúrgica à base de coque, no Rio de Janeiro ou Vale do Paraíba, capaz de produzir inicialmente 180 mil toneladas de aço, e o fim de todas as concessões feitas a estrangeiros, como a concessão da *Itabira Iron*. A vulnerabilidade da proposta, no entanto, estava na dependência de grandes exportações de minério e da importação de carvão estrangeiro, o que impediria a auto-suficiência em caso de guerra.[58]

Enquanto a proposta do Conselho Federal de Comércio Exterior era levada para o Conselho de Segurança Nacional, o Major Edmundo Macedo Soares e Silva partiu em missão oficial à Alemanha para tratar do financiamento da construção de uma usina siderúrgica, preferencialmente estatal, no Brasil. Por sua vez, o Ministro das Relações Exteriores, Oswaldo Aranha, seguiu para Washington com o mesmo objetivo. O resultado de ambas as missões foi a promessa do *Export-Import Bank* de financiar o equipamento da usina siderúrgica brasileira e o início das negociações, em abril de 1939, com a *United States Steel*. A empresa norte-americana se manifestou contrária à solução estatal e propôs uma companhia de capital misto, brasileiro e americano, além do envio de uma missão técnica ao Brasil. Após um ano de estudos, os americanos concluíram pela viabilidade de utilização do carvão brasileiro[59] e pela

---

[58] SILVA, Edmundo de Macedo Soares e. *O Ferro na História e na Economia do Brasil*. Rio de Janeiro: Comissão Executiva Central do Sesquicentenário da Independência do Brasil, 1972. pp. 111-113; WIRTH, John D. *A Política do Desenvolvimento na Era de Vargas*. Rio de Janeiro: Fundação Getúlio Vargas, 1973. pp. 84-86; MARTINS, Luciano. *Pouvoir et Développement Économique:* Formation et Évolution des Structures Politiques au Brésil. Paris: Éditions Anthropos, 1976. pp. 209-214; COMPANHIA VALE DO RIO DOCE. *A Mineração no Brasil e a Companhia Vale do Rio Doce*. Rio de Janeiro: Companhia Vale do Rio Doce, 1992. p. 182 e LOURENÇO Neto, Sydenham. *Marchas e Contra-Marchas da Intervenção Estatal:* Empresariado e Burocracia na Política Siderúrgica Brasileira. Rio de Janeiro: Tese de Doutoramento (Instituto Universitário de Pesquisas do Rio de Janeiro), 2001. pp. 131-136. Stanley Hilton discorda da interpretação de John D. que atribui aos militares brasileiros a liderança no processo de implantação da grande siderurgia no país. Para Hilton, a principal preocupação dos militares no período era a aquisição de armamentos, não sua fabricação. Cf. HILTON, Stanley E. "Military Influence on Brazilian Economic Policy, 1930-1945: A Different View". *The Hispanic American Historical Review*. Vol. 53, n. 1, fevereiro, pp. 71-94, 1973,.

[59] Sobre o debate em torno da viabilidade da utilização do carvão nacional, proveniente de Santa Catarina, *vide* VIVACQUA, Attilio. *A Nova Política do Sub-Solo e o Regime*

604

A "QUESTÃO SIDERÚRGICA" E O PAPEL DO ESTADO NA...

localização da usina no próprio Distrito Federal, em localidade situada a uma distância próxima das jazidas de ferro de Minas Gerais e das minas de carvão de Santa Catarina, além de possuir instalações portuárias e ferroviárias adequadas ou que poderiam ser mais facilmente melhoradas. A proposta norte-americana foi vista como superior às demais e, para garantir seu êxito, cancelou-se a concessão da *Itabira Iron* definitivamente em 11 de agosto de 1939, por meio do Decreto n. 1.507.[60]

No entanto, a *United States Steel* condicionou sua participação na implementação da siderurgia pesada no Brasil a mudanças na legislação nacionalista, especialmente a legislação relativa à exploração do subsolo. Não só a Carta de 1937 havia mantido a nacionalização do subsolo nos seus artigos 143 e 144[61], como a legislação promulgada durante o Estado

---

Legal das Minas. Rio de Janeiro: Ed. Panamericana, 1942. pp. 341-351; AMARAL, Afrânio do. *Siderurgia e Planejamento Econômico do Brasil.* São Paulo: Brasiliense, 1946. pp. 312-321 e 325-331; BAER, Werner. *Siderurgia e Desenvolvimento Brasileiro.* Rio de Janeiro: Zahar, 1970. pp. 58-60; ABREU, Sylvio Fróes. *Recursos Minerais do Brasil,* 2ª ed. São Paulo: Edgard Blücher/EDUSP, 1973, vol. 2, pp. 350-379 e GOMES, Francisco Magalhães. *História da Siderurgia no Brasil.* Belo Horizonte/São Paulo: Itatiaia/EDUSP, 1983. pp. 168-175.

[60] SILVA, Edmundo de Macedo Soares e. *O Ferro na História e na Economia do Brasil.* Rio de Janeiro: Comissão Executiva Central do Sesquicentenário da Independência do Brasil, 1972. pp. 127-133; BAER, Werner. *Siderurgia e Desenvolvimento Brasileiro.* Rio de Janeiro: Zahar, 1970. pp. 99-100; WIRTH, John D. *A Política do Desenvolvimento na Era de Vargas.* Rio de Janeiro: Fundação Getúlio Vargas, 1973. pp. 87-91; MARTINS, Luciano. *Pouvoir et Développement Économique:* Formation et Évolution des Structures Politiques au Brésil. Paris: Éditions Anthropos, 1976. pp. 214-223; PIMENTA, Dermeval José. *A Vale do Rio Doce e Sua História.* Belo Horizonte: Ed. Vega, 1981. pp. 54-55; COMPANHIA VALE DO RIO DOCE. *A Mineração no Brasil e a Companhia Vale do Rio Doce.* Rio de Janeiro: Companhia Vale do Rio Doce, 1992. pp. 182-186; CORSI, Francisco Luiz. *Estado Novo:* Política Externa e Projeto Nacional. São Paulo: EdUNESP, 2000. pp. 143-147 e LOURENÇO Neto, Sydenham. *Marchas e Contra-Marchas da Intervenção Estatal:* Empresariado e Burocracia na Política Siderúrgica Brasileira. Rio de Janeiro: Tese de Doutoramento (Instituto Universitário de Pesquisas do Rio de Janeiro), 2001. pp. 136-144. Para a descrição da missão de Edmundo de Macedo Soares e Silva à Europa e aos Estados Unidos, *vide* SILVA, Edmundo de Macedo Soares e. *O Ferro na História e na Economia do Brasil.* Rio de Janeiro: Comissão Executiva Central do Sesquicentenário da Independência do Brasil, 1972. pp. 114-122. Para a versão de Percival Farquhar, *vide* GAULD, Charles A. *Farquhar:* O Último Titã – Um Empreendedor Americano na América Latina. São Paulo: Editora de Cultura, 2006, pp. 406-414.

[61] A Carta de 1937 atribuiu à União a competência para legislar sobre minas e sua exploração (artigo 16, XIV), embora os Estados também pudessem legislar de forma

---

2ª ed. São Paulo: Edgard Blücher/EDUSP, 1973.

GILBERTO BERCOVICI

Novo reforçava as restrições à atuação do capital estrangeiro no setor. Com o Estado Novo e a outorga da Carta de 1937, o Código de Minas de 1934 foi mantido em vigor expressamente pelo Decreto-Lei n. 66, de 14 de dezembro de 1937. Este Decreto-Lei exigiu, ainda, que as sociedades de mineração tivessem como seus sócios ou acionistas brasileiros ou pessoas jurídicas brasileiras (artigo 2º, § 1º)[62]. Em 29 de janeiro de 1940, foi promulgado um novo Código de Minas (Decreto-Lei n. 1.985), caracterizando-se por seu nacionalismo. A estrutura do Código de Minas de 1940 é bem similar à do Código de 1934, consistindo, segundo Attilio Vivacqua, em um aperfeiçoamento deste último. Seguindo o disposto no artigo 143, § 1º da Carta de 1937, o artigo 6º do Código de Minas determinava que as sociedades de mineração só poderiam ter brasileiros como sócios.[63]

---

suplementar, e sem contrariar a legislação federal, sobre esta matéria (artigo 18, 'a'). Além disto, foram atribuídos ao domínio federal todos os bens que já pertencessem à União nos termos das leis em vigor (artigo 36, 'a'). Isto incluía as jazidas desconhecidas ou não declaradas, nacionalizadas pelo Código de Minas de 1934 (em seus artigos 5º, § 1º e § 2º e 11). Além disto, o artigo 144 da Carta de 1937 constitucionalizou o artigo 85 do Código de Minas de 1934, que previa a nacionalização progressiva das minas e jazidas consideradas básicas ou essenciais econômica ou militarmente para o país: Artigo 144 da Carta de 1937: "A lei regulará a nacionalização progressiva das minas, jazidas minerais e quedas dágua ou outras fontes de energia assim como das indústrias consideradas básicas ou essenciais à defesa econômica ou militar da Nação".

[62] Artigo 2º, § 1º do Decreto-Lei n. 66, de 1937: "§ 1º. As sociedades para fins de mineração poderão adotar qualquer forma admitida em lei, contanto que os sócios ou acionistas sejam brasileiros ou pessôas jurídicas brasileiras, e as ações sejam sempre nominativas".

[63] "Artigo 143 da Carta de 1937: As minas e demais riquezas do sub-solo, bem como as quedas dágua constituem propriedade distinta da propriedade do solo para o efeito de exploração ou aproveitamento industrial. O aproveitamento industrial das minas e das jazidas minerais, das águas e da energia hidráulica, ainda que de propriedade privada, depende de autorização federal. § 1º. A autorização só poderá ser concedida a brasileiros, ou empresas constituídas por acionistas brasileiros, reservada ao proprietário preferência na exploração, ou participação nos lucros." *Vide* VIVACQUA, Attilio. *A Nova Política do Sub-Solo e o Regime Legal das Minas*. Rio de Janeiro: Ed. Panamericana, 1942.pp. 551, 558-560, 568-574 e 581-587; VENÂNCIO Filho, Alberto. *A Intervenção do Estado no Domínio Econômico*: O Direito Público Econômico no Brasil., Rio de Janeiro,: Ed. FGV, 1968, pp. 135-136; COMPANHIA VALE DO RIO DOCE. *A Mineração no Brasil e a Companhia Vale do Rio Doce*. Rio de Janeiro: Companhia Vale do Rio Doce, 1992.

A "QUESTÃO SIDERÚRGICA" E O PAPEL DO ESTADO NA...

Embora não tenham sido esclarecidos os motivos, em janeiro de 1940, a *United States Steel* decidiu abandonar o projeto brasileiro.[64] A discordância com a legislação minerária brasileira pode ter sido um dos motivos, ou a principal razão, mas eles nunca foram explicitados. A desistência da *United States Steel* fez com que o Presidente Getúlio Vargas informasse ao Presidente Franklin Delano Roosevelt que o Brasil esperava e confiava no apoio norte-americano para solucionar a "Questão Siderúrgica", mas que, se não encontrasse este apoio nos Estados Unidos, iria examinar quaisquer outras alternativas que surgissem.[65]

Após a recusa da *United States Steel*, o Governo brasileiro tentou, ainda, entabular negociações com outras companhias estrangeiras, inclusive a alemã *Krupp*. A guerra europeia prejudicou as importações de aço europeu, o que fez com que fosse constituída em 4 de março de 1940, pelo Decreto-Lei n. 2.054, a Comissão Executiva do Plano

---

pp. 176-177; CORSI, Francisco Luiz. *Estado Novo:* Política Externa e Projeto Nacional. São Paulo: EdUNESP, 2000. p. 73 e SILVA, Marta Zorzal e. *A Vale do Rio Doce na Estratégia do Desenvolvimentismo Brasileiro.* Vitória: EDUFES, 2004. p. 136. A única exceção ao regime das concessões ou autorizações estava prevista expressamente no artigo 143, § 4º da Carta de 1937: "§ 4º. Independe de autorização o aproveitamento das quedas dágua já utilizadas industrialmente na data desta Constituição, assim como, nas mesmas condições, a exploração das minas em lavra, ainda que transitòriamente suspensa".

[64] BASTOS, Humberto. *A Conquista Siderúrgica no Brasil:*Crônica e Interpretação Econômica das Emprêsas e Indivíduos, Nacionais e Estrangeiros, que Participaram da Exploração dos Recursos Minerais e do Desenvolvimento Nacional. São Paulo: Livraria Martins Ed., 1959. pp. 186-187; BAER, Werner. *Siderurgia e Desenvolvimento Brasileiro.* Rio de Janeiro: Zahar, 1970. pp. 100-101 SILVA, Edmundo de Macedo Soares e *O Ferro na História e na Economia do Brasil.* Rio de Janeiro: Comissão Executiva Central do Sesquicentenário da Independência do Brasil, 1972. pp. 133-134; MARTINS, Luciano. *Pouvoir et Développement Économique:* Formation et Évolution des Structures Politiques au Brésil. Paris: Éditions Anthropos, 1976. pp. 223-225; CORSI, Francisco Luiz. *Estado Novo:* Política Externa e Projeto Nacional. São Paulo: EdUNESP, 2000. pp. 147-151 e LOURENÇO Neto, Sydenham. *Marchas e Contra-Marchas da Intervenção Estatal:* Empresariado e Burocracia na Política Siderúrgica Brasileira. Rio de Janeiro: Tese de Doutoramento (Instituto Universitário de Pesquisas do Rio de Janeiro), 2001. pp. 144-145.

[65] WIRTH, John D. *A Política do Desenvolvimento na Era de Vargas.* Rio de Janeiro: Fundação Getúlio Vargas, 1973. pp. 91-94.

Siderúrgico Nacional, presidida por Guilherme Guinle, para dar início à organização de uma companhia siderúrgica estatal.[66] O financiamento seria obtido na Caixa Econômica Federal, nos Institutos de Aposentadorias e Pensões e do orçamento especial de Obras Públicas. Parte dos recursos, no entanto, seria obtida do Governo norte-americano, por meio do *Export-Import Bank*. Embora a concordância oficial dos norte-americanos com o financiamento tenha sido enviada em 31 de maio de 1940, as negociações só foram concretizadas após o célebre discurso que Getúlio Vargas pronunciou em 11 de junho de 1940, a bordo do encouraçado *Minas Gerais*, no contexto das vitórias militares alemãs na Europa Ocidental. O Governo norte-americano percebeu que se não financiasse o reaparelhamento das Forças Armadas brasileiras e a instalação da usina siderúrgica, os alemães, às vésperas de uma nada improvável vitória na guerra, certamente o fariam. Em 26 de setembro de 1940, os Estados Unidos, por meio do *Export-Import Bank*, comprometeram-se oficialmente em financiar a usina siderúrgica estatal brasileira.[67]

---

[66] VIVACQUA, Attilio. *A Nova Política do Sub-Solo e o Regime Legal das Minas*. Rio de Janeiro: Ed. Panamericana, 1942.pp. 331-340; BASTOS, Humberto. *A Conquista Siderúrgica no Brasil:* Crônica e Interpretação Econômica das Emprêsas e Indivíduos, Nacionais e Estrangeiros, que Participaram da Exploração dos Recursos Minerais e do Desenvolvimento Nacional. São Paulo: Livraria Martins Ed., 1959. pp. 188-194; SILVA, Edmundo de Macedo Soares e. *O Ferro na História e na Economia do Brasil*. Rio de Janeiro: Comissão Executiva Central do Sesquicentenário da Independência do Brasil, 1972. pp. 134-136; GOMES, Francisco Magalhães. *História da Siderurgia no Brasil*. Belo Horizonte/ São Paulo: Itatiaia/EDUSP, 1983. pp. 246-268; COMPANHIA VALE DO RIO DOCE. *A Mineração no Brasil e a Companhia Vale do Rio Doce*. Rio de Janeiro: Companhia Vale do Rio Doce, 1992. pp. 183-184; CORSI, Francisco Luiz. *Estado Novo:* Política Externa e Projeto Nacional. São Paulo: EdUNESP, 2000. pp. 151-158 e LOURENÇO Neto, Sydenham. *Marchas e Contra-Marchas da Intervenção Estatal:* Empresariado e Burocracia na Política Siderúrgica Brasileira. Rio de Janeiro: Tese de Doutoramento (Instituto Universitário de Pesquisas do Rio de Janeiro), 2001. pp. 145-146.

[67] AMARAL, Afrânio do. *Siderurgia e Planejamento Econômico do Brasil*. São Paulo: Brasiliense, 1946. pp. 322-326; BASTOS, Humberto. *A Conquista Siderúrgica no Brasil:* Crônica e Interpretação Econômica das Emprêsas e Indivíduos, Nacionais e Estrangeiros, que Participaram da Exploração dos Recursos Minerais e do Desenvolvimento Nacional. São Paulo: Livraria Martins Ed., 1959. pp. 194-205; BAER, Werner. *Siderurgia e Desenvolvimento Brasileiro*. Rio de Janeiro: Zahar, 1970. pp. 101-103; SILVA, Edmundo de Macedo Soares e. *O Ferro na História e na Economia do Brasil*. Rio de Janeiro: Comissão Executiva Central do Sesquicentenário da Independência do Brasil, 1972. pp. 138-143;

A "QUESTÃO SIDERÚRGICA" E O PAPEL DO ESTADO NA...

Este financiamento estrangeiro à implantação da grande siderurgia no Brasil traz interpretações distintas. Para Francisco Luiz Corsi, a escassez de recursos e a oposição da elite dominante brasileira ao projeto nacional-desenvolvimentista teriam levado Getúlio Vargas, inicialmente favorável a desenvolver o país com base na mobilização dos capitais nacionais, a optar pelo financiamento externo, o que acabaria impedindo a possibilidade de um desenvolvimento realmente autônomo. Ao mesmo tempo em que os recursos existentes no país não eram suficientes, a obtenção de financiamento externo também não seria fácil em um período de conflito mundial, em que a própria elite e o governo estavam divididos sobre a formação de alianças com os Estados Unidos ou com a Alemanha. A Segunda Guerra Mundial desfaria o impasse da aliança externa, mas, ao mesmo tempo, impediria uma política mais independente, com o país tendo que se alinhar totalmente ao lado dos Estados Unidos, embora conseguisse pressionar os norte-americanos para a obtenção de vantagens para a industrialização, como o financiamento da implantação da siderurgia estatal.[68]

Para José Luís Fiori, justamente o financiamento internacional da siderurgia pesada no Brasil, opção tomada graças à resistência do empresariado nacional e à escassez de recursos próprios, teria marcado a impossibilidade de qualquer industrialização realmente autônoma no país.

WIRTH, John D. A. *Política do Desenvolvimento na Era de Vargas.* Rio de Janeiro: Fundação Getúlio Vargas, 1973. pp. 95-99; MARTINS, Luciano. *Pouvoir et Développement Économique:* Formation et Évolution des Structures Politiques au Brésil. Paris: Éditions Anthropos, 1976. pp. 225-230; CORSI, Francisco Luiz. *Estado Novo:* Política Externa e Projeto Nacional. São Paulo: EdUNESP, 2000. pp. 158-164 e LOURENÇO Neto, Sydenham. *Marchas e Contra-Marchas da Intervenção Estatal:* Empresariado e Burocracia na Política Siderúrgica Brasileira. Rio de Janeiro: Tese de Doutoramento (Instituto Universitário de Pesquisas do Rio de Janeiro), 2001. pp. 146-148. Para a tradução integral da correspondência formal do pedido de financiamento estabelecida entre Guilherme Guinle, Presidente da Comissão Executiva do Plano Siderúrgico Nacional, e Jesse H. Jones, diretor do *Export-Import Bank*, em 25 e 26 de setembro de 1940, *vide* GOMES, Francisco Magalhães. *História da Siderurgia no Brasil.* Belo Horizonte/São Paulo: Itatiaia/ EDUSP, 1983. pp. 268-270.

[68] CORSI, Francisco Luiz. *Estado Novo:* Política Externa e Projeto Nacional. São Paulo: EdUNESP, 2000. pp. 17-19, 136-139 e 280-294.

GILBERTO BERCOVICI

A falta de articulação entre Estado e empresariado, vetada pelas elites econômicas brasileiras, teria condicionado a industrialização brasileira a um desenvolvimento associado ao capital internacional, não sendo um projeto efetivamente nacional. Esta é também a clássica interpretação de Luciano Martins sobre os limites da autonomia da economia brasileira: rompe-se o bloqueio à industrialização nacional, mas, ao mesmo tempo, abre-se o mercado brasileiro ao grande capital de origem estrangeira. Seria a primeira etapa do que se denominaria de "internalização da dependência", um modelo de desenvolvimento associado com a hegemonia da grande empresa privada estrangeira e a formação e consolidação simultânea do setor produtivo estatal, criando os dois principais setores da economia brasileira, o estatal e o internacionalizado.[69]

Em julho de 1940, após estudos do Coronel Macedo Soares, a Comissão Executiva do Plano Siderúrgico Nacional escolheu a localidade de Volta Redonda, no Estado do Rio de Janeiro, para a instalação da usina siderúrgica. A localização da futura Companhia Siderúrgica Nacional foi justificada com base em argumentos de defesa militar, distância adequada tanto dos fornecedores de insumos e matérias-primas como dos dois grandes mercados consumidores do país e facilidade de transporte e de fornecimento abundante de água.[70]

---

[69] MARTINS, Luciano. *Pouvoir et Développement Économique:* Formation et Évolution des Structures Politiques au Brésil. Paris: Éditions Anthropos, 1976. pp. 245-254; ABRANCHES, Sérgio Henrique. "Governo, Empresa Estatal e Política Siderúrgica: 1930-1975" In: LIMA Jr. Olavo Brasil de; ABRANCHES, Sérgio Henrique (coords.). *As Origens da Crise:* Estado Autoritário e Planejamento no Brasil. São Paulo/Rio de Janeiro: Vértice/IUPERJ, 1987. pp. 172-173; FIORI, José Luís. "Sonhos Prussianos, Crises Brasileiras – Leitura Política de uma Industrialização Tardia" In: *Em Busca do Dissenso Perdido:* Ensaios Críticos sobre a Festejada Crise do Estado. Rio de Janeiro: Insight, 1995. pp. 60-70 e 80-82 e FIORI, José Luís. "Para uma Economia Política do Estado Brasileiro" In: *Em Busca do Dissenso Perdido*: Ensaios Críticos sobre a Festejada Crise do Estado. Rio de Janeiro: Insight, 1995. pp. 134-138. Para uma crítica a esta visão, *vide* Pedro BASTOS, Paulo Zahluth. "Raízes do Desenvolvimentismo Associado: Comentários sobre Sonhos Prussianos e Cooperação Panamericana no Estado Novo". *Revista Economia*. vol. 5, n. 3, pp. 290-316, dezembro, 2004.

[70] BASTOS, Humberto. *A Conquista Siderúrgica no Brasil:* Crônica e Interpretação Econômica das Emprêsas e Indivíduos, Nacionais e Estrangeiros, que Participaram da Exploração dos Recursos Minerais e do Desenvolvimento Nacional. São Paulo: Livraria Martins Ed., 1959. pp. 227-234; BAER, Werner. *Siderurgia e Desenvolvimento Brasileiro.*

A "QUESTÃO SIDERÚRGICA" E O PAPEL DO ESTADO NA...

Ainda no contexto da Segunda Guerra Mundial, logo após o rompimento das relações diplomáticas do Brasil com os países do Eixo, os Governos do Brasil, Estados Unidos e Inglaterra assinaram, em 3 de março de 1942, os "Acordos de Washington", em que se garantia o financiamento e o fornecimento de equipamentos norte-americanos para a construção da usina siderúrgica estatal brasileira e para a mineração e transporte em grande escala de minério de ferro (1,5 milhões de toneladas por ano), que deveria ser exportado preferencialmente para a Inglaterra e Estados Unidos. O Governo inglês, por sua vez, desapropriou a *Itabira Iron Ore Company* e cedeu seus bens e propriedades no Brasil para o Estado brasileiro (Decreto-Lei n. 4.324, de 21 de maio de 1942), que constituiu uma sociedade de economia mista, a Companhia Vale do Rio Doce (Decreto-Lei n. 4.352, de 1º de junho de 1942), encarregada de explorar e exportar o minério de ferro.[71]

Rio de Janeiro: Zahar, 1970. pp. 103-106; SILVA, Edmundo de Macedo Soares e. *O Ferro na História e na Economia do Brasil.* Rio de Janeiro: Comissão Executiva Central do Sesquicentenário da Independência do Brasil, 1972. pp. 136-138 e 157-159; WIRTH, John D. *A Política do Desenvolvimento na Era de Vargas.* Rio de Janeiro: Fundação Getúlio Vargas, 1973. pp. 99-105 e LOURENÇO Neto, Sydenham. *Marchas e Contra-Marchas da Intervenção Estatal:* Empresariado e Burocracia na Política Siderúrgica Brasileira. Rio de Janeiro: Tese de Doutoramento (Instituto Universitário de Pesquisas do Rio de Janeiro), 2001. pp. 148-150.

[71] Os "Acordos de Washington" envolviam uma ampla cooperação entre os 3 países não apenas no setor mineral, mas também no fornecimento de equipamentos militares, industriais, matérias-primas como borracha e outros recursos naturais estratégicos. *Vide* AMARAL, Afrânio do. *Siderurgia e Planejamento Econômico do Brasil.* São Paulo: Brasiliense, 1946. pp. 309-312; ROGERS, Edgard J. "Brazil's Rio Doce Valley Project: A Study in Frustration and Perseverance". *Journal of Inter-American Studies.* Vol. 1, n. 2, abril, pp. 135-138, 1959.; BASTOS, Humberto. *A Conquista Siderúrgica no Brasil:* Crônica e Interpretação Econômica das Emprêsas e Indivíduos, Nacionais e Estrangeiros, que Participaram da Exploração dos Recursos Minerais e do Desenvolvimento Nacional. São Paulo: Livraria Martins Ed., 1959. pp. 139-145; PEREIRA, Osny Duarte. *Ferro e Independência:* Um Desafio à Dignidade Nacional. Rio de Janeiro: Civilização Brasileira, 1967. pp. 45-49 e 53; MARTINS, Luciano. *Pouvoir et Développement Économique:* Formation et Évolution des Structures Politiques au Brésil. Paris: Éditions Anthropos, 1976. pp. 232-233; PIMENTA, Dermeval José. *A Vale do Rio Doce e Sua História.* Belo Horizonte: Ed. Vega, 1981. pp. 78-95; COMPANHIA VALE DO RIO DOCE. *A Mineração no Brasil e a Companhia Vale do Rio Doce.* Rio de Janeiro: Companhia Vale do Rio Doce, 1992. pp. 186-188; CORSI, Francisco Luiz. *Estado Novo:* Política Externa e Projeto Nacional.

GILBERTO BERCOVICI

O primeiro presidente da Companhia Vale do Rio Doce, ainda denominado de superintendente, foi Israel Pinheiro, que deveria administrar os bens incorporados ao patrimônio da União e providenciar as obras necessárias para a melhoria do transporte ferroviário e portuário e explorar as minas de ferro de Itabira, buscando estruturar adequadamente o complexo mina-ferrovia-porto. Foi constituído um fundo de melhoramento e desenvolvimento da região do vale do rio Doce, mantido com parte dos lucros líquidos da empresa, que seria aplicado em projetos de desenvolvimento regional elaborados em conjunto pelo Governo Federal e os Governos Estaduais de Minas Gerais e do Espírito Santo (artigo 6º, § 7º do Decreto-Lei n. 4.352/1942).[72]

Já a constituição da Companhia Siderúrgica Nacional (CSN), sociedade de economia mista federal, foi autorizada pelo Decreto-Lei n. 3.002, de 30 de janeiro de 1941, dando início à estruturação da usina siderúrgica estatal de grande porte. A construção da usina e da cidade industrial, apesar dos percalços gerados pela guerra, foi concluída em tempo razoável, sendo a CSN oficialmente inaugurada em 12 de outubro de 1946.[73]

São Paulo: EdUNESP, 2000. pp. 214-218 e SILVA, Marta Zorzal e. *A Vale do Rio Doce na Estratégia do Desenvolvimentismo Brasileiro*. Vitória: EDUFES, 2004. pp. 140-144. Para o texto básico dos "Acordos de Washington", *Vide* PIMENTA, Dermeval José. *A Vale do Rio Doce e Sua História*. Belo Horizonte: Ed. Vega, 1981. pp. 80-86.

[72] Sobre o início das atividades da Companhia Vale do Rio Doce, *vide* PIMENTA, Dermeval José. *A Vale do Rio Doce e Sua História*. Belo Horizonte: Ed. Vega, 1981. pp. 107-123; DAIN, Sulamis. *Empresa Estatal e Capitalismo Contemporâneo*. Campinas: EdUNICAMP, 1986. pp. 140-146; COMPANHIA VALE DO RIO DOCE. *A Mineração no Brasil e a Companhia Vale do Rio Doce*. Rio de Janeiro: Companhia Vale do Rio Doce, 1992. pp. 188-193 e SILVA, Marta Zorzal e. *A Vale do Rio Doce na Estratégia do Desenvolvimentismo Brasileiro*. Vitória: EDUFES, 2004. pp. 144-149.

[73] BASTOS, Humberto. *A Conquista Siderúrgica no Brasil:* Crônica e Interpretação Econômica das Emprêsas e Indivíduos, Nacionais e Estrangeiros, que Participaram da Exploração dos Recursos Minerais e do Desenvolvimento Nacional. São Paulo: Livraria Martins Ed., 1959. pp. 207-225 e 247-255 e GOMES, Francisco Magalhães. *História da Siderurgia no Brasil*. Belo Horizonte/São Paulo: Itatiaia/EDUSP, 1983. pp. 274-285. Sobre as características da sociedade de economia mista Companhia Siderúrgica Nacional, *vide* FERREIRA, Waldemar Martins. *A Sociedade de Economia Mista em seu Aspecto Contemporâneo*. São Paulo: Max Limonad, 1956. pp. 101-104. Para o relato da construção

A "QUESTÃO SIDERÚRGICA" E O PAPEL DO ESTADO NA...

Ao contrário da criação das empresas estatais nos países europeus, a estatização no Brasil significa também a constituição da própria atuação empresarial nos vários setores da economia, internalizando o processo de industrialização. O Estado brasileiro vai, simultaneamente, concentrar recursos e constituir a base produtiva do país. Neste primeiro momento da construção do Estado industrial no Brasil, as questões referentes à mineração, siderurgia e petróleo se tornaram questões de Estado, vinculando a exploração dos recursos minerais à política nacional de industrialização. A criação das empresas estatais nestes setores, segundo Sulamis Dain, busca dar uma solução conjunta à implantação da base da indústria pesada e ao seu financiamento. O surgimento destas empresas estatais não se dá sem acirrados debates políticos e, como no caso da Petrobrás, após uma forte mobilização popular a seu favor, o que proporcionou a estas primeiras empresas uma grande legitimidade, inclusive permitindo a obtenção de seus recursos iniciais a partir de mecanismos de poupança forçada (recursos da previdência social, recursos provenientes da arrecadação de impostos setoriais, etc). A importância da iniciativa estatal no processo de industrialização brasileiro, para Caio Prado Jr., é insubstituível, embora o Estado não tenha assumido integralmente a responsabilidade de estruturar uma economia efetivamente nacional. A presença do Estado irá se materializar diante da ausência do capital privado nacional e em contraposição ao controle estrangeiro sobre os recursos minerais.[74]

---

da usina siderúrgica de Volta Redonda, e das dificuldades encontradas durante a guerra, *vide* SILVA, Edmundo de Macedo Soares e. *O Ferro na História e na Economia do Brasil.* Rio de Janeiro: Comissão Executiva Central do Sesquicentenário da Independência do Brasil, 1972. pp. 147-167.

[74] PRADO Jr, Caio. *História Econômica do Brasil.* 40ª ed. São Paulo: Brasiliense, 1993. pp. 320-322; DAIN, Sulamis. *Empresa Estatal e Capitalismo Contemporâneo.* Campinas: EdUNICAMP, 1986. pp. 267-268, 276-277, 280-281 e 283-285; DRAIBE, Sônia. *Rumos e Metamorfoses:* Um Estudo sobre a Constituição do Estado e as Alternativas da Industrialização no Brasil, 1930-1960. Rio de Janeiro: Paz e Terra, 1985. pp. 125-128 e SILVA, Marta Zorzal e. *A Vale do Rio Doce na Estratégia do Desenvolvimentismo Brasileiro.* Vitória: EDUFES, 2004. pp. 52-53, 124 e 126-127. *Vide* também SANTOS, Wanderley Guilherme dos. *O Ex-Leviatã Brasileiro:* Do Voto Disperso ao Clientelismo Concentrado. Rio de Janeiro: Civilização Brasileira, 2006. pp. 29-33.

GILBERTO BERCOVICI

Volta Redonda se tornou um símbolo da política industrial brasileira e da mudança estrutural da economia brasileira com o objetivo da emancipação econômica do país.[75] Política industrial esta voltada, a partir de 1930, para a endogeneização do desenvolvimento e a internalização dos centros de decisão econômicos, o que constituiria, mais tarde, parcela essencial do programa de superação do subdesenvolvimento proposto pela CEPAL (Comissão Econômica para a América Latina) e que seria incorporado ao debate da política econômica brasileira da década de 1950 e início da década de 1960. Neste contexto, a industrialização brasileira, cujo símbolo fundador foi Volta Redonda, seria desafiada a lidar com novas questões para além de sua consolidação: as reformas necessárias, por meio da coordenação do Estado, para modificar as estruturas sócio-econômicas, bem como distribuir e descentralizar a renda, integrando, social e politicamente, a totalidade da população no processo de desenvolvimento. Escrevendo em 1958, em meio a este debate, Francisco de Assis Barbosa é muito claro neste ponto:

> "Em suma, a situação não é lá muito diferente do tempo em que José Bonifácio e o Barão d'Eschwege postulavam o problema do

---

[75] WIRTH, John D. *A Política do Desenvolvimento na Era de Vargas*. Rio de Janeiro: Fundação Getúlio Vargas, 1973. pp. 105-109. *Vide*, ainda, DAIN, Sulamis. *Empresa Estatal e Capitalismo Contemporâneo*. Campinas: EdUNICAMP, 1986. pp. 133-136 e 281-283 e FONSECA, Pedro Cezar Dutra. *Vargas:* O Capitalismo em Construção (1906-1954). São Paulo: Brasiliense, 1989. pp. 269-271. Afrânio do Amaral, por exemplo, em 1946, entendia que a siderurgia poderia transformar a estrutura econômica brasileira de tal forma que sua disseminação pelo interior do país poderia promover um surto de desenvolvimento que deveria ser planejado pelo Estado, acelerando a implementação de grandes reformas na educação, saúde, estrutura fundiária, etc. *Vide* AMARAL, Afrânio do. *Siderurgia e Planejamento Econômico do Brasil*. São Paulo: Brasiliense, 1946. pp. 385-415. Na opinião de Sydenham Lourenço Neto, o caso da implantação da usina siderúrgica estatal no Brasil é curioso: "A junção de um virtual oligopólio privado com um virtual monopólio estatal – que logo se converteria em virtual oligopólio estatal – criou um mercado potencialmente competitivo. Isto é, a intervenção estatal direta, mesmo limitada pelo poder político dos produtores de aço, gerou um modelo mais próximo do mercado livre do que anteriormente existia" *In:* LOURENÇO Neto, Sydenham. *Marchas e Contra-Marchas da Intervenção Estatal:* Empresariado e Burocracia na Política Siderúrgica Brasileira. Rio de Janeiro: Tese de Doutoramento (Instituto Universitário de Pesquisas do Rio de Janeiro), 2001. p. 162.

A "QUESTÃO SIDERÚRGICA" E O PAPEL DO ESTADO NA...

ferro, relacionando-o com o trabalho livre e a expansão do mercado interno. Apenas agora a palavra Abolição deve ser substituída por duas outras: Reforma Agrária".[76]

A insistente permanência destas tantas outras "questões" não resolvidas, apesar da "Questão Siderúrgica" ter sido solucionada, contribui para reavivar o interesse sobre os limites e possibilidades da industrialização e da atuação do Estado na periferia do capitalismo.

---

[76] BARBOSA, Francisco de Assis. *Dom João VI e a Siderurgia no Brasil*. Belo Horizonte: Imprensa Oficial, 1989. pp. 15-16.

COMPLEXO INDUSTRIAL DA SAÚDE, DESENVOLVIMENTO E PROTEÇÃO CONSTITUCIONAL AO MERCADO INTERNO

1. O REGIME CONSTITUCIONAL DA SAÚDE

A estruturação decisiva do sistema público de saúde no Brasil inicia-se com a criação do Ministério da Educação e Saúde Pública (Decreto n. 19.402, de 14 de novembro de 1930), no Governo Provisório de Getúlio Vargas.[1] Durante a elaboração da Constituição de 1934,

---

* Este texto foi publicado na *Revista de Direito Sanitário*, vol. 14, n. 2, 2013, pp. 9-42.

[1] *Vide* SCHWARTZMAN, Simon (org.). *Estado-Novo, Um Auto-Retrato:*Arquivo Gustavo Capanema. Brasília: EdUnB, 1982. pp. 379-418; HOCHMAN, Gilberto; FONSECA, Cristina M. Oliveira. "O Que Há de Novo? Políticas de Saúde Pública e Previdência, 1937-1945" *In:* PANDOLFI, Dulce Chaves (org.). *Repensando o Estado Novo*. Rio de Janeiro: Ed. FGV, 1999. pp. 73-77 e 81-93; HOCHMAN, Gilberto; FONSECA, Cristina M. Oliveira. "A I Conferência Nacional de Saúde: Reformas, Políticas e Saúde Pública em Debate no Estado Novo" *In:* GOMES, Ângela Maria de Castro (org.). *Capanema*: O Ministro e seu Ministério. Rio de Janeiro: Ed. FGV, 2000, pp. 173-193 e, especialmente, FONSECA, Cristina M. Oliveira. *Saúde no Governo Vargas (1930-1945):* Atualidade Institucional de um Bem Público. Rio de Janeiro: Editora FIOCRUZ, 2007 e LIMA, Nísia Trindade; FONSECA, Cristina M. O.; HOCHMAN, Gilberto. "A Saúde na Construção do Estado Nacional no Brasil: Reforma Sanitária em Perspectiva Histórica" *In:* LIMA, Nísia Trindade; GERSCHMAN, Silvia; EDLER,

GILBERTO BERCOVICI

o que ocorre, fundamentalmente, é a constitucionalização das medidas tomadas pelo Governo Provisório. Ou seja, uma sistematização constitucional do que já havia sido regulado pelo Poder Executivo revolucionário.[2] Neste sentido, há no texto constitucional de 1934 a previsão expressa de direitos sociais, como o artigo 10, II[3], que dava competência à União e aos Estados para cuidar da saúde e assistência públicas, o artigo 121, § 1º, 'h'[4], que definiu a assistência médica como um direito dos trabalhadores e os artigos 138, 'f' e 'g'[5] e 140[6], que previam, entre as políticas de assistência social, políticas de saúde e higiene sociais e o combate às grandes endemias.

A Carta de 1937 atribuiu à União a competência exclusiva para legislar sobre defesa e proteção da saúde (artigo 16, XXVII)[7], considerou

---

Flavio Coelho; SUÁREZ, Julio Manuel (orgs.). *Saúde e Democracia:* História e Perspectiva do SUS. Reimpr., Rio de Janeiro: Ed. Fiocruz, 2011. pp. 38-46.

[2] Sobre este processo, *vide* BERCOVICI, Gilberto "Estado Intervencionista e Constituição Social no Brasil: O Silêncio Ensurdecedor de um Diálogo Entre Ausentes" *In:* SOUZA Neto, Cláudio Pereira de; SARMENTO, Daniel & BINENBOJM, Gustavo (orgs.). *Vinte Anos da Constituição Federal de 1988.* Rio de Janeiro: Lumen Juris, 2009. pp. 725-728.

[3] "Artigo 10, II da Constituição de 1934: Compete concorrentemente á União e aos Estados: II – cuidar da saúde e assistência publicas".

[4] "Artigo 121, § 1º, 'h' da Constituição de 1934: § 1º A legislação do trabalho observará os seguintes preceitos, além de outros que colimem melhorar as condições do trabalhador: h) assistência medica e sanitaria ao trabalhador e á gestante, assegurado a esta descanso, antes e depois do parto, sem prejuízo do salário e do emprego, e instituição de previdencia, mediante contribuição igual da União, do empregador e do empregado, a favor da velhice, da invalidez, da maternidade e nos casos de acidentes do trabalho ou de morte".

[5] "Artigo 138, 'f' e 'g' da Constituição de 1934: Incumbe á União, aos Estados e aos Municipios, nos termos das leis respectivas: f – adoptar medidas legislativas e administrativas tendentes a restringir a mortalidade e a morbidade infantis; e de hygiene social, que impeçam a propagação das doenças transmissíveis; g – cuidar da hygiene mental e incentivar a lucta contra os venenos sociaes".

[6] "Artigo 140 da Constituição de 1934: A União organizará o serviço nacional de combate ás grandes endemias do paiz, cabendo-lhe o custeio, a direção technica e administrativa nas zonas onde a execução do mesmo exceder as possibilidades dos governos locaes".

[7] "Artigo 16, XXVII da Carta de 1937: Compete privativamente à União o poder de legislar sôbre as seguintes matérias: XXVII – normas fundamentais da defesa e proteção da saúde, especialmente da saúde da criança".

COMPLEXO INDUSTRIAL DA SAÚDE, DESENVOLVIMENTO E...

matéria de competência concorrente entre a União e os Estados regular sobre obras de higiene popular e casas de saúde e clínicas (artigo 18, 'c')[8] e definiu a assistência médica como um direito dos trabalhadores (artigo 137, 'l')[9]. O texto constitucional, no entanto, retrocedeu em termos de garantia formal dos direitos sociais, pois garantia os direitos trabalhistas e previdenciários e o direito à educação, mas não mencionava expressamente o direito à saúde.

Com a Constituição de 1946, a União tinha competência para organizar a defesa permanente contra os efeitos das endemias rurais (artigo 5º, XIII)[10] e para legislar sobre defesa e proteção da saúde (artigo 5º, XV, 'b').[11] O direito dos trabalhadores à assistência médica foi mantido (artigo 157, XIV).[12] O texto constitucional manteve o retrocesso em relação à Constituição de 1934 e não previu expressamente o direito à saúde. No entanto, é sob a vigência da Constituição de 1946, durante o segundo governo de Getúlio Vargas, que será instituído autonomamente o Ministério da Saúde, por meio da Lei n. 1.920, de 25 de julho de 1953.[13] Deve ser destacado, ainda, que o combate às grandes

---

[8] Artigo 18, 'c' da Carta de 1937: "Independentemente de autorização, os Estados podem legislar, no caso de haver lei federal sôbre a matéria, para suprir-lhe as deficiências ou atender às peculiaridades locais, desde que não dispensem ou diminuam as exigências da lei federal, ou, em não havendo lei federal e até que esta os regule, sôbre os seguintes assuntos: c – assistência pública, obras de higiene popular, casas de saúde, clínicas, estações de clima e fontes medicinais".

[9] "Artigo 137, 'l' da Carta de 1937: A legislação do trabalho observará, além de outros, os seguintes preceitos: l) assistência médica e higiênica ao trabalhador e à gestante, assegurado a esta, sem prejuízo do salário, um período de repouso antes e depois do parto".

[10] "Artigo 5º, XIII da Constituição de 1946: Compete à União: XIII – organizar defesa permanente contra os efeitos da sêca, das endemias rurais e das inundações".

[11] "Artigo 5º, XV, 'b' da Constituição de 1946: Compete à União: XV – legislar sobre: b – normas gerais de direito financeiro; de seguro e previdência social; de defesa e proteção da saúde; e de regime penitenciário". Esta competência legislativa, segundo o disposto no artigo 6º da Constituição, não excluía, neste caso, a legislação estadual supletiva ou complementar.

[12] "Artigo 157, XIV' da Constituição de 1946: A legislação do trabalho e a da previdência social obedecerão aos seguintes preceitos, além de outros que visem à melhoria da condição dos trabalhadores: XIV – assistência sanitária, inclusive hospitalar e médica e higiênica preventiva, ao trabalhador e à gestante".

[13] Sobre as discussões que levaram à criação do Ministério da Saúde, *vide* HAMILTON,

GILBERTO BERCOVICI

endemias rurais (as chamadas "doenças tropicais") ganhou importância a partir do final da década de 1940, motivando uma série de políticas nacionais[14] e de cooperação internacional.

As cartas outorgadas pelos militares, em 1967 e 1969, vão manter um modelo bem similar ao do texto da Carta de 1937 e da Constituição de 1946 no tocante ao direito à saúde. A União tinha competência para estabelecer os planos nacionais de saúde (artigo 8º, XIV da Carta de 1967[15], mantido sob a mesma numeração com a Carta de 1969) e para legislar sobre defesa e proteção da saúde (artigo 8º, XVII, 'c'[16], mantido com a mesma numeração pela Carta de 1969). O direito dos trabalhadores à

Wanda; FONSECA, Cristina. "Política, Atores e Interesses no Processo de Mudança Institucional: A Criação do Ministério da Saúde em 1953". *História, Ciências, Saúde – Manguinhos*. Vol. 10, n. 3, Rio de Janeiro. pp. 792-819, setembro/dezembro, 2003. Para a política de saúde no período de 1946 a 1964, *vide*, ainda, LIMA, Nísia Trindade; FONSECA, Cristina M. O.; HOCHMAN, Gilberto "A Saúde na Construção do Estado Nacional no Brasil: Reforma Sanitária em Perspectiva Histórica" *In:* LIMA, Nísia Trindade; GERSCHMAN, Silvia; EDLER, Flavio Coelho; SUÁREZ, Julio Manuel (orgs.). *Saúde e Democracia:* História e Perspectiva do SUS. Reimpr., Rio de Janeiro: Ed. Fiocruz, 2011. pp. 46-55.

[14] O principal exemplo é a criação do Departamento Nacional de Endemias Rurais (DNERu), no Ministério da Saúde, por meio da Lei n. 2.743, de 06 de março de 1956, unificando estruturas e esforços para organizar o combate às principais endemias do país. *Vide* LIMA, Nísia Trindade; FONSECA, Cristina M. O.; HOCHMAN, Gilberto "A Saúde na Construção do Estado Nacional no Brasil: Reforma Sanitária em Perspectiva Histórica" *In:* LIMA, Nísia Trindade; GERSCHMAN, Silvia; EDLER, Flavio Coelho; SUÁREZ, Julio Manuel (orgs.). *Saúde e Democracia:* História e Perspectiva do SUS. Reimpr., Rio de Janeiro: Ed. Fiocruz, 2011. pp. 50-53.

[15] "Artigo 8º, XIV da Carta de 1967: Compete à União: XIV – estabelecer planos nacionais de educação e de saúde". A redação do artigo 8º, XIV da Carta de 1969 é praticamente idêntica: "XIV – estabelecer e executar planos nacionais de educação e de saúde, bem como planos regionais de desenvolvimento".

[16] "Artigo 8º, XVII, 'c' da Carta de 1967: Compete à União: XV – legislar sobre: c – normas gerais de direito financeiro; de seguro e previdência social; de defesa e proteção da saúde; de regime penitenciário". A redação do artigo 8º, XVII, 'c' da Carta de 1969 é: "Compete à União: XV – legislar sobre: c – normas gerais sobre orçamento, despesa e gestão patrimonial e financeira de natureza pública; taxa judiciária, custas e emolumentos remuneratórios dos serviços forenses, de registros públicos e notariais; de direito financeiro; de seguro e previdência social; de defesa e proteção da saúde; de regime penitenciário".

COMPLEXO INDUSTRIAL DA SAÚDE, DESENVOLVIMENTO E...

assistência médica também foi mantido (artigo 158, XV da Carta de 1967[17], renumerado para artigo 165, XV da Carta de 1969). O texto constitucional de ambas as cartas preservou o retrocesso em relação à Constituição de 1934 e não previu expressamente o direito à saúde.

O regime constitucional da saúde seria radicalmente alterado a partir da Constituição de 1988.[18] O direito à saúde foi expressamente incorporado ao rol de direitos sociais (artigo 6º)[19], devendo estar em um sistema integrado de ações de iniciativa do Estado e da sociedade que assegure, conjuntamente ao direito à saúde, os direitos à previdência e à assistência social (artigo 194). Esta atuação conjunta, inclusive, justifica a determinação constitucional do artigo 199, ao dispor que a assistência à saúde é livre à iniciativa privada, mesmo em se tratando de uma atividade cuja natureza jurídica é a de serviço público.[20] Não por acaso, o artigo 196 da Constituição é explícito em assegurar, de maneira integral[21], o direito à saúde:

---

[17] "Artigo 158, XV da Carta de 1967: A Constituição assegura aos trabalhadores os seguintes direitos, além de outros que, nos têrmos da lei, visem à melhoria de sua condição social: XV – assistência sanitária, hospitalar e médica preventiva". A redação do artigo 158, XV da Carta de 1969 é idêntica.

[18] Para considerações sobre o fato de a Constituição de 1988 ser uma "constituição dirigente" e suas implicações específicas na área da saúde, vide TOJAL, Sebastião Botto de Barros. "Constituição Dirigente de 1988 e o Direito à Saúde" In: MORAES, Alexandre de. (coord.). Os 10 Anos da Constituição Federal. São Paulo: Atlas, 1999. pp. 40-44.

[19] "Artigo 6º da Constituição de 1988: São direitos sociais a educação, a saúde, a alimentação, o trabalho a moradia, o lazer, a segurança, a previdência social, a proteção à maternidade e à infância, a assistência aos desamparados, na forma desta Constituição".

[20] Sobre o regime dos serviços públicos cuja titularidade não é detida exclusivamente pelo Estado por determinação constitucional expressa, como a saúde, vide BANDEIRA DE MELLO, Celso Antônio. Curso de Direito Administrativo. 28ª ed. São Paulo: Malheiros, 2011. pp. 695-697.

[21] Sobre a concepção integral de saúde adotada pela Constituição de 1988, vide WEICHERT, Marlon Alberto. Saúde e Federação na Constituição Brasileira. Rio de Janeiro: Lumen Juris, 2004. pp. 119-125; SARLET, Ingo Wolfgang; FIGUEIREDO, Mariana Filchtiner. "Notas sobre o Direito Fundamental à Proteção e Promoção da Saúde na Ordem Jurídico-Constitucional Brasileira" In: ASENSI, Felipe Dutra; PINHEIRO, Roseni (orgs.). Direito Sanitário. Rio de Janeiro: Elsevier, 2012. pp. 35-38 e DALLARI, Sueli Gandolfi. "Direito Constitucional à Saúde" In: ASENSI, Felipe Dutra; PINHEIRO, Roseni (orgs.), Direito Sanitário. Rio de Janeiro: Elsevier, 2012. pp. 84-90.

GILBERTO BERCOVICI

"Artigo 196 da Constituição de 1988: A saúde é direito de todos e dever do Estado, garantido mediante políticas sociais e econômicas que visem à redução do risco de doença e de outros agravos e ao acesso universal igualitário às ações e serviços para sua promoção, proteção e recuperação".[22]

A estruturação de um Sistema Único de Saúde, composto por uma rede regionalizada e hierarquizada, cujo objetivo é a garantia do acesso universal à saúde (artigos 198, 199 e 200), é uma inovação da Constituição de 1988[23], fruto da luta e da mobilização de vários movimentos de defesa da saúde, particularmente as Conferências Nacionais de Saúde.[24] Todos os serviços e ações de saúde são constitucionalmente

---

[22] A saúde não é apenas um direito, mas também é um dever fundamental. Sobre esta definição constitucional, *vide* SARLET, Ingo Wolfgang; FIGUEIREDO, Mariana Filchtiner. "Notas sobre o Direito Fundamental à Proteção e Promoção da Saúde na Ordem Jurídico-Constitucional Brasileira" *In:* ASENSI, Felipe Dutra; PINHEIRO, Roseni (orgs.). *Direito Sanitário.* Rio de Janeiro: Elsevier, 2012. pp. 32-35. Para a concepção de deveres fundamentais, *vide* SCHMITT, Carl. *Verfassungslehre.* 8ª ed. Berlin: Duncker & Humblot, 1993. pp. 174-175; SCHMITT, Carl. "Die Grundrechte und Grundpflichten des deutschen Volkes" *In:* ANSCHÜTZ, Gerhard; THOMA, Richard (orgs.). *Handbuch des Deutschen Staatsrechts.* Reimpr., Tübingen: J. C. B. Mohr (Paul Siebeck), 1998. Vol. 2, p. 597; HOFMANN, Hasso. "Grundpflichten und Grundrechte" *In:* ISENSEE, Josef; KIRCHHOF, Paul (orgs.). *Handbuch des Staatsrechts der Bundesrepublik Deutschland.* 3ª ed. Heidelberg: C. F. Müller Verlag, 2011. Vol. 9, pp. 709-715 e 718-729; NABAIS, José Casalta. *O Dever Fundamental de Pagar Impostos:* Contributo para a Compreensão Constitucional do Estado Fiscal Contemporâneo. Coimbra: Almedina, 2004. pp. 41-181 e CANOTILHO, José Joaquim Gomes. *Direito Constitucional e Teoria da Constituição.* 7ª ed. Coimbra: Almedina, 2004. pp. 531-536.

[23] WEICHERT, Marlon Alberto. *Saúde e Federação na Constituição Brasileira.* Rio de Janeiro: Lumen Juris, 2004, pp. 149-197; AITH, Fernando. *Curso de Direito Sanitário: A Proteção do Direito à Saúde no Brasil,* São Paulo: Quartier Latin, 2007, pp. 339-373 e SARLET, Ingo Wolfgang; FIGUEIREDO, Mariana Filchtiner. "Notas sobre o Direito Fundamental à Proteção e Promoção da Saúde na Ordem Jurídico-Constitucional Brasileira" *In:* ASENSI, Felipe Dutra; PINHEIRO, Roseni (orgs.). *Direito Sanitário.* Rio de Janeiro: Elsevier, 2012. pp. 41-46.

[24] *Vide* ESCOREL, Sarah; BLOCH, Renata Arruda de. "As Conferências Nacionais de Saúde na Construção do SUS" *In:* LIMA, Nísia Trindade; GERSCHMAN, Silvia; EDLER, Flavio Coelho; SUÁREZ, Julio Manuel (orgs.). *Saúde e Democracia:* História e Perspectiva do SUS. Reimpr., Rio de Janeiro: Ed. Fiocruz, 2011. pp. 83-113.

COMPLEXO INDUSTRIAL DA SAÚDE, DESENVOLVIMENTO E...

definidos como de relevância pública (artigo 197).[25] A importância da proteção à saúde na Constituição de 1988 é tanta que o constituinte franqueou a participação, de forma complementar, das instituições privadas no Sistema Único de Saúde, preferencialmente as entidades filantrópicas e sem fins lucrativos (artigo 199, § 1º).[26] A própria Lei Orgânica da Saúde (Lei n. 8.080, de 19 de setembro de 1990), em seu artigo 2º, § 2º é expressa neste sentido:

Artigo 2º, § 2º da Lei n. 8.080/1990: "§ 2º O dever do Estado não exclui o das pessoas, da família, das empresas e da sociedade".

A Constituição de 1988 incluiu a legislação sobre saúde entre as matérias de competência concorrente da União e demais entes da Federação (artigo 24, XII).[27] Na repartição de competências materiais constitucionais entre União, Estados e Municípios, a saúde foi considerada uma competência comum (artigo 23, II)[28], embora o texto constitucional também tenha reforçado a importância da atuação municipal no atendimento à saúde (artigo 30, VII).[29] O significado das competências comuns é o de que todos os entes da Federação devem colaborar para a execução das tarefas determinadas pela Constituição, ou seja, nem a União, nem qualquer ente federado podem atuar isoladamente, mas todos devem exercer sua competência conjuntamente com os demais.

---

[25] "Artigo 197 da Constituição de 1988: São de relevância pública as ações e serviços de saúde, cabendo ao Poder Público dispor, nos termos da lei, sobre sua regulamentação, fiscalização e controle, devendo sua execução ser feita diretamente ou através de terceiros e, também, por pessoa física ou jurídica de direito privado".

[26] WEICHERT, Marlon Alberto. *Saúde e Federação na Constituição Brasileira*. Rio de Janeiro: Lumen Juris, 2004, pp. 199-202.

[27] "Artigo 24, XII da Constituição de 1988: Competência à União, aos Estados e ao Distrito Federal legislar concorrentemente sobre: XII – previdência social, proteção e defesa da saúde".

[28] "Artigo 23, II da Constituição de 1988: É competência comum da União, dos Estados, do Distrito Federal e dos Municípios: II – cuidar da saúde e assistência pública, da proteção e garantia das pessoas portadoras de deficiência".

[29] "Artigo 30, VII da Constituição de 1988: Compete aos Municípios: VII – prestar, com a cooperação técnica e financeira da União e do Estado, serviços de atendimento à saúde da população".

GILBERTO BERCOVICI

Isto significa também que as responsabilidades são comuns, não podendo nenhum dos entes da Federação se eximir de implementá-las, pois o custo político recai sobre todas as esferas de governo. A cooperação parte do pressuposto da estreita interdependência que existe em inúmeras matérias e programas de interesse comum, o que dificulta (quando não impede) a sua atribuição exclusiva ou preponderante a um determinado ente, como é o caso das ações e serviços de saúde.[30] Na realidade, há dois momentos de decisão na cooperação. O primeiro se dá em nível federal, quando se determina, conjuntamente, as medidas a serem adotadas, uniformizando-se a atuação de todos os poderes estatais competentes em determinada matéria. O segundo momento ocorre em nível estadual ou municipal, quando cada ente federado adapta a decisão tomada em conjunto às suas características e necessidades. Na cooperação, em geral, a decisão é conjunta, mas a execução se realiza de maneira separada, embora possa haver, também, uma atuação conjunta, especialmente no tocante ao financiamento das políticas públicas, como é o caso da saúde.[31]

A importância desta atuação conjunta da União com Estados, Distrito Federal e Municípios, na área da saúde, é tanta que, inclusive, um dos motivos que justificam a decretação de intervenção federal nos Estados, ou de intervenção estadual nos Municípios, é o de assegurar a aplicação do mínimo exigido da receita dos entes federados nas ações e serviços públicos de saúde (artigos 34, VII, 'e' e 35, III). Além disto, de

---

[30] ROVIRA, Enoch Alberti. *Federalismo y Cooperacion en la Republica Federal Alemana.* Madrid: Centro de Estudios Constitucionales, 1986. pp. 369-370, 373-374 e 487; DALLARI, Sueli Gandolfi. *Os Estados Brasileiros e o Direito à Saúde*, São Paulo: Hucitec, 1995, pp. 38-42 e 79-80; BERCOVICI, Gilberto. *Desigualdades Regionais, Estado e Constituição*. São Paulo: Max Limonad, 2003. pp. 149-156; WEICHERT, Marlon Alberto. *Saúde e Federação na Constituição Brasileira.* Rio de Janeiro: Lumen Juris, 2004, pp. 138-139 e BERCOVICI, Gilberto. *Dilemas do Estado Federal Brasileiro.* Porto Alegre: Livraria do Advogado Ed., 2004. pp. 55-63.

[31] ROVIRA, Enoch Alberti. *Federalismo y Cooperacion en la Republica Federal Alemana,* Madrid: Centro de Estudios Constitucionales, 1986, pp. 374-376. *Vide* também BRASILEIRO, Ana Maria. "O Federalismo Cooperativo", *Revista Brasileira de Estudos Políticos* n. 39, Belo Horizonte: UFMG, julho, pp. 125-126, 1974. e ANASTOPOULOS, Jean. *Les Aspects Financiers du Fédéralisme.* Paris: L.G.D.J., 1979. pp. 114-115 e 224-227.

COMPLEXO INDUSTRIAL DA SAÚDE, DESENVOLVIMENTO E...

acordo com o artigo 160, parágrafo único, inciso II do texto constitucional, a União pode, excepcionalmente, reter ou condicionar a entrega dos recursos constitucionalmente atribuídos aos Estados, Distrito Federal e Municípios (e os Estados aos Municípios) ao cumprimento da aplicação de recursos e percentuais mínimos em ações e serviços públicos de saúde, conforme determinado pelo artigo 198, § 2º, II e III da Constituição.

2. COMPLEXO INDUSTRIAL DA SAÚDE E DESENVOLVIMENTO

A importância da saúde na construção da sociedade nacional sempre foi destacada pelos teóricos desenvolvimentistas. O ponto central da discussão sobre as relações entre saúde e desenvolvimento encontra-se na contraposição entre os que entendem ser a saúde (ou melhor, a falta de saúde) um obstáculo ou causa do processo de desenvolvimento e os que entendem ser a saúde (ou falta de saúde) uma consequência do desenvolvimento econômico e social. De qualquer modo, a garantia de melhores condições de saúde para a população tornou-se elemento central do discurso desenvolvimentista, buscando compreender as relações entre pobreza e doença e como promover a transformação socioeconômica efetiva do país[32]. Neste sentido, serve como exemplo paradigmático a análise do Plano Trienal, de 1962, elaborado no Governo João Goulart pela equipe do então Ministro do Planejamento Celso Furtado:

> "Partindo da premissa de que a melhoria dos padrões de saúde resulta da elevação dos níveis econômicos, que se exprimem na renda 'per capita', o programa de saúde deverá integrar-se no esquema geral de desenvolvimento econômico-social, que objetiva o aumento da produção global e da disponibilidade de bens e serviços a serem consumidos pela população, incluindo-se os cuidados médico-sanitários. A melhoria das condições de saúde

---

[32] LIMA, Nísia Trindade; FONSECA, Cristina M. O.; HOCHMAN, Gilberto. *A Saúde na Construção do Estado Nacional no Brasil*: Reforma Sanitária em Perspectiva Histórica. Reimpr., Rio de Janeiro: Ed. Fiocruz, 2011. pp. 46-55.

GILBERTO BERCOVICI

está, por consequência, condicionada à elevação da renda e sua mais equitativa distribuição, conjugando-se com a ascensão do nível de vida, de que a saúde é um componente".[33]

Afinal, para a escola econômica da CEPAL (*Comisión Económica para América Latina*), da qual Celso Furtado foi um dos principais teóricos, as reformas estruturais são o aspecto essencial da política econômica dos países subdesenvolvidos, condição prévia e necessária da política de desenvolvimento. Coordenando as decisões pelo planejamento, o Estado deve atuar de forma muito ampla e intensa para modificar as estruturas socioeconômicas, bem como distribuir e descentralizar a renda, integrando, social e politicamente, a totalidade da população. Portanto, é necessária uma política deliberada de desenvolvimento, em que se garanta tanto o desenvolvimento econômico como o desenvolvimento social, dada a sua interdependência. Deste modo, o desenvolvimento só pode ocorrer com a transformação das estruturas sociais. O grande desafio da superação do subdesenvolvimento é a transformação das estruturas socioeconômicas e institucionais para satisfazer as necessidades da sociedade nacional[34], dentre elas, o acesso à saúde.

As políticas e ações de saúde fazem parte do processo de superação do subdesenvolvimento, explicita o artigo 3º da Lei Orgânica da Saúde (Lei n. 8.080/1990).

---

[33] PRESIDÊNCIA DA REPÚBLICA. *Plano Trienal de Desenvolvimento Econômico e Social 1963-1965 (Síntese)*. Brasília: 1962. p. 93.

[34] FURTADO, Celso. *Teoria e Política do Desenvolvimento Econômico*. 10ª ed. Rio de Janeiro: Paz e Terra, 2000. pp. 262-265, 280-281, 284-286 e 300-301; PREBISCH, Raúl. *Dinâmica do Desenvolvimento Latino-Americano*, 2ª ed. Rio de Janeiro: Fundo de Cultura, 1968. pp. 20-22 e 28-31; PREBISCH, Raúl. "El Sistema Económico y su Transformación" *In:* GURRIERI, Adolfo (org.). *La Obra de Prebisch en la CEPAL*. México: Fondo de Cultura Económica, 1982. Vol. 2, pp. 441, 455 e 475; SUNKEL, Osvaldo; PAZ, Pedro. *El Subdesarrollo Latinoamericano y la Teoría del Desarrollo*. 22ª ed. México: Siglo Veintiuno, 1988. p. 39 e FURTADO, Celso. *Brasil:* A Construção Interrompida. 2ª ed. Rio de Janeiro: Paz e Terra, 1992. pp. 51-52 e 74-75. Sobre os obstáculos existentes no capitalismo dependente para a satisfação das necessidades das sociedades nacionais, *vide* SAMPAIO Jr, Plínio de Arruda. *Entre a Nação e a Barbárie:* Os Dilemas do Capitalismo Dependente em Caio Prado, Florestan Fernandes e Celso Furtado. Petrópolis: Vozes, 1999. pp. 89-96 e 203-206.

COMPLEXO INDUSTRIAL DA SAÚDE, DESENVOLVIMENTO E...

"Artigo 3º da Lei n. 8.080/1990: A saúde tem como fatores determinantes e condicionantes, entre outros, a alimentação, a moradia, o saneamento básico, o meio-ambiente, o trabalho, a renda, a educação, o transporte, o lazer e o acesso a bens e serviços essenciais; os níveis de saúde da população expressam a organização social e econômica do País".

"Parágrafo único Dizem respeito também à saúde as ações que, por força do disposto no artigo anterior, se destinam a garantir às pessoas e à coletividade condições de bem-estar físico, mental e social".

Esta preocupação da Lei Orgânica da Saúde, de incluir a saúde em um processo mais amplo, de superação do subdesenvolvimento, está plenamente de acordo com o que a Constituição de 1988 prevê, especialmente a partir da fixação dos objetivos da República no seu artigo 3º:

"Artigo 3º da Constituição de 1988: Constituem objetivos fundamentais da República Federativa do Brasil:

I– construir uma sociedade livre, justa e solidária;

II – garantir o desenvolvimento nacional;

III – erradicar a pobreza e a marginalização e reduzir as desigualdades sociais e regionais;

IV – promover o bem de todos, sem preconceitos de origem, raça, sexo, cor, idade e quaisquer outras formas de discriminação".

O artigo 3º da Constituição de 1988 é, na expressão de Pablo Lucas Verdú, a *"cláusula transformadora"* da Constituição.[35] A "cláusula transformadora" explicita o contraste entre a realidade social injusta e a necessidade de eliminá-la. Deste modo, impede que a Constituição

---

[35] MORTATI, Costantino. *Istituzioni di Diritto Pubblico.* 8ª ed. Padova: CEDAM, 1969. Vol. II, pp. 945-948; VERDÚ, Pablo Lucas. *Estimativa y Política Constitucionales:* Los Valores y los Principios Rectores del Ordenamiento Constitucional Español. Madrid: Sección de Publicaciones – Facultad de Derecho (Universidad Complutense de Madrid), 1984. pp. 190-198 e REVORIO, Francisco Javier Díaz. *Valores Superiores e Interpretación Constitucional.* Madrid: Centro de Estudios Políticos y Constitucionales, 1997. pp. 186-199.

GILBERTO BERCOVICI

considerasse realizado o que ainda está por se realizar, implicando na obrigação do Estado em promover a transformação da estrutura econômica e social. O dispositivo constitucional, assim, busca a igualdade material através da lei, vinculando o Estado a promover meios para garantir uma existência digna para todos. A eficácia jurídica do artigo 3º da Constituição não é incompatível com o fato de que, por seu conteúdo, a realização de seus preceitos tenha caráter progressivo e dinâmico e, de certo modo, sempre inacabado. Sua concretização não significa a imediata exigência de prestação estatal concreta, mas uma atitude positiva, constante e diligente do Estado. O artigo 3º da Constituição de 1988 está voltado para a transformação da realidade brasileira: é a "cláusula transformadora" que objetiva a superação do subdesenvolvimento.[36]

Neste sentido, a Constituição de 1988 (artigo 196), assim como a Lei Orgânica da Saúde, são expressas ao determinarem que o Estado brasileiro deve promover políticas econômicas e sociais para ampliar a garantia e o acesso à saúde a todos os cidadãos:

> "Artigo 2º, § 1º da Lei n. 8.080/1990:
>
> § 1º O dever do Estado de garantir a saúde consiste na formulação e execução de políticas econômicas e sociais que visem à redução de riscos de doenças e de outros agravos e no estabelecimento de condições que assegurem acesso universal e igualitário às ações e aos serviços para a sua promoção, proteção e recuperação."

Uma das principais políticas econômicas que dizem respeito à saúde é a política industrial da saúde. A definição de política industrial, de acordo com Wilson Suzigan e Annibal Villela, pode ser fundada em dois grandes grupos de autores. Há os que defendem a visão da política industrial como uma política orientada para o mercado, cujo objetivo seria a correção de falhas de mercado ou aprimorar o seu funcionamento.

---

[36] Para uma análise mais detida sobre o artigo 3º da Constituição de 1988, *vide* BERCOVICI, Gilberto. *Desigualdades Regionais, Estado e Constituição*. São Paulo: Max Limonad, 2003. pp. 291-302.

COMPLEXO INDUSTRIAL DA SAÚDE, DESENVOLVIMENTO E...

Neste caso, o papel do Estado seria mais limitado. E há aqueles que entendem a política industrial em uma perspectiva mais ampla, incluindo não apenas medidas específicas para a indústria, mas também medidas de política macroeconômica que afetam a competitividade industrial. A política industrial, neste caso, é fruto de uma opção política pelo desenvolvimento industrial, implicando que a política econômica seja voltada primordialmente para a expansão do setor industrial e do mercado interno.[37]

As razões para a defesa de uma política industrial são várias. Geralmente, os motivos estratégicos (como manutenção do nível de emprego, proteção de setores vitais da economia ou ampliação da competitividade nacional) são os preponderantes. O que deve ser chamado à atenção é o fato de que se, na política industrial clássica, destacavam-se as chamadas indústrias pesadas (como siderurgia, bens de consumo durável, etc.), na atualidade, os setores considerados estratégicos dizem respeito a eletrônicos, telecomunicações e biotecnologia, o que inclui o Complexo Industrial da Saúde. Como afirmam Di Tommaso e Schweitzer, a indústria é vista como um instrumento para atingir objetivos maiores, como, entre outros, garantir um melhor acesso à saúde.[38]

---

[37] SUZIGAN, Wilson; VILLELA, Annibal V. *Industrial Policy in Brazil*. Campinas: Instituto de Economia da UNICAMP, 1997. pp. 15-30. Uma perspectiva mais restrita de política industrial pode ser encontrada em CHANG, Ha-Joon. *The Political Economy of Industrial Policy*. 2ª ed. London/New York: Macmillan/St. Martin's Press, 1996. pp. 58-79. Para a defesa do modelo abrangente de política industrial, *vide* JOHNSON, Chalmers. "Introduction: The Idea of Industrial Policy" *In:* JOHNSON Chalmers (org.). *The Industrial Policy Debate*. San Francisco: Institute for Contemporary Studies, 1984. pp. 7-9 e 11 e SUZIGAN, Wilson; VILLELA, Annibal V. *Elementos para Discussão de uma Política Industrial para o Brasil*. Brasília: IPEA, 1996 (Texto para Discussão n. 421), pp. 5-8 e 18-52. *Vide*, ainda, VEELKEN, Winfried. *Normstrukturen der Industriepolitik: Eine vergleichende Untersuchung nach deutschem und französischem Wirtschaftsrecht*. Baden-Baden: Nomos Verlagsgesellschaft, 1991. pp. 27-31.

[38] DI TOMMASO Marco R.; SCHWEITZER, Stuart O. "Introduction: Why Apply Industrial Policy to Health Industry?" *In:* DI TOMMASO, Marco R.; SCHWEITZER, Stuart O. (orgs.). *Health Policy and High-Tech Industrial Development:* Learning from Innovation in the Health Industry. Cheltenham/Northampton: Edward Elgar, 2005. pp. 4-6. Para a importância cada vez maior da biotecnologia no processo de desenvolvimento, *vide*, por todos, SAMPATH, Padmashree Gehl. *Reconfiguring Global*

GILBERTO BERCOVICI

O sistema nacional de saúde, portanto, pode também gerar benefícios para a economia como um todo, especialmente em termos de pesquisa e desenvolvimento tecnológico, possibilitando, ainda, a geração de produtos ou serviços exportáveis. Não por acaso, a própria Constituição de 1988, em seu artigo 200, V, determina ser competência do Sistema Único de Saúde propiciar o desenvolvimento científico e tecnológico[39]:

> "Artigo 200, V da Constituição de 1988: Ao sistema único de saúde compete, além de outras atribuições, nos termos da lei:
> V – incrementar em sua área de atuação o desenvolvimento científico e tecnológico".

É neste contexto que se deve falar em um sistema sofisticado em que fornecedores, hospitais, seguradores e fabricantes estão interconectados, o Complexo Industrial da Saúde ou, na literatura estrangeira, um novo modelo de indústria da saúde (*"Health Industry Model"*)[40]:

> "The Health Industry Model views the health industry's outputs in the framework of a multi-product production function, in which health and others outputs are produced by health providers

---

Health Innovation. London/New York: Routledge, 2011. p. 12 e OCTAVIANI, Alessandro. *Recursos Genéticos e Desenvolvimento:* Os Desafios Furtadiano e Gramsciano. São Paulo: Saraiva, 2012 (no prelo).

[39] Sobre a necessidade cada vez maior de compreensão da pesquisa em saúde como um dos componentes estruturantes do SUS e a necessidade de fortalecimento das autoridades de saúde na política de desenvolvimento científico e tecnológico do Brasil, *vide* GUIMARÃES, Reinaldo. "Ciência, Tecnologia e Inovação: Um Paradoxo na Reforma Sanitária" *In:* LIMA, Nísia Trindade; GERSCHMAN, Silvia; EDLER, Flavio Coelho; SUÁREZ, Julio Manuel (orgs.). *Saúde e Democracia:* História e Perspectiva do SUS. Reimpr., Rio de Janeiro: Ed. Fiocruz, 2011. pp. 248-256.

[40] DI TOMMASO, Marco R. & SCHWEITZER, Stuart O. "Introduction: Why Apply Industrial Policy to Health Industry?" pp. 7-10 e SCHWEITZER, Stuart O.; DI TOMMASO, Marco R. "The Health Industry Model: New Roles for the Health Industry" *In:* DI TOMMASO, Marco R.; SCHWEITZER, Stuart O. (orgs.). *Health Policy and High-Tech Industrial Development:* Learning from Innovation in the Health Industry. Cheltenham/Northampton: Edward Elgar, 2005. pp. 25-34. *Vide,* ainda, SAMPATH, Padmashree Gehl. *Reconfiguring Global Health Innovation.* London/New York: Routledge, 2011. pp. 26-27 e 56-58.

COMPLEXO INDUSTRIAL DA SAÚDE, DESENVOLVIMENTO E...

and health manufacturers. The Health Industry Model suggests that the health sector comprises a large number of interconnected industries that produce both health services and manufactured goods, including pharmaceuticals and diagnostic equipment".[41]

Uma característica essencial do Complexo Industrial da Saúde é o fato de que ele tem múltiplos objetivos. O principal deles, obviamente, é produzir um nível de saúde aceitável para a maior parte da população. No entanto, o Complexo Industrial da Saúde também é um dos principais geradores de conhecimento científico e de inovação tecnológica. Ampliar o acesso e melhorar as condições de saúde não acarreta apenas melhoria no bem-estar social, mas também aumenta a capacidade produtiva da força de trabalho nacional.[42]

A estruturação do Complexo Industrial da Saúde parte do pressuposto que uma demanda cada vez maior por bens e serviços de saúde significa uma oportunidade não apenas para a ampliação do acesso à saúde, mas também para o desenvolvimento do país.[43] O Complexo Industrial da Saúde é uma parte essencial do sistema nacional de inovação[44],

---

[41] DI TOMMASO, Marco R.; SCHWEITZER, Stuart O. "Introduction: Why Apply Industrial Policy to Health Industry?" p. 7. *In:* DI TOMMASO, Marco R.; SCHWEITZER, Stuart O. (orgs.). *Health Policy and High-Tech Industrial Development:* Learning from Innovation in the Health Industry. Cheltenham/Northampton: Edward Elgar, 2005.

[42] DI TOMMASO, Marco R.; SCHWEITZER, Stuart O. "Introduction: Why Apply Industrial Policy to Health Industry?" pp. 10-11. *In:* DI TOMMASO, Marco R.; SCHWEITZER, Stuart O. (orgs.). *Health Policy and High-Tech Industrial Development:* Learning from Innovation in the Health Industry. Cheltenham/Northampton: Edward Elgar, 2005. Sobre os fins e objetivos da política industrial, *vide* VEELKEN, Winfried *Normstrukturen der Industriepolitik:* Eine vergleichende Untersuchung nach deutschem und französischem Wirtschaftsrecht. Baden-Baden: Nomos Verlagsgesellschaft, 1991. pp. 31-35.

[43] *Vide* SCHWEITZER, Stuart O.; DI TOMMASO, Marco R. "The Health Industry Model: New Roles for the Health Industry", pp. 33-36. *In:* DI TOMMASO, Marco R.; SCHWEITZER, Stuart O. (orgs.). *Health Policy and High-Tech Industrial Development:* Learning from Innovation in the Health Industry. Cheltenham/Northampton: Edward Elgar, 2005.

[44] Para a definição e o debate em torno da concepção de "sistema nacional de inovação", *vide* NELSON, Richard R.; ROSENBERG, Nathan. "Technical Innovation and National Systems" *In:* NELSON, Richard R. (org.). *National Innovation Systems:*

631

GILBERTO BERCOVICI

contribuindo para o desenvolvimento científico e tecnológico do país. Boa parte das indústrias de saúde possui forte ligação com os núcleos de pesquisa científica no país. Os investimentos, públicos ou privados, em pesquisa geram efeitos positivos e inovações nos mais variados setores da indústria de saúde. Além disto, o Complexo Industrial da Saúde pode obter uma inserção considerável, a partir da sua expansão em inovações, no mercado internacional, transformando uma indústria doméstica em um sustentável setor industrial exportador.[45]

Segundo o levantamento efetuado pelo IEMI (Instituto de Estudos e Marketing Industrial), a pedido da ABIMO (Associação Brasileira da Indústria de Artigos e Equipamentos Médicos, Odontológicos, Hospitalares e de Laboratórios), em 2010, o setor produtor de equipamentos e materiais de consumo de uso médico, odontológico, hospitalar, laboratorial e radiológico no Brasil era constituído por 486 empresas, contando com considerável taxa de renovação (12,7% das empresas contam com menos de 10 anos de formação) e de crescimento (o setor cresceu 49,1% entre 1999 e 2010)[46]. O setor é um grande gerador de empregos, pois o volume da mão-de-obra empregada cresceu 19,9% entre 1999 e 2010, sendo que só em 2010, o crescimento foi de 4,3%. Cerca de 96% dos trabalhadores são registrados, tratando-se de funcionários altamente especializados. O perfil da mão-de-obra empregada é

A Comparative Analysis. Oxford/New York: Oxford University Press, 1993. pp. 3-20 e EDQUIST, Charles. "Systems of Innovation: Perspectives and Challenges" *In:* FAGERBERG, Jan; MOWERY, David C.; NELSON, Richard R. (orgs.), *The Oxford Handbook of Innovation*. Reimpr., Oxford/New York: Oxford University Press, 2006. pp. 181-205, especialmente pp. 182-184. Especificamente em relação ao setor da saúde, *vide* a definição de "sistema de inovação de saúde" (*"health innovation system"*) em Padmashree SAMPATH, Gehl. *Reconfiguring Global Health Innovation*. London/New York: Routledge, 2011. pp. 41-43.

[45] SCHWEITZER, Stuart O.; DI TOMMASO, Marco R. "The Health Industry Model: New Roles for the Health Industry", pp. 36-38 *In:* DI TOMMASO, Marco R.; SCHWEITZER, Stuart O. (orgs.). *Health Policy and High-Tech Industrial Development: Learning from Innovation in the Health Industry*. Cheltenham/Northampton: Edward Elgar, 2005 e SAMPATH, Padmashree Gehl. *Reconfiguring Global Health Innovation*. London/New York: Routledge, 2011. pp. 3-4, 13 e 17-20.

[46] ABIMO/IEMI, *Estudo Setorial da Indústria de Equipamentos Odonto-Médico Hospitalar e Laboratorial no Brasil*. São Paulo, maio, pp. 7 e 11, 2011..

COMPLEXO INDUSTRIAL DA SAÚDE, DESENVOLVIMENTO E...

de alta qualificação, em virtude da fabricação de produtos de alta tecnologia: 70% possuem ensino médio completo e 26% possuem nível superior, aproximadamente.[47]

O Complexo Industrial da Saúde, inclusive, é reconhecido formalmente por meio do Decreto de 12 de maio de 2008, da Presidência da República, que criou, no âmbito do Ministério da Saúde, o Grupo Executivo do Complexo Industrial da Saúde (GECIS), cuja tarefa é:

> "Artigo 1º do Decreto de 12 de maio de 2008 promover medidas e ações concretas visando à criação e implementação do marco regulatório brasileiro referente à estratégia de desenvolvimento do Governo Federal para a área da saúde, segundo as diretrizes das políticas nacionais de fortalecimento do complexo produtivo e de inovação em saúde"

A principal preocupação do GECIS é o desenvolvimento das normas e atos jurídicos necessários para a concretização das estratégias e diretrizes da política industrial, da política de desenvolvimento científico e tecnológico e das políticas de saúde visando a viabilização do desenvolvimento do Complexo Industrial da Saúde. Para tanto, o GECIS deve ter como objetivos incentivar a inovação e o aumento da competitividade interna e externa do Complexo Industrial da Saúde; garantir a isonomia na regulação sanitária e medidas de apoio à qualidade da produção nacional; apoiar incentivos financeiros seletivos para áreas estratégicas em saúde e estimular o uso do poder de compra do Sistema Único de Saúde para favorecer a produção, a inovação e a competitividade no Complexo Industrial da Saúde, entre outros (artigo 3º do Decreto de 12 de maio de 2008).

O GECIS foi incorporado pelo "Plano Brasil Maior", atual versão da política industrial brasileira, instituído pelo Decreto n. 7.540, de 2 de agosto de 2011[48], como Comitê Executivo do Complexo da Saúde,

---

[47] ABIMO/IEMI, *Estudo Setorial da Indústria de Equipamentos Odonto-Médico Hospitalar e Laboratorial no Brasil*. São Paulo, maio, pp. 21-22, 2011.

[48] O "Plano Brasil Maior" busca integrar as ações governamentais de política industrial, tecnológica e de comércio exterior. Seus objetivos, de acordo com o artigo 1º, § 1º do

GILBERTO BERCOVICI

conforme as Resoluções GEPBM n. s 001 e 002/2011, de 28 de setembro de 2011. Além disto, o desenvolvimento do Complexo Industrial da Saúde foi definido como estratégia prioritária pelo Ministério da Saúde, que criou, por meio da Portaria n. 506, de 21 de março de 2012, o Programa para o Desenvolvimento do Complexo Industrial da Saúde (PROCIS), com o objetivo de fortalecer os produtores públicos e a infraestrutura de produção e inovação em saúde do setor público, buscando fortalecer as parcerias para o desenvolvimento produtivo e apoiar o desenvolvimento tecnológico e a transferência de tecnologias estratégicas para o Sistema Único de Saúde.

O papel do Estado é, portanto, estratégico para o Complexo Industrial da Saúde. Apenas o Estado tem capacidade de antecipar a necessidade da produção de determinados produtos ou serviços e formular uma política buscando concretizar aqueles objetivos, particularmente no campo da saúde. A capacidade industrial e de inovação em saúde está vinculada diretamente à redução das desigualdades e das deficiências no setor da saúde no país. O Estado tem um papel essencial na busca de superação das limitações científicas e tecnológicas e na mobilização de recursos para o desenvolvimento tecnológico.[49] Neste sentido, afirma Padmashree Gehl Sampath:

> "State actions manifest in the capability to identify market failures and opportunities, strategic choices that are made in the form of policies and the apparatus put in place to implemente such policies. State's capacity to influence the technology choices of actors and sectors and its ability to enforce them through relevant organizations lies at the heart of building capacity in health innovation in latecomers countries".[50]

Decreto n. 7.540/2011 são acelerar o crescimento do investimento produtivo e o esforço tecnológico e de inovação das empresas nacionais, e aumentar a competitividade dos bens e serviços nacionais.

[49] SAMPATH, Padmashree Gehl. *Reconfiguring Global Health Innovation*. London/New York: Routledge, 2011. pp. 59, 69-70 e 218-219.

[50] SAMPATH, Padmashree Gehl. *Reconfiguring Global Health Innovation*. London/New York: Routledge, 2011. p. 26.

3. O INCENTIVO AO COMPLEXO INDUSTRIAL DA SAÚDE E A PROTEÇÃO CONSTITUCIONAL AO MERCADO INTERNO

A prioridade para as políticas que incentivem o Complexo Industrial da Saúde está vinculada não apenas ao alto potencial de inovação e à contribuição do setor de saúde com o desenvolvimento tecnológico do país, mas também em virtude da necessidade de se promover o dinamismo e a proteção do mercado interno nacional. Há um mito recorrente no país de que a economia brasileira seria uma "economia fechada".[51] Em relação a este mito, Reinaldo Gonçalves, entre outros, demonstra que o Brasil tem um grau de internacionalização compatível, ou maior, do que outras economias ditas "abertas", como a norte-americana. Um dos aspectos centrais negligenciados nos que defendem a visão da "economia fechada" é a dimensão continental do país, o que evidencia o total despropósito de se comparar a economia brasileira com a de pequenos países europeus ou asiáticos. As economias continentais tendem a apresentar graus relativamente baixos de abertura comercial, dadas as suas dimensões, diversidade e potencial de produção interna. A comparação adequada deve ser feita em relação a economias do mesmo porte ou similares em dimensão, como as dos Estados Unidos, China, Índia, Rússia, Austrália, etc. Para Reinaldo Gonçalves, boa parte da política protecionista brasileira foi gerada como reação a estrangulamentos provocados por choques externos e, consequentemente, falta de divisas. Além disso, a abertura do sistema financeiro (e a vulnerabilidade externa decorrente disto), a dependência tecnológica e a forte presença de empresas multinacionais no país também contribuem para contestar o argumento da "economia fechada". O problema do Brasil, portanto, não é propriamente o grau, mas a natureza de sua inserção internacional.[52]

---

[51] Para a defesa da concepção da economia brasileira como uma "economia fechada" antes da década de 1990, *vide* FRANCO, Gustavo H. B. "A Inserção Externa e o Desenvolvimento" *In: O Desafio Brasileiro:* Ensaios sobre Desenvolvimento, Globalização e Moeda. 2ª ed. São Paulo: Ed. 34, 2000. pp. 58-60.

[52] *Vide* GONÇALVES, Reinaldo. *Ó Abre-Alas:* A Nova Inserção do Brasil na Economia Mundial. 2ª ed. Rio de Janeiro: Relume-Dumará, 1999. pp. 172-180.

GILBERTO BERCOVICI

A soberania econômica nacional, prevista formalmente no artigo 170, I da Constituição de 1988, visa viabilizar a participação da sociedade brasileira, em condições de igualdade, no mercado internacional, como parte do objetivo maior de garantir o desenvolvimento nacional (artigo 3º, II), buscando a superação do subdesenvolvimento.[53] No entanto, a concepção de soberania econômica não se limita ao dispositivo do artigo 170, I do texto constitucional. Pelo contrário, ela está presente em vários outros dispositivos constitucionais, inclusive em outros capítulos que não o da ordem econômica, possibilitando uma análise sistemática do tema. Neste sentido, são ilustrativas as palavras de Celso Furtado:

> "A luta contra a dependência começa em geral pela reivindicação do controle das próprias fontes de recursos não renováveis. Em seguida ela assume a forma de ocupação de posições que permitem controlar, ainda que parcialmente, o acesso ao mercado interno. Das vitórias alcançadas nessas duas frentes surge a massa crítica de recursos financeiros, que permite consolidar as posições ganhas e ampliar a frente de ação. A luta na frente tecnológica somente se torna viável quando foi assegurado o controle de importantes segmentos do mercado interno e reunida uma massa crítica de recursos financeiros".[54]

A importância da proteção ao mercado interno torna-se evidente com a análise da política brasileira de industrialização, instituída a partir

---

[53] BERCOVICI, Gilberto. "Os Princípios Estruturantes e o Papel do Estado" *In:* CARDOSO Jr, José Celso (org.). *A Constituição Brasileira de 1988 Revisitada:* Recuperação Histórica e Desafios Atuais das Políticas Públicas nas Áreas Econômica e Social. Brasília: IPEA, 2009. Vol. 1, pp. 272-279 e BERCOVICI, Gilberto. *Direito Econômico do Petróleo e dos Recursos Minerais.* São Paulo: Quartier Latin, 2011. pp. 208-237. Para Detlev Dicke, a soberania econômica também tem suas fontes nos documentos do direito internacional público, como o artigo 2º da Carta da ONU, a Resolução sobre a Soberania Permanente dos Estados sobre os Recursos Naturais e a Carta dos Direitos e Deveres Econômicos dos Estados. *Vide* DICKE, Detlev Christian. *Die Intervention mit wirtschaftlichen Mitteln im Völkerrecht:* Zugleich ein Beitrag zu den Fragen der wirtschaftlichen Souveränität. Baden-Baden: Nomos Verlagsgesellschaft, 1978. pp. 111-115.

[54] FURTADO, Celso. *Criatividade e Dependência na Civilização Industrial.* 2ª ed. São Paulo: Companhia das Letras, 2008. p. 160.

de 1930. O processo de industrialização por substituição de importações procurou industrializar aceleradamente a América Latina, em condições bem distintas das ocorridas nos países desenvolvidos, como resposta às restrições do comércio exterior iniciadas com a crise de 1929. O fundamento que justificaria, posteriormente, esta política é a concepção centro-periferia da CEPAL (*Comisión Económica para América Latina*). Para que os países periféricos pudessem adquirir um ritmo de crescimento da produção e da renda maior que o dos países centrais, tentando superar o subdesenvolvimento, seria necessário que se industrializassem. Esta industrialização seria característica das fases de "desenvolvimento para dentro" (*desarrollo hacia adentro*), devendo ser orientada por meio de uma política deliberada de desenvolvimento. O planejamento e o Estado desempenham um papel preponderante na industrialização por substituição de importações, bem como a proteção alfandegária do mercado interno.

Este tipo de industrialização não busca, como pode parecer, eliminar todas as importações, substituindo produtos importados por produtos nacionais. Nem é seu objetivo diminuir a quantidade global de importações, pois, conforme a industrialização substitutiva avança, aumenta a demanda por outros tipos de importações (equipamentos, maquinário, etc.). A industrialização por substituição de importações é um processo de desenvolvimento interno que se manifesta com a ampliação e diversificação da capacidade produtiva industrial.[55]

A industrialização brasileira significou a criação de um mercado nacional articulado.[56] A partir da crise de 1929, as barreiras ao comércio

---

[55] PREBISCH, Raúl. "El Desarrollo Económico de la América Latina y Algunos de sus Principales Problemas" *In:* GURRIERI, Adolfo (org.). *La Obra de Prebisch en la CEPAL*. México: Fondo de Cultura Económica, 1982. Vol. 1, pp. 143-154; TAVARES, Maria da Conceição. "Auge e Declínio do Processo de Substituição de Importações no Brasil" *In: Da Substituição de Importações ao Capitalismo Financeiro:* Ensaios sobre a Economia Brasileira. 2ª ed. Rio de Janeiro: Zahar, 1973. pp. 33-35 e 38-41 e RODRÍGUEZ, Octavio. *La Teoría del Subdesarrollo de la CEPAL*. 8ª ed. México: Siglo Veintiuno Ed. 1993. pp. 39-40, 64-69 e 165-168. *Vide* também NUNES, António José Avelãs. *Industrialização e Desenvolvimento:* A Economia Política do "Modelo Brasileiro de Desenvolvimento". São Paulo: Quartier Latin, 2005. pp. 280-350.

[56] FURTADO, Celso. *Formação Econômica do Brasil*. 24ª ed. São Paulo: Cia. Ed. Nacional,

GILBERTO BERCOVICI

internacional deslocaram o centro dinâmico da economia brasileira do setor exportador para o mercado interno. Esta política teve apoio deliberado do Estado nacional para promover a integração do mercado nacional e beneficiar o processo de industrialização.[57] A expansão da industrialização tornou-se o setor dinâmico da economia nacional, mas é uma expansão restringida. Ainda não havia condições técnicas e financeiras para que se implantasse o núcleo fundamental da indústria de bens de produção, o que vai ser obtido com a atuação decisiva do Estado, nas décadas de 1940 e 1950. Só a partir da implementação do Plano de Metas (1956-1961), o processo de industrialização brasileira vai superar a fase restringida e passar à fase de industrialização pesada.[58]

Também é como expressão da soberania econômica nacional e da pretensão de autonomia tecnológica, traduzindo em termos jurídicos a política de internalização dos centros de decisão econômica do país, que deve ser compreendido o artigo 219 da Constituição de 1988:

> "Artigo 219. O mercado interno integra o patrimônio nacional e será incentivado de modo a viabilizar o desenvolvimento cultural e sócio-econômico, o bem-estar da população e a autonomia tecnológica do País, nos termos de lei federal".

Qual deve ser o significado pretendido pela Constituição de 1988 ao afirmar que o mercado interno integra o patrimônio nacional? Para

---

1991. pp. 236-237 e IANNI, Octavio. *Estado e Capitalismo*. 2ª ed. São Paulo: Brasiliense, 1989. pp. 67-68.

[57] Sobre a crise de 1929 e a política de recuperação econômica por meio da defesa do setor cafeeiro, levada a cabo a partir da Revolução de 1930, *vide* a análise clássica de FURTADO, Celso *In: Formação Econômica do Brasil*. 34ª ed., São Paulo: Companhia das Letras, 2007. capítulo XXXI, pp. 186-194.

[58] LESSA, Carlos. *Quinze Anos de Política Econômica*. 4ª ed. São Paulo: Brasiliense, 1983. pp. 86-89 e MELLO, João Manuel Cardoso de. *O Capitalismo Tardio*. 8ª ed. São Paulo: Brasiliense, 1991. pp. 109-122. Sobre o declínio do modelo de industrialização por substituição de importações até então bem-sucedido, *vide* especialmente TAVARES, Maria da Conceição. "Auge e Declínio do Processo de Substituição de Importações no Brasil" *In: Da Substituição de Importações ao Capitalismo Financeiro*: Ensaios sobre a Economia Brasileira. 2ª ed. Rio de Janeiro: Zahar, 1973. pp. 115-124.

638

COMPLEXO INDUSTRIAL DA SAÚDE, DESENVOLVIMENTO E...

tanto, é necessária uma análise mais detida sobre a concepção de patrimônio incorporada ao texto constitucional.

O conceito de patrimônio, tal como elaborado primeiramente pela doutrina civilista, difere amplamente das concepções jurídicas e políticas do patrimônio desenvolvidas no âmbito do direito público. No plano do direito civil, as teorias sobre o patrimônio gravitam em torno da noção de universalidade, que, na síntese apresentada pelo civilista francês Robert Gary[59], se expressa, desde os romanistas, em duas variações: as universalidades de fato, que consistem em agrupamentos coerentes de bens, e as universalidades de direito que instituem uma vinculação entre bens e obrigações.

A universalidade de fato, na síntese de Gary[60], compõe-se de quatro elementos. Em primeiro lugar, refere-se a um conjunto de bens autônomos e distintos entre si, corpóreos ou incorpóreos, que são considerados menos em sua singularidade material que em sua valoração pecuniária, concluindo-se que o que importa é a expressão econômica da universalidade e não a identidade dos bens que a constituem. Em contrapartida, o que caracteriza seu segundo elemento, a universalidade não modifica a natureza de cada bem individualmente considerado; a qualquer tempo, podem ser separados do conjunto para ser objeto de atos ou negócios jurídicos distintos. Em terceiro lugar, a coerência e coesão da universalidade de fato repousam na destinação comum destes bens, em regra, de natureza econômica. E, em último lugar, se observa que a universalidade de fato reúne apenas elementos ativos, quais sejam, os bens, afastando-se da concepção de universalidade a inclusão de obrigação de qualquer espécie. Já a universalidade de direito[61], embora também se refira a um conjunto de bens autônomos e distintos capazes de conservar sua singularidade, igualmente avaliados de maneira abstrata

---

[59] GARY, Robert. *Essai sur les Notions d'Universalité de Fait et d'Universalité de Droit dans leur État Actuel.* Bordeaux, 1931. p. 5.

[60] GARY, Robert. *Essai sur les Notions d'Universalité de Fait et d'Universalité de Droit dans leur État Actuel.* Bordeaux, 1931. pp. 314-318.

[61] GARY, Robert. *Essai sur les Notions d'Universalité de Fait et d'Universalité de Droit dans leur État Actuel.* Bordeaux, 1931. pp. 318 e ss.

GILBERTO BERCOVICI

e econômica, inclui, não obstante, as obrigações jurídicas. A universalidade de direito caracteriza-se justamente por esta correlação de elementos ativos e passivos.

Na doutrina civilista francesa, Aubry e Rau[62] foram os principais representantes da concepção patrimonial fundada na universalidade de direito, e que permanece até hoje, apesar das constantes críticas, como ponto de partida fundamental para a compreensão civil de patrimônio. No direito civil alemão, adota-se igualmente a concepção de universalidade de direito para conceituar o patrimônio. Como bem observa Karl Larenz[63], não há conceito legal de patrimônio dado pelo BGB (código civil alemão), embora o próprio código e outras leis importantes lhe façam menção. Daí a necessidade de a doutrina lhe traçar as características fundamentais, o que faz o autor ao consolidar a compreensão de que o patrimônio consiste no conjunto correlacionado de direitos e obrigações de uma pessoa, expressos em seu valor econômico.

No âmbito do direito público, Léon Duguit[64] foi o autor que, com maior ênfase, advertiu para a impropriedade de o direito público assimilar as concepções civilistas sobre o patrimônio. Para o autor, a noção civilista bipartite de patrimônio vincula-se diretamente ao conceito de personalidade jurídica, que, à parte de sua aplicação problemática no próprio direito privado, seria inaplicável às coletividades. A noção de patrimônio deveria ser fundada na ideia de afetação, de certa quantidade de riquezas, a uma finalidade. Ou seja, o patrimônio do Estado estaria estreitamente vinculado à ideia de finalidade.[65] Neste sentido, o direito objetivo reconheceria e protegeria todos os atos conformes a esta finalidade vinculante, e que, ao mesmo tempo, definiria o

---

[62] AUBRY, Charles; RAU, Frédéric Charles. *Cours de Droit Civil Français d'Après la Méthode de Zachariae.* 5ª ed. Paris: Marchal et Godde, 1917, § § 573-581.

[63] LARENZ, Karl. *Allgemeiner Teil des bürgerlichen Rechts.* 9ª ed. München: C. H. Beck, 2004. pp. 378-392.

[64] DUGUIT, Léon. *Traité de Droit Constitutionnel.* 3ª ed. Paris: Boccard, 1930. Vol. 3, pp. 320-344.

[65] DUGUIT, León. *Traité de Droit Constitutionnel.* 3ª ed. Paris: Boccard, 1930. Vol. 3, p. 333.

que fosse o patrimônio. Em contrapartida, isto implicaria na atribuição aos agentes públicos de uma competência adequada para afetar o patrimônio estatal.[66]

Na doutrina administrativista recente, o afastamento da concepção patrimonial civil está plenamente consolidada. Nos termos de Caroline Chamard[67], o patrimônio tornou-se mesmo "uma noção administrativa". No caso do direito ambiental, exemplifica a autora, o patrimônio está inclusive dissociado da noção de propriedade. Trata-se mormente de considerar elementos que parecem essenciais e que devem ser transmitidos intactos para as gerações futuras, abordagem esta que também se verifica no âmbito biológico, cultural, paisagístico, arquitetônico, tanto para o meio rural quanto urbano.

No direito público francês, a noção de "patrimônio comum da nação" fez-se presente a partir da década de 1980, primeiramente em leis urbanísticas. Este conceito *reúne coisas que erigem um interessem coletivo e que não são propriedade de alguém singularizado. É o produto da história, e que os homens devem conservar para transmitir a seus sucessores"* [68]

Entre nós, em que pese a polissemia do termo "patrimônio", também se pode dizer do desenvolvimento de um conceito público constitucional distinto daquele usualmente proposto pelos civilistas, que, como visto, depende de noções como personalidade jurídica e propriedade. Observa Floriano de Azevedo Marques Neto que a Constituição de 1988 utiliza o termo patrimônio tanto para designar o conjunto de riquezas (bens e receitas) submetido à propriedade dos entes estatais, quanto para se referir a uma parcela de objetos passível de valoração que não pertence a ninguém individualmente, nem aos agentes econômicos privados, nem propriamente ao Estado.[69] A concepção constitucional

---

[66] DUGUIT, León. *Traité de Droit Constitutionnel.* 3ª ed. Paris: Boccard, 1930. Vol. 3, pp. 338-339.

[67] CHAMARD, Caroline. *La Distinction des Biens Publics et des Biens Privés:* Contribution à la Notion de Biens Publics. Paris: Dalloz, 2004. pp. 544-560.

[68] CHAMARD, Caroline. *La Distinction des Biens Publics et des Biens Privés.* Paris: Dalloz, 2004. p. 557.

[69] MARQUES Neto, Floriano de Azevedo. *Bens Públicos:* Função Social e Exploração

de patrimônio nacional, portanto, reúne todos os elementos materiais ou imateriais que possuem valor à coletividade, independentemente de sua titularidade.

O artigo 219 fundamenta, segundo Eros Grau, a intervenção estatal no domínio econômico. O mercado interno não é sinônimo de economia de mercado, como pretendem alguns. A sua inclusão no texto constitucional, como parte integrante do patrimônio nacional, significa a valorização do mercado interno como centro dinâmico do desenvolvimento brasileiro, inclusive no sentido de garantir melhores condições sociais de vida para a população e a autonomia tecnológica do país. Este artigo reforça a necessidade de autonomia dos centros decisórios sobre a política econômica nacional, complementando os artigos 3º, II e 170, I da Constituição. O fato de o mercado interno integrar o patrimônio nacional, como destaca Alessandro Octaviani, significa que ele se encontra subordinado ao poder de controle do titular daquele patrimônio, que é a Nação brasileira. O Estado nacional brasileiro, portanto, deve determinar o direcionamento das atividades que compõem o mercado interno no sentido positivado no texto constitucional, ou seja, da viabilização da homogeneização social e da internalização dos centros de decisão econômica.[70]

Portanto, o disposto no artigo 219 da constituição de 1988 tem sua inspiração teórica na concepção de "desenvolvimento endógeno" elaborada por Celso Furtado:

> "Para desenvolver-se é necessário individualizar-se concomitantemente. Em outras palavras, a individualização não é simples consequência do desenvolvimento. É fator autônomo. Atribui-se,

---

Econômica – O Regime Jurídico das Utilidades Públicas. Belo Horizonte: Fórum, 2009. p. 59.

[70] GRAU, Eros Roberto. *A Ordem Econômica na Constituição de 1988* : Interpretação e Crítica. 12ª ed. São Paulo: Malheiros, 2007. pp. 254-255 e 273 e OCTAVIANI, Alessandro. "O Ordenamento da Inovação: A Economia Política da Forma Jurídica". Trabalho Apresentado no Seminário Internacional "Promovendo Respostas Estratégicas à Globalização", Rio de Janeiro, novembro, pp. 11-13, 2009. *Mimeo,*

COMPLEXO INDUSTRIAL DA SAÚDE, DESENVOLVIMENTO E...

assim, grande importância à autonomia na capacidade de decisão, sem a qual não pode haver uma autêntica política de desenvolvimento. A sincronia entre os verdadeiros interesses do desenvolvimento e as decisões tem como pré-requisito a superação da economia 'reflexa', isto é, exige a individualização do sistema econômico. Essa ideologia transformou a conquista dos centros de decisão em objetivo fundamental. E, como o principal centro de decisões é o Estado, atribui a este papel básico na consecução do desenvolvimento".[71]

Segundo Furtado, os fins do desenvolvimento devem ser fixados pela própria sociedade nacional, como faz o texto constitucional de 1988. No entanto, a vontade política para orientar e favorecer as transformações econômicas e sociais é indispensável para impulsionar e conduzir o processo de desenvolvimento endógeno. Um dos objetivos deste processo é a homogeneização social, com a garantia da apropriação do excedente econômico pela maior parte da população. O desenvolvimento endógeno exige também a internalização dos centros de decisão econômica, a dinamização e a integração do mercado interno, com grande ênfase para o desenvolvimento tecnológico, como dispõe o artigo 219.[72]

---

[71] FURTADO, Celso. *Desenvolvimento e Subdesenvolvimento.* 5ª ed. Rio de Janeiro: Contraponto/Centro Internacional Celso Furtado de Políticas para o Desenvolvimento, 2009. p. 216.

[72] FURTADO, Celso. *Desenvolvimento e Subdesenvolvimento Subdesenvolvimento.* 5ª ed. Rio de Janeiro: Contraponto/Centro Internacional Celso Furtado de Políticas para o Desenvolvimento, 2009. pp. 213-216; FURTADO, Celso. *Brasil:* A Construção Interrompida. 2ª ed. Rio de Janeiro: Paz e Terra, 1992. pp. 11, 28, 32-35 e 85; FURTADO, Celso. *O Capitalismo Global,* 5ª ed., Rio de Janeiro: Paz e Terra, 2001, pp. 22-23 e 43-45 e FURTADO, Celso. *Em Busca de Novo Modelo:* Reflexões sobre a Crise Contemporânea. Rio de Janeiro: Paz e Terra, 2002. pp. 41-43. Sobre a concepção de desenvolvimento endógeno de Celso Furtado, *vide* BIELSCHOWSKY, Ricardo. *Pensamento Econômico Brasileiro:* O Ciclo Ideológico do Desenvolvimentismo. 2ª ed. Rio de Janeiro: Contraponto, 1995. pp. 133-147; SACHS, Ignacy. "Um Projeto para o Brasil: A Construção do Mercado Nacional como Motor do Desenvolvimento" In: PEREIRA, Luiz Carlos Bresser; REGO, José Marcio (orgs.). *A Grande Esperança em Celso Furtado:* Ensaios em Homenagem aos seus 80 Anos. São Paulo: Ed. 34, 2001. pp. 46-47; PAULANI, Leda Maria. "A Utopia da Nação: Esperança e Desalento"

GILBERTO BERCOVICI

A internalização dos centros de decisão econômica, política prevista em vários dispositivos do texto constitucional de 1988, como o artigo 219, tem por objetivo, entre outros, reduzir a vulnerabilidade externa do país, visando assegurar uma política nacional de desenvolvimento. A vulnerabilidade externa, segundo Reinaldo Gonçalves, pode ser traduzida na baixa capacidade do país resistir à influência de fatores desestabilizadores ou choques externos. É um conceito complementar ao de soberania econômica nacional, pois diz respeito diretamente à capacidade de decisão de política econômica de forma autônoma. A expansão do mercado interno é entendida pela Constituição, particularmente pela leitura conjunta dos seus artigos 3º, II, 170, I e 219, como a principal estratégia de dinamismo econômico. O processo de desenvolvimento econômico deve ser liderado, assim, pela demanda interna do país, não apenas pelas exportações, ampliando as relações comerciais e objetivando a instituição de uma sociedade de consumo de massas.[73]

A importância do setor da saúde para o mercado interno é tanta que, inclusive, aproximadamente 92% das empresas são constituídas por capital nacional. Além disto, em 2010, 76% do volume foram produzidos em fábricas próprias no Brasil, sendo que apenas 7,2% foram importados das matrizes das empresas de capital estrangeiro ou misto. Apesar do esforço do setor e o crescimento das exportações nos últimos anos,

---

In: PEREIRA, Luiz Carlos Bresser; REGO, José Marcio (orgs.). *A Grande Esperança em Celso Furtado:* Ensaios em Homenagem aos seus 80 Anos. São Paulo: Ed. 34, 2001. pp. 143-147 e RODRÍGUEZ, Octavio. *O Estruturalismo Latino-Americano.* Rio de Janeiro: Civilização Brasileira, 2009. pp. 435-441. *Vide,* ainda, HIRSCHMAN, Albert O. "Ideologies of Economic Development in Latin America" *In: A Bias for Hope:* Essays on Development and Latin America. New Haven/London: Yale University Press, 1971. pp. 303-304 e *Vide* GURRIERI, Adolfo. "Vigencia del Estado Planificador en la Crisis Actual", *Revista de la CEPAL* n. 31, Santiago: CEPAL, abril, pp. 201-217, 1987.

[73] Autores como Reinaldo Gonçalves denominam estas políticas de "inserção soberana". *Vide* GONÇALVES, Reinaldo. *Ó Abre-Alas:* A Nova Inserção do Brasil na Economia Mundial. 2ª ed. Rio de Janeiro: Relume-Dumará, 1999. pp. 180-184 e 187-197. *Vide,* ainda, GONÇALVES, Reinaldo. *Globalização e Desnacionalização.* São Paulo: Paz e Terra, 1999. pp. 35-40 e 181-185 e GUIMARÃES, Samuel Pinheiro. "Capital Nacional e Capital Estrangeiro". *Estudos Avançados* n. 39, São Paulo: 2000, pp. 155-159.

COMPLEXO INDUSTRIAL DA SAÚDE, DESENVOLVIMENTO E...

a balança comercial do ramo ainda é fortemente deficitária. Em 2010, as exportações alcançaram US$ 633 milhões (0,3% de nossa pauta de exportações) e as importações somaram aproximadamente US$ 3,67 bilhões (2,0% do total de importações). Tal fato demonstra a importância do setor na composição da balança de pagamentos do país e a sua expressiva dependência ao mercado externo.[74]

Neste contexto de proteção ao mercado interno, vários países buscam melhorar a eficiência e a competitividade do seu Complexo Industrial da Saúde. Estas políticas variam do financiamento e melhoria nas políticas públicas de saúde à criação de incentivos pró-mercado para encorajar um melhor desenvolvimento e mais geração de inovações no Complexo Industrial da Saúde. As vantagens destes incentivos já foram mencionadas, vão da ampliação ao acesso à saúde ao fornecimento de produtos e serviços mais elaborados e sofisticados, passando pelo investimento mais elevado em pesquisa e inovação tecnológica. O mercado interno é beneficiado, assim como há a possibilidade de estruturação de um setor industrial exportador avançado e competitivo, além dos efeitos de geração de empregos e de maior capacitação científico-tecnológica da mão-de-obra do país.[75] De acordo com Di Tommaso e Schweitzer:

> "Understanding the multi-objective role of the health industry explains, in part, why policy decisions affecting the size of the health Industry are often so contentious. There is a conflict between those who see the health Industry as responsible only for producing an acceptable level of health (at minimum cost) and those who see broader benefits of a dynamic, scientifically sophisticated health Industry. The perception of broader benefits

---

[74] ABIMO/IEMI. *Estudo Setorial da Indústria de Equipamentos Odonto-Médico Hospitalar e Laboratorial no Brasil*. São Paulo, maio, pp. 7 e 11, 2011, pp. 7-8, 14 e 16-18.

[75] *Vide*, ainda, SCHWEITZER, Stuart O.; DI TOMMASO, Marco R. "The Health Industry Model: New Roles for the Health Industry", pp. 38-39 *In:* DI TOMMASO, Marco R.; SCHWEITZER, Stuart O. (orgs.). *Health Policy and High-Tech Industrial Development:* Learning from Innovation in the Health Industry. Cheltenham/ Northampton: Edward Elgar, 2005. e SAMPATH, Padmashree Gehl. *Reconfiguring Global Health Innovation*. London/New York: Routledge, 2011. pp. 56-58 e 219-222.

from the health Industry justifies increased government investment to address market failure concerns and other objectives of a country's health industry".[76]

O apoio estatal aos setores integrantes do Complexo Industrial da Saúde é, inclusive, um dever constitucional, conforme determina o artigo 200, I da Constituição de 1988:

> "Artigo 200, I da Constituição de 1988: Ao sistema único de saúde compete, além de outras atribuições, nos termos da lei:
>
> I – controlar e fiscalizar procedimentos, produtos e substâncias de interesse para a saúde e participar da produção de medicamentos, equipamentos, imunobiológicos, hemoderivados e outros insumos".

Como foi evidenciado anteriormente, a Constituição de 1988 (especialmente o artigo 196), assim como a Lei Orgânica da Saúde, são expressas ao determinarem que o Estado brasileiro deve promover políticas econômicas e sociais para ampliar a garantia e o acesso à saúde a todos os cidadãos. Dentre as medidas de política econômica que podem ser empregadas na promoção e ampliação do acesso à saúde estão a política fiscal e a política tributária, ou seja, a adoção, como parte da política econômica, de uma série de medidas de natureza orçamentária (manipulação das despesas públicas) ou tributária (política de arrecadação de receitas), além das medidas de política monetária (manipulação do custo e da quantidade de moeda posta à disposição dos agentes econômicos, política de juros, de crédito, etc.).[77]

Dentre os vários instrumentos possíveis de política econômica que viabilizem o apoio estatal ao Complexo Industrial da Saúde, destaca-se

---

[76] DI TOMMASO, Marco R.; SCHWEITZER, Stuart O. "Introduction: Why Apply Industrial Policy to Health Industry?", pp. 10-11 *In:* DI TOMMASO, Marco R.; SCHWEITZER, Stuart O. (orgs.). *Health Policy and High-Tech Industrial Development: Learning from Innovation in the Health Industry.* Cheltenham/Northampton: Edward Elgar, 2005.

[77] TEULON, Frédéric. *L'État et la Politique Économique.* Paris: PUF, 1998. pp. 134-135 e 164-169.

COMPLEXO INDUSTRIAL DA SAÚDE, DESENVOLVIMENTO E...

a utilização de institutos do direito tributário para fins extrafiscais[78], como a imunidade tributária. A imunidade tributária sobre patrimônio, renda ou serviços relacionados às finalidades essenciais de partidos políticos (inclusive suas fundações), entidades sindicais dos trabalhadores e instituições de educação e de assistência social sem fins lucrativos (artigos 150, VI, 'c' e 150, § 4º da Constituição de 1988)[79] não é novidade no sistema constitucional brasileiro. A sua previsão já havia sido incorporada no texto constitucional de 1946 (artigo 31, V, 'b')[80], bem como no texto das Cartas de 1967 (artigo 20, III, 'c')[81] e de 1969

---

[78] A tese da "neutralidade" dos tributos, ou seja, de que os tributos só devem perseguir fins meramente fiscais está fundada na ideologia liberal, da não intervenção estatal. O papel dos tributos é entendido hoje como instrumental. A preocupação não é a da utilização de um tributo com fins extrafiscais, mas se o seu emprego é ou não adequado ao fim extrafiscal que se pretende atingir. *Vide* NEUMARK, Fritz. "Principios y Clases de Gestión Financiera y Presupuestaria" *In: Problemas Economicos y Financieros del Estado Intervencionista.* Madrid: Editorial de Derecho Financiero, 1964. pp. 160-162 e 178-191. Para uma análise geral sobre a utilização do direito tributário como instrumento de política industrial, *vide* VEELKEN, Winfried. *Normstrukturen der Industriepolitik:* Eine vergleichende Untersuchung nach deutschem und französischem Wirtschaftsrecht. Baden-Baden: Nomos Verlagsgesellschaft, 1991. pp. 82-87.

[79] "Artigo 150, VI, 'c' da Constituição de 1988: Sem prejuízo de outras garantias asseguradas ao contribuinte, é vedado à União, aos Estados, ao Distrito Federal e aos Municípios: VI – instituir impostos sobre: c) patrimônio, renda ou serviços dos partidos políticos, inclusive suas fundações, das entidades sindicais dos trabalhadores, das instituições de educação e de assistência social, sem fins lucrativos, atendidos os requisitos da lei".

"Artigo 150, § 4º da Constituição de 1988: § 4º – As vedações expressas no inciso VI, alíneas 'b' e 'c', compreendem somente o patrimônio, a renda e os serviços, relacionados com as finalidades essenciais das entidades nelas mencionadas. A regulamentação do texto constitucional é feita por meio dos artigos 9º, IV, 'c' e 14 do Código Tributário Nacional (Lei n. 5.172, de 25 de outubro de 1966), recepcionado pela Constituição de 1988.

Devo destacar, ainda, o artigo 195, § 7º da Constituição de 1988, que amplia esta imunidade tributária: "§ 7º – São isentas de contribuição para a seguridade social as entidades beneficentes de assistência social que atendam às exigências estabelecidas em lei".

[80] "Artigo 31, V, 'c' da Constituição de 1946: À União, aos Estados, ao Distrito Federal e aos Municípios é vedado: V – lançar impôsto sôbre: b) templos de qualquer culto, bens e serviços de partidos políticos, instituições de educação e de assistência social, desde que as suas rendas sejam aplicadas integralmente no país para os respectivos fins".

[81] "Artigo 20, III, 'c' da Carta de 1967: É vedado à União, aos Estados, ao Distrito Federal e aos Municípios: III – criar impôsto sôbre: c) o patrimônio, a renda ou os serviços de partidos políticos e de instituições de educação ou de assistência social, observados os requisitos fixados em lei".

GILBERTO BERCOVICI

(artigo 19, III, 'c').[82] A justificativa desta imunidade pode ser depreendida das palavras de Aliomar Baleeiro:

> "A imunidade, para alcançar os efeitos da preservação, proteção e estímulo, inspiradores do constituinte, pelo fato de serem os fins das instituições beneficiadas também atribuições, interesses e deveres do Estado, deve abranger os impostos que, por seus efeitos econômicos, segundo as circunstâncias, desfalcariam o patrimônio, diminuiriam a eficácia dos serviços ou a integral aplicação das rendas aos objetivos específicos daquelas entidades presumidamente desinteressadas, por sua própria natureza".[83]

Além disto, a imunidade tributária está condicionada aos "requisitos da lei". Um destes requisitos, destacado por Aliomar Baleeiro, é o de que as rendas das instituições beneficiadas devem ser aplicadas para os respectivos fins integralmente no país, como determina o artigo 14, II do Código Tributário Nacional[84]. Instituições de assistência social são as que prestam as atividades previstas nos artigos 194 e 203 da Constituição de 1988 e na Lei n. 8.742, de 07 de dezembro de 1993. Os fins destas instituições, tais como educação, saúde, cultura e assistência social, devem ser realizados no país e suas rendas devem ser aplicadas no país para a persecução destes fins, constitucionalmente relevantes, o que justifica a imunidade.[85] A Constituição, inclusive, no tocante à saúde, proíbe expressamente a destinação de recursos públicos para auxílios ou

---

[82] O texto do dispositivo é praticamente o mesmo da Carta de 1967, tendo sido apenas renumerado.

[83] BALEEIRO, Aliomar. *Limitações Constitucionais ao Poder de Tributar.* 4ª ed. Rio de Janeiro: Forense, 1974. p. 184. No mesmo sentido, *vide* TORRES, Ricardo Lobo. *Os Direitos Humanos e a Tributação:* Imunidades e Isonomia. Rio de Janeiro: Renovar, 1995. pp. 226-227.

[84] "Artigo 14, II do Código Tributário Nacional: O disposto na alínea 'c' do inciso IV do artigo 9º é subordinado à observância dos seguintes requisitos pelas entidades nele referidas: II – aplicarem integralmente, no País, os seus recursos na manutenção dos seus objetivos institucionais".

[85] BALEEIRO, Aliomar. *Limitações Constitucionais ao Poder de Tributar.* 4ª ed. Rio de Janeiro: Forense, 1974. pp. 184 e 187-188 e TORRES, Ricardo Lobo. *Os Direitos Humanos e a Tributação:* Imunidades e Isonomia. Rio de Janeiro: Renovar, 1995. pp. 223-244.

COMPLEXO INDUSTRIAL DA SAÚDE, DESENVOLVIMENTO E...

subvenções às instituições privadas com fins lucrativos (artigo 199, § 2º), que também não são beneficiadas pela imunidade tributária do artigo 150, VI, 'c' e do artigo 195, § 7º.

Como afirmado acima, a finalidade é o elemento essencial para a ocorrência da imunidade tributária, ou não. A questão trazida aqui à análise trata da implementação de mecanismos para a fiscalização e controle de materiais e equipamentos de saúde importados, visando evitar que a imunidade tributária constitucional seja utilizada como disfarce para práticas fraudulentas que visam o não pagamento dos tributos devidos e o ganho de vantagens competitivas ilícitas que prejudicam a concorrência entre os agentes econômicos atuantes no Complexo Industrial da Saúde no mercado interno brasileiro. A distorção ocorre justamente pelo pagamento de tributos nas operações de produtos e equipamentos médicos e de saúde nacionais (equivalentes aos importados), o que onera demasiadamente o seu custo. Com esta diferença nos custos, as instituições beneficiadas com a imunidade tributária constitucional, sem fins lucrativos, buscam reduzir os seus custos, dando preferência às compras internacionais. Desta forma, subverte-se todo o sistema constitucional de proteção à saúde, os fundamentos da imunidade tributária e a vinculação do setor da saúde à política de superação do subdesenvolvimento pela via da proteção e fortalecimento do mercado interno.

A cobrança de tributos das entidades de assistência social que adquirem bens e mercadorias para uso em suas atividades no mercado interno gera graves prejuízos à indústria nacional, particularmente ao Complexo Industrial da Saúde. É necessário, portanto, a adoção de políticas que possam corrigir estas distorções de tratamento entre os produtos importados e os produtos nacionais em relação à imunidade tributária das entidades de assistência social sem fins lucrativos. Estas políticas são ainda mais relevantes em virtude das ações e serviços de saúde, como já afirmado acima, serem constitucionalmente considerados de relevância pública (artigo 197 da Constituição). Ou seja, mesmo quando prestados diretamente pela iniciativa privada, conforme autoriza o artigo 199, *caput* da Constituição, os serviços e ações de saúde não podem estar submetidos às regras do livre mercado. O Estado deve

GILBERTO BERCOVICI

exigir determinados parâmetros e determinada qualidade na prestação daquela atividade, dada sua importância para a coletividade. O próprio artigo 197 atribui ao Estado o poder de regulamentar, fiscalizar e controlar a execução de todos os serviços e ações de saúde.[86]

A atuação estatal pode, inclusive, lançar mão de vários instrumentos, como subvenções, controle de preços, financiamento público, abertura de linhas de crédito específicas[87], entre outras medidas. Por exemplo, caso seja fundada na proteção constitucional ao mercado interno, pode ser adotada alguma medida que implique maior controle sobre as operações de comércio exterior do Brasil. A promoção da defesa da indústria brasileira, inclusive, é uma das competências da Secretaria de Comércio Exterior (SECEX), conforme estabelece o artigo 15, XIII da Estrutura Regimental do Ministério do Desenvolvimento, Indústria e Comércio Exterior (Anexo I do Decreto n. 7.096, de 4 de fevereiro de 2010):

> "Art. 15. À Secretaria de Comércio Exterior compete:
>
> XIII – articular-se com outros órgãos governamentais, entidades e organismos nacionais e internacionais para promover a defesa da indústria brasileira".

O papel do capital estrangeiro no setor da saúde também pode ser controlado por parte do Estado. No entanto, um eventual controle do capital estrangeiro no setor da saúde, como determina o próprio artigo 172 da Constituição[88], só pode ser feita por lei em sentido formal. A legislação

---

[86] WEICHERT, Marlon Alberto. *Saúde e Federação na Constituição Brasileira*. Rio de Janeiro: Lumen Juris, 2004, pp. 127-135 e SARLET, Ingo Wolfgang; FIGUEIREDO, Mariana Filchtiner "Notas sobre o Direito Fundamental à Proteção e Promoção da Saúde na Ordem Jurídico-Constitucional Brasileira" *In:* ASENSI, Felipe Dutra; PINHEIRO, Roseni (orgs.). *Direito Sanitário*. Rio de Janeiro: Elsevier, 2012. pp. 54-55.

[87] VEELKEN, Winfried. *Normstrukturen der Industriepolitik:* Eine vergleichende Untersuchung nach deutschem und französischem Wirtschaftsrecht. Baden-Baden: Nomos Verlagsgesellschaft, 1991. pp. 44-71, 75-82 e 87-96.

[88] "Artigo 172 da Constituição de 1988: A lei disciplinará, com base no interesse nacional, os investimentos de capital estrangeiro, incentivará os reinvestimentos e regulará a

COMPLEXO INDUSTRIAL DA SAÚDE, DESENVOLVIMENTO E...

brasileira atual é uma legislação que pode ser classificada, segundo Dominique Carreau e Patrick Juillard[89], como de controle, ou seja, respeita a igualdade entre o capital nacional e o capital estrangeiro, buscando um tratamento equilibrado e com determinados controles previstos em lei. A Lei n. 4.131, de 03 de setembro de 1962 garante, em seu artigo 2º[90], que o capital estrangeiro investido no Brasil terá tratamento jurídico idêntico ao do capital nacional, em igualdade de condições, vedadas quaisquer outras discriminações, salvo as previstas em lei.[91]

No caso da saúde, ainda há, além do artigo 172 da Constituição, outra determinação constitucional reforçando a visão aqui explicitada, de possibilidade de instauração de maiores controles sobre o capital estrangeiro, o artigo 199, § 3º:

> "Artigo 199, § 3º da Constituição de 1988: É vedada a participação direta ou indireta de empresas ou capitais estrangeiros na assistência à saúde no País, salvo nos casos previstos em lei".

---

remessa de lucros". Sobre as possibilidades e limites do controle estatal do capital estrangeiro, *vide* BERCOVICI, Gilberto. "Soberania Econômica e Regime Jurídico do Capital Estrangeiro no Brasil". *Revista Brasileira de Estudos Constitucionais* n. 17. Belo Horizonte: Fórum, janeiro/março de 2011, pp. 95-110 e, especialmente, VEELKEN, Winfried. *Normstrukturen der Industriepolitik:* Eine vergleichende Untersuchung nach deutschem und französischem Wirtschaftsrecht. Baden-Baden: Nomos Verlagsgesellschaft, 1991. pp. 104-111.

[89] CARREAU, Dominique; JUILLARD, Patrick. *Droit International Économique.* 2ª ed. Paris: Dalloz, 2005. pp. 461-465.

[90] "Art. 2º da Lei n. 4.131/1962: Ao capital estrangeiro que se investir no País, será dispensado tratamento jurídico idêntico ao concedido ao capital nacional em igualdade de condições, sendo vedadas quaisquer discriminações não previstas na presente lei".

[91] Neste sentido, podem ser úteis as palavras de um dos principais especialistas do tema, Herculano Borges da Fonseca: "Quis o legislador, na lei sôbre capitais estrangeiros, que êstes gozassem de tôdas as garantias e que não sofressem outras discriminações senão as previstas na Lei n. 4.131. Essa qualificação é muito útil e *evita que, em virtude de Decretos, Instruções ou Portarias, se pretenda acrescentar restrições outras, que possam perturbar os investimentos estrangeiros* e criar um clima menos favorável para aquêles que confiem no País e para êle tragam seus bens e capitais" In: FONSECA, Herculano Borges da. *Regime Jurídico do Capital Estrangeiro:* Comentários à Lei n. 4.131, de 3 de Setembro de 1962, e Regulamentos em Vigor. Rio de Janeiro: Ed. Letras e Artes, 1963. p. 67, grifos meus.

GILBERTO BERCOVICI

Na realidade, a instituição destes controles visa não afugentar investimentos estrangeiros, mas impedir que a imunidade tributária constitucional para as entidades sem fins lucrativos que prestam assistência social não seja utilizada para o ganho de vantagens competitivas ilícitas que prejudicam a concorrência entre os agentes econômicos atuantes no setor industrial da saúde no mercado interno brasileiro, privilegiando os produtos importados em detrimento dos fabricantes nacionais.

Outra medida crucial para o desenvolvimento do Complexo Industrial da Saúde é a política de compras do Estado. A recente aprovação da "Lei do Poder de Compra Nacional" (Lei n. 12.349, de 15 de dezembro de 2010), ao alterar dispositivos da Lei n. 8.666, de 21 de junho de 1993, que dispõe a respeito das normas gerais sobre licitações e contratos da Administração Pública, reforça a política industrial, consolida a proteção à empresa nacional e amplia os incentivos à inovação por parte do setor privado. Com a Lei n. 12.349/2010, o Poder Público pode, em determinadas condições, dar preferência à aquisição de bens ou serviços de empresas brasileiras que desenvolvem tecnologia, contribuindo, assim, com o processo de inovação da economia nacional. O objetivo desta legislação é justamente mobilizar o poder de compra governamental para a aquisição de produtos e serviços nacionais, instituindo margem de preferência de até 25% nos processos de licitação e focando em setores estratégicos, como o da saúde.[92]

Um dos instrumentos criados recentemente para dar sustentação à política industrial e de inovação na área da saúde é a Parceria para o Desenvolvimento Produtivo (PDP), cujas diretrizes e critérios foram estabelecidos pelo Ministério da Saúde por meio da edição da Portaria n. 837, de 18 de abril de 2012. A PDP é uma parceria firmada entre instituições públicas e entes privados com os objetivos de obter acesso a tecnologias prioritárias, reduzir a vulnerabilidade do Sistema Único de Saúde a longo prazo e racionalizar e reduzir preços de produtos estratégicos para

---

[92] *Vide* BARBOSA, Denis Borges (org.). *Direito da Inovação:* Comentários à Lei Federal de Inovação, Incentivos Fiscais à Inovação, Legislação Estadual e Local, Poder de Compra do Estado (Modificações à Lei de Licitações). 2ª ed. Rio de Janeiro: Lumen Juris, 2011. pp. 197-236 e 250-267.

COMPLEXO INDUSTRIAL DA SAÚDE, DESENVOLVIMENTO E...

a saúde, sempre com o comprometimento expresso de internalização do desenvolvimento de novas tecnologias estratégicas e de alto valor agregado (artigo 2º da Portaria MS n. 837/2012). Com a PDP, busca-se a racionalização do poder de compra do Estado, diminuindo custos de aquisição e viabilizando a produção de novos produtos e tecnologias no país, ampliando a inovação e o acesso à saúde da população. Ou seja, a vantagem da PDP é o desenvolvimento tecnológico conjunto, não se trata, portanto, de viabilização de investimentos privados por meio da terceirização com pagamento por serviços. A PDP permite, ainda, a negociação da redução progressiva dos preços dos produtos e serviços, desenvolvendo inovações tecnológicas e substituindo importações.

Com esta nova legislação e atuando no sentido de implementar adequadamente as políticas necessárias, o Estado brasileiro, tem plenas condições de assumir efetivamente o papel de motor da inovação tecnológica no país. Para tanto, o Estado precisa utilizar também a política de compras públicas como um fator determinante no incentivo à inovação e ao mercado interno como centro dinâmico do processo de desenvolvimento.[93] O incentivo ao Complexo Industrial da Saúde, portanto, é uma das principais medidas da política industrial do país, assegurando o cumprimento do programa constitucional de 1988 em seus múltiplos aspectos: o de garantia e ampliação do acesso à saúde (artigo 196), o de proteção e incentivo ao mercado interno (artigo 219) e o de buscar a superação do subdesenvolvimento (artigo 3º).

---

[93] Sobre os desafios da reestruturação da política industrial brasileira na atualidade, rebatendo também os defensores do futuro do Brasil como sendo o grande fornecedor de alimentos e produtos primários para a economia mundial, *Vide* CASTRO, Antônio Barros de. "From Semi-Stagnation to Growth in a Sino-Centric Market". *Revista de Economia Política*. Vol. 28, n. 1, janeiro/março, pp. 9-27, 2008, e CASTRO, Antônio Barros de. "No Espelho da China" *In:* PEREIRA, Luiz Carlos Bresser (org.). *Doença Holandesa e Indústria*. Rio de Janeiro: Ed. FGV, 2010. pp. 333-338.

DEMOCRATIZAÇÃO DA ADMINISTRAÇÃO PÚBLICA

PLEBISCITO E REFERENDO SOBRE MATÉRIA ADMINISTRATIVA[*]

A importância da participação popular e da democracia participativa são reiteradamente demonstradas nos ensinamentos de Paulo Bonavides, que vê na democracia participativa a concretização da soberania popular[1]: *"Essa estrada, que conduz o povo ao pleno e eficaz e adequado exercício de sua vontade soberana, não é outra senão a democracia participativa".*[2]

E afirma categoricamente, mais adiante, Paulo Bonavides:

> "O substantivo da democracia é, portanto, a participação. Quem diz democracia diz, do mesmo passo, máxima presença do povo no governo, porque, sem participação popular, democracia é

---

[*] Este texto foi publicado no livro MARQUES Neto, Floriano de Azevedo; ALMEIDA, Fernando Dias Menezes de; NOHARA, Irene Patrícia; MARRARA, Thiago (orgs.). *Direito e Administração Pública:* Estudos em Homenagem a Maria Sylvia Zanella Di Pietro. São Paulo: Atlas, 2013. pp. 19-32 e, com modificações, na *Revista Trimestral de Direito Público* n. 49/50, 2008, pp. 208-221.

[2] BONAVIDES, Paulo. *Teoria Constitucional da Democracia Participativa:* por um Direito Constitucional de Luta e Resistência, Por uma Nova Hermenêutica, Por uma Repolitização da Legitimidade. 2ª ed. São Paulo: Malheiros, 2003. pp. 10-11, 40-43, 60, 283-285, 343 e ss, entre outras.

[2] BONAVIDES, Paulo. *Teoria Constitucional da Democracia Participativa:* por um Direito Constitucional de Luta e Resistência, Por uma Nova Hermenêutica, Por uma Repolitização da Legitimidade. 2ª ed. São Paulo: Malheiros, 2003. p. 2.

GILBERTO BERCOVICI

quimera, é utopia, é ilusão, é retórica, é promessa sem arrimo na realidade, sem raiz na história, sem sentido na doutrina, sem conteúdo nas leis".[3]

Este é o mesmo posicionamento de Fábio Konder Comparato:

"O princípio da participação implica, pois, a realização mais concreta da soberania popular. Soberano é o povo, não apenas periodicamente, quando os cidadãos se deslocam para manifestar o seu voto, mas também e sobretudo quando eles exercem diretamente funções públicas no interesse coletivo. Protetor das liberdades é o Poder Público que interfere na vida econômica privada, corrigindo desvios ou impedindo que a concentração de poder em mãos de particulares se faça em detrimento do bem comum; quando exerce efetivamente as funções de serviço público, de educação e saúde, por exemplo, que a iniciativa privada negligencia. O Estado aí não apenas pode, mas tem o dever constitucional de agir, sem que isso represente invasão do território particular, apropriado pelos indivíduos ou classes na sociedade civil. Se se deve tomar a sério a ideia de que todo poder emana do povo e em seu nome é exercido, qualquer do povo tem o direito de exercer diretamente funções públicas, sem ser funcionário ou agente público".[4]

Portanto, no Estado Democrático de Direito, como o consagrado pela Constituição de 1988, nenhum poder e nenhuma função estatal estão imunes à participação popular, muito menos a Administração Pública.[5]

---

[3] BONAVIDES, Paulo. *Teoria Constitucional da Democracia Participativa:* por um Direito Constitucional de Luta e Resistência, Por uma Nova Hermenêutica, Por uma Repolitização da Legitimidade. 2ª ed. São Paulo: Malheiros, 2003. p. 283.

[4] COMPARATO, Fábio Konder. *Para Viver a Democracia*. São Paulo: Brasiliense, 1989. p. 127. No mesmo sentido defendido por Paulo Bonavides e Fábio Konder Comparato, vide BERCOVICI, Gilberto. "O Impasse da Democracia Representativa" *In:* ROCHA, Fernando Luiz Ximenes; MORAES, Filomeno (coords.). *Direito Constitucional Contemporâneo:* Estudos em Homenagem ao Professor Paulo Bonavides. Belo Horizonte: Del Rey, 2005. pp. 296-303.

[5] Cf. PEREZ, Marcos Augusto. *A Administração Pública Democrática:* Institutos de Participação Popular na Administração Pública. Belo Horizonte: Fórum, 2004. pp. 36 e 62-66.

PLEBISCITO E REFERENDO SOBRE MATÉRIA ADMINISTRATIVA

A doutrina brasileira do direito administrativo, em sua maioria, defende a participação popular na função administrativa, entendendo esta participação não só legítima, mas também útil e eficiente, pois decorre diretamente da estrutura constitucional que consagra o Estado de Direito e a democracia.[6] De acordo com Maria Sylvia Zanella Di Pietro: *"É esse, provavelmente, o mais eficaz meio de controle da Administração Pública: o controle popular"*.[7]

No mesmo sentido, afirma Diogo de Figueiredo Moreira Neto:

> "[...] a eficiência consiste não apenas em adotar a melhor solução, em termos de custos e de tempo, de abrangência e de qualidade, como também a mais *legítima*, por ser a que melhor corresponde aos interesses dos administrados. É, assim, a *legitimidade*, e a sua busca incessante, não só na escolha dos mandatários e não só da opção legislativa como, casuisticamente, na tomada de decisão administrativa, o grande desafio do Direito Público neste final de século".[8]

A utilização do plebiscito e do referendo[9] para atos e decisões administrativas é fundamental para temas que necessitam de nítido respaldo popular, como a possibilidade de a Administração Pública tomar decisões

---

[6] DALLARI, Adilson de Abreu. "Município e Participação Popular". *Revista de Direito Público* n. 57-58, janeiro/junho, pp. 211-221, 1981; MOREIRA Neto, Diogo de Figueiredo. *Direito da Participação Política:* Legislativa – Administrativa – Judicial (Fundamentos e Técnicas Constitucionais da Democracia). Rio de Janeiro: Renovar, 1992. pp. 87-90, 110-114 e 123-125; DI PIETRO, Maria Sylvia Zanella. "Participação Popular na Administração Pública". *Revista Trimestral de Direito Público* n. 1, 1993. pp. 127 e 133-139; TÁCITO, Caio. "Direito Administrativo Participativo". *Revista de Direito Administrativo* n. 209, julho/setembro, pp. 2-6, 1997 e PEREZ, Marcos Augusto. *A Administração Pública Democrática*: Institutos de Participação Popular na Administração Pública. Belo Horizonte: Fórum, 2004. pp. 71-74, 80-85 e 204.

[7] DI PIETRO, Maria Sylvia Zanella. *Direito Administrativo*. 20ª ed. São Paulo: Atlas, 2007. p. 671.

[8] MOREIRA Neto, Diogo de Figueiredo. *Direito da Participação Política:* Legislativa – Administrativa – Judicial (Fundamentos e Técnicas Constitucionais da Democracia). Rio de Janeiro: Renovar, 1992. p. 88, grifos do autor. No mesmo sentido, *vide*, ainda, PEREZ, Marcos Augusto. *A Administração Pública Democrática*: Institutos de Participação Popular na Administração Pública. Belo Horizonte: Fórum, 2004. pp. 53-54.

[9] O referendo é convocado sempre depois da adoção ou edição de atos normativos (constitucionais, legislativos ou administrativos), servindo para confirmar ou rejeitar

GILBERTO BERCOVICI

que afetem consideravelmente a qualidade de vida da sociedade[10]. A matéria que pode ser submetida a plebiscito ou referendo depende também do âmbito territorial da consulta. Os Municípios, inclusive, devem tornar concretas as disposições constitucionais e legais sobre a "gestão democrática da cidade" (artigo 182 da Constituição de 1988, artigo 43 da Lei n. 10.257, de 10 de julho de 2001, o "Estatuto da Cidade").[11] No plano municipal, questões de interesse local, como obras e serviços públicos, podem e devem ser submetidas sem qualquer restrição à deliberação popular, afinal, o eleitorado no nível municipal tem todas as condições para conhecer, participar e decidir sobre estas questões.[12] Nas palavras de Maria Victoria Benevides:

> "No plano regional e municipal, é claro que a população pode e deve discutir – com pormenores até sobre aspectos técnicos – questões de interesse local. No plano nacional, o povo deve ser chamado a se pronunciar diretamente em questões de elevado interesse ético, como anistia ou indulto de responsáveis por crimes políticos ou contra a economia popular, ou, ainda, sobre a responsabilidade de servidores públicos. No plano local, o povo está capacitado para decidir, entre diversas opções, em questões referentes à vida urbana e à prestação de serviços públicos".[13]

---

atos normativos (*lato sensu*) em vigor. O plebiscito, por sua vez, é uma consulta sobre medidas futuras. *Vide*, por todos, BENEVIDES, Maria Victoria de Mesquita. *A Cidadania Ativa:* Referendo, Plebiscito e Iniciativa Popular. São Paulo: Ática, 1991. pp. 39-41 e 132-133. Esta distinção, consagrada doutrinariamente, foi adotada também pelo artigo 2º da Lei n. 9.709, de 18 de novembro de 1998.

[10] MOREIRA Neto, Diogo de Figueiredo. *Direito da Participação Política:* Legislativa – Administrativa – Judicial (Fundamentos e Técnicas Constitucionais da Democracia). Rio de Janeiro: Renovar, 1992. p. 112.

[11] Sobre a "gestão democrática da cidade", *vide* as considerações de BUCCI, Maria Paula Dallari. "Gestão Democrática da Cidade (arts. 43 a 45)" *In:* DALLARI, Adilson Abreu; FERRAZ, Sérgio (coords.). *Estatuto da Cidade:* Comentários à Lei Federal 10.257/2001. Reimpr., São Paulo: Malheiros, 2003. pp. 322-327.

[12] BENEVIDES, Maria Victoria de Mesquita. *A Cidadania Ativa:* Referendo, Plebiscito e Iniciativa Popular. São Paulo: Ática, 1991. pp. 139-140. *Vide* também MAGALHÃES, José Luiz Quadros de. *Poder Municipal:* Paradigmas para o Estado Constitucional Brasileiro. 2ª ed. Belo Horizonte: Del Rey, 1999. pp. 130-134.

[13] BENEVIDES, Maria Victoria de Mesquita. *A Cidadania Ativa:* Referendo, Plebiscito e Iniciativa Popular. São Paulo: Ática, 1991. p. 85.

PLEBISCITO E REFERENDO SOBRE MATÉRIA ADMINISTRATIVA

E, neste mesmo sentido, afirma Paulo Bonavides:

"O município, ente político e autônomo da comunhão federativa, é o espaço constitucional mais adequado, em termos de observação e experiência, ao emprego das técnicas plebiscitárias da democracia participativa. Introduzir, portanto, com extrema freqüência e máxima intensidade os sufrágios plebiscitários na esfera municipal – onde se acham, conforme tantas vezes já assinalamos, as células dos corpos autônomos das federações – é, no caso brasileiro, fortalecer o constitucionalismo da Carta de 1988".[14]

A possibilidade de plebiscitos ou referendos versando sobre atos administrativos sequer é novidade no direito comparado. Vários Estados norte-americanos e cantões suíços utilizam os plebiscitos e referendos e inúmeros municípios nestes países adotam referendos e plebiscitos municipais sobre atos administrativos.[15] E ninguém pode afirmar que o referendo, o plebiscito ou os demais mecanismos de participação popular, ameaça a estabilidade das relações jurídicas ou o regime democrático na Suíça ou nos Estados Unidos. Portanto, não há razão para se estranhar que a possibilidade de plebiscitos e referendos na esfera administrativa tenha sido também, corretamente, adotada pela Lei n. 9.709/1998, que prevê em seu artigo 2º que o âmbito de matérias submetidas ao povo para deliberação, por

---

[14] BONAVIDES, Paulo. *Teoria Constitucional da Democracia Participativa:* por um Direito Constitucional de Luta e Resistência, Por uma Nova Hermenêutica, Por uma Repolitização da Legitimidade. 2ª ed. São Paulo: Malheiros, 2003. p. 289.

[15] Sobre as experiências estrangeiras de plebiscito e referendo, com ênfase nas experiências municipais, inclusive sobre atos administrativos, *vide* FRAENKEL, Ernst. *Die repräsentative und die plebiszitäre Komponente im demokratischen Verfassungsstaat in Gesammelte Schriften.* Baden-Baden: Nomos Verlagsgesellschaft, 2007. Vol. 5, pp. 182-185; BENEVIDES, Maria Victoria de Mesquita. *A Cidadania Ativa:* Referendo, Plebiscito e Iniciativa Popular. São Paulo: Ática, 1991. p. 139; PEREZ, Marcos Augusto. *A Administração Pública Democrática:* Institutos de Participação Popular na Administração Pública. Belo Horizonte: Fórum, 2004. pp. 109-115 e KRAUSE, Peter. "Verfassungsrechtliche Möglichkeiten unmittelbarer Demokratie" *In:* ISENSEE, Josef; KIRCHHOF, Paul (orgs.). *Handbuch des Staatsrechts der Bundesrepublik Deutschland.* 3ª ed. Heidelberg: C. F. Müller Verlag, 2005 Vol. 3, pp. 79-80.

GILBERTO BERCOVICI

plebiscito ou referendo, inclui matérias de natureza constitucional, legislativa ou administrativa.

Um dos argumentos levantados para inviabilizar a utilização do plebiscito ou referendo sobre atos administrativos é o da "violação do princípio da separação dos poderes".[16] A visão defendida pelos opositores da democracia participativa é, inclusive, mais ortodoxa que a do próprio Montesquieu, que, no célebre capítulo VI do Livro XI do livro *De L'Esprit des Lois* (1748), Montesquieu teria consagrado a "separação de poderes".[17] Na realidade, Montesquieu jamais afirmou que os poderes são separados de forma estanque. Esta interpretação, chamada por Charles Eisenmann, de *"interprétation séparatiste"*[18], ignorou a intenção de Montesquieu que, dentro da tradição do chamado "governo misto"[19],

---

[16] Devo ressaltar, inclusive, que a "separação de poderes", na realidade, não é um princípio, no sentido de um "mandamento de otimização", como defende a teoria de Robert Alexy. A distinção, hoje amplamente divulgada, entre regras/princípios, segundo Möllers, não é adequada para os dispositivos constitucionais de natureza organizatória ou procedimental. Cf. MÖLLERS, Christoph. *Gewaltengliederung: Legitimation und Dogmatik im nationalen und internationalen Rechtsvergleich.* Tübingen: J. C. B. Mohr (Paul Siebeck), 2005. p. 6.

[17] MONTESQUIEU. *De L'Esprit des Lois in Oeuvres Complètes.* Reimpr. Paris: Éditions du Seuil, 1990. Livro XI, Cap. VI.

[18] EISENMANN, Charles."La Pensée Constitutionnelle de Montesquieu" In: *Cahiers de Philosophie Politique* n. 2-3: *Montesquieu.* Bruxelas: Éditions Ousia, 1985. pp. 38-50. *Vide* também TROPER, Michel. *La Séparation des Pouvoirs et l'Histoire Constitutionnelle Française.* Paris: L.G.D.J., 1980. pp. 109-120. Na doutrina brasileira, *vide* as posições críticas ao dogma da "separação de poderes" de COMPARATO, Fábio Konder. *Para Viver a Democracia.* São Paulo: Brasiliense, 1989. pp. 78-79 e 84-107; de GRAU, Eros Roberto. "Crítica da 'Separação dos Poderes': As Funções Estatais, os Regulamentos e a Legalidade no Direito Brasileiro, as 'Leis-Medida'" In: *O Direito Posto e o Direito Pressuposto.* 5ª ed. São Paulo: Malheiros, 2003. pp. 229-235 e de MORAES Filho, José Filomeno de. "Separação de Poderes no Brasil Pós-88: Princípio Constitucional e Práxis Política" In: SOUZA Neto, Cláudio Pereira de; BERCOVICI, Gilberto; MORAES Filho, José Filomeno de; LIMA, Martonio Mont'Alverne Barreto. *Teoria da Constituição:* Estudos sobre o Lugar da Política no Direito Constitucional. Rio de Janeiro: Lumen Juris, 2003. pp. 158-166.

[19] Sobre a tradição do "governo misto" e da "constituição mista", provenientes de Políbio e recorrentes na formação do constitucionalismo ocidental, especialmente na tradição inglesa, *vide*, por todos, POCOCK, J. G. A. *The Machiavellian Moment:* Florentine Political Thought and the Atlantic Republican Tradition. Princeton: Princeton University Press,

PLEBISCITO E REFERENDO SOBRE MATÉRIA ADMINISTRATIVA

buscava a instituição de um governo moderado, controlado. A separação de Montesquieu diz respeito à não confusão, à não identidade entre os componentes das várias funções estatais, não tem nada a ver com separação total e absoluta. Pelo contrário, Montesquieu exige que um poder controle o outro. O controle recíproco é essencial em seu sistema, para evitar o abuso de qualquer um dos poderes sobre os outros.

Os próprios norte-americanos entenderam que a "separação dos poderes" não exigiria que os poderes legislativo, executivo e judiciário fossem inteiramente desvinculados uns dos outros. Na realidade, o essencial era, inclusive, a sua vinculação e interpenetração, realizadas de maneira que cada um dos poderes obtivesse o controle constitucional sobre os demais. A mera declaração escrita dos limites dos vários poderes não era suficiente[20]. O mecanismo encontrado na Constituição norte-americana foi, ao invés da separação total e absoluta dos poderes, a introdução do sistema de *freios e contrapesos* (*checks and balances*).

No mesmo sentido, o célebre artigo 16 da Declaração dos Direitos do Homem e do Cidadão, de 26 de agosto de 1789[21], não propõe um modelo ideal para toda e qualquer Constituição, como muitos chegaram a interpretar. Pelo contrário, trata-se de uma afirmação de que a França, naquele momento, estava sem Constituição, pois o poder todo estava concentrado nas mãos do Rei e, portanto, competia à Assembleia Nacional elaborar uma Constituição para os franceses em que se garantissem os direitos individuais e a separação de poderes, novamente, no sentido de não concentração de todas as funções estatais nas mãos de uma mesma pessoa.[22]

1975. especialmente capítulos IX e XI, pp. 272-273, 277, 286, 297-300, 304-308, 315-316, 323-328, 364-371, 382 e 395.

[20] HAMILTON, Alexander; MADISON, James; JAY, John. *The Federalist Papers*. London/New York: Penguin Books, 1987. Artigo n. 48.

[21] "Artigo 16: Toute société dans laquelle la garantie des droits n'est pas assurée, ni la séparation des pouvoirs déterminée, n'a point de constitution".

[22] *Vide* TROPER, Michel. *La Séparation des Pouvoirs et l'Histoire Constitutionnelle Française*. Paris: L.G.D.J., 1980. pp. 157-160 e RIALS, Stéphane. *La Déclaration des Droits de l'Homme et du Citoyen*. Paris: Hachette, 1988. pp. 252-254.

GILBERTO BERCOVICI

Não bastasse isto, a realização de plebiscito ou referendo sobre ato administrativo não fere a "separação de poderes". Não a viola porque aqui se trata de esferas distintas da organização política. A unidade política do Estado, manifesta na concepção de soberania, não impede a divisão vertical (federalismo) ou horizontal (organização dos poderes) de seu exercício.[23] Em outras palavras, o poder estatal tem por fundamento a soberania popular, conforme o artigo 1º da Constituição de 1988. A participação popular não desvirtua a "separação de poderes", pois é decorrência direta do pressuposto de legitimidade do poder estatal.[24] A "separação de poderes" diz respeito à estrutura da organização estatal, da relação dos poderes constituídos do Estado entre si. O plebiscito e o referendo, assim como os demais mecanismos da democracia participativa, diz respeito à relação entre governantes e governados na democracia, cujo pressuposto é a soberania do povo.

Os defensores da limitação dos mecanismos de participação popular direta estão confundindo a posição institucional do Poder Legislativo e do Poder Executivo no regime constitucional. Falta, pelo visto, relembrar a velha e célebre distinção difundida por Sieyès, ainda em 1789, entre *pouvoir constituant* e *pouvoirs constitués*.[25] A argumentação dos opositores da democracia participativa confunde a posição constitucional dos Poderes do Estado. De poderes constituídos, que efetivamente são, portanto, submetidos aos limites da Constituição e da lei, passariam a verdadeiros soberanos, sem nenhuma espécie de controle. Afinal, o soberano é absoluto, o que significa incontrolável, não necessariamente totalitário ou autoritário.[26]

Como defende Paulo Bonavides, a legitimidade precisa ser repolitizada, a soberania popular deve ser efetiva.[27] E, em uma democracia,

---

[23] BEAUD, Olivier. *La Puissance de l'État*. Paris: PUF, 1994. pp. 15-17.

[24] *Vide* PEREZ, Marcos Augusto. *A Administração Pública Democrática*: Institutos de Participação Popular na Administração Pública. Belo Horizonte: Fórum, 2004. pp. 139-141.

[25] SIEYÈS, Emmanuel-Joseph. *Qu'est-ce que le Tiers Etat?*. 2ª ed. Paris: PUF, 1989, capítulo V.

[26] Sobre esta concepção, *Vide* BEAUD, Olivier. "Le Souverain". *Pouvoirs* n. 67, 1993. p. 36.

[27] BONAVIDES, Paulo. "A Despolitização da Legitimidade" *In: A Constituição Aberta*: Temas Políticos e Constitucionais da Atualidade, com ênfase no Federalismo das

PLEBISCITO E REFERENDO SOBRE MATÉRIA ADMINISTRATIVA

o ponto fundamental é entender o povo como o sujeito da soberania.[28] A soberania popular não é uma mera fórmula gravada nas Constituições democráticas. Aliás, este era, também, um dos equívocos da doutrina constitucionalista de Weimar na opinião de Hermann Heller: a atribuição de nenhuma ou pouca importância ao princípio constitucional de que todo o poder do Estado emana do povo. Afinal, a Constituição só pode ser compreendida a partir deste princípio da soberania popular. Para Heller, a Teoria do Estado deve ser orientada para a democracia, buscando a integração da pluralidade do povo na unidade do Estado. Com a supremacia do povo como unidade sobre o povo como pluralidade, está excluída qualquer possibilidade de soberania dos órgãos estatais e, ao mesmo tempo, se identifica a soberania do Estado com a soberania do povo[29], ou seja, há uma completa identificação entre soberania estatal e soberania popular.[30]

O emprego do plebiscito ou referendo para que o povo decida sobre atos da Administração Pública não é usurpação de funções ou de

---

Regiões. 2ª ed. São Paulo: Malheiros, 1996. pp. 33-51 e BONAVIDES, Paulo. *Teoria Constitucional da Democracia Participativa:* por um Direito Constitucional de Luta e Resistência, Por uma Nova Hermenêutica, Por uma Repolitização da Legitimidade. 2ª ed. São Paulo: Malheiros, 2003. pp. 11, 18-21 e, especialmente, 25-65.

[28] *Vide* HELLER, Hermann. *Die Souveränität:* Ein Beitrag zur Theorie des Staats- und Völkerrechts in Gesammelte Schriften. 2ª ed. Tübingen: J.C.B. Mohr (Paul Siebeck), 1992. Vol. 2, pp. 95-99. *Vide* também BEAUD, Olivier. *La Puissance de l'État.* Paris: PUF, 1994. pp. 24-25 e 201.

[29] Para o entendimento positivista da soberania popular na constituição de Weimar, *vide* o comentário ao artigo 1º feito por ANSCHÜTZ, Gerhard. *Die Verfassung des Deutschen Reichs vom 11. August 1919.* Reimpr. 14ª ed. Aalen: Scientia Verlag, 1987. pp. 32-33 e 38-42. Para a crítica de Heller à interpretação positivista tradicional da soberania popular no texto constitucional de Weimar, *Vide* HELLER, Hermann. *Die Souveränität:* Ein Beitrag zur Theorie des Staats- und Völkerrechts in Gesammelte Schriften. 2ª ed. Tübingen: J.C.B. Mohr (Paul Siebeck), 1992. Vol. 2, pp. 97-99. Sobre este debate, *Vide* BERCOVICI, Gilberto. *Constituição e Estado de Exceção Permanente:* Atualidade de Weimar. Rio de Janeiro: Azougue Editorial, 2004. pp. 119-122. Contra a redução da soberania a mero princípio constitucional, colocado, portanto, à disposição de parlamentares e juízes, *vide*, ainda, a argumentação de BEAUD, Olivier. *La Puissance de l'État.* Paris: PUF, 1994. pp. 469-476, 479-482 e 490-491.

[30] *"Staats und Volkssouveränität sind identifiziert" In*: HELLER, Hermann. *Die Souveränität:* Ein Beitrag zur Theorie des Staats- und Völkerrechts in Gesammelte Schriften. 2ª ed. Tübingen: J.C.B. Mohr (Paul Siebeck), 1992. Vol. 2, p. 99.

GILBERTO BERCOVICI

competências entre poderes constituídos. O povo não é um poder do Estado, controlado e limitado pelos demais Poderes. O povo não é um elemento ou órgão do Estado, como definia a Teoria Geral do Estado do século XIX.[31] O povo é o soberano no Estado Democrático de Direito. A questão dos instrumentos de democracia participativa, portanto, diz respeito à questão sobre quem é o soberano no Estado Democrático de Direito, da relação entre poder constituinte e poderes constituídos. A limitação destes instrumentos nada mais é, como afirmou Maria Victoria de Mesquita Benevides, de uma tentativa de bloqueio da participação popular pelos poderes constituídos.[32]

O plebiscito e o referendo nada mais são que uma das formas de manifestação da soberania popular e da vontade constituinte do povo perante os Poderes constituídos. Não se pode fechar os olhos para a realidade constitucional, absolutizando as soluções constitucionais históricas do liberalismo como atemporais.[33] As Constituições são obra do povo, não criaturas de poderes misteriosos, metafísicos. O poder constituinte refere-se ao povo real, não ao idealismo jusnaturalista ou à norma fundamental pressuposta, pois diz respeito à força e autoridade do povo para estabelecer a Constituição com pretensão normativa, para mantê-la e revogá-la. O poder constituinte não se limita a estabelecer a Constituição, mas tem existência permanente, pois dele deriva a própria força normativa da Constituição.[34] Deste modo, a oposição aos

---

[31] *Vide* JELLINEK, Georg. *Allgemeine Staatslehre*. Reimpr. da 3ª ed. Darmstadt: Wissenschaftliche Buchgesellschaft, 1960. pp. 406-427. Para uma crítica desta visão, *Vide* TOSATO, Egidio. "Sovranità del Popolo e Sovranità dello Stato", *Rivista Trimestrale di Diritto Pubblico* 1957 n. 1, janeiro/março, pp. 8-37, 1957. *Vide*, ainda, BERCOVICI, Gilberto. *Soberania e Constituição:* Para uma Crítica do Constitucionalismo. 2ª ed. São Paulo: Quartier Latin, 2013. pp. 242-282.

[32] BENEVIDES, Maria Victoria de Mesquita. *A Cidadania Ativa*: Institutos de Participação Popular na Administração Pública. Belo Horizonte: Fórum, 2004. pp. 164-169.

[33] SOARES, Rogério Guilherme Ehrhardt. *Direito Público e Sociedade Técnica*. Coimbra: Atlântida Editorial, 1969. p. 27.

[34] Cf. BÖCKENFÖRDE, Ernst-Wolfgang. "Demokratie als Verfassungsprinzip" *In: Staat, Verfassung, Demokratie*: Studien zur Verfassungstheorie und zum Verfassungsrecht. 2ª ed. Frankfurt-am-Main: Suhrkamp, 1992. pp. 293-295, 297-301 e 311-315 e MÜLLER, Friedrich. *Wer ist das Volk? Die Grundfrage der Demokratie:* Elemente einer

PLEBISCITO E REFERENDO SOBRE MATÉRIA ADMINISTRATIVA

instrumentos de participação direta do povo nas decisões políticas com o argumento falacioso da "violação ao princípio da separação de poderes", em suma, parece dar razão à afirmação de Victor Nunes Leal:

> "Aí está, portanto, explicado o verdadeiro sentido sociológico da divisão de poderes. Era um sistema concebido menos para impedir as usurpações do executivo do que para obstar as reivindicações das massas populares (ainda em embrião, mas já carregadas de ameaça)".[35]

O plebiscito e o referendo administrativos, possíveis constitucionalmente e previstos na Lei n. 9.709/1998, nas palavras de Marcos Augusto Perez, são um "procedimento decisório aberto à participação dos administrados", ou seja, os Estados e Municípios podem utilizá-los, desde que a matéria levada para a decisão popular esteja no âmbito de suas competências. A competência exclusiva do Congresso Nacional de autorizar referendo e convocar plebiscito (artigo 49, XV da Constituição) diz respeito aos referendos e plebiscitos de âmbito nacional, não estadual ou municipal.[36]

Os entes da Federação têm autonomia para elaborar sua própria legislação sobre os instrumentos de participação popular nas decisões políticas de sua esfera de competências. Inclusive, vários Estados e Municípios elaboraram suas leis sobre instrumentos de participação popular

---

Verfassungstheorie VI. Berlin: Duncker & Humblot, 1997. pp. 59-62. Sobre a permanência do poder constituinte do povo, *Vide*, ainda, FAORO, Raymundo. *Assembleia Constituinte:* A Legitimidade Recuperada. 5ª ed. São Paulo: Brasiliense, 1986, pp. 90 e 95; SALDANHA, Nelson. *O Poder Constituinte*. São Paulo: RT, 1986, pp. 83-86; BONAVIDES, Paulo. *Curso de Direito Constitucional*. 7ª ed. São Paulo: Malheiros, 1998. pp. 162-164; BEAUD, Olivier. *La Puissance de l'État*. Paris: PUF, 1994. pp. 404-434 e BERCOVICI, Gilberto. *Soberania e Constituição:* Para uma Crítica do Constitucionalismo. 2ª ed. São Paulo: Quartier Latin, 2013. Capítulo 1.

[35] LEAL, Victor Nunes. "A Divisão dos Poderes no Quadro Político da Burguesia" *In:* INSTITUTO DE DIREITO PÚBLICO E CIÊNCIA POLÍTICA. *Cinco Estudos:* A Federação – A Divisão de Poderes (2 estudos) – Os Partidos Políticos – A Intervenção do Estado. Rio de Janeiro: Fundação Getúlio Vargas, 1955. p. 108.

[36] PEREZ, Marcos Augusto. *A Administração Pública Democrática*: Institutos de Participação Popular na Administração Pública. Belo Horizonte: Fórum, 2004. pp. 154-157 e 206-207.

GILBERTO BERCOVICI

antes da promulgação da Lei n. 9.709/1998. E a Lei n. 9.709/1998 estabelece, ao mesmo tempo, dispositivos nacionais e dispositivos federais sobre a participação popular.[37] Neste sentido, em estudo clássico sobre o assunto, Geraldo Ataliba já afirmava que as leis nacionais têm em comum com as leis federais apenas o mesmo legislador, o Congresso Nacional. A lei federal diz respeito às competências da União, dirige-se à Administração Pública ou aos órgãos governamentais federais. A lei nacional abrange todos os brasileiros, sem distinção, transcendendo às esferas de divisão federativa de competências.[38] De acordo com Tercio Sampaio Ferraz Jr, a expressão "normas gerais" exige que seu conteúdo seja analisado de maneira teleológica. As "normas gerais" devem se reportar ao interesse fundamental da ordem federativa. Como a Federação brasileira tem por fundamento a solidariedade, que exige a colaboração de todos os seus integrantes, existe a necessidade de uniformização de certos interesses como base desta cooperação. Desta maneira, toda matéria que ultrapassar o interesse particular de um ente federado porque é comum, ou seja, interessa a todos, ou envolver conceituações que, se fossem particularizadas num âmbito subnacional, gerariam conflitos ou dificuldades nacionalmente, é matéria de "norma geral".[39]

---

[37] Este argumento da existência da Lei n. 9.709/1998, inclusive, foi utilizado, equivocadamente, para o veto presidencial ao inciso V do artigo 43 da Lei n. 10.257/2001, que previa como instrumentos da gestão democrática da cidade o referendo popular e o plebiscito. Para a Presidência da República de então, o fato de o referendo e o plebiscito já estarem disciplinados por outra lei, justificaria o veto à sua repetição no Estatuto da Cidade por razões de "boa técnica legislativa". Como se o plebiscito e o referendo fossem as únicas matérias do "Estatuto da Cidade" já disciplinadas por outras leis... Para a transcrição das razões do veto e sua crítica, que adoto aqui, *Vide* BUCCI, Maria Paula Dallari "Gestão Democrática da Cidade (arts. 43 a 45)" *In:* DALLARI, Adilson Abreu; FERRAZ, Sérgio (coords.). *Estatuto da Cidade*: Comentários à Lei Federal 10.257/2001. Reimpr., São Paulo: Malheiros, 2003. p. 338.

[38] ATALIBA, Geraldo. "Normas Gerais de Direito Financeiro e Tributário e Autonomia dos Estados e Municípios: Limites à Norma Geral – Código Tributário Nacional". *Revista de Direito Público* n. 10, outubro/dezembro, pp. 49-51, de 1969. Ainda sobra a questão da norma geral como norma nacional, *Vide* as considerações de BORGES Netto, André Luiz. *Competências Legislativas dos Estados-Membros*. São Paulo: RT, 1999. pp. 136-143.

[39] Cf. FERRAZ Jr, Tercio Sampaio. "Normas Gerais e Competência Concorrente – Uma Exegese do Art. 24 da Constituição Federal". *Revista Trimestral de Direito Público*

PLEBISCITO E REFERENDO SOBRE MATÉRIA ADMINISTRATIVA

Ou seja, a Lei n. 9.709/1998 contém disposições que se aplicam nacionalmente, para todos os entes políticos integrantes da Federação brasileira, e disposições que se aplicam apenas para a realização de referendo, plebiscito e iniciativa legislativa popular no âmbito da esfera federal. Há determinações que valem para todo o país, devendo ser seguidas por todas as legislações estaduais e municipais e há determinações que só se aplicam aos plebiscitos e referendos nacionais e para a iniciativa legislativa popular junto ao Congresso Nacional. Por exemplo, as definições sobre plebiscito e referendo (artigos 1º e 2º da Lei n. 9.709/1998) são nacionais, bem como as disposições relativas à realização de plebiscitos destinados à criação, incorporação, fusão ou desmembramento de Estados e Municípios (artigos 4º a 7º da Lei n. 9.709/1998). Todas as demais disposições da Lei n. 9.709/1998 são federais, não nacionais, inclusive o prazo estipulado de 30 dias para a realização de referendo (artigo 11 da Lei n. 9.709/1998). É a própria Lei n. 9.709/1998, em seu artigo 6º, que confirma este entendimento:

> "Artigo 6º Nas demais questões, de competência dos Estados, do Distrito Federal e dos Municípios, o plebiscito e o referendo serão convocados em conformidade, respectivamente, com a Constituição Estadual e com a Lei Orgânica".

Portanto, os Estados e Municípios podem elaborar sua própria legislação sobre os instrumentos de democracia participativa, em conformidade com suas Constituições Estaduais e Leis Orgânicas Municipais, desde que respeitados os conteúdos de "norma geral" da Lei n. 9.709/1998, o que, certamente, não inclui questões de prazo, sob pena de violação da autonomia dos entes da Federação.

Todos os argumentos levantados contra a possibilidade de ser realizado plebiscito ou referendo sobre ato administrativo estão, conforme

---

n. 7, 1994, pp. 18-19. Para uma crítica à doutrina publicista brasileira neste assunto, *Vide* KRELL, Andreas Joachim. "A Constitucionalidade da Regulamentação da Lei de Consórcios Públicos (n. 11.107/05) por Decreto Presidencial". *Revista de Direito do Estado* n. 5, janeiro/março, pp. 353-355 e 362-367, 2007.

GILBERTO BERCOVICI

busquei demonstrar acima, eivados de desconfiança contra a capacidade do povo decidir diretamente sobre as questões político-administrativas, que são de seu interesse tanto ou mais do que do interesse dos governantes ou representantes políticos. Para os opositores da efetivação da democracia participativa, o Estado Democrático de Direito serve para tutelar a propriedade privada em detrimento do interesse público e da soberania popular. Suas críticas à democracia participativa podem ser resumidas a uma frase só, carregada de preconceitos de classe: "o povo não sabe votar".[40]

Esquecem-se de que a República Federativa do Brasil é um Estado Democrático de Direito fundado na soberania do povo, que, além de fonte do poder, o exerce por meio de representantes eleitos, ou diretamente, nos termos da Constituição de 1988. Neste sentido, não há cabimento algum em se utilizar contra os institutos da participação popular uma decisão do Supremo Tribunal Federal de 1983, proferida na Representação n. 1131/RS, julgada em 1º de julho de 1983 (publicada no D. J. de 02 de setembro de 1983), cujo relator foi o Ministro Décio Miranda:

> "EMENTA: Constitucional. Plebiscito. Referendo popular instituído sob o título de "Consulta Referendária" à população do Estado, através dos eleitores inscritos, e destinado à aprovação ou rejeição de atos, autorizações ou concessões do Poder Executivo, bem como de matéria legislativa sancionada ou vetada (Emenda Constitucional n. 21, de 22.10.1981, do Estado do Rio Grande do Sul). Inconstitucionalidade desse instituto, lesivo ao princípio da independência e harmonia entre os poderes do Estado-membro, e assim feridos, na Constituição Federal, os arts. 6º e 13, este último nos seus incisos I e III, e o primeiro combinado com o art. 10, VII, letra 'c'".

Esta decisão foi tomada *antes* da Constituição de 1988, sob os estertores da Carta de 1969, imposta, com base nos Atos Institucionais n. 5 e n. 16, pela Junta Militar sob o formato de "Emenda n. 1, de 17 de outubro de 1969". Uma carta com tal origem não tinha, obviamente,

---

[40] Para a crítica a essa visão elitista da democracia, *Vide* BENEVIDES, Maria Victoria de Mesquita. *A Cidadania Ativa:* Referendo, Plebiscito e Iniciativa Popular. São Paulo: Ática, 1991. pp. 80-110.

PLEBISCITO E REFERENDO SOBRE MATÉRIA ADMINISTRATIVA

qualquer preocupação em implementar a democracia participativa, quanto mais com a própria "separação de poderes".[41]

Infelizmente, a comprovação de que este pensamento autoritário e patrimonialista, de utilização das instituições públicas para fins privados, ainda prevalece entre nós é a reação orquestrada dos meios de comunicação de massa no Brasil e de parcela da opinião pública a qualquer referência à possibilidade de ampliação da participação popular por meio de plebiscitos e referendos, sempre tachada de autoritária, "bonapartista", "chavista", etc. Não bastasse isto, até mesmo os partidos políticos, instrumentos constitucionais da soberania popular, são utilizados contra o direito de decisão política do povo e a favor da proteção de interesses privados, nem sempre declarados. Um exemplo recente desta instrumentalização dos partidos políticos contra a ampliação da democracia participativa no país é a contestação da Lei n. 9.709/1998 no Supremo Tribunal Federal, após anos de vigência, por meio da ADI n. 3908, cujo relator é o Ministro Joaquim Barbosa. E o fato irônico é que esta contestação é patrocinada pelo partido político do Presidente da República que sancionou a lei.

Esta atitude viola a própria essência do partido político em uma democracia. Afinal, uma das grandes novidades que surgiram com a democracia de massas foi o papel crescente dos partidos políticos, o que justifica determinados teóricos, como Gerhard Leibholz, começarem a tratar do "Estado de partidos", cujo pressuposto é justamente a pluralidade de partidos dentro da totalidade estatal, não o monopólio de um partido único. O "Estado de partidos" é um fenômeno da democracia: apenas o partido de massa pode agir politicamente pelo povo.[42] Segundo

---

[41] Sobre a centralização de poderes e competências no Executivo sob o regime da Carta de 1969, *vide* MORAES Filho, José Filomeno de. "Separação de Poderes no Brasil Pós-88: Princípio Constitucional e Práxis Política" *In:* SOUZA Neto, Cláudio Pereira de; BERCOVICI, Gilberto; MORAES Filho, José Filomeno de; LIMA, Martonio Mont'Alverne Barreto. *Teoria da Constituição:* Estudos sobre o Lugar da Política no Direito Constitucional. Rio de Janeiro: Lumen Juris, 2003. pp. 173-176.

[42] Sobre o "Estado de partidos", *Vide* LEIBHOLZ, Gerhard. *Das Wesen der Repräsentation und der Gestaltwandel der Demokratie im 20. Jahrhundert.* 3ª ed. Berlin: Walter de Gruyter & Co., 1966. pp. 102-104 e 113-123. *Vide*, ainda, GARCÍA-PELAYO, Manuel. *El Estado de Partidos.* Reimpr. Madrid: Alianza Editorial, 1996. pp. 29-46 e 73-116.

GILBERTO BERCOVICI

o diagnóstico exposto por Fioravanti, que adoto aqui, o partido político era o instrumento pensado para tornar concreta a soberania popular, devendo organizar e politizar o povo, conduzindo o soberano dentro dos poderes constituídos, especialmente o poder legislativo. O partido político conciliaria o poder constituinte com os poderes constituídos e manteria o povo soberano presente na política regular. O pressuposto era o de que os partidos se manteriam fiéis ao pacto constitucional, desenvolvendo a constituição e o seu conteúdo. Não por acaso, vários autores, falam a todo tempo de "política constitucional". A crise desse papel dos partidos políticos, para Fioravanti, é justamente a crise do modelo do constitucionalismo social. Sem uma política voltada para atender os fins constitucionais, o modelo entra em crise.[43]

O ataque, por meio de um partido político, que, ideologias à parte, tem por obrigação constitucional defender a soberania nacional, o regime democrático, o pluripartidarismo e os direitos fundamentais da pessoa humana (artigo 17, *caput* da Constituição de 1988), à legislação que consagra a democracia participativa e os instrumentos de decisão popular direta no sistema político brasileiro, demonstra bem a instrumentalização das instituições públicas pelos interesses privados e a necessidade de reforçar a participação direta do povo nas decisões políticas. Afinal, na síntese de Hermann Heller, a partir do fim da Idade Média, o poder político lutou para ganhar autonomia em relação ao poder religioso. Esta luta, desde o início do século XX, se trava agora pela libertação do poder político do poder econômico privado.[44]

---

[43] FIORAVANTI, Maurizio. *Costituzione e Popolo Sovrano:* La Costituzione Italiana nella Storia del Costituzionalismo Moderno. Bologna: Il Mulino, 1998. pp. 12-16 e FIORAVANTI, Maurizio. "Costituzione e Politica: Bilancio di Fine Secolo" *In: La Scienza del Diritto Pubblico:* Dottrine dello Stato e della Costituzione tra Otto e Novecento. Milano: Giuffrè, 2001. Vol. 2, pp. 880-882. Para a concepção do partido político como o grande ator constitucional, *Vide* GRIMM, Dieter. "Die Zukunft der Verfassung" *In: Die Zukunft der Verfassung.* 2ª ed. Frankfurt am Main: Suhrkamp, 1994. pp. 424-427 e GARCÍA-PELAYO, Manuel. *El Estado de Partidos.* Reimpr. Madrid: Alianza Editorial, 1996. pp. 47-71.

[44] HELLER, Hermann. "Political Power" *In: Gesammelte Schriften:* Ein Beitrag zur Theorie des Staats- und Völkerrechts in Gesammelte Schriften. 2ª ed. Tübingen: J.C.B. Mohr (Paul Siebeck), 1992. Vol. 3, pp. 39-40.